고려대학교 교육문제연구소 연구총서 4

중국 전통교육 철학의 이해

黃濟 저 | 김귀성 · 이경자 공역

도서출판 원미사

교육문제연구소 총서 간행사

본 연구소는 1972년 11월 1일 고려대학교 부설연구기관으로 창립된 이래, 한국 교육문제 전반에 걸친 이론과 실제에 관한 연구를 통하여 한국 교육문제의 해결과 교육의 질 향상을 위해 노력해 왔습니다.

이러한 노력의 일환으로 본 연구소는 교육학의 학문적 발전을 도모함과 동시에 연구자들의 연구역량을 강화하기 위해 총서간행을 추진하게 되었습니다. 본 연구소 총서는 연구총서, 번역총서 및 한국교육학 총서의 3가지로 구분하여 발간됩니다.

연구총서는 비록 사회적 수요가 많지 않더라도 한국 교육학의 학문적 수준을 높이기 위하여 반드시 필요하다고 인정되는 연구물을 발행하며, 번역총서 역시 연구총서와 동일한 취지에서 외국어로 된 독창적이고 우수한 연구물을 번역하여 발행합니다.

한국교육학총서는 외국 교육학이론의 한국적 토착화를 시도한 연구물, 자생적 한국교육이론과 실제에 관한 연구물, 그리고 한국의 전통적 혹은 현대적 교육현상과 실제에 관한 연구물로써 독자들에게 보다 친근하게 읽힐 수 있는 분량으로 발행합니다.

이번에 내어 놓는 번역총서는 한용진 전임소장 재직 시에 기획되었으나 여러 가지 사정으로 출간이 늦어졌습니다. 기획과 집필에 심혈을 기울여주신 한용진 전임 소장이하 역자들의 노고에 감사드리며, 이 책이 한국교육학의 연구 및 교육실천에 다소나마 도움이 되기를 기대합니다.

2013년 12월

고려대학교 교육문제연구소 소장 신현석

저자 서문

교육철학이 하나의 학문 분야로써 학과체제로 출현한 것은 19세기 중엽이지만 교육철학 및 사상은 국내외를 막론하고 유구한 역사를 지니고 있다. 중국 특유의 교육철학을 정립하려면 중국의 전통적인 교육철학 사상을 연구하지 않을 수 없다. 교육과 철학의 관계를 교육사상의 발전 과정에서 보면 서로 밀접한 관련이 있다. 어떤 사상가나 철학자의 저서 가운데 종종 교육사상이나 교육학 이론이 포함되어 있다. 역으로 어떤 교육자의 교육관련 저서 가운데에도 반드시 교육철학의 영향과 지도가 존재한다. 그러므로 철학 가운데 교육학이 존재하고 교육학 가운데 철학이 존재한다. 이는 외국철학사와 교육사에도 예외가 아니다. 특히 교육학이 하나의 독립과학으로 성립하기 전에는 교육사상과 이론은 철학, 정치, 윤리 내지는 종교 사상 이론과 함께 혼재하고 있었다. 고대의 많은 사상가들은 동시에 교육자였다. 그들의 교육이론 역시 그들의 철학, 정치 등의 저서 가운데 포함되어 있다.

중국 민족은 유구한 역사를 지니고 있다. 철학과 교육학 분야에서도 매우 풍부한 역사적 유산을 가지고 있다. 따라서 중국 특유의 개념, 명제, 범주, 논쟁과 토론의 문 있다. 비유하자면 철학에서 음과 양, 유와 무, 도와 기, 이와 기, 마음과 물질, 형상과 신, 하늘과 인간의 관계, 인간과 나와의 관계, 물질과 나와의 관계, 명분과 실리의 관계, 앎과 행의 관계 유와 무의 상생, 상반과 상생의 관계 등등이다. 교육사상에서도 문(文)과 도(道)의 관계 문(文)과 질(質)의 관계, 배움과 사고, 앎과 행, 박(博)과 약(約), 새 것과 옛 것, 옳음과 이로움, 아름다움과 선함, 입지, 내성(內省), 독행(篤行), 신독(愼獨) 등 모두가 중국교육철학, 교육사상에 함유된 독특한 주제들이다.

중국 교육철학 및 사상의 발굴 및 연구와 관련하여 중국 철학계와 교육사학계에서 비록 연구가 수행된 바는 있지만 주제중심의 연구는 아직 미진한 편이다. 중국에서 교육철학이 하나의 독립된 학문 분야의 학과로 출현된 것은 20세기 초이다. 이 때 서구로부터 교육철학이 수용되어 1949년 전에도 이 분야의 전문서나 논문이 적지 않았다. 선배학자들이 학과 창설을 위해 힘들고 어려운 작업을 마다하지 않아 후학들에게 길을 열어주고 귀한 유산을 남겨주었다. 그러나 우리가 정확히 알 수는 없지만 여러 가지 역사적 제 조건의 제한으로 인하여 과거에 출판된 교육철학 분야의 전문서들이 대부분 서양의 교육철학에서 다뤘던 주제를 연구의 대상으로 삼았다. 심지어 어떤 학자들은 교육철학의 교육과 연구를 단지 서양교육철학의 하위 분야로 국한하여 평가하기도 했다. 1949년 후 교육철학이라는 학문분야가 한 때는 취소된 때도 있었다. 따라서 중국교육철학, 사상의 교육과 연구가 자연히 영향을 받아 전반적으로 발전하는데 어려움을 겪기도 했다. 1980년대 초반 필자의 『교육철학초고』를 저술하는 과정에 중국 특유의 교육철학 체계를 수립해야겠다는 강한 의지를 갖게 되어 중국교육철학, 사상을 연구하지 않을 수 없었다. 필자의 이 저서인 중국교육철학의 체계도 비교적 오랜 숙성의 시간을 거쳐 마지막으로 결정한 것이 주제중심의 교육철학 접근 방식이었다. 예를 들면 사회관과 교육, 인성론과 교육, 윤리관과 교육, 인식론과 교육, 미학과 교육 등등의 관점에서 중국교육철학의 기본 문제를 접근해가는 것이었다.

중국 교육철학이라는 저서를 집필하는 과정에 송덕민(宋德民), 한종문(韓鐘文) 등이 참여하여 초고 탈고 후 세 사람이 공동으로 돌아가면서 토론하고 수정, 보완하여 완성을 보게 되었다. 이렇듯 최선을 다했지만 이 책의 출판은 아직 시작에 불과하다. 앞으로 심도 있는 연구가 수행되어 충실하고 완성도를 높여 가기를 기대한다. 필자를 비롯한 연구진 능력의 한계로 부족한 부분이 없지 않을 것이다. 독자들의 비평과 질정을 바란다. 본서 저술과정에『중국대백과전서·철학』,『철학소백과』및 기타 유관 철학 및 교육학 논저를 비롯하여 많은 자료를 참고했으나 일일이 다 열거 하지 못한 점을 용서하기 바라며 동시에 감사의 뜻을 표한다. 이 책은 황제(1,6장), 한종문(2,5장), 송덕민(7장) 등이 분담하여 집필한 다음 마지막으로 필자가 통합, 정리하였음을 밝힌다.

1993.5. 黃濟 씀

역자 서문

일반적으로 교육철학이 어떤 학문이냐고 묻는 물음에 직면하면 한마디로 잘라 말하기에 어려울 정도로 다양한 관점을 보게 된다. 물론 "교육에 대한 철학적 접근"이라는 담론형식의 범주를 크게 벗어나지 않는데도 그렇다. 만일 교육철학을 교육에 관한 이념이나 사상을 탐구하는 분야, 이른바 교육의 이데올로기적 성격으로 규정한다면 아마도 동양과 서양이라는 분류방식이 아니라 할지라도 문화권마다 다양한 분류가 가능할 것이다. 이런 관점에서 보면 중국교육철학도 서구의 그 어느 것에 못지않게 접근될 소지를 안고 있다. 그러나 시간적 분류에 따라 전통이라는 기준을 적용한다 할지라도 중국 전통 교육철학의 범주도 역시 관점에 따라 다양해질 소지는 있다. 이를테면 시대별 기준에 따라 고대로부터 역사적 흐름에 따라 접근하는 방식이 있을 수 있고 학교교육, 청소년 교육 등 교육의 장르별 분류에 따른 접근도 가능하다. 전자의 분류방식에 따른 저서는 몇 종 발견된다. 예를 들면, 陳超群(2000),『中國教育哲學史』,전 4권, 山東教育出版社가 그것에 해당될 수 있다. 여기서는 시대별로 인물중심의 교육철학을 소개하고 있기 때문이다. 이 책은 북경사범대학 교수를 역임한 黃濟(1994)의『中國傳統教育哲學思想槪論』(中國河南: 河南教育出版社)을 우리말로 완역한 것이다. 이 역서는 기존의 접근방식을 벗어나 이채롭다고 할 수 있다. 흔히 시대별 분류방식에 따라 기술되는 형식과 차별을 둘 뿐만 아니라 적어도 특정 주제별로 다뤄지고 있기 때문이다. 예를 들면 교육에서 가장 중요하다고 할 수 있는 사회, 인성, 윤리, 인식론, 미학 등의 주제를 다루고 있기 때문이다. 물론 주제 선정에도 일정한 한계가 전혀 없는 것은 아니다. 하지만 이런 접근이 다소 이채롭다고 하는 것은 서구의 교육철학에 비해 한국, 중국을 중심으로 하는 동양문화권내에서 접근되는 교육철학에 대한 일련의 부정적인 선입견을 조금이나마 불식할 수 있는 여지를 갖게 해줄 것으로 기대해 보기 때문이다. 어쩌면 이런 접근이 바탕이 되어 교육철학에서 다루는 문제의 영역에서도 탐구될 필요가 있다는 시사를 준다.

이 역서가 암시하는 중국의 전통교육철학의 시대별 범주는 고대로부터 청말, 근대에 이르는 부분을 망라하고 있다. 따라서 굳이 전통이라고 말할 필요가 있을까 하는 의문이 들기도 한다. 그런데 저자는 중국의 전통교육철학의 범주를 현대까지 망라하고 있다. 이 저서는 비록 전통교육철학이라고 했지만 실상은 중국교육철학의 범주를 총망라하고 있다. 저자의 의도를 짐작컨대 일반적으로 서구교육철학에 대한 관심이나 비중에 비해 동양 내지는 중국의 교육철학에 대한 관심은 그에 미치지 못하는 면을 직시하고서 중국의 교육철학도 오랜 전통 속에서 숙성된 면을 강조함과 동시에 전통이 단순한 시간의 계열 상에서 분류되기보다는 지금도 살아서 숨 쉬는 새로운 창조의 과정에서 이해를 해야 함을 암시하는 것 같다. 무엇보다도 이 책이 비슷한 종류의 다른 저서와 구별되는 점은 문제위주의 주제별 접근을 시도하고 있다는 점이다. 저자의 말대로 사회관과 교육, 인성론과 교육, 윤리관과 교육, 지식론과 교육, 미학과 미육 등의 몇 가지 주제를 중심으로 중국 전통철학 사상의 문제를 밝히고 있기 때문이다.

그러나 이 역서를 번역하는데 많은 어려움이 있었던 것도 솔직한 고백이다. 아마도 그 이유 중에 대부분은 역자의 한계라고 고백하는 편이 진실에 가깝다. 유구한 역사 속에서 등장하는 수많은 인명, 오랜 역사를 두고 다뤄졌던 쟁점들에 대한 철학적 관점이야말로, 문학, 역사, 철학이 아우러져야 이해되는 중국의 인문학적 소양들이 전제되어야 가능할 뿐더러 이를 위해서는 적지 않은 시간의 투자를 요구받는다. 인물에 대한 소개는 일본의 稲富榮次郎(1962), 『教育人名辭典』(東京: 理想社), 중국에서 간행된 周谷城(1988), 『中外教育名人辭典』, 中央民族學院出版社, 張撝之, 沈起煒, 劉德重(1999), 『中國歷代人名大辭典(上.下)』, 上海古籍出版社 등을 참고로 했지만 역부족인 점이 적지 않았다. 이 밖에 선학의 연구서, 도구, 등에 힘입은 바 많았다. 그럼에도 불구하고 시원치 않은 부분들 역시 없지 않을 것이다. 그 역시 역자의 몫으로 돌릴 수밖에 없다. 그런 한계에도 불구하고 이 역서는 적어도 중국의 전통적인 교육철학의 이해, 특히 특정 주제에 대한 일관된 관점을 잘 정리해 줌으로써 독자에게 중국의 교육을 이해하는데 나아가 동양의 문화권내에서 교육의 이념적 기반을 이해하는데 적지 않은 시사를 준다는 점에서 위안을 삼고자 한다. 부족한 부분에 대해서는 독자의 질정을 바라마지 않는다. 사실 이 번역서의 출발은 몇 년 전부터 시작되었지만 지지부진하다 금번 번역과제 선정에 박차를 가하게 되었다. 이 역서의 번역은 편의상 1, 2, 3장은 김귀성이 4, 5, 6장은 이경자가 마지막 7장은 김귀성, 이경자가 각각 분담하여 우리말로 옮겼다. 초역이 완료된 후 교차대조를 통한 검토와 수정, 보완 작업을 거쳤다. 그러나 번역이 제이의 창조라는 명제보다는 번역은 잘못하면 반역이 된다는 말이 암시하듯 참으로 어려운 과정임을 또 한 번 실감했다. 무엇보다도 이번 번역작업을 착수하도록 힘이 되어준 것은 고려대학교 교육문제연구소의 번역지원 과제임을 밝힌다. 사실 그런 제반 지원이 없었다면 결코 감행하기 쉽지 않았기 때문이다. 이에 고려대학교 교육문제연구소 신현석 소장님, 김영래 선생님을 비롯한 관계자 여러분께 감사의 뜻을 표하고자 한다. 끝으로 어려운 출판사 제반 여건을 감안하면서 역서를 간행하는데 따르는 부담이 있음에도 불구하고 기꺼이 세상에 빛을 보게 해준 원미사 사장님 및 출판사 관계자 여러분의 노고에 감사의 뜻을 전한다.

2013. 12. 역자 삼가 쓰다.

목 차

제❺장 지식론과 교학 • 301

제❻장 미학과 미육 • 385

제❼장 결 론 • 443

제 1 장

중국 전통교육철학의 발전과정

1. 선진시대(先秦時代)의 제자백가 쟁명
2. 한대(漢代)의 경학(經學)과 신학화(神學化)
3. 위진 현학
4. 수·당대 불교 및 삼교(三敎)의 발전
5. 송·명대의 성리학
6. 명·청대의 실학
7. 서학동점(西學東漸)

제1장

중국 전통교육철학의 발전과정

중국의 전통교육철학에는 교육철학 및 교육사상이 포함되어 있다. 여기에는 대체로 선진의 제자백가(諸子百家),[1] 한대의 경학(經學)과[2] 신학(神學),[3] 위진의 현학(玄學)[4], 수·당대의 불교학 및 유, 불, 도 삼교(儒, 佛, 仙), 송명대의 이학(理學), 명말청초의 실학 혹은 경세치용학(經世治用學), 근대 서구학문의 동아시아로의 전래 등이 포함되어 있다. 이들은 각기 서로 상이한 발전 단계를 거쳤다. 그러나 이런 발전과정에서 유학이 중심이 되어 있지만 유학은 다양한 사상과 만나 교호작용의 영향을 받으면서 그 자체에도 다양한 변화와 발전 과정을 거쳤다. 그 가운데 서한(西漢)에서 비롯된 유학의 독존(獨尊)과 신학화(神學化)를 거치면서 유교와 도교가 서로 위진 현학(玄學)의 출현을 보완한 바 있다. 그리고 송대 이후 불교를 유가에 끌어들여 송명이학을 형성하였고 근대 서구학문의 동양 전래 이후에는 신유학의 출현이라는 다른 상황으로 전개되었다. 이와 같은 철학사상들이 교육사상에 미친 영향을 보면 대체로 다음과 같은 몇 가지 기본적인 문제 제기가 가능하다. 예컨대, 천도관(天道觀)과 천인관계 및 인성론의 문제, 사회, 역사관과 교육 및 정치와의 관계, 도덕철학과 도덕교육, 지식론과 교수학습, 미학과 미육 등이 그것이다. 중국의 전통 교육철학에서는 이런 문제에 대해 서로 다른 관점과 비교적 깊이 있고

---

1) 중국 철학사상의 여러 학파를 총칭하여 제자백가(諸子百家)라고 한다. 사마천(司馬遷)의 『사기(史記)』에서는 음양(陰陽), 유(儒), 묵(墨), 명(名), 법(法), 도(道)의 육가(六家)로 분류하고, 반고(班固)의 『한서(漢書)·예문지(藝文志)』에서는 유, 도, 음양, 법, 명, 묵, 종횡(縱橫), 잡(雜), 농(農), 소설가(小說家) 등 10가로 분류했다. 원래는 전국시대 배출한 맹자, 묵자, 한비자, 노자, 장자 등 여러 사상가를 가리킨다.

2) 유가의 경서에 대한 해석학으로 경서가 확립된 것은전한(前漢)의 무제(武帝) B.C. 35 때이다. 넓은 뜻으로 보아 해석학이며 시대변화에 따라 많은 변화가 있었다. 크게 분류하면 문자의 의의를 추구하는 훈고학, 사상적, 형이상학적 면을 연구하는 성리학으로 나눌 수 있다.

3) 여기서 말하는 신학(神學)은 서구의 중세 이후 발전된 종교철학적 접근이라기보다는 중국의 전통적인 유가중심의 철학이 마치 신학처럼 여겨지는 현상을 비유한 것으로 이해된다. 따라서 한대 왕충(王充, B.C. 27~?), 양웅(揚雄, B.C. 53~18), 환담(桓譚, B.C. 24~56)을 대표로 하는 철학자들은 이런 유학의 신학화 경향에 반대한 인물이라는 점에서 반신학화라고 하기도 한다.

4) 위진남북조시기(3~4세기) 노장사상, 또는 노자사상에 입각하여 名家의 영향을 받아 유교의 실제적인 면과는 달리 사물의 명칭, 언어의 이치를 분석하는데 주력함. 노자, 장자 주역을 삼현(三賢)이라고 한다. 현학파의 대표적인 인물로는 왕필(王弼), 향수(向秀), 원적(阮籍) 등을 들 수 있다.이들은 유교와 대립적이기 보다는 절충적인 입장을 취한다.

치밀한 논의가 있었다. 다음에서 우리는 중국 전통철학의 역사적 발전과정을 개략적으로 살펴보고 아울러 그 계승과 발전의 관계를 탐구하기로 한다.

1. 선진시대(先秦時代)의 제자백가 쟁명

선진사회는 사회 전체가 큰 변화를 겪는 시기로 주대 왕실이 쇠미해지고 제후가 패권을 서로 다투어 격렬한 사회적 변혁을 겪었다. 일반적으로 역사학자들은 춘추시대(B.C. 770~476)로부터 전국시대(B.C. 475~221)에 이르는 시기를 노예사회로부터 봉건사회로의 변혁 시기로 이해한다.

(1) 각종 학파의 설립과 백가쟁명

이 시기에 사회 변혁이 진행되면서 문화 변동과 사학(私學) 발전 및 사림계층의 출현으로 각국에서는 이런 사림계층을 양성하는 풍조(養士風潮)가 크게 성행했다. 그리하여 각양 각파의 사상이 활약을 하면서 학파가 형성되고 서로 논쟁하는 국면이 형성되었다. 『장자(莊子)·천하편(天下篇)』에서는 이에 대하여 말하기를 "세상 사람들이 각기 자신이 원하는 바를 성취하기 위하여 스스로 영역을 구축한다"고 하였다. 그리고 학파마다 모두 우주와 인생의 나아갈 바를 탐색하고 세상을 구제하며 국민을 건지고 생명을 보전하는 좋은 방안을 모색하여 자신들의 이런 견해를 시험해보고 상대방을 압도하는 주장을 폈다. 아울러 다양한 기회를 활용하여 자신들의 주장을 실현하려고 했다. 서한(西漢 B.C. 206~25)시대 유흠(劉歆, B.C. 53 추정~B.C. 23)의 『칠략(七略)·제자략(諸子略)』은 180여 개의 학파(諸子百八十家)의 주장을 집대성한 것으로 후에 이에 근거하여 제자백가라고 명명하게 되었다. 여기에는 대략 학파 가운데 또 분파된 학파에 이르기까지 모두 포괄하고 있다. 그 중에 가장 알려진 것으로는 유가, 묵가, 도가, 명가, 음양, 농가, 종횡가, 잡가 및 소설가 등 모두 열 가지 부류의 학파가 있다. 소설가를 제외하고 그 나머지 아홉 학파를 "구류일가(九流十家)"라고 부르는 유래가 바로 여기서 부터이다. 『한서(漢書)·예문지(藝文志)』에 또 이런 학파의 분류는 중국의 최초의 도서목록이자 현존하는 가장 완정된 학술과 철학사를 망라한 것이 된다. 그 십가(十家) 중에서 또 유가와 묵가는 가장 규모가 커 『한비자(韓非子)·현학편(顯學篇)』에서는 이를 일러 "유묵현학(儒墨顯學: 유가, 묵가, 현학을 지칭함)"이라고 하였는데 이는 당시 실제 상황을 그대로 반영한 것이다. 물론 이는 그 밖의 다른 학파의 영향이 그다지 크지 않다는 것은 아니며 일정한 시기에 혹은 일정 범주 내에서 어떤 사상이 점유 주도하는 지위가 비슷한 양상으로 존재한다는 의미이다. 예를 들면 맹자(孟子, B.C. 372~B.C. 298)가 말한 바와 같이 "양주묵적(楊朱墨翟)이라고 한 말은 세상에 가득한데 세상의 말은 아직, 양주(楊朱, B.C. 440~B.C. 360)에 돌아가지 않고 묵자(墨子, B.C 468~B.C. 376)에 돌아갔다"[5]고 한 것은 당시에 양주의 "귀생보진(貴生保眞: 인간의 본래 태어날 때 가지고 나온 본래성을 귀히 여기고 참다움을 보전할 것을 의미함)"의 사상과 묵자의 "겸애설", "비공"(非攻: 전쟁을 하지 말 것을 촉구하는 의미) 등의 사상이 당시에도 대단한 영향을 미치고 있었음을 말해준다. 그 밖에 병가의 사상도 충분히 긍정적인 반응을 얻어 당시 상당한 영향을 미쳤을 뿐만 아니라 오늘날에도 손자병법을 연구하는 열기가 있게 했다.

춘추전국시대에는 각 학파의 사이에 격렬한 논쟁이 벌어졌다. 예를 들면 맹자는 양주, 묵적의 사상에 대한 비판을 하는가 하면 『장자(莊子)·도척편(盜跖篇)』에서 유가사상에 대한 비판을 하는 것 등이 그렇다. 뿐만 아니라 각 학파의 내에서도 분파가 이뤄져 학파 가운데 또 다른 분파가 생겼다. 예컨대 유가에는 공자 사후에 여덟 학파로 분파되어 "팔유(八儒)"라고 칭한다. 『한비자(韓非子)·현학편(顯學篇)』에는 여덟 부류의 유학파를 이렇게 기록하고 있다. "자장(子張), 자사(子思), 안자(顔子), 맹자, 칠조(漆雕), 중량(仲良), 손씨의 유가(순자), 악정(樂正)" 등이 그것이다. 그 중에 맹자, 순자의 영향은 가장 컸고 이들은 유심론과 유물론의 서로 다른 논쟁을 벌였다. 한대에는 백가를 축출하고 유학이 독존한 다음 공맹의 사상은 유가의 정통사상이 되었으나 순자를 대표로 하는 비정통 유학사상과 정통 유학사상간에 논쟁도 일어나게 되었다. 묵자 사후 묵가는 상리(相里), 상부(相夫), 곽릉(鄧陵)의 세부파로 나뉜다. 세 부류의 학파는 서로 상대방을 "별묵"(別墨: 묵자의 이단이라는 의미)이라고 질책하고 자칭 진묵(眞墨: 묵자의 정통파라는 의미)이라고 했다. 이를테면 『한비자·현학편』에서 지적하듯이 각 학파가 자신들과 상반된 것 가운데 취할 것은 취하고 버릴 것은 버리면서 모두 스스로 말하기를 공자와 묵자(孔墨)라고 한 것이나 같은 의미이다. 명가 중에서 주요한 대표적인 학파도 혜시(惠施, B.C. 370~B.C. 310)를 지도자로 하여 서로 같고 다른 점을 취합한 이른바 "합동이(合同異)"를[6] 주장하는 측과 공손룡(公孫龍, B.C. 325~B.C.250)을 지도자로 하여 "이견백"(離堅白)[7]을 주장하는 두

---

5) 『孟子·滕門文公下』.

6) 합동이(合同異: the unity of similarity and difference)는 『장자(莊子)·덕충부(德充符)』에 사물을 상이한 관점에서 보면 한 몸 안의 간과 쓸개도 초나라 월나라만큼이나 서로 다르고 유사성의 관점에서 보면 만물은 모두 하나이다는 관점이다. 사물을 상이성의 관점에서 보면 다르지 않는 것이 없고 동일성의 관점에서 보면 같지 않는 것이 없다는 논리이다.

7) 이견백(離堅白: the separateness of hardness and whiteness) 이견백(離堅白)은 명가의 대표적인 인물 일곱 사람 중의 한 사람인 공손룡(公孫龍, B.C. 325~B.C. 250)이 주장한 논리를 말한다.

개의 서로 다른 학파가 있었다. 법가에서도 상앙(商鞅, B.C. 390~B.C. 338)을 대표로 한 전기 법가와 한비자(韓非子, B.C. 280~B.C. 233)를 대표로 하는 후기 법가가 있다. 한비자는 법가 사상을 집대성한 인물이며 그는 상앙의 법(法), 신불해(申不害, B.C. 385~B.C. 337)의 술(術), 신도(愼到, B.C. 395~B.C. 315)의 세(勢)를 종합하여 하나의 법, 술, 세를 제시한 체계적인 법가이론을 구축했다. 그 밖에 제(齊)나라의 법가는 법치 외에 예의를 통한 교화를 수용하여 법치와 덕치의 결합을 주장했다. 요컨대 각 학파는 주의나 주장이 다른 만큼 중국 고대 문화와 철학에 모두 각자 서로 다른 공헌점이 있다.

(2) 춘추전국시대 학파간의 쟁점

춘추전국시대에 각 학파에서 제시한 주장과 그들간에 쟁점을 이룬 문제는 매우 광범위하다. 여기에는 이를테면 천도관(天道觀), 인성론, 역사관, 정치관, 인식론, 논리학, 도덕관, 심미관 및 과학기술 등 다양한 분야가 있다. "천도관의 경우 은(殷), 상(商)대와 서주 이래 천명이 모든 관념 예컨대 『상서(尙書)』에 하늘이 아래로 백성을 보우하고 그 임금을 만들고 스승을 만들었다"고 하는 복선화음(福善禍淫) 등등이 생겨났다. 뿐만 아니라 하늘을 의심하고 하늘에게 책임을 물으며 천도 자연의 어떤 소박한 유물사상과 변증법 사상이 출현했다. 하늘과 인간관계에 문제에서도 여러 가지 서로 다른 새로운 해석이 있었다. 예를 들면 정국자(鄭國子)가 "천도는 멀고 인도는 가까우니 천도가 미치지 못할 바이다"[8]고 한 것과 맹자가 『태서(泰誓)』에서 "하늘이 스스로 내가 백성으로서 보는 바를 보고 하늘은 내가 백성으로서 듣는 바를 듣는다"고[9] 한 말은 "하늘을 가볍게 여기고 인간을 중시하는 것"을 의미했다. 이는 심지어 민중을 중시하는 진보적인 사상이었다. 순자(荀子)는 "하늘과 인간이 서로 나뉜 것과 인간이 하늘을 이긴 것이 정해졌다"[10]고 했다. 그 밖에 노자(老子)와 순자(荀子)의 자연의 천사상도 모두 같은 의미를 시사한다. 예컨대 노자, 『도덕경』에 "인간은 땅을 본받고 땅은 하늘을 본받고 하늘은 도를 본받으며 도는 자연을 본받는다"고[11] 했고, 『순자(荀子)·천론(天論)』에서는 이렇게 말하고 있다.

어떤 명제의 주어와 술어 간의 차이를 강조하고 개별과 일반의 서로 다름을 강조하면서 견은 견일뿐이니 어떤 것에 의해 결정되는 바의 견이 없고 어떤 것에 의해 결정되는 바의 백이 있지 않다는 것. 견백론, 견백동이설이라고도 하며, 견석(堅石)과 백석(白石)은 동일한 돌이 아니라는 논법으로 시비를 가리는 일종의 변론을 지칭한다.

8) 『左傳·昭公』18年: 天道遠人道邇, 非所及也.

9) 『孟子·萬章 上』.

10) 『荀子·天論』.

11) 『道德經』, 第25章.

"하늘의 운행에는 변하지 않는 법칙이 있다. 이것은 요임금을 보존하기 위해 존재하는 것도 아니고 걸(桀)을 망하게 하기 위해 있는 것도 아니다. …모든 별들은 따라 돌고 해와 달은 서로 얽혀서 비추며 사시(四時)는 서로 번갈아 비치고 음과 양은 크게 조화를 이루니 무릇 이를 일러 하늘이라고 한다".

이와 같은 사상들은 모두 자연의 천에 대하여 잘 설명하고 있다. 이런 주제자로서 하늘이 자연의 하늘로 변하고 인간이 하늘에 대해 절대 복종하는 이른바 "천명을 제어하여 이를 활용(制天命而用之)"하는 인간이 하늘을 이긴다는 천도관으로 변천 진보된 것이다. 인성론에는 성선론, 성악론, 성무선무악론, 성유선유악론 및 인성에 품격이 있어 서로 다르다는 논쟁이 있었다, 이런 논쟁에서 인성의 본래 근원에 대한 검토뿐만 아니라 이는 인성과 감정, 인성과 경험에 의한 익힘 등의 문제를 다뤘고 인성의 형성과 발전에 대해서도 연구와 검토의 길을 열었다. 춘추전국시기에 인식론과 논리학은 구라파의 희랍문화와 비교해도 손색이 없을 정도의 공헌을 했다. 예를 들면 인식론과 논리학에서 묵자의 삼표법(三表法)과[12] 한비자의 참험법(參驗法)[13] 뿐만 아니라 명분(名)과 실리(實)의 문제에서 광범위한 토론이 전개되었는데 유가의 정명과 명가(名家)의 "합동이(合同異, 사물에는 다른 면과 같은 면이 있는데 이는 상대적이고 통일되어 있다.)" 이견백(離堅白) 등의 주장 외에 특히 언급할만한 가치가 있는 것은 『묵경(墨經)』의 형식논리에서 이미 근대 서구 논리학의 동일률, 모순율, 배중률 등을 모두 섭렵하고 있었다는 점이다. 교수-학습론과 도덕교육 부분에서는 더욱 풍부한 논의가 전개된 바 있으나 이는 후에 다시 언급하기로 한다.

(3) 지역 문화

춘추전국시대 지역 문화도 각기 독특한 특징이 있었다. 예를 들면 제로(齊魯), 연월(燕越) 형초(荊楚), 오월(吳越), 진촉(秦蜀) 등지는 당시 시대적 특징을 잘 보여주는 것 외에도 각기 그 지역에 독특한 공헌을 하고 있었다. 『초사(楚辭)』[14] 중의 이소(离騷)는 문학에서 그 내용과 형식 모두가 이미 매우 높은 수준을 유지하고 있었으며 그가 개발한 "소(騷)" 체의 시가형식은 후세에 깊은 영향을 미쳤다. 호복(胡北)에서 출토된 편종(編鍾)도 당시 초(楚)나라 문화를 증명하기에 충분하다. 특히 음악, 무용은 이미 상당히 높은 수준에

---

12) 삼표법(三表法)은 사물의 시비, 진가를 판단하려면 역사속의 앞선 선대의 경험을 통해 알아보는 본지자(本之者), 백성의 이목, 경험에 의해 실증하는 원지자(原之者), 사회제도에 반영하여 실제 이익에 부합여부를 보아 판단하는 용지자(用之者)의 세 가지 검증법을 말한다(『墨子·非命上』).

13) 참험법(參驗法)은 여러 가지 경험적 증거를 가지고 검증함을 뜻한다. 『韓非子·奸劫殺臣』 참조.

14) 전국시대 중엽 굴원(屈原, B.C. 339~B.C. 278)에 의해 지어진 초나라의 노래를 말한다.

이르고 있었다. 또한 특별히 거론할만한 것은 제(齊)나라 직하학(稷下學)과 직하학궁(稷下學宮)인데 이는 중국 고대사회에서 가장 일찍 문을 연 학술활동의 장이자 정치자문의 센터였다. 학궁에는 법, 유, 명, 법, 농, 음양 등 각 학파의 학자들을 천여명씩 불러 들였다. 당시 저명한 인물로 추연(鄒衍, B.C. 305~B.C. 240), 순우곤(淳于髡 B.C. 385~B.C. 305), 전병(田駢, 미상~ 미상), 신도, 송개(宋鈃, B.C. 370~B.C. 290), 윤문(尹文, 전국시대 齊나라 사람으로 도가의 稷下學派의 한 사람), 노중련(魯仲連, 미상~미상), 순항(荀況, B.C. 313~B.C. 238) 등 모두 여기에 있었던 사람들이다. 직하학궁(稷下學宮)은[15] 당시 각 학파의 인물들이 모이는 중심이요, 역대로 150년을 거치면서 백가쟁명의 발전과 선진시기 학술문화의 번영을 촉진시켰다. 현존하는 『관자(管子)』, 『안씨춘추(晏氏春秋)』, 『주관(周官)』 등의 책들은 직하학궁의 선비들이 모두 당시 학술을 참조하여 편집한 것이다. 직하학궁은 당시 학술 연구개발의 전형으로 제국의 문화를 번영하게 했을 뿐만 아니라 제국의 패권이라고 불리는데 잠재적인 영향을 미쳤다.

(4) 춘추전국시기의 교육

춘추시기에는 사학이 발전하였고 전국시기에 백가쟁명은 교육에도 커다란 변화를 가져다주었다. 학습은 관청에서 이뤄진다(學在官府)는 폐쇄된 예전의 전통을 파기하고 학교를 정부, 궁정으로부터 민간으로 개방하고 학교교육의 사회적 기초와 인적 자원을 확대했다. 교사는 개인 신분으로 어디서든 강의를 할 수 있고 학생도 자유롭게 교사를 선택할 수 있으며 교육내용과 현실생활간의 비교적 폭 넓은 관계를 추구했다.

요컨대 춘추전국 시기는 고대 문화 발전에 하나의 커다란 큰 분수령이었다. 엥겔스는 고대희랍의 철학사상을 평가할 때 "희랍철학의 다양한 형식 중에서 거의 대부분은 이후에 다양한 관점의 배태, 맹아를 통해 찾아볼 수 있다"고[16] 말한 바 있다. 이런 평가도 중국 선진 제자학파에 대한 평가에 똑 같이 적용될 수 있을 것이다. 중국 고대철학은 교육철학을 포괄하고 있는바 거의 대부분이 선진제가백가 중에서 교육철학이 싹트기 시작했다. 선진철학과 교육철학은 중국 고대 철학사상과 교육철학의 기초를 확정해주었고 고귀한 문화유산을 남겨주어 오늘의 교육철학 구축에 큰 힘이 될 수 있었다.

---

15) 직하학궁(稷下學宮)은 전국시대 제나라에 신흥지주들이 설립한 유일한 대학성격을 띤 학교이다. 기원전 307년 전후로 제나라 수도인 임치(臨淄)에 설립, 150여년 존속하면서 자유롭게 강학하는 동시에 백가쟁명을 장려하고 정기적인 학술활동, 상호토론을 전개했다, 이 학교는 황로학파, 음양학파, 순자학파 등을 탄생시키기도 했다.

16) 『馬克思恩格斯選集』 제3권, 人民出版社, 1972, 486쪽.

2. 한대(漢代)의 경학(經學)과 신학화(神學化)

진한(秦漢)대는 중국문화, 철학사상이 백가쟁명으로부터 유가중심으로 넘어가는 과도기이자 유가경전의 번역을 거쳐 최후 확정되는 시기이다. 진(秦)나라는 육국(六國, 전국시대에 楚, 齊, 燕, 韓, 魏, 趙의 여섯 나라를 일컬음)을 멸망시킨 다음 통일된 대국을 건립하고 법가사상을 유일한 지도 이념으로 삼았다. 제자백가 중에서 유가를 제외한 나머지는 모두 금지하고 분서갱유의 조치를 취하며 "법으로 교육(教)을 삼고 관리(吏)를 교사로 삼는 정책"을 실행했다. 그러나 과도한 세금과 부역, 잔혹한 형법으로 인하여 지주계급과 농민간의 갈등을 격화시킴으로써 진대는 15년간 존립된 후 농민봉기에 의해 무너졌다. 한(漢) 대는 진대를 이어 엄격한 진대의 법치 경험을 교훈으로 받아들여 한고조(高祖, B.C. 206~195)는 인관고유(人關告諭)에서 "선친은 연로하고 진대의 가렴주구 하는 법은 이미 오래되었다"고 말한 바 있다 그래서 한나라가 흥한 후에 비교적 완화정책을 사용하여 국민과 함께 휴양과 생식(生殖)을 했기 때문에 한대는 비교적 황로(黃老)의[17] 학풍을 숭상했다. 한무제(漢武帝, B.C. 142~B.C. 87)때 동중서(董仲舒, B.C. 179~B.C. 104)의 건의를 받아들여 백가를 추출하고 유가만을 독존케 했다. 그러므로 진대에는 법치를 실행했다면 한대에는 황로의 학풍이 널리 유포되었다. 다시 유학이 독존했다는 것은 선택에서 확정된 것을 의미한다. 실제로는 서한에서 유학을 독존으로 삼은 바를 제외하고는 도교, 법가, 음양 등 각 학파의 제설을 겸용하고 패왕도의 정책을 실행함으로써 혹자는 안으로 법가를 밖으로는 유가의 정책을 수용했다고 말하기도 한다. 한(漢)의 선제(宣帝, B.C. 91~B.C. 49)는 이에 대해 "한대는 자체적으로 제도가 있었는데 본래 패왕의 도로써 혼란스럽게 하니 어찌 덕으로써 교화하는 것이 주나라 정치를 활용했다 하겠는가"라고[18] 분명히 말한 바 있다. 한대에는 여러 차례 유가와 법가간의 대립과 갈등이 있었을 뿐만 아니라 유가 내에서도 또한 고문학파(古文學派)와 금문학파(今文學派)간의[19] 다툼이 있었다. 이는 한대에 사상의 통일 후 복잡한 상황을 설명해주고 있다.

---

17) 황로(黃老): 노자를 시조로 하는 학문으로 황제의 전설 중에 제왕이며 실재의 인물이 아니지만 노자의 사상을 권위 있는 것으로 여겨 노자를 스승으로 모시고 황로의 학이라고 했다. 위진남북조 시대의 현학보다는 현실적이고 유교와는 다른 시각에서 정치를 논했다.

18) 『漢書·元帝本紀』.

19) 한대 금문(今文)이란 진(秦)나라 이후 통용되던 당시 한대의 문자로 쓰인 것, 즉, 전한의 금문의 전문가들이 사용하던 각 책들은 모두 연로한 학자들의 기억에 의해 당시 통용되던 예서(隷書)로 쓴 것이다. 이에 비해 고문(古文)이란 한대 이전의 문자인 과두(蝌蚪)로 쓰인 것을 말한다.

(1) 경학의 형성과 발전

한대는 진의 분서갱유 사건 후에 고대 문화유산과 문화 전적의 발굴 및 정리를 위하여 원로 유학자들이 충분히 그 능력을 발휘하도록 하였다. 이렇게 고대 문화의 전파와 번역 작업을 추진함으로써 더욱 유학을 위주로 하는 학문이 발전케 되었다. 한 무제 때는 "장서의 정책을 세우고 서적을 사필(寫筆)하는 관리를 두었다"고 한다. 그리하여 경학 혹은 한학(漢學)의 일대 학풍을 형성했다.

경학은 금문경학(今文經學)과 고문경학(古文經學)의 두 학파로 구분된다. 고문경학은 예서로 쓰인 고문경전에 대한 주석과 훈고학적인 접근을 주로 한다. 이에 반하여 고문경학파는 서한 말에 유흠이 설립한 학파로 그는 이 분야에 박사를 역임한 국사(國師)로 자칭『주례(周禮)』,『좌전(左傳)』),『모시(毛詩)』,『고문상서(古文尙書)』등의 고문 경전을 드러낸 인물이다. 고문경학은 일대 문자학, 고고학의 학풍을 형성하여 세칭 한학이라고도 불리며 후대의 송명이학이 이뤄낸 송학과 함께 중국 고대사회에 두 가지 서로 다른 학풍을 형성하였다. 고문경학 중에 오늘날 아직도 논쟁의 대상이 되는 위서도 출현했다. 예를 들면『상서(尙書)』중 존재하는『위고문상서(僞古文尙書)』의 논쟁이 바로 그것이다. 금문경학은 스승과 제자 간에 구술로 전승되어 당시 통용되던 문자인 예서(隸書)로 쓰인 자료를 활용했다. 고적의 정리 주석을 제외하고는 경문의 함의를 해석하는데 중점을 주었다. 이른바 미언대의(微言大義, 미묘한 함축적인 대의를 의미함)를 밝히는 것이다. 당대 대표적인 인물로는 서한에 동중서, 동한에 하휴(何休, 129~182) 등이 있다. 동한시대 금문경학은 도참(圖讖)과[20] 합류하고 한대 장제(章帝, 57~88)때 편찬한『백호통의(白虎通義)』는 바로 경학과 도참이 혼합된 전형적인 저서이다.

동중서를 대표로 하는 금문경학은 음양오행설로『춘추공양전』을 해석하고 미언대의의 필법으로 경전의 뜻을 해석하여 천인감응(天人感應)의 관점으로 많은 맹목적인 사상을 전파하고 유학도로 하여금 신학화 하는 길을 가도록 하여 한대 유학의 신학화의 창시자가 되었다. 본래 한초는 황로학풍(黃老學風)을 중시하였지만, 한무제때 사상의 통일을 이뤄 봉건통치 요구를 공고히 하고 유가학설을 선택하였기 때문에 백가를 축출하고 유가학풍만을 독존케 한 것은 봉건통치자들이 통치기반을 공고히 하기 위해 채택한 정책이었

---

20) 도참(圖讖)은 서한말 동한 대에 세속적인 경학과 봉건적인 미신이 혼합되어 형성된 것으로 참(讖), 또는 부명(符命), 부참(符讖)이라고도 하는데 이는 무사(巫師) 또는 방사(方士)가 만든 은어로 길흉을 예언하는 종교적 예언이다. 진시황때 출현한 진나라를 망하게 한 것은 호(胡)이다 라고 한 것이 일종의 참이다. 이런 참언이 종종 그림으로 제시되기 때문에 도참이라고 한다. 그런 내용을 담은 위서(緯書) 중에 참어(讖語)가 들어 있기 때문에 통칭 참위(讖緯), 참서(讖書), 도참(圖讖)이라고 부른다(張岱年,『中國哲學三百題』, 上海古籍出版社,1988, 664~665쪽).

다. 이런 정책의 실행 결과 유학사상은 곧 중국 전통문화, 철학의 발전과정 중에 절대적인 주도적 지위를 점유하고 선진의 백가쟁명적 국면은 곧 마감되었다. 유가사상은 중국의 이런 일대 통일된 민족과 국가를 이뤄내는데 적극적인 작용을 일으킨 면도 있지만 중국 고대 문화의 다원화된 발전에 오히려 장애가 되는 소극적 영향도 미쳤다.

동한 때 도참사상이 성행하여 이른바 도참은 미신이나 예언을 가리키며 부참(符讖)과 도참(圖讖) 등의 의미를 내포했다. 위(緯)는 경에 대해 말하는 것으로 신에 의탁하여 유가경전을 해석하는 경향을 말한다. 도참의 학술발전은 유학으로 하여금 더 발전케 했고 신학과 결합하여 『백호통의』, 『백호통덕론(白虎通德論)』 등의 대표적인 저서가 출현한 것은 일부 도참화된 경학서들이 동중서가 제창한 금문경학의 발전에 새로운 단계로 진입을 의미한다. 『백호통의』 중에 "삼강(三綱), 육기(六紀, 인륜상의 지켜야 할 작은 항목으로 諸父, 兄弟, 族人, 諸舅, 師長, 朋友)" 등은 봉건사회관계와 윤리강령으로 하여금 자연의 질서에 부합되고 하늘과 인간이 감응케 함으로써 진일보하게 되었다. 그러나 이런 경향은 한편 천인합일 사상이 소극적인 방향으로 진행케 함으로써 후세에 매우 깊은 영향을 미치기도 했다. 예컨대 삼강(三綱)은 천, 지, 인을 모델 삼고, 육기는 육화(六和)를 모델 삼아 봉건사회의 통치 질서가 그 기본 원리의 근거를 찾게 했다. 아울러 "날로 가는 것이 더디고, 달로 가는 것은 어리석다(日行遲 月行痴)"는 현상을 빗대어 임금의 안일을 설명하는가 하면 신하는 열심히 일한다는 것을 설명하고 하늘로 경을 삼고 땅으로 그 뜻을 삼는(天經地義) 일 등등 모두가 봉건통치를 위해 그 이론적 근거를 황당한 논거에서 찾은 사례들이다. 물론 부인할 수는 없지만 『백호통의』 중에서 봉건미신사상을 선양한 것을 제외하고는 어떤 면에서 일정 수준에서 당시 과학기술의 성과를 반영한 것으로 이해되지만 이는 본 주제의 범주에 들지 않으므로 여기서는 생략하기로 한다.

동한 말에 정현(鄭玄, 127~200)은 고문경학과 금문경학을 합하여 한대 경학으로 집대성하여 후세에 정학(鄭學)이라고 일컬어지는데 그 끼친 영향은 실로 컸다. 위진남북조시대에 남조와 북조의 경학은 남학(南學)과 북학(北學)으로 구분되는데 남학은 현학과 불교학의 영향을 받아 천명인성설(天命人性說)을 계승 발전시켜 송명대 이학(理學)의 기초를 형성했다. 반면에 북학은 장구(章句), 훈고를 위주로 동한의 예전 학설을 묵묵히 유지했다. 동한의 경학은 일대 학풍을 이뤄 중국 고대철학, 역사학, 문학예술 및 교육사상에 지대한 영향을 미쳤다. 유가경전 및 그 주석은 중국사회 역사와 문화사상을 연구하는데 중요한 자료가 된다.

(2) 『황제내경(黃帝內經)』의 철학사상

황제내경은 중국 의학에 관한 위대한 저서이다. 이 저서의 원작자는 알 수 없으나 당대에도 서로 다른 관점이 있었다. 일반적으로 최후에 저서가 완성된 것은 한대로 알려져 있지만 그 중에 전국시대 자료가 많이 포함되어 있다. 『황제내경』은 『소문(素問)』과 『영추(靈樞)』 두 부분으로 구성되어 있다. 어떤 사람은 오늘에 전하는 『침경(針經)』을 『영추경』으로 이해하는 사람도 있다. 황제내경은 고대에 장기간에 누적된 사람들의 질병에 관한 지식과 임상경험을 집약한 결과이다. 이 저서는 음양오행설의 소박한 기철학(유물론)과 변증법사상을 활용하여 전면적으로 인간의 생리, 병리 및 치료, 이론 및 방법을 논술하고 있다. "음양이란 천지의 도이자 만물의 기강이며 변화의 원천으로 낳고 죽는 근본이자 새로운 시작으로 신명의 부(府)이다"라고[21] 했다. 그리고 이 저서는 음양을 천지만물과 인간의 생리와 정신활동, 생성 변화의 근원으로 보고 나아가 인체와 자연환경과의 관계를 기술하며 자연계의 변화에 비춰 인간의 생활을 조절하여 인체와 자연계의 균형에 이르는 방법을 제시하고 있다.

> "상고시대 사람들은 도를 알고 음양을 준거로 하고 그 술수에 조화롭게 하며 먹고 마시는데 절도가 있으며 기거하는데 떳떳함이 있고 망령되게 일하지 않기 때문에 인간의 형태와 신구(神俱)가 천년동안 유지되고 백세를 넘길 수 있었다. 그러나 오늘의 사람들은 그렇지 않다. 술을 장으로 알고, 망령된 것을 떳떳한 것으로 알며 취하여 방에 들어가고 그 정력을 다 쓰고자 하며 그 진기를 다 소모할 뿐 지키는 것을 모르고 신명을 때에 맞게 통제하지 못하고 그 마음을 유쾌하도록 힘쓰고 즐거움을 생기게 하는 것에 거슬리며 기거에 절도가 없기 때문에 50만 되어도 쇠해진다".[22]

이런 황제내경의 내용은 음양과 술수의 양생지도에 근거한 것으로 긍정적으로 평가할 만하다. 여기서는 인체의 각종 기관을 변별하는 한편 이들이 서로 밀접하게 연계된 통일체로 보아 인체 국부의 질병은 전신에 영향을 주고 전신의 상황도 국부의 병에 영향을 주고받는 것으로 본다(황제내경의 오장생성론 및 오장별론 등 참조). 이와 같은 의학상의 발전은 중국 철학 사상의 전체적인 개념과 체계적 관점에 발전을 가져다 주었다. 비단 중국 고대 의학이론과 임상실험에 효과적인 지도뿐만 아니라 중화민족의 전통의학(기황: 岐黃, 岐白

---

21) 『黃帝內經·陰陽應象大論』.

22) 『黃帝內經·上古天眞論』.

과 皇帝, 즉, 중국 전통의술을 의미함)발전에 탁월한 공헌을 했다. 뿐만 아니라 황제내경은 중국 특유의 철학 발전뿐만 아니라 중국 철학의 발전과 자연실체에 대한 연구에도 풍부한 자료를 제공했다.

(3) 기철학과 신학의 논쟁

이 시기는 왕충(王充, 27~97 추정), 양웅(揚雄, B.C. 53~18), 환담(桓譚, B.C. 24~56)을 대표로 하는 기철학자들이 하나의 철학 및 교육사상을 제시함과 아울러 반신학적 논쟁을 전개했다. 왕충의 철학 및 교육사상을 보면 그는 자칭 "유가의 학설에 위배되고 황로의 학설에 합치된다"고[23] 하면서 철학적으로 원기자연론(元氣自然論)을 주장했다. 그는 기(氣)란 천지만물의 비롯이 되는 근원이요, "천지는 기의 자연을 함유하고 있는 것이며"[24] "천지가 기를 합하여 만물이 스스로 생성된 것"으로[25] 천지의 본원은 기요, 만물은 천지의 운행으로 기가 시행되어 자연이 생성된 것으로 보았다. 아울러 천도 자연설(天道自然說)에 따라 당시 유행한 천인감응을 비판하면서 천도는 복선화음(福善禍淫) 등의 미신과 같은 사상이라고 혹평했다. "무릇 천도는 자연이라 인위적인 함이 없다. 예컨대 다른 사람에게 알리는 것을 꾸짖는 것은 인위적인 것으로 자연이 하는 것은 아니다.[26] 음양의 기는 사람이 주가 되기에 하늘을 두고 하는 말은 아니다. 무릇 인간이 하늘을 감응케 할 수는 없으나 하늘은 누군가를 따라 행하는 것은 아닌데 인간을 감응케 한다".[27] 역사적으로 보면 다음과 같은 관점에 동의한 것이다. "곡식 창고가 가득해야 예절을 알고 의식이 족해야 영욕을 안다"는[28] 사상에 찬동하면서 "살아가는데 여유가 있어야 한다. 다툼은 부족하기 때문에 일어난다"고 했다. 곡식이 충분하고 먹을 것이 많으면 예의를 차릴 마음이 생긴다, 예가 풍요로워지고 의리가 중시되며 평안의 기틀이 세워진다(『論衡·治期』)는 관점은 사회의 어지러움을 다스리는 것과 경제생활 간에는 밀접한 관련이 있음을 인정한 것이다. 진화적인 역사관에서는 예전의 것을 숭상하는 것과 성현 군주의 신화, 숭배사상을 반대한다. 예전에는 원시인들이 새나 짐승 따위를 털도 뽑지 않고 피도 씻지 않은 채 먹는 비참한 삶을 영위했다면 지금은 우물물을 마시고 밥을 먹는다. 옛날에는 돌에 구멍을 내고 거기에 들어가 살았으나 오늘날에는 궁실 같은

---

23) 『論衡 ·自然』.
24) 『論衡· 談天』.
25) 『論衡· 自然』.
26) 『論衡·譴告』.
27) 『論衡·明雩』.
28) 『論衡·治期』.

집을 짓고 사는 것이 모두 역사의 진보라고 본다. 이런 진화 사관 중심의 사상은 유물론적인 기 중심의 사유체계에 바탕하고 있지만 동시에 모종의 기계론과 운명결정론적인 사상이 공존한다. 이를테면 세상의 혼란을 다스리는 것은 시간에 있지 정치에 있지 않고 나라의 안위는 술수(數)에 있지 교육에 있는 것이 아니라고 하고 흥망성쇠는 모두 하늘이 내리는 때라는 것 등은 모두 잘못된 관점이라고 지적한다. 왕충은 『문공(問孔)』, 『자맹(刺孟)』 등을 저술하여 세인들이 공자와 맹자에 대해 갖고 있는 잘못된 믿음을 파기했으나 당시에 소중하게 받아들여지지 않았다. 때문에 왕충의 사상은 봉건사회에서 일찍이 이단으로 인식되어 그가 점유한 역사적, 과학적 지위를 갖지는 못했다. 그러나 왕충이 주장한 유물론적인 기중심의 사상과 그가 주장한 독창적인 사고 즉, 배움으로써 세상에 유용하게 한다는 사상은 인습과 수구적 태도를 반대하고 법과 전통에 구애받지 않으며 우상과 권위적 태도와 정신을 버리고 당시 성행하던 장구(章句)의 풍조와 도참신앙까지 반대했을 뿐만 아니라 어리석은 사람을 각성시켜 오늘에도 크게 제창되고 발양되어야 할 내용이다.

이상에서와 같이 한대의 교육철학 및 교육사상에는 독특한 특징이 있다. 그것은 봉건적인 정통경학 중심의 교육사상가들이 선진시대로부터 전해 내려오는 문화와 학술, 교육사상을 개혁하여 봉건주의 요구에 부응케 하는 한편 적지 않은 학자들이 선진시대 이래의 문화, 학술 및 교육사상의 우수한 전통을 이어받아 발전시킨 점이다. 한대의 학문적 경향인 훈고학과 아울러 후대의 송명이학은 비록 상이한 학풍이지만 후대 학자들이 본받고 계승해야 할 대상이다.

3. 위진 현학

위진남북조시대는 사회적으로 큰 변동과 분화가 일어났던 시기였다. 서기 220년 조조(曹操, 155~220)가 북방을 통일하자 위, 촉, 오(魏, 蜀, 吳) 삼국이 정립케 되었다. 후에 조비(曹丕, 187~226)는 한의 황제임을 칭하고 위나라를 세웠다. 265년 사마(司馬)씨는 또 위를 찬탈하고 촉, 오를 멸망시킨 후 서진을 건립했다. 317년 진의 왕실은 서진의 압박을 받자 남으로 옮겨가 동진을 건립하여 남북이 대치하는 국면 즉, 남북조가 형성되었다. 남조는 420년 진을 멸망시킬 무렵을 전후로 하여 송, 제, 양, 진(宋, 齊, 梁, 陳) 네 왕조가 출현했다. 북조는 소수민족이 건립한 16개국이 북위에 통일되고 북위는 다시 동위와 서위로 나뉘었다. 동위는 북제에 서위는 북주에 각각 멸망당했다. 589년에 이르러 수문제인 양견(楊堅, 541~604)은 진과 주(북주)를 멸하고 남북을 통일하여 360여 년간의 분할 국면을 마감했다. 이것이 바로 위진남북조시기이다.

(1) 위진현학(魏晋玄學)의[29] 발전

위진현학의 중요한 특징은 이 시대의 학술활동과 사상이다. 노신(魯迅, 1881~1936)은 『위진의 풍격 및 문장과 약(藥) 및 술(酒)과의 관계』라는 저서에서 당시 사회배경과 청담의 기풍이 일어난 원인을 분석했다. 당시 사회문제는 정치적 혼란과 찬탈이었다. 통치자들은 유가의 명분과 교화라는 미명을 지키는 한편 명분과 교화에 반대하는 수작을 벌인 것이다. 사회 변동이 심하고 불안하기 때문에 특히 사마씨가 유가의 명분과 교화라는 미명 아래 왕위를 찬탈하고 이단자를 주살하는 행동에 불만을 가졌다. 일군의 학자들을 이미 청담의 기풍과 자유분방한 가운데 구속을 받지 않는 표현을 빌려 이런 시대 변화에 부응하고 약물 복용과 음주의 기풍을 크게 성행시켜 현학이 발전하게 되었다. 현학의 발전은 또한 경학에 대한 비판의 결과이기도 했다. 위진 시기에 경학이 쇠락하고 불교가 전래되어 학자들이 유학에서 현학을 연구하는 방향으로 전향함으로써 『노자』, 『장자』, 『주역』을 기초로 한 삼현의 학문이 날로 발전하기 시작했다.

현학의 발전은 현학의 출현과 그 후 발전을 거쳐 현학과 유학의 결합 및 현학의 불교화라는 몇 단계를 밟게 되었다. 위나라 정시년간(正始年間, 240~248)에 하안(何晏, 193 추정~249)은 『도덕경』, 『무명론(無名論)』, 『무위론(無爲論)』을, 왕필(王弼, 226~249)은 『노자주(老子注)』, 『주역주(周易注)』 등을 지어 현학을 창시했다. 이들은 "무(無)"를 근본으로 삼으면서 무를 모든 존재의 근거로 삼는 본체론을 주창했다. 철학에서 이 무를 가지고 우주의 본체를 해석하고 정치에서는 무를 가지고 소박한 유가 명분과 교화의 정치로 삼았다. 위진 대에 완적(阮籍, 210~263), 혜강(嵇康, 223~262 추정)을 대표로 하는 현학은 진일보 발전했다. 완적은 『통노론(通老論)』, 『달장론(達庄論)』, 『통역론(通易論)』 등을 지어 장자사상을 발전시키고 성품을 자연에 맡길 것을 주창하였다. 그에게서 "도란 자연을 법삼아 교화하는 것"으로[30] 인식되었다. 혜강은 더 나아가 "명분과 교화를 넘어서 자연에 맡기는 것"을[31] 주장하였는데 『여산거원절교서(與山巨源絶交書)』, 『이자연호

---

29) 위진현학: 위진남북조시대 3~4세기 노장사상, 노자의 현지우현(玄之又玄)의 사상에 입각하여 또 명가(名家)의 영향을 받아 유교의 실제적인 면과는 달리 사물의 명칭, 또는 언어의 이치를 분석하는데 전력했다. 노자, 장자, 주역을 삼현이라고 한다. 현학파로는 왕필(王弼), 향수(向秀), 완적(阮籍) 등이 있는데 이들은 유교와 절충적 입장을 취했다.

30) 阮籍, 『通老論』.

31) 嵇康, 『釋私論』.

학론(離自然好學論)』 등이 그의 대표작이다. 그는 철학, 사상적으로 자연을 숭상하고 행동에서는 예법을 경멸하고 방탕하여 어디에 구속당하지 않을 것을 주장했다. 혜강은 이를 두고 말하기를 "탕(湯) 임금이나 무(武) 임금도 아니면서 주공을 가볍게 여기니" 완적이 난폭하여 곤경에 처하여 우는 것이 바로 그 사례다고 했다. 위진에서 진에 이르기까지 향수(向秀, 227 추정~272), 곽상(郭象, 252 추정~312)은 유교와 도교를 조화시키고 자연과 명교를 통일하여 현학으로 하여금 무를 귀히 여기는 "귀무(貴無)" 풍조에서 유를 귀하게 여기는 "숭유(崇有)"로 전향 발전하게 함으로써 현학의 발전에 새로운 국면에 진입하게 했다. 배위(裴頠, 267~300)는 숭유론을 주장했고 후에 곽상은 계속 "무는 유를 생성할 수 없으므로 사물은 홀로 자생한다"고[32] 주장했다. 또한 그는 유는 스스로 생성하면서 변화하는 것이어서 무가 스스로 존재하는 근거가 될 필요가 없다고 주장했다. 이런 주장 즉, "유가의 명분과 교화가 곧 도가의 자연이다"는[33] 것은 유가철학과 도가철학의 결합을 의미한다. 동진 이후에 현학과 불교가 합류하여 현학은 쇠미의 시기로 접어드는데 그 기본 내용은 현학의 불교화였다. 이렇게 현학과 불교가 합류하여 현학이 불교로 대체되게 된 것이다.

현학의 발전은 철학사상의 심도 있는 발전을 의미했다. 비단 당시만이 아니라 후대 철학의 발전에도 비교적 깊은 영향을 끼쳤기 때문이다. 현학의 개념은 『도덕경』에 "현지우현 중묘지문(玄之又玄, 衆妙之門)"이라는[34] 내용에서 유래한다. 현학의 연구는 과거에 우주생장론을 우주 본체론에 까지 확대 추진함으로써 우주본체론의 사상체계를 수립하고 유무, 본말, 체용, 자연과 명교, 진의(盡意)와 부진의(不盡意)[35] 등 철학의 범주와 명제를 제시했다. 도가의 관점으로 유가의 경전을 해석하고 비교적 높은 수준의 추상적 사유 형식을 갖추게 되었다.

정치적으로는 유가에서 주장한 명분과 교화를 버리고 도가에서 주장하는 자연과 대립되는 형국이 되었다. 이에 그들은 새로운 형식으로 그들 양자 간의 융합을 꾀했다. 무를 귀하게 여기는 것과 유를 숭상하는 것 간에 논쟁은 바로 이런 추세를 설명해주었다. 비단 "명교를 넘어서 자연에 맡긴다"는 것뿐만이 아니라 "명교가 자연에서 나온다"는 명제를

32) 郭象, 『莊子注』.

33) 郭象, 『莊子注』.

34) 『道德經』 제1장, "유현하고 유현하며 모든 도리나 일체 변화의 근원이 된다".

35) 『周易·系辭傳』에 "言不盡意, 聖人立象以盡意"라는 말에서 유래된다. 이는 괘(卦)와 효(爻)를 해설한 말로 상(象)은 객관적인 사물의 구체적인 상징이라면 의(意)는 괘효에 함의된 뜻으로 성인이 천문을 살피고서 얻은 세계의 본질에 대한 인식이다. 그런데 괘상은 성인의 뜻을 표현한 바이지만 그 뜻을 잃어버려 언어로 완벽하게 표현하기 어렵다는 뜻에서 세계의 본질에 대한 인식도 구체적인 사물에 대한 인식도 모두 언어로는 그 뜻을 다 알기 어렵다는 뜻이다(張岱年, 『中國哲學三白題』, 上海古籍出版社, 1988:473쪽).

제시하여 명교와 자연의 통일, 유교와 도교의 사상이 결합되게 했다. 현학이 성행했던 시기는 또한 불교가 중국에 전파되어 날로 발전하는 시기였다. 따라서 현학의 무(無)와 불교의 공(空)은 매우 근접하여 현학이 성행하던 시대 상황에서 불교도는 곧 현학으로 불교를 해석하는 불교의 현학화가 이뤄졌다. 당시의 승조(僧肇, 384~414)는 『불진공론(不眞空論)』 등의 저서에서 유무를 하나로 통합하는 사상을 제시하면서 "비록 유이지만 유가 아니고 또한 무이지만 무가 아니며 유무라고 이름만 달리하지 하나이다"고 하는 논점을 제시했다. 승조의 이런 불교의 현학화에서도 위진 현학사상이 무를 귀하게 여기는 사상("貴無")에서 존재하는 것, 즉 유를 숭상하는 사상("崇有")으로의 변화를 반영함으로써 유무합일의 복잡한 발전과정을 거치게 되었다.

(2) 현학이 교육 및 문학예술 등에 미친 영향

위진시기는 현학이 유학의 독존적 지위에 대하여 충격을 가함으로써 교육철학에 자연과 유교의 명분 및 교화 간에 쟁점 즉, 교육실천에도 자연을 숭상하고 유교의 명분과 교화를 경시하는 풍토가 나타나게 되고 젊은 세대는 자연에 순응하고 개성의 자연적 발전을 촉진할 뿐 인위적 가공, 조작을 하지 않게 되었다. 예를 들면 왕필은 이렇게 말한 바 있다. "자연에 따라 행하고 인위적으로 만들어 시작하지 말며 사물의 성질에 따르고 구별하고 분석하지 말며, 사물이 자연이므로 따로 시설과 제공을 하지 말라"고[36] 했는데 이런 주장도 인위적으로 조작하여 배우는 것을 하지 말라는 가르침이다. 그렇게 함으로써 인간의 자연적 본질을 손상당하지 않게 하려고 한 것이다. 이런 경향은 유가에서 주장하는 교육의 사회적 적응 기능을 제한한 결과가 되었다. 그와 반대로 현학은 청담에 대하여 유가를 존중하고 교화를 중요시할 것을 주장한다. 초기에 부현(傅玄, 217~278)은 교육은 국가 발전에 대하여 인적 성장의 중요한 의의와 기능을 강조하면서 "국가가 발전하려면 인재보다 더 귀한 것이 없고, 덕으로 교화하는데 배움보다 더 귀한 것이 없다"고[37] 하였다. 교육을 통해야 인재를 육성할 수 있기 때문에 중요한 관계가 있다. 그는 인간의 성품의 완성은 교육에 달려 있다고 논증했다. 그는 말하기를 "인간의 성품은 물과 같아 둥근데 두면 둥그러지고 모난데 두면 모나며 마음을 가라앉히면 순해지고 맑아지며 움직이면 흘러 탁해진다"고[38] 했다. 이는 인간의 성품의 변화가 교육으로 인하여 변화될 수 있음을 말한 것이다. 이렇기 때문에 인간에게 교육이 필요하다. 교육의 내용에서도

36) 王弼, 『老子』, 27章.
37) 『傅子·闕題』.
38) 『傅子·附錄』.

예의를 위주로 하여 예의를 닦은 기초 위에서 재능이라야 위 사람들에게 편안하고 아래 사람들이 따른다(上安下順)고 하였다. 이로써 사회가 안정되고 국가가 견고해질 수 있다. 그리고 이렇게 함으로써 유가의 교육 내용을 회복하는 것이다. 후기에 안지추(顔之推, 531~591)도 유교를 존중하고 교화를 중요시할 것을 제창한 대표적인 인물이다. 그가 지은 『안씨가훈(顔氏家訓)』은 유교 교육사상에 기초한 가정교육의 선양뿐만 아니라 후세에 사대부의 중요한 교재로 다뤄졌다. 위에서 서술한 사실은 현학 자체의 발전 과정만이 아니라 동시에 유교와 도교 간에 논쟁하는 복잡한 상황도 알 수 있다.

위진시대는 유학이 현학으로부터 받은 충격으로 인하여 유학의 독존적 지위에 타격을 입었다. 문학, 예술 분야에서도 유가와 관련하여 사회, 정치적으로 좁은 의미의 공리관(功利觀)이 타파되고 도가의 자연주의와 낭만주의 사상을 흡수한 문학 예술이론과 실천에 새로운 발전을 가져왔다. 아울러 백화제방(百花齋放), 백가쟁명(百家爭鳴)의 새로운 국면이 출현되게 되었다. 일찍이 노신이 말한 문학자각시대(文學自覺時代)[39]를 형성했다. 예를 들면『전론(典論)·논문(論文)』), 『문심조룡(文心雕龍)』, 『시품(詩品)』 등의 문학평론 위주의 문장과 전문 저서를 비롯하여 회화 및 서법 등 분야에 논저도 출현되었다. 예컨대, 조비는 『전론·논문』에서 건안(建安, 후한 196~200대의 시기)의 칠자문장(七子文章, 한말 建安시기의 7대문학가의 총칭으로 孔融, 陳琳, 王粲, 徐干, 阮瑀, 應瑒, 劉楨 등)의 장·단점에 대하여 공평하고도 타당한 평가를 했을 뿐만 아니라 각기 장점을 가지고 서로 단점이라고 경시하는 문인들의 경시 풍조와 암암리에 자신의 관점만을 제시하는 문제점을 비판하면서 "글은 하나의 체제가 아니라 선함을 갖출 수 있어야 한다"(文非一體 鮮能備善)는 독자적인 견해를 제시했다. 아울러 "글은 기를 위주로 한다"(文以氣爲主)는 주요한 이론을 제시하였고 각종 문체의 서로 다른 요구와 품격 예컨대, 秦의 의아(宜雅), 서론의리(書論宜理), 명뢰(銘誄) 상실(尙實), 시부욕려(詩賦欲麗) 등을 주창했다.

이런 몇 편의 논문은 문예비평의 선구적 효시를 이뤘다. 또한 유협(劉勰, 약466~538)의 『문심조룡』은 비교적 체계적인 문학평론 저서로 세계에서 선도적인 지위를 차지하고 있었다. 『문심조룡』 전서는 모두 10권, 상, 하 양편으로 구성되어 있다. 상편에 「원도(原道)」, 「종경(宗經)」 등 두 편은 서론적인 것이라면 『명시(明詩)』, 『전부(詮賦)』 등 두 편은 중요 논술로 각종 작품에 실려 있는 특징과 역사적 변천과정을 담고 있다. 그리고 하편에 「신사(神思)」, 「체성(體性)」, 「풍골(風骨)」, 「통변(通變)」, 「시서(時序)」, 「물색(物色)」, 「지음(知音)」 등 작품들은 창작에 대한 검토와 원칙 및 방법에 대한 비판과 문학과 그 시대적 관계들을 다루고 있다. 문심조룡 전서는 문예의 형상, 문예의 품격, 내용 및 형식,

39) 魯迅, 『魏晋風度及文章與藥及酒之關係』 참조.

계승과 혁신, 감상 및 비평 등 일련의 중요한 문제를 다루고 있다. 또한 당시 추구한 형식의 문예풍토를 비판하면서 후에 문예발전에 대한 깊은 영향을 남겼다. 그리고 종영(鍾嶸, 미상~552)의 『시품(詩品)』도 중국에서 최초의 시화(詩話)로 시가의 창작, 부(賦), 비(比), 흥체(興體)를 예로 든 논술, 창작의 형상 및 사유의 연구에 대해 모두 독창적일 뿐만 아니라 시에 대한 품론의 선례를 열었다. 그는 서법과 회화에서도 왕희지(王羲之, 303~361)처럼 서예의 대가를 이뤘을 뿐만 아니라 위부인(衛夫人, 衛鑠, 東晋 河東 安邑人, 汝陽太守 李矩의 처로 왕희지에게 서법을 배움)의 『필진도(筆陳圖)』와 같은 서예이론을 구축했다. 산수화도 이 때에 일어났다. 그러므로 위진시기는 중국사상, 문화발전의 역사에서 하나의 중요한 발전단계였다. 그는 우주본질에 관한 현학적인 철학사상에 대한 연구만이 아니라 문학예술, 분야에서도 창조와 혁신 그리고 비교적 풍부한 이론적 성과를 냈다.

(3) 범진(范縝)과 신멸론(神滅論)

위진남북조시기에 현학이 점차 불교로 대체됨에 따라 철학적으로 쟁점이 된 문제는 곧 神의 존재 문제였다. 즉, 신은 불멸한다는 주장과 신은 멸한다는 주장간의 논쟁이었다. 범진(范縝, 450~515)을 대표로 하는 신멸론을 지지하는 불교 측에 대한 반대 투쟁과 포경(鮑敬, 元山 陽人 字元禮, 인물, 수목, 동물 목단 등을 주 소재로 한 화가)을 대표로 하는 반신선, 도교 간의 논쟁이 출현되었다. 다음에 범진을 대표로 하는 당시 무신론적 유물주의 철학사상의 발전에 대해 논의하기로 한다. 신의 형상(形神) 관계 즉, 물질과 정신의 관계에서 범진은 신멸론적인 입장에서 형신상(形神相) 즉, 형질신용(形質神用)[40] 등의 정확한 사상체계를 제시하였다. 그는 형존(形存, 형상을 띠고 존재하는 것)은 바로 신이 존재한다는 것이지만 형상이 다하면 신은 멸한다고 보았다. 이는 형신(形神)이 둘이 아니라 이름만 다를 뿐 하나이다는 입장이다. 이는 일종의 물체의 양면에 대해 다르게 표현한 것으로 이른바 형신상즉(形神相卽)과 같다. 형질신용(形質神用)에서 그는 "형이란 신의 질이고 신이란 형의 용으로 이는 형이 질을 신은 그 용을 말하는 것으로 형과 신은 서로 다를 수 없다"고 하였다. 정신과 형태는 각기 독특한 작용을 하지만 불가분리의 것이다고 설명한다. 그는 또한 칼날과 그 칼의 예리함과의 관계를 비유로 들어 설명하였다. 예컨대 칼날이 없다면 예리함도 존재하지 않는다, 인간의 형체가 소실되면 어떻게 정신을 말할 수 있겠는가. 그는 또한 손과 마음의 작용을 비유하여 인간의 정신활동은 생리기관을 기초로 해야 할

---

40) 남조 범진이 불교를 비판할 때 제시한 철학적 명제로, 형체는 정신이 의지하는 질이지만 정신은 단지 그 형체의 작용만을 할 뿐 이는 물질이 첫 번째 성질이 되고 정신은 그 다음에 해당되는 것이라고 하여 기철학적(유물주의적) 관점을 견지한다.

뿐만 아니라 나아가 감각과 사유의 관계문제까지 섭렵하여 언급했다. 예컨대 그는 "손등도 아프면 치료를 해야 하지 옳고 그름을 생각할 것이 아니다. 옳고 그름에 대한 생각은 마음과 장기가 주가 되나, 양자는 모두 정신작용을 통일한 서로 다른 조성 부분으로 인간의 형체를 떠나 독립적으로 존재할 수 없을 뿐더러 단지 살아있는 인간의 형체라야 정신작용이 있을 뿐이다. 범진의 신멸론(神滅論)은 불교에서 말하는 영혼불사설 즉, 영혼은 형체를 떠나 존재한다는 유심주의 이론을 논박했다." 뿐만 아니라 생각하는 것은 본체이고 본질이 따로 없다는 "여체무본설(慮體無本說)"을 논박하면서 사유작용은 어떤 물질적 기초에 맡길 수 없다는 것은 잘못된 관점이라고 하였다, 범진의 무신론적 관점인 형신상즉(形神相卽)과 형질신용(形質神用)의 사상은 위진시대 체용의 이론적 성과에서 진일보 발전한 것으로 이전에 자연관이 갖고 있던 이원론적 관점을 극복한 것이다.

여기서 특히 지적해둘 것은 범진이 외부의 강한 권력을 두려워하지 않고 진리의 높은 품격과 맑고 고운 절개를 견지한 모습이다. 범진은 남북조 불교가 가장 성행했던 시기에 태어나 양무제 숙연(蕭衍, 502~549)이 불교를 국교로 지정한 때에 범진은 신멸론과 신불멸론으로 두 차례의 공개적인 논쟁을 진행했다. 첫 번째 논쟁은 같이 제나라의 재상인 숙자량(蕭子良, 齊나라 무제(武帝, 482~493)의 아들인 경릉왕(竟陵王))과 그가 불러들인 명승 간에 변론이었다. 이른바 "제나라 재상인 숙자량이 많은 승려를 모아 집회를 가졌으나 난점이 있어 굴복할 수 없었다"는 내용의 변론을 쓴 것이 신멸론(『神滅論』)이다. 당시 이 저서는 불교의 걸작이었다. 숙자량은 변론에서 이기지 못한 후에 왕융(王融, 467~ 493)을 보내 위협하고 유인했으나 범진은 결코 "자신의 논점을 팔아 관직을 사지 않겠다"는 의사를 분명히 했다. 두 번째 논쟁은 양무제가 친히 동원한 왕족 및 귀족 64인과 범진이 함께 전개한 일대 변론이었다. 그는 시종 굴하지 않았고 『답조사인(答曹舍人)』을 지어 반격을 가했다. 범진의 이런 권세와 부귀에도 두려워하지 않고 이해관계의 유혹을 받아들이지 않았던 정신은 자신의 논점을 팔아 관직을 취하지 않는 소위 매론취관(賣論取官, 자신의 논점, 학문을 팔아 관직을 도모함)하지 않는 기개와 절개요, 지식인들에게 높고 숭상할만한 표본을 세운 것이다.

4. 수·당대 불교 및 삼교(三敎)의 발전

수문제인 양견은 581년 주나라 즉, 북주를 폐하고 589년 진나라를 멸하면서 위진남북조 이래 3백 년 동안 봉건활거의 국면을 마감했다. 남북을 통일하고 중앙집권적인 봉건국가를 세운 것이다. 그러나 수나라의 통치기간은 불과 30년이 지나지 않아 또 이연(李淵, 566~635)이 멸하고 하나의 중앙집권적 봉건제국인 당나라 왕조가 세워졌다. 당대는 수대를 이어서 정치, 경제적으로 개혁을 단행하고 비교적 개방된 정책을 실행했다. 아울러 개방된 국가의 정책을 실행하고 국내적으로 각 민족 간의 융합을 꾀하고 대외적으로 인도, 일본, 조선 등의 여러 나라를 비롯하여 중앙아시아 서남아시아, 북아프리카 등 여러 나라와 관계 및 교류를 통하여 경제, 문화교류를 수행했다. 그리하여 당대에는 정관(貞觀, 당 太宗)의 통치와 개원(開元, 당 玄宗)의 통치라는 말이 나와 중국 봉건사회 발전의 최고봉과 찬란한 발전기를 이뤘다.

(1) 수·당대의 철학사상

수당대의 철학사상은 기본적으로 유교, 불교, 도교가 공존했다. 이는 위로 위진의 현학을 계승하고 아래로는 송명이학을 여는 중요한 단계였다. 특히 불교는 이 시기에 예전에 없던 발전을 함과 동시에 점점 중국화, 토착화되어 갔다. 수나라가 중국을 통일한 다음 유학에 기초한 정책을 중용하면서 당시 유학에서 출현한 남북의 서로 다른 특징이 융해되었다. 당나라는 수나라를 계승한 후 유학을 중요시 하여 공묘를 세우고 전문직을 두어 경전 주석을[41] 진행하는 등 유학이 위진 시대 현학 발전기에 쇠미한 후 다시 부흥기를 맞게 되었다. 그러나 불교와 노장사상에 대해서도 중시하고 보살피면서도 말기에는 방치하기도 했다. 수 문제(文帝, 541~604)는 불교와 도교를 중시하여 일찍이 불상이나 천존상을 훼손하지 못하도록 명령을 내리자 수양제 때 방중술로 인하여 요행을 바라는 도사들도 적지 않았다. 당나라 때는 통치자들은 이씨 성을 가진 사람들이었다. 그들은 자칭 노자의 후예라고 하면서 도교에 대해서도 보살피면서 노자묘를 세우고 숭현관을 설립하며 도덕경을 학습하고 이를 전파함과 동시에 매년 과거시험인 공거시(貢擧試)에 노자에 관한 시험을 추가하였다. 불교에 대해서는 더욱 제창하여 수대에 두 임금이 크게 불교를 주창하여 일찍이 민간불경이 많게는 육경(六經)이 수백 배에 이르렀다.[42] 당대에 많은

---

41) 예를 들면, 국자감을 주고 국자좨주인 공영달(孔穎達)로 하여금 『오경정의(五經正義)』 등을 주편하게 했다.

42) 『隋書』 卷35, 『經籍志』4.

황제들은 대부분 불교를 신앙하였다. 당 태종은 현장법사를 서역에 보내 불경을 가져오게 했고 부처를 존숭하고 받드는 것이 배가됨과 아울러 그가 번역해낸 새로운 경전을 『대당삼장경교서(大唐三藏經教序)』라고 명했다. 고종(高宗, 628~683)과 무측천(武則天), 중종(中宗, 656~710), 숙종(肅宗, 711~762) 등은 대를 이어 모두 독실한 불교신자로 헌종(憲宗, 778~820)때 불교는 이미 최고 전성기를 맞이하게 되었다. 유교, 불교 도교간의 경쟁이 극도로 복잡한 상황으로 전개되어 한때는 서로 첨예하게 대립에 처하기도 했다.

불교는 이 시기에 매우 큰 발전을 하여 많은 종파가 출현했다. 그 중에 영향력이 비교적 큰 종파로는 천태종, 유식종, 화엄종과 선종으로 그 중에서도 화엄종, 선종 세력이 가장 컸다. 화엄종은 조선과 일본에 전파되어 한국 및 일본 불교의 주요한 종파가 되었으며 선종은 거의 중국불교의 대명사가 되었다. 선종(禪宗)은 또한 남종과 북종 두 파로 나뉘어 남종은 혜능(慧能, 638~713)을 창시로 했다면 북종은 신수(神秀, 605~706)를 창시자로 삼았다. 이들은 모두 당나라 때 저명한 불교철학자요, 불교지도자였다. 육조혜능은 24세 때 오조 홍인(弘仁, 601~674)대사의 문하에 들어가 홍인대사로부터 금강경과 법의를 전수받아 세칭 육조대사라고 불려졌다. 전설에 의하면 이런 일단의 고사가 있다. 오조 홍인대사는 앞으로 자신의 법통을 이을 제자를 선발하기 위하여 여러 승려들에게 하나의 게(偈)를 짓도록 명하자, 신수는 다음과 같이 게를 지어 올렸다: "몸은 보리수요, 마음은 맑은 거울이라 때때로 부지런히 닦아 때가 묻지 않도록 할지어다." 한편 혜능은 "보리는 마음 본래 자리에는 없는 것이요, 맑은 거울 역시 없는 것이라 본래 한 물건도 없는데 어디에 때가 묻으리오"라고[43] 게를 올렸다. 결과적으로 혜능이 홍인대사로부터 주목을 받아 법의를 전해 받아 선종의 육조가 되었다. 혜능의 입장에서 보면 세계의 모든 존재는 텅 빈 것이고 단지 불성만이 항상 존재할 따름이었다. 세계의 모든 사물은 스스로 그 자체로써 존재하며 모두 마음의 표현으로 심량(心量)은 광대하여 마치 허공과 같고 허공은 능히 일월성신(日月星辰)과 대지산하를 포함한다.[44] 그러므로 마음은 일체를 포섭한다는 이 사상이 송명이학에 대해 특히 심체론(心體論)에 지대한 영향을 미쳤다.

혜능은 수양의 방법에서 신수의 주장과 달랐다. 그는 점수(漸修)의 방법이 아닌 돈오(頓悟) 즉, 여기서는 힘들게 불경을 공부할 필요가 없고 심지어 좌선도 반대하면서 주관적인 깨달음을 이뤄 부처가 되는 것을 주장했다. 이 때문에 보리는 단지 마음을 향해 찾을 뿐인데 어디 밖에서 구하려고 애쓸 것인가?[45] 라고 하였다. 이런 수행에 따르면 서구에서는 단지 돈오에만 주력할 뿐이었다.[46] 그의 돈오 수양방법과 신수의 점수 방법

43) 『六祖大師法寶壇經』 金陵刻經處本.
44) 慧能, 『六祖壇經』 참고.
45) 慧能, 『六祖壇經』 참고.

은 선명한 대조를 이뤘다. 불경에서 말하는 리(理)와 심(心), 그리고 여기서 채용(采用)한 돈오와 점수의 수양방법은 송명리학의 형성에 모두 각자 서로 다른 영향을 끼쳤다.

(2) 한유(韓愈, 768~824), 이고(李翱, 772~841, 字는 習之)의 유가의 도통에 대한 지지와 불교 및 도교에 대한 논쟁

당대에 삼교가 아울러 함께 하는 정책(삼교병거; 三敎並擧, 유교, 불교, 도교를 아울러 병행하는 정책) 실행은 유학을 존중하는 동시에 불교와 도교에도 힘써 크게 제창되었다. 당대 통치자들은 실제 이익 추구의 필요에 따라 불교와 도교에 대해 때로는 이것을 억제하고 저 것을 숭앙하기도 했다. 때로는 심지어 훼불과 도교를 멸하기도 하고 또한 불교와 도교를 존중하여 전통적으로 유교를 존중하는 것과 대립되기도 했다, 이렇게 유교, 불교, 도교가 서로 다른 시기에 격렬하게 투쟁을 벌이게 되었다. 당나라때 한유는 유가 도통(道統)의 기치를 내걸고 반불교, 반도교 투쟁을 진행한 것이 바로 그 한 예이다. 한유는 『원도(原道)』라는 자신의 저서에서 유가가 당한 어려움을 일일이 이렇게 열거하였다. "진나라 때는 화(火)로부터, 한나라 때는 황로로부터 진, 위, 양, 수나라 때는 불교로부터 어려움을 당했다". 세상 사람들로 하여금 도교에 참여하지 않게 하자 불교에 참여하니 유교는 또한 여러 차례에 걸쳐 도통을 상실하여 불교, 도교의 스승을 유가의 스승으로 삼기도 했다. 이 때문에 그들은 유가도통을 지키기로 자처하면서 불교와 도교에 대치하여 견제, 제지하였다. 그 방법으로는 사람이면 사람으로 대응하고 책은 불사르고 오두막에 거처하면서 선왕의 도를 도로써 밝히고자 했다. 뿐만 아니라 생명의 위험도 불고하면서 불교의 부당함과 불교신앙이 국가를 망하게 하는 위해로움을 밝혔다. 그는 당헌종에게 요구하기를 "관리들에게 부촉하여 불교에 관한 모든 것은 물과 불에 넣어버려 영원히 그 뿌리를 자르고 천하의 의혹을 끊어버리며 후대의 의혹을 잘라버리도록 했다".[47] 이를 위하여 몇 사람은 목숨을 상하기도 하고 인재를 구하기 위하여 핍박을 받아 조주(潮州)로 가서 칙사가 되기도 했다.

한유와 이고(한유의 제자)는 비록 불교와 도교를 배척하고 유교 도통의 부흥을 주창하는 이론가였다. 그러나 이고는 불교에 반대하는 한편 일면 불교의 어떤 부분에서는 그 영향을 수용하는 입장이었다. 그는 불교의 이론(理)으로 마음을 논하는 것(以佛理論心) 즉, 불교의 심성이론을 받아들여 유가의 성명학설을 충실히 함으로써 양자를 결합하고 실제로는 불교를 유가에 받아들여 송명이학의 형성에 상당한 영향을 끼쳤다. 동시에 그가

46) 慧能, 『六祖壇經』 참고.

47) 韓愈, 『諫抑佛骨表』.

주창한 유가도통과 복성학설(復性學說, 본래 성품의 회복을 주창하는 학설)도 기본적으로 유심주의이다. 이 때문에 그는 단지 불교와 도교가 인의와 군신, 부자 등 봉건윤리의 원칙에 위배된다고 비판할 뿐이지 종교 신앙의 유심주의 실제와 불교 및 도교에 반대하는 것을 노출할 수 없었던 것도 무리는 아니었다. 심지어 기철학자(유물주의자)인 유종원(柳宗元, 773~819)도 유교와 불교의 통합을 주장하고 나아가 유교와 불교사상의 융합을 주창하기도 했다. 이렇게 본다면 수·당대 이후 유교와 불교 및 도교의 융합은 이미 보편적인 추세였다. 이런 추세는 송명이학의 출현을 위한 조건을 형성케 했다.

(3) 유종원과 유우석(劉禹錫, 772~842)의 기철학

유종원과 유우석은 교분이 두터워 사람들이 "유류(柳劉)"라고 부른다. 그들은 일찍이 왕숙문(王叔文, 758~806) 집단에 참가하여 폐정의 개혁을 요구하고 환관과 번진(藩鎭)의 할거세력을 반대했으나 실정 후 모두 핍박을 받았다. 유종원은 철학적으로 기철학(유물주의 사상)을 담은 『천대(天對)』, 『천설(天說)』 등의 문장을 발표하면서 세계 만물은 "원기(元氣)"로 말미암아 일어나는 것으로 인식될 뿐 원기 위에 또 다른 주제자가 존재하는 것을 부인했다. 아울러 하늘과 인간은 서로 관여를 하지 않고 각기 그 옳은 것을 행한다고 하면서 각종 신학, 미신사상을 비판했다. 그는 "천명은 하늘에서 나오는 것이 아니라 사람에게서 나오며, 부적을 놓는 것은 길한 일이 아니라 그 길한 일은 인에서 나온다"고[48] 하여 천명을 부인하는 진보적인 사상을 주장했다. 사회 및 역사와 관련해서 『봉건론(封建論)』은 그의 대표작으로 인류사회의 역사적 발전을 이렇게 제시하고 있다. 역사발전은 "성인의 뜻이 아니라 힘이다"고[49] 하여 인류사회는 자신의 규율에 비춰 발전함을 긍정적으로 보았다. 그러나 그 가운데는 복고적인 사상과 역사 유심주의 관점이 내포되어 있다. 예를 들면, "삼대와 비교하면 융성했다"고 하는 것과 어떤 지방에는 성인의 영향력을 강조하는 것이 적절치 않다는 지적이 그렇다. 불교와 대치된 태도로는 유교, 불교, 도교의 세 종교를 결합하여 불교는 "공자와 더불어 도가 다르지 않다"라고 하거나 "부도는 실로 배척할 수 없으며, 왕왕이 『역경(易經)』, 『논어』와 부합하기도 했다".[50] 그는 한유가 불교를 배척하는 것에 대하여 비판하기를 "그 겉은 알지 모르나 옥을 감추고 있는 곳은 모른다"고[51] 하면서 유교를 위주로 하되 불교와 도교를 아울러 수용할 것을 주장했다.

---

48) 柳宗元, 『貞符』.
49) 柳宗元, 『封建論』.
50) 柳宗元, 『送僧浩初序』.
51) 柳宗元, 『送僧浩初序』.

유우석은 『천론(天論)』을 발표하면서 "하늘과 인간이 서로 이길 수 있다"는 상승의 기철학적인 세계관을 제시했다. 그는 하늘과 인간이 모두 유형의 물질로 하늘은 그 형태가 큰 것이고 인간은 동물 가운데 뛰어난 자이다. 그러나 하늘이 할 수 있는 것을 인간이 할 수 없는 것이 있고 인간은 할 수 있지만 하늘도 역시 할 수 없는 것이 있다. 그러므로 "하늘과 인간이 서로 이길 수 있는 길이 있다"고[52] 하였다. "세상 만물은 모두 기로 말미암아 생성되고 그들을 집단으로 분류하지만 인간은 그 중에 가장 지혜로운 동물이다"고 했다. 아울러 이, 수, 세(理, 數, 勢)로 사물의 발전에 대한 객관적인 법칙을 설명하면서 천인이 서로 상승하고, 서로 활용된다는 관점을 제시하였다. 그리고 모든 사물이 각기 특유의 기능이 있어 하늘의 도는 생식을 하나 그 쓰임에 있어 강약이 있고 인간의 도는 제도를 본받는데 있으나 그 쓰임에 시비가 있다고[53] 했다. 그러므로 하늘과 인간이 각 할 수 있는 바가 달라 양자가 서로 대체하거나 뒤섞이게 할 수 없다고 했다. 그는 우주만물이 쉬지 않는 것을 체(體)로 하고 날로 새로워지는 것을 도(道)로 한다는[54] 관점을 제시하고 "순환할 수 없는 것으로 변화를 통제한다"는[55] 그의 사상은 당시로 말하면 찾아보기 어려운 귀한 것이었다. 불교와 대치하는 문제에서는 그의 후기에 이르면 서로 수용하고 타협하는 태도를 보였다. 이렇게 본다면 당시 불교의 영향이 얼마나 컸는지를 알 수 있다.

유종원과 유우석의 기철학에 중심을 둔 유물주의 사상은 교육철학에서도 상당한 영향을 미쳤다. 특히 유종원의 "나무가 있는 하늘에 순응함으로써 그 성품을 이룬다"는[56] 주장은 어떻게 아동의 성장발전에 자연적인 규율에 비춰 교육할 것인가? 에 대하여 중요한 시사를 담고 있다. 스승의 길에 대해서 "학생과 교사가 서로 교류하는 것을 스승으로 삼아야 한다고 주장하면서 인간의 스승이 되기를 좋아하는 입장에는 반대했다." 이렇듯 교사와 학생의 관계가 스승과 친구의 관계로 변화되어야 한다는 민주적인 주장은 유가에서 가르치고 배우는 것이 서로 발전하게 한다는 교학상장(教學相長)의 사상으로 발전되었다.

당나라 시대 중국의 봉건제도는 최고 전성기를 맞이했다. 동시에 고대 문화 발전에서도 가장 높은 수준을 유지했던 시기였다. 철학사상 분야에서 논쟁은 매우 복잡한 상황을 출현시켜 비단 유교, 불교, 도교에서 복잡한 쟁론이 있었을 뿐만 아니라 유가내부에도

52) 劉禹錫, 『天論』.
53) 劉禹錫, 『天論』.
54) 劉禹錫, 『問大鈞賦』.
55) 劉禹錫, 『鑒藥』.
56) 柳宗元, 『種樹郭槖駝傳』.

유물주의와 유심주의간의 논쟁이 있었다. 그 밖에 한유를 대표로 하는 유심주의자들은 유학의 부흥을 주장하고 불교와 노장사상에 대해 반대하였지만 유종원과 유우석을 대표로 하는 유기철학자(유물주의자)들은 도리어 불교 배척을 반대하여 유학과 불교 간의 관계에서 예전에 없던 복잡한 상황을 출현케 했다. 불교에 협력하여 유교에 들어가도록 한다는 것도 결국은 불교로 하여금 중국에 토착화하는데 진일보의 발전을 가져다주었다. 전체적인 경향을 보면 유교와 불교 도교의 융합은 송명이학의 출현을 위한 전제조건을 마련한 것이다.

5. 송·명대의 성리학

유교와 불교, 도교가 일면 결합하면서 일면 갈등하는 과정을 거치면서 서로 융합되는 조건이 성숙되었다. 봉건사회 발전은 이미 쇠락의 길을 가면서 통치계급의 의식형태도 유학을 위주로 하면서 불교와 도교를 겸용하는 이학사상(理學思想) 체계가 출현했다. 송명이학은 실제로 송대에 일어나 송, 원, 명, 청대를 넘어 통치자들의 철학 사상을 점유하여 송대와 명대에 가장 대표적인 인물로는 주렴계(周濂溪, 1017~1073), 육상산(陸象山, 1139~1193), 왕양명(王陽明, 1472~1529) 등을 들 수 있다. 이들로 인하여 송명이학이라고 불리게 되었다.

(1) 송명이학의 주요내용

송명이학은 중국 고대철학 발전의 가장 후단계이자 유심주의 철학발전의 최고 단계를 이뤘다. 따라서 송명이학은 유학에서 자사(子思), 맹자학파의 철학사상이 진일보 이론화됨과 아울러 불교와 도교를 흡수하여 특히 불교와 관계를 맺으면서 완성된 이론체계이다.

송명리학은 도덕과 성명(性命) 문제를 연구의 주요 내용으로 삼았다. 그들은 이(理)를 본체론으로 삼아 다시 인성론과 안신입명론의 문제에 까지 연구의 대상으로 삼았다. 또한 본체론의 이(理)에서 출발하여 인성론과 윤리강상, 도덕관념 등의 문제에 이르기 까지 하나의 도덕성명(道德性命)의 학이 완전한 이론체계로 구성되었다. 그는 과거 신격화된 주제로써의 하늘을 이성화된 우주실체로 변화시킴과 동시에 이로부터 모든 것을 끌어내 자연, 인생, 사회 교육 등의 문제를 해석했다. 이학은 비록 유학 중의 유물주의적 요소를 제거했지만 오히려 유심주의 측면에서 더욱 발전을 가져와 더욱 이론의 사변성, 철학적

색체를 강하게 띠면서 완전한 이론체계를 구축함으로써 유가철학 사상에 하나의 새로운 단계로 발전한 것이다. 교육사상에서도 분명한 형태를 들어냈다. 이학의 출현은 소극적인 면과 적극적인 면에서 영향을 끼쳤기 때문에 이학발전과 동시에 반이학의 논쟁도 있었다.

(2) 기본론, 이본론, 심본론(氣本論, 理本論, 心本論)

송명이학에서 이(理)란 기본범주이다. 그러나 송명이학이 이(理)에 대해 해석함에 있어 완전히 서로 다른 양상이 있다. 이(理)의 본래 근원 및 이(理)와 기의 관계들에서도 다른 주장을 한다. 객관적인 유심주의와 주관적 유심주의간에 심지어 그 중에 유물주의적 순수유심주의와는 다른 해석을 한다. 예컨대 주렴계, 소강절(邵康節, 1011~1077)과 정이천(程伊川, 1033~1107), 정명도(程明道, 1032~1085, 洛學), 장재(張載), 1020~1077, 關學), 육구연(陸九淵, 1139~1193, 閩)의 관점이 각기 다르고, 정이천 정명도, 주자, 육상산, 왕양명간에도 다른 점이 있다. 이런 현상은 이학이 기를 체로 하는 입장과 이본론 및 심본론 등의 관점에 따라 학파도 다르지만 그 중 주요한 대표적인 부류로는 객관적 유심주의 정주학파와 주관적 유심주의인 육왕파로 대별된다.

1) 기본론(氣本論): 기가 본질이다는 기본론을 주장하는 대표적인 인물로는 장횡거(張橫渠, 1020~1077, 이름은 載, 자는 子厚, 長安人)를 든다. 그는 기가 세계의 본원 혹은 본체이며 도(道)와 이(理)도 기(氣) 운행의 규율과 준칙이라고 주장했다. 이러한 장횡거 이학은 일정한 부분에서 유물론적 경향을 띠었다. 장횡거는 기란 우주에 충만된 실체로 "형태를 띤 것은 모두 존재하는 것인데 존재한다는 것은 모두 형상이며 형상이란 모두 기이다".[57] "무형의 태허(太虛) 역시 기이고 태허는 무형인데 이는 기의 본체이다"라고 [58]하여 불교와 도교의 "공(空)", "무(無)"의 관점을 비판했다. 아울러 "기의 체는 내재하는 서로 다른 상황으로 존재하며, 부단한 변화 가운데 천지변화는 두 가지 단서(二端)일 따름이다"고[59] 하였다. 아울러 하나의 사물에 두 가지 체가 존재하는 것으로 인식하고 있다. 즉, 사물의 내부에는 대립된 모순 즉, 변과 화가 있는데 이는 사물의 운동에 두 가지 형식을 의미하는 사상이다. 이는 처음에 사물에 접촉하여 대립된 것들이 통일을 이루는 규율이다. 그리고 사물 변화의 원인과 형식은 소박한 유물주의와 변증법적인 요소를 함

57) 張載, 『正蒙·乾稱』.
58) 張載, 『正蒙·太和』.
59) 張載, 『正蒙·太和』.

유하고 있다. 그러나 장횡거의 유물주의는 인성론상 철저하지 못한 문제점이 있다. 그는 인성에는 선험적인 것 즉, 하늘의 덕에는 양지(良知)가 있다고 하면서 인간의 인식을 견문지(見聞知), 덕성지(德性知)로 나누고, 전자는 외부 사물에 대한 인식이라면 후자는 선험적 인성으로 덕성지는 견문으로 이뤄지는 것이 아니라 자생하는 것이라고[60] 했다. 이렇게 그는 인성을 기질지성과 천지지성으로 나누고 이 양자는 선악의 그 근원이 서로 다르다고 했다. 인성론상에서 그는 또한 이원론의 대립명제를 내세운 송명이학 창시자 중의 한 사람이 되었다. 장횡거의 사상은 송명이학가 및 후래 철학에 각기 다른 영향을 미쳤다. 인성론적으로 정주학파의 계승과 발전을 기일원론사상은 명대 중기 왕정상(王廷相, 1474~1544)과 명청대 왕부지(王夫之, 1619~1692)로 계승, 발전되었다.

2) 이본론(理本論): 이(理)가 존재의 본질이라고 주장하는 대표적인 인물로는 정명도, 정이천, 주희(朱熹, 1130~1200) 등을 든다. 이 중에서 주희의 영향이 가장 크며 그는 이학의 집대성자이다. 주희는 정명도, 정이천의 제자로 스승의 이기(理氣) 관련 문제에 대한 객관적 유심주의 사상을 계승 발전시켜 비교적 완비된 이학체계를 수립했다. 그는 이가 기보다 앞서며 이가 기의 본체가 된다고 주장했다. 이를 우주의 근본으로 보고서 천지가 있기 전에 먼저 이가 있었다고[61] 하여 명확하게 이가 앞서고 기가 뒤에 존재한다고 주장하면서 때로는 이가 때로는 기가 앞서기도 하지만 이가 본체이다고[62] 주장한다. 또한 만물의 근원은 하나이다라고 한다. 즉, 이로써 근원은 같지만 기는 서로 다르다고[63] 한다. 만물의 상이한 체를 보면 기는 서로 가깝지만 이와 단절되어 같지 않다고 했다. 하나의 이와 수 많은 이를 살펴보면 이일분수(理一分殊)의 관계이다. 즉, 이는 하나인데 여기서 각기 다르게 분리된다고 보았다. 그는 장횡거가 우주 만물이 한가지이지만 체는 두 가지로 나뉜다는 "일물양체론(一物兩體論)"에 대해 긍정적으로 수용하면서 "무릇 일에는 서로 상반되는 것이 없지 않지만 서로 성사를 한다"고 하여 "사물이 단지 하나에서 둘로 나뉘어 점차 무궁한데 이르니 모두 이것은 하나가 둘을 낳은 것이다"고[64] 하였다. 아울러 그는 사물이란 모두 음양이 서로 대립되어 있으나 하나의 통일체이며 사물의 운동형식에는 화(化)와 변(變) 두 가지가 있다고 했다. 여기서 화(化)는 점점 소멸되어가는 양적 변화(量變)라면 변(變)은 점점 갑자기 단절되는 질적 변화(質變)를 가리킨다.[65] 앎과

---

60) 張載, 『正蒙·大心』.
61) 『朱子語錄』 卷一.
62) 『朱子語錄』 卷一.
63) 『答黃商伯』.
64) 『朱子語錄』 卷67.

행의 관계에서 앎이 선행된 뒤에 실행이 존재한다고 했다. 즉, 앎과 행위의 선후를 말하자면 앎이 선행된다는 것이다. 그러나 또한 지행이 서로 필요하므로 그 경중을 말하자면 행위를 더 중하게 여겨 인식작용에서 행위를 중시함을[66] 알 수 있다. 인성문제에서 그는 인성이란 반드시 천명의 성 즉, 도심(道心)과 기질의 성인 인심(人心)이 아울러 존재한다는 입장이다. 그런데 인심은 급하게 여기지만 도심은 미미하다는[67] 관점을 견지한다. 그는 마음이 아직 발동하지 않은 상태를 잘 보존하고 사물의 이치를 궁구하는 방법인 "거경궁리(居敬窮理)"의 수양방법으로 천리를 보존하고 인욕을 제거하는 공부의 경지에 도달할 것을 요구했다. 역사적으로 보면 요, 순, 우, 탕(堯, 舜, 禹, 湯)대에 천리가 널리 행해지고 왕도정치가 체현된 반면 삼대 후에는 인간의 욕심이 횡행하여 페도정치가 실현되었다고 보았다. 이런 선왕(先王)을 본받는 사상은 어떤 의미에서 퇴화된 역사관인지도 모른다.

주희는 50여 년 동안 교육활동에 종사했기 때문에 그의 교육사상도 매우 풍부하다. 주희의 독서법 중에는 정수가 담겨있어 취할 만한 것이 많다. 그의 박학하고 근엄한 학풍은 후세에 미친 영향이 크다. 그는 이학의 집대성자로서 그가 창조하고 체계화한 이학은 유가사상의 정통으로 존숭되며 중국 봉건사회 후기에 지도적 지위에 오른 정통사상이 되었기 때문에 그가 공묘(孔廟)의 여러 어진 인물 가운데 한 사람으로 그 반열에 오른 것이다. 주희가 지은 『사서집주(四書集注)』 역시 과거 시험을 보기 위하여 해석하는 표준으로 규정된다.

3) 심본론(心本論); 심본론은 육구연이 제창한 후 왕양명에 이르러 발전되어 하나의 비교적 완비된 학파 체계를 이뤘다. 육구연은 "우주가 바로 나의 마음이요 나의 마음이 바로 우주이다"라는[68] 명제를 제시하여 "성인의 학문은 심학이다"고[69] 함으로써 주희와 함께 역사상 유명한 주자와 육상산간의 논쟁을 야기했다. 주희는 객관주의에서 출발하여 도문학(道問學)을 주장했는데 이는 바로 "즉물궁리(卽物窮理)"로써 밖으로부터 내심을 계발하는 인식론이라면 육구연은 주관주의에서 출발하여 "덕성을 존중할 것(尊德性)"을 주장한 바 이는 먼저 본심을 밝히는 것이다. 말하자면 마음이 바로 이(理)임으로 밖에서 구할 필요가 없다는 것이다. 육구연의 이런 주장은 명대에 왕수인에 이를 진일보 발전시

65) 『朱子語錄』, 卷75.
66) 『朱子語錄』, 卷9.
67) 朱熹, 『中庸章句序』.
68) 『象山全集·雜說』.
69) 『象山全集·敍』.

켜 체계적인 심본론의 논리체계를 구축했다. 왕수인은 "상산의 학문을 힘써 제창하면서 심즉리(心卽理)를 주창하고 마음밖에 이치도 없다(心外無理), 마음 밖에는 아무 것도 없고(心外無物) 아무 일도 없다(心外無事)"고 했다. 치양지설(致良知說)을 주장하면서 양지는 인간이 선천적으로 구비한 것으로 "만고에 계속 이어지고 우주를 경계로 깖아 있지만 같지 않음이 없다"고[70] 했다. 즉, 아버지를 보면 자연이 효를 알게 되고 형을 보면 자연히 동생(弟)을 알고 어린이가 우물에 들어가는 것을 보면 자연히 측은한 마음을 안다.[71] 치양지란 곧 나의 마음에 깖아 있는 양지가 사사물물에 까지 다 구현되는 것을 말하는 것으로 사사물물에도 그 양지의 이치가 깖아 있기 때문이다.[72] 그러나 오직 성인만이 양지에 도달할 수 있으나 어리석은 사람은 그런 경지에 이를 수 없다고[73] 함으로써 주희의 앎이 실행에 앞선다(知先後行)는 입장에 대해 비판하면서 지행병진(知行竝進)과 지행합일(知行合一)을 주장했다. "아는 것이 행동으로 옮기기 위한 취지라면 행한다는 것은 아는 것을 애써 실천에 옮기려는 노력이다. 행은 아는 것의 비롯이요, 안다는 것은 행함으로써 완성되는 것이다. 만약 이를 알게 보면 단지 안다고 말하는 것은 이미 스스로 행함이 있다는[74] 것이고, 단지 하나의 행을 말한 것은 이미 스스로 앎이 존재하는 것이다"고[75] 하였다. 아울러 앎이 진실하고 독실한 것이라면 밖으로 실천(행)으로 나타나는 것이다고 하여 지행의 구별에 혼란을 가하고 아는 것도 행함으로 이뤄진다고 하는 것은 치양지(致良知)사상과 일치시켜 보았다. 인성문제에서 인간의 성품은 모두 선하지만 밖으로부터 유혹을 받으면 혼미해지므로 천리를 지키고, 인간의 욕심을 제거해야만 양지(良知)를 회복할 수 있다고 하였다. 일 분간 인간의 욕구를 제거하면 곧 일분간 천리를 회복한 것이 된다. 성인이 되는 까닭은 단지 그 마음이 천리보다 순수하고 인간의 욕심에 물들지 않았기 때문이다.[76]

왕수인의 교육사상은 치양지(致良知)의 철학적 관점에서 출발하여 특히 아동교육을 중시한다. 아동기는 양지가 가장 많이 보존된 시기이기 때문에 교육은 아동기로부터 시작해야 한다는 것이다. 뿐만 아니라 학생의 독립적인 사고와 스스로 자율적인 학습력을 개발하는데 주의하여 그들로 하여금 점차 마음이 통하는 단계(深入心通)에 이르도록 하여 각기 그 마음을 획득한 수준(各得其心)에 까지 도달하도록 요구받는다. 아동교육의

70) 王守仁, 『答歐陽崇 1』.
71) 王守仁, 『傳習錄 上』.
72) 王守仁, 『答顧東橋書』.
73) 王守仁, 『答顧東橋書』.
74) 王守仁, 『傳習錄上』.
75) 王守仁, 『傳習錄下』.
76) 王守仁, 『傳習錄 上』.

방법에서 매우 귀중한 것들이 많이 있다. 예를 들면 아동의 실제로부터 출발하여 시와 노래로 동기를 유발하고 책을 읽고 읊조리게 하며 예절을 익히도록 지도하는 등 계발식, 도야식 교육방법을 취하고 있다. 아동을 편달하고 속박하는 방법을 반대하고 반드시 그들이 하고자 하는 방향을 따라 격려하며 마음에 기쁨을 갖게 하여 날로 성장하고 달로 교화되는 목적에 도달할 것을 주장한다.[77]

왕수인의 심학은 비록 이학이 객관적인 유심주의로부터 주관적인 유심주의로 지향하고 있지만, 그 학설은 정주이학(程朱理學)을 반대하는 편이다. 이는 당시 보편화된 전통적인 정신이었기 때문에 이후 철학사상의 발전에 대하여 새로운 개발의 역할을 담당했다. 왕수인의 심학은 명말에 이르러 많은 학파로 발전되었다.[78] 예를 들면 왕수인의 제자인 왕간(王艮)이 창립한 태주학파(泰州學派)는 비록 심학을 고수했지만 오히려 유가 성현의 숭고한 형상을 사람마다 추구할 수 있는 내면의 심리적 이상으로 변화시켜 단지 성현이 되고자 하는 마음만 있으면 어떤 직업에 종사하든지 모두 성현이 될 수 있다는 것이다. 아울러 자신 개인이 본질이 되는 것은 척도(구, 矩)이고 국가는 끝(末)이 되는 것이 모서리(方)라고 하였다. 여기서 그 척도가 바르면 모서리도 바르게 된다(矩正卽 方正)고 했다[79]. 마음을 편안하게 하는 것으로 도덕수양의 출발점으로 삼고 자신이 국가세계의 근본이라고 봄으로써 전통적인 봉건윤리 도덕을 반대했다. 이지(李贄, 1527~1602)는 더 나아가 동심설(童心說)을 주장하면서 아이들 마음(童心)이 참된 마음이라고 했다.[80] 아울러 의식주가 바로 도라고 주장하면서 각각 사람마다 모두 개인적인 사사로움이 있고, 시비는 질(質)이 정해진 바 없다고 주장하였다. 이는 유가에서 의로움과 이로움, 천리와 인욕 등의 부분에서 전통적인 관점을 부정하고 봉건적인 전제의 질곡도 반대했다. 본심과 양지를 발견하는 것에서부터 출발하여 개성의 해방을 요구하는 방향으로 지향했다. 정주리학을 반대하는 것으로부터 출발하여 공자가 시비를 위함이 아닌 것, 소위 유가의 경전을 떠나 도에 반하는(離經叛道) 길을 걸었다. 최후에 소요를 주동하고 혹세무민했다는 죄명으로 옥중에서 생을 마감했다. 그러므로 왕양명의 심본론 철학에 대하여 그의 주관적 유심주의 사유체계에서 볼 뿐만 아니라 그는 전통적인 정주철학에서 후대 철학자의 적극적인 역할을 반대하고 개인 자신이 스스로 작용하는 과정에서 이성적 사유를 중

---

77) 王守仁, 『訓蒙大意示教讀劉伯頌等』.

78) 양명학의 적전(嫡傳)은 절중(浙中)의 전서산(錢緖山), 왕용계(王龍溪), 강우(江右)의 섭쌍강(聶雙溪)과 라연암(羅念菴), 태주(泰州)의 왕심제(王心齋), 나근계(羅近溪) 및 왕일암(王一菴) 등이다. 양명학파는 크게 좌파(浙中學派, 泰州學派), 정통파(鄒東廓, 歐陽南野), 우파(江右學派)로 나뉜다 (유명종,『중국근세철학사』,이문출판사, 1994, 252쪽).

79) 王艮, 『答問補遺』.

80) 李贄, 『焚書·童心說』.

시하고 개인·주체적인 역할에 대하 강조하는 입장이다. 이런 것들은 모두 철학발전에 중요한 문제들이다. 양명철학은 오늘날 국외에서 홍콩에서 다시 새롭게 일어나 일련의 철학연구자들에게 관심의 대상이 된 것이 결코 우연한 일은 아니다.

(3) 성리학(性理學)에 대한 반대 논쟁

송명철학이 지배적인 위치를 차지함과 동시에 이학(理學)에 반대하는 주장이 제기되어 이들 양자간에 논쟁이 벌어졌다. 예컨대 남송 진량(陳亮, 1143~1194)을 대표적인 인물로 하는 강학파(康學派)와 협적(嗜適, 1150~1223)을 대표로 하는 영강학파(永康學派)는 이학 전개에 대한 논쟁을 전개했다. 그 가운데 진량과 주희간의 왕패(王覇), 의리(義理)에 대한 논쟁, 협적의 공리(功利)와 의리간의 불가분에 대한 주장은 모두 정주학파에서 주장하는 이학에 대한 반대의 입장이다. 예를 들면 명대의 황관(黃綰, 1477~1511)과 왕정상은 도학에 대해 서로 비판하고 이학에 대해서도 정주육왕(程朱陸王, 정이천, 정명도, 주자, 육상산, 왕양명을 뜻함)의 주장을 포괄적으로 반박했다. 황관이 차용한 공자의 학(學)과 문(問)을 결합한 사상은 왕수인의 치양지설을 비판했고, 왕정은 더 나아가 사고와 견문을 결합하여 인간의 지식이 선천적인 것이 아니라 선험적인 것이라고 반박하고 배척했다. 그들은 모두 이학을 반대하는 인물들 중 선구적인 인물이다. 명말청초의 일련의 진보적기 중심의 유물사상가들은 심지어 이학이 인간을 살해한다는 비판적인 입장의 구호를 외친 바 있다. 이는 송명대의 이학에 대하여 가장 첨예하고도 강력한 평가였다.

6. 명·청대의 실학

실학은 경세치용학(經世致用學)이라고도 불리운다. 명청대 중국의 봉건사회제도는 이미 말기에 이르러 명왕조의 극단적인 부패, 청왕조의 고압정책은 계층간, 민족 간의 갈등을 자아내는 복잡한 국면이 교차함과 동시에 극도의 동요와 불안한 사회였다. 고염무(顧炎武, 1613~1682), 황종희(黃宗羲, 1610~1695)가 말한 바와 같이 "하늘이 무너지고 땅이 갈라지는"(天崩地析)시대였다. 그 밖에 장강일대(長江一帶)의 상품 경제는 이미 일정한 수준에 도달할 정도로 발전되어 수공업과 상업이 날로 발전되어갔다. 서구 문화도 선교사를 통하여 중국에 전래되어 오랜 동안 봉쇄된 중국에 소개되었다. 자본주의 경제의 붕괴와 서구문화의 전파는 반봉건적인 민주사상의 맹아를 출현케 했다. 경세치용 사상의 발전은 당시 유물사상의 발전과 사상에 일정한 수준의 활약과 분위기를 촉진했다. 한편 오랜 동안 주도적인 지위를 점유했던 송명대의 성리학이 명대 멸망으로 진보적인 사상가들로 하여금 "공리공론이 나라를 그르쳤다"(空談誤國)는 엄중한 위해성을 깊이 깨닫게 하여 경세치용의 철학을 주창하게 되었다. 이 점에서 명청대 실학을 경세치용의 학문이라고도 부르는 것이다.

(1) 명·청대 실학의 기본적인 특징과 대표적인 인물

명청대 실학사상의 기본적인 특징은 기철학 중심의 유물 변증법적인 사상이 새로운 발전을 함과 동시에 초보적이나마 민주 계몽사상이 출현하여 진부(陳腐)하고 공소(空疎)한 것을 반대하고 경세체용을 주장하여 중국 고대철학에 새로운 발전을 가져오게 하고 후래 계몽사상의 기초를 공고히 하여 중국근대 철학 발전에 중요한 영향을 미쳤다.

명·청대 실학의 주요한 대표적인 인물로는 진확(陳確, 1604~1677), 방이지(方以智, 1611~1671), 부산(傅山, 1607~1684), 황종희, 고염무, 왕부지, 안원(顔元, 1635~1704), 이공(李塨, 1659 ~1733) 등이 있다. 이들의 경향은 대체로 송명대의 성리학에 반대하면서 경세치용을 주장했다.

황종희는 명말 사직의 회복(復社)을 이끌면서 환관에 반대하는 투쟁을 전개했다. 청국의 병력이 관내에 진입하자 무장으로 청에 항거하다 실패한 후 은거하면서 저술에 몰두했다. 황종희는 철학적으로 이기일원론적 기철학적인 관점을 주장하면서 송유의 이가 기보다 선행한다는 주장(理在氣先)을 반대하였다. 그는 우주만물은 모두 물질의 기로 구성된 것으로 보았다. 그는 다음과 같이 강조한 바 있다. "천지를 통하고 예로부터 지금에 이르기 하나의 기일 따름이다".[81] 인간과 만물은 모두 기로 말미암아 형성된 것으로 천지간에는 오직 하나의 기만이 충만하여 인간과 사물을 생성한다.[82] 여기서 이와 기의 관계는 기 외에 어떤 것도 존재하지 않는 것으로 기를 떠나 이를 말할 수 없다고 하였다. 그러므로 기는 근본이며 이는 여기서 파생된 것[83]이기에 이는 기가 운동 변화하는 조건과 질서이다. 그러나 동시에 이는 우리의 마음에 존재하는 것으로 천지에 가득한 것이 모두 마음이다고[84] 하여 앞선 주장과는 모순된 면도 있다. 여기서 그가 특히 제시한 것은 그의 민주사상이었다. 그의 저서 명이대방록(『明夷待訪錄』)에서 군주 한사람이 천하를 사유화하고 천하가 군주 한사람의 음락(淫樂)을 받드는 폐단을 이렇게 비판하였다.

81) 黃宗羲, 『太極圖講義』.
82) 黃宗羲, 『孟子師說』.
83) 黃宗羲, 『孟子師說』.
84) 黃宗羲, 『明儒學案· 序』.

"천하에 큰 해로움은 군주일 따름이다. 천자가 반드시 해야 하는 것이 있고 반드시 하지 않아야 하는 것이 있는데 천하의 정치적 혼란은 한 성씨의 흥망에 있지 않고 국민이 즐거워하는 것을 우려하는데 있다고 함으로써 천하는 국민을 주인으로 하고 군주는 객이 되어야 한다".[85)]

경제적으로 국민에게 토지를 주고 토지와 세제 개혁을 하는 한편 상공업을 본위로 할 것을 주장했다. 이런 사상은 유가사상 가운데 국민을 귀하게 여기고 군주를 가볍게 여기는(民貴君輕) 사상을 발휘했을 뿐만 아니라 전통적으로 천하를 집안(家天下) 삼고 농업을 중시하며 상업을 경시하는 관점을 타파하는 당시의 시대적 요구였다.

1) 왕부지의 사상: 왕부지는 자가 이농(而農), 호는 강제(姜齋), 호남성 형양(衡陽) 사람으로 만년에 석선산(石船山)에 은거하여 선산(船山)선생이라고 부르기도 한다. 명이 망하고 청의 병력이 관내에 진입한 후 일찍이 청에 항의하고 명을 유지하려는 투쟁에 적극 참가했으나 실패 후 학술활동에 전념하면서 많은 저술을 남겼다. 만년에 상서(湘西)의 석선산(石船山)에 은거하여 세칭 선산(船山)선생이라고 불린다. 왕부지 철학사상은 송명이학에 대한 비판과 위진현학과 불교에 대해서 비판하면서 성립된 것이다. 중국 고대철학에서 소박한 기철학 중심의 유물 변증법적 사상이 발전하여 하나의 높은 봉우리를 이뤘고 중국 고대 기철학 사상의 집대성자가 되었다. 왕부지는 중용의 성(誠)에 대하여 이렇게 말한 바 있다. 유심주의의 정신적 실체를 객관적인 실재인 실유의 개념으로 개조하여 사물의 시종은 성이 아니면 사물이 존재하지 않는다고 하면서 성이란 실제로 존재하는 것이고 앞에서 시작된 것은 후에 끝이 있다고[86)] 하였다. 그는 "눈으로 본 것에는 함께 보는 것이 있고 귀로 듣는 것에도 함께 듣는 바가 있다.[87)] 성이란 이미 사물의 사물된 주체요, 또한 사물 자체의 규율성이다. 그러므로 성이란 하늘의 도이고 성지자(誠之者)는 인간의 도이다.[88)] 왕부지가 기를 객관적인 세계, 각종 사물의 근원으로 보고 음양, 이기가 태허에 충만한 것은 만물의 근원이기 때문이다. 인간으로 하여금 태허를 볼 수 없게 하는 것도 기이고 아울러 허가 아니면 아무것도 없는 무(無)도 아니다. 이것이 바로 도가와 불교 및 주돈이(周敦頤, 1017~1073) 등이 주장한 "존재하게 할 수 없다"(無能生有)는 관점을 비판한 것이고 정주의 이가 기에 선행한다는 관점을 비판하고 이는 기 가운데

85) 黃宗羲, 『明夷待訪錄』의 原君, 原臣, 學校篇.
86) 王夫之, 『尙書引義』.
87) 王夫之, 『尙書引義』.
88) 王夫之, 『思問錄·內篇』.

존재한다는 주장이다. 그는 또한 사물이 대립하여 통일된 소박한 변증법 사상을 제시하면서 서로 대립된 것에 대한 분석은 하나가 둘로 나뉘어진 것이며 대립된 것의 취합이란 둘이 합하여 하나된 것[89]이라고 하였다. 그는 인식론적으로 인식의 소산은 감각기관의 형(形), 사유 활동의 신(神)과 객관적인 사물의 물(物) 등 삼자가 화합 결합하여 이른바 삼요소가 서로 만난 결과이다. 감성인식과 이성인식은 두 가지이지만, 서로 교류함으로써 규율에 맞는 인식이 가능하다. 그리고 행위를 기초로 하는 앎과 실행의 통일의 관점을 제출하여 앎과 행이 서로 촉진하고 부단히 심화해야 인식으로 하여금 나날이 고명해지고 궁하지 않게 할 수 있다.[90] 왕부지의 철학 사상은 중국 고대 기철학 사상에서 높은 위치를 차지하지만 당시에 역사와 계층에 국한된 관계로 그의 철학 사상에는 아직도 철저하지 못한 요소가 있다. 예를 들면 그는 "한 물체에 두 가지 주체가 있다는 변증법 사상을 받아들이고 서로 형성하는데 도움이 되면서 마침내는 서로 적이 되지 않는다"[91]는 모순된 관점을 보이고 있다. 왕부지 사상을 교육의 측면에서 말하면 업적을 낸 측면도 있지만 독특한 면도 있다. 예컨대 인성론 문제에서 습관과 성(性)이 이루는 관점을 제시하면서 습관이 이루어지면서 성품이 이뤄진다고 하여 인간의 성품은 날로 생성하지만 날로 이뤄진다[92]는 관점을 제기하여 후천적인 환경에 의한 습관 형성과 교육이 인간 성격형성에 미치는 영향을 강조하고 인성문제에서 선험적 관점을 부인했다. 배우는 것과 생각하는 것의 관계에서 공자의 이른바 "배우고서 생각하지 않으면 얻음이 없고 생각하되 배우지 않는 것은 위태롭다"는[93] 사상을 발전시켜 앎에 이르는 방법을 두 가지로 제시했다. 하나는 배움이요, 다른 하나는 사고하는 것이다. 배움이란 자기의 총명함을 믿지 않고 오직 먼저 깨달아 가는 것이 효과가 있고 사고한다는 것은 옛 사람의 흔적에 빠지지 않고 나의 정신을 일깨우는 것이다. 배우는 것이 사고하는데 장애가 되지 않고 배우는데 박식하면 박식할수록 사고하는 것에는 점점 멀어진다. 바르게 사고하면 배우는데 도움이 되고 사고하는데 어려움이 있으면 반드시 배우는데 부지런해야 한다.[94] 이런 사상은 공자의 배움과 사고에 대한 논점에서 진일보 한 것으로 자신의 독특한 관점을 내포하고 있다.

2) 안이학파(顔李學派): 안원과 그의 제자 이공을 중심으로 한 학파를 이름한다. 이들은 행함을 익히고(習行) 몸으로 움직이는 것을 익힐 것(習動)과 행동의 실천(踐行)을 주장하

---

89) 王夫之, 『正蒙 · 太和』.
90) 王夫之, 『思問錄 · 內篇』.
91) 王夫之, 『張子正蒙注·太和篇』.
92) 王夫之, 『周易外傳』 卷五.
93) 『論語·爲政篇』.
94) 王夫之, 『四節訓義』.

면서 공리공담을 추구하면서 실용을 추구하지 않는 폐단을 지닌 성리학을 비판했다. 그리고 "성리학자들이 공허함을 주장한다면 우리는 실다움에 힘쓸 것을 주장하며 몸으로 익히고 그것을 실천에 옮길 것을 요구한다".[95] 이렇게 함으로써 일대 실학의 학풍을 열었고 당대 경세치용의 학파를 이뤘다. 여기서 안원을 간략하게 소개한다면 그는 기일원론(氣一元論)으로부터 출발하여 정주이학에 대해 이기(理氣)의 관계가 전도되고 분리되었다고 비판하면서 "기(氣)가 바로 이(理)이고 이가 곧 기가 되는 이치"라고[96] 하여 이와 기의 통일된 관점을 제기했다. 그리고 이(理)가 기(氣)에 선행된다는 유심론적 관점을 비판하면서 "만약 기질(氣質)이 없다면 이(理)가 어떻게 편안하게 따라 붙겠는가?"라고[97] 하면서 기중심의 세계관을 주장했다. 여기서 한 걸음 더 나아가 정주(程朱)의 이기대립의 관점에 대해 "의리가 기질 가운데 존재하므로 기질이 아니면 성(性)을 이루지 못하며 기질이 아니면 성품도 볼 수 없다"는[98] 논점을 제시했다. 이처럼 선진유학에서 의(義)와 이(利)가 대립된 관점에 대해 부정하면서 동중서처럼 "그 의(誼)를 바르게 하고 이로움을 도모하지 않으며 그 도를 밝히되 그 공(功)을 꾀하지 않는다는 주장"에 대해 그 의(誼)를 바르게 함으로써 그 이로움을 꾀하고 그 도를 밝히면서 공(功)을 꾀하는 공과 이(功利)의 통일된 관점을 보인다. 아울러 정주(程朱)성리학에서 말하는 천리를 보존하고 인간의 욕심을 제거한다는 금욕주의를 반대했다. 따라서 의로움은 이로움과 조화한다고[99] 하여 인간이 진정으로 궁극의 성품(至性)에 이르면 이것이 바로 천리이며 이는 취소할 수도 없는 것이고 정주 성리학에서 주장하는 공리(功利)를 논하지 않는 군자는 존재하지 않는다고 했다. 인식론으로 그는 힘써 행할 것을 주장하였다. 만년에 비향(肥鄕)의 장남(漳南)서원에서 학생을 가르치고 새로운 교육제도를 수립했다. 즉, 문사(文事), 무비(武備), 경사(經史), 예능(藝能) 관련 교과 등을 개설하면서 "여섯 글자로 천하를 강하게 하고 아홉 글자로 천하를 평안하게 하며 일곱 글자로 천하를 부자 되게 하는 경세치용학을 주장했다". 이른바 여섯 글자로 천하를 강하게 만든다는 것은 인간이 모두 군인이 되고 관직에 있는 사람이 장수가 되며, 아홉 글자로 천하를 평안하게 한다는 것은 인재를 발탁하며 대경(大經)을 바르게 하고 예악을 일으키며 일곱 글자로 천하를 부자 되게 하는 것은 황무지를 개발하고 밭을 고르게 하며 수리시설을 발전시키는 것을 의미했다.[100] 이는

95) 顔元, 『四存篇·存學』.
96) 顔元, 『四存篇·存性』.
97) 顔元, 『四存篇·存性』.
98) 顔元, 『四存篇·存性』.
99) 顔元, 『四存篇·存性』.
100) 李塨, 『習齊先生年譜』.

많은 사람이 함께 누리는 균전제도를 지향하는 것이다. 안원이 주장한 실학은 일대에 새로운 학풍을 열었다.

(2) 명말 청초의 실학에 대한 평가

명말청초의 실학의 두드러진 특징은 송명 이학(理學)에 대한 비판정신이다. 그 기본사상은 비록 유학의 범주를 벗지는 않았으나 발전된 것은 유학 가운데 세상을 구원하는(濟世) 철학과 시민을 사랑하는(愛民) 정치사상과 소박한 기철학적인 사유방법을 지닌 철학적 전통이다.

황종희, 고염무로부터 왕부지와 안원, 이공에 이르는 그들의 민주사상, 기철학 중심의 유물변증법적 관점, 실학을 추구하는 태도와 비판정신은 중국 철학 가운데 기철학적인 실용적 전통을 계승, 발전시켰을 뿐만 아니라 근대 기철학의 선구적 위치와 실용 과학의 선도적 역할을 수행하여 중국 철학사와 교육사에서 중요한 발전 단계 중 하나를 형성했다. 그들은 이(理)중심의 철학은 이미 몰락했고 새로운 철학 사상이 반드시 일어나는 발전의 추세라고 했다.

7. 서학동점(西學東漸)

근대 서구학문은 새로운 학문(新學)이라고도 불려졌다. 중국 근대사상의 발전에 특징은 서학동점이다. 제국주의 침략으로 그들의 대포와 군함이 중국의 대문을 열고 중국으로 하여금 수천년 동안의 봉건대국이 반봉건, 반식민지 국가로 전락케 했다. 제국주의 침략에 따라 서양문화도 들어왔다. 일본의 명치유신이 성공한 것은 중국에게도 심대한 영향을 주었다. 노쇠한 중국이 압박을 받는 형세에 놓인 것도 부득불 서양학문을 배우지 않을 수 없었고 서양의 교사를 불러 배우고 유학생을 파견하며 "서양의 기술을 배워 서양을 제압한다"(師夷之長技以制夷)는 방향으로 가지 않을 수 없었다. 당시 중국은 바로 이런 왜곡된 상황에서 서양문화를 받아들였다. 어떻든 대세가 이렇게 되자 중국도 양무운동(洋務運動)을 일으키기 시작하여 민족 자본주의 상공업도 따라서 발전하게 되고 새로운 사회 계층이 출현하게 되었다. 이런 모든 것이 새로운 서양학문이 들어와 만들어진 역사적 배경이다.

근대 중국은 문화 분야에서 중국학과 서구학문이 매우 복잡한 갈등 양상을 보였다. 중체서용론(中體西用論)[101]과 복고주의 사상 간에 논쟁, 유신파와 양무파간에 논쟁, 혁명을 주장하는 사람들과 개량주의자간의 논쟁, 신문화운동을 중심으로 한 중서문화에 대한 논쟁 등등으로 전개되었다. 그 발전의 과정을 구분해보면 대체로 다음과 같이 몇 단계로 나눌 수 있다.

1) 첫째단계, 양무파와 보수파간의 논쟁: 양무파에 주요한 인물로는 당시의 관료였던 증국번(曾國藩, 1811~1872), 좌종당(左宗棠, 1812~1885), 이홍장(李鴻章, 1823~1901), 장지동(張之洞, 1837~1909) 등으로 이들은 청 왕조의 통치체제를 지키려는 데서 출발하여 서양 자본주의 군사와 경제를 배워 부국강병을 도모하기를 주장했다. 이홍장은 이렇게 말했다. "중국이 자강하려면 외국의 신무기를 배우지 않으면 아니 되고 외국의 신무기를 배우자면 그 무기를 만드는 기술을 배워야 한다"고[102] 했다. 서양의 오랑캐를 학문을 배워서 서양을 제압하자는 것이다. 양무파의 입장에서 보면 서양의 무기를 활용하자는 개혁이자 청왕조에 위협을 가하지 않는 길이기도 했다. 서양의 기술을 배워 중국이 개혁하면서도 중국의 전통적인 도는 변하지 않는다(變器不變道)는 것은 그들이 공유하는 신념이었다. 이런 신념이 장지동에 의해 개괄적으로 "중국의 전통적인 학문을 주체로 하면서 서양학문을 활용하자"(中學爲體 西學爲用)는 양무운동의 행동강령이 되었다.

수구파(혹은 완고파)로는 왜인(倭仁, 1804~1871, 청말 大學士)을 든다. 그는 이홍장을 중심으로 송명이학을 지키면서 학문을 바르게 할 것(正學)을 주장하는 한편 서양의 과학기술을 배우자는 주장에 반대하면서 적극적으로 서양학문에 대해 낮게 평가했다. "역대로 천문을 말하면 중국이 가장 정치하고 수학을 말하면 중국이 가장 최고이며 기술과 예술 분야도 중국이 잘 갖춰져 있다. … 서양학문의 군함과 기계 문명 기술에는 중국의 이런 깊고 미묘함이 없지 않을까 우려된다".[103] 서양문화를 배우는 것에 반대하기 위해 수구파들은 여러 가지 이유를 제기했다. 말하자면, 서양 오랑캐의 학문을 배운다는 것이 결국 서양 오랑캐에 의해 중국이 변하게(以夷變夏)되어 사람들로 하여금 기묘한 기술과 음험한 기교를 추구하게 하여 개인의 이익을 도모케 하고 사회풍기를 나쁘게 한다는 것이다.

양무파와 수구파간의 논쟁 가운데 양무파에는 물론 자체에 한계가 있었다. 그들이 주

101) 중체서용론(中體西用論)은 中學을 體로 하고 西學을 用으로 한다는 학설로 청말 양무파인 장지동(張之洞)의 저서 『勸學編』에 나온다. 여기서 체는 사물의 본체라면 용은 효용 작용을 가리킨다. 중학을 체로 한다는 것은 중국의 군주제, 공자의 학문 및 강상명교를 국가통치의 근본으로 삼고 서학은 서구의 선진기술문물을 보조로 한다는 관점이다. 아편전쟁 이후 위원(魏源)이 서구의 장점을 배워 서구를 제업한다(師夷之長技以制夷)고 주장했다. 이는 외국의 군사기술을 배워 침략에 저항하는데 활용하자는 것이다.

102) 『籌辨夷務始末』, 同治朝 卷25, 10쪽.

103) 『洋務運動』 제2책, 제45쪽.

창하는 중체서용도 여전히 봉건체제하의 윤리규범을 보존하려는 발상이 있다. 그러나 천조대국(天朝大國)이 사람이 살만한 땅이 아님을 인정하면서 외국의 선진과학기술을 배워 일정한 수준의 교육개혁을 진행하자는 데는 진보적인 의의가 있다.

2) 둘째 단계: 유신파와 양무파간의 논쟁

이 단계는 무술변법기(戊戌變法期)에 해당된다. 강유위(康有爲, 1858~1927), 담사동(譚嗣同, 1865~1898), 양계초(梁啓超, 1873~1929), 엄복(嚴復, 1854~1921) 등 유신파를 대표로 한다. 철학적으로는 진화론 사상을 제기했다. 정치적으로 강유위, 담사동은 입헌군주제를 주장하면서 변법유신에 주력했다. 그는 "옛 것을 지키는 것(守舊)만으로는 되지 않으며 반드시 변법을 해야 하고, 변할 수 있다면 온전해지고 변하지 않으면 망한다"고[104] 했다. 아울러 옛 것에 의지하여 제도를 개혁하고(託故改制), 대동적인 이상세계를 제시하였다. 즉, 당시 중국을 난세(据亂世)라 한다면 구미자본주의 국가는 평화로운 세계로 진입했다(升平世)고 보고 중국이 구미자본주의 국가처럼 된 후에 세계를 태평스런 세계(太平世), 즉 대동세계가 이뤄진다고 한다. 유가사상에서 유용한 것을 수용하면서 서양의 사회과학 사상과 조화를 꾀하고자 한 것이다. 세계관에서 근대 서구의 자연과학에서 영양소를 흡수하여 "태(太)로써 본체적인 우주관을 삼고, 용(用)은 부단한 운동을 하여 만물이 쉼 없이 생멸변화를 하고 천지는 날로 새로워져 사물이 낮은 데서 높은 곳으로 점진적인 발전을 한다고 하여 변화가 고금을 통한 이치이다"고[105] 했다. 진화론 사상은 변화의 이론적 근거가 되었다. 그럼에도 불구하고 이런 사상적 이념의 지도 아래 변법은 개량단계에 머물 뿐 혁명은 아니었다. 그러나 형국이 일변하였기 때문에 개량파로부터 청황조를 지키자는 보황당(保皇党)으로 변질되었다. 유신파들은 양무파를 이렇게 비판했다. "중체서용"의 이론은 중국과 서양문화가 각자 독자적인 체계와 체용을 가지고 있어 그들의 기계를 분열하고 임의로 긁어모을 수는 없는 것이다. 그들은 중서문화를 아울러 활용하고 고금을 융합하여 광활하고 내용이 풍부한 신문화체계를 수립하고자 한다. 교육철학의 측면에서 그들은 교육의 사회적 작용을 매우 중시한다. 인성면에서 강유위는 공자의 성품은 서로 비슷하다(性相近)는 사상에 근거하여 사람마다 평등하다는 관점을 제기하고 서양철학에서 천부인권설, 자유평등 등의 사상을 받아들여 사람 사람에게는 하늘이 부여한 자유의 권리가 있다는 주장을 한다".[106] 양계초는 한걸음 더 나아가 인성문제에 대해 개성중심설(個性中心說)을 제기하면서 자유의지와 자유평등의 의의

104) 康有爲, 『上清帝第六書』.
105) 康有爲, 『變法通議』.
106) 康有爲, 『大同書』.

와[107] 개성중심과 유가의 인을 본위로 하는 사상을 하나로 보았다. 이들은 모두 중국근대철학사상 가운데 중국과 서양철학이 혼재케 했다.

3) 셋째단계: 혁명파와 개량파간의 논쟁

이 시기는 민주혁명을 높이 일으켰던 시기로 손중산(孫中山, 1866~1925), 장태염(章太炎, 1868~1936) 등을 대표로 하는 자본주의 혁명사상이다. 철학적으로는 완비된 진화론 사상으로 표현된다. 손중산은 "세계만물은 모두 진화하여 이뤄진 것이다".[108] 그는 우주를 물질, 물종(物種) 인류의 삼대 진화시기로 나눠서 보았다. 태극은 이태(以太)를 옮긴 이름으로 세계물질의 기원으로 삼고 생원(生元)은 세포를 옮겨 지은 이름으로 생명의 기원을 삼았다. 체용(體用)으로 물질과 정신을 해석하여 정신은 비록 물질과 대립된 것이지만 사실은 상보 상용하는 것이라고 했다.[109] 인식론적으로 아는 것이 어렵고 행하기는 쉽다(知難行易)는 설을 주장하면서 아는 것이 어렵지 않고 행하는 것은 오직 어렵다는 왕수인의 지행합일설을 반대했다. 사회 역사관에서는 민생사관을 제기하면서 역사의 중심은 민생에 있지 물질이 아니라고 했다. 민생은 바로 인민의 생활이요 사회적 생존이자 국민의 생계, 군중의 생명이라고 하여 국민의 생계를 강조한 것이 사회진화의 원동력이라고 할 수 있다.[110] 그는 삼민주의로 봉건적인 임금과 국민의 관계를 철저히 부정하고서 국민을 소중히 여기는 사상을 제시했다. 이는 새로운 사상의 지도 아래 중국의 민본위사상의 계승과 발전을 의미한다. 그는 전통적인 대동사상을 매우 찬성했다. 하지만 도리어 원래 그대로 가져오는 것 보다는 그의 사상체계에 받아들여 새로운 의미를 부여하려는 입장이었다. 손중산은 서양문화에 대하여 적극적인 진취적 태도를 보였으나 서양의 진화론만을 수용한 것이 아니라 사회주의 학설에 어떤 관점도 적극적으로 수용함으로써 외래문화에 대하여 배척도 맹목적 추종도 아닌 가려서 취할 것은 취하고 버릴 것은 버리는 태도, 오직 가장 마땅한 것을 취하는 태도를 견지했다.

당시 개량파가 물러나고 황제 복귀를 지키려는 움직임이 있었으나, 봉건문화의 잔재를 다시 문제 삼을 뿐 자유, 평등, 인권을 재론하지는 않았다. 심지어는 자유혁명을 부르짖는 민주주의는 모두 중국을 독약에 빠뜨리는 약이라고 비판했다.[111] 그러나 손중산의 사상은 도리어 시대적인 변화를 따라 계속 발전하여 러시아 10월 사회주의 혁명의 영향

---

107) 梁啓超, 『飮冰室文集』, 菲斯的人生天職論述評.
108) 『孫文學說』.
109) 孫中山, 『軍人精神教育』.
110) 孫中山, 『民生主義』.
111) 『物質救國論』, 『康有爲政論集』 上, 574쪽.

과 중국공산당의 협조 아래 중국 공산당의 건의를 받아들여 국민당을 개조하여 국민당과 공산당간의 협력을 실현해 내고 마침내 1924년 1월 광주에서 중국 국민당 제1차 전국대표자 대회를 개최하여 러시아, 공산당, 농업과 공업 등의 협조라는 삼대정책을 발표하였다, 이로써 구 삼민주의가 새로운 삼민주의로 발전케 되어 중국 민족의 해방을 추구하고 후원자가 되기 위해 실은 다수의 민중을 위해 그 입장을 명확히 제시한 것이다.112) 손중산의 철학사상은 중국의 고대 사상을 비교적 크게 넘어선 면이 있었다. 중국 철학의 발전이 자본주의의 대표적인 전형일 뿐만 아니라 역사의 발전에 따라 부단히 개조와 발전의 과정 중에 있었다.

4) 넷째, 신문화운동기의 중서문화논쟁

이 단계는 5.4운동의 전후기로 민국 초에 원세개(袁世凱, 1859~1916)가 황제라 칭하고 봉건주의로 다시 복귀하려는 운동을 연출하여 원세개, 장훈(張勛, 1854~1923), 단기서(段祺瑞, 1865~1936)를 중심으로 한 삼차 복고운동을 야기하였다. 문화 교육면에서도 봉건복고주의로 환원하는 역류현상을 출현했다. 이런 복고의 역류는 당시 『신청년』 잡지에 대표적인 신사조의 격렬한 비판을 받았다. 시월혁명의 승리는 중국에 사회주의를 가져다주었다. 당시 이런 사회주의 이념을 주창한 인물로는 진독수(陳獨秀, 1879~1942), 이대교(李大釗, 1888~1927) 등으로 중국혁명이 과거와 전혀 다른 새로운 국면을 맞게 했다. 이대교의 서민의 승리, 볼쉐비키의 승리, 나의 막시즘에 대한 관점, 등의 발표는 청춘의 중국을 새롭게 건설하고 새롭게 태어나는 부름이 되었다. 그래서 사상적인 면에서 주요 논쟁은 다음과 같다. 문제(問題)와 주의간의 다툼, 과학과 현학간의 논쟁, 막시즘과 무정부주의 간의 다툼, 유물변증법에 대한 논쟁 등등이다.

이들과 교육과의 관계는 비교적 밀접하여 지금까지 아직도 영향을 미치는 문제와 주의간의 논쟁, 과학과 현학간의 논쟁 등이다. 이들은 실용주의 사상과 인본주의 사상의 영향을 포괄하고 있다. 여기서 간략히 소개함으로써 시사점을 얻을 수 있을 것으로 기대한다.

첫째, 문제와 이념(主義)간의 논쟁: 이는 오사운동 이후 막시즘과 자본주의의 실용주의 간에 일대 논쟁을 야기시킨 것이면서 중국혁명 문제에서 막시즘의 혁명론과 개량주의 간에 일대 논쟁이 벌어진 것이기도 하다. 5.4운동이후 시월혁명의 영향 아래 막시즘이 중국에 전파되고 그 영향이 날로 강화되는 한편 비슷한 시기에 듀이가 중국에 와서 강의를 하여 미국의 중국내 세력이 강화되고 실용주의 사상도 중국에 전파되기 시작했다. 이대교 등 사회주의 사상가들은 시월혁명에 관한 노래를 발표하면서 막시즘의 글을 통해

112) 『中國國民黨第一次全國代表大會宣言』.

선전하고 호적(胡適, 1891~1962)은 1919년 7월에 『매주평론(每周評論)』이라는 잡지에 "문제에 대해서는 많은 연구를 하지만 주의에 대해서는 담론이 적다"는 글을 발표했다. 이를 통해[113] 막시즘에 반대하면서 문제와 주의간의 논쟁을 일으켰다. 이 글 가운데 그는 "공담주의(空談主義)"라는 이름으로 막시즘 선전에도 역시 반대하였다. 아울러 막시즘 선전하는 것을 매도한 것은 어중이 떠중이(阿猫阿狗), 앵무새 소리를 녹음한 녹음기는 뭐든 할 수 있는 일이 있다고 혹평했다. 그는 막시즘의 지나치게 편협한 계급투쟁을 비판하면서 사회주의 혁명을 통하여 중국의 사회문제를 해결하려고 하는 것에는 반대했다. 호적의 문장에 대하여 1919년 8월 이대교는 『매주평론』이라는 잡지에 "문제와 주의에 대한 재론"이라는 제목의 글로 반박을 가하기 시작했다. 그 후 호적은 계속해서 "문제와 주의"라는 세 네 편의 글을 발표하면서 이런 논쟁은 지속되었다. 이대교가 발표한 문장에는 적극적으로 하나하나 구체적인 문제에 대한 연구를 한 내용을 발표하여 조금이라도 개선된 방향으로 진행하려는 의도가 보였다. 그의 말을 빌리면 "평화로운 사람은 발전지향적이고, 한 걸음 한 걸음 스스로 자각적인 개혁을 한다"고 했다. 이런 명확한 설명은 바로 개량하자는 것이지 혁명하자는 것은 아니었다. 당시에 개량이냐 아니면 혁명이냐는 중국의 전도와 관련이 있는 문제였다. 이런 투쟁은 학술적인 영역에서 방법론만이 아니라 중국혁명의 전도와 관련된 근본적인 이론의 문제였다. 당시 이런 논쟁도 중요한 사회내부에 까지 파급되었다. 예를 들면 소년 중국학회에서도 문제와 주의에 대한 논전이 벌어져 일련의 진보적인 사상을 지닌 청년들은 실용주의와 개량주의에 대해 분개하고 비판을 가했다.

중국 혁명의 문제에서 사실 이는 이미 증명되었다. 다만, 막시즘이 중국과 모든 개량주의자들을 구할 수 있지만 역사는 이미 그들의 파산을 선고했다. 그러나 실용주의는 하나의 방법론을 지닌 하나의 교육사상으로 지금까지 상당한 영향을 주었다. 실용주의 교육학자인 존 듀이(J. Dewey)가 제시한 "교육이 바로 생활이다, 학교가 사회다, 가르치고 배우는 것을 하나로 합일한다, 아동중심주의, 활동중심주의 교육과정" 등등은 전통교육에 대해 반대하는데 일정한 적극적인 역할을 했고 지금 교육개혁에서도 사람들이 주시하는 대표적인 교육사상이 되었다. 실용주의 사상에서 진보적 교육과 전통적인 교육 간의 논쟁의 구현은 여전히 상이한 상황에서 계속 진행되고 있다.

둘째, 과학과 현학(玄學)간의 논쟁: 5.4 신문화운동은 과학과 민주를 제창하면서 봉건적인 구문화와 구도덕에 대해 무정할 정도로 비판을 가했다. 바로 이런 역사적 배경에서 1923년 과학과 현학간의 논쟁으로 폭발되었다. 이런 논쟁은 먼저 장군려(張君勱, 1887~

113) 『每周評論』 제31호.

1969)가 힐문했다. 그는 1923년 2월 청화대학에서 "인생관"이라는 제목의 강연을 하고 그 내용을 『청화주간(淸華周刊)』 제272기에 발표했다. 이 글에서 장군려는 과학이 인간의 어려운 문제를 해결할 수 없음을 지적했다. 그 이유는 첫째, 과학은 객관적인데 인간의 삶은 주관적이며 둘째, 과학은 방법론의 지배를 받는데 인생관은 직각적인데서 일어나며, 셋째, 과학은 분석적인 방법으로 착수하는데 인간관은 종합적이며 넷째, 과학은 인과율의 지배를 받는다면 인생관은 자유의지의 지배를 받으며 다섯째, 과학은 대상이 비슷한 현상을 가지고 시작한다면 인생관은 개인 인격의 단일성에서 출발한다는[114] 것이었다. 이 한 편의 글에서 물질과 정신의 다른 점을 분석하여 과학이 활용되는 점이 주로 외적인 면에 주력하지만 인생관은 객관적 표준이므로 도리어 자기에게서 찾아볼 것을 권고했다. 동시에 서양의 문질문화가 비록 그 수준이 높다고 하지만 정당한 인생관일 수는 없어서 서구인의 눈으로 보아도 하나의 문제가 되었다,

동년 4월 지질학자인 정문강(丁文江, 1887~1936)은 당시 북경의 『노력주보(努力周報)』(제48~49기)에 "현학과 과학"이라는 글의 발표했다. 이 글을 통하여 장군려가 현학이라는 귀신이 그의 몸에 붙어 다니며 정문강은 장군려가 호적의 입장에 동의한 것이라고 맹렬히 비판했다. 그는 이렇게 말했다. "오늘날 가장 큰 책임과 요구는 과학적인 방법으로 인생의 문제를 해결해나가는 것이다"라면서 그는 "과학은 소위 외적인 것을 지향할 뿐이지만 교육은 인격을 수양하는 가장 좋은 수단에 하나라고 말했다. 매일 진리를 추구하고 때 때로 선입견을 타파하고자 하기 때문에 과학을 배우는 사람이 진리를 추구하는 능력이 있을 뿐만 아니라 진리를 사랑하는 마음이 있다. 우주의 생물, 심리적인 여러 가지 관계를 확연히 알아야 생활의 즐거움을 알 수 있다. 그는 과학이 비단 자연과 우주의 수단을 아는 것뿐만 아니라 인류 자신을 알아야 교육과 수양에 가장 좋은 도구가 된다. 과학은 내외를 나누는 것을 문제 삼지 않는다고 했다.

과학과 현학간의 논쟁은 당시 학술계에 커다란 관심을 끌어 학술계에 유명한 인사들이 이 논쟁에 참가하였다. 예컨대 양계초 등이 발표한 글은 장군려, 호적 등이 지지했고 오치휘(吳稚暉, 1865~1953) 등이 발표한 문장은 정문강으로부터 지지를 받았다. 상해아동도서관에서 편찬한 당시 논쟁의 글들은 『과학과 인생관』이라는 한 권의 책으로 출판되었고 상해태동도서국에서도 『인생관의 논쟁』이라는 논문집을 간행했다. 얼마 후 막시즘사상을 연구하는 진독수, 구추백(瞿秋白, 1899~1935), 정중하(鄭中夏) 등도 『신청년(新青年)』과 『중국청년(中國青年)』 등의 간행물에 글을 발표함으로써 논쟁에 참여하면서 유심주의 관점을 비판하고 과학파가 현학파에 대해 진행하는 논쟁을 지지했다.

---

114) 『科學과 人生觀, 人生觀』, 아동도서관, 1923, 上海.

이런 논쟁에서 다뤄진 문제는 매우 많았다. 물질문명과 정신문명, 과학과 가치, 과학과 철학, 전통과 현대 등 다방면에 관련된 문제들이 모두 논쟁의 대상이 되었다. 물질문명과 정신문명의 관계에서는 과학과 인생관의 차이점과 유사점의 관련 문제를 다뤘고, 과학과 가치의 문제에서는 사실판단과 가치판단의 구별 및 통일에 대한 논쟁 등이 가장 많았다. 과학과 철학 간의 관계에서 과학파가 실증 과학적 방법론으로 모든 자연과 인생의 문제를 해결하는 유일한 방법이라고 강조하는 한편 현학파는 송명대의 성리학 돌아갈 것을 주장하면서 현대 서구의 파커슨(Parkerson) 등의 철학으로 인간의 문제를 해결해야 한다고 강조한다. 그러므로 과학과 현학간의 논쟁은 전통과 현대간의 문제, 중국 고대의 천도와 인도, 양지, 양능 등의 문제를 포함하여 새롭게 다룸으로써 이후 현대유학의 출현에 기초를 다지게 되었다.

당시 막시즘 사상가들은 유물사관으로 이런 논쟁을 분석하려고 했다. 예를 들면 진독수는 정문강, 호적 등이 단지 과학적인 인생관이 무엇인지를 강조했을 뿐 이 문제를 해결하지는 못했다고 지적했다. 한편 현학파가 주장하는 양지(良知), 직각(直覺), 자유의지 등의 관념론적 특징에 대해 비판하지는 않았다. 진독수는 물질이 정신을 결정한다는 관점에서 각 시대와 각 민족의 생활 사정이 차이가 있음을 열거하면서 각종 상이한 풍습과 심리, 도덕 등 다른 특징을 이룬 점을 명확히 제시했다. "우리는 단지 객관적인 물질만이 원인이 되어 사회를 변화시킨다고 믿고 이로써 역사해석이나 인생관을 지배할 수 있는 것이 바로 유물사관이라고 할 수 있다"고[115] 했다. 구추백은 『자유세계와 필연의 세계』라는 글에서 관념론과 유물론간의 논쟁에 대해 비판하면서 장군려가 주장한 자유의지론을 비판하고 사회현상의 인과관계, 자연과 필연의 관계를 천명했다. 정중하는 1923년 『중국청년』 제6기에 "중국현대사상"라는 글을 발표했다. 여기서 그는 "동방문화파(당시의 현학파를 말함)에서는 농공 수공업시대의 봉건사상(혹은 宗法思想)을 대표한다고 할 수 있고, 과학적인 방법을 지지하는 과학파는 신공업자본주의 계층을 대표한다고 할 수 있다면 유물사관은 신공업시대의 무산계층의 사상을 대표한다고 할 수 있다"고 했다. 노동자와 자본가의 사상을 대표하는 과학파와 유물사관파는 제휴하여 봉건사상을 대표하는 동방문화파를 공격할 필요가 있었다. 당시 이런 논쟁에서 막시스트들은 과학파가 현학파를 반대하는 것을 지지했지만 사상적으로 무산계급과 자산계급간의 사상적 한계를 구획하려고 했다.

당시 역사적 상황의 한계로 인생관, 가치관 문제에 대해서는 현학파와 과학파간에 과학적인 설명을 제기하지는 못했다. 당시 막시즘에서도 이런 문제에 대해 심도 있는 과학

115) 『科學과 人生觀』, 陳獨秀 序文 11쪽.

적 분석을 할 수 없었다. 오늘날 과학주의와 인문주의도 인생문제에 대한 논쟁을 새로운 불러일으키고 있다. 이것이 바로 우리가 진정으로 역사적 경험을 돌아보고자 하는 것이자 현재의 실제 문제와 부합하여 보다 깊이 있는 연구와 분석을 하는 것이 된다.

이상에서 중국 철학 사상의 발전과정을 개략적으로 살펴보았다. 몇 가지 문제는 우리들의 관심과 아울러 향후 연구의 진전을 위해 주목할 만 한 점을 들면 다음과 같다.

하나, 춘추전국시대는 중국 철학 사상이 발전하여 최고봉을 이룬 시기로 백가쟁명의 번영을 출현시켰다. 한대에 백가를 배척하고 오직 유학만이 홀로 존재한다(罷黜百家, 獨存儒術)고 한 다음 유가사상도 충격을 받았다. 유학 자체도 부단히 발전 변화하는 과정에 있다. 유학의 발전을 위한 몸부림은 보통 그 구체적인 표현 형식이 안으로는 유학을 밖으로는 법가의 형식(內儒外法)을 띠거나 혹은 그 반대(內法外儒)로 진행되었다. 유가와 법가 사이의 논쟁 외에도 유가사상은 한 대로 부터 청말에 이르기까지 세 차례의 충돌과 변화를 거쳤다. 첫째 유가사상의 충돌은 위진시기 도가사상이 유가사상에 대한 충격을 주어 결국 유가와 도가가 서로 보완하게 되었다. 현학사상은 일정한 수준으로 발전하여 수당 이후에는 유학에 불교가 수용되는 영향으로 송·명대 성리학의 형성에 기초가 되었다. 그 충격이 가장 큰 것은 청말에서 민국초기였다. 이 때 서양학문이 점차 동양으로 전래되면서 중국의 전통적인 학문인 유학과 서양문화간의 논쟁이 일어났다. 두 차례의 논쟁 이전에는 모두 중국의 봉건사회내부에 원래 존재했던 사상의 유파간에 진행되었다. 즉, 불교는 외래사상인데도 구학문체계 안에 속하게 된 것이다. 그러나 마지막에 중국의 유학과 서양 학문간에 논쟁은 철학의 측면에서 자본주의 철학 사상이 중국의 전통적인 철학사상에 대한 충격이었다. 마지막 막시즘 철학사상이 그 논쟁에 참여하면서 봉건계급, 자본주의, 막시즘 철학사상간의 논쟁이 복잡한 국면으로 진행되면서 여기서 논쟁이 된 문제는 오늘에도 영향을 미쳐 새로운 내용을 증가한 것도 있고 형식만 변화된 것도 있다.

둘, 중국 근대 철학사상의 발전은 봉건 자산계급으로부터 나온 것으로 다시 막시즘의 길로 나아갔다. 봉건적인 철학사상의 주요한 내용은 송명대 이래의 성리학이 지배적이었다. 자산계급 철학사상은 중국에 대해 미친 주요한 영향은 무엇인가? 어떤 학자는 진화론 사상이라고 한다. 진화론 사상의 영향으로 본다면 독일의 고전철학, 미국의 실용주의 및 기타 철학이 중국의 근현대에도 상이한 수준의 구체적인 영향이 있었다. 진화론의 영향을 말한다면 개량주의와 혁명파 사상에도 상이한 이해와 표현이 존재했다. 이런 문제는 모두 우리가 진일보한 연구와 토론을 기다린다. 진화론 사상에 대해 막시즘은 매우 높이 평가를 한다. 진화론은 역사상 계급투쟁의 자연과학적 근거로 삼을 수 있다[116]고

116) 1861年 致裴·拉薩兒的信(페이, 라사에게 보낸 편지).

말한다. 진화론은 개혁론자들이 수용하기 쉬어(혁명파와 개량파를 포괄하여) 그들이 주장하는 개혁의 이론적 무기가 되었다. 그러나 다윈(C.R Darwin, 1809~1882)의 진화론과 막시즘의 변증법적 유물론은 서로 다른 두 가지 사상체계로 특히 진화론을 빌려 사회문제를 해결할 때 역사유물론의 지도가 없이는 졸렬한 진화론을 면하기 어려워 혁명 발전에 장애가 된다.

그 밖에 근현대에 중국은 서양의 영향을 받아 종종 제국주의 침략 하에 이런 외래문화의 수용을 강요받았다. 그리하여 일종의 왜곡된 상황이 불가피했고 전면적으로 서양문화 발전의 진수를 이해하고 수용할 수 없었고 객관적으로 자본주의 문화 교육사상을 분석하고 평가할 수도 없었다. 이런 상황은 거친 것에서 정수를 취하려는 목적으로 치닫게 했고 심지어는 부패한 것을 신기한 것으로 삼기도 했다.

셋, 중국의 근현대 철학과 교육사상의 발전, 정치와 투쟁이 때로는 밀접한 관계가 있기도 하고 정치적 상황의 변화가 철학사상과 교육사상의 변화에 영향을 미치기도 했다. 이는 서양의 철학 사상과 교육사상이 중국에 전파되는데 보통 제국주의의 이익에 수반되는가 하면 중국내 세력의 변화와 전환을 위해 다시 바꾸기도 했다. 그러나 그것이 중국의 사회발전과 국민의 객관적 요구에 근거한 선택과 수용은 아니었다. 예컨대 중국 교육철학 사상의 변천과정에서 일본을 통하여 독일의 고전철학의 이성주의를 받아들이기 시작했다. 후에 미국은 중국내 세력이 점차 증강되자 듀이가 중국에 와서 강연을 하고 중국의 유학생도 날로 증가하는 한편 실용주의 사상의 영향이 날로 주도적 위치를 차지하게 되었다. 기타 파커슨의 비이성주의 생명철학, 니체의 실존철학과 프랑스의 파시스트 등은 구 중국의 철학과 교육사상에 대해 모두 상이한 수준의 영향을 미쳤다. 뿐만 아니라 중국 고대의 철학사상과 함께 그 범주가 혼합되어 중국 철학과 서양철학이 혼재한 결과를 낳았다. 5.4운동을 전후로 시월혁명의 영향 아래 막시즘이 중국에 들어오기 시작하면서 중국으로 하여금 사상에서 혁명에 이르기 까지 새로운 면모를 출현하게 했다. 중국의 철학 사상과 교육사상이 이렇게 새로운 단계로 진입한 것이다. 그러나 우리는 막시즘의 대부분을 러시아로부터 수용해서 러시아 철학과 그 교육사상의 특징 및 흔적을 피할 수는 없었다. 중국의 근현대 학술사상은 마치 춘추전국시대가 출현된 것 같이 백가쟁명의 특징이 있으나 독자적인 체계를 갖추지는 못했다. 우리의 현재 임무는 바로 어떻게 하면 이런 철학 사상적 지도아래 과학적으로 역사적 경험을 총집결하고 현실상황과 새로운 문제를 잘 결합하여 중국에서 가치를 창출하고 중국만의 독특한 교육철학을 구축할 것인가에 있다.

제 2 장

사회관과 교육

제2장

사회관과 교육

사회관은 인류사회 공동체 생활 및 그 문제에 관한 관점이나 학설이다. 인류는 사회에서 생활을 영위하면서 사회의 기원, 사회구조의 변천, 이상 및 개인과 사회의 관계 등의 문제에 대하여 사고와 탐색을 진행해왔다. 특히, 사회변동이 심하고 모순이 끊임없이 지속되며 위기가 매우 고조된 시대에는 더욱 그러했다. 인간이 사회에 대한 이해관계가 더욱 민감해지고 사회에 대한 비판도 더욱 고조되며 사회적 이상에 대한 추구가 더욱 강렬해지면서 사회문제를 해결하는 다양한 방안 모색도 전개되었다. 아울러 사회를 보다 살기 좋은 사회로 변화시키고 발전을 촉진하는 운동이 진행되고 여러 가지 사회변혁도 추진되었다. 사마염(司馬炎, 236~290)은 이렇게 말한 바 있다. "무릇 왕양명(王陽明, 1472~1529), 유가, 묵자(墨子, B.C. 468~B.C. 376), 명가, 법가, 도덕 등 철학은 통치자를 위해서 노력한 것이다".[1] 고염무(顧炎武, 1613~1682)는 말하기를 "하늘이 영웅호걸을 낳은데는 반드시 그들에게 맡은 바 임무가 있었다. … 오늘날, 사람들이 도탄에 빠져 있는 사람들을 구원하여 영원한 태평세상을 열어가는 것이 이런 무리들의 임무이다"고[2] 했다. 장학성(章學誠, 1738~1801)은 이렇게 말했다.

> "공자는 서술은 했지만 짓지는 않았고 육예를 말했지만 주공 이래 옛 전거를 보존했지, 감히 그릇(器)을 놓고 도를 말하지는 않았다. 제자백가들이 다양한 논의를 전개한 것은 이미 도를 말한 것일 뿐이다. 장자는 이를 비유컨대 이목구비에 비유했고, 사마염은 따로 육가(六家)를 말했으며 유향(劉向, B.C. 77~B.C. 6)은 구류(九流)라고 말했다. 이 모두 지극한 것으로 그 도가 천하를 바꿀 것이라고 생각한 것이다."[3]

1) 당시, 양명학, 유가, 묵가, 명가, 법가, 도덕적 규범들이 당시의 통치자들 편에서 백성들에게 이를 내면화시키고 위정자들의 정치적 행위를 정당화해주었다는 의미이다 "夫陽明, 儒, 墨, 名, 法, 道德, 此務爲治者也,"(『史記, 太史公自序』).

2) 고염무는 청초의 실학자로서 영웅호걸 등, 정치 지도자는 민생을 위한 책무를 강조한 내용이다. 天生豪傑, 必有所任. … 今日者, 拯斯人於塗炭, 爲萬世開太平, 此輩之任也. 『亭林文集』 권3.

3) 장학성(章學誠, 1738~1801)은 청대의 실학자이다. 고대 사회는 관료와 스승이 분화되지 않아 정권을 잡고 이상이 있으면 정치와 교화가 실현되므로 따로 저술의 필요성도 없었다. 故夫子述而不作, 而表章六藝, 以存周公舊典也, 不敢舍器而言道也, 而諸子紛紛, 則已言道矣. 庄生譬之爲耳目口鼻, 司馬談別之爲六家, 劉向區之爲九流. 皆自以爲至極, 而思以其道易天下矣,『文史通義』, 卷2, 原道.

선진시대 철학자들로부터 근대 계몽사상가에 이르기 까지 모두 인류 사회에 존재하는 문제에 매우 관심을 갖고 있었다. 이른바 "통치자를 위해 노력한다, 만세 태평한 세상을 열어가기 위하여, 그 도로서 천하를 바꾼다"는 등의 모색은 사실 어떻게 하면 사회를 바람직하게 운영하도록 촉진하고 발전에 도움을 줄 것인가에 대한 관심이었다. 사회사상은 허공에서 나온 것이 아니라 역대 사상가, 교육학자들이 모두 인류사회 변천의 역사적 경험을 총집결하여 사회변화를 실현하는데서 출현된 산물이다. 교육은 일종의 사회현상으로 전체 사회와 더불어 불가분의 관계가 있다. 기타 사회현상인 정치, 경제, 사회문화 등은 상호 기능적 관계가 있다. 사회변혁은 교육의 변혁을 간과할 수 없고 교육개혁은 사회개혁을 촉진할 수 있다. "인문을 참고하여 세계를 발전되게 한다"(觀乎人文以化成天下)고[4] 한 선진 철학자들은 이미 문화교육이 사회변화를 촉진하고 발전의 기능을 수행한다는 것을 인식하고 있었다.

이런 사회변혁을 목표로 하는 교육관은 역대 사상가, 교육학자들이 중시한 바이다. 사회사상과 교육사상을 결합시켜 중국 고대 교육철학을 연구하면 인문으로 천하를 만드는 교육철학을 비판적으로 계승하는 위대한 교육관이 될 것이다. 다음에 우리는 사회관, 사회사상과 교육사상의 관계, 교육의 사회적 기능 및 교육개혁과 사회변혁의 관계 등 문제를 분석하기로 한다.

1. 사회관의 개관

공자, 노자로부터 시작하여 고대 사상가, 교육가들은 사회문제에 대해 매우 관심을 가지고 있었다. 당시는 극렬한 사회변혁으로 형성된 사회 모순에 휩싸여 사회문제에 대한 갈등의 소리가 고조되기 시작하면서 사회적 모순과 그 문제 해결의 방안을 제시하였다. 과거와 현재의 변화, 예법에 대한 논쟁 등은 모두가 사회역사의 변천에 관한 것이요, 사회조직과 구조, 사회발전의 동력 및 사회 이상의 논쟁 등에 관한 것 이었다. 선진시대로부터 근대에 이르기 까지 중국의 사회사상이 점차 누적되어 가면서 거대하고 치밀한 사상체계를 형성하여 중국 문화의 우수한 전통을 형성했다. 다음에서 우리는 사회발전관, 사회비판관, 사회이상관 등 세 부분으로 나눠 간략하게 살펴보고 이 세 분야 속에 사회진화, 퇴보, 순환의 상이한 주장을 살펴보기로 한다.

---

4) 『易·賁·彖』.

(1) 사회발전관

고대 중국은 농업사회 문명이 주도적 지위를 차지한 전통사회였다. 이런 사회에서 농업생산의 경험은 인간에게 자연이 낳고, 자라고, 성장하고, 거두고, 함장하여 쉬지 않는 역정의 과정을 인식케 해주었다. 이른바 네 계절의 순환이 거듭 반복되는 순환환경은 인간의 우주관, 인류사회, 역사적 인식 등에 깊은 영향을 주어 일종의 변역과 순환이 서로 결합하는 사유방식을 출현케 했다. 사회변천과 정치제도의 발전과정은 사회적 혼란을 다스리고 화합을 추구케 하며 사회의 흥망성쇠 현상은 인간으로 하여금 사회, 역사의 변역(變易), 순환 및 항구적 운영에 대한 생각을 강화시켰다. 그리고 하루가 새롭게 변화하는 것이 안으로 사회 역사의 중핵이라는 사상을 형성케 했다. 혹자는 이를 두고 순환하는 가운데 날로 새로워지는 것이라고 주장하기도 하고 혹자는 반복하는 가운데 날로 새로워 진 것이라고 혹은 변혁하는 가운데 날로 새로워 진 것이라고 각기 주장했다.

"하늘과 인간을 연구대상으로 삼아 연구할 때 고금의 변천을 관통해서 보아야 한다"는 것은 사회 변천의 역사를 하늘과 인간 및 고금이 변하는 큰 흐름, 대변혁의 과정으로 이해해야 한다는 의미이다. 이것이 중국의 고대사상가, 교육사, 역사가들의 사회 및 역사관을 주도했던 시대정신이다. 『주역(周易)·계사(係辭)』에서는 이렇게 말하고 있다.

> "부유한 것을 큰 업(業)이라고 하고 날마다 새로운 것을 성(盛)한 공덕이라고 하며, 낳고 또 낳는 것을 역(易)이라고 한다. 강(剛)함과 유(柔)함이 서로 밀어서 변화를 낳는다. 변화란 진퇴의 상(象)이다. 한번 열었다가 닫는 것을 일러 변하는 것이라고 하고 왕래함이 무궁한 것을 일러 통(通)이라고 한다".

그리고 『주역·계사』에서는 이렇게 말하고 있다. "역(易)이 궁(窮)하면 변하고, 변하면 통하며, 통하면 오래 간다"고 했다. 『주역·태괘(泰卦)』에서는 "천지의 도는 항구적이어서 쉼이 없다"고 했다. 이런 언급은 모두 우주와 인류사회가 부단한 변화와 발전을 하는 가운데 처해 있음을 설명한 것이다. 노자는 말하기를 "큰 것은 변화해 가는 것을 말하고 변화해 가는 것은 멀어짐을 말하며 멀어짐은 돌아옴을 말한다. 돌아온다는 것은 도가 움직인다는 것이다". 우주가 한번 변화하면 날로 새롭게 변화하는 큰 흐름이며 사물의 발전이 극에 달하면 반드시 반전의 변화가 오는 것이다. 따라서 새로운 변화과정 또한 일어날 수 있는 것이다. 그러므로 변역(變易)은 근본적이고 보편적이며 항구적이다. 공자는 "가는 것이 이와 같구나. 밤낮이 그치지 않는다"고[5] 말했다. 이 말은 우주는 하나의

5) 『論語·子罕』.

시냇물이 흐르듯 쉬지 않으며 영원히 멈추지 않는다는 깊은 원리를 비유한 것이다. 중국 고대의 역사 철학은 기본적으로 이와 같은 변역, 반복, 항구적인 사유형식을 따라 형성된 것이다.

공자는 하(夏), 상(商), 주(周) 삼대의 역사 변천의 문제를 돌아보고서 손익(損益)이 순환하면서 날로 새롭게 하는 역사라고 말한 바 있다. "은나라는 하나라의 예법을 인습했으니 가감한 것을 알 수 있으며 주나라는 은나라의 예를 인습했으니 역시 가감한 것을 알 수 있다. 주나라를 계승한 자가 있다면 비록 백세 뒤의 일이라도 알 수 있을 것이다".[6] 아울러 공자는 말하기를 "주나라는 하와 은나라 이 두 시대를 참고했으니 그 문화가 찬란했다, 나는 주나라를 따르겠다"고[7] 하였다. 제왕 중심의 관학이 제자백가를 위주로 전환하는 문명의 변천과정에서 공자는 사회역사의 계승과 발전의 관계를 인식하고 있었다. 그는 먼저 전통을 지키고 후대의 역사를 기다리며 개방을 하면서 계속 미래를 열어가고 인습과 변혁을 강조하고 손익의 변증법적 관계를 강조했다. 공자는 이처럼 예와 악(樂)이 무너지는 시대에 인습과 혁신 그리고 손익의 역사관에 기초하여 예와 악을 찾기 위해 하나의 새로운 정신적 요소를 찾는데 진력하였다. 그는 예악을 새롭게 해석하여 새로운 생명력을 불어 넣고 인문이 세상을 화하게 하는데 도움이 되는 교육목표의 실현에 노력했다. 후세 사상가와 교육자들은 그로부터 무궁한 가르침을 받은 것이다. 강유위(康有爲, 1858~1927)는 이렇게 말한 적이 있다.

> "손(損)이란 감(減)하는 것이고 이익이란 넉넉하다는 것이다. 하나라와 은나라, 주나라 삼대가 돌아가면서 아름다운 전통을 이어 온 것은 각기 인습과 혁신 그리고 손익이 있었기 때문이며 삼대의 변혁을 보면 백세의 변화를 알 수 있다. 무릇 국민의 습속은 서로 계승되기 때문에 뒤에 왕이 일어나면 전왕조의 것을 인습하지 않을 수 없고 폐단이 있으면 마땅히 혁신하기 때문에 일대의 흥성이 새로운 제도를 위해 손익을 알아보지 않을 수 없다".[8]

이는 역사진화론으로 공자의 손익의 역사관을 해석한 것으로 강유위의 기본적인 정신세계이다. 공자로부터 강유위에 이르기 까지 사회 역사변천을 돌아 보건데 주요한 경향은 손익의 일신(日新) 사관으로 이는 사회 균형발전과 통일을 강조하고 있다. 사시의 순환, 일월의 왕래, 춥고 덥고 한 것이 거듭 반복하는 것과, 역대 왕조의 흥망, 문화의 성쇠,

---

6) 『論語·爲政』.

7) 『論語·八佾』.

8) 康有爲,『論語注』.

천하의 분리와 통합, 등은 인간에게 분명한 순환의 이미지와 순환의 일신관(日新觀)을 형성시켜 주었다. 추연(鄒衍, B.C. 305~B. C. 240), 맹자(孟子, B.C. 372~B.C. 289), 동중서(董仲舒, B.C. 179~B.C. 104), 소옹(邵雍, 1011~1077) 등은 사상가이자 교육자이다. 이들은 사회, 역사 변천의 특징을 해석하면서 체계적인 역사순환론을 구축하였다. 전국시대 추연은 천하 대세를 분석하기를 "천지가 갈라선 이래 오덕(五德: 智, 信, 仁, 勇, 嚴)이 전이(轉移)되면서 정치가 각기 잘 이뤄졌다".[9] 오덕은 우토(虞土), 하목(夏木), 은금(殷金), 주화(周火) 순이다.[10] "불은 반드시 물을 맞게 되고, 이어서 변화의 순서에 따라 준비해야 할 것은 흙으로 옮기는 것이다".[11] 음양의 소식이라는 모순된 운동이 오덕(五德)의 시종(始終)이라는 순환으로 전이를 가져오게 함으로써 사회 역사의 운행이 토, 목, 금, 화, 수로 순환 왕복하는 것을 결정한다. 여사면(呂思勉, 1884~1957)은 말하기를 "추연이 말한 바는 이치를 궁구함을 도모한 것이 아니라 그 의미를 역시 정치에 두고 있다"고[12] 하였다. 추연의 오덕의 시종에 관한 학설(五德始終說)은 전(田)을 위해 제(齊)가 주(周)를 대신해서 봉사한 것이다. 맹자가 말한 "오백년에 반드시 왕이 나온다"는[13] 말이나 동중서가 오행의 상생상극의 공식은 모두 사회 역사의 변천을 해석한 것이다. 강유위가 『춘추공양전(春秋公羊傳)』에서 말하는 삼세설(三世說: 衰亂世, 升平世, 太平世)과 흑, 백, 적(黑, 白, 赤)의 삼통(三統)의 순환은 역대 왕조의 교체를 설명한 것이다. 소옹(邵雍, 1011~ 1077)은 황(皇) 제(帝), 왕(王), 패(覇) 혹은 도(道), 덕(德) 공(功), 력(力) 등 사회(四會)의 순서로 역사의 시종소멸을 설명하였다. 이들은 모두 역사 순환론을 제시하고 있다는 점에서 그 특징을 가지고 있다. 즉, 실증사학자였던 사마천(司馬遷, 185~46)도 "국가를 위해서는 반드시 삼황오제(三皇五帝)를 귀히 여겨야 한다고 했다. 천명을 위해서는 삼황오제에 통달해야 한다"고[14] 했다. 순환론의 사유방식은 중국의 고대역사관 형성과 밀접한 관계가 있음을 알 수 있다. 추연, 맹자, 동중서, 소옹 등의 역사관은 사회제도의 중대한 변혁기에 출현한 것으로 그들은 "사물은 극하면 반드시 뒤집어지고 일은 극하면 변한다"는[15] 원리로 순환의 역사관에 근거하여 구상한 것이다. 여기서 착안한 것은 "부정(否定)이 극하면 태평이 오고, 혼란으로부터 바른 정치로의 전환이 오며, 위기로부터 평안함으

9) 『史記·鄒衍列傳』.

10) 『文選』, 李善注引.

11) 『呂氏春秋·應同』.

12) 呂思勉, 『先秦諸子概論』.

13) 요순에서 탕왕에 이르기 까지, 탕왕에서 문, 무왕에까지 모두 오백 년 만에 성인이 나왔다는 의미이다(『孟子 公孫丑下』).

14) 『史記·天官書』.

15) 『程氏易傳·周卦』.

로 전환이 온다(否極泰來, 由亂轉治, 由危轉安)"는 것이다. 맹자가 말한 "왕이 흥한다"(孟子·公孫丑下: 王者興), 동중서가 말한 "마땅히 변화를 해야 하는데도 변화하지 않으면 비록 크게 어진 사람이라 할지라도 잘 다스리지는 못한다"[16] 등의 의미, 소옹이 말한 "진실로 세상에 이름이 알려진 사람이 이어서 나온다는 것은 비록 오랑캐와 같은 사람이라도 세 번 변하여 제왕의 역할을 잘 수행할 수 있다"고[17] 한 말들은 모두 역경(易經)에 일신(日新) 사상을 함의하고 있다. 추연, 동중서가 주장한 오행순환설(五行循環說)은[18] 수평적 순환을 강조한 것이라면 동중서의 삼통설(三統說)과[19] 소옹의 원회운세설(元會運世說)은[20] 횡적 순환을 강조한 것이다. 이들 양자의 결합은 종횡이 교차하는 관계를 구성하여 역사이론을 해석하는 모형으로 새로 일어난 왕조의 정통성을 제공하는 역사적 근거를 확립하고 객관적으로 보아 대통일의 중앙집권제를 형성하는데 도움을 준 것이 된다.

> "근본으로 돌아간다는 것은 도의 움직이는 법칙이요, 유약(柔弱)하다는 것은 도의 작용의 모습이다, 천지가 공허함이 궁극에 도달하고 정적인 상태를 지키는 것이 짙어지면 만물이 일제히 일어나 생동한다. 나는 그 생동하는 만물들이 다시 정적인 상태로 되돌아가는 것을 본다".[21]

---

16) 『漢書·董仲舒傳』.

17) 邵雍, 『觀物內篇』.

18) 동중서의 오행순환설: 우주나 인간사회의 모든 현상 및 만물의 생성소멸을 음양과 오행(금목수화토)의 소장, 변전으로 설명한다. 음양이, 오행, 사시, 사방이 같은 순환의 법칙을 따른다고 한다.

19) 동중서는 역사변화에 법칙으로 오덕설(五德說)과 삼통설(三統說)을 주창했다. 전자는 천지개벽 이래 다섯 가지 덕이 순차로 옮아가며 그 때마다 각 덕에 합당한 정치가 존재한다는 추연의 학설을 따른 것이라면 후자는 역사전개의 법칙을 색깔로 구분한 것이다. 즉, 묵통(黑統: 建寅, 하늘이 양기를 통해 만물을 화육하기 시작하면 만물이 싹트는 그 색이 흑색이라는 뜻), 백통(白統: 建丑, 하늘이 양기를 통솔하여 만물의 껍질을 벗기고 화육하기 시작하면 만물은 싹트고 그 색이 백색), 적통(赤統: 牽牛, 하늘이 양기를 통솔하여 만물에게 베풀어 화육하기 시작하면 만물은 꿈틀거리며 그 색이 적색)을 각각 말하며 하은주 삼대의 역사가 삼통설과 관련됨을 역설한다. 실제 역사를 보면 하(夏)는 흑통, 상(商)은 백통, 주(周)는 적통에 해당되는 바 역사는 순환변화하여 국가 발전의 역사적 흐름을 이어간다는 뜻, 이에 따라 통치의 질서를 설명하기도 한다.

20) 소옹의 원, 회, 운, 세, 설(元, 會, 運, 世, 說): 해(日)의 경로는 하늘의 원, 달의 경로는 하늘의 회, 별의 경로는 하늘의 운, 신의 경로는 하늘의 세라고 하여 시간계산을 원, 회, 운, 세를 하늘의 일월성신에 배당시켰다. 즉, 우주의 변화단위 즉 달력숫자에 대한 특유의 역사전개 논법, 우주의 운도 변화를 12만 6천9백년으로 잡았다. 또 그는 원회운세라는 독특한 논리로 하늘을 사시로 하고 세월일신으로 지(地)를 사유(四維)로 하였다. 일신(日辰)의 시간단위는, 일일(一日)의 12신, 일월의 30일, 일세의 12월, 360일, 4320신으로 삼는다. 이를 천과 관련하면 30년은 1세, 12세는 일운, 30운은 1회, 12회는 일원(一元)이 된다. 일원은 12회, 360 운, 4320세가 된다. 일원은 12만 9천 6백년이 되며 일원으로 천지가 개벽된다(풍우란, 박성규 역(1999), 『중국 철학사(하)』 까치, 469-470쪽).

21) 『道德經』 40장, 16장.

우리는 노자가 『역경(易經)』에서 변화하는 철학의 이해를 돕기 위해 우주의 생멸과 서로 순환하는 자연의 과정을 제시한 것을 볼 수 있다. 뒤집어진다는 것은 "물질이 극하면 반드시 뒤집어진다"라고 말할 때의 근본으로 돌아감(反)을 의미하고 모든 변화는 뒤집어지지 않을 수 없는 것이다. 다시 돌아간다는 것은 진리로 돌아간다는 것이요 변화의 원천으로 돌아감을 뜻한다. 노자가 말한 돌아간다(復)는 의미 역시 뒤집어진 다음에 다시 또 뒤집어져 끝이 시작이요 다시 새롭게 시작하고 또 새로운 생명이 탄생하는 것이다. 장자(莊子)는 이렇게 말하고 있다. "음양이 서로 비춰주고 서로 덮었다 합했다 하며 사계절이 순환하고 만물이 생성과 괴멸이 서로 순환한다. …궁하면 되돌아가고 마치면 또 다시 시작하여 다함이 없는 것은 이 사물이 존재함이다".[22] 사물의 발전이 극에 달하면 즉 궁극에 가면 반드시 그 반대의 쪽으로 돌아가게 된다. 마침내 또 시작이 되고 이런 순환이 무궁하게 진행된다. 청대의 교육자인 공자진(龔自珍, 1792~1841)도 이렇게 말한 바 있다.

> "만물의 변화하는 수는 개괄하면 세 가지다. 즉, 처음은 중간과 다르고 중간은 끝과 다르지만 끝은 처음과 다르지 않다. 슬프고 기쁘고 사랑하고 증오하는 것이 서로 이어지는 것은 인간을 순환시키는 것이라면 춥고 덥고 낮과 밤이 서로 이어지는 것은 하늘이 되돌리는 것이다. 만물이 하나로 세워졌으나 다시 되돌아가 셋이 되었지만 그 셋(初, 中, 終)은 처음과 같다".[23]

위에서 반복한다는 것은 순환한다는 뜻이지만, 되돌아간 다음에 다시 되돌아간다는 의미에서 보면 끝이 시작으로 보여 여전히 변화일신의 철학이 담겨져 있다. 이는 역전(『易傳』)에서 "천지의 마음을 다시 본다"는 의미와 서로 통하는 곳이 있기 때문에 "반복적 일신론"이라고 말할 수 있다. "위대한 완성은 어딘가 부족한 것 같지만 그 효용은 다함이 없다. 가장 크게 충만한 것은 빈 것 같아 그 작용이 끝이 없다"고[24] 하여 노자는 도가 만물을 창조하는 이치를 들어냈다. 생명이 우주에 존재하여 계속 이어지는 것은 모든 창조의 근원이며 대도가 널리 펴져 가득한 것이 모든 생명의 근원이다. 이런 철학적 원리를 응용하여 사회, 역사변천의 과정을 관찰하고 사고하며 탐구하여 노자, 장자는 인류에게 영원한 도를 닮아가고 도의 체가 일신하는 규범에 순응하고, 참되고 소박한 데로 되돌아가라고 가르친 것이다. 노자와 장자는 도로서 다스릴 것(도치, 道治)을 주장한

---

22) 『莊子』 則陽 第25.

23) 『龔自珍全集』 第1輯 壬癸之際胎觀第5.

24) 『道德經』 제45장.

반면 맹자는 어짐으로써 다스릴 것(仁治)을 주장했고 순자는 예로써 다스릴 것(예치, 禮治)을 상앙(商鞅, B.C. 390~B.C. 338)과 한비자(韓非子, B.C. 280~B.C. 233)는 법치(法治)를 각각 주장했다. 노자와 장자가 도로써 다스린다(道治)는 것은 자연에 순응하고 인위적으로 통치하려고 노력하지 않지만 통치가 이뤄지는 것을 의미한다. 정치권력이 시민의 생활을 간섭하지 않고 오히려 시민들에게 진실하고 소박한 생활환경과 태도로 인도함으로써 스스로 자아를 온전하게 발전시키며 사회질서와 자연이 함께 평안하도록 하는 것이다. 그러므로 "성인은 인위적으로 함이 없지만(無爲) 시민이 스스로 감화를 받고 조용하게 있지만 백성이 스스로 바르게 되며 일이 없으나 저절로 부유하게 되고 욕심이 없으면 백성이 저절로 순박하게 된다".[25] 이런 이상 사회에 기초하여 사회 역사의 변천 과정을 되돌아보면, 『도덕경』 80장에서 말한 "작은 나라에 소박한 국민(小國寡民)"이나[26] 장자가 말한 "지극한 덕의 세계(至德之世)"는 선진시대 철인들이 원시 민주사회에 대한 동경을 표현한 것이다. 만일 공자가 말한 "손익이 순환하는 일신의 역사관"이 더욱 역사적 각성을 의미한 것이라면 노자와 장자가 반복해서 일신을 강조한 것은 사람들의 각성을 환기시키기 위함이었다. 우리는 노자와 장자가 역사를 퇴화시킨 인물(退化論者)이라고 단정할 수는 없다. 그들은 종법사회의 예제문화에 대해 신랄한 비판을 가하였고 옛 것을 존중하고 오늘의 것을 비하하거나 구태의연한 것을 지키는 속물의 유가에 대해서도 신랄하게 풍자하였다. 그런 비판의 목적은 인간의 역사창조의 주체적인 정신을 진작시키려는 것이었다. 예를 들면 장자는 『장자(莊子)·천운(天運)』편에서 이렇게 말하고 있다.

> "무릇 물위를 달리는 데는 배를 이용함만 못하고 육지를 달리는 데는 차를 이용함만 같지 않다. 배로 물위는 달릴 수 있지만 육지에서도 달리고자 한다면 이는 불가능한 일이다. 예나 지금이나 물과 육지는 다르지 않잖은가? 주나라와 노나라가 배를 차와 같이 적용한 것이 잘못된 것은 아닌가? 어제의 주나라에서 길을 오늘의 노나라에서 길로 알고 행하려고 하는 것은 배를 육지에서 달리고자 하는 것과 같다. 이렇게 하면 수고로움 있지만 효과가 없고 몸에 반드시 재앙이 따른다. 그대는 어디에 가든지 자유롭게 전개하고 어떤 사물을 대응하여도 걸림이 없이 아는 사람이 되라."

---

25) 『道德經』 제57장.

26) 소국과민: 갑본(甲本)에 의하면 방(邦)은 을본(乙本)에 국(國)자로 고쳐 적음, 여기서 소국은 작은 나라이나 국민의 수가 작은 것을 의미하지는 않는다. 작은 나라에, 백성들로 하여금 순박하고 검소한 습성을 갖는다는 의미이다(『도덕경』 80장/ 齊藤 晌(1969), 『老子』, 東京: 集英社, 203-204쪽).

때에 맞지 않는 제도를 억지로 오늘에 적용하려고 하면 마치 배를 육지에서 운용하고자 하는 것이 되어 노력은 하지만 효과가 없다. 우주만물은 부단히 변화한다. 사회역사도 부단히 변화한다. 옛 것을 지키기 만하면 변화해야 하는 상황에 새롭게 창조할 수 없다. 『장자·천운』편에서 노자의 "무릇 육경이란 앞선 왕들의 역사적 자취를 나열한 것이다"라는 표현을 인용하여 후세 학자들이 육경의 주석에 빠지지 않고 변혁하고 새롭게 창조하는 생각을 갖도록 깨우치고 있다.

『역전(易傳)·단(彖)』에서는 "탕(湯)임금과 무(武)임금은 혁명을 일으켰으나 하늘에 순응하고 인간에 응했다"고 했다고 말하고 있다. 『한비자(韓非子)·남면(南面)』에는 "이윤(伊尹, 湯대의 大臣)이 은나라의 옛 제도를 변혁했고 태공이 주나라의 옛 제도를 변혁했다면 은나라의 탕왕, 주나라의 무왕은 왕이 될 수 없었다"고 말하고 있다. 왕부지(王夫之, 1619~1692)는 자신의 저서인 『주역외전(周易外傳)』에서 "옛 것을 미뤄 참고하여 새롭게 했다"고 했다. 선진사상가로 부터 명청대의 교육자에 이르기 까지 사회 역사변천의 법칙을 제시한 것 들을 돌아보면 더욱 그들이 주목한 바는 "궁(窮)하면 변하고 변하면 통하여 통하면 오래 간다"는 특징을 보여주고 있다. 즉, "고금의 변혁"은 날로 새롭고 날로 또 새롭게 되어 가는 발전과정을 거친 것이다. 한대 사상가인 최식(崔寔, 미상~170 추정)은 자신의 저서 『정론(政論)』에서 이렇게 말한 바 있다. "성인은 세상과 더불어 변화를 일으킬 수 있으나 속인은 변화를 모른다." 이는 변통의 일신관(日新觀)에 대하여 매우 긍정적인 태도를 보인 것이다. 상앙, 한비자, 사마천(司馬遷, B.C. 145~B.C. 86), 유지기(劉知機, 661~721), 유종원(柳宗元, 773~819), 왕안석(王安石, 1021~1086), 황종희(黃宗羲, 1610~1695), 왕부지, 강유위 등 사상가이자 교육자들은 역사적 경험을 총결하면서 역사변천의 법칙을 탐구하고 정치 및 교육개혁을 실천에 옮길 때 특별히 중시한 것은 "변통일신의 사회 역사관"이었다. 더욱이 근대에 이르러 유신변법의 사상가인 강유위, 엄복(嚴復, 1854~1921), 양계초(梁啓超, 1873~1929) 등은 서구의 진화론사상을 수용하여 변통의 일신관을 진화의 역사관으로 개조하고 유신변법을 추구하는 신문화 계몽운동의 서막을 열었다. 공자의 "손익의 역사관"으로부터 강유위가 "진화론적 역사관"으로 변화는 중국인들의 사회, 역사에 대한 인식의 비약적 발전이자 중국과 서양문화의 교류의 사상적 결정체이다.

선진시대, 법가 상앙은 역사변천의 단계를 삼단계로 구분한 바 있다. 즉, 상세(上世), 중세(中世), 하세(下世)가 바로 그것이다.[27] 상세는 어버이가 자녀를 개인적으로 사랑하는 시대라면 중세는 어진 인물이 나와 인을 설파하는 시대요, 하세는 귀한 인물을 귀히

27) 『商君書·開塞』.

여기고 관리를 존중하는 시대이다. 사회 역사가 부단히 발전함으로 인하여 변법은 필연적인 이치이다.

"주나라는 상(商)을 본받지 않았고 하나라는 우(虞)나라를 본받지 않아 삼대가 모두 그 세력이 달랐지만 모두 왕이 될 수 있었다". 순자도 "성왕의 자취를 보고자 하건데, 그 찬연한 자을 보면 되는데 그는 후대의 왕이다".[28] 순자도 성왕(聖王)의 자취를 보고자 한다면 이는 바로 찬란한 후대의 왕을 보면 될 것이라고[29] 했다. 여기서 선왕과 후대왕을 본받는 것을 연결해보면 역사의 변천으로 인하여 변혁하는 관계로 부터 "옛 것을 잘 언급한 것은 반드시 오늘에도 들어 맞는다"(善言古者必有節於今)라는 결론을 얻을 수 있다. 상앙, 순자 외에 한비자도 이렇게 밝힌 바 있다. "세상이 다르면 일이 다르고 일이 다르면 준비할 것도 변한다, 성인은 옛 것을 보완하고 항상 시대변화에 따라 그 옛 것을 본받지 않음이 없다"는[30] 역사관을 제시하면서, "변통의 일신"을 강조했다. 새로운 성인이라고 하는 것은 세상에 적절한 일, 즉 변법을 진행하기 때문에 그렇게 부르는 것이라고 했다. 더욱이 귀한 것은 한비자는 경제, 정치, 인구 등 요인을 역사 발전의 동력으로 삼았다. 한편 사회적 충돌문제에 관심을 두면서 그는 "상고시대에는 도덕에 치중했으나 중세에는 지혜와 모략을 따르며 오늘날에는 힘을 가지고 다툰다"고[31] 하였다. 이 결론은 비록 역사적 실제와 다 부합되는 것은 아니지만 오히려 역사 진화의 원리를 함의하고 있다. 그러므로 사마천은 『사기(史記)·노장신한열전(老庄申韓列傳)』에서 그들을 일러 "갔다 오는 자를 통해 득실의 변혁을 보게 된다"라고 하였다.

변통은 필연의 이치이다. 시대변화에 부응하여 변화함으로부터 창조적 변혁에 이르기까지 이는 중국 철인들의 가장 탁월한 부분이자 가장 항구적인 지혜이기도 하다. 『회남자(淮南子)·범론훈(氾論訓)』에는 이렇게 말하고 있다. "은나라가 변해서 하나라가 되고 주나라가 변해서 은나라가 되며 춘추시대가 변해서 주나라로 변했으나 삼대의 예가 다 다르다". 그러므로 성인의 법은 시대에 따라 변하며 예는 세속과 더불어 변한다. "이런 시대에 따른 변화와 더불어 옮겨가는 사회 역사관은 위로 왕으로부터 일반 백성에 이르기 까지 그 영향이 매우 컸다. 한대의 왕충(王充, 27~97 추정)은 사회 역사를 상고시대와 후세시대의 두 단계로 분류하여 역사는 발전을 향하여 변한다는 긍정적인 역사관을 제시한 바 있다. 상고시대에는 바위와 구멍 속에서 거처하면서 금수의 가죽을 옷으로 삼았으나 후세에 거처가 궁실로 바뀌고 면포의 장식이 있었다"고[32] 했고, "한대는 백대

28) 『商君書·開塞』.
29) 『荀子·非相』.
30) 『韓非子·五蠹』.
31) 『韓非子·五蠹』.

(百代)의 위에 존재했다"고[33] 하였다. 그는 변증법적인 안목으로 역사를 보면서 "옛 것을 알면서 지금을 모르면 이는 은거하는 사람이라고 하며 오늘은 아는데 과거를 모르면 이를 일러 장님이라고 한다"고[34] 했다. 사회의 커다란 변화 속에서 대변혁의 위진 남북조시대 사상가이자 교육가들은 이런 사회 역사를 돌아보는 지혜가 더욱 깊었다. 왕필(王弼, 226~249)은 이렇게 말한 바 있다. "무릇 물질은 궁하면 변화를 생각하고 곤궁해지면 변화를 꾀한다"[35] 하였다. 곽상(郭象, 252 추정~312)은 말하기를 "시대가 옮겨지고 세상이 달라지면 예(禮) 역시 변해야 한다".[36] 갈홍(葛洪, 284~364)도 이렇게 말했다. "부정적인 것이 극하면 태평으로 이어지고 어둠이 극에 달하면 맑고 새벽이 찬란하게 빛난다".[37] 사회의 어둠, 정치적 혼란, 명운의 불운함이 시대에 따라 변하고 창조적인 변화의 지혜가 여기에 깖아 있다. 갈홍은 "들리는 바는 중시하고 보는 것을 가볍게 여기는 속물의 유가 선비는 사회 역사가 "야(野)에서 문(文)"으로 변화하는 것으로 본다"고 비판했다. 이는 역사 발전의 구체적인 표현이다. 그는 말하기를 "옛 사람들은 일을 하는데 순박했으나 오늘날 사람은 조각하여 장식하지 않음이 없어 시대가 옮겨가면 세상도 바뀌는 것이 이치의 자연스런 현상이다"고 했다. 당송대의 탁월한 사상가, 교육가들은 이런 변통일신의 사회 역사관을 가지고 있었다. 예를 들면, 유종원은 "세(勢)"로써 군현제가 봉건적인 제도로 대체되는 역사적 변천 추세를 분석한 바 있다. 유지기는 『사통(史通)·인습(因習)』에서 "일에는 변동이 있으나 말(言)에는 변혁이 없다면 기러기발을 아교로 부쳐놓고 비파를 타듯 전혀 변통이 없고 배를 조각하여 칼을 만들고자 하는 것이기 때문이다"고 했다. 이들은 모두 변화를 모르는 것을 비판한 것이다. 구양수(歐陽修, 1007~1072)도 "사물에 변함이 있으면 그 변화에 통하지 않음이 없는데 이는 천리의 자연함이다"고 했고 왕안석은 "옛 것을 새롭게 하고 구태의연한 것을 제거하며(新故相除), 옛 것으로부터 새로운 것을 얻는다(從故得新)는 관점에서 세상을 건지기 위해서는 마땅히 변화를 통해야 한다"는[38] 개혁의 관점을 널리 드러냈다. 주희(朱熹, 1130~1200)는 "지금 세상에 살면서 현재의 법을 제거하고 옛 정치를 그대로 행하려고 하면 이득이 되는 점을 발견하지 못하고 도리어 번폐만 있게 된다"고 일깨웠다. 이런 언급은 모두 변화에 당하여 새롭게 창조적으로 변화하는 철학적 지혜를 체현한 것들이다. 더욱이 더욱 중시할 만한 가치는 그들이

---

32) 『論衡·齊世篇』.
33) 『論衡·恢网篇』.
34) 『論衡·謝短篇』.
35) 王弼, 『周易注』.
36) 郭象, 『莊子 · 天運注』.
37) 葛洪, 『抱朴子·博喩』.
38) 『歐陽修文集·明用』.

추상적인 역사철학의 담론이 아니라 "변통하여 날로 새롭게 하자는 철학을 변혁 속에서 일관되게 실천함으로써 왕안석의 변법, 주희의 서원교육제도의 창설 등은 모두 변화에 당하여 새롭게 창조적으로 변화하는 전형적인 모델이다. 왕안석은 이렇게 말하였다.

> "천하사물의 변화는 내 앞에서 서로 바뀌는데 마치 나는 항구적으로 지속될 것으로 알지만 내가 행할 때에 그것이 통할 수 없다. 이는 반드시 그 변화를 도모하여 때로 손익이 있음을 헤아려본 다음에 가능한 것이다. 그러므로 군자는 역사변화의 손익을 알지 않을 수 없다".[39]

이는 『역경(易經)』, 『노자(老子)』, 『논어(論語)』에 담겨진 역사관을 합리적으로 종합한 것이다.

명청대에 왕부지는 역대의 역사, 사회관을 비판적으로 종합하여 그동안 제기된 순환론, 반복론, 퇴화론의 한계를 극복했다. 이를 테면 기운이 화하여 날로 새롭게 변화한다(氣化日新)의 자연철학으로부터 시대로 인한 흐름에 순응하고 변화를 항상 실천해 나간다(因時順勢, 蹈常處變)는 역사철학을 도출해내면서 옛 것을 변화시켜 새롭게 한다(推故致新)는 중요한 의미를 강조했다. 왕부지는 자신의 저서 『독통감론(讀通鑒論)』), 『사문록(思問錄)·외편(外篇)』 인 역사서에서 구체적으로 인류사회가 야만에서 문명사회로 낮은 단계에서 높은 단계로 변천해가는 과정을 묘사했다. 그는 또한 이론과 현실의 합일(理勢合一)관점에서 군현제도가 분봉제도로 대체될 필요성을 분석하고서 말하기를 "봉건제도는 후세에는 다시 시행될 수 없는 제도이다. 일반 국민들의 힘에 이를 감내하지 못하여 대세는 반드시 혁신될 것이다".[40] 단지 "시대에 따라 잘 변화하는 사람만이 날로 새로워지나 어렵지 않으며",[41] 일대에 전형적인 모범을 세운 것이다.[42] 선진유가로부터 송명대의 성리학에 대학자에 이르기 까지 비록 사회역사의 변혁, 손익, 인혁(因革) 등을 깊이 다뤘지만 전체적인 경향은 "옛 날로 돌아가 현재를 변혁하자(復古以變今), 근본으로 돌아가 새롭게 열자(返本以開新), 앞선 것을 지켜 후대를 맞이하자(守先以待后)"는 순환론적인 특징을 보일 따름이다. 왕부지는 그가 생활했던 시대가 하늘이 무너지고 땅이 갈라지는 봉건전제사회, 정치적 위기가 폭발했던 시기로 민족의 고난과 역사적인 왜곡과 사회부패에 대하여 앞선 철학자들의 인식을 뛰어 넘는 바가 분명 있다. 그는 "도는 위급한 변혁의

---

39) 『臨川集』, 卷66.
40) 王夫之, 『讀通鑒論』, 卷3.
41) 張載, 『張子正蒙注』, 卷7.
42) 王夫之, 『讀通鑒論』, 卷12.

시대를 뛰어 넘어 성하지 않는다"라고[43] 하여 한대와 당나라 시대에는 오늘의 도가 없었고 오늘에는 다른 시대의 도가 많지 않다고[44] 인식했다. 이는 사회 역사는 시대변화를 따라 부단히 전진하는 것이며 역사의 발전은 고금의 변혁 가운데서 실현되는 것이라는 의미이다.

사마천은 일찍이 "하늘과 인간이 만나는 것을 살펴 보건데 고금의 변화를 통하여 일가의 말을 이뤘다"고 하는 고대 역사가의 넓고 진보적인 역사관을 보여 주었다. 하늘과 인간이 만나는 것(天人之際), 고금의 변화(古今之變)는 선진시대 이래 철학자들이 관심을 두는 중대한 이론적 탐구문제이자 선철과 후대의 현인들이 역사발전 변화의 근본문제를 탐구하여 역사를 부단한 긴 흐름으로 보고 "손익, 변통"에서 옛 것을 변화시켜 새롭게 한다는 것을 추구한 것이 바로 진보적인 역사관이다. 역사를 거울로 삼아 한시대의 흥망의 배경을 서술하고 성패의 자취를 밝히며 앞선 세대의 승망성쇠를 보감삼아 오늘에 득실을 가려보고 역사적 경험을 총 결산함으로써 사회문제 해결의 경로와 방법을 찾고 사회가 올바른 방향으로 진행되도록 촉진하고 발전에 도움을 주는 것이 바로 경세치용을 추구하는 역사학의 정신이다.

명·청대와 건륭시대(1711~1799)에 위대한 역사학파의 출현에 따라 경세치용의 실학사조가 교차하게 되었다. 이로 인하여 경학에서 역사학으로의 역사의식이 다시 각성되게 되었다. 왕부지, 황종희, 고염무, 방이지(方以智, 1611~1671), 부산(傅山, 1607~1684), 안원(顏元, 1635 ~1704), 이공(李塨, 1659~1733), 대진(戴震, 1724~1777), 만사동(萬斯同, 1638~ 1702), 고조우(顧祖禹, 1624~1680), 왕명성(王鳴盛, 1722~1797), 전대흔(錢大昕, 1728~1804), 필원(畢沅, 1730~1797), 조익(趙翼, 1729~1814), 장학성 등이 그런 부류의 학자들이다. 이들은 육경의 요지는 해당된 시대의 소임에 힘쓸 것을 주장한 것이라고 하면서 경세실학과 아울러 경학이 바로 실학이라고 하여 육경이 모두 역사라고 강조했다. 이렇게 하여 형성된 육경류의 변화가 역사학 중심의 흐름으로 편입되는 학술사상은 전통사회에 대한 심각한 비판과 엄숙한 반추 그리하여 변통의 일신(變通日新) 사유체계를 사람들의 마음속 깊이 자리하게 했다.

경학중심의 오랜 정치로 말미암아 사회 역사에 대한 많은 생각들조차 경학에서 대부분 연역되어 나온 것이어서 역사의식의 각성은 매우 어려운 과제였다. 도, 함풍제(道, 咸豊帝, 1820~1861) 집정 기간의 금문경학파는 비록 역사 진화론의 방향으로 나아갔지만 여전히 역사 순환론적 사유형식을 탈피하지 못했다.

---

43) 『問思錄·內篇』.

44) 『周易外傳』 卷6.

동중서, 하휴(何休, 129~182)가 제시한 공양삼세설(公羊三世說)은 청나라 중기에 이르러 금문경학파(今文經學派)인 유봉록(劉逢祿, 1776~1829), 공자진, 위원(魏源, 1794~1857), 강유위에 의해 거듭 새롭게 해석되어 근본으로 돌아가 새롭게 열자는 개혁론으로 제기되어 사회 개량을 주요 이념으로 하는 사회 역사관을 형성했다. 동중서는 자신의 저서 『춘추번로(春秋繁露)』에서 춘추에서 시대 구분을 소견세(所見世), 소문세(所聞世), 소전문세(所傳聞世)로 기술하였다. 일찍이 동한말 공양학자인 하휴도 역사를 세 가지 시기로 구분한 바 있다. 이른바 삼세설(衰亂世, 升平世, 太平世)을 주장했다. 그리하여 청대에도, 함풍제간(道光, 咸豊: 1820~1861)에는 금문경학의 대표적인 학자들에 의해 장삼세(張三世), 통삼통(通三通) 등의 역사관이 차례로 밝혀졌다. 공자진은 『을병지제저의(乙丙之際著議)』라는 글에서 이렇게 지적하고 있다.

> "나는 듣건 데 『춘추』에서 논하는 것은 역사이다. 말하기를 중국 태고의 글자로 문자를 나무에 새겨 약속의 표시로 한 부서 즉, 서계(書契)이래로, 세상에는 세 가지 등급이 있는데 모두 그 재능의 차이에 따라 구분한 것이 치세(治世), 난세(亂世), 쇠세(衰世) 등이다".[45]

그는 당시 사회가 이미 "석양으로 저물어 가는 비애의 바람이 몰아오는 쇠란의 단계"로 인식하였다. 그는 경제, 정치 사상적인 측면에서 그런 쇠란의 원인을 분석하여 변혁에 응용하여 혁신할 것을 주창하였다. 위원도 사회, 역사변천의 과정을 "태고, 중고, 말세" 등의 삼단계로 구분하고서 오제(五帝)가 예를 쫒지 않았고 삼왕(三王)은 악(樂)을 따르지 않았다고 인정하면서 작게 변하면 작은 혁신이 크게 변하면 큰 혁신이 오고 작게 혁신하면 작은 정치가 크게 혁신하면 큰 정치가 된다고[46] 하면서 사람들로 하여금 역사적인 흐름에 순응하여 변혁을 진행하고 망해가는 국가를 구하며 존립을 도모하길 주장하였다. 그는 말하기를 "강과 하천에는 백가지 근원이 있으나 모두 바다로 나가는데 도리어 강과 바다의 물이 되돌아 산으로 간다면 가능한 일인가? 반드시 함께 같이 할 필요가 없이 적합하면 되는 것이고 다스리는데 반드시 같이 할 필요가 없이 국민에게 이로우면 되는 것이다".[47] 이는 "변통하여 날로 새롭게 하는 역사관에 대한 투철한 해석을 한 것이다. 그러나 얼마 지나 위원은 노자의 영향을 깊이 받았기 때문에 역전(『易傳』), 맹자, 동중서, 유봉록 등의 영향을 입어 평탄하지도 않고 타파하지도 않으면서 다시 과거로 돌아가거나

45) 『龔自珍全集』, 6쪽.
46) 魏源, 『聖武記』, 卷7.
47) 魏源, 『古微堂內集』, 卷3.

반복하지 않는 사유방식으로 태고, 중고, 말세를 말하고 있다. 따라서 그는 역사의 변천이란 말세에 가면 다시 처음으로 돌아가 만나게 되며 그런 괘도를 이탈하지 않음이 없는 순환론의 속박에서 벗어날 방법이 없다고 인식했다.

선진제자에서 명청대의 계몽사상가에 이르기 까지 중국의 철학자들은 일찍이 진화론적 사고를 가지고 역사적 변천을 해석하는 특징을 보였으나 엄밀성이 결여된 체 체계적인 자연사관에 근거한 이른바 고전적 진화론이라고 할 수 있다. 서구의 자연 진화론이 소개되면서 특히 엄복의 『천인론(天演論)』, Huxeley의 진화와 윤리의 중국어 번역본)이 널리 유포된 후 중국 지식인들에게 처음으로 새로운 안목을 열어주어 진화론이 대표적인 새로운 세계관으로 자리하게 해주었다. 엄복의 『천인론(天演論)』은 강유위, 양계초 등의 손에 입수되어 읽혀졌다. 이에 앞서 영국의 요한 샬(J. Schall)의 『천문학대강(天文學大綱)』과 『지질학원리(地質學原理)』 등도 이선란(李善蘭, 1814~1884), 화형방(華蘅芳, 1833~1902)에 의해 번역 출판된 바 있다. 강유위의 『제천강(諸天講)』, 장태염(章太炎, 1868~1936)의 『시천론(視天論)』 등은 바로 이런 자연 진화론의 영향을 입어 저술된 것이다. 동시에 서구의 정치적 혁명과 공업혁명의 조류가 중국의 지식인들에게 커다란 충격을 주었다.

세계가 새로운 진화를 만나 열어간다는 의식은 강유위의 『소촌와병사회(蘇村臥病寫懷)』라는 시에서도 변법을 통한 강한 국가 건설을 상징적으로 표현하고 있다. 자연진화론의 관점으로 중국의 역사를 돌아보면서 강유위는 "공양삼세설(公羊三世說)"을[48] 개조하여 사회역사진화론으로 제시하면서 공자의 손익(損益)의 역사관을 새롭게 해석하고 있다.

> "하나라, 은나라 주나라 세 나라는 서로 아름답게 넘겨주는 전통을 가지고 있었다. 각기 혁신으로 인하여 손익이 있지만 삼대의 변화를 보면 백세의 변화도 알 수 있다. 무릇 백성의 풍속이 서로 계승되었기 때문에 후대 왕이 일어나도 전대 왕조의 것을 인습하지 않을 수 없었다. 폐단이 변혁을 가져왔기 때문에 일대의 흥성이 손익을 새로운 제도로 삼지 않을 수 없었다. 인도(人道) 진화에는 모두 정한 바 위상이 있다. 스스로 부족이 부락을 만들고 국가를 이루며 국가로 루터

48) 공양삼세설(公羊三世說): 춘추의 공양전(公羊傳)을 근거로 한 학설을 공양학이라고 한다면 공양학의 성립은 한대 동중서에 의해 시작된다. 그의 삼세설은 공양전에 전문(傳聞)한 시대, 들은(聞) 시대, 본(見) 시대로 구별한다. 후한 하휴(何休, 129~182)에 의해 삼과구지설(三科九旨說), 청대에는 금문공양학파가 등장하여 장존여(張存與), "요평(寥平), 강유위에 이르러 대성을 이루었다. 강유위는 대동서에서 삼세설을 주장하는데 그는 세상을 난세, 소강, 대동의 단계로 진보한다는 보았다. 소강시대는 국가주의 군국주의가 행해지나 대동시대가 되면 세계주의, 자유주의, 사회주의가 행해진다.

대통을 이룬다. 유독 인간만이 점차 추장을 세우고 추장이 점차 군신이 되며 군신이 점차 헌법을 만들고 만든 그 헌법으로 공화주의가 성립된다. … 대개 스스로 거란세가 승평세로 진화하고 승평세가 태평세가 되며 진화에는 점차적인 순서가 있다. 혁신을 하는데 는 그 나름의 이유가 있으며 여러 나라를 살펴보건 데 그 풍조가 다르다".[49]

진화론으로 사회 역사의 변화를 해석함으로써 자연이 부여한 손익이라는 새로운 함의는 특히 군주제로부터 군민이 함께 주인이 되어 민주로 나아가는 것을 의미한다. 전제주의로부터 입헌제로 다시 공화주의로 나가는 사회 진화의 공식을 제세한 것이다. 『예기(禮記)·예운(禮運)』에 보면 "대동(大同), 소강(小康)으로 공양삼세설을 보완하고 있다. 고대 유가로부터 예를 들면 거란세(공자) → 승평세(문왕, 주공) → 태평세(요, 순)으로 이어지는 복고적인 경향을 거란세(군주전제) → 승평세(군주입헌제) → 태평세(민주공화제)의 진화과정으로 반전시켜 태평세(대동 사회)를 최고의 이상사회로 삼았다. 이는 중국의 사회사상에 대한 새로운 해석을 제기한 공헌이다. 장태염의 『균설(菌說)』, 『원변(原變)』, 『구분진화론(俱分進化論)』 등도 역사 진화를 담고 있다. 그러나 주요한 것은 경학과 사학을 통하여 경세치용 정신의 규명, 국민의 기운을 고무시키고 방향을 설정하여 계도함으로써 국민의 민주주의 정신을 깨우치고 있다. 장태염은 금문경학에 대하여 특히 공양삼세설과 탁고개제설(托故改制說)에[50] 대한 평가를 하고 있다. 명청대 이래 실증주의 사학이 발전함에 따라 그 목적도 종족의 혁명을 널리 밝히는데 두고 있었다. 강유위와 장태염의 사상 논쟁은 금문경학과 고문간의 학술적인 논쟁에 한정되는 것은 아니었다. 강유위는 금문경학의 주장에 대해 유신변법과 군주입헌을 주장하는가 하면 장태염은 고문경학을 가지고 종족의 혁명과 민주공화제를 제창하였다. 장태염은 명대 지식인들이 현재는 알지만 고문을 통하지 못하는가 하면 청대 지식인들은 고문은 통하지만 현대문은 몰랐다. 이들은 모두 취할만한 법으로는 부족하다. 자라나는 청소년 세대들이 이런 역사의 변천과정을 알아보도록 계도하고 국가의 흥망성쇠를 통찰하며 현실적인 변혁에 주목함으로써 실천적 정신으로 국가의 위기사태를 구하도록 하는 이것이 바로 올바름을 추구하는 구시(求是)와 실용을 추구하는 치용(致用)을 결합한 사회 역사관이다. 춘추전국시대 철학자들로부터 변역(變易), 손익 등의 개념으로 사회 역사의 변천과정을 규명하고 근대

49) 康有爲, 『論語注』.

50) 탁고개제설(托故改制說): 강유위를 비롯한 유신을 주장하는 인물들이 정치 사회적 개혁의 정당성을 제시하기 위하여 개혁은 반드시 문왕과 요순에 가탁해야 신뢰를 받을 수 있다는 주장이다.

사상가들과 교육자들은 진화론으로 사회 역사적인 발전의 규범을 제시하여 중국인의 사회 역사관이 질적인 도약을 한 것이다.

(2) 사회 비판론

『역(易)·계사(繫辭)』에 보면 "주역을 지은 사람은 근심하고 걱정하고 있다"라는 구절이 있다. 중국의 선철들은 "천하를 자기의 책임으로 여기는" 좋은 전통을 가지고 매 시대의 사회적 양심을 대표해 왔다. 특히 사회가 큰 변화를 할 때, 정치적인 풍운과 그 변화를 예측하기 어렵고 사회 위기가 날로 엄중한 역사적인 전환기에 처하여 탁월한 사상가, 교육자들은 냉정하게 사회현실을 반성하면서 비판정신을 보여 주었다. 그들은 사회 발전을 가로막는 문제의 본질을 분석하고 부패와 몰락하는 구사회, 제도를 비판하며 사회 발전을 촉진하는 한편 사회 발전의 길을 찾는데 도움을 주었다. 공자로부터 강유위에 이르기까지 적극적으로 사회에 참여할 것을 주장하였다. 예를 들면 "사람들이 도탄에 빠진 것을 건지고 만세동안 태평세를 열어가자"고 주장하는 유가의 대표적인 인물들은 모두 어짐과 지혜와 용기(仁智勇)를 가지고 사회문제, 사회모순을 들어내고 사회의 어두운 현실을 비판하고 사회를 구제하는 길을 찾아냈다. 그것이 바로 "무위로 다스릴 것"(無爲而治)을 주장하는 이른바 세간을 떠나는 출세간적인 관념을 가진 노장사상 및 그 후학들에게서도 문명사회의 여러 가지 고난과 죄악에 대하여 심각한 비판과 예리한 평가를 제기하고 사람들의 마음을 흔든 비판의식은 사람들의 위기의식을 일깨웠다. 중국 고대의 사상가, 교육자들의 사회관과 교육관의 관계를 살펴보면 더욱이 그들의 사회비판 정신을 알 수 있다. 이것은 그들이 진행한 사회혁신이자 교육개혁의 정신적 동력이다. 왕국유(王國維, 1877~1927)는 이렇게 말한 바 있다.

> "중국정치와 문화의 변혁은 은나라와 주나라 때보다 격렬한 적이 없다. 은주대의 대변혁을 말로 표현하면 한 성씨 한 가정의 흥망과 도읍의 옮김에 지나지 않으나 마을로 말하면 구제도가 폐지되고 새로운 제도가 일어나고 구문화가 없어지고 새로운 문화가 일어난 것이다".[51]

거대한 사회변혁에 따라 신(神) 본위 문화가 점차 인간을 본위로 하는 문화로 넘어가면서 회의, 비판정신이 점차 형성되었다. 역사는 가장 좋은 스승이다. 상(商)대 말기에 귀족 정치인들의 정치적 부패, 도덕적 타락, 생활의 방탕, 통치수단의 잔혹, 사회적 모순이

51) 王國維, 『觀堂集林·殷周制度論』.

날로 엄중해지자 최후에는 국가가 멸망에 이르게 되었다. 주공은 은나라와 상나라가 멸망한 원인을 "방탕하여 규범의 부재"라고[52] 분석하였다. "오직 그 덕을 존경하지 않고 이내 일찍 그 명(命)에 떨어졌다".[53] 오직 술(酒)에 빠져 스스로 자제하지 못하고 안일에 빠졌다는[54] 비판은 근본 원인이 덕을 상실하고 정치를 황폐화했기 때문이라고 생각했다.

"천명이 다하고 오직 덕은 관리들에게 존재할 뿐이요", "마땅히 백성이고 사람이어야 한다"거나 하늘을 의심하고 덕을 존경하며 시민을 보호한다는 사상은 역사적 비판 가운데 형성되어 춘추전국시대 민본, 덕치사조가 이미 먼저 형성되어 그 문호를 열어 놓은 것이다. 은나라를 이어 일어난 주왕실은 정치, 경제적인 개혁을 단행하여 정권이 날로 공고해지고 사회 질서도 상당히 안정되어 성강의 정치(成康之治)를 출현했지만, 의왕(懿王, 재위 B.C. 899~B.C. 892)이후 주왕실은 점차 쇠퇴하여 위기가 사방에 잠재해 있고 역대 왕에 이르기 까지 탐욕과 포학으로 국민들에 의해 추출되었다. 평왕(平王, 재위 B.C. 770~B.C. 720)이 동쪽으로 천도를 한 뒤 잠시 동안 중흥을 했으나 유왕(幽王, 재위 B.C. 795~B.C. 771)때 다시 황폐해지고 폭정이 되자 관리들의 마음이 떠나고 백성이 반항하자 드디어 멸망하고 말았다. 춘추전국시대 제후의 패권 다툼과 사회적 모순이 점차 격화되고 백성 또한 어려운 환경에 처하게 되었다. 사회적 쇠퇴와 부패, 어두운 정치적 현실이 강렬한 회의와 심각한 비판을 불러 일으켜 변화의 바람(變風), 정당한 것으로 변화(變雅) 등의 사회혁신을 담은 시속에 회의, 비판정신이 집중적으로 나타났다. "벌단(伐檀), 석서(碩鼠), 황조(黃鳥), 시월(十月), 북산(北山), 우무정(雨無正), 칠리(桼離), 절남산(節南山) 등의 시 속에 혹자는 포악 탐욕스런 군주에 대하여 신랄한 풍자를 하거나 통치계급의 내부 모순을 들어내거나 암흑의 정치현실을 무정하게 비판하거나 위없는 존엄한 천제에 대해서도 회의하는 등 비판정신은 원한의 감정과 만나는 사람의 마음을 움직이고 돌이켜 생각하게 하였다. 후세 교육가, 사상가, 시인들의 사회비판 의식의 형성에 대해 미친 영향은 헤아릴 수 없을 정도이다.

"도덕과 학술은 앞으로 천하를 위해 분열된다", 제왕을 위한 관학이 제자백가의 문명으로 변화하는 과정에 강렬한 정치참여와 의식, 사상의 해방, 마음의 광활함과 학문이 조예가 깊은 박사들이 계속 이어서 나타났다. 그들은 사회개혁에 대한 사명감을 가지고 있었다. 각기 그 도를 생각하고 천하를 바꾸려하는 의식, 모든 일을 처리하는데 있어서 용기를 가지고 사회현실에 대한 실랄한 비판을 가했다. 유가, 묵가, 도가를 대표하는 인

52) 『商書·酒誥』, 縱淫泆於非彝.

53) 『商書·召誥』, 惟不敬厥德 乃早墮厥命.

54) 『商書·酒誥』, 惟荒腆於酒 不惟自息乃逸.

물들(공자, 맹자, 순자, 묵자, 노자, 장자, 한비자 등)의 사회 비판정신은 스스로 깨닫고, 강렬하고 깊이 있고 체계적이었다.

공자가 사회를 비판한 사상은 "천하에 도가 없다"(天下無道)라는 명제 속에 결집되어 있다. 『논어(論語)·계씨(季氏)』에 보면 "천하에 도가 있으면 예악과 정벌(征伐)이 천자로부터 나오고 천하에 도가 없으면 예악과 정벌이 제후로부터 나온다"고 하였고, "조수와는 함께 무리지어 살 수 없으나 내가 이 사람의 무리와 함께 하지 않고 누구와 함께 하겠는가? 천하에 도가 있으면 내 더불어 변역시키려 하지 않을 것이다"(『論語·微子』)고 하였다. 천하에 도가 없다는 것은 천하에 도가 있다는 말에 상대적인 대구임을 알 수 있다. 천하에 도가 있다는 것은 공자가 추구한 이상사회이자 사회가 협조, 안정, 화해가 이뤄져 사람들의 생활이 행복하고 건강하며 서로 사랑하는 사회이다. 반면에 천하에 도가 없다는 것은 질서가 문란하고 시비가 전도되며 도덕이 상실되어 예악이 무너지고 권력을 탐하는 신하들이 분수에 넘게 함부로 하며 열국과 일반 백성의 삶이 도탄에 빠진 사회를 말한다. 천하에 도가 없다는 것을 드러내고 비판한 것은 공자가 현실정치에 대한 항의이자 비참한 우환의식을 표현한 것이다. 맹자는 이렇게 인식하였다. "세상이 쇠하고 도가 미약해져서 부정한 학설과 포악한 행동이 일어나 신하로서 군주를 시해하는 자가 있으며, 자식으로서 어버이를 시해하는 자가 있었다".[55] "공자는 이를 두려워하여 『춘추(春秋)』를 지으니, 『춘추(春秋)』는 천자가 하는 일이다." 이 때문에 공자가 말하기를 "나를 알아주는 것도 오직 춘추이며 나를 죄주는 것도 오직 춘추이다"(『孟子·滕文公 下9』)고 하였다. 지난 242년간 임금을 시해한 것이 36건, 국가가 멸망된 것이 52건이다. 평균으로 계산하면 7년 이내에 임금이 한명씩 시해당하고 5년 이내에 한 국가가 멸망한 셈이다. 사회질서의 혼란이 참으로 극에 달한 것이다. 공자가 『춘추(春秋)』를 지은 것은 사실 그런 역사적 사실을 논하기 위함이 아니라 도리어 당연히 그렇게 해야 하는 이상사회를 들어내기 위함이자 공자가 생명을 다할 때 최후 부촉이기도 하다.

춘추에서 공자는 두려움 없이 통치계급 내부의 모순과 여러 가지 죄악을 드러내고 사정없이 비판을 가하며 사회문제, 사회위기의 실제를 노출시켰다. 그러므로 맹자는 말하기를 "공자가 춘추를 지어 난신적자들이 두려워했다"고 했고, 공자가 말한 "가혹한 정치가 호랑이보다 더 사납다"는[56] 말과 "시골사람 중에 근후한 자로서 유속과 동화하며 더러운 세상에 영합하여 아첨하는 무리는 덕과 비슷하나 덕을 어지럽히는 덕의 죄다"고[57] 한 것도 정치와 도덕에 대한 비판적 경향을 분명하게 드러낸 것이다.

---

55) 『孟子·滕文公下』.
56) 『禮記·檀弓下』 苛政猛於虎.
57) 『論語·陽貨』.

서복관(徐復觀, 1903~1982)은 말하기를 "공자가 불합리한 통치자를 전복 시킨 것은 반역의 정치신화라고 여기는 것을 타파한 것이나 통치자를 특권적 지위로부터 끌어내려 일반 평민과 함께 같은 양심의 이성적 심판을 받게 한 것이다".[58] 공자의 비판정신은 춘추전국시대 백가쟁명의 전주곡이며 중국 고대사회에서 처음으로 위대한 사상적 해방 운동이 따라서 형성되었다.

전국시대에 유가의 대표적인 인물인 맹자, 순자는 공자의 사회비판 정신을 널리 들어냈다, 그들은 사회모순을 직시하고 들어내며 사회, 정치, 도덕의 면에서 여러 가지 병폐가 진행되는 것을 엄중하게 비판하고 사람들로 하여금 사회 위기의식을 불러 일으켰다. 특히 순자가 민간 노동가곡을 모방하여 쓴 책이 바로 『성상편(成相篇)』이다. 이는 사회비판정신을 자유롭고 활발한 예술형식을 빌어 표현한 것으로 후세 시인, 교육자들을 위해 사회를 비판하는 하나의 모델을 수립하였다. 두보(杜甫, 712~770)의 시편, 백거이(白居易, 772~846)의 신악부(新樂府), 신기질(辛棄疾, 1140~1207)의 『가헌사(稼軒詞)』, 오경재(吳敬梓, 1701~1754)의 『유림외사(儒林外史)』, 조설근(曹雪芹, 1715~1763)의 『홍루몽(紅樓夢)』, 공자진의 『기해잡시(己亥雜詩)』 등은 이런 모든 비판정신을 담은 작품이다. 이들은 『시경』, 선진유가의 『논어』, 『맹자』, 『순자』 등의 영향을 입었다. 조기(趙岐, 108 추정~201)는 이렇게 말했다.

> "맹자는 요순우탕문무주공이 했던 일을 열심히 추진했으나 마침내 인멸되고 미미해졌다. 정도(正道)가 막히고 인의가 거칠어지고 사나와졌다. 말을 빨리 몰기 위해 재주를 부리고 붉은 색이 빨간 색을 혼란스럽게 한다. 그래서 공자를 흠모하고 주나라의 조류는 세상을 걱정한다".[59]

사마천은 말하기를 "전국시대 조나라의 유학자인 순황(荀況)은 혼탁한 세상의 정치를 질시하고 망국의 어지러운 임금이 서로 거기에 소속하려 하며 대도를 따르지 않고 무당에게 도모한다"고 하였다.[60] 사회가 혼란한 가운데 전쟁의 화가 빈번하며 정치는 혼란하고 백성은 삶을 도모하기 어려운 전국시대에 맹자와 순자는 모두 도를 행하고 세상을 건지는 우환의식을 가졌었다. 인의예악에 근거한 기본가치로 사회의 모든 불합리한 현상을 비판하였다. 맹자는 "춘추시대에는 의로운 전쟁은 없었다"고 하였다. 통치계급은 자기의 사리사욕을 채우기 위하여 전쟁을 일으키고 극단적인 분노를 표시하며 전란에 빠져

58) 徐復觀, 『中國人性論史』, 제4장 참고.
59) 趙岐, 『孟子正義』, 『孟子·題詞』.
60) 『史記』 卷74.

고통 받고 신음하는 사람들을 버리고 무한한 동정심에 의존했다. 그가 예리하게 비판한 것은 탐욕, 잔혹한 정치계급으로 "땅을 다투다 사람을 죽인 것이 들에 가득하며 성(城)을 놓고 다투어 싸움에 사람을 죽인 것이 성에 가득함이 있어서랴, 이는 이른바 토지를 위하여 사람의 고기를 먹는다는 것이니 죄가 죽음을 받아도 용서되지 못할 것이다".[61] 정의롭지 못한 것으로 말미암아 전쟁이 빈번하게 발생하면, "저들이 백성들의 농사철을 빼앗아 백성들로 하여금 밭 갈고 김매어 그 부모를 봉양하지 못하게 하면 부모가 얼고 굶주리며 형제, 처자가 이산될 것이다"고[62] 하였다. 그는 통치자들이 자기의 누림을 채우기 위해 폭정을 전횡하고 "주방에는 고기가 있고, 마구간에는 살진 말이 있으나 백성은 굶주린 기색이며 들에는 굶어 죽은 사람들이 있는"(杜甫, 『赴奉先咏懷』) 사회 불평등 현상을 비판하였다. 통치자들이 사치와 음란, 탐욕으로 부패된 생활을 하는 것은 "짐승을 거느리고 사람을 먹는" 사회적 폭행을 유발케 하는 근본원인을 조성한 것이다. 지위가 높은 자들과 부호들은(朱門) 술과 고기 냄새가 코를 찌르고, 길가에는 얼어 죽은 뼈가 있다.[63] 고관대작은 술과 고기에 싫증이 났고 이런 무리들은 베틀로 짠 옷과 띠배로 만든 집으로 하늘을 가릴까.[64] 시체를 쌓아둔 초목에는 피비릿내가 나고 유혈은 강을 이뤄 배를 띄우네.[65] 위와 같이 시인 두보는 암흑의 정치에 대해, 잔혹한 전쟁이 피눈물을 흘리게 하는 것을 폭로하고 비판했다. 이런 그의 비판적 의식은 맹자의 그것과 일맥상통한다.

더욱이 소중한 것은 맹자가 사회를 비판하는데 어진 정치에 의지하여 이상사회를 추구한 점이다. 그는 백성을 적으로 삼는 통치자들을 전복하는 정의행을 주장하는 한편 "걸주가 천하를 잃은 것은 그 백성을 잃었기 때문이다. 그 백성을 잃은 것은 그 마음을 잃은 것이다"고[66] 주장했다. 또한 그는 천하를 통일하고자 하는 통치자는 어진 정치(仁政)를 실시해야 한다고 하여 "지금 천하의 임금이 사람 죽이기를 좋아하지 않는 자가 있지 않으니 만일 사람 죽이기를 좋아하지 않는 이가 있으면 천하의 백성들이 모두 목을 늘리고 바라볼 것이다."(『孟子·離樓』) "지금 만승(萬乘, 천자의 자리, 대국)의 나라가 인정을 행하면 백성들이 기뻐하는 것이 거꾸로 매달린 것을 풀어주는 것과 같을 것이다"고[67] 하였다. 이런 사회비판과 이상 사회론이 유기적으로 통일되어 나타난 사상을 보면 고대 지식인들

61) 『孟子·離樓上』.
62) 『孟子·梁惠王上』.
63) 杜甫, 『赴奉先咏懷』.
64) 杜甫, 『歲晏行』.
65) 杜甫, 『垂老別』.
66) 『孟子·離樓上』.
67) 『孟子·公孫丑上』.

은 도에 뜻을 두고 도를 힘보다 더 존중하는 정신을 표방했다. 맹자는 사회 비판과 더불어 부패한 정치, 정의롭지 못한 전쟁에 대해 제한 없는 비판을 제기했다. 그가 위선자(鄕願)를 멸시하고 부귀와 영리를 추구하기 위해 권세에 아부하는 무리를 풍자한 것 등은 모두 도덕을 들어내 비판한 것들이다. 강유위는 맹자가 "때로는 큰 소리로 벽력같이 대지를 진동하게 함으로써 사람들의 삶을 구원하려고 한 것"은[68] 탁견이라고 평가했다.

맹자의 사회 비판은 위기의식의 경종을 불러일으킨 것으로 깨우쳐 주기 위한 이성의 외침이었다. 순자는 예리한 비판적 안목을 지닌 사상가, 교육자의 한사람 이었다. 그는 전국시기의 정치, 경제, 법률, 도덕, 종교, 교육, 철학 등 다방면에서 전면적인 비판을 제기했다. 당시 존재한 사회적 모순, 사회 위기를 투철하게 분석했다. 그가 선진제자 백가의 학술사상에 대해 전개한 비판은 주로 『천론(天論)』, 『비십이자(非十二子)』, 『해폐(解蔽)』), 『성악(性惡)』 등에 집중되어 있다. 이 비판서는 제자백가의 장점을 잘 수용하여 선진시대 학술성과를 종합한 것이다. 그의 선진시대의 정치, 경제, 종교, 도덕 등 방면에 대한 비판은 다음에서 잘 나타나고 있다. 부분적으로 『순자(荀子)』에서는 더욱이 비분격발한 내용이 있으며 깊고 침울한 내용을 담고 있는 「성상편(成相篇)」에서 그가 제기한 사회 비판의 수준은 장자의 『거협(胠篋)』에 버금가지 않는다. 비록 순자의 비판이 모종의 종법사회를 위한 기능적 역할과 발전에 협조를 한 부분이 있지만, 장자의 비판은 철저한 종법사회에 대한 부정이다. 그러나 사회 병폐에 대한 분석과 폭로는 접근 방법은 다르지만 효과는 같은 묘가 있다(有異曲同工之妙). 순자는 "도는 따르나 임금을 따르지 않는다"는 원칙을 가지고 사회를 비판했다. 그의 비판적 이념은 역사적으로 혼란을 다스리는 경험을 총괄하기 위한 것이다. 순자는 당시 사회적 모순의 주요한 부분은 "덕으로써 하기보다는 힘으로써 다른 사람을 합병하거나(以力兼人), 부로써 다른 사람을 합병하는 것(以富兼人)이었다".[69] 여기서 타인을 합병한다는 것은 무력과 재물로써 토지와 사람을 끌어들이는 것으로 전국시대 제후들이 사용한 전략이다. 순자는 이런 두 가지 방법을 비판한 것이다. 최종적으로는 국가의 강력한 힘과 탐욕에도 역시 적용되는 것으로 보았다. 그는 오히려 덕으로 타인을 수용하고 민심에 순응하면 자연이 사람들의 지지를 받게 될 것이라고 주장했다. 민본주의 입장에서 순자는 통치자들이 백성의 재산을 약탈, 착취하는 것을 폭로했다. 그는 이렇게 말했다.

---

68) 康有爲, 『孟子微自序』.
69) 『荀子·議兵』.

"윗사람이 이득을 탐하게 되면 신하들이 자리를 이용하여 후에 백성들로 부터 취하는 도가 없어진다".70) 천하 제후의 낭비(靡費之用), 사대부의 음행(流淫之行) 등은 모두 정치적 암흑, 국가 패망의 원인이다. "세금을 가혹하게 징수하는 자는 망하고(聚斂者亡), 군자를 배라고 한다면 서민은 물이 된다. 물은 배를 띄우기도 하고 뒤엎기도 한다".71)

순자의 이런 비판과 경고는 따끔한 질책을 통한 가르침이다. 순자는 "어진 이를 숭상하고 그로 하여금 능력을 발휘하게 할 것을 주장했기 때문에 역대 통치자들의 잔인하게 어진 사람을 폭행한 것에 대해 맹렬한 비판을 가했다". "세상의 재앙은 간악한 무리가 어진 선비를 모함하고 세상의 화는 어진 선비를 싫어하여 공자도 죽임을 당하는 것을 보고 백리까지 축출당하는 어려움을 당했다".72) "주(紂)가 비간(比干)의 배를 가르고 기자(箕子)를 가두고 포락(炮烙)의 잔인한 형벌을 하고 살육이 때가 없었다".73) 이미 백성의 지지를 얻지 못하였고, 또한 어진 신하와 훌륭한 인재를 잔인하게 해하였으니 이는 스스로 멸망을 자초한 것이다. 전국시대 사회가 격렬하게 동요하고 더욱이 흔들리는 시국인데도 민중의 역량이 충분하게 발휘되어 유능한 인재들의 능력 자질이 귀하게 드러났다. 순자는 역사적인 흥망의 원인을 찾아보고 역사적 경험을 총괄하는 비판적 관점을 제시했다. "백성을 얻은 자는 융창하고 백성을 잃은 자는 망하며, 어진 이를 존경하면 편안해지고 어진 사람을 업신여기면 망한다는 결론을 얻었다." 이렇듯 사회비판에는 정치적 예지가 있음을 알 수 있다.

묵자는 불합리한 사회 현상에 대한 비판에서 대중성과 공리성을 선명하게 보여주고 있다. 그는 "겸애, 비공(非攻), 상현(尙賢), 상동(尙同)"의 정치사상을 주창하였다. 그는 "천하가 서로 사랑하면 살고 서로 싫어하면 어지러워진다"고74) 했다. "서로 사랑함"(兼相愛), "서로 이익을 나눈다(交相利)"는 가치에 근거하여 생각해보면, 묵자는 「겸애(兼愛)」, 「비공(非攻)」), 「절용(節用)」, 「절장(節葬)」, 「비악(非樂)」 등의 글에서 당시의 합병, 전쟁 및 고위 관리인 왕공대인들의 사치와 부패를 집중적으로 맹렬하게 비판했다. 그 수준이 유가, 도가, 법가를 넘어섰다. 묵자는 합병, 전쟁은 정의롭지 못한 것으로 국민들에게 재난만 가져다주는 것으로 보았다. 그는 말하기를 "국가가 정치를 한다고 하면서 국민이

70) 『荀子·君道』.
71) 『荀子·王制』.
72) 『荀子·成相』.
73) 『荀子·議兵』.
74) 『墨子·兼愛』.

쓰는 것을 뺏고, 국민의 이로움을 폐하는 것이 매우 심하다. 지금 삼리(三里, 세 곳의 마을)의 성벽과 칠리(七里, 일곱 지역의 마을)에 이르는 성곽을 공격한다고 하자. 이를 공격하는 입장에서 병기를 사용하지 않아 살육을 하지 않을 수도 있으나 반대로 병기를 사용하여 병졸을 살해하는 것이 가능하다. 사람을 죽인 수가 많으면 만 명이요 적어도 천은 될 것이다. 봄이 되면 백성들이 경작하는 것을 폐하게 하고 가을되면 백성들로부터 과도하게 세금을 거둬들인다. 지금 오직 일시적으로 폐지하는 것이 아니니 백성들의 기한과 동사자가 그 수를 헤아리지 못할 것이다".[75] 제후들이 자기 일신상의 이득을 취하기 위하여 발동한 전쟁은 정의롭지 못한 약탈 전쟁이다. 비단 수천만의 병사의 죽음뿐만 아니라 농업생산 기반을 파괴하고 간접적으로 백성의 죽음을 조장한다. 그러므로 묵자는 전쟁을 하지 말라고 하는 비공(非攻)을 주장하면서 평화를 갈망한다. 묵자는 사회혼란과 정치적 암흑의 원인은 통치자들이 국민에 대한 약탈로 자신들이 끝없는 욕구충족을 하려는 사욕과 관련이 있다고 보았다. "부귀한 자는 사치하고 고아와 과부는 얼고 굶주린다"고[76] 했다. 사회적 빈부, 귀천의 양극화 현상이 대립되는 상황이 매우 심하여 강자가 약자를 겁탈하고 다수가 소수를 폭력으로 제압하며 어리석은 자를 속이고 귀한자가 천한자를 없이 여기는 모순이 보편적으로 존재하여 국민들의 삶이 "주린 자는 먹지 못하고 추운데 옷을 구하지 못하며 애써 일하면서 쉬지 못한다".[77] 그 원인을 살펴보면 "먹을 사람은 많은데 일하는 사람은 적고",[78] "신분이 높은 지위에 있는 사람은 백성들에게 세금을 과하게 거둬들이고 백성들의 의식과 관련된 재물을 폭력으로 탈취하는 것"과[79] 관련이 있다. 일면 통치자들은 누릴 것은 다 누리면서 "화려한 문양을 세긴 의복이며 가축으로 요리하는 맛, 고대광실의 깊은 숲속에 지은 집이며 큰소리로 북치고 비파, 거문고 뜯는 소리를 낸다".[80] 또한 "남성들이 경작하고 재배하고 심고 씨뿌리는 등의 때를 잃어버리게 하고 부인들은 베 짜는 일을 못하게 하여"[81] 배고픔과 추위가 함께 온다.[82] 박탈과 비피탈의 모순이 날로 심각해져 최후에는 사회위기에 이르러 "국가는 혼란에 싸이고 사직은 위태롭게 된다".[83]

75) 『墨子·非攻』.
76) 『墨子·辭過』.
77) 『墨子·非樂上』.
78) 『墨子·貴義』.
79) 『墨子·辭過』.
80) 『墨子·非樂』.
81) 『墨子·非樂上』.
82) 『墨子·辭過)』.
83) 『墨子·非樂上』.

대중성과 사회적 공리성에 기초하여 묵자는 귀족계층에 대한 항의와 비판을 제기한 내용이 합리적이고 정의로운 방향을 지향하고 있었다. 그러나 겸애, 전쟁을 하지 않을 것(非攻)을 요구하였다. 그러나 이는 당시 사회 발전단계와 사회 현실과는 유리되었을 뿐만 아니라 이로 인하여 사람들로 하여금 고행주의, 금욕주의를 요구했다. 심지어는 물질문명, 정신문명에 대한 부정, 실용에 가려 인문(文)을 모르는 폐단이 있었다.

"노자는 도덕을 닦고 그 배움을 스스로 드러내지 않고 무명으로 남는데 힘쓴다"고[84] 했다. 장자는 "그 배움이 엿볼만한 것이 없지 않으나, 본질은 노자의 말로 돌아간다"고[85] 했다. 노자, 장자는 세속사회를 초월하여 자연무위를 추구하는 사상가들이다. 그러나 혼란한 정치 환경에서 그들은 시대적 환란, 정치적 폭력, 백성의 고통 및 이에 대한 깊은 인식, 사회문제 대한 시각과 예리함, 사회모순의 분석 및 그 깊이, 현실사회에 대한 비판은 투철했다. "인성의 자연성, 무위의 통치"에 대한 가치로 미뤄보면, 그들은 유가가 숭상하는 종법 예제문화에 대하여 강렬한 비판을 제기하고서 분명 전통에 대해 반대하는 이단적 경향을 보였다. 더욱이 정신적 자유를 추구하는 것을 인생의 목표로 삼고 침통, 울분을 소요하는 삶에 의지하는 장자는 종법제도 아래의 사회에 대한 비판이 선진제자와 기타 각 학파를 넘어섰다. 그들은 혼란스런 정치 환경을 넘어서 현실사회에 대한 반대의 입장에서 맑고 분명하게 사회문제의 원인을 분석하였다. 자연이 그들은 보다 넓은 범주에서 종법사회에 대하여 전면적이고 철저한 비판을 제기하였다. 후세에 기존사회 체제에 반대하는 시인을 들면 다음과 같다. 예를 들면, 혜강(嵇康, 223~262 추정), 완적(阮籍, 210~ 263), 도잠(陶潛, 365~427), 이백(李白, 701~762), 이지(李贄, 1527~1602), 탕현조(湯顯祖, 1550~1616), 부산, 조설근, 공자진 등은 모두 장자의 사회비판 사상으로부터 정도의 차이는 있지만 영향을 받은 사람들이다.

노자는 사회적 혼란과 분열이 통치자의 탐욕, 전횡과 밀접한 관련이 있다고 보았다. 그는 말하기를 "백성의 굶주림은 그 위에 있는 군주가 세금을 많이 받아먹기 때문이다. 이 때문에 굶주리는 것이다. 백성을 다스리기 어려운 것은 그 위에 있는 군주가 작위함이 있기 때문이다. 이 때문에 다스리기 어려운 것이다".[86] "천하를 바르게 한다고 하여 금지하는 것이 많으면 백성은 더욱 더 가난해지고 백성에게 정예한 무기를 많이 가지게 하면 국가는 점점 암흑으로 빠진다. 사람에게 기교가 많으면 진기한 물건이 많이 나오고 나라에 법령이 많이 발표될수록 도적은 많아지는 것이다"[87]. 유위는 자연무위에 대한 상대어

84) 『史記』 卷36.
85) 『史記』 卷36.
86) 『老子』 제75장.
87) 『老子』 제57장.

이다. 노자는 어지러운 세상을 구원하는 방법으로 통치자가 백성을 간섭하지 않고 그들이 스스로 발전하도록 맡겨야 한다고 보았다. 만일 통치자가 억지로 망령되이 하고 정치적 법령을 번잡하고 가혹하게 만들며 과세를 번다하게 하고 자신의 호화 사치스런 생활을 충족하기 위하여 착취하면 반드시 부를 탐하는 사람들 간에도 분열이 생기게 되고 백성은 기한의 어려움에 빠지게 된다. 심지어는 몸을 던져 모험에 이르고 사회적 혼란을 조성하게 된다. 노자는 비분하여 말하기를 "궁궐은 매우 깨끗한데 땅은 너무 황폐하고 창고는 아무 것도 없이 비었으며 궁정의 사람들은 무늬 있는 아름다운 비단 옷을 입고 좋은 칼을 휴대했으며 배가 불러 음식을 싫어할 지경이고 재물을 넘쳐난다면 이것은 도둑질하여서 사치한다고 하겠다. 도가 아니다"고[88] 하였다. 현실사회의 불평등이 이처럼 심화되었기 때문에 노자는 이를 비판한 것이다. "하늘의 도는 이렇게 남음이 있는 것을 덜어서 부족한 것에 보충하는 것인데 세상 사람들의 하는 일은 부족한 자의 것을 덜어서 남음이 있는 자를 받들고 있구나".[89] 이런 인식에 기초하여 노자는 "과한 것을 하지 말며, 사치를 하지 말고, 편안함의 추구를 하지 않을 것을 주장하고 통치자에게 백성의 부담을 경감시켜 줄 것을 경고했다.

장자와 그 후학의 사회에 대한 비판은 노자사상을 따라 부단하게 심화되었다. 그가 비판한 글 가운데는 인성의 자연스러움을 속박하고 발전된 종법사회의 예제문화에 집중되어 있다. 비단 통치계급의 잔인하고 포악한 면뿐만 아니라 그들의 위선적 면모를 파헤쳤다. 장자와 그 후학들은 삼대 이래로 인의예악이 진행되어 진정으로 현실에서 천하를 크게 다스릴만한 정치는 존재하지 않는 것으로 보았다. "남의 허리띠를 훔친 좀도둑은 사형을 받지만 남의 나라를 훔친 큰 도둑은 제후가 되고 제후의 문에 인의가 규제하니 이는 곧 인의나 성지까지도 위장하고 악용하는 것이 아닌가"[90] 하였다. 인의예악이 국가를 훔친 큰 도둑에게 부적을 주어 통치자가 백성을 속이는 사상적 도구를 부여한다. 인의예악을 추진한 결과 "죽은 자의 사체가 서로 베개를 나란히 하고 다리와 목을 조아 맨 병신이 서로 떠밀고 전과자가 길판에 가득해졌으니" 천하에 중심에 대 혼란이 있는 비참한 결과가 되었다.[91] 통치자들이 눈으로 보면 사리사욕을 채우려고 하고 음흉하며 잔혹하고 탐욕스러워 인의를 절취하고 사기, 노역, 박탈과 백성을 해하는 엄혹한 현실에서 장자와 그 후학들은 침통하게 이를 지적한 것이다.

---

88) 『老子』 제53장.
89) 『老子』 제77장.
90) 『莊子·胠篋』.
91) 『莊子·在宥』.

"나는 성(聖) 이나 지혜가 결국 다리나 목을 비틀어 매는 형틀이나 수갑 틀을 씌우는 사람이라는 것을 몰랐다. 인의란 것도 기껏해야 질곡이나 수갑노릇 밖에 하지 않는 것으로 안다.[92] 진심에서 인의를 행하는 자 적으며 인의를 이용하는 자 많다. 무릇 인의는 위선으로 본성을 떨어뜨리고 진실을 빼앗거늘 결국 살해를 일삼는 정치인의 이로운 무기에 불과한 것이다".[93] "도덕이 땅에 떨어져 없어지지 않는 바에야 인의의 교화가 무슨 쓸모가 있으며 타고난 성정이 없어지지 않는 바에야 예악 따위의 제도는 무슨 쓸모가 있겠는가? 청, 황, 적, 백, 흑의 오색이 혼란에 빠지지 않는 한 누가 육율(六律) 같은 것에 영합하겠는가? 무릇 자연그대로의 질박한 생나무를 쪼개 그릇을 만드는 것은 목수의 죄요, 천성 그대로의 진실한 도덕을 훼손하여 인의를 만드는 것은 바로 성인의 죄다".[94]

인의예악을 일반 사람들의 마음 가운데 정신적 속박에 비유하고 자연적인 인간의 본성을 왜곡하는 질곡에 대해 비판적 필치로 유가가 숭상하는 우상인 성인을 비판함으로써 그의 비판적 용기와 직설적이고 치열함을 엿볼 수 있다. 이런 비판정신이 후세에 미친 깊은 영향은 유가, 묵가, 법가에 비유할 바가 아니다.

선진제자들은 모두 비판적인 정신을 지닌 사상가들이었다. 그들은 현실사회, 정치, 생활에 대해 엄숙한 비판을 가했다. 그런 비판은 공자, 노자로부터 한비자에 이르기 까지 모두 일관되게 진행되었다. 법가 사상가의 집결이라고 할 수 있는 한비자는 실증적 정신, 권법사상, 법치 관념을 지닌 정치 철학자였다. 냉철한 두뇌, 탁월한 지혜, 공리적 인생관은 그로 하여금 비판적 시각을 정치적인 병폐에 더욱 집중하게 하였다. 귀족 집단의 특권을 반대하고 유가의 인의를 비판하며, 미신사상을 비판한 것은 한비자가 노자, 순자의 비판정신을 계승한 것임을 보여준다.

한비자의 정치에 대한 비판과 변법 혁신의 정신은 일치한다. 전반적인 목표는 중앙집권적인 전제국가의 건립에 유리하게 설정되어 있다. 선진제가의 학자들은 "그 도로써 천하를 바꾼다"라는 행동하는 인생관을 가지고 있었다. 그들은 사회적 양심으로 개탄하고 감히 사회적 모순을 드러내고 현실 사회를 비판하는 정신을 가진 것을 자부하였다. 후세에 천하에 도가 없는 것을 천하에 도가 있는 것으로 변혁시키는 사상가, 교육자들에게 깊은 영향을 끼쳤다. 한대의 가의(賈誼, B.C. 200~B.C. 168), 동중서, 사마천, 왕충으로부터 근대의 강유위, 담사동(譚嗣同, 1865~1898), 엄복, 양계초에 이르기까지 사회

92) 『莊子·在宥』.
93) 『莊子·徐無鬼』.
94) 『莊子·馬蹄』.

전체와 미래의 이익을 고려하고 사회발전을 가져오는데 진력하는 지식인들이었다. 그들은 모두 감히 현실사회에 대한 엄숙한 비판을 제기하며 더욱이 사회적 대혼란기, 변혁기에 그들이 제시한 사회 비판의식은 사회에 경종을 울려주었다.

그들의 비판은 사상적인 계몽과 사람들로 하여금 사회문제, 사회적 위기에 관심을 갖도록 계도하며 사회를 개조하는 새로운 길을 찾도록 하고 있다. 그들의 비판 범주에는 경제, 정치, 도덕, 법률, 종교, 교육 등이 포함되어 있으며 사람들이 전체적으로 전통적인 농경사회의 폐단을 인식하고 새로운 사회발전의 단계로 나가는 이론적 근거를 제공하였다. 특히 명청대와 근대 무술변법기, 계몽사상가인 황종희, 왕부지, 강유위, 담사동 등은 군주전제사회에 대한 총체적인 비판을 가하여 마치 민주주의 사상의 빛이 깊은 밤에 밝은 별처럼 세상을 비추듯 했다. 그들이 제기한 질곡으로부터 벗어나는(冲決网羅) 비판정신은 지금도 모든 암흑에 싸인 세력들과 열렬히 투쟁하는 사람들을 격려하고 있다. 물론 우리는 진한대로부터 명청대에 이르기 까지 전통적인 중국사회가 비록 여러 차례 왕조가 바뀌는 변화를 겪으면서 혼란스런 상황을 극복하고 다시 통합되었지만 그 정치제도는 기본적으로 군주가 전권을 소유한 중앙집권적 관료제였음을 보았다. 대부분 현실사회의 모순을 폭로한 사상가, 교육자들은 자주 잘못된 모순을 시정하도록 하는 방식으로 당시의 정치상황을 비판했지만 그들의 목적은 현존의 사회제도, 정치제도를 보다 나은 제도로 개선하기 위함이었지 전복이나 철저한 기존의 사회제도의 개혁을 추구하는 것은 아니었다. 이러한 방식으로 시정을 요구하고 사회비판을 제기하는 것은 한계가 있었다. 군주전제 제도는 한비자가 말한 바와 같이 "제왕의 분노(逆鱗)"를 사 일단 제왕의 비위를 거스르게 되면 그런 문제 제기를 한 사람들의 결말은 대부분 비참하였다. 사회비판자의 민주정신과 독제 전권을 가진 황제의 권력 간의 모순은 극복하기 어려웠기 때문에 중국 고대사회에서 대개 사회비판정신을 가진 사상가, 교육자 및 그들의 저서는 종종 통치자들에게는 이단으로 비쳐졌다. 혜강이 시해를 당한 것이나 완적이 미친체 한 것이나, 도잠의 은거, 유종원이 핍박을 받은 것, 이지의 자살, 왕부지의 좌절과 현실로 부터 유리, 방이지의 승려출가, 담사동의 의로움을 위한 죽음 등은 모두 군주 전제 제도 아래 사회비판을 한 사람들의 어려움을 설명하고 있다. 중국 고대 사상가, 교육자의 사회비판을 연구해보면, 우리는 이런 비판적인 어질고 뜻이 있는 인사들이 처한 특수한 사회적 상황을 간과해서는 아니 된다. 또한 우리의 사회비판은 화합의 눈물뿐만 아니라 생명을 대가로 치환되어야 한다.

진한대 이래의 사상가, 교육자들이 한 사회비판은 그 범주가 매우 넓었다. 때로는 빈부의 양극화된 불평등 문제에 대해 비판을 제기하기도 했다. 예를 들면 동중서(董仲舒,

B.C. 179~B.C. 104)는 “부자의 밭은 천백에 이르고 가난한 사람은 송곳하나 세울만한 좁은 땅마저 없고, 가난한 사람은 항상 소, 말의 가죽으로 만든 옷을 입고 먹는 것은 개와 돼지 같다”고[95] 하였다. 이구(李覯, 1009~1059)도 말하기를 “가난한 자는 좁은 땅 조차 없는 입추의 여지가 없고 부자는 밭이 천백이나 되어 부자는 비록 몸이 건강하고 힘이 있으나 견고하고 좋은 말을 타고 다니며 먹는 것은 쌀밥과 고기반찬이지만 힘은 경작을 할 수 없어서 돈으로 빈민을 부려 쓸 뿐이다”고[96] 하였다. 빈부가 골라지지 못하면 계급이 대립하는데 이는 봉건전제 사회에서 가장 보편화된 일이자 가장 근본적인 모순으로 토지문제가 모든 사회문제의 관건이었다. 동중서, 이구가 비판한 것은 바로 이런 점에서 탁견이다. 때로는 비판의 필봉이 고위 통치자에게 겨냥된 경우도 있다. 이를테면 군주를 “방자하여 잔혹하게 자기 마음대로 하고 천하를 죽이고 벤다”고 한 것은 사회가 위기에 이르렀다는 것이고 인권이 어려움을 당하는 근원임을 알려준다. 혜강은 “탕임금이나 무임금도 아니면서 주나라의 공자를 경멸한다, 명교를 넘어서 자연에 맡긴다”는 정신으로 후세를 위해 군주를 비판하는 길을 먼저 개척했다. 포경언(鮑敬言)이 말한 무군론(『無君論』)은 인류사회의 모든 재난이 군주에 귀결되고 군왕의 죄악과 폭행에 대해 맹렬한 공격을 가한 것이다. 그는 말하기를 당시의 정치적 상황에 대해 이렇게 실랄한 비판을 가했다.

> “왕이 크게 진노하면 진사는 아래 사람에게 알리기 바쁘고 미뤄 짐작컨대 백성을 원수로 여기는 나라는 없으며 죄 없는 사람을 괴롭히는 나라도 없다. 그런데 얼어 죽은 시체는 수만 명에 이르며 흐르는 피는 떠돌아다니는 방패와 붉은 들에 가득하다. 도가 없는 임금, 세상에 존재하지 않는데 방자하기는 잔악하고 문란하며 천하에 그런 나라가 없고 충신과 어진 선비를 해치고 일반 백성에게는 폭력을 가한다”.[97]

군주를 전란과 폭정의 근원으로 본 것이다. 혜강은 이런 군주전제에 항의하고 군주의 폭행을 비판하며 군왕의 부패한 생활을 들어내 임금이 존재하지 않는다는 무군론(無君論)을 주창하였다. 이런 반항과 비판은 노자가 사회를 비판한 정신의 연속이다. 전국시대로부터 유가의 대표적인 인물인 맹자, 순자가 걸임금과 주임금을 비판한 것은 악정으로 국민들로부터 배반당한 임금을 비판한 것이다. 이후로 도는 따르지만 임금을 따르지 않

95) 『漢書·食貨志』.
96) 『李覯集·富國策』.
97) 『抱朴子·詰鮑篇』.

는다는 사고는 이미 후세 유가학파 가운데 정직한 인사들로 하여금 전제군주에 항의하는 전조를 열었다. 주희는 일찍이 예리하게 다음과 같이 지적하였다.

"진나라의 법이 다한 것은 임금을 존중하고 신하를 비하했기 때문에 후세에 변화를 수긍하지 못했다".[98] 그는 한의 고조(高祖, B.C. 206~195), 당나라의 태종(太宗, 626~649)에 대해 이렇게 비판하였다. "바로 자신의 능력으로 어짐을 위장하고 의로움을 빌려 자신의 사사로움을 행사했다".[99] 이는 우회적 방식으로 당대의 군주를 비판한 것이다. 그리고 엽적(葉適, 1150~1223, 南宋 永嘉學派)은 한고조, 당태종을 이렇게 비판했다. "한고조와 당태종은 도둑 무리와 함께 다투어 물리치고 죽이는 것을 경쟁하듯 하여 승리한 자는 이를 취하고 모두 자기의 부귀로 삼으니 어찌 백성에게 뜻을 두겠는가".[100] 그들이 군주에 대하여 비판한 것이 비록 노자, 장자, 혜강, 포경언(鮑敬言), 등목(鄧牧, 宋末奇人) 등과 같이 격렬하지는 않았지만, 전제군주에 대한 비판의 경향은 매우 분명했다.

명청대에 황제의 권한과 전제는 고도로 강화되어 전제정치의 독소가 백성에게 미치는 독해가 예전에 없을 정도로 참담했다. 진보적인 사상가였던 왕부지, 고염무, 황종희, 당견(唐甄, 1630~1704), 여유량(呂留良, 1629~1683) 등은 군주전제에 대해 맹렬하고 심도 있는 비판을 가했다. 황종희의 『명이대방록(明夷待訪錄)』 가운데 「원군(原君)」편, 당견의 『잠서(潛書)』 등은 비단 전제군주를 정치를 잘못하여 백성으로부터 배반당한 군주라는 의미의 독부(獨夫), 국민의 적(民賊) 등으로 통렬하게 비판했을 뿐만 아니라, 전제군주에 대한 비판을 확대하여 진한 이래의 전제 제도에 대해서도 전면적인 비판을 가했다. 황종희는 이렇게 말했다.

> "옛날에는 천하를 주인으로 삼고 군주를 객삼았다. 무릇 군주가 일생 동안 경영한 것은 천하를 위해서였다. 지금은 군주가 주인이고 천하가 객이 되어 무릇 천하가 어디든지 안녕을 얻지 못하는 것은 군주 때문이다. 그리하여 군주가 천하를 얻지 못했을 때는 천하 사람들이 간이나 뇌를 마구 무찌르고 독이 들게 하여 천하의 자녀들을 이산시켜 자기 한 사람의 재산을 늘리고도 한 번도 처참하다고 느끼지 않고 말하기를 '나는 본래 자손을 위해 창업을 하는 것'이라고 한다. 군주가 이미 천하를 얻은 후에는 천하 사람들의 골수를 두들겨 쪼개고 천하의 자녀를 이산시켜 자기 한 사람의 음락에 바치게 하고 그것을 당연한 짓이라고 생각하며

98) 『朱子語錄』.
99) 『朱子文集·寄陳同甫』.
100) 葉適, 『習學記言』, 卷38 唐書.

> 이것은 내 재산에서 나온 이식이라고 한다. 그러니 천하에 큰 해를 끼치는 것은 군주뿐이다".[101]

전제 군주제도란 주객이 서로 바뀌어 하늘과 땅이 뒤바뀐 것이다. 황종희는 예전의 것으로 오늘을 비판하는 방법을 적용했다. 이는 맹자가 백성을 귀하게 여기고 군주를 가볍게 여기는 것에 비교되며 더욱 현대의 민주정신에 접근시켰다. 황종희가 전제 군주제도 아래 시행되는 교육에 대한 비판에서도 역시 이런 생각으로 비판을 진행했다. 당견(唐甄)은 군주 전제제도에 대한 비판에서 비록 황종희처럼 실랄하고 체계적이지는 않지만, 격렬한 정도는 비슷하면서도 넘어서는 면이 있다. 그는 "진대 이후로 무릇 제왕은 모두 적이며(唐甄『潛書, 室語』), 진대 이후, 도살이 이천 여 년 동안 자행되어 멈출 수 없었다"고[102] 말했다. 일부 제왕의 전제정치 역사는 바로 무고한 백성을 죽이는 피비릿내 나는 비극의 역사였다. 이런 비판이 반전제의 정신을 널리 알리고 근대적인 진보적 사상가, 교육자들에 대해 끼친 영향 또한 크다. 담사동은 이렇게 말하였다.

> "이천년간 군신이 한번 난리를 내면 더욱이 암흑기에 빠져 인간의 도리는 더욱 없다. 오늘에 이르기 까지 소급해서 보면 바야흐로 더욱 극에 달해 있다. 군주는 천하를 주머니 속의 자기 사유재산으로 여기지만 개와 말, 땅, 하찮은 것은 천하의 백성에게 속한다고 하니 이천 여 년 동안 진나라의 정치인들은 모두 큰 도둑이다".[103]

이런 용맹스런 결단의 비판은 질곡으로부터 모두 벗어나지 못하는 형국과(沖決網羅) 어질고 뜻이 있는 선비의 개척정신을 표방한 것이다. 진한대로부터 근대에 이르기까지 진보적 사상가, 교육자들이 제기한 사회비판은 멀리 경제, 정치에까지 국한을 두지는 않았다. 이지, 왕부지는 봉건전제 문화에 대한 비판, 고염무, 대진은 사대부 계급의 도덕에 대한 비판, 조설근, 공자진이 봉건사회에 대한 전반적인 비판, 주희, 황종희, 오경재가 과거제도에 대하여 가한 비판은 모두 일정한 사상적 수준에 도달한 것으로 우리가 진지하게 정리해볼 만한 가치가 있다.

---

101)『明夷待訪錄·原君』.
102) 唐甄,『潛書·室語』.
103)『譚嗣同全集』第 54, 55, 58쪽.

(3) 이상사회론

이상이란 인간의 미래에 대한 전망과 추구하는 바 이다. 이상은 인간이 현실사회를 인식하고 비판한 것에 기초하여 다가올 미래 사회의 조감도를 예측하고 설계한 최고의 목표이자 가치인식의 최고 범주에 속한다. 이상 가운데는 가장 중요하고 최고의 것이 사회이상이다. 사회적으로 이상이 일단 형성되면 인간의 사회적 실천 활동의 정신적 역량의 원천이 이뤄진 것이 되고 인간의 이상사회 실현을 위한 분투의 노력에 격려를 한다. 사회적 이상은 역사적인 것이자 서로 다른 역사적 시기에 사람들이 서로 다른 사회적 이상을 가진다. 이는 바로 서로 가깝고 비슷한 이상을 가지다는 말이다. 또한 사회적 이상은 역사적 시기를 달리함에 따라 내용과 표현방식도 다르게 존재한다. 사회적 이상은 또한 민족적 성격을 수반한다. 서로 다른 민족이 서로 다른 사회이상을 갖는다. 동서양의 사회적 이상을 비교해보자. 먼저, 동양의 철학자들의 사회적 이상과 현실 사회 간에는 밀접한 관련이 있고, 사회적 이상과 인간의 이상은 상호작용한다. 이들은 도가 바로 인간의 일상생활속의 윤리 가운데 존재한다 한다. 반면에 서구의 사회적 이상에는 초월적이고 유토피아적이며 체계적인 특징들이 있다. 플라톤의 이상국가론, 토마스 모아의 유토피아론, 등은 모두 이런 특징을 담고 있다. 근대의 세속화 과정을 통해서 이런 흐름은 매우 빠르게 진행되어 사회적 이상이 천국에서 인간으로 되돌아왔다. 사회적 이상의 형성은 인간이 사회를 인식하고 비판하며 재건하려는 능동적 표현이다. 이렇듯 동서양의 철학자들이 설계한 사회적 이상은 내용과 표현에서 서로 다르지만 모두 미래사회 인류의 생활에 신념과 동경을 반영한 것이다. 기술하면서 생각한다(述往思來)는 것은 우리가 비판적으로 계승해야 할 가치이다.

사회적 이상론은 사상가, 교육자들이 사회를 인식하고 비판하고 창조해가려는 실천과정에서 형성되는 것으로 우리의 정치적 이상, 인간이 설정한 이상적인 승화의 세계이자 사회적 재건의 총체적인 설계이다. 선진 제자들은 사회를 비판하는 가운데 자신의 이상국가를 설계했다. 유가학파의 선왕지도(先王之道), 대동(大同), 인정(仁政), 왕도(王道)나 도가의 소국에 백성이 적으면 감화시키기 쉽다(小國寡民), 지덕지극한 세상(至德之世), 어떤 이유가 없는 향리(無何有之鄉), 묵가의 겸애사회, 법가의 이름난 군주는 함이 없는 것(인위적이지 않은 것)을 높은 가치에 둔다(名君無爲於上) 등을 들 수 있다. 이런 정치적 이상국가론들은 모두 사회비판의 전제 아래 이론을 논리적으로 발전시킨 결과이다. 서로 비교해보면 도가의 이상사회는 초월적이고 낭만적이며 출세간적인 특징이 있는 반면에 노자, 장자의 현실사회에 대한 비판은 더욱 투철하여 현실정치에 대한 어두운 면, 부패를 심도 있게 지적하고서 세속사회의 속박을 벗어나 정신적 해방과 자유를 얻으려고 했다.

그러므로 그들이 설계한 이상사회는 실질적으로 일종의 최고의 정신적 경지이자 자연으로 회귀이며 참다움으로 돌아가 소박함을 유지하려는 노력이고 작은 나라에서 욕심 없는 사람, 높은 덕을 구현하는 세계 등이 모두 정신적 자유를 이상으로 한 것이다. 법가가 공리적인 측면에서 인간의 삶을 들여다보고, 사회를 비판한데는 분명한 실증적인 측면에서 접근한 면이 있다. 그들의 목표는 더욱 현실사회의 제도적 완비에 두었다.

> "정무에 임하는 자는 사방에 신하들이지만 그 중추는 임금이다. 성인이 집권을 하기 때문에 사방의 신하들이 모여 와서 성과를 거두는 것이다".[104] "명주의 나라에는 서간에 쓰인 문헌이 없고 법령만을 가르치며 선왕의 말을 들어 말하지 않고 관리를 교사로 하며 사적으로 검을 강하게 사용하지 않는 대신 적의 머리를 치는 것을 용감한 것으로 여긴다. --오제(五帝, 고대 이상적 정치를 행한 다섯 성왕으로 史記에 의하면 신화의 皇帝, 顓頊, 帝嚳, 堯, 舜을 일컬음)를 능가하고 삼왕(三王, 夏의 禹王, 殷의 湯王, 周의 文王 또는 武王을 일컬음)에게 어깨를 겨루는 대업을 세우는 것은 반드시 이 법에 의존하기 때문이다".[105]

한비자는 현실 정치 제도에 대하여 냉엄한 태도로 분석하고 엄중한 비판을 가했다. 그가 비판한 것은 바로 군주 전제 제도의 중앙집권적 제도였다. 유가학파는 이미 초월한 면이 있지만 도가처럼 그렇게 현실사회로부터 벗어나려고 하지는 않는다. 오히려 현실에 보다 관심을 가지고 현실사회를 재건하는데 그 뜻을 두는 경향이 있다, 그러나 법가처럼 그렇듯 공리에 집요하지는 않다. 인문 본위의 입장에서 유가는 현실사회에 대하여 심도 있는 비판을 가하여 인정(仁政), 대동(大同), 왕도(王道)의 이상적인 방향제시를 하였다. 이는 그들이 현실사회를 개조하려는 능동성, 창의성의 표현이며 그들이 비판한 사회적 가치의 방향이기도 하다. 유가는 매우 개인의 도덕적 수양을 중시하여 안으로는 성인이 되고 밖으로는 왕이 되어 내외가 고도로 통일되는 것을 추구한다. 그것이 바로 "궁극적으로 도달하고자 하는 것은 천하를 선하게 하는 것이며 궁극적으로 독선기신이다. 궁극에는 의로움을 잃지 않으며 도를 떠나지 않는다"는 자세가 그렇다. 유가는 이상적인 사회에 대하여 일종의 준엄한 느낌을 갖게 하고 사회적 이상과 인간의 이상을 통일하려고 한다. 그러므로 유가는 법가, 도가의 장점을 다 갖추고 있으나 법가와 도가의 단점은 갖고 있지 않으며 그 경지가 매우 높고 인간의 삶에 적합하며 목표 또한 크고도 절실하여 실행에 옮길 수 있다.

104) 『韓非子·揚權』.
105) 『韓非子·五蠹』.

묵가의 사회이상론에는 독특한 품격이 있다. 겸애는 서로 사랑하는 세계라면 남의 나라를 침공하지 않는 것(非攻)은 평화사회이다. 말하자면 배고픈 자는 먹을 수 있고 추운 자는 옷을 입을 수 있으며 일하는 사람은 쉴 수 있는 사회가 안락하고 행복한 사회이다. 작은 생산자의 이익에서부터 묵자는 "형벌은 다스리는데 쓰고 사람마다 모두 화하고 국가는 부유하며 생활필수품은 여유가 있어 백성이 모두 따뜻한 옷과 배부르게 먹으며 도둑에 대한 걱정이 없는"[106] 사회를 실현하고자 했다. 이는 묵자가 당시 사회를 비판한데서 얻은 합리적 결론이다. 이런 사회 이상을 실현하기 위하여 묵자와 그 학파 사람들은 분투노력하여 실천가로서의 숭고한 인격을 체현했다. 묵자의 사회적 이상은 하층 사람들의 근본 이익을 반영하여 『시경(詩經)·석서(碩鼠)』에서 동경하는 "살기 좋은 땅(樂土)"과 일맥상통한다. 이는 하나의 평등사회로 중국 고대의 역사적 조건아래서는 매우 실현하기 어려운 것이었다. 중국의 농민들이 거의 몇 천 년 동안 줄기차게 추구한 것이 바로 귀천을 균등하게 하고 부귀를 고르게 하는 이상사회였다. 이는 직·간접적으로 묵자의 사회적 이상론의 영향을 입은 것이다. 진한이후, 중국은 기본적으로 사회적 등급이 문명한 군주전제의 중앙집권제도하에 있었다. 유가와 도가, 법가가 서로 합류하여 보완되면서 이른바 "안으로는 성인을 추구하면 밖으로는 왕의 정치를 추구하는 학문이(內聖外王之道)[107] 전통적인 정치문화에서 주요한 위치를 점유했다." 그러나 묵가의 노력은 미미했다. 근대에 와서 사람들은 묵가가 농업, 의술, 공업, 상업에 종사하는 사람의 입장에서 서서 만민의 이익을 대변하는 이념으로 서로 사랑하고(兼相愛), 서로 이익을 나누는(交相利) 사회이상을 추구함으로써 공평한 평가를 받는다. 이상에서 분석한 바에 기초하여 보면 유가와 도가의 사회적 이상론은 중국의 고대로부터 일정한 위치를 점유하면서 후세 사상가, 교육자들에게 깊은 영향을 미쳤다.

양계초는 이렇게 말했다. "안으로 성인을 추구하고 밖으로는 왕의 정치를 추구하는 도라는 말 한마디는 중국 학술 전체를 포괄하고 있다. 그 뜻은 안으로 수양을 하고 밖으로는 경세에 충족하게 한다는 것이다".[108] 안으로 성현이 되는 것을 추구하는 학문으로는 인생철학, 도덕철학으로 인간의 내면성, 심성의 수양을 위주로 인격 형성에 치중하는 것이라면, 밖으로 왕의 정치와 관련된 학문으로는 사회철학, 정치철학으로 경세치국을 위주로 사회질서와 정치질서의 수립에 치중한다는 뜻이다. 이들을 비교해보면 공자가

106) 『墨子· 天志』.

107) 내성외왕지도(內聖外王之道)는 『순자(荀子)·해폐편(解蔽篇)』에 "성인이 되고자 하는 자는 윤상을 다하는 자가 되고 왕이 되고자 하는 자는 제도를 다 하는 자가 되라"는 말에서 부터 내성외왕이라는 말이 유래된다. 내성이란 안으로 성덕을 갖추고 밖으로 명왕으로서 군림하기 위해서는 경세의 도를 갖추어야 한다는 의미이다(『莊子·天下篇』에 "內聖外王之道"라고 함).

108) 梁啓超, 『論語考釋· 莊子天下篇釋義』.

추구한 “개인의 인격의 도야로써 인간의 평안함의 추구”(修己以安人)한 인학사상(仁學思想)에는 안과 밖의 두 가지 측면(內聖外學)을 모두 함의하고 있어 중국 고대윤리, 정치학설의 기초를 다져주었다. 전국시대 양대 유학의 큰 인물들이 추진한 “인정(仁政), 왕도(王道)”학설도 안으로 성인과 같은 인격을 도야하고 밖으로 왕도의 경세지학을 추구하는 내성외왕(內聖外王)의 학설이다. 그러나 맹자는 유학의 본질 가운데 안으로 성현의 인격을 도야하는 내성(內聖)에 치중하였다면, 순자는 밖으로 왕으로서 경세의 학문을 추구하는 외왕(外王)의 학문에 치중을 두었다. 『대학(大學)』에서 제창한 수제치평(修齊治平)의 도 역시 안으로 성현의 인격을 도야하고 밖으로 왕도인 경세지학을 도야하는(內聖外王)의 학문을 창조적으로 종합한 것이다. 진한 이후 정호(程顥, 1032~1085), 육구연(陸九淵, 1139~1193), 왕양명 등은 내성에 중점을 두었다면, 동중서, 왕통(王通, 584~617), 왕안석, 진량(陳亮, 1143~1194, 남송 사상가 문학가), 엽적 등은 외왕의 학문개척에 주력하여 경제, 정치, 군사 등 사회문제에 주력했다. 주희, 고염무, 황종희, 왕부지 등은 사회발전의 새로운 상황을 결합시켜 전국시대로부터 송명유학내부의 양대 조류의 성과를 종합하여 공자와 『대학』, 『중용』에서 수기치인을 드러내 “덕성을 존중하고 학문을 도야하는 전통”(尊德性而道問學)을 드러내고 “안으로 성현과 같은 인격을 도야하고 밖으로 제왕의 경세지도를 추구”함으로써 현실사회에서 실행에 옮기려고 했다.

유가학파의 사회이상을 연구하여 “내성외왕의 학”의 변천과정의 특징을 깊이 이해하면, 상이한 역사적 시기에 유가의 사회이상론이 어떻게 사회적 기능을 발휘하게 되었는가를 알 수 있게 된다.

도가의 창시자인 노자는 일면 무위의 통치(無爲而治)을 주장하는 한편 참으로 돌아가고 소박함을 되찾아갈 것(歸眞返朴)을 주장하였다. 무위의 통치는 국가를 다스리는 전략 혹은 목표의 총체적인 설계이다. 노자의 처세의 도(處世之道)는 마치 유가의 경세의 도(經世之道) 즉, 사마천이 말한 정치하는 사람을 위해 힘쓰는 것(務爲治者也)과 유사하다. 한나라 초기에 통치자들은 도가에 기초한 무위이치(無爲而治)의 국가통치 전략을 봉행했고 청정무위(淸靜無爲), 휴양생식(休養生息)을 주장하는 것은 바로 유가와 법가사상이 융합된 것이다. 사마천의 『논육가요지(論六家要旨)』에서 도가를 숭상한 것은 우연한 일이 아니다. 참으로 돌아가고 소박한 것으로 되돌아가자는 것은 내재된 생명의 근원을 기르고 참되고 소박한 기질을 양성하는 방법이자 도덕수양에서 추구되는 정신적인 경지이다. 노자는 적자(赤子),[109] 영아(嬰兒)를 찬미하고, 항상 세상에 홀로 서서 남게 되는 것(遺世

109) 적자(赤子): 갓난 아이, 세상의 죄악에 물들지 않은 자연 그대로의 깨끗한 마음을 소유한 것을 어린이에 비유한다.

獨立)을 개요로 삼아 그가 말한 바는 바로 인간의 삶의 철학이었다. 장자(莊子)는 "성현의 출현과 왕업의 성과는 모두 도에서 근원했다"[110]고 했다. 정치철학이나 인간의 삶의 철학을 막론하고 모두 하나의 도에 통일된다. 그러므로 『장자(莊子)·천하편(天下篇)』에서 "내성외왕의 도"로 이를 개괄하고 있다.

장자는 난세에 태어나 궁색한 곳에 처하여 세상을 피할 뿐 나가지 아니하고 국가와 민족을 걱정하며 침통하게 소요하면서 지냈다. 그러나 종법예제문화에 대해서는 "질곡에서 모두 벗어나지 못하는 형국(冲決网羅)"이라는 비판을 전개하였다. 하지만 구체적이고 실행 가능한 국가 정치의 방안에 대한 구상이 없었고 직접적으로 사회재건에 뛰어 들어가는 실천적 노력이 없이 "홀로 천지의 정신과 더불어 왕래하는 자유로운 경지"를 추구할 뿐이었다. 장자는 세상의 불합리한 것에 대해 분개하고 증오하면서 세상을 피하여 은둔하였다. 따라서 종법정치의 구속을 벗어던진 것이다. 그는 노자의 "참된 것에 돌아가고 소박한 것으로 되돌아간다(歸眞返朴)"는 노자의 사상을 기점으로 삼아 정신적 자유를 얻는 새로운 길을 개척하였다. 이 때문에 장자 철학의 중요한 핵심은 인생철학이다. 노자의 정치철학은 순자를 거쳐 흡수되었고 한비자의 사회재건(改造), 한나라 초기의 황노학자의 발휘와 응용 등으로 하나의 완비된 국가통치전략으로 발전되었다. 이에 사마천은 『사기(史記)』에서 이렇게 지적한 바 있다. "신불해(申不害, B.C. 385~B.C. 337)는 주로 형벌로써의 명분(刑名)을 주장했지만 그 근본은 황노에 근거한 것이고, 상앙이 형벌로써 명분(刑名)을 주장했으나 그 요체는 황노학(黃老學)으로 돌아갔다. 한비자도 혁명을 주장했지만 근본은 황로학이다". 이른바 황로는 본래 도가, 법가, 병가와 서로 흡수되어 교착되면서 발전하여 융합된 결과이다. 법가는 도덕주의자는 아니었다. 인간의 삶의 철학에 대하여 공헌한 점은 매우 미미하지만 법, 계략(術). 권세(勢)는 모두 제왕의 도구로 삼은 정치철학이다. 노자의 권변사상(權變思想)은 법가를 위해 창조적으로 발전시켜 완비된 국가 통치술이다. 사마천이 노자, 장자, 신불해, 한비자를 모두 함께 공유하여 쓴 것은 학파의 발전과정의 문제를 깊이 고려하여 합리적으로 논증한 것이다. 사마천은 이렇게 말했다.

> "노자는 도와 허무를 귀히 여기고 무위로 변화에 응하기 때문에 그의 저서가 미묘하여 알기 어렵다고 사칭된다. 장자는 도덕을 흐트러뜨리고 거리낌 없이 논한다. 그 요체 역시 자연으로 돌아간다. 신불해는 명실을 베푸는데 부지런히 힘썼다. 한비자는 묵자를 끌어들여 사정(事情)에 절실하고 시비에 밝으나 매우 각박하

---

110) 『莊子·天下』.

고 은혜를 베푸는데 작으며 이는 모두 도덕의 뜻에 근원하나 노자의 주장이 심원하다".[111]

『장자·천하』편의 말을 빌리면 노자학설은 "안으로 성현이 되기 위한 자기수양과 밖으로 군왕이 되기 위한 경세지도를 닦는 것"이라면 장자는 내성지학에 한비자는 외왕지학에 치중했다. 진, 한대 이후 유가, 도가, 법가가 서로 비판하면서 흡수되어 유가와 도가의 내성지학(內聖之學)이 상호 침투되어 고대 지식인들의 인격수양의 이론적 기초가 형성되었다. 혜강, 완적, 도잠, 이백, 소식(蘇軾, 1037~1101), 신기질 등은 사상가이자 시인으로 유가의 "공자와 안자의 즐거운 곳(孔顔樂處)"과 도가의 홀로 천지의 정신과 더불어 왕래하는 사상의 영향을 입었다. 유가, 도가, 법가의 외왕학설(外王學說)이 상호 흡수되어 역대 통치자에게 이용되기도 했다. 한대의 통치자들이 말한 "한나라의 학문에는 스스로 법도가 있는데 본래 패왕의 도가 섞여 있다. 예를 들면 명태조는 낙민지학(洛閔之學)이라고 하는 정주(程朱)학을 즉, 낙양의 두 형제인 정호, 정이(程頤, 1033~1107)와 민중(閔中)의 주자학을 읊고 말하며 또한 스스로는 법가라고 말했다".[112] 음으로는 유가를 양으로는 법가라고 하는 사회의 정치문화가 이천 여년을 면면이 이어온 것은 우리가 되돌아 볼만한 가치가 있는 것은 역사적 사실이다.

유가, 묵가, 도가, 법가의 사회이상론은 그들이 비판한 사회, 정치, 경제, 교육, 도덕적 가치의 준거이며 통치자를 위해 스스로 이론적 근거를 정리하여 제공한 것이다. 역사적 시기를 달리하면서 "내성외왕의 학문"은 상이한 작용을 했다. 양한 시대의 경학, 위진시대의 현학(玄學), 수당대의 불교, 송명대의 성리학, 명청대의 실학, 도광-함풍제(道光帝, 1821~1850; 咸豊帝, 1851~1861) 이후의 신학문이 그것이다. 이들은 혹은 외왕지도에 혹은 내성지도에 치중하기도 하고 내성으로부터 외왕으로 나가기도 하며 내성외왕을 겸하기도 했다. 다양하게 변화하기도 했으나 윤리와 정치적 형태의 문화가 하나의 맥으로 서로 계승한 것이다. 중국 고대사상가, 교육자들의 사회이상론을 연구하면 시종일관되게 주목해야 하는 것은 그 뿌리를 현실사회 가운데 두고 있으며 그 이념도 국가 통치를 위해 노력한 점이다. 노자는 "무위의 정치"라는 사회이상을 제시했다. 노자는 이렇게 말했다.

"내가 인위적으로 하는 것이 없으면 백성은 저절로 감화되고 내가 고요히 있는 것을 좋아하면 백성은 저절로 바르게 되며 내가 일 없이 있으면 백성은 저절로 부유하게 되고 내가 욕심이 없으면 백성은 저절로 순박하게 된다".[113]

111) 『史記』 卷63.

112) 『太炎文錄初稿』 卷1.

통치자가 무위로서 정치를 하면 백성이 자연이 편안하고 넉넉하며 사회는 자여히 안녕 질서를 유지한다는 것이다. 그는 무위의 정치라는 개념으로 사회를 규제하는 무위의 정치적 기능을 강조했다. "큰 나라를 다스리는 것은 작은 생선을 삶는 것과 같다"는[114] 비유는 바로 청정무위(淸靜無爲)가 국가를 다스리는 중요한 원칙이라는 것이다. 노자의 소국과민(小國寡民)은 무위의 정치를 논리적으로 발전시킨 것이다.

> "소국과민 즉, 나라가 작고 백성이 적으면 감화시키기 쉽다. 백성들로 하여금 순박하고 검소한 습성을 가지게 만들면 비록 많은 좋은 기물이 있어도 사용하지 않을 것이며 백성들로 하여금 각자 삶이 즐거워서 생명을 소중히 여기도록 하면 그들은 살고 있는 곳에 애착을 가져 먼 곳으로 옮겨 가는 일이 없을 것이다. 그렇게 되면 비록 배와 수레가 있어도 그것을 타는 일이 없을 것이며 비록 갑옷과 무기가 있어도 그것을 전쟁의 진영에 사용하지 않을 것이다. 백성들로 하여금 다시 노끈을 맺어서 글자 대신 쓰면 소박한 고대와 같은 상태로 복귀하게 할 수 있을 것이다. 백성들은 나물이라도 자기의 음식을 달게 먹으며 거친 베옷이라도 자기 옷을 아름답게 여기고 오막살이 집일망정 자기 집을 안식처로 생각하며 자기네 순박한 풍속을 즐길 것이다. 그렇게 되면 이웃나라가 손에 잡힐 듯이 바라다 보이며 개와 닭의 소리가 서로 들리는 아주 가까운 곳에 있어도 백성들은 아무런 욕심이 없기 때문에 늙어 죽을 때까지 서로 왕래하는 일이 없을 것이다".[115]

이상에서 무위를 정치적 이념으로 삼고 소국과민식의 농촌을 귀착지로 삼았다. 이런 이상사회론에서 농촌생활은 농민이 갈구하는 안락한 사회와 평화 안녕의 사회적 열망을 복합적으로 표현한 것이다. 전란이 일어난 때 농민은 거처를 상실하게 되어 재난과 기근이 특히 혹심하여 들에서 경작을 하지 못하고 사람이 기거하는 흔적이 단절되며 성읍은 폐허가 되고 백골이 들을 가득하며, 둘레가 수천리에 이르기 까지 닭과 개의 울음소리가 들리지 않는다. 사회경제에서 전반적인 문명이 훼멸의 지경에 이르게 된다. 전면적인 전쟁, 기근, 질병은 농민들에게 가져다준 재난에 직면하여 무위의 정치, 평화에 대한 갈망, 안녕된 사회질서를 주창하는 것이 실제적인 근거이다. 장자도 난세에 생활하여 일반 백성의 비참한 생활에 대하여 깊은 이해를 하고 그가 지극한 덕으로 충만한 세상, 지덕지

113) 『老子』, 第57장.
114) 『老子』, 第60장.
115) 『老子』, 第80장.

세(至德之世)을[116] 살아가자고 제시한 것은 노자의 소국과민에 비하여 더욱 원시적 민주사회에 부합된다. 그런 사회를 장자는 이렇게 묘사했다.

> "성덕시대에 사람의 행동은 느릿느릿하고 그 안광도 담담하다. 그 때 사람은 각기 자급자족하기에 산에 소로 길을 만들지도 않고 못에는 배나 다리를 놓지 않는다. 모든 만물은 각각 태어난 대로 살며 서로 간섭하지 않고 다만 이웃을 사귈 뿐이다. 새는 새끼리, 짐승은 짐승끼리 서로 떼를 이뤘고 초목은 초목대로 무성하였다. 나아가 새와 짐승과 사람이 한 덩어리가 되어 한데 놀았고 나무위에 올라 새 둥지를 들여다보아도 새들은 사람을 무서워하지 않았다".[117]
>
> "신농씨 세상이 되면 잘 때 안정되고 활동할 때 자유자재로 아무런 간섭이 없이 살다보니 어떤 사람은 다만 자기를 낳은 어머니는 알아보되 아버지는 누군지를 알지도 못했다 하며 오히려 사슴과 함께 떠돌아다니며 살았다고 한다. 스스로 제 힘으로 밭갈이 하여 먹고 스스로 제힘으로 길쌈하여 지어 입을 뿐 누구를 해치거나 누구에게 얻어먹는 버릇이 없었으니 최상의 덕을 누리고 살았던 것이다".[118]

장자는 종법사회의 예제문화가 가져다 준 고난, 허위와 죄악에 대해 깊이 이해하고 사회의 병을 치유할 방법이나 사회적 위기를 해방시키는 방도가 바로 자연으로 돌아가는 것임을 알고 있었다. "최고의 덕이 충만된 세상이나 신농씨 세상"은 실제로 참된 것으로 돌아가고 소박함으로 되돌아가는 것, 즉, 인간의 자유로운 본성으로 회복하는 것이다. 노자와 비교해보면, 장자의 사회적 이상은 정신적 경지를 추구하는데 중점을 두고서 개체의 생명을 가진 존재에 주목하고 있다. 이런 사상은 『장자(莊子)·마제(馬蹄)』, 『장자(莊子)·병무(騈拇)』편 등에 잘 나타나 있다.

> "백성에게는 상성(常性, 항상성)이 있다. 누가 시키지 않아도 베를 짜서 옷을 입고 논을 갈아 곡식을 먹기 마련이다. 이것은 모든 사람의 공통된 요구이다. 자연의 뜻대로 혼연일체가 되어 인위적으로 편당을 하지 않는 것을 천방(天放)이라고 한다".[119]

---

116) 장자의 이상세계로 덕이 지극한 세상, 백성들은 그들의 본성을 지키고 있어 군자와 소인의 구별도 없고 모두 슬기로워 지혜를 사용하지 않으니 본성이 상실되지 않는다. 탐욕을 부리지 않아 순수하고 질박함을 유지하는데 이것이 본성이다. 일종의 이상화된 원시사회이다(『莊子·馬蹄』).

117) 『庄子·馬蹄』.

118) 『莊子·盜趾』.

무엇을 천방(天放, 자연 그대로 인위적인 것을 가미하지 않은 상태)이라고 하는가? 바로 무위자연이다. 장자는 현실의 불합리한 모습을 보고 분개하여 세상을 피하였다. 그렇다고 그에게서 난세를 구할 뜻이 소실된 것은 아니다. 그는 다음과 같이 의미 깊은 말을 하였다. "그러므로 군자가 부득이하여 천하의 정치를 맡는다면 무위만큼 훌륭한 정책은 있을 수 없고 또 그 무위라야 우리들이 타고난 성정을 편안하게 정착시킬 수 있다".[120]

이상에서 무위의 정치는 노자, 장자의 공통된 정치적 이상이었음을 알 수 있다. 전국시대의 혼란과 진대의 폭정의 고통스런 시대를 경과하면서, 한나라 초기의 정치가 조삼(曹參), 육가(陸賈, 생몰연대 미상, 한대 초기의 정치가), 가의(賈誼, B.C. 200~B.C. 168, 서한의 정치가) 등은 역사적 교훈을 돌아보면서 무위정치는 "번거롭고 까다로운 것을 없애 백성과 더불어 휴식한다"는[121] 의미로 주장하였다. 노자, 장자의 국가 통치전략의 사상에는 실제적인 가치가 담겨 있다. 공자도 일찍이 무위의 정치를 주장한 바 있고 한비자도 유명한 군왕은 무위를 가장 으뜸으로 삼는다고 강조한 바 있다. 이렇게 무위의 정치에 대한 노자, 장자와 공자, 한비자의 주장은 합류하여 일종의 "백성의 성품으로 인한 천하의 통치"라는 적극적인 무위 통치전략이 되었고 한나라 초기 통치자들은 이를 중시하여 그 실천적 결과는 문경의 통치(文景之治: 文帝, B.C. 202~B.C. 157; 景帝, B.C. 188~B.C. 141, 두 왕의 통치를 일컫는 말로 태평성세를 의미함), 즉 태평성세를 이뤘다.

사회적인 대분열과 동란을 당할 때 마다 사회질서의 회복과 사회 경제적 회복이 이뤄지는 초기에는 무위의 정치, 소국과민, 최고의 덕이 충만한 세상을 이루려는 사회이상론이 모두 탁월한 사상가, 교육자들에 의해 중시되었고 여기에 새로운 해석을 부여했다. 육가는 이렇게 말한 바 있다.

> "무릇 도란 무위보다 더 큰 것이 없고 행함에는 삼가고 공경함보다 더 큰 것이 없다. 왜 그렇게 말하는가? 예전에 우(虞)나라의 순임금이 정치를 할 때 다섯줄로 된 거문고를 타고 남녘풍의 시를 노래하여 적적함이 마치 나라를 다스리지 않는 것 같은 뜻이 들며, 막막함이 마치 백성의 마음에 걱정이 없는 것 같으나 천하는 다스려졌다".[122]

---

119) 『莊子·馬蹄』.
120) 『莊子·在宥』.
121) 『漢書·景帝紀贊』.
122) 陸賈, 『新語』.

그들은 폭정을 하여 세상이 큰 혼란에 빠지는 역사적 교훈을 거울삼아 노자의 무위의 정치이론을 받아들였다. 그 가운데 공자가 "무위의 정치를 한 사람은 순임금이다"고[123] 한 사상도 포함된다. 회남자(淮南子, 한대의 철학자)의 『숙진훈(俶眞訓)』, 『남명훈(覽冥訓)』이 지향하는 최고의 덕이 충만한 세계, 황제의 정치에도 하나의 원시적인, 평등, 안정, 화해의 사회를 그리고 있다. 『본경훈(本經訓)』에서 이렇게 말하고 있다.

> "예전에 성인은 위에서 政과 敎로써 공평하게 하고 인애로 서로 화목하게 하며 상하가 한 마음으로 군신이 화목하고 집에는 사람들이 넉넉하게 나눠주고 아버지는 자식을 사랑하고 자식은 효도하며 형제간에는 양순하고 산 사람은 원망하지 않고 죽은 자는 한이 없어 천하가 화목하다."

이는 또한 유가에서 그리는 이상적인 사회는 유가와 도가가 서로 만나 보완되어 무위의 정치를 "무위로 하나 하지 않음"(無爲而無不爲)이 없는 것으로 발전시킨 것이다. 위진남북조시대 토지와 빈부의 양극화가 날로 심하고 군벌이 혼란을 일으켜 여덟 왕의 정치적 혼란(八王의 亂), 남북의 분열, 사회 또한 극심한 암흑에 빠져 동한 정권의 멸망으로부터 수의 문제가 중국을 통일하기 까지 거의 3세기 동안 재난의 시간 속에서 전체 사회경제의 파멸이 매우 극심한 지경에 이르렀다. 혜강은 "명교를 넘어서 자연에 맡기자"라고 하였고, 춘추시대 제나라의 재상인 포숙아(鮑叔牙)가 옛날을 향하여 공경하는 말로 "예전의 세상(曩古之世)"이라고 했고, 도연명(陶淵明, 365~427, 동진의 시인)이 그린 도화원(桃花源) 등은 모두 정도의 차이는 있지만 당시 일반인들이 평화, 안녕, 평등의 이상사회를 지향하는 것을 표현한 것이다. 왕통은 『중설(中說)·입명(立命)』에서 다음과 같이 말하고 있다.

> "예전에 성왕은 위에 있지만 거리가 떨어져 있어도 닭소리와 개소리가 서로 들리고 사람은 오가고 노인은 서로 왕래가 없지만 무릇 스스로 풍족했다. 당시 성왕이 통치하는 시대에는 오전(五典)이[124] 잠적하고 오례(五禮)[125]를 시행하지 않으며 오복(五服)을[126] 갖추지 않았다. 그래도 사람들은 음식을 알고 창고의 문단속은 모르며 무리지어 사는 것은 알되 서로 사랑하고 존경하는 것은 모르며 윗사

123) 『論語·衛靈公』.
124) 오전(五典): 인, 의, 예, 지, 신의 다섯 가지를 일컫는다.
125) 오례(五禮): 다섯 가지 예로 吉禮(제사) 凶禮(喪祭), 賓禮(賓客), 軍禮, 嘉禮를 의미한다.
126) 오복(五服): 왕을 중심으로 하여 천자, 제후, 경, 대부, 사의 계급에 따른 의복을 말한다.

람을 높은 데 있는 나뭇가지로 여기고 아래 사람은 들에 사슴과 같이 보니 어떻겠는가? 대략 윗사람은 무위로 하고 아랫사람은 스스로 풍족하기 때문이었다."

이 말은 유가와 도가의 사회적 이상론을 절충하여 구상한 것으로 이미 이상이면서 하나의 방책이었다. 당태종은 수나라가 멸망하는 역사적 교훈을 거울삼아 신하에게 다음과 같이 말했다.

"예전에 보위에 올라 처음으로 수도에 갔는데 궁중에 미녀들이 아름답게 노니는데 만족한 것도 불만도 없었다. 수양제는 마음에 부족함이 있어 정복을 끊임없이 했다. 동서를 정벌하고 무력을 남용하자 백성은 감내하지 못하고 드디어 멸망하고 말았다. 이는 모두 짐이 눈으로 본 바이다. 이른 아침부터 밤늦게 까지 쉬지 않고 오직 청정하고 천하가 무사하기를 바란다. 이내 부역을 일으키지 않아도 해마다 곡식이 풍년이 들고 백성은 안락하다. 무릇 국가를 다스리는 것을 마치 나무 재배하듯 나무뿌리를 움직이지 않게 하고 가지는 무성하게 하여 임금이 능히 청정하면 백성이 어찌 안락하지 않으리요?"127)

당시 사회는 동란으로 인하여 정치적 변화를 지향하는 중요한 시기에 처하고 있었기 때문에 당 태종은 무위이나 하지 않음이 없는(無爲無不爲) 정치적 전략을 선택한 것이다. 사회경제와 사회질서의 전면적인 회복에 유리하였다. 장순휘(張舜徽)는 다음과 같이 이해하였다. "당태종이 큰 잘못을 했다고 하는 까닭은 그가 도가의 청정이념으로 정치를 베풀었기 때문이다. 그가 나라를 다스리는 도는 국민의 휴식과 함께 했을 따름이었다. 당나라 초기 개국의 기반을 여기에 두었다".128)

정관의 정치(貞觀의 政治, 당태종의 정치적 치적을 두고 하는 말) 출현은 당 태종이 무위로 스스로 감화를 받게 함(無爲自化)과 청정하여 스스로 바르게 되는(淸靜自正) 통치의 도를 봉행한 것과 밀접한 상관이 있다. 송명 이래로 공자의 덕치 교화와 노자의 무위의 정치를 결합할 것을 주장하는 경향이 있었다. 예를 들면 정호와 정이 형제는 "정치는 덕으로 한 다음에 무위로 한다"고129) 하였다. 주희도 "예악형정(禮樂刑政)은 폐지할 수 없다. 다만, 본분으로 하자면 지와 술수(智術)로써 천하를 농락하지 말아야 하기 때문에 무위라고 한 것이다"라고130) 말하였다. 이들은 모두 유가의 정치사상을 적용하여 무위를 이미

127) 『貞觀政要』 22쪽.
128) 『周秦道論發徽』, 第90, 91쪽.
129) 『二程集』, 379쪽.

적극적인 무위로 창의적 해석을 한 것이다.

유가학파는 대동을 인류사회의 최고 이상으로 삼았다. 『예기(禮記)·예운(禮運)』편에서 이에 대해 다음과 같이 말하고 있다.

> "공자가 이르기를 대도가 행하는데 는 삼대의 영웅과 더불어 하는데 나 자신도 그에는 미치지 못했으나 뜻하는 바였다. 대도가 행했던 오제의 시대에는 천자는 천하를 공유물로 여기고 어질고 능력 있는 인재를 선발하여 쓰고 천자는 거짓이 없이 행하는 것이 백성의 신뢰를 얻는 길이었다. 그렇게 함으로 백성들이 유독 자신의 어버이만을 어버이로 모시지 않고 자기 자식만을 자식으로 여기지 않는다. 그 결과 노인들에게는 천수가 부여되고 움직일 수 있는 사람에게는 그의 노동력을 투입하게 하고 어린이들에게는 성장을 이루도록 하며 홀아비, 과부, 고아, 질병이 있는 사람에게는 보호를 받게 하여 생활에 어려움이 없게 한다. 남자는 남자로서 직업을 가지고 여자는 좋은 인연을 만나 행복하도록 한다. 금전이나 가치 있는 물건은 땅에 떨어져 있어도 줍지 않으며 그것을 자기에게 숨겨두지 않는다. 빈곤한 사람이 있으면 바로 그에게 나누어 주고 힘써서 몸으로부터 나오지 않은 것을 싫어하고 노동을 싫어 하지만 자신을 위해서만 일하지 않으며 타인을 위해 일하는 것을 아끼지 않는다. 이렇듯이 백성들이 순박하기 때문에 모략을 써서 일으키려고 하지 않으며 도적이라든지 세간을 어지럽히는 악한 자는 일어나지 않는다. 그러므로 밖에 창호도 닫지 않아 빗장이 없이 단지 바람을 막기 위함뿐이다. 이상과 같은 세상의 상태를 일러 대동이라고 한다"(『禮記· 禮運』).

대동이란 소강(小康, 고대유가에서 제창하는 이상사회로 대동세계보다 낮은 단계의 이상사회를 말함, 『禮記 禮運』편 참조)에 상대어인데 이는 요순시대의 이상적 사회상을 묘사한 것이다. 소강은 천하를 집으로 여기는 요, 탕, 문, 무, 성, 주공의 시대로 요순시대 이후에 하나라, 상나라, 주나라의 삼대에 걸친 융성한 시대의 상황을 말한다. 『예기(禮記)·중용(中庸)』에는 다음과 같이 말하고 있다.

> "중니(공자)께서 처음으로 요, 순임금의 도를 기술하고 문왕, 무왕의 덕을 밝혔다".(『禮記 下, 中庸』). 공자는 역사를 요순과 문무의 양대 서로 다른 두 시기로 구분했으나 대동과 소강의 구분은 이름만 다를 뿐 실제는 같은 것이다. 여사면(呂

130) 『朱子語錄』, 536쪽.

思勉)은 "노자가 개탄하면서 생각한 것은 역시 농업을 중심으로 공동 생산하는 작은 공동체 사회였다. 공자가 말한 대동사회는 바로 이와 같은 것으로 이른바 소국과민(국가가 작고 국민이 적은 것, 여기서 국민이 적다는 것은 국민이 순박하고 검소한 습성을 가짐을 의미함)이 그것이다".[131] 장대년(張岱年, 1980년 중국 철학사학회이사장, 85년 북경의 공자묘에서 성립된 공자연구소장 역임)도 "대동학설은 유가에서 묵가사상을 흡수한 후에 나온 것이다"라고[132] 말했다. 선진시대 여러 학자들은 원시사회의 무계급사회를 그리워하고 있는데 그들이 묘사한 사회이상은 이런 이론적 기초에서 현실사회를 비판한 나머지 구상한 사회였다. 유가의 대동(大同), 묵가의 겸애(兼愛), 노장의 소국과민, 지덕지세(至德之世)는 모두 형식과 배경은 다르지만 당시 사람들의 평화, 안녕, 평등 및 인간이 인간답게 살아가는데 필요한 도덕적인 사회적 이상의 지향을 반영한 것이다. 풍우란(馮又蘭, 1895~1990) 말하기를 "옛 사람들이 서술한 삼대이상의 사회는 다분히 역사적인 것은 아니다. 사실은 그 정치나 사회이상을 말한 것이다"고 하였다.[133] 이런 분석은 합리적이다.

대동사상은 특히 천하를 공물로 여긴다, 어진 이를 선발하여 기용한다는 것은 어질고 유능한 정부의 설계로 공자의 인을 중심으로 한 학술사상에 부합되도록 논리적으로 발전시킨 것이다. 『논어(論語)·옹야(雍也)』에서는 이렇게 적고 있다.

"자공이 말했다. 만일 백성들에게 은혜를 널리 베풀어 많은 사람을 구제한다면 어떻겠습니까? 어질다고 할 만합니까? 공자께서 말씀하셨다. 어찌 인을 일삼는데 그치겠는가? 반드시 성인일 것이다. 요순도 오히려 그것을 부족하게 여기셨을 것이다. 인자(仁者)는 자신이 서고자 함에 남도 서게 하며 자신이 통달하고자 함에 남도 통달하게 하는 것이다. 가까운 데에서 취해 비유할 수 있다면 인을 하는 방법이라고 이를 만하다"(『論語·雍也』).

이어서 『논어(論語)·헌문(憲問)』에서 또 이렇게 적고 있다.

"자로가 군자에 대해 물으니 공자께서 경으로써 몸을 닦는 것이다고 하셨다. 자로가 이와 같을 뿐입니까? 하고 묻자, 몸을 닦아서 사람을 편안하게 하는 것이

131) 呂思勉, 『先秦諸子學術概述』, 32쪽.
132) 張岱年, 『中國哲學大綱』, 280쪽.
133) 馮友蘭, 『三松堂學術文集』, 398쪽.

다. 하셨다. 다시, 이와 같을 뿐입니까? 하고 묻자, 다음과 같이 말씀하셨다. 몸을 닦아서 백성을 편안하게 하는 것이니 몸을 닦아서 백성을 편안하게 함은 요순에게서도 오히려 부족하게 여기셨다".

백성에게 널리 베풀어 능히 많은 사람을 구제하는 것, 몸을 닦아 백성을 편안하게 하는 것이 공자의 최고의 정치적 이상임을 알 수 있다. 공자가 말한 "늙은이를 편안하게 해주고 친구를 미덥게 해주고 젊은이를 감싸주는 것이다",[134] "어진 인재를 등용하는 것",[135] "요임금이 임금으로서 역할 하심이 높고 크다 오직 하늘이 위대하시거늘 오직 요임금만이 그와 같이 하셨다",[136] "요임금과 순임금이 천하를 소유하시고도 관여치 않으심이여",[137] 자하(子夏)가 말한 "요임금이 천하는 소유함에 여러 사람 중에서 선발하여 고도(皐陶, 전설중의 인물로 형법을 관장하는 관리를 지칭)를 들어 쓰시니 인하지 못한 사람들이 멀리 사라졌고 탕임금이 천하를 소유함에 여러 사람 중에서 선발하여 이이(伊尹)를 들어 쓰시니 어질지 못한 사람들이 멀리 사라졌다"고[138] 했고, "사해의 모든 사람이 형제"라고[139] 했다. 이상의 언급은 공자와 그 문하생들이 "천하를 공유하는 것으로 여기는 대동사회를 지향함을 설명한 것이다. 『예기·예운』편에서 묘사한 대동사회와 공자의 인, 맹자의 인정(仁政), 순자의 왕도(王道) 등은 기본적인 생각의 방향이 일치한다. 이상에서 선진유가의 정치사상과 사회적 이상에 대하여 개괄해 보았다. 하나의 통일되고 부강하며 안녕과 문명화된 국가를 건설한다는 것은 선진유가의 지도자들의 공통의 목표였음을 알 수 있다.

순자는 "성(聖)이란 내면적인 사물의 도리를 궁구하는데 진력하는 자라면 왕이란 외면적인 법제를 궁구하는데 진력하는 자이다. 이 양면을 함께 궁구하는데 진력하는 성왕은 천하의 최고의 표준으로 충분하다"고[140] 하였다.

이는 바로 내성외왕지도로 순자가 추구한 최고의 인생의 목표이자 사회적 이상이다. 『대학』의 수신제가치국평천하(修身齊家治國平天下)의 도에서도 역시 이런 내용을 말한 것이다. 평화롭고 문명된 사회는 바로 앞서 말한 수제치평의 목표이자, 『대학』에서 말하는 지선(至善)이다. 순자와 대학에서 제시된 안으로 내면의 윤리강상을 궁구하고 밖으로

134) 『論語·公冶長』.
135) 『論語·子路』.
136) 『論語·泰伯』.
137) 『論語·泰伯』.
138) 『論語·泰伯』.
139) 『論語·顔淵』.
140) 『荀子·解蔽篇』.

제도를 궁구하는(盡倫盡制)것과 지선은 진한대 이후 유가에서 사회적 혼란을 가름하는 평가의 잣대이자 정치적 청탁을 재는 가치 표준이 되었다. 『예기·예운』편에서 천하를 공유하는 것으로 여기는 대동사상은 오히려 분명하게 드러나지 못했다. 강유위는 "요순시대는 백성을 주인으로 여기고 태평성세를 위해 인도를 다하는데 지극했다. 공자는 난리를 없애고 태평한 세상을 건설하기 위하여 문왕에 의지하여 군주의 인정을 시행하고자 했다. 더욱이 요순처럼 백성을 주인으로 여기는 태평세에 주의를 기울였다"고[141] 말하였다. 성현을 통하여 "옛 것에 의지하여 제도를 개혁하는 것"(託故改制)은 밖으로 민주사회의 진보성을 선양하는 것인데 이런 사회이상은 충분히 현대 사회에도 그 의의를 함의하고 있다. 이상과 유사한 사례로는 담사동은 말하기를 "이천년 동안의 학문은 순자의 학문인데 양계초는 안으로 성현이 되는 길과 밖으로 군왕이 되는 길을 활용하여 중국 전체의 학술부분을 한마디로 잘 개괄하고 있다"고 하였다.

이론적으로 살펴보면 후세 유학자들이 대부분 공자의 인(仁), 덕치(德治), 맹자의 인정(仁政), 한유(韓愈, 768~824), 이정(二程, 즉, 程明道, 1032~1085/程伊川, 1033~1107), 장재(張載, 1020~1077), 왕안석, 주희, 육구연, 왕양명, 황종희, 왕부지, 고염무, 공자진 등 사상가이자 교육자인 이들은 현실사회와 정치적 평가가 어떠했는가에 대해서만이 아니라 삼대(三代), 성세(盛世)의 사회적 이상으로 삼대의 천하를 크게 잘 다스리는 정치라는 정치적 상황, 백성을 본위로 예악을 부흥하고자 하는 갈망, 어진 인재를 발탁하여 활용하는 것, 이로움을 더하게 하고 폐단을 없애는 것, 풍속은 바꾸자는 것과 국가와 국민을 부강하게 하자는 사상과 대체로 비슷하다.

예컨대 왕안석의 변법은 특히 삼대(三代)는 『주례(周禮)』를 표본으로 설계한 것이며, 황종희의 『명이대방록』도 예전의 성왕, 삼대의 제도로 회복을 주장하고 있다. 그러나 그들이 주장하는 목표인 이른바 예전으로 돌아가자는 것은 현실을 변혁하자는 것이다. 선진유가에서는 왕도정치를 법가에서는 패도(霸道)를 말했다. 그러나 진한 이후 유가와 법가가 상호 교류로 인하여 음으로는 유가를 양으로는 법가(陰儒陽法)를 취할 것을 주장했다. 많은 사상가, 교육자들로 왕도와 패도를 겸용할 것을 주장했다. 진량은 왕도와 패도를 겸용할 것을 주장하면서 주희와 격렬한 논쟁을 벌였다. 남송 이후 주희, 왕양명의 사상이 계속 영향을 주면서 그들은 맹자의 사회이상을 새롭게 해석하고자 하는데 뜻을 두었다. 그러므로 안으로 성현이 되는 자기수양과 밖으로 군왕이 되기 위한 경세의 도를 준비하는 것이 명·청대에 유행하게 되었다. 주희는 "군왕은 마땅히 패도의 공을 추축하는 것이 왕도이다. 왕도의 요지는 차마 그렇게 하지 못하는 마음을 미뤄 보는 것만이

---

141) 康有爲, 『孔子改制考』.

아니라 차마 그렇게 하지 못하는 정치를 실행할 따름이다"고[142] 말하였다. 구준(邱濬)은 『대학연의보(大學衍義補)』에서도 말하기를 "예악이란 형정이 근본이고 형정이란 예악을 보완하는 것이다. 예전에 제왕이 민심과 함께 하고 정치의 도가 출중했다고 하며 천하를 한 집안처럼 여기고 중국을 한 사람처럼 본다는 것은 이런 네 가지 것을 예로 들어본 것에 불과할 따름이다. 이는 바로 안으로 자신의 인격을 닦는 가르침과 왕도, 천하를 다스리는 대경대법이다".[143] 공자의 덕치, 맹자의 인정(仁政), 『대학』에서 수제치평(修齊治平)은 송·명·청 삼대의 정치가, 사상가, 교육자들이 정치를 개혁하고 교육을 일으키며, 천하를 다스리는 가치의 표준이 되었다. 중국 고대의 교육사들의 사회관과 교육과의 관계를 연구하면 교육이 내성외왕지도(內聖外王之道)를 실현하는 것임을 충분히 이해해야 한다.

2. 교육과 사회

선진제자로부터 근대계몽 사상가에 이르기 까지 교육과 사회의 기본적인 관계, 교육의 사회적 기능, 교육의 수단적 가치와 본질적 가치, 교육의 문화전파 및 민족성격의 형성에 미치는 영향 등등의 문제는 모두 깊이 있고 폭 넓게 탐구되었다. 아울러 이론적인 면에서도 높은 수준에서 체계적으로 정리되었다. 공자가 사학(私學)을 설립한 것에서부터 강유위가 과거제도를 폐지하고, 국민의 지적 수준을 열어주며 학당을 일으키자고 주장한 것에 이르기 까지 중국의 역대 사상가, 교육가들은 모두 교육개혁이 실천으로 옮겨지기 까지는 사회 발전이 촉진되고 발전을 위해 협조 관계가 잘 연계해 나가야 하지 교육자체 만으로는 불가능한 것으로 이해했다. "국가를 세우는데 있어 국민 교육을 우선으로 해야 한다", "천하의 영제를 얻어 교육하는 것", "인문으로서 천하를 감화한다는 것" 등이 모두 그렇다. 안으로 성현과 같은 인격을 도야하고 밖으로 경세의 지도능력을 갖추는 삶의 이상과 사회적 이상을 실현하기 위해서 그들은 가정교육, 학교교육, 사회교육의 유기적인 통일을 이루는 대교육관을 주창했다. 민본주의 사상으로 예악교화를 실시하고 교육이 문화 중국을 창건하는데 큰 역할을 발휘해야 한다는 것이다. 그리하여 "천지를 위해 마음을 세우고 국민을 살리기 위해 목숨을 걸며 계속 성현이 출현하여 끊어진 학문을 계승하여 영원히 태평세를 열어가자는 것이다". 이는 장재의 학문하는 격언으로 역대 사상가,

142) 朱熹, 『四書章句集注·孟子集注』.
143) 邱濬, 『大學衍義補』 卷1 『總論朝廷之政』.

교육가들이 교육을 중시하고 과거의 전통을 계승하면서 미래를 개척해 가자고 하는 공유된 희망을 담고 있다.

(1) 국가를 세우기 위해 국민교육을 우선으로 함: 국가주의 교육(建國君民, 教學爲先).

"건국에 있어 가르치고 배우는 것을 우선으로 한다".[144] 이 명제는 고대 정치가, 교육가들이 교육을 중시한 사상을 집약하여 표현한 것이다. 여기서 가르치고 배우는 것은 바로 교육을 가리킨다. 맹자가 "천하의 영재를 얻어 교육하는 것"을[145] 즐거움으로 삼는다는 말 가운데 교육이 함의하는 바와 일치한다. "옥을 쫒지 않으면 그릇을 만들 수 없다, 사람이 배우지 않으면 도를 모른다"는 표현은 모두 교육적 인간이라야 정치, 윤리적 도리를 알 수 있으며 국가를 위해 필요로 하는 인재나 국민을 육성할 수 있다는 것이다. 이는 국가를 세우고 천하를 다스리고 천하로 하여금 장구한 세월 동안 편안하게 다스리는 근본계획이다. 왕안석은 자신의 『자계현학기(慈溪縣學記)』라는 글에서 "세상에는 하루라도 정치와 교육이 없으면 불가능하기 때문에 하루라도 배우지 않으면 세상이 망한다"고 하였고, 정관응(鄭觀應, 1842~1921)은 『치오질강선생서(致伍秩庸先生書)』에서 "교육은 국가건설의 기본이다"고 하였다. 양계초는 『강유위전(康有爲傳)』에서 교육과 사회를 창조하는 것 간의 관계를 설명하면서 "천하의 일을 맡고자 하면 중국의 새로운 세계를 열어야 하는데 교육보다 더 중요한 것이 없다"고 하였다. 이상에서 우리는 전략적 안목을 가지고 인류사회 전체와 먼 미래를 내다보는 사상가, 교육자는 모두 교육의 사회발전에 전략적 지위를 매우 중시하였음을 알 수 있다. 교육은 국가 건설의 기본이라는 생각은 선진시대에 발단이 되어 한나라와 당나라시기에 성숙되었고 더욱이 근대에 중국이 문명국, 예의가 발달된 국가로 세계에 이름을 드러내면서 역대 사상, 정치가, 교육자들은 이들이 교육사업의 발전과 밀접한 관련이 있음을 중시했다. 프랑스의 계몽사상가인 디데로트(狄德羅, Denis Diderot, 1713~1784)는 『백과대사전(百科大辭典)』에서 이렇게 말하고 있다.

> "중화민족 예전의 풍속은 말할 것도 없고, 정신, 총명한 재능과 지혜, 문학예술의 발전 및 정치철학 등의 방면에서 모두 아시아 각 민족에 비해 우수할 뿐만 아니라 몇 사람의 판단에 따르면 구라파의 가장 개화된 국가의 모습에 필적할 수 있을 정도라고 한다".[146]

---

144) 『禮記·學記』.

145) 『孟子·盡心』.

146) 鄧嗣禹, 『中國考試制度史』 406쪽.

헤르바르트(Herbart, J.F., 霍兒巴赫, 1776~1841)도 "구라파 정부는 반드시 중국을 모델로 해야 한다"고[147] 말했다. 중국문화의 이렇게 찬란하고 거대한 생명력은 구라파 계몽 사상가들에게 경탄과 흠모, 동경을 하게 했다. 교육을 발전시키는 것을 기점으로 하여 문화중국의 사회를 건설하려는 전략은 중국문화가 계속 창조적인 개척과 아울러 다채롭고 훌륭한 모습을 갖도록 하는 관건이다.

관학이 제자백가의 문명으로 전환하는 역사적 변천과정에서 도(道)를 스스로의 임무로 여기는 위대한 지식인들이 출현하였다. 지식인들 가운데 핵심 인물은 그들 자신의 이해득실을 넘어서 사회전체와 먼 미래에 대해 깊은 관심을 가지고 사회를 비판하는 동시에 예리하게 교육이 낙후되면 사회발전에 위해를 준다는 것을 간파하고 교육개혁, 인재육성, 만민교화를 하는데 그 도로써 천하를 개혁한다는 것 등을 주요 내용으로 삼았다. 동시에 이론적인 면에서 교육과 사회, 교육과 인간의 변증법적 관계를 규명하였다. 유가, 묵가, 도가, 법가는 모두 도술(道術)이 장차 천하를 위해 분열하는 문명의 발전과정 중에 형성된 것 들이다. 이들을 비교해보면 유가, 묵가는 교육의 사회적 측면에서 기능 및 인재양성의 기능을 중시했다면 도가(道家)는 인성의 자연적 측면에서 인격교육에 중점을 둠으로써 인간이 종법예제의 문화적 속박으로부터 벗어나는 것을 교육의 이념으로 설정하여 가르쳤다. 한편 법가는 법이나 술책으로 사회를 통제하는 것을 강조하며 법으로 가르침을 삼고 관리를 스승으로 삼으며 교육을 군주전제의 수단으로 삼았다. 도가는 교육의 본질적인 면에 법가는 교육의 수단적 가치에 관심을 두었다면 유가, 묵가만이 비교적 합리적으로 교육의 본질적 가치와 수단적 가치의 관계에 도움을 주고 있어 교육개혁의 실천 중에 뚜렷한 성과를 가져올 수 있었다. 유가와 묵가를 비교해보면 유가교육사상은 사회의 서로 다른 계층의 실제적인 이익을 고려하고 인문 중심의 입장에서 하나의 평이한 중도를 개척하고 춘추 이전의 육예교육(六藝教育, 藝樂射書御數를 의미함)을 비판적으로 계승할 수 있었으며 교육이 인간형성을 하거나 국가를 위한 기능상의 몇 가지 관점을 통일을 할 수 있었다. 즉, 유가는 농, 의, 공, 상의 입장에서 만만의 이득을 위해 노력했다면, 교육개혁에 주력한 묵자는 교육목표가 비록 높고 원대하지만, 당시 사회발전의 실제와는 유리되었고 전통 예악문화의 특수한 교육적 기능을 간과했다. 이 때문에 봉건 전제 사회에서 실행에 옮기기 어려워 진한대 이후 점차 쇠미해졌다. 선진시대로부터 청말에 이르기 까지 유가교육사상은 시종 주류의 위치를 점유하면서 역대 통치자들이 국가를 통치하고 국민을 편안하게 하는 중요한 정책의 결정에 영향을 미쳤다.

이천 여 년 동안 중국교육의 발전을 위해 실제로 공헌한 많은 교육자, 정치가, 사상가

---

147) 『社會體系』 第2卷, 86쪽.

를 낳았으며 이들 대부분은 유가 교육사상을 신뢰하였다. 더욱이 한 무제는 동중서의 건의를 받아들여 도가에서 주장하는 무위의 정치로부터 유학을 존숭하고 교육을 진흥하는 정책으로 전환시켰다. 육예로 만민을 교화하고 교육, 시험, 관리의 선발이라는 삼자를 결합시켜 공자가 말한 바와 같이 "배워 우수한 인재는 관리로 진출한다"(學而優卽仕)는 교육사상을 실현하였고, 문관제도를 창설하여 상, 주나라 이래의 예악문화가 완벽케 했다. 수·당대에 과거제도가 창립되어 더욱 선진유가의 어진 인재를 선발하고 어진 선비의 능력을 존중하는 교육이상이 실천되었다. 그리고 이런 문화교육은 중하계층의 지주계급의 자녀들 및 농경사회 출신의 독서인들에게 까지 개방시켜 교육, 시험, 관리 선발의 관계가 더욱 긴밀해졌고 직접적으로 중국 고대사회의 문화적 변천과정에 영향을 미쳤다. 유향(劉向, B.C. 77~B.C. 6)은 서한시대의 엄중한 사회적 위기를 눈으로 보면서 한 무제에게 간하기를 "마땅히 벽옹(僻雍)을 일으키고 상서(庠序)를 두며 예악을 진흥하여 아송(雅頌)의 소리가 융성하게 하고 손님과 주인의 상견예의 내용이 풍성해지는데 이렇게 하여 천하가 교화되고 정치를 한 사람은 없을 것입니다"라고[148] 하였다.

교육발전을 통하여 사회위기를 구원하는 것은 역대 사상가, 교육자의 공유된 인식이었다. 그러므로 건국군민에 가르치고 배우는 것을 우선시하는 사상은 유가가 덕치와 교화를 실행하는 중요한 조치였다. 수신제가치국평천하의 도는 전통적인 중국사회 교육사업의 헌장일 뿐만 아니라 사회재건, 정치적 리더십의 범주로써 모두 덕치주의에 근원한 것이다.

교육과 사회의 관계에 대한 이해가 서로 다르기 때문에 유가, 묵가, 도가, 법가의 교육목적론에도 현저한 구분이 있다. 교육과 사회의 관계에서 묵가는 "서로 사랑하라, 서로 이익을 나누어라"(兼相愛, 交相利)를 주장한다. 겸애의 실제목적은 개인이 단체에 완전히 동화되어 단체와 개인이 한 몸이 되게 하고 사회적 가치가 개인의 가치보다 더 높다고 하는 사회본위론이다. 법가는 국가이익을 개인 보다 상위에 둔다. 그들은 주로 법을 다루는 관리를 두고 그를 천하의 스승으로 삼기를 건의한다. 법을 위에 두고서 위에 어진 이를 섬기지 않는 이른바 법으로 가르침을 삼고 관리를 스승으로 여기는 문교정책을 추진했다. 여기서는 두 가지의 부류의 사학(私學)이 존재하지 않으며 관리의 가르침을 듣고 따르는 국민을 양성하기 때문에 국가본위론이다. 한비자는 말하기를 "무릇 성인의 정치는 사람들이 선한 것을 하게하고 하지 않아야 되는 것은 하지 않게 하는 것이다"고[149] 하였다. 이어서 "엄한 가정에는 성미 사나운 포로가 없지만 어진 어머니에게는 실패한

148) 『漢書·禮樂志』.

149) 『韓非子·顯學』.

자식이 있다, 위세로는 폭력을 저지하여 금할 수 있지만, 후덕한 것으로는 혼란을 막을 수 없다"[150] 하였다. 그러므로 이런 입장에서는 유가의 인의를 버리고 덕을 함양하는데 노력하지 않고 법을 도모하는데 힘을 쓰며, 전제주의의 문화교육정책을 추진하여 교육을 국민의 통제 수단으로 여긴다. 후에 진시황과 이사(李斯, 미상~B.C. 208)는 선진시대 법가의 교육사상을 적용하여 "사학을 금하고 분서갱유(焚書坑儒)하고 법을 세워 풍속을 교화하려고 하여 군주전제 정치를 강화했다. 도가는 개인의 가치를 사회보다 더 우위에 두고서 종법사회의 예와 법문화가 가져다주는 다양한 속박을 넘어서 참다운 본성에 귀의하고 소박함으로 되돌아갈 것을 주장한다." "이들은 아주 넓고 큰 세상을 향하여 자유분망한 삶을 영위하고, 평생토록 관리로서의 삶을 살지 않고 오직 자신의 뜻에 만족한 생활, 홀로 천지와 더불어 정신적으로 서로 내왕하는 생활"을 주장했다. 이런 삶의 방식은 사람들로 하여금 공명과 권세가 있는 지위를 추구하는 삶의 방식을 철저하게 파기하도록 깨우쳐 정신적인 자유의 소요경지를 추구케 했다. 노자는 무위의 정치를 이야기 했지만 장자는 의미심장하게 이렇게 말했다. "요임금이 천하를 다스리는데 나라 안의 정치를 잘 마무리한 다음 분수의 북쪽 묘고야산으로 가서 네 신선을 만나보고는 돌연 멍해져서 천하를 잊어버렸다 하네".[151] 단지 천하까지 모두 망각해야 자기 스스로 "정신적으로 사해에 달하고 그 흐름과 함께 할 수 있는 자유의 경지"에[152] 도달할 수 있다는 것이다. 이 때문에 도가는 개인을 본위로 하는 이론가들이다. 특히 장자는 자신의 교육철학에 자유를 핵심내용으로 하는 예술정신을 담고 있어 후세의 예술창작, 예술교육에 깊은 영향을 끼쳤다. 완적, 혜강, 도잠, 이백, 맹호연(孟浩然, 689~740), 소식, 신기질, 이지, 탕현조, 원굉도(袁宏道, 1568~1610, 명대 문학가), 원매(袁枚, 1716~1797), 포송령(蒲松齡, 1640~1715), 조설근, 공자진, 노신(魯迅, 1881~1936) 등은 모두 『장자』라는 책으로부터 종법사회를 비판하는 담력과 식견 그리고 예술창작의 영감과 개성 해방을 추구하는 용기 등을 받아들인 사람들이다. 부산은 이렇게 말했다.

> "『장자(莊子)·소요유(逍遙游)』편을 읽은 사람은 자연이 큰 붕새처럼 스스로 끊임없이 허물을 만드는 것을 탐탁하게 여기지 않고 비들기가 느릅나무 사이에서 유쾌히 노는 것을 안다. 모든 세간의 부귀영화가 눈으로 볼 수 있기 때문에 황금이 비록 귀하지만 눈에 들면 어찌 모래, 흙과 다르리요, 속되게 악착같은 견해에 노예가 되어 있으면 부지불각 간에 깨끗하게 청소할 수 있겠는가".[153]

---

150) 『韓非子·懸學』.
151) 『莊子·逍遙游』.
152) 『莊子·刻意』.

선진 시대로부터 근대에 이르기 까지 장자의 자연주의 교육철학은 적지 않게 봉건전제 종법제도를 부정하는 비판적 인물을 출현케 했다. 교육과 사회의 관계를 연구하면서 우리는 도가의 자연주의 교육관이 일정 수준에서 봉건전제 사회의 질서나 사상을 동요하게 하는 작용을 한 점을 간과할 수 없다.

유가, 묵가, 도가, 법가의 대표적인 인물들은 모두 배움으로써 천하를 바꾼다는 사상에 뜻을 두고 현실사회를 직시하고 비판을 가하였다. 묵가에는 강렬한 사회의식과 겸애사상으로 현실적인 우환에 직면하여 이를 구원하기를 갈망한다. 한편 법가에는 법제와 냉엄한 정신으로 혼란을 통제하려고 노력하는 반면에 도가에서는 자유로운 마음상태와 예술적 심령을 가지고 혼란에 대해 해탈을 추구하려고 한다. 유가는 인문 을 본위로 하는 입장에서 교화와 교육(化育)을 천직으로 여긴다. 따라서 천하에 도가 존재하지 않는 현실사회를 개혁하고 문화중국의 창조를 교육목표로 한다. 구체적으로 예를 들면 의혹하지 않고(不惑), 걱정하지 않으며(不優), 두려워하지 않으며(不懼), 자기를 세우며(立已), 타인을 세우는 것(立人) 등에서와 같이 개인적 가치와 사회적 가치를 하나로 통일시켜 사회본위론의 묵가나 국가본위론의 법가와도 다르다. 또한 개인본위의 도가와도 달리 개인과 사회를 상호의존적 관계에서 대립된 관계가 통일된 변증법적인 관계로 본다.

유가에서는 일면 천하를 자기의 임무로 여기고 국민에게 널리 베풀어 구제하며 겸하여 천하가 선하게 되고 어진 정치를 베풀고 인문으로 천하를 감화시키며 문화중국과, 예악의 국가건설에 힘을 쓰려고 한다. 다른 한편으로 개인의 인격도야를 강조하기도 한다. 이를테면 도리어 모든 것을 자기에게서 찾자는 주장이나, 궁구해야 할 바는 독선 기신이라거나 수신을 근본으로 한다거나 또는 안빈낙도 등과 같이 정신적 자유와 인격의 존엄성을 중시한다. 고도의 사회적, 도덕적 책임과 및 개인적 가치의 자각은 긴밀하게 결합되어 있다. 유가에서 비교적 합리적으로 개인과 사회 그리고 교육의 본질적 가치와 수단적 가치의 관계가 긴밀하게 결합되어 있기 때문에 교육이 발전하는 역사적 흐름 속에서 주류문화의 지위를 차지할 수 있었다. 국가를 세우는데 군민교육을 우선해야 한다는 사상은 유가 교육철학의 중요한 구성요인이자 사회변혁을 이끌 수 있는 전략적 의의를 갖추고 있다.

"제자백가가 일어난 것은 모두 당시 시대를 구제하려는 책략의 폐단 때문이었다." 세상에 도가 없는(天下無道) 비극적인 국면에 처하여 불가능한 것을 알면서도 그것을 실행하려고 세상에 뛰어드는 정신을 가지고, 예악이 붕괴된 현실에 대하여 깊은 반성을 하면서 인간의 정신과 물질간의 충돌, 개인과 집단 간의 충돌, 빈부간의 충돌, 옳은 것과

153) 『孫藏手稿』, 山西人民出版社藏.

의로움 간의 충돌이 결국은 그 원인을 살펴보면 개인과 사회 간의 충돌임을 알 수 있다. 사회문제를 해결하려면 맨 먼저 교육문제를 중시해야 한다. 공자는 고대의 예악문화를 비판적으로 계승하고 창조적으로 발전시켜 제일 먼저 사학(私學)을 창설하고 가르치는데 학생의 부류를 두지 않고 평민교육을 추진하여 몸으로 육예를 통달하는 인재를 양성하고 귀족중심의 문화교육이나 관직을 세습하는 국면을 타파하여 교육으로 국가를 세우는 근본관념을 확립함으로써 사회적 이동, 문화전파에 촉진작용을 했다. 사마천은 말하기를

> "공자는 예악이 붕괴는 것을 애석히 여기면서 유가의 경술을 닦고 왕도에 통달하여 난세를 바로잡고 정의로움에 반추하게 하였다. 그 문장(文辭)을 보면 천하를 위해 의례를 만들고 육예의 전통은 후세에 영원히 기록될 것이다"고[154] 하였다.

하(夏), 상(商), 주(周) 삼대의 문화는 유가 교육철학의 발원지를 내포하고 있다. 공자는 먼저 선대의 것을 지킴으로써 후대를 맞이하고 지나온 것을 의지하여 미래를 개척하며 인(仁)을 배우는 정신을 예악문화의 중심에 관철시켜 전통문화로 하여금 창조성을 갖도록 전환시켰다. 이성적인 비판정신은 문화변천과정에서 긍정적인 효과를 발휘할 수 있지만 공자는 배우는 것을 싫어하지 말고 가르치는데 게으르지 말라는 포부, 옛 것을 잘 익히고 거울삼아 창조적으로 새롭게 하면 스승으로 삼을 수 있다는 지혜로 위대한 교육자로서의 탁월한 견해를 구현했다. 건국군민, 교학위선은 이런 탁월한 견해가 정치적인 영역에 관철된 것이다.

양계초는 "공자가 가르치는 사람을 세웠다면 맹자는 가르침을 실천한 것이다"고[155] 말하였다. 맹자는 공자가 창건한 인학(仁學)을 지도이념으로 삼아 정치적으로 인정(仁政) 학설을 구축했다. 그는 선비는 도에 뜻을 두고 세상에 뛰어들어야 한다는 정신을 널리 들어내고 도가 세력보다 존귀하다는 사상을 수립했다. 그리하여 정치개혁과 교육개혁이 밀접한 관련을 맺게 했다. 제후들이 유가의 도로 교류하고 국민을 구제하는 생각을 가지며[156] 먼저 깨닫는 것으로 후에 깨닫는 것임을 아는 것을 개탄하고 먼저 지각한 다음에 안다는 지도이념을 수용했다. 제후에게 인정학설을 알려 당시 위정자들에게 사회전체와 장구한 먼 미래의 이익에 염두를 두고 정치할 것을 경계한 것은 사람들로 하여금 물질적 생산을 함으로써 모두 항구적인 물질적 재산의 소유(恒産)로 생활문제를 해결할 뿐만 아니라 교육기관을 설립하여 국민을 교육할 것을 요구한 것이다.

---

154) 『史記·太史公自序』.
155) 『飮氷室全集』 文集3.
156) 『孟子題辭』.

"양생과 장사지내는 것에 유감이 없게 하라는 것은 단지 왕도의 비롯일뿐 사람마다 모두 교육을 받고 인륜을 밝혀야 비로소 왕도가 완성되는 것이다." 맹자는 말하기를 "선정을 하는 것이 잘 교육받은 국민을 얻는 것만 같지 못하고 선정은 국민들이 정치를 두려워하고 잘 교육한다는 것은 국민들이 교육을 사랑하는 것이다. 정치를 잘 하면 국민의 재물을 얻지만 교육을 잘 하면 국민의 마음을 얻는다".[157] 국가의 흥망성쇠는 민심의 동향에 다라 결정된다. 민심의 향배와 교육의 성패는 밀접한 관련이 있다. 사회가 순조롭게 잘 운행되고 발전에 협조 여부에 따라 교육이 중요한 전략적 지위를 차지할 수 있는가의 관건이 된다.

> "상(庠), 서(序)를 두어 이들 학교에서 국민들을 가르쳤으니 상(庠)은 봉양한다는 뜻이요, 교(教)는 가르친다는 뜻이요 서(序)는 활쏘기를 익힌다는 뜻이다. 천하의 영재를 얻어 교육한다. 인간에게 도리란 배불리 먹고 따뜻하게 옷을 입고 편한 거처에 살기만 하고 가르치지 않으면 금수와 가까워진다".[158]

교육은 맹자의 인정학설에서 중요한 위치를 차지한다. "세상 사람들이 합종연횡을 꾀하면서 타자를 공격하고 토벌하는 것으로 어짐을 삼고",[159] 위정자들이 공리주의적 안목으로 맹자의 인정학설을 들여다 본 나머지 '멀리 내다보고 사물의 현실적 제 사정에 대해 넓은 안목을 가지며 부국강병이라는 목전의 효과에 도달할 수 없다'고 하여 맹자의 견해를 수용하지 않았다. 이는 맹자의 뜻을 올 바로 받아들인 것은 아니다. 한황조가 건립된 후 국정에 참여한 유학자 동중서, 유흠(劉歆, B.C. 53 추정~B.C. 23), 양웅(揚雄, B.C. 53~B.C. 18), 정현 등은 선진시대와 진한대 유가사상을 알리는데 힘썼다. 특히 동중서는 백가쟁명의 학자들을 추출하고 오직 유가의 학술만을 존숭하도록 건의하자 한 무제가 이를 받아들여 유가 교육철학이 주류의 지위를 차지하게 되었고 국가발전을 위해 교육사업을 이끄는 지도적 사상으로 자리매김하게 되었다. 오경박사를 두고 경에 밝은 인재를 선발하며 태학을 창설하며 군에 학교를 세우고 인재를 양성하며 만민을 교화하는 건국군민, 교학위선은 이미 국책으로 확정되었다. 유학의 경학화 및 유학파 내부의 금문학과 고문경학의 다툼, 문화전적의 발굴 정리, 경학정신과 사학의 융합 등은 서주와 동주의 예악문화가 날로 일취월장 성숙하도록 하는 기원이 되게 했다. 이와 같이 유학이 점차 규범화, 제도화, 세속화의 특징을 갖추게 되자 유가 교육철학은 점차 상하로 침투되어

157) 『孟子·盡心』.
158) 『孟子·滕文公』.
159) 『史記·孟子荀卿列傳』.

사회를 안정케하는 정신력 역량을 발휘했다.

동중서는 정치의 도에 대하여 "성왕이 이미 존재하지 않으나 자손만대로 장구한 세월 동안 평안이 수백 세를 누린 것은 모두 예악교화의 공이다. 그러므로 남서로 천하를 다스리는데 교화보다 더 큰 임무는 없다"고160) 말했다.

국가가 장구한 세월에 치안을 도모하려면 교육으로 국가를 세워나가는 전략 방침을 확정하는 것이 매우 중요하다. 유가에서 정치의 도는 "교육을 근본으로 하지 법을 근본으로 하지 않는다". 동중서가 당시 위정자들에게 진시황의 역사적인 사실을 거울삼도록 경고하면서 "혼란을 혼란으로 다스리고 천하의 국민에게 크게 실패를 안겨주면 최후에는 멸망을 가져온다는 역사적 교훈을 불러온다. 이는 법가에서 말하는 이른바 법으로 교육을 삼는다거나 관리를 스승으로 삼는 문교정책을 개혁하기를 경고한 것이다. 그는 교육이 정치의 근본이며 감옥은 정치의 끝이다"고161) 강조하면서 무릇 국가를 위해서는 교화가 근본임을 숭상하는 것보다 더 위대한 것이 없다고162) 하였다. "태학을 중앙에 설립하여 국민을 교육하고 상(庠)과 서(序)라는 교육기관을 세워 지방 국민을 교화함으로써 통제는 적절히 하고 절도는 예로써 하기 때문에 형벌이 매우 가볍지만 금하게 하며 법을 어기는 자에게는 교화를 하여 아름다운 풍속을 익히게 한다".163) 이런 동중서의 견해는 공자의 덕치주의 사상에 대해 창의성을 발휘케 하고 실천에 옮김으로써 당시 사회적 안정과 국가통일에 유리했다.

유학자가 정치에 참여하면 정치를 잘 하고 정치에서 물러나 아래로 내려가면 아름다운 풍속을 만든다고164) 하였다. 공자 맹자, 순자가 정치를 하는데 국민을 교화하는 사상과 이를 실천에 옮긴 것은 한나라 유가의 기본 경향이었다. 공자는 일찍이 "내가 그것을 빈말로 기록하고자 했다면 실제로 행하는 깊이와 절실함과 현명함을 보는 것만 못하다"고 말했다. 유가의 실천적 성격과 인간의 삶과 사회에 대한 전인적 도야는 매우 자연스럽게 중국문화의 전통가운데 주류를 형성했다. 유가에서 "군국군민 교학위선" 사상의 가장 주요한 목표는 교육발전과 교화실천을 통하여 문화중국을 건립하는 것이다. 그러므로 한대 유학이 도덕질서나 문화적 질서 확립을 가장 으뜸의 책무로 삼은 것은 선진유가의 도는 덕으로 하고, 통제는 예로서 하고 먼저 경제적 여유를 가진 다음에 교육하고 아름다운 정치와 풍속을 갖게 한 사상을 실천하기 위한 것이었다. 법가에서는 법을 교육으로

160) 『漢書·董仲舒傳』.
161) 『春秋繁露·精華』.
162) 『春秋繁露·立元神』.
163) 『漢書·董仲舒傳』.
164) 『荀子·儒效』.

삼고 관리를 스승으로 여기는 문교정책을 주장했다. 이는 스승을 관리에 예속시키고 정치로부터 교육을 도출하여 정치와 교육을 하나로 결합시킨 결과 정치질서로 문화질서를 대신하였다. 동중서는 진시황을 비판하기를 "그는 신불해와 상앙의 법을 스승으로 여기고 한비자의 주장을 실천하여 백성에게 포악하게 하여 가난하고 곤궁하며 외롭고 허약하게 만들었다"고[165] 하였다. 스승과 교육의 중요성을 강조하면서 "군수, 현령, 국민의 스승이 된 자는 … 교화를 잘 하는 것"으로[166] 보았다. 그리하여 문화 질서를 가장 으뜸가는 것으로 삼고 지방 관리는 맨 먼저 교사로서의 역할을 발휘하여 예악문화의 전파와 사회교육을 진행하도록 했다. 『한서(漢書)·순리문옹전(循吏文翁傳)』에는 이렇게 말하고 있다.

"문옹(文翁)은 여강서(廬江舒) 사람이다. 어려서부터 배우기를 좋아하여 춘추를 통달하여 현의 관찰사로 천거되었다. 경제(景帝)말에 촉나라의 군수가 되어 인애로 교화하기를 좋아하였다. 그러나 촉나라의 고루함을 눈으로 보니 야만적인 풍토가 있자 이에 문옹이 이를 교화하여 나아지기를 원하여 군현의 관리를 선발하여 수도의 교육기관에서 박사에게서 배우거나 율령을 배우도록 유지를 내렸다. 또 도시에 학관을 일으키어 현의 자제들이 그 학관제자로 스승을 삼아 수년간 배우게 하였다. 수년이 지나 학관제자가 되려고 다투어 부자들이 돈을 내서 이를 구하고자 하였다. 이로 말미암아 큰 변화가 일어나 촉나라는 수도의 학교에 가서 수학하는 사람이 제나라, 노나라 보다 많았다. 무제 때 천하의 군현이 모두 학교를 세우고 교관을 두도록 명한 것은 문옹이 이렇게 하면서 비롯되었다. 문옹은 지방 관리였으나 그는 충분히 관리의 문화적 역할을 발휘할 수 있어 비록 관리였지만 스승의 신분을 맡아 지방교육의 발전을 위한 무거운 책임 아래 먼저 부유하게 한 다음에 교육하는 정책을 추진하고 스스로 깨닫고 계획을 세워 창의적으로 학교교육을 진흥하고 인재를 배양하여 지방의 문화발전에 촉진제 역할을 수행했다. 이렇게 하니 자연히 고루한 야만적인 풍토에서 촉나라가 제나라의 아름다운 문명의 땅으로 변모해갔다. 춘추가 대 통일을 거둔 것은 같은 풍토로 합해져서 구주가 한가지로 일관되었기 때문이라고 말한다".[167]

여기서 문옹의 실천적 전략의 의의는 바로 교육의 발전으로 문화통일이 촉진된다는데

165) 『漢書·董仲舒傳』.

166) 『漢書·董仲舒傳』.

167)『漢書·王吉傳』.

있다. “예로부터 정치를 하는데 배움을 우선으로 하는 것보다 더 한 것이 없다”.[168] 한대 교육자, 사상가의 실천은 후대에 교육발전을 가져와 문화중국 건설의 모델이 되어 당, 송, 원, 명, 청대에 유능한 정치가, 교육자들이 한대를 귀감삼지 않는 경우가 없이 당시의 구체적 상황과 결합시켜 이 사상을 실천에 옮긴 것이다. 정관정요(『貞觀政要』)에 의하면 당태종과 위정(魏征, 580~643), 방현령(房玄齡, 579~648) 등은 초창기와 수성기(守成期) 가운데 어느 시기가 더 어려운가 하는 문제에 대해 토론을 할 때 위정은 수성기가 어렵다는 관점을 가지고 당태종에게 수나라를 귀감으로 삼아 편안 할 때 위태로울 때를 생각하며 어진 인재를 등용시켜 충정어린 충고를 받아들이고 교육을 진흥시키고 생산을 발전시켜 전략적으로 이를 진행하기를 건의했다. 당시 당태종은 무력으로 천하를 평정한 다음에 마침내 문과 덕으로 국내가 평안해진다는 중요성을 안 다음 위정은 또 당태종에게 이렇게 건의 했다. “동란이 끝난 다음에 교육하기가 쉽다는 이치, 예악의 가르침을 일으켜 태평에 이르게 할 것을 깊이 생각할 것을 촉구했다. 당태종은 위정의 건의를 받아들여 임금과 신하가 같은 마음으로 위아래가 합력하여 학교를 창설하고 인재를 양성하며 과거제도를 개혁하여 문교를 찬란하게 하니 과연 예측한 대로 그런 사회가 이러진 효과를 거두었다. 당대 정관의 정치의 출현은 정치, 경제적인 면에서 원인도 있지만 당태종이 정치를 하는데 학문을 우선시하는 문교정책을 관철시켰던 것이 그 원인 가운데 중요한 원인이다.

“흥성과 쇠퇴는 인간에게 달려 있고 득실은 가르침에 있다”는 왕통의 저서 『중설· 입명』에서 제시된 명제는 수당대의 탁월한 정치가, 교육자들의 공통된 관점으로 그들은 서로 다른 단계와 범주로 가르치고 배우는 것을 우선시하는 교육사상을 실천하여 문화교육의 발전과 사회적 안정 및 통일을 촉진시켰다.

당말과 오대에 수십 년간의 전란을 거치면서 사람들은 교육과 사회의 혼란간의 관계를 돌아보면서 양자간의 관계에 기본적인 원리를 탐구하였다. 송대 문학자요, 교육자인 구양수는 『구주학기(吉州學記)』에서 “학교는 왕이 정치하는데 근본입니다. 옛 사람들이 정치의 흥망성쇠는 학교의 흥패를 보면 된다고 했습니다”. 춘추전국시대부터 북송대까지 당시 사회와 역사는 분리되었다 통일되고 통일되었다 다시 분리되며 전란으로 정치가 무너지고 이런 전란을 다스리는 변화로 인하여 국가의 흥망성쇠가 교체되고 왕조가 바뀌었는데 이는 무엇으로 인하여 결정된 것인가? 구양수는 여전히 중요한 것은 교육문제라고 생각했다. 그는 문화교육이 사회, 정치질서를 확립하는 사회적 기능을 보았기 때문에 “정치의 흥망성쇠는 학교의 흥패를 보라”고 한 것이다. 문경(文景)의 정치, 한무제(漢武

---

168) 『唐大詔全集』, 卷105.

帝, B.C. 142~B.C. 87)의 태평성세, 정관(貞觀)의 정치(당, 太宗, 627~649의 정치적 공을 두고 하는 말임), 개원(開元)의 태평성세(당 玄宗, 712~755 때 당의 전성기를 말함), 한당(漢唐) 두 세대가 가장 번성하고 부강한 시기가 된 것 등은 당시 위정자들이 건국군민과 교학위선을 실천한 전략과 밀접한 상관관계가 있다. 북송이 개국 초에 여러 가지 폐해와 여러 가지 사업이 일어났으나 결국은 누구 손에 의해 사회가 전란으로부터 전환되는 정치를 하도록 촉진시켰는가? 범중엄(范仲淹, 989~1052)은 다음과 같이 부촉하여 말하였다. "태평스런 왕조에서 교육을 할 수 없다면 언제 교육을 하겠는가? 인재를 선발할 때 인재 때문에 겪는 어려움은 역시 교육하는데 힘쓰지 않아 얻어진 결과이다".[169]

이는 정치를 하는데 먼저 교육을 발전시키지 않고 문화와 국가의 번영, 그리고 정치가 맑아지기를 바라는 것은 마치 농사를 짓지 아니하고 수확을 거둬들이려는 헛된 꿈과 같이 인재의 선발기용은 반드시 실패로 돌아간다. 그는 『상시상의제거서(上時相儀制擧書)』에서 또 "국가가 잘 되려면 인재를 육성하는 것 보다 더 선행되어야 하는 것이 없고 인재육성의 방법은 배우기를 권하는 것 보다 먼저 할 것이 없다"고 하였다. 역사를 전란으로부터 바꿔놓는 중요한 시기를 포착하면 교육발전은 뛰어난 전략적 지위에 놓이게 되고 천하를 위해 정치하는 정치적 국면이 형성될 수 있어 안정되고 굳건한 기초가 형성된다. 역사적 경험은 인간에게 한당(漢唐)의 성세라는 사회적 안정, 정치적 통일, 문화의 번영과 교육이 융창해진 것 간에는 양자 간에 밀접한 상관관계가 있음을 시사한다. 그러므로 상승기에 정치가는 왕왕이 한당시기의 성세 추구를 정치적 목표이자 이상으로 여긴다. 신정(新政)을 거치면서 범중엄, 구양수, 송기(宋祁, 998~1061), 호원(胡瑗, 993~1059) 등이 학교교육을 일으킬 것을 주창한 것은 사회발전을 위한 객관적 필요에 적응한 전략적 결정이었다. 왕안석이 교육과 과거제도를 개혁하여 전면적으로 정치개혁의 돌파구로 삼고자 한 것도 범중엄, 구양수의 사상적 경로를 따른 것이다. 북송이 제일, 제이차 교육 진흥운동을[170] 벌인 것은 교육을 국가건립의 근본으로 삼는다는 전략적 사상의 실천이라고 할 수 있다. 장구한 세월에 정치적 안정을 도모하려는 목표를 달성하기 위해 창의적으로 실제와 부합시켜 탐색한 것이다.

송대는 교육자들이 많이 배출된 시대로 범중엄, 구양수, 호원 외에도 손복(孫復, 993~1059), 석개(石介, 1005~ 1045), 주돈이(周敦頤, 1017~1073), 정호, 정이, 장재, 사마광(司馬光, 1019~ 1086), 소식, 양시(揚時, 1053~1135), 호굉(胡宏, 1106~1161),

---

169) 『范文正公文集』 卷8.

170) 宋대에 두 차례 교육진흥운동이 전개된 바 있다. 일차흥학운동은 범중엄에 의하여 실시된 경력흥학(慶歷興學, 仁宗 慶歷 4년(1044)에 실시된 교육개혁운동)과 이차 흥학운동은 왕안석에 의해 신종 영년(1068)에 실시된 희녕흥학(熙寧興學)운동을 뜻한다.

주희, 육구연, 여조겸(呂祖謙, 1137~1181), 장식(張栻, 1133~1180), 진량, 엽적, 양간(楊簡, 1141~1226) 등 걸출한 인물들이 많이 등장하였다. 그들의 교육 및 사회사상은 다 서로 다르지만 각자 자기의 학문적 관점에서 학술적 논쟁을 전개하였다. 그러나 모두 건국군민, 교학위선의 사상을 받들어 실천에 옮겼다. 특히 주희와 육구연은 북송의 제삼차 교육진흥이 실패한 뒤에 관학이 쇠락하고 과거제도는 부패한 교육의 위기 상황에서 대담하게 문화교육의 새로운 길을 찾아 새로운 형태의 학교인 서원을 창설하고 민간의 역량에 의한 교육을 발전시키며 교육의 범주와 대상을 확대하여 교육의 세속화, 일반화의 촉진에 힘씀 결과 이후 평민교육운동이 일어나는데 그 역사적인 기반을 구축하였다.

원명청대의 민족대융합과 중국의 대외문화교류는 교육발전에 새로운 여건을 형성해주고 새로운 문화적 수혈을 제공해주었다. 민족과 문화의 위기를 일찍이 경험하지 못했던 시기에 송원대, 명청대, 아편전쟁과 무술변법기의 정치가, 사상가, 교육자들은 특히 교육진흥의 문제에 관심을 가지고 다양한 관점에서 교육을 우선시해야 한다는 의미를 거듭 새롭게 해석했다. 원호문(元好問)은 "무릇 풍속과 국가의 으뜸가는 기운은 학교와 왕정의 큰 기본이 된다"고[171] 하였고 왕부지는 진한 이래의 역사적 경험을 종합적으로 결론내리기를 "정치하는 도는 한나라가 망하면서부터 어둠이 극에 달해, 그들이 정치하는 것은 병을 치유하는데 하나도 도움이 되는 것이 없으니 무릇 정치를 말하지만 교육에 하나도 미치는 바 없다"고[172] 하였다. "본말을 말하면 교육이 근본이고 정치는 끝이다. 선후를 말하면 정치가 선 다음에 교육이 베풀어질 수 있다".[173] 정치적 질서가 물론 중요하지만 결국에는 문화질서를 대체할 수 없는 것이다. 정치적 안정은 교육발전을 가져와 양질의 사회조건을 제공하지만 교육발전이 충분히 이뤄진다면 근본적인 문제로부터 해결이 가능해진다. 송, 명대의 왕조가 멸망한 비통한 교훈을 돌아보면서 황종희는 자신의 저서 『명이대방록(明夷待訪錄)』에서 교육과 사회, 교육과 정치의 관계를 깊이 있게 탐색하면서 진한 이래의 전제주의 교육관을 비판하고 만민을 위한 교육의 관점에서 근본적으로 학교 및 과거제도의 개혁과 교육의 평등화, 세속화, 일반화의 과정을 가속화시켰다. 그는 학교의 발전과 쇠퇴가 사회의 발전과 후퇴 간에 관계가 있다고 인식하고서 독특한 의견을 제시했다. 즉, 교육발전에 주력하는 것은 정치적 민주주의를 촉진시키는 것이며 학교가 인재 양성의 공간만이 아니라 의회정치, 정치참여의 기구가 되어 시시비비를 공적으로 다루고 학교의 지도적인 여론을 발휘하며 정부의 기능을 감독하여 정치라는 도구가 모두 학교에서 나오도록 해야 한다는 것이다. 이런 사상의 형성은 이미 선진유가를 넘어

171) 『元遺山集 令旨重修眞定廟學記』.
172) 『讀通鑒論』, 卷17.
173) 『禮記章句』, 卷5.

서 민본주의를 핵심적인 내용으로 하는 교육입국론으로 민주주의의 내적 함의와, 근현대의 교육사상 형성과 출현에 거대한 영형을 끼쳤다.

아편전쟁 이래. 중화민족은 천지개벽의 변화를 겪으면서 서구 산업혁명과 정치적 혁명의 격랑은 노쇠한 중국에 충격을 주었다. 일군의 진보적 성향의 중국인들은 세계로 나가 서구에서 진리를 찾으려 했고 따라서 중국현대화의 서막도 따라서 열렸다. 무술변법, 신해혁명, 신문화, 신교육운동은 교육현대화의 과정을 추진시켜 서양학문을 주창하고 민권의 신장, 과거제도의 폐지, 새로운 학교의 설립, 인재의 육성, 국민의 지식을 열어주자는 등등의 주장은 억제할 수 없는 역사적 조류가 되었다. 교육의 사회적 기능은 또한 계몽 사상가들에게 중요하게 인식되었다. 무술변법기의 지도적인 인물인 강유위는『대동서(大同書)』에서 "태평세에는 인지를 열어가고 학교를 가장 중시하여 교육을 보급하는 것이 천하를 공으로 여기는 주요한 내용이라고 하였다. 그는『변법통의(變法通議)』에서 교육과 민족의 존망, 국가흥폐의 관계를 이렇게 말하고 있다.

> "국가가 망했으나 존립하게 되고 없어졌으나 다시 일어나고 어두웠으나 지혜롭게 되며 약하지만 강해지고 조리가 만 가지로 명료해지는 것은 모두 학교 때문이다. 새로운 정치를 원한다면 반드시 학교를 진흥시켜야 한다, 그러므로 오늘에 자강을 말한다면 민지를 열어가는 것을 첫 번째 의의로 삼아야 한다. 지혜를 열어가는 것을 싫어하고 배움을 열어가며 배움을 싫어하는데 가르침이 서겠는가?".[174]

이처럼 강유위의 높고 원대한 뜻은 민족, 국가, 국민의 운명과 전도에 착안하여 교육의 중요한 전략적 지위를 강조한 것이다. 양계초도 "오늘날 중국을 위한 전도를 생각해보면 교육보다 중요한 것이 없다"고[175] 하였다. 정관응(鄭觀應)은 교육이 국가 건립의 근본이라는 명제를 제시했다.[176] 손중산(孫中山, 1866~1925)도 "배움이란 국가의 근본이고 학교는 문명을 진화시키는 원천이다"라고[177] 하였다. 중국 현대화의 선구자들이 공동으로 인식한 것은 "교육이 입국의 근본이 된다는 인식을 국민에게 한 걸음 나아가 계도하는 것을 전략적으로 우위에 두고 있었다. 신구간의 교육관을 비교해 보면 건국군민, 교학위선은 고전적이요 전통적인 교육발전 전략으로 핵심사상은 인학 또는 민본정신이라면 근

174) 康有爲,『變法通議』.
175) 梁啓超,『教育政策私議』.
176) 鄭觀應,『致伍致庸先生書』.
177)『總理全集』第1集.

대 이후 교육을 입국의 근본으로 삼는다는 원칙에는 과학과 민주주의 정신이 담겨져 있고 그 목표는 교육의 현대화를 지향하고 있었다. 그러나 양자간에는 필연적인 역사적 관계가 존재하며 여기에는 중국 선철의 지혜와 중국인들이 교육을 중시한 우수한 전통이 집중적으로 나타나 있다. 이것은 비록 중화문화가 자유 분망하지만 여전히 면면이 이어져 내려오는 내재적 동력이기도 하다.

(2) 국가를 다스리고 경영하기 위한 인재교육: 경세위주, 실용위주의 교육

교육의 사회적 기능은 인재양성과 민족문화의 제고라는 두 가지 측면에서 집중적으로 나타난다. 교육이 사회에 순기능적으로 작용하여 발전적 지향을 하는데 도움을 줄 수 있는가 여부의 관건은 교육이 위에서 언급한 두 가지 기능의 수행여부에 달려 있다. 양계초는 "변법의 근본은 인재육성에 있고 인재의 진흥은 학교에 있다"고[178] 말하였다. 이 말은 교육과 인재 및 사회변혁간의 변증법적인 관계를 드러낸 것으로 교육의 인재 육성 기능에 대하여 매우 긍정적으로 인정한 것을 의미한다. 민족의 흥망성쇠, 사회적 혼란의 정돈, 국가의 강약, 문화의 단절, 등은 인재문제와 밀접한 관련이 있으나 인재의 육성과 양성에는 교육발전을 전제로 해야 한다. 공자로부터 손중산에 이르기 까지 역대 탁월한 정치가, 사상가, 교육자들은 모두 이런 문제를 중시하였다. 공자는 "순임금에게는 다섯 사람이 있어 그들이 천하를 다스렸다. 따라서 어진 인재를 등용하라"고[179] 하였고, 맹자는 "어진 인재를 존중하고 그들을 등용하여 능력을 발휘하게 하면 뛰어난 인물들이 자리에 있을 것이요, 그런 어진 인재를 쓰지 않으면 망한다"고[180] 하였다. 또한 묵자는 "옛날에는 성왕이 어진 인재를 숭상하여 그로 하여금 능력을 발휘하게 하였다"[181] 하였고, 『정관정요(貞觀政要)』에서는 "천하를 다스리는 자는 사람을 본위로 한다"[182] 하였으며 범중엄은 "어진 인재를 얻으면 천하가 잘 다스려지고 어진 인재를 얻지 못하면 천하가 혼란스럽다"[183] 하였으며 주희는 "정치를 하는데 인재가 우선이다"[184] 하였고, 황종희는 "정사를 보는 것은 인재가 하는 것이므로 인재를 놓고 정치를 말하는 것은 반드시 정치가 없다는 것이다".[185]

178) 梁啓超, 『教育政策私議』.
179) 『論語·子路』.
180) 『孟子·公孫丑』, 『孟子·告子』.
181) 『墨子·尙賢』.
182) 『貞觀政要·擇官』.
183) 『范文正公文集·選任賢能論』.
184) 『四書集注』.
185) 黃宗羲, 『名儒學案』.

이상에서 보면 인재문제는 역대 교육자들이 주목한 중요한 문제로 민족, 국가와 국민의 운명과도 관계가 있다. 그러므로 손중산은 『상이홍장서(上李鴻章書)』에서 총괄하여 말하기를 “국가를 다스리고 경영하는데 인재가 급하다”고 하였다. 당연이 인재는 아무런 근거 없이 나올 수 없는 것이다. 이는 건국군민, 교학위선과 교육을 국가건립의 근본으로 삼는 것을 강조한 것으로 교육을 중요한 전략적 지위에 두는 것이다. 그 중에서도 중요한 것은 인재문제해결이요 이는 교육과 사회발전을 이룩하는데 관건의 하나가 된다.

일찍이 춘추전국시기에 유가학파의 공자, 맹자, 순자와 묵자들은 이런 인재양성문제를 매우 중시하였다. 맹자가 “천하의 영재를 얻어 이들을 교육하는 것”이라고[186] 한 것은 당시 교육자들의 공통된 바람을 대표한 것이다. 그들은 스스로 장기적으로 창조적으로 교육개혁에 주력하여 인재배양과 육성의 방법, 조건을 찾아낼 줄 알았다. 이는 근본적으로 인재문제를 해결하려면 사회가 화해하면서 질서 있는 방향으로 발전해나가야 한다는 것이다. 춘추전국시대는 고대사회에 대변혁기이자 주왕실이 쇠미해지고 제후들이 패권다툼이 치열해지면서 부국강병을 꾀하고 천하의 인재를 불러 모아 중국통일의 대업을 달성하려고 하였던 시기이다. 정치적 충돌, 경제적인 경쟁, 군사상의 비교, 외교적 선택, 사상에서의 논쟁이 부단히 진행되었지만 결국 귀결점은 인재의 경쟁이었다. 엽적은 다음과 같이 분석하였다.

> “선왕이 천하를 안다는 것은 한 사람은 능력이 있으나 다른 사람은 그런 능력이 없을 수 있기 때문에 천하로 천하를 삼는다. 무릇 천하로서 천하를 삼는다는 것은 국민을 융성하게 하여 존중하고 교육으로 어질게 하고 그 어진 인재를 제때에 등용하여 막힘이 없게 하며 인재를 양성하는 원천이 쉬지 않게 하므로 그 요지는 인재에 있다. 그러므로 주나라의 정치를 태평한 정치라고 하는 것은 인재를 많이 등용하여 썼기 때문이다”.[187]

어떤 정치가든 모두 한 개인이나 소수인에게 의지하여 국가를 다스릴 수는 없다. 단지, 유능한 많은 인재를 양성하여 인재의 능력발휘가 제대로 된다면 장구한 세월동안 평안히 정치적 목표를 달성할 수 있을 것이다. 엽적이 “천하를 천하로 삼고 많은 인재를 얻어 등용시킨 자가 많다”고 말한 것은 문제의 관건을 잘 파악한 것이다. 사회발전에 대한 객관적 요구는 인재를 위한 조건을 형성하고 교육발전이 그런 조건의 성숙을 촉진하는

---

186) 『孟子·盡心』.
187) 『葉適集, 卷6 戰國策』.

것이다. 제왕 중심의 관학이 제자백가로 변천하는 과정에서 가장 주목을 끄는 사회적 현상은 다양한 여러 계층에서 인재들이 등장한 점이다. 당시 변화가 심한 역사의 무대는 그런 인재의 능력 발휘를 위해 조건을 제공한 것이다. “천하가 서로 싸우는 것은 반드시 인재를 먼저 얻기 위한 다툼이다”.[188] 인재를 얻기 위한 격렬한 쟁투는 선비의 정치적 지위를 높여주었고 그런 선비를 길러내는 풍토 역시 성행하였다. “아침에는 서민복을 입은 서민이지만 저녁에는 경상이 된다”는 것은 대부분의 많은 하류계층 지식인들이 자신의 능력에 의지하여 그런 사회적 신분지위를 벗어나도록 함으로써 사회적 이동이 보편적 사회현상으로 변모되었다. 한편 이런 현상은 사람들로 하여금 교육을 중시하게 했고 교육발전을 촉진시켰다. 유가학파와 묵가학파간에 학문적 경향이 이런 사회적 현상으로 옮겨가는 역사의 변화추이는 사학(私學)의 창설을 추진케하여 인재양성을 가능하게 하였다. 이는 바로 근본적으로 인재문제를 해결하려고 한 것이었다.

춘추전국시대는 인재가 많이 배출된 시기였다. 많은 위대한 인물에서부터 일반 선비들이 등장함에 따라 인재 경쟁은 백가쟁명이라는 장관을 맞이했고 교육발전과 또한 위대한 인물을 양성해내기도 했다. 예를 들면, 당시 관중(管仲, 미상~B.C. 645), 자산(子産, B.C. 580~B.C. 522), 안영(晏嬰, 미상~B.C. 500), 노자, 공자, 묵자, 손무(孫武, 齊나라 대부, 병법에 뛰어나 오의 왕 개闔閭의 장수가 되어 楚, 齊, 晋 등 강국을 무찔렀다.), 손빈(孫臏, 춘주전국시대 장수로 손무의 후손으로 손자 13편을 지음), 상앙, 이리(李悝, B.C. 455~B.C. 402), 오기(吳起, 미상~B.C. 381), 맹자, 장자, 공손룡(公孫龍, B.C. 325~B.C.250), 낙의(樂毅) 굴원(屈原, B.C. 339~B.C. 278), 편작(扁鵲, 秦 越人), 허행(許行, 전국시대 農家學派의 한 사람), 이영(李冰, 당나라 사람, 左神策大將軍, 知軍事 등 역임), 정국(鄭國, 전국시대 노나라 사람), 감덕(甘德, 전국시대 齊나라 사람, 일설에는 魯, 楚인), 한비자, 이사 등이 그런 인물들이다. 그들의 지혜와 능력 그리고 학술적인 공헌은 구라파 어떤 민족의 고대 성현이나 선현들의 그것에 필적할 수 있다. 그들은 모두 자기의 독특한 인재 육성사상으로 서로 다른 유형과 계층, 인격의 인재를 양성하는 것에 대하여 시대적 요구에 적합한 견해를 제시한 것으로 결론을 내릴 만하다.

선진제자백가들은 모두 독자적으로 인재에 대한 관점을 갖고 있었다. 이들 간에 비교를 해보면 유가, 묵가, 도가, 법가의 인재관과 사회관의 관련성은 매우 밀접하다. 유가와 묵가는 모두 어질고 유능한 인재를 양성하는 것이 현실사회의 이상화에 필연적 경로였다. 공자가 말한 도가 있는 세상이나, 맹자가 말한 인정정치, 순자의 전제군주국가, 『예기·예운』편에는 모두 어질고 유능한 인재, 성인현군의 지도로 그런 이상사회가 건설되기

---

188) 『管子·霸言』.

를 요구하고 있다. 어진 인재를 선발하여 그 능력을 발휘하게 하는 것은 천하를 공유물로 여기는 주요한 내용으로 여기서 인재문제는 가장 으뜸가는 문제라고 볼 수 있다.

묵자는 서로 사랑하는 사회(兼愛社會)를 추구하여 어떤 성현이라도 귀족계급이 세습되는 문화를 타파하고 유능한 하층민중이 상류사회로 이동할 수 있도록 촉진하였다. "요순우탕 임금의 도를 조술하고자 하면 어진 이를 숭상하지 않을 수 없다. 무릇 어진 이를 숭상한다는 것은 정치의 기본이다".[189] 그러므로 옛 사람이 성왕의 정치하는 것은 덕 있는 자와 어진 이를 숭상한다는 것이다. 비록 농공상의 직업에 종사해도 그가 능력이 있으면 곧 바로 그를 발탁하여 쓴다. 그러므로 관리라고 해서 항상 귀하고 일반 평민이라고 해서 끝까지 천한 것은 없다. 능력이 있으면 등용되고 그렇지 못하면 내려가는 것이고 공적 의견을 들어 그렇게 해야 사적인 원한을 피할 수 있다".[190] 묵자는 어진 이를 숭상하는 것과 겸애사회를 실현하는 것의 관계를 여러 차례 반복해서 논증하면서 그는 특히 교육의 사회적 기능을 중시했다. "도가 있는 자는 다른 사람을 가르칠 것을 권한다",[191] "이마를 갈아 발꿈치에 이르더라도 천하에 이로우면 하였다".[192] 묵자의 인재관은 천하의 이익을 일으키는 것이 핵심이다.

노자가 말한 "작은 나라에 욕심이 없는 국민", 장자가 "지극히 높은 덕의 세상" 등은 세속사회를 벗어나 참답고 소박한 곳으로 돌아가려는 경향이다. 노장은 현실세계를 떠나 세상에 나가지 않고서도 현실사회에 대한 깊이 있는 인식과 인재문제에 대해서도 독특한 견해를 갖고 있었다. 노자는 "성인은 오직 하나의 도만을 굳게 지키고 있어서 천하의 모범이 된다"라고[193] 말하였다. 여기서 하나를 포괄한다(抱一)는 말은 도를 지킨다는 것이요, 식(式)은 범례이다. 성인이 자연무위의 도를 따라 덕성을 수양하고 국가를 다스릴 수 있기에 천하 사람들이 배우고자 하는 모델이 될 수 있었다. 노자가 말한 성인은 그들이 구상한 이상적인 인재이자 이상적인 인재와 정치적인 방안에 대하여 여러 가지 묘사를 하고 있다. 예를 들면 다음과 같다.

> "성인은 남루한 굵은 베 옷을 입고 가슴에는 보배로운 옥을 품은 것처럼 도덕을 가슴에 품었건만 겉보기에는 어리석은듯하여 알아보기 어렵다".[194] "그러므로

---

189) 『墨子·尙賢』.
190) 『墨子·尙賢』.
191) 『墨子·尙賢』.
192) 『孟子·盡心』.
193) 『老子』, 第22章.
194) 『老子』, 第70章.

성인의 정치는 마치 정방형이어서 그 모서리가 남을 헤치지 않으며 모나건만 그 모난 것이 남을 상하게 하지 않는다. 쭉 곧지만 다른 것과 부딪치지 않으며 빛이 있으나 남의 눈이 부시도록 광체를 내지 않는 것과 같다".[195] "위대한 완성은 이지러진 것 같다. 그러나 그 효용은 다함이 없다. 가장 크게 충만한 것은 빈 것 같다. 그러나 그 작용은 끝이 없다. 크게 곧은 것은 굽은 것 같고 가장 뛰어난 기교는 졸렬한 것 같이 보이며 뀌어난 웅변은 눌변처럼 들린다".[196] "성인은 부자연스럽게 심한 것, 너무 지나친 것, 너무 큰 것 등을 버린다".[197] "성인은 정해진 마음이 없다. 국민들의 마음을 자기 마음으로 삼는다".[198] "성인은 인위적으로 일을 처리하지 않으며 말하지 않는 가운데 가르침을 행하며, 자기의 공로라고 자처하지도 않는다".[199] "성인은 내가 인위적으로 하지 않으면 국민이 저절로 감화를 받고 내가 공효있는 것을 좋아하면 국민은 저절로 바르게 되며 내가 일 없이 있으면 저절로 부유하게 되고 내가 역심이 없으면 국민은 저절로 순박하게 된다".[200] 이렇게 하여 "공이 이뤄지고 일이 따라서 성공하면 국민들이 이를 일러 내가 자연이라고 한다".[201]

노자의 이상적인 인간상 및 그의 통치원칙과 방법에 대한 내용 가운데 노자가 숭상한 이상적인 인재는 자연에 맡기고 유교의 명분과 교화를 싫어하며 엄준한 형법으로 국민을 제압하는 것에 동의하지 않고 국민으로 하여금 스스로 생장하며 자유롭게 발전하고 자기의 생명력에 따라 풍부한 내재된 가능성을 발휘하여 이상적 인물로 개발할 것을 주장한다. 성인의 국가통치 원칙과 유가의 덕치주의 및 법가의 법치주의는 근본적으로 다르다. 도가에서는 참된 것으로 돌아가고 소박한 것으로 되돌아가 자연을 본받을 것을 가르친다. "인위로서 자연을 멸하지 말고 고의로 천성을 멸하지 말며 명리를 위해서 천성의 덕을 잃지 말라"고[202] 가르친다. 장자는 더욱 몸을 다스리는 문제에 관심을 가졌다. 그의 이상적 인재는 공적, 명분, 이익, 녹(祿), 힘, 존경, 자리를 벗어나 홀로 천지와 더불어 정신이 함께 하는 성인이나 진인에 도달하는 것이다. 장자는 앎이란 한 관리가 효율적으

195) 『老子』, 第58章.
196) 『老子』, 第45章.
197) 『老子』, 第29章.
198) 『老子』, 第49章.
199) 『老子』, 第2章.
200) 『老子』, 第57章.
201) 『老子』, 第19章.
202) 『莊子·秋水』.

로 업무를 처리하여 한 고을에 영향을 미치고 덕이 한 국가의 군주에 합하여 있으면 한 나라를 정복케 한다("知效一官, 行此一鄕, 德合一君, 而征一國者")고 하였다. 그런데 이는 획득할 수 없는 정신적 자유이다. 그들이 명리, 지위, 재산과 부귀, 공적 등을 추구하다 보면 속박되고 노심초사하여 그 자연본성을 잃어버리기 때문이다. 『장자·소요유』에는 그가 추가한 인격의 독립과 정신적 자유의 인생관이 집중적으로 나타나 있다. 이런 인생관에 근거하여 유가와 묵가의 인재관에 대하여 비판하기를 "성인이 나와서 큰 도둑이 일어나고 성인이 죽지 않으면 큰 도둑이 그치지 않는다".[203] "지극한 덕을 위주로 하는 세상에는 어진 이를 숭상하지도 않고 능력 있는 자를 천거하지도 않는다".[204] "어진 이를 천거하여 쓰면 국민이 서로 반목한다".[205] 무릇 서로 사랑하면 또한 먼 것이 아니다.[206] "대체로 인의의 행동은 또한 성실함이 없고 저 탐욕이 많은 위정자에게 이용되는 결과가 된다. 그러므로 한 사람이 천하를 독단적으로 통제하는 것이라, 마치 한 모퉁이만 보는 것 같다. 대저 요임금은 어진 사람이 천하를 이롭게 하는 줄만 알고 천하를 해치는 줄은 알지 못했다. 그러나 어진이의 범위를 넘어선 성자라야 그것을 안다".[207]

장자의 이상적 인간상은 유가나 묵가에서 숭상하는 어질고 유능한 인재나 어진 군자가 아니라 천지 순환하는 자연의 규범에 따라 얻어진 인격과 정신적 자유를 추구한 성인, 진인임을 알 수 있다.[208] 장자가 자칭 "차라리 오염된 물속에 들어가 스스로 즐겁게 지내지 국가를 위해 구속되는 자가 되지 아니한다"고 한 것은 정신적 자유를 핵심 내용으로 한다. 소식(蘇軾)의 말에 의하면 "『장자·소요유』, 『장자·제물편』에서 언급된 내용들은 장자의 본의에 가깝다"라고 말한 바에서와 같이 장자의 이상적 인간상이 후세 문학가 시인들에게 미친 영향은 분명하다.

법가의 인재사상에는 정치적 공명과 이익을 추구하는 색깔이 짙다. 인재관리와 사용에 착안하여 비도덕적인 경향이 분명하다. 상앙이 숭상한 인재는 창조적 정신을 지닌 인간이다. 이는 "지극한 덕을 위주로 하는 세상에서는 세속에 화하지 않고 큰 공을 거둔 자는 대중과 함께 꾀하지 않는다"[209]. "천하를 위하여 천하를 다스리는 것은 그 이름을 제멋대로 하기 때문에 그 공이 있고 천하가 그 정치하는 것을 즐겨하기 때문에 장식을 할 수 없는 것이다"[210]. "그러므로 성인은 진실로 강국을 만들 수 있으며, 때문에 법을 만들지

203) 『莊子·胠篋』.
204) 『莊子·天地』.
205) 『莊子·庚桑楚』.
206) 『莊子·天道』.
207) 『莊子·徐無鬼』.
208) 『史記老莊申韓列傳』.
209) 『商君書·更法』.

않고 국민에게 이로움을 줄 수 있어 예를 따르지 않는다"(『商君書· 治民』). 상앙은 법을 가장 중시했지만, 사회발전에 따라 법을 바꿀 수 있는 인간이 진정한 지혜를 갖춘 자요, 창조적 능력을 소유한 자로 이런 인재를 배양하고 전쟁을 수행할 국민을 양성하여 부국강병의 목표를 추구하였다. "그러므로 도가 있는 나라에서는 정치를 하는데 있어 임금의 소리를 듣지 아니하고 국민은 관리를 따르지 않는다. 모든 것이 법에 따라 행사되고 국민이 법보다 승하면 국가에 혼란이 일어나고 법이 국민보다 승하면 군사력이 강해진다".[211] 상앙이 제시한 이상적 인간상은 법으로 국민을 조직하여 부국강병의 법술을 지닌 인사, 유능한 군주를 도모한다. 한비자는 법가사상의 집대성자로 그는 인재와 정치와의 관계를 중시했다. 어진 인재를 임용하고 법을 집행하며 술책을 시행하여 세력을 유지하는 부분과 결합하면서 유가의 덕치, 묵가의 겸애주의 정치관을 부정한다. 아울러 유가와 묵가의 인재설을 "어리석고 거짓 학문으로 잡되고 모순된 행동"이라고[212] 비판하여 인재문제에 대하여 독특한 해석을 하였다. 한비자의 이상적인 인재는 법에 맡기고 술책을 시행하고 권력(힘)을 쥐는 유능한 군주나 지략적인 인사, 유능한 법의 집행자이다. 단 이런 인재라야 정치적 수단으로 활용될 수 있다. 법을 안고 처세하며(抱法處世), 명색에 따르며 실다움의 책무를 지는 것(循名責實), 천하를 바로잡아 세우는 것(一匡天下) 등을 주장했다. 법(法), 술(術), 세(勢)는 법가 정치학설의 삼요소로 신도(愼到, B.C. 395~B.C. 315)는 세를, 신불해는 술을, 상앙은 법을 각각 중시했다. 한비자는 이 세 가지 요소를 결합하여 이른바 제왕의 도구로 만든 것이다.[213]

법가는 법으로 교육을 하려고 하고 관리를 스승으로 여기는 정치와 교육의 결합을 주장한다. 따라서 인재관에서도 군주전제를 위한 수단으로서 인재관을 견지한다.

도가의 교육관과 인재관은 본체론에 집중되어 있다. 법가의 교육관과 인재관은 수단에 유가의 그것은 이 양자를 변증법적으로 통일하여 비교적 합리적으로 사회발전을 해석하고 인재와 교육의 내재적 관계를 해석하고 있다. 공자가 말한 인간을 형성한다("成人")는 것과 국가사회를 위해 봉사한다("爲邦")는 것은 후세 유가에서 궁극에 가면 천하를 겸하여 선하게 하고 궁극적으로는 독선기신(獨善其身, 홀로 성인군자와 같은 인격을 도야함)하고 공안낙처(孔顔樂處, 공자와 안자가 좋아하는 곳), 명도숙세(明道淑世, 밝은 도는 잘 사는 세상으로 만듦) 등에서 충분히 인격도야와 경세치용의 변증법적 관계를 고려한 것으로 안으로 성인과 같은 인격을 도야하고 밖으로 제왕과 같은 사회적 역할을 수행하는 바로 이를 말한 것이

210) 『商君書·修權』.
211) 『商君書·治民』.
212) 『韓非子·顯學』.
213) 『韓非子·定法』.

다. 유가의 이상적인 인재는 바로 내성외왕의 인격인 성현이다. 이는 송대 호원이 주창한 "체를 밝히고 용에 도달하는 학문(明體達用之學), 명청대 고염무가 숭상한 수기치인(修己治人)의 실학, 등은 모두 내성외왕의 인격을 잘 표현한 것이다. 공자가 사학을 창설하여 육예로 인재를 육성한 것에서부터 강유위가 제안한 학당의 진흥, 과거제도의 폐지, 국민의 지식교육, 인재육성, 등을 주장한 것이 모두 유가학파에서 기본적으로 고육의 본체론적 가치와 수단적 가치의 결합을 통한 많은 명체달용(明體達用: 근본을 밝게 체득하여 실제 활용에 통달함)의 인재 육성하고자 한 것이다. 『사기(史記)·공자세가(孔子世家)』에 공자는 "시, 서, 예, 악으로 교육을, 제자가 삼천여명, 육예에 달통한 자는 72명라고 밝힌 바 있다. 『송원학안(宋元學案)·안정학안(安定學案)』에는 이렇게 적고 있다." 호원은 "근본을 밝히고 실용에 통달한 교육을 받는 모든 학생들이 주야로 열심히 고생하면서 공부한지 20여년, 전문적으로 학교교육을 실시한 것은 강소, 호북 지역에서 비롯되어 마침내 태학에서 마치니 여기를 졸업하는 자가 무려 수천여명이었다"고 했다.

공자가 여러 학과를 나눠서 교육한 것이나 호원이 제를 나눠서 교육한 분제(分齊)는 모두 서로 다른 유형의 인재와 급별이 다른 경세치용의 인재를 육성하는데 유리하였다. 교육은 사회발전을 위해 맡은 바 역할을 수행해야 한다. 교육을 통하여 부단하게 사회에 인재를 배출해낼 뿐만 아니라, 사회개혁의 인재를 양성하고 사회변동을 가속화시켜야 한다. 이렇게 함으로써 사회의 생명력을 증강시키고 사회발전을 촉진시킬 수 있다.

맹자는 "천하의 영재를 얻어서 교육하는 것이 세 번째 즐거움이다"[214]고 하였다. 국가를 다스리고 경영할 인재를 육성하는 것을 인생의 최대의 즐거움으로 여긴 것은 맹자가 교육 사업에 정신적 동력을 다한 것이다. 인재경쟁이 치열한 전국시대 맹자는 매우 의미깊은 말을 했다.

"천하를 위해 인재를 얻는 것을 일러 인(仁)이라고 한다. 그러므로 천하로써 남에게 주기는 쉽고 천하를 위하여 인재를 얻기는 어렵다".[215] 더욱이 정치와 경제분야에 종사할 전략적인 전문 인재를 배양하고 선발, 임용하는 것은 매우 중요하다. 어진 이를 존중하고 그가 능력을 발휘하도록 하며 뛰어난 인물이 그 자리에 있도록 한다는 것은 맹자의 인정학설의 중요한 내용이다. 그가 이상적으로 생각한 인재는 예컨대 요순우탕, 이윤(伊尹), 부설(傅說), 교격(膠鬲), 문왕(文王), 주공(周公), 백이(伯夷), 유하혜(柳下惠), 관중, 백리해(百里奚), 공자, 안연 등으로 모두 후세에 훌륭한 인물로서 공을 세우고 모범이 될 만한 표준이다. 맹자는 우(虞)나라가 백리해를 등용하지 않아 멸망한 것과 진나라의 목공

214) 『孟子·盡心』.

215) 『孟子·滕文公』.

(穆公)이 파격적으로 백리해를 등용하여 패업을 달성한 것을 예로 들어 실증적으로 인재와 국가 흥망과의 관계를 언급하였다. 그는 "국민들이 학정에 시달린 적이 지금보다 더한 적이 없다"고[216] 했다. 어진 이를 존중하고 그가 능력을 발휘하게 하고 뛰어난 인물이 그 자리에 있도록 하는 것은 인정을 베푸는 기본적인 조건이나 인재는 또한 허공에서 출현할 수는 없다. 그러므로 맹자는 천하를 평화롭게 다스리고자 하는 사회적 책임감을 가지고 천하의 영재를 얻어 교육하고자 한 것이다. 순자는 선진시대 인재교육사상의 집대성자로 그의 저서인 『순자(荀子)·권학(勸學)』에서 「요문(堯問)」까지 모두 인재교육에 관한 내용을 관철하고 있다. 순자는 분명히 다음과 같이 말한 바 있다.

"성인을 존중하여 사람은 왕이 되고 어진 이를 귀하게 여기면 패자가 되며 어진 이를 공경하면 존립할 수 있고 어진 이를 소홀이하면 망하는 것이 예나 지금이나 한가지이다".[217] 어진 이를 숭상하고 덕있는 사람을 추천하면 천하가 다스려진다.[218] 그는 유가에서 구상한 고대의 이상적 세계를 가치의 기준으로 삼고 거의 이백 여명의 저명인사와 국가의 흥망, 정치의 성공과 실패, 혼란의 관계를 살펴본 결과 위대한 인물이 사회발전에 중요한 작용을 한다고 높이 평가했다. 그는 어진 인재를 임용하는데 따르는 우려에 구애받지 않으면서 이렇게 말한 바 있다. "유능한 사람은 차례를 기다리지 말고 발탁하여 임용하며 열등하고 무능한 사람은 기다릴 것 없이 불사 파면하라"고[219] 하여 사람을 임용하는데 가까운데서 발탁하는 세습제를 타파하고 오직 능력 있는 인재를 발탁하는 국가 정치의 방안을 실행에 옮길 것을 갈망했다. 그는 또한 "푸른 빛깔은 쪽에서 취하지만 그 푸름이 쪽보다 더하고 얼음은 물에서 취하지만 물보다 더 차갑다"는[220] 명제를 제시하면서 교육을 통한 인재양성과 쪽에서 나온 푸름이 그 쪽보다 더한 인재가 되도록 함으로써 한 세대를 넘어서 사회가 부단히 발전하도록 할 것을 주장했다. 순자의 인재교육사상은 자신의 학생인 한비자, 이사에게 큰 영향을 끼쳐 이사가 쓴 『간수객서(諫逐客書)』는 바로 우수한 인재는 순서를 기다리지 말고 발탁하고 능력에 따라 관직을 부여하는 인재관의 실천을 갈망하였다. 진시황은 이런 이사의 건의를 받아들여 인재를 끌어들이고 파격적으로 임용하여 이십여 년 간 천하와 더불어 마칠 수 있었다.

춘추전국시기에는 사농공상의 직업에 종사하는 자를 일러 사민(四民)이라고 불렀다. 봉건 종법질서의 해체에 따라 배워서 우수한 인재는 관리로 나가고 선비계층이 일어나

216) 『孟子·公孫丑』.
217) 『荀子·君道』.
218) 『荀子·成相』.
219) 『荀子·王制』.
220) 『荀子·勸學』.

서민이 학술분야에 종사하여 관리로 진출하는 사람의 수가 점차 증가하였다. 따라서 개인의 사회적 신분지위에 커다란 변화를 가져왔다. 민주주의 사조가 일어나면서 이른바 선비(士)계층으로부터 하층 노동자들의 역량이 발휘되기 시작했다. 사람들은 인재가 개인적인 측면도 있지만 더욱 중요한 것은 집단적 기능이 있음을 인식하기 시작했다. 동시에 하층 노동자들의 움직임도 간과할 수 없었다.

"임금은 국민이 존재함으로써 존재하는 것이고 또한 국민이 망하면 따라서 망하는 것이다. 물이 배를 실을 수 있지만 또한 배를 전복시킬 수도 있다. 국민을 귀하게 여기고 사직은 그 다음으로 여기면 임금을 가볍게 여긴다. 사농공상의 사민은 국가를 일으키고 발전시키는 뿌리이다. 유능한 인재를 임용하라, 관리들이 항상 국민을 소중히 여기지 않으면 국민이 전쟁이 그칠 날이 없다고 한 것은 모두 사농공상 사민 가운데 유능한 자가 정치에 참여하고 그런 의식의 강한 표출이다. 선비계층과 서민가운데 유능한 자가 적극적으로 활동하면 천지가 뒤바뀌도록 역사무대에서 사회발전의 역할을 발휘할 수 있는 것이다", "물이 깊어야 고기가 모이고 숲이 무성해야 금수가 모이듯이 국가의 형정이 공평해야 민중이 모이고 예의가 완비되어야 군자가 모인다".[221] "한 고을의 착한 선비(善士)라야 한 고을의 착한 선비와 벗을 할 수 있고 한 나라의 착한 선비라야 한 나라의 착한 선비와 벗을 할 수 있으며 천하의 착한 선비라야 천하의 착한 선비와 벗을 할 수 있다".[222]

일면 왕이나 패자라고 일컫는 제후, 예현(禮賢), 하위계층의 선비들이 널리 인재를 불러들이는 한편 선비와 재능 있는 서민에 이르기 까지 널리 친구로서 교류하고 밝은 주인을 찾는다면, 더욱이 인재를 기르는 풍토가 크게 조성되어 사학이 크게 발달하여 인재의 집중과 그들의 사회적 역할을 발휘케 하는데 도움을 준다. 백가쟁명의 부단히 깊고 넓게 지혜가 뛰어난 지도자가 출현함에 따라 걸출한 인재를 핵심으로 하는 집단이 형성되어 서로 다른 학술단체, 학파가 형성되고 그들이 서로 영향을 주고받으면서 발전을 촉구하면 사회발전에 동력으로써 구성된다. 예를 들면 제나라가 창설한 직하학관(稷下學官)처럼 많은 인재를 받아들여 유, 묵, 도, 법, 병, 명, 음양가의 대표적인 인물도 계속 여기에 모이고 그들이 각기 장점을 드러내고 자유로운 교육과 현실정치에 참여를 하도록 했다.

---

221) 『荀子·致士』.
222) 『孟子·萬章』.

위대한 스승이 모이는 곳에는 또한 집단적으로 인재가 일어난다. 공자, 안자, 맹자, 순자 등은 모두 인재들이 집단을 이뤘던 현상이다. 이런 사회현상을 통하여 인재가 집단적으로 역사발전에 동인이 되는 모습을 보여준 것이다. 더욱이 주목할 바는 묵자와 후기 묵가들이 농공상인의 입장에서 많은 사람에게 이로움이 되도록 천하의 이로움을 일으키고 천하에 해가 되는 것을 제거하는 것을 목표로 삼았다. 그들은 높은 사회적 지위에 있는 사람들에게 주는 국가의 급여제도의 타파와 오직 능력 있는 자를 임용하는 국책을 실행하기를 강력히 요구하였다. "덕 있고 어진 이를 숭상하면 비록 농공상업에 종사하는 사람이라 할지라도 능력 있는 이라면 그를 발탁하여 쓴다"고[223] 하였다. 이는 교육을 통하여 하층민이나 서민이 정치활동에 참여할 수 있도록 호소한 것이다.

> "무릇 세상의 모든 공인들은 수레나 가죽 물건이나 질그릇이나 쇠로 된 기구나 가구를 만들 경우, 그의 능력에 따라 일을 하도록 했다.[224] 그리하여 국민에게 이로움이 되는 것을 일러 기교라 하고 이로움이 되지 못하는 것을 일러 졸(拙)이라고 했다".[225] "공예기술이 민중을 위해 복이 될 것을 요구하지 전쟁에 사람을 죽이는데 사용하지 않았다. 이것이 바로 농공업에 종사하는 사람들 가운데 인재로 하여금 정치에 참여하도록 하여 이런 목적을 달성할 수 있었다. 묵가에서 주창하는 "도는 서로 가르치는데 있다".[226] "도가 있는 자는 사람을 가르치는 것을 권한다".[227]

위의 지적은 매우 의미가 깊지만 유감된 바는 진한대 이후의 사대부들이 종종 공예기술과 기술인재를 경시하여 "벌레 모양이나 전서를 조각하고 미사여구로 문장을 꾸미는 조그만 기교"(雕虫小技)로 본 점이다. 따라서 이로 말미암아 묵자와 후기 묵가의 논리사상(邏輯思想)으로 하여금 자연과학과 인재교육사상이 단절되게 하였다.

인재교육 및 인재의 사회적 역할에 관한 문제는 정치인, 사상가, 교육자들이 관심 갖는 중대한 문제였다. 한무제는 『구무재이등조(求茂材異等詔)』라는 글에서 "비상한 공을 거두려면 반드시 비상한 인물을 기다려야 한다"고 말하였다. 동중서도 이렇게 말하였다.

> "하늘은 대중의 정기를 모아 스스로 강해지고 성인은 대중의 어진 기운을 모아

223) 『墨子·尙賢』.
224) 『墨子·節用』.
225) 『墨子·魯問』.
226) 『墨子·天志』.
227) 『墨子·尙用』.

스스로 강해진다. 하늘에는 일월성신의 질서가 있어 스스로 빛나고 성인은 작위와 복록으로 질서를 잡아 스스로 밝힌다. 하늘이 강해지는 것은 한 사람의 정기에 의한 힘으로 되는 것이 아니고 성인이 강자가 되는 까닭은 한 사람의 어진 인물의 덕으로 되는 것이 아니다. 그러므로 천도는 그 정기가 무성하도록 힘쓰고 성인은 대중의 그 어짐을 위해 노력한다. 이렇기 때문에 제도를 만드는 기술은 어진 인재를 얻는 것을 귀히 여기는데 같은 마음이다".[228]

서한의 태평성세는 당시 정치인들이 인재를 중시한 것과 일정한 관계가 있다. 찰거제(察擧制), 태학, 지방관학의 창설 등은 인재교육에 유리했으며 인재의 선발과 임용이 결합하였다. 동중서가 말한 이른바 제도를 만드는 기술로 어진 인재를 얻는 것을 귀히 여기는 사상은 후대의 정치가, 사상가, 교육자들이 받아들여 새로운 해석을 가했다. 예를 들면, 조조(曹操, 155~220)는 "예로부터 하늘로부터 명을 받고 중흥을 꾀한 군주는 어찌 현인군자를 얻지 않고서 함께 천하를 다스릴 수 있었겠는가? 오직 인재라면 그를 천거하여 나는 그를 썼다"고[229] 하였다. 부현(傅玄, 217~278)은 "오직 지극히 공변된 다음에 어진 인재를 쓸 수 있다"고[230] 하였고 류주(劉晝, 北齊 渤海阜城人, 秀才에 급제)는 다음과 같이 말하였다.

"높은 산도 하나의 돌로 이뤄진 것은 아니다. 구름을 뚫고 높이 솟아 오른 정자도 하나의 나무로 만들어진 것은 아니다. 여우의 힌겨드랑이 털로 만든 갑옷은 한 마리의 여우 겨드랑이 털로 만들어 지는 것이 아니다. 우주의 집도 한 사람의 어진 사람이 다스린바 결과가 아니다. 이렇기 때문에 예전에 군주는 반드시 어진 인재를 불러들이고 숨어 있는 인재를 찾아 나서고, 사람들과 신하는 선비를 바치고 그 지식을 천거하였다".[231]

우문태(宇文泰, 507~556)도 "예전의 제왕이 밖으로 제후를 세우고 안으로 백관을 둔 까닭은 자신의 부귀를 도모하고 홀로 그 영예를 차지하기 위함이 아니라 무릇 천하로써 넓게 하여 한 사람의 능력 있는 사람으로 하여금 홀로 정치를 하게 한 것이 아니라 어진 인재를 두루 찾아다니며 자신에게 도움을 받아 다스린 것이다"고[232] 하였다.

---

228)『春秋繁露』.
229)『三國志·武帝紀』.
230)『傅子·擧賢』.
231)『劉子·荐賢』.

이렇게 보면 동한, 위진남북조 시대에는 탁월한 정치가, 사상가, 교육자들이 인재의 사회적 역할에 대해 깊이 이해하였음을 알 수 있다. 천하를 통일하건 천하를 통치하건 간에 제왕 한 사람의 지혜에 의지하지 않고 그 역량을 헤아리기 어려운 정치적 목표에 두었다. 단지 한 사람의 인격에 구애되지 않고 인재가 있다면 그를 천거하거나 어진 인재를 널리 찾아다니고 함께 천하를 다스리는 재주야말로 예측 가능한 정치적 목표를 실현할 수 있었다. 동한후기의 정치가 부패해지고 관학이 쇠퇴하여 조비(曹丕, 187~226)가 집정을 할 때 구품중정제(九品中正制) 시행으로 파벌제도가 형성되었다. 따라서 상품(上品)은 가난하고 미천한 출신의 인물(無寒門)로 하품(下品)은 세도가 없는 족속으로 임명했지만 파국을 맞이하여 사회적 신분지위 이동을 막아 인재에게는 불리하게 작용했다. 그리하여 인재와 인재교육문제는 첨예한 사회문제로 대두되어 수, 당대에 과거제도가 완비된 후 인재의 양성, 선발 임용 등이 새로운 국면을 열어 선진시대 철학자의 어진인재 중심의 정치이상이 잘 실현될 수 있었다.

일찍이 서위(西魏)시대 개혁정신이 투철한 우문태, 소작(蘇綽, 498 ~546) 등은 교육개혁과 인재선발 문제에 대해 주의를 기울였다. 소작은 우문태를 도와 제정한 육조조서(六條詔書) 가운데 교육개혁과 인재선발이 중요한 내용 중의 하나였다. 심신을 다스리고 교화를 돈독히 하며 어진 인재를 발탁하는 방침을 실시한 것도 구품중정제와 문벌제도의 속박을 타파하는 첫걸음이었다. 소작은 인재문제를 매우 중시하여 연공서열과 사람을 임용하는데 오직 가까운데서 취하려는 방침을 비판하고서 덕과 재능을 겸비한 인재를 발탁하는 것에 구애받지 않을 것을 주장했다. 그는 이렇게 말했다.

> "위로 제왕과 아래로 지방에 이르기 까지 신하를 두고 어진 인재를 얻어야 정치를 할 수 있지 그런 인재를 잃어버리면 혼란이 일어난다. 이는 자연의 이치로 백 명의 왕도 바꿀 수 없는 것이다. 무릇 어진 인재를 얻는 길은 한 가지 길만이 있는 것은 아니다. 그러나 심사를 하여 얻은 인재는 반드시 임용에 평가를 하여 살펴보아야 한다".233)

이런 인식에 기초하여 소작은 전력을 다해 우문태가 진행하는 과감한 개혁을 지지하여 서위의 "문벌로 그 자격을 따지는 제도"를 혁파하였다. 이는 구품중정제로부터 과거제도가 발전하는 과도기적인 교량으로 이후 인재의 양성, 선발과 임용이 밀접하게 결합되어

232)『周書·文帝紀』.
233)『周書·蘇綽傳』.

사회적 신분지위 이동을 가속화하였다.

유가에서 "배워 우수한 인재는 관리로 나간다는 것"(學而優則仕)은 과거제도와 인재교육이 결합된 사상적 기초를 이룬다. 과거제도는 군주가 국가의 정치와 경영을 위하여 인재를 모으는 제도이다. 수나라 문제(文帝, 541~604)가 구품중정제도를 폐지하고 수문제(開皇7년, 587)는 "제제주세공거삼인(制諸州歲貢三人)"을 두었고 이어서 개황18년(598)에 "경관(京官) 5품 이상은 총관(總管), 자사(刺史)에 명하여 뜻과 행실을 닦는데 삼가 열심히 하여 청평(淸平), 간제(干濟) 두 과거인을 임명했다".[234] 이는 과거제로 향하는 첫 걸음이었고 "사해(四海)와 구주(九州)에서 배움에 열심이 하고 뜻을 둔 선비들이 다 모여들지 않음이 없었다".[235] 수양제가 정권의 기초를 공고히 한 원인이 선왕인 수문제의 문교정책을 계속 추진하여 대업2년(602)에 진사과를 두어 과거제가 정식으로 확립되었다. 수양제가 계속 왕위를 이어가면서 다시 상서(庠序), 국자(國子), 군현의 학교를 열어 개황초(開皇初, 581~590)보다 성행되었다. 학교를 진흥하여 인재를 육성하고 개인의 능력에 따라 직위를 부여하고 서민이나 선비계층의 정치참여 욕구를 수용하며 대규모의 정예인재를 모아 중앙집권제를 강화했다. 수양제는 비록 폭군이었지만 인제문제에 대해서는 자신의 독특한 관점을 가지고 수문제의 정책인 우수한 인재를 보면 반드시 관리로 진출하게 하여 능력이 있는 자가 반드시 천거되는 정치 전략을 견지하여 대업원년(大業元年, 605)에는 다음과 같은 조서를 내렸다.

> "십보 이내에 향기 좋은 풀이 있는 것처럼 사해에는 어찌 특이한 수재가 없겠는가? 가정에서 또는 학교에 수학 중인 사람 가운데 옛 것을 좋아하는데 돈독한 뜻을 둔 자로 고서를 탐독하는 것을 좋아하며 학행이 특히 우수하고 시무를 감당할만하면 소재를 찾아 명단을 갖춰 즉시 그 능력에 따라 차례를 기다리지 말고 발탁한다".[236] 동년에 그는 또 학교교육을 진흥할 것을 명하여 말하기를 "군과 나라에 국민을 가르치는데 교학을 우선하면 풍속을 바꾸는 것이 반드시 스스로 이로 부터 비롯될 것이다"고[237] 하였다.

교육과 인재의 선발을 결합하여 능력이 출중한 자로 중하류계층의 지식인들이 상층사회로 신분지위 이동에 참여하여 국가대사의 관리에 참여하는데 유리하게 했다. 객관적으

---

234)『隋書·高祖紀』.
235)『隋書·儒林傳序』.
236)『脩書·煬帝紀』.
237)『脩書·煬帝紀』.

로 평가하면 한대의 찰거제(察擧制), 위진시대의 구품중정제와 비교해보면 과거제의 설립이 사회를 더욱 개방하게 하여 그 진보적 의의는 매우 분명하다. 수나라 역대 조정은 정치적 부패로 인하여 빨리 멸망했다. 그러나 과거제도는 당, 송, 원, 명, 청에 통치자들에게 계승과 개혁을 1300여 년간 지속되다 마침내는 사회발전의 요구에 적응하지 못해 폐지되었다. 과거제도는 유가의 유능한 인재정치의 이상으로부터 출현된 것으로 그 목표는 유능한 정부를 건립하는 것이다. 이런 정부가 수립된 후에 사회 인재의 유동을 촉진하여 방현령, 적인걸(狄仁杰, 630~700), 육지(陸贄, 754~805), 공영달(孔頴達, 574~648), 유지기, 두심언(杜審言, 646~708), 하지장(賀知章, 659~744), 진자앙(陳子昂, 661~702), 장구령(張九齡, 673~740), 왕유(王維, 701~761), 고적(高適, 700 추정~765), 잠삼(岑參, 715~770), 한유, 유우석(劉禹錫, 772~842), 유종원, 백거이, 범중엄, 왕안석, 구양수, 소식, 장재, 주희, 육구연, 우겸(于謙, 1398 ~1457), 해서(海瑞, 1514~1587), 장거정(張居正, 1525~1582), 왕양명, 왕정상(王廷相, 1474~1544), 방이지, 왕부지, 사가법(史可法, 1602~1645), 장학성, 송응성(宋應星, 1587~1648 추정), 탕현조, 임칙서(林則徐, 1785~1850), 위원, 공자진, 강유위 등 걸출한 인물들은 모두 과거제도를 통하여 역사 무대에 등장된 인물들이다. 그러나 과거제도의 길이 매우 험난하여 뜻을 재대로 이루지 못한 사람도 많았다. 예를 들면, 이백, 두보, 이시진(李時珍, 1518~1593), 포송령, 오경재, 조설근 등은 과거제도에 내재된 부패로 인하여 배척된 인물들이다. 그러나 전반적인 경향으로 보면 당·송이래 중국사회는 고도의 인력 유동성이 유지되었다. 그리고 문관제도가 날로 완비되어 문화의 흐름이 점차 가속화된 것은 과거제도의 창설과 실행에 일정한 관련이 있다.

당·송이래 사람들은 교육, 인재와 사회발전의 관계에 대하여 진일보한 인식을 하게 되어 천하의 영재를 얻어 그들을 교육한다, 어진 인재를 발탁한다는 것이 뜻이 있는 선비와 뜻 있는 군주의 공유된 사상이었다. 『정관정요(貞觀政要)·숭유학(崇儒學)』에는 이렇게 적고 있다.

> "정관2년(628) 태종이 신하들에게 이르기를 정치하는데 요긴한 것은 인재를 얻는 일이다. 능력이 없는 사람을 쓰면 반드시 정치에 어려움이 있다. 오늘에 사람을 임용하는 데는 반드시 덕행과 학식으로 근본을 삼는다 했다".[238]

이런 사상적 지도 이념 아래 당왕조가 개국의 군신들이 무공(武功)으로 천하를 결정하

238) 『貞觀政要』.

던 방향에서 문덕(文德)으로 국내를 안정시키는 전략으로 수정하자 문화, 교육사업을 발전시키고 학교를 진흥하며 과거제도를 완비하여 당대에 가장 뛰어난 영재를 선발 임용하였다. 위정은 인재의 임용에 관한 표준을 이렇게 말한 적이 있다. "혼란스런 때에는 인재를 구하는데 그 실천적 행동을 고려하지 않았지만 태평한 때에는 반드시 덕행과 능력이 겸비하여야 임용될 수 있다".[239] 조조때부터 인재는 일정한 선발과정을 통해 등용하는 것을 주장하다가 당태종에 이르러 위정의 덕행과 학식으로 근본을 삼아 덕행과 학식이 겸비해야 한다는 주장이 인재선발의 방향에 변화를 가져와 학교교육에 새로운 영향을 미쳤다. 따라서 인재의 육성에서 덕행과 능력이 겸비된 인재를 길러내는데 도움을 주었다. 정관(貞觀)의 정치, 개원(開元)의 성세가 출현, 국가적인 통일과 융성, 문화교육의 번영 등이 당왕조에서 개국의 군신들이 인재를 중시하고 과거제도를 시행한 것과 일정한 관계가 있다. 범중엄은 이렇게 말하였다.

> "무릇 상서(庠序)가 진흥된 것은 삼대의 성왕때로부터 비롯되었다. 어찌 작은 길이라 하겠는가? 맹자는 천하의 영재를 얻어 이들을 교육하는 것을 하나의 즐거움이라고 말했는데 어찌 우연한 말이겠는가? 이렇게 수년을 실천에 옮기면 선비의 풍토가 변하고 인재를 선발하는 근본이요, 이치의 기초가 된다. 또한 당나라가 발전한 것은 과거제도를 상설하여 큰 인재를 얻고 장수와 재상뿐이 아니라 천하의 특출한 선비로 하여금 경륜의 성업을 배워 국가의 큰 그릇이 되게 하는 것이 또한 국가발전의 방책 중에 으뜸이었다".[240]

당대의 과거제도와 선진유가의 영재교육사상을 연계하여 분석해보면 그 진보적 의의를 인정하게 되는 것이 식견 있는 사람들의 평론이다.

송대 경력신정(慶歷新政, 1041~1048)과 희녕변법(熙寧變法, 1068~1077)은 국가의 오랜 세월동안 누적된 가난과 취약한 정황을 개혁하고 장구한 정치적 평온을 꾀하기 위하여 진행한 개혁이다. 개혁이 고조되자 우수한 인재를 얻는 것이 사람들에게 중시를 받게 되었다. 범중엄의 『선현임능론(選賢任能論)』, 『상집정서(上執政書)』, 왕안석의 『상인종황제언사서(上仁宗皇帝言事書)』 등은 모두 인재와 인재문제를 전면적으로 개혁하자는 내용이 중심을 이루고 있다. 범중엄은 『선현임능론』에서 이렇게 말하고 있다.

> "왕은 유능한 인재를 얻어 천하를 다스리는데 유능한 인재를 잃어버리면 천하

239) 『貞觀政要』.
240) 『范文正公文集, 上執政書』.

> 가 혼란스럽다. 장량(張良), 진평(陳平)의 무리들은 진나라가 이들을 잃어버려 국가가 망한 것이고 반면에 한나라는 이들을 얻어 흥하게 된 것이다. 방(房), 두(杜), 위정, 저(褚) 등의 사람들은 수나라가 잃어버려 망한 것이고 당나라는 이들을 얻어 국가가 발전한 것이다. 그러므로 인재를 얻으면 융창하고 그런 인재를 잃어버리면 망한다".[241]

이런 인재관에 관한 인식에 기초하여 범중엄은 제일차 흥학운동을 전개했다. 이 때 한기(韓琦, 1008~1075), 송기, 구양수, 채양(蔡襄, 1012~1067), 호원 등의 지지를 얻었다. 북송 말년에 이르러 이렇게 지적하는 사람도 있었다. "인재를 교육하자 선비의 풍토가 변하여 지금 학교를 논하는 것은 경력(慶歷)의 풍토를 말하는 것이다".[242] 주희도 "본 왕조의 충성과 의로움을 중히 여기는 풍조는 범문정공(范仲淹)으로부터 조성되기 시작한 것이다"라고[243] 하였다. 범중엄에 이르러 크게 역사적으로 명예와 절조를 지키는 인사가 출현하고 선비의 기풍이 진작되었다.[244] 근본을 밝히고 실용에 통달한 인재를 양성한 것은 송대 유학의 일치된 관점이라고 할 수 있다. 양계초는 이를 일러 "진한이후 제일대 문장인 『상인종황제언사서(上仁宗皇帝言事書)』는 왕안석이 개혁을 제안한 선언서로 인재교육을 진흥하는 것을 그 핵심 내용으로 삼고 있다. 지금 급한 것은 인재일 따름이다" 고 하였기 때문이다. 교육과 과거제도의 개혁은 천하국가에 활용할 인재를 위한 교육에서 이었다. 왕안석은 침통하게 다음과 같이 말한 바 있다.

> "불초자는 진실로 미시여구로 문장을 꾸미는 학문을 수학하여 공경(公卿)이라는 지위까지 갈 수 있었습니다. 공경이라는 지위에 오를 수 있었던 것은 더 이상 보충할 것이 없는 학문에 열심히 노력했기 때문이나 이 때문에 재야에서(岩野) 죽는 자가 대략 십에 팔구는 됩니다".

과거제도의 폐단을 왕안석은 매우 분명하게 본 것이다. 사회의 인재구성에 불합리한 상황을 개혁하기 위하여 왕안석은 근본적으로 치유할 것을 건의하였다. "이른바 도야하여 양성해낸 인재는 어떤가? 역시 가르치고 기르고 인재를 선발하여 임용하는 길에 있을 따름이다." 인재의 육성, 선발, 임용과 관리부분을 결합하여 경술로 인재를 길러 그 인재

---

241) 『范文正公集』, 卷7.
242) 『續自治通監長編』, 第436.
243) 『朱子語錄』, 卷47.
244) 『朱子語錄』, 卷129.

능력에 따라 관직을 부여하여 임용하는 것이다. 태학에서 삼사법(三舍法)의 시행은 바로 과거제도를 통한 인재선발과 학교교육의 모순을 해결하기 위한 것이었다.

경력신정(慶歷新政)과[245] 희녕변법(熙寧變法)이[246] 이어서 실패로 돌아갔으나 범중엄, 왕안석은 인재의 교육과 과거제도의 인재선발을 결합하는 개혁의 실천으로 후세 정치가, 교육자들에게 무궁한 시사를 주었다. 주희, 육구연 등은 관학의 쇠퇴와 과거제도의 부패를 거울삼아 다른 방법으로 서원을 창설하였다. 황종희, 고염무, 왕부지, 안원 등은 과거제도에 대하여 비판하고서 경세치용의 인재를 양성할 것을 갈구하였으나 이는 모두 삼대의 교육과 인재선발방법으로 천하의 통치를 실현하기 위한 것이었다. 고염무는 팔고시(八股試)를 통한 인재선발제도를 이렇게 비판하였다.

"어리석게도 팔고시의 폐해로 책을 불사르고 인재를 양성하는데 실패한 것이 함양의 고을 보다 더 심했다".[247] 안원도 이렇게 말하였다.

> "예를 들면 인재를 선발하는 제도를 버리고 팔고시로 시행한다면 장차 천하의 우수하고 어리석은 인재를 다 통제하는 것은 팔고시가 된다. 천하에 팔고시를 어디에 쓸 것인가? 그러므로 팔고시를 시행하면 천하에 학술이 없어지고 학술이 없어지면 정사가 없어지며 정사가 없어지면 정치의 공과도 없어지고 그렇게 되면 승평세(升平世)가 없어지지 않는가? 그러므로 팔고시의 폐해는 분서갱유보다 심하다".[248]

과거제도는 명대 이래 변화가 벽에 부딪친 팔고시 제도로 말미암아 지식인의 두뇌를 심하게 속박하고 그들의 마음을 전도시켰고, 문자옥(文字獄)은 사람들의 사상을 억압하고 민족의 창조역량을 압살하여 결국에는 많은 사람들이 침묵으로 일관하는 비극적 형국을 조성하였다. 아편전쟁이 발발하여 민족이 위기에 봉착하자 문화위기가 극심해져 인재

---

245) 경력신정(慶歷新政)은 송 인종 경력 4년(1044)에 북송의 저명한 정치가, 교육가인 범중엄이 제안한 10개 개혁안을 뜻한다. 그 가운데 교육개혁과 관련된 주요한 내용으로는 모든 지방에 학교를 설립한다, 과거시험을 개혁한다. 태학을 창건한다는 것으로 이를 일러 경력흥학이라고도 말한다. 그러나 이 개혁안은 범중엄이 조정에서 떠나면서 실패로 돌아갔다.

246) 희녕변법(熙寧變法)은 왕안석이 신종의 지지 하에 신종 영년(1068)에 주도된 교육개혁운동으로 그 주요한 내용은 태학 개혁(三舍法: 태학내에 外舍, 內舍, 上舍를 둠), 삼경신의(三經新義)를 편찬하여 통일된 교재로 사용하는 것 등이었으나 이 개혁운동도 왕안석이 조정에서 물러가자 실패로 돌아갔다. 이후 송 휘종 숭녕(崇寧) 원년(1102)에 채경(1047~1126)에 의해 또 다시 개혁을 시도한 바 있는데 역사상 이를 숭녕흥학이라고 부른다.

247) 『日知錄』, 卷16 擬題.

248) 『習齊言行錄』, 卷下.

문제는 사람들에게 당면한 시대적 과제로 중요시되었다. 교육과 과거제도의 개혁은 과학과 민주정신을 겸비한 새로운 인간을 양성하는 것으로 역사상 난산의 고통 속에서 깨달아 마음속에서 우러나오는 공통된 소리였다. 한 세대의 정치는 반드시 그 당대의 인재가 떠 맡는 것이다. 공자진은 『대책(對策)』이라는 글에서 일정한 수준에 이른 인재를 발탁하는 데는 구애받지 않아야 한다(不拘一格降人才)라고 호소하였다. 그가 쓴 『병매관기(病梅館記)』에서도 전제주의를 비판하고서 속박에 싸인 인재를 해방하는 이치를 게재하였다. 양계초는 『무술정변기(戊戌政變記)』에서 명확하게 지적한 바 있다.

> "중국의 오늘의 큰 어려움은 인재의 부족에서 온 것이다. 인재의 부족은 학교가 일어나지 못했기 때문이다. 과거제도를 폐지하고 학당을 일으켜 민지를 열고 인재를 교육하여야 유신변법의 중요한 내용이 이뤄진다. 전통적인 농업사회로부터 현대공업사회로 옮겨가면서 새로운 가치관이 반드시 인재교육사상의 구성에 영향을 미친다. 국가를 다스리고 경영하는데 인재가 시급하다는 교육사상도 새로운 내용을 시사하고 있다".

(3) 먼저 부유하게 한 다음에 가르치되 인문으로 가르쳐야 함

교육철학은 인류문화와 교육발전의 방향을 인도할 책임과 역할을 부여받는다. 중국의 고대 교육철학의 주요한 특징을 들면 인문을 중심으로 했다. 인문 본위의 입장에서 교육과 인간, 그리고 사회의 관계에 대한 깊은 성찰 그리고 인문정신과 실천정신을 공히 갖추고 있다. 『주역(易傳)·분(賁)·단(彖)』에 보면 다음과 같이 기록하고 있다.

> "강함과 부드러움이 교차하는 것을 천문(天文)이라고 하면 문명이 인간에게 머무는 것을 인문이라고 한다. 천문을 보면 때에 맞춰 변화하고 인문을 보면 천하를 교화하는 것을 알 수 있다. 인문은 사회제도, 풍속, 문화생태, 인륜질서를 가리킨다. 고염무는 말하기를 자신으로부터 가정, 국가, 천하에 이르기 까지 도수를 정하고 목소리와 모습을 드러내는 것은 문(文) 아님이 없다고 하였다".[249)]

인문은 천문과 상대적인 말로 문(文)으로 다스리고 교화하는 것의 총화를 가리킨다. 교육의 과정을 통하여 문화를 전파하고 인간의 삶에 영향을 주며 인격을 도야하고 풍속을 변화시키며 문명을 창조하여 인간의 삶과 사회에 협조를 촉진시킨다. 질서 있고 화해

---

249) 『日知錄』, 卷7.

하면서 발전하는 것은 인문으로 천하를 교화하는 실질적인 모습이다. 『시경(詩經)·주남(周南)·관저서(關雎序)』에서는 이렇게 말하고 있다. "교화를 잘하여 풍속을 변화시킨다"고 했다. 동중서는 말하기를 "천하를 다스리는데 교화를 큰 임무로 여기지 않을 수 없다"고[250] 한 바 있다. 왕안석도 『명주자계현학기(明州慈溪縣學記)』에서 이렇게 말한 바 있다. "교화는 풍속을 아름답게 할 수 있다. 역대 정치가, 교육자들이 민족의 문화적 요소와 천하의 혼란을 다스리는 것 간의 관계를 매우 중시하였다. 정치개혁, 교육개혁의 실천 가운데 인문으로 천하를 교화하는 정신을 관철시켜 예악문화의 교육적 기능을 발휘케 하였다. 이는 풍속을 바꾸어 천하가 모두 평안하도록 하는 교육목적을 달성하는 것이다[251].

청대 위예개(魏裔介, 1616~1686)는 "천하를 다스리는데 풍속을 바르게 하고 훌륭한 인재를 얻는 것을 올바르게 한다"고[252] 하였다. 공자로부터 강유위에 이르기 까지 중국의 교육자들 대부분은 천하를 평화롭게 다스리는 숭고한 이상을 가지고 있었다. 따라서 그들이 교육을 중시하고 일생동안 교육낙원건설에 심혈을 기울인 것은 교육의 역할을 십분 발휘하여 풍속을 바루고 훌륭한 인재를 얻는 효과를 거두기 위한 것이었다. 교육의 역할은 여러 분야에서 지적할 수 있다. 문화의 전달, 정치, 경제적 기능, 또한 인재를 배양하고 사회의 인재 구성에도 도움을 주는 등 다방면에서 기여를 한다. 중국의 역대 교육자들은 종종 인간형성과 국가를 위한 교육, 두 가지 면에서 교육적 기능을 개괄하였다. 그러므로 교육이 국가를 세우는 근본이 된다는 내용에는 주로 두 가지 측면의 내용을 포괄하고 있다. 하나는 국가의 정치와 국가경영의 인재를 양성한다는 의미이다. 범중엄은 『상시상의제거서(上時相儀制擧書)』에서 "국가를 잘 다스리는데 인재육성보다 선행되는 것이 없다. 인재를 육성하는 방법은 배우기를 권하는 것 보다 먼저 할 것이 없다"하였고, 주지유(朱之諭, 1600~1682)는 『권학(勸學)』이라는 자신의 저서에서 "훌륭한 인재를 육성하는 것이 정치에 선행되어야 할 임무이다"고 하였고, 장건(張謇, 미상~114)은 『대악독조진입국자강소(代鄂督條陳立國自强疏)』에서 "국가를 세우는 것은 인재로부터 비롯되고 인재는 학교를 설립하는 것으로 시작한다. 이는 고금과 전 세계에 바꿀 수 없는 이치이다"라고 하였다. 이상의 예들은 모두 교육에서 인재양성의 기능을 강조한 것이다. 이런 문제는 이미 제일 절에서 상세히 언급된 바 있다. 둘째, 민족정신의 바탕을 드높여 문화중국을 창건하는 것이다. 공자는 일찍이 말하기를 "풍속을 바꾸는데 있어 악보다 더 좋은 것이 없고 국민을 편안하게 다스리는데 예보다 더 좋은 것이 없다"고[253] 하였다.

---

250) 『漢書·董仲舒傳』.
251) 『荀子·樂論』.
252) 『琼琚佩語·政術』.

그리고 사마천은 "그러므로 선왕이 예악을 제정한 것은 입과 배, 귀, 눈의 욕구를 충족시키기 위함이 아니라 국민을 가르쳐 좋아하고 싫어함을 고라 인도에 반함을 바르게 하고자 함이다"라고[254] 하였다. 왕부(王符)도 말하기를 "왕은 세상을 통치하는 자로 국민의 형세를 보아 교육을 베풀어야 한다. 이는 풍속을 바꾸어 태평하게 하는 것이다"라고[255] 하였다. 이처럼 중국의 역대 정치가, 교육자의 위대한 이상은 문화중국을 건설하는 것이었다. 중국은 비단 하나의 지리적 개념, 정치적 개념이나 종족의 개념일 뿐만 아니라 보다 중요한 것은 문화의 개념이다. 이른바 중국이 예의를 잃어버리면 오랑캐가 되는 것이고 오랑캐이지만 예의를 지키면 중국이 되는 것이므로 중국과 오랑캐의 구별은 실질적으로 문화와 야만의 구별이다. 중화민족의 화는 문화민족, 문화개념, 지리, 정치, 민족개념이 결합된 것을 가리킨다. 그러나 문화를 근본으로 삼아 예의가 있는 나라, 문물의 국가라는 명성, 문명의 오래된 국가, 등등의 표현은 모두 이 말을 가리키는 것이다. 『당율명예소의석의(唐律名例疏議釋義)』에는 다음과 같이 밝히고 있다.

> "중화란 중국을 말한다. 왕에 의해 교육이 실시되고 스스로 중국에 속하여 의관과 위엄스런 자세(衣冠威儀), 부모에게 효하고 형제간에 우애하는 것을 익히는 풍속(習俗孝悌), 몸가짐의 예의, 등을 일러 중화라고 말한다". 왕부지는 말하기를 "오(吳) 촉(蜀), 절강성, 복건성 등은 한나라 이전에는 오랑캐에 속했다. 그러나 지금은 문교가 매우 발전되었다. 제(齊), 진(晋), 연(연), 월(越), 당나라는 수나라 이전에는 세계의 중앙에 속하는 나라였으나 지금은 우둔하고 뒷걸음치며 우는 형세가 되어 열에 아홉은 짐승 같은 마음을 먹고 있다".[256]

어떤 지역에서는 야만인들이 문명인으로 바뀌는 일이 있는데 그것은 오랑케들이 하(夏)나라로 변모한 사례이다. 반대로 문명인들이 야만인으로 변모한 예가 있는데 그것은 하(夏)나라로 말미암아 오랑캐로 변한 예이다. "인문으로서 천하를 교화한다거나 예악으로 만민을 교화한다는 것은 바로 교육으로 문화를 전파하여 국민의 문화적 수준을 높이고 아름다운 사회적 분위기를 기르며 문화적 질서를 확립하여 창조적인 문화중국의 숭고한 이상을 실현한다는 것이다. 예악의 도를 알고 이를 들어 실천하면 천하에 어려움이 없다. 그러므로 성정(性情)이 깊고 문명하며 기운이 성하여 신으로 화하면 영화가 밖으로

---

253) 『孝經』.
254) 『史記·樂書』.
255) 『潛夫論·浮侈』.
256) 『思問錄·外篇』.

발휘된다".[257] 예악문화로 민족정신을 기르며 이로 하여금 내재된 응집력과 밖으로 반사력을 형성하게 한다. 오랑캐 나라로부터 천하의 큰 공변된 국가로 변모하는 것이다. 중국의 역대 사상가, 교육자들은 인문으로 천하를 교화한다는 대교육관을 견지하면서 예악문화의 거대한 교육적 기능을 발휘하였다. 그 목표는 바로 "천하를 한 집안 삼고 중국을 하나의 인간으로 여기는"[258] 대동 사회를 건설하는 것이다.

인문으로 천하를 교화한다는 것을 보면 중국의 역대 정치가, 사상가, 교육자들이 이를 거듭 새롭게 해석하여 왕도론의 중요한 내용이 되었다. 이는 예악정신으로 만민을 교화한다는 대교육관이다. 『예기(禮記)·악기(樂記)』편에 이렇게 말하고 있다.

> "예란 천지의 질서요, 악(樂)이란 천지의 화합이다. 악이란 마음 가운데서 나오는 것이며 예란 외모로 행해지는 것이다. 악은 마음으로부터 나오는 것이기 때문에 고요함에 있고 예란 외모로 나타나기 때문에 움직이는데 있다. 대악에는 반드시 평이함에 있고 대예란 반드시 간략해야 한다. 악이 지극하면 원한이 없고 예가 지극하면 다툼이 없어진다. 두 손을 마주잡고 천하를 다스릴 수 있는 것은 이 예악이 행해지는 것을 가리킨다".

예악을 통한 교화로 인간관계를 도우며 좋은 사회적 분위기를 형성하고 단체의 응집력을 강화하여 사회발전을 촉진하고 문화질서를 건설하면 자연히 두 손을 맞잡고 천하를 다스리는 목표에 도달한다. 양수명(梁漱溟, 1893~1988)의 말을 빌리면 사회와 인간의 삶의 예술화[259]를 가능하게 하는 것이다.

공자가 가르치는데 유의 구별이 없다(有教無類)고 주장한 바 있다. 여기서 가르친다는 것은 자연히 예악교화를 포함한다. 즉, 규범화된 예악으로 인간의 사회적 행동과 인격도야에 영향을 준다는 의미이다. 선진유가에서 말하는 국민을 교화하여 바른 풍속을 형성한다(化民成俗), 풍속을 가지런히 한다(齊風俗), 인문으로 천하를 교화한다(人文以化成天下) 는 것은 모두 조화로운 인간관계 및 문화질서를 확립하는 것과 관계가 있다. 공자는 『논어(論語)·자로(子路)』에서 다음과 같이 말한 바 있다.

> "공자께서 위나라에 가실 때 염유(冉有)가 수레를 몰았는데 공자께서 백성들이 많구나 하셨다. 염유가 이미 백성들이 많으면 또 무엇을 더하여야 합니까? 하고

257) 『禮記·樂記』.
258) 『禮記·禮運』.
259) 梁漱溟, 『人心與人生』.

묻자 부유하게 하여야 한다 하셨다. 또 이미 부유해지면 또 무엇을 더하여야 합니까? 하고 묻자, 가르쳐야 한다 하셨다".

여기서 국민(庶), 부유함(富), 가르침(教)이라는 삼자는 국가를 건설하는 삼요소로 보인다. 공자는 사회적 전체의 이익과 먼 미래를 내다보는 안목에서 국가를 통치하는 전략을 설명한 것일 뿐만 아니라 그의 민본위사상과 인문정신을 드러내 보인 것이다. 공자의 국민, 부, 교육의 사상은 역대에 걸쳐 유가학설을 봉대하는 교육자들이 계승하였다. 아울러 춘추대일통(春秋大一統)의 사상은 몇 가지 점에서 상호 결합되어 덕치와 예치의 주요한 내용을 구성하였다. 공자는 예악교화의 실천을 매우 중시했다. 『논어(論語)·양화(陽貨)』에 이렇게 적고 있다.

"공자께서 무성(武城)에 가시어 현악에 맞추어 노래를 들으셨다. 공자께서 빙그레 웃으시며 말씀하시기를, 닭을 잡는데 어찌 소잡는 칼을 쓰느냐? 자유(子游)가 대답하기를, 예전에 제가 공자께 들으니 군자가 도를 배우면 사람을 사랑하고 소인은 도를 배우면 부리기가 쉽다 하셨습니다. 공자께서 말씀하시기를 아이들아 자유의 말이 옳으니 방금 전에 내가 한 말은 농담이었다".

자유(子游)는 무성이라는 지역을 다스리는데 충분히 예악문화의 교육적 기능을 발휘하여 인심을 감화시키고 풍속을 순화하며 인화의 효과를 얻어 공자의 칭찬을 받은 것이다. 유가에서는 통상 예악을 함께 들지만 근본은 악에 돌아간다. 여기서 악은 교육철학의 관점에서 그 본질적 의의를 분석해보면 인간의 삶과 사회적 이상을 말한다. 사람마다 마음가운데 악이 있어 반드시 인간과 자연, 개인과 사회, 감성과 이성의 모든 과계가 조화로운 상황에 처하면 천하가 크게 다스려지는 국면이 된다. 질서는 예로서, 예는 악으로써 교화가 겸하면 정치와 교육의 측면에서 중점은 교육에 있지 정치에 두지 않는다. 따라서 교육의 발전이 자연히 정치의 발전을 수반한다. 예악문화는 사회가 어진 정치(仁政)의 방향으로 발전하도록 촉진하는 것을 말한다. 여기에는 수단적 가치가 함의되어 있다. 그러므로 인문으로 천하를 교화한다는 것은 본질적 가치와 수단적 가치가 고도로 통일된 것이다. 강유위는 공자의 악으로 다스리는 사상을 이렇게 말하고 있다.

"자유(子游)가 무성(武城)에 주재할 때 악으로써 교육을 하였기 때문에 그 고장 사람들이 모두 현악에 맞춰 노래를 부른 것이다. 악이 도가 되고 이어서 쉬지 않으면 합동으로 화하여 기쁘고 사랑하는 것이다. 중정(中正)이 삿됨이 없고 돈화

> (敦和)하여 원망이 없으면 서로 사랑하여 한가지임을 숭상한다. 그러면 백가지 사물이 모두 화하게 된다. 그러므로 군자가 이를 배우면 서로 같으면서도 다른 사람을 사랑하게 되고 소인이 이를 배우면 화하나 부림을 받기 쉽다. 공자가 예악을 함께 제정했으나 본질은 악에 돌아간다. 무릇 인도는 악을 위주로 한다. 어찌됐든 법을 세우는데 모두 사람들로 하여금 악을 즐기게 할 따름이다. 그러므로 소강(小康)의 제도 아래서는 예를 숭상하고 대동의 세계에서는 악을 숭상한다. 이제 천하 사람들이 모두 돈독히 화목하고 원한을 악으로 풀며, 서로 사랑하고 비슷함을 숭상하면 백가지 사물이 화하게 된다. 이렇게 되는 세상을 예운편에서는 대도가 행해지는 것으로 여긴다. 자유(子游)가 대동을 들은 바 있어 무성이라는 지역을 다스리는데 먼저 정치를 우선하였기 때문에 공자가 크게 기뻐하고 대도로써 작은 것을 다스리는 것을 아름답다 한 것이다".[260]

공자와 강유위가 처한 시대는 다르지만 모두 인문이 붕괴되고 사회적 질서가 와해되는 위기에 처하여 가치의 근본적인 전환을 요청받던 시기였다. 따라서 하나의 완비된 아름다운 세계를 건립하고 더욱 항구적으로 사회질서가 유지되기를 희망했다. 인문으로서 천하를 교화하는 목표는 대동세계였다. 강유위는 이를 옛 것에 의지하여 제도를 새롭게 개혁한다(托古改制)고 해석하였는데 그 뜻은 오늘의 개혁 변혁에 두고 있다. 그러나 기본적으로 공자가 주창한 악으로 세상을 다스린다는 사상의 원래 뜻과 부합된다. "공자께서 시에서 착한 것을 좋아하고 나쁜 것을 싫어하는 마음을 일으키고 예에서 서며 악에서 완성한다"고[261] 하였다. 하나의 생명이 삶을 유지하는 과정에서 예악의 훈도를 떠날 수는 없다. 공자는 인간이 인간답게 되는 것을 이렇게 적고 있다.

> "자로(子路)가 전인에 대해 묻자 공자가 이르기를 만일 장무중(臧武仲, 노나라의 대부)의 지혜와 공작(公綽, 魯나라의 大夫인 孟公綽)의 탐욕하지 않는 마음과 변장자(卞莊子, 노나라 卞邑의 대부)의 용맹과 염구(冉求)의 재예에 예악으로 문채를 낸다면 이 또한 성인이라고 할 수 있다".[262]

규범문화가 인간의 심리와 성격의 도야, 감화에 미치는 영향이 가장 심도 있게 이뤄지는 것은 사회교육이다. 사회교육은 자연인을 사회인으로 바꿀 뿐만 아니라 위대한 인격

---

260) 康有爲, 『論語注』.
261) 『論語·泰伯』.
262) 『論語·憲問』.

을 조성할 수 있다. 한 개인이 받은 규범문화가 선진화되면 될 수록 그 인격은 더욱 숭고해진다. 한 사회의 민중이 받은 규범문화가 선진화되면 될 수록 야만적인 것에서 문명으로 발전 하는 것이 더욱 빠르게 진행되어 사회문명의 수준이 더욱 높아진다. 공자로부터 강유위에 이르기 까지 중국의 역대 교육자들은 예악으로 문화를 바꾸는 의의와 작용을 깊이 인식하였기 때문에 자유가 악(樂)으로 다스리는 것을 실천한 것에 대하여 매우 긍정적이었다.

먼저 부유하게 한 다음에 가르친다(先富后教)는 것은 유가정치사상의 핵심이다. 인으로 정치를 할 것을 주장한 맹자나 예치를 주장한 순자, 모두 문화질서와 정치질서는 반드시 국민을 따뜻하게 그리고 배부르게 한다는 기본적 욕구충족의 바탕위에서 건립되어야 함을 강조한다. 그러나 따뜻하게 하는 것과 배부르게 한 다음에 바로 밀접한 관련을 두는 것이 바로 교육이었다.

> "후직(后稷)이 국민들에게 곡식을 심고 가꾸는 일(稼穡)을 가르쳐서 오곡을 심고 가꾸게 하셨는데 오곡이 성숙함에 따라 국민이 잘 길러졌으니 인간에게는 도리가 있는데 배불리 먹고 따듯이 옷을 입어서 편안히 거쳐하기만 하고 가르침이 없으면 금수와 가까워진다. 이 때문에 성인이 이를 근심하시어 계(契)로 하여금 사도(司徒)를 삼아 인륜을 가르치게 하셨다".[263)]

맹자는 국민의 재산을 재정하고 국민으로 하여금 생을 유지하고 장사지내고 죽는 일에 유감없이 하는 것을 왕도정치의 시작으로 보고 "농지를 잘 다스리며 세금을 거두기를 적게 한다면 국민들을 부유하게 할 수 있다"고[264)] 한 다음에 상서(庠序)의 학교를 두어 국민을 교육한다고[265)] 하였다. 이는 공자가 먼저 부유하게 한 다음에 교육한다는 뜻을 받아들인 것이다. 맹자의 인으로 정치를 하는 이상은 당연히 천하를 평화롭게 다스리고, 국민과 더불어 즐거워하는 것이다. 그는 독재나 소수인과 더불어 즐기는 것을 패도의 범주로 보고서 민중과 더불어 즐겨하고 국민과 더불어 즐거워해야 비로소 국민이 환영하는 인정(仁政), 왕도정치가 되는 것으로 보았다. 어진 정치는 국민을 부유하게 하는 것을 기본으로 하고 사람들 마음가운데 즐거움이 있는 것을 귀결처로 삼기 때문에 먼저 부유하게 하게 한 다음에 교육한다는 것이 유가에서 천하를 다스리는 정치적 전략이다. 순자는 먼저 부유하게 한 다음에 교육하는 의미의 중요성을 깊이 이해하고서 자신의 저서

263) 『孟子·滕文公』.
264) 『孟子·盡心上』.
265) 『孟子·滕文公』.

왕제(王制)편에서 국민을 부유하게 하는 관점에 대해 다음과 같이 언급하고 있다.

> "그러므로 예를 닦으면 왕이 되고 정치를 하면 강자가 되며 민심을 얻으면 편안하고 세금만 거두면 망하는 법이다. 그러므로 왕은 국민을 부유하게 하고 패자는 군사를 부유하게 하며 겨우 보존하는 나라는 대부(大夫)를 부유하게 하고 망하는 나라는 보물 상자나 창고만 살찌게 한다. 상자가 가득차고 창고가 가득하면서 백성은 가난하면 이는 위로 넘치고 아래로 새는 격이다. 들어가도 나라를 지킬 수 없고 나가서도 적과 싸울 수 없으니 앉은 자리에서 망할 수밖에 없다".266)

순자(荀子)가 부국(富國)편에서 국민을 여유롭게 하는 정치, 국민이 여유가 있으면 부유해지고 여러 가지 많은 변화를 다스리고 많은 물질을 재료로 삼아 많은 사람을 기르도록 한다는 것과 「왕제(王制)」편에서 국민을 부유하게 하는 것은 서로 일치한다. 순자는 밭을 다스리고, 여섯 가지의 가축을 기르는 토대위(기본적인 인간의 삶의 조건 충족)에서 민중에게 예악교화의 실시를 주장한다. 그는 이렇게 말하고 있다.

> "촌락을 다스리고 주택을 정하며 가축을 기르게 하고 원예를 익히게 하며 교화를 보급시켜서 효제를 힘쓰게 하고 군주의 명령에 따라 안주하게 하는 것은 향리의 스승이 하는 일이다"(『荀子·王制』).

중국인들은 윤리와 강상 그리고 예악교화(禮樂敎化)를 중시한다. 이는 가족제도를 중심으로 자급자족하던 농업경제와 밀접한 관련이 있다. 『주역(周易)·계사(繫辭)』에 "어떻게 해서든 선비는 어진 사람이 되려고 노력하기 때문에 사랑할 수 있다"고 하였고 『예기』에서는 "선비를 편안하게 할 수 없으면 하늘을 즐겁게 할 수 없고 하늘을 즐겁게 할 수 없으면 그 몸을 이룰 수 없다"하였다. 사회적 안녕과 안정은 자급자족하는 농업경제가 운행되는 조건이자 예악교화가 민심을 순화할 수 있고 인간관계에 협조와 화해가 가능하게 한다. 이는 바로 사회질서가 수립되는 전제조건이다. 순자는 향리의 스승(鄕師)의 사명을 강조하였는데 이는 예악교화의 기능이 충분히 발휘되어 국민이 명령에 순응하고 다른 지방에 가서도 안락하도록 하는 것이다. 이것이 바로 사회 안정과 안녕을 위한 것이다. 순자는 「예론」, 「악론」에서 체계적으로 예악교화의 중요성을 논한 바 있다. 그는 "악은 화합하는 작용을 하고 예는 분별하는 작용을 하여 이 두 가지가 통합되어 사회

---

266) 『荀子·王制』.

인심을 관리한다"고(『荀子·樂論』) 하였고 "음악을 울리면 뜻이 깨끗해지고 예를 닦으면 행실이 단정해지며 귀와 눈이 총명하고 혈기가 화평하며 풍속을 교화하여 천하가 다 평안하고 아름다움과 선함이 서로 즐긴다".(『荀子·樂論』) 예악문화는 일종의 규범문화이다. 예의 정신은 질서라면 악의 정신은 화(和)이다. 예의 작용은 외부로부터 인간의 행위를 규범하는 것으로 사회질서의 차서를 세운다. 반면에 악의 작용은 인간의 내재된 감정을 도야하고 인간의 삶에 예술정신을 융합시켜 인간이 화합의 경지에 이르도록 한다. 예악교화를 실천으로 인간의 정신과 육체, 감정과 욕망의 모순을 해결하기 때문에 천하가 모두 평안해지고 아름다움과 착함이 서로 즐긴다 하였다. 『예기·악기』, 『사기·예·악』, 『한서·예악지』 및 한(漢)왕조 이후의 역사서 가운데 「예악지」 등에는 모두 예악교화의 중요성과 아울러 당시의 구체적인 상황을 연결시키고 있다. 선진유가에서 먼저 부유하게 한 다음에 가르친다(先富后教), 풍속을 변화시킨다(移風易俗), 악(樂)보다 선한 것이 없다(莫善於樂), 정치는 국민을 편안하게 하는 것이 으뜸이요(治上安民), 예보다 선행되어야 할 것이 없다(莫先於禮) 등의 교육관에 대하여 새로운 해석을 하였다. 인문으로서 천하를 교화한다는 것으로 중국교육의 우수한 전통을 수립하였다.

"한 세대가 발전하게 되는데 는 반드시 당시 세대의 예악이 있다".[267] 한당 이래 문화중국의 건설에 뜻을 둔 정치가, 교육자 들은 모두 먼저 부유하게 한 다음에 교육한다, 인문으로서 천하를 교화한다는 것을 문화질서와 정치질서건립을 위한 중요한 조건으로 보았다. 예를 들면, 한대의 유향은 "부유하게 한 다음에 이내 교육하는 것이 국가를 다스리는 근본이다"고[268] 하였고, 이고(李翱, 774~836)는 "정치를 잘 하는 것은 인간을 다스리는 것 보다 크지 않으며 인간을 다스리는 것은 그들을 부유하게 하고 또 교육하는 것 보다 크지 않다"고[269] 하였고, 왕안석은 "풍속의 변화는 국민들의 뜻을 물들게 하는 것이다. 이는 흥망성쇠와 관련이 있으므로 신중해야만 한다".[270] 교화라야 풍속을 아름답게 할 수 있다.[271] 주희는 "부유하나 교육하지 않으면 금수에 가깝다"고[272] 하였고 왕부지는 "입을 옷과 먹을 것이 풍족한 다음에 염치가 일어나고 재물이 풍부한 다음에 예악을 짓는다"고[273] 말하였다. 역대 교육자들로부터 이렇게 예악교화를 중시한 것을 보면 선진시대 철학자들이 인문으로 천하를 교화한다는 관점에 확실히 매우 깊은 역사적

267) 張九齡, 『明禮樂』.
268) 『說苑·建本』.
269) 『李文公集·平賦書』.
270) 『臨川先生文集·風俗』.
271) 『明州蘇縣學記』.
272) 『論語集注』.
273) 『詩廣傳』.

지혜가 숨어 있음을 설명한 것이다. 더욱이 교육개혁을 중시하는 교육자들은 특히 예악의 사회적 기능을 강조한다. 호원은 근본을 밝히고 실용에 통달하는 학문(明體達用之學)을 주장하여 일대의 인재를 교육하는 한편 육덕(六德, 인간이 지켜야 할 여섯 가지 덕으로 禮, 仁, 信, 義, 勇, 智), 육행(六行, 孝, 友, 睦, 婣, 任, 恤), 육예(六藝, 禮樂射御書數)로 만민을 가르칠 것을 주장했다. 고염무는 천하에는 변화해야 할 풍속이 없지 않다고[274] 하였다. 스스로 예악을 부흥시켜 "난이 일어났다 도리어 바르게 되고 풍속이 변하는 것은 자연히 그렇게 변화함으로써 평화롭게 다스리는데 활용하는 것"이라는[275] 역사적 사명이 있는 것이다. 황종희는 과거제도에 대하여 맹렬하게 비판하였다. 그는 과거제도의 부패상을 이렇게 인식하였다.

> "선왕의 큰 도리와 큰 법도로 하여금, 군사와 농업, 예악과 아래로는 구류(九流, 한대의 아홉 학파-유, 도, 음양, 법, 명, 묵, 종횡, 잡, 농가) 육예에 이르기 까지 민생의 일용에 절실해야 하는데, 방탕함이 황량이 들풀처럼 되었다".[276]

안원은 백절불굴의 의지로 예악으로 만민을 교화하겠다는 주장을 실천에 옮겨 매우 낙관적으로 말하였다.

> "하루에 예악을 익히고 실천하면 하루라도 당(唐), 우(虞)나라처럼 되고 한 달 동안 예악을 익히고 실천하면 한 달은 당, 우나라와 같이 되며 한 사람이 예악을 익히고 실천하면 한사람이 요와 순임금처럼 되고 사람마다 예악을 익히고 실천하면 사람들이 모두 요와 순임금처럼 된다".[277]

맹자는 사람이 모두 요와 순임금처럼 될 수 있다고 하였고 순자는 "길에 다니는 사람도 우임금처럼 될 수 있다고 하였다. 안원에 이르러 예악을 익히고 실천하면 사람들이 모두 요와 순임금처럼 될 수 있다고 하였다. 이상은 이천 여 년 동안 유가학파의 위대한 교육자들이 인문으로 천하를 교화한다는 위대한 이상을 추구해온 것을 설명한 것이다. 왕부지, 황종희, 고염무, 안원 등의 교육자들은 모두 경세치용의 정신과 박학 심사하는 한편 풍부한 저서를 낸 인물들로 하늘이 무너지고 땅이 갈라지는 역사적 전환점에서 모두 예

---

274) 『日知錄·宋世風俗』.
275) 『答友人論學書』.
276) 『南雷文案·傳是樓臧書記』.
277) 『習齊言行錄』.

악문화의 부흥을 자기의 임무로 여기고 인문으로 천하를 교화하는 사업에 뜻을 두었는데 이는 우리가 중시하고 깊이 생각해볼 만한 가치가 있다. 양수명은 『중국문화요의(中國文化要義)』라는 저서에서 이렇게 지적한 바 있다." 중국 문화의 부흥은 바로 예악을 일으키는 것이요, 세계의 미래는 반드시 예악의 부흥에 있다. 예악의 부흥은 바로 중국 문화의 부흥이다. 중국과 서구문화의 회통과 융합은 문화발전의 필연적 추세이자 문화중국의 창건은 인류세계에 최대의 공헌이다 오늘날 세계에서 인문으로 천하를 교화한다는 것은 더욱 깊은 뜻이 함의되어 있고 높고 멀리 내다보는 이상이다.

제 3 장

인성론과 교육

제3장 인성론과 교육

인성론(人性論)은 인간의 본질에 관한 학설이다. 이는 인간의 삶의 철학이자 도덕규범 체계를 세우는데 이론적 기초가 된다. 인성론 문제가 중국사상사에서 쟁점화된 것은 오랜 역사를 걸쳐 광범위하게 탐구된 문제 중의 하나이다. 선진시대로부터 오늘에 이르기까지 쟁점화 된 문제이기 때문이다. 사회변혁은 생활로부터 일정한 사회조직에서 인간이 이뤄낸 것이다. 또한 사회변혁은 인간이 자신의 인식능력의 제고를 가능하게 한다. 이 때문에 언제나 중요한 사회변혁은 모두 인간의 성품에 대한 다채로운 논의를 일으켜 새로운 인식을 가능케 한다. 예를 들면 인성의 공통요인과 개성, 자연적인 속성과 사회적 속성 등이 그렇다. 인성은 변화하는가? 그렇지 않은가? 인성과 교육과의 관계는 어떠한가? 등등과 관련된 문제는 항상 쟁점이 되는 문제이다. 이런 문제들은 결국 인간의 본질이 무엇인가에 대하여 정확하고 전체적으로 이해하는 문제로 귀결된다.

교육은 인간을 육성하는 일종의 사회적 활동이다. 그러나 사회가 요구하는 인재를 육성하고자 하면 반드시 인간 이해는 그 전제 조건이 된다. 인간은 변화할 수 있을까? 이 문제에 대한 응답은 교육의 유용성 여부와 관련이 있다. 즉, 인간은 선한가 아니면 악한가? 또는 교육이 어떠해야 하는가에 대한 대답이 그 기초가 된다. 만일 교육학이 다 방면에 걸쳐 인간을 교육하는 일과 관련된 학문이라고 생각하면 먼저 인간을 전면적으로 이해해야 한다.[1] 교육활동은 인간을 떠나서는 불가능하다. 같은 교육이론이라 하여도 인간의 본성문제를 뛰어 넘어설 수 없다. 특히 중국 교육 발전의 역사에 있어서 교육이론과 인성론은 하나가 되기 때문에 중국 인성론의 발전과정을 밝히지 않고서는 중국 교육이론의 발전에 영향을 미친 사상과 역사적 원인의 궤적을 규명할 수 없다.

1. 중국 인성론 발생의 역사적 배경

인류의 인식론 발전의 역사적 전말을 보면, 인간이 자신에 대한 인식과 연구를 하기 시작한 것은 매우 오래 전부터이다. 원시사회가 시작할 때에 인간은 자신의 본질을 인식할 수 없었고 자기의 육체와 정신현상을 해석할 수도 없었다. 자기와 비슷한 자연계를

---

1) 烏申斯語, 『西方資産階級教育論著選』, 502쪽.

구분할 수 없어서 자기를 자연계의 일부분으로 즉, 자연물의 일종으로 인식하였다. 인류사회의 발전에 따라 인간과 자연계가 분리되어 인간은 자연히 야만인으로부터 자각하는 인간으로 발전하게 된다.

춘추전국시대는 중국 고대 역사상 중대한 변혁의 시기로 노예제로부터 봉건제도로 넘어가는 과도기이자 봉건제의 기본형태가 형성되는 시기였다. 당시 전체 사회가 모두 일대 변화의 시기이자 대분화, 대개편의 과정이었다. 또한 위대한 인물의 출현을 요구받던 시기이자 사상가의 시대로 백가쟁명이 출현했던 시기였다. 인간을 몽매한 전설로부터 각성시키고 미신으로부터 자신에 대한 인식을 새롭게 갖도록 하며 안광을 하늘의 도에서 인류에게로 전환시킨 시대였다. 따라서 인성문제 대해서도 마침내 명확하게 밝혀지게 되었다. 인성론의 출현은 인류의 사상적 지혜의 산물이다. 이와 같이 인성론에 대한 논의가 꽃을 피우게 된 것은 유구한 역사적 근원을 그 발아의 토양으로 삼은 결과이다.

먼저, 춘추전국시대에 인성문제가 처음 출현된 것은 당시 사회적 관계 및 변화와 밀접한 관련이 있다. 노예사회의 출현에 따라 토지는 천자(天子)가 소유했고, 정치적으로는 종법제를 기초로 한 봉건제도가 실시되어 사회노동의 주요한 부담을 지닌 노예는 인격도 없었다. 노예의 눈에는 단지 그들이 말하는 수단에 지나지 않았다. 춘추시기에 쟁기와 소로 논을 가는 것이 일반적으로 널리 사용되면서 노동력이 많이 요구되기 시작하여 생산력의 제고를 위해 노예주와 소수의 평민들은 도망가는 노예를 이용하여 개인의 소유지를 경작하였다. 이렇듯 노예제도의 강력한 적수와 아울러 결과적으로 승리한 것은 봉건적 생산 관계의 출현이었다. 사회가 큰 변화를 겪는다는 것은 이론적으로 새로운 지주계급의 출현이 대답해야 할 문제이다. 첫째, 봉건제도는 노예제도에 비하여 우수했다. 적어도 일정한 수준에서 노동자의 이익을 승인한다는 점에서 그렇다. 또한 일정한 수준에서 노예와 평민의 최저한도의 인격문제를 인정하는 편이었다. 그러나 그것은 이론적 해석을 요구하는 문제들이었다. 둘째, 노예제도 아래에서 노예는 가장 고귀한 존재로 그들의 특권은 천부적인 것이었지만 신흥지주계급이 자신들이 취득한 경제, 사회적 지위를 강화하기 위하여 이론적으로 그 근거를 찾아 논증을 하였다. 그들은 신흥지주계급이나 몰락한 노예의 주인인 귀족계급이 노예를 인간으로 증명되어 본질적으로는 완전히 평등한 존재였다.

그 다음으로 인성문제에 대한 검토는 천인관계의 문제에 대한 인식과 논쟁에서 필연적으로 다뤄져야 하는 중요한 내용의 하나였다. 중국 고대 노예사회인 은, 상(殷, 商)시대에 원시종교의 미신사상은 절대적 통치의 지위를 점유하고 있었다. 원시종교의 미신사상은 이미 노예를 위주로 하는 귀족의 세계관이었다. 또한 그들은 노예와 평민을 압박하는 사상적 도구이었다. 정교일치의 신권정치는 그 증거였다. 당시 인격과 의지가 있는 신이 우주의 모든 사물을 주재하는 존재로 인식했다. 은허(殷墟)의 갑골 복사(卜辭)에는 다음과 같은 기록이 있다. "갑신년에 제왕이 비를 내리도록 명하였다. 왕이 읍지를 책봉하고 제왕은 이렇게 했다"는 등의 기록이었다. 바람과 비를 불러오고 사회적 지위, 농작물 작황의 좋고 나쁨, 전쟁의 승패 등등 모든 현상은 신의 의지에 따라 결정되었다. 이런 상황에서 인간은 완전히 이런 신비의 절대적 의지에 종속되어 어떤 독자적인 의지나 역량을 갖지는 못했다. 그러나 사회 발전에 따라 인간은 자연현상과 사회현상에 대한 인식을 점차 깊이 전개해 나가면서 소박한 무신론에 대하여 문제를 제기하였다. 또한 인지가 점차 발전되면서 상제나 하늘로부터 절대적 의지나 명령이 나온다는 점에 대하여 회의하기 시작했다. 서주시대에 원시종교의 미신이 절대적인 통치의 지위를 점유하던 것이 변화가 일기 시작했다. 인간의 문제가 주목을 받기 시작했다. 예를 들면, "주공(周公)은 백성이 하고자 하는 바를 하늘이 따르고 하늘은 자신과 백성이 바라보는 바를 보고 하늘은 자신과 국민의 듣는 바를 듣는다"고[2] 말했을 뿐만 아니라 "하늘은 오직 때에 맞게 국민이 주인 되는 것을 추구한다"는[3] 명제를 제시했다. 이런 기반위에서 주공은 또한 이렇게 명확히 밝혔다. 즉, "황제와 하늘은 어떤 관계도 없지만 오직 덕만이 보좌한다".[4] 이는 이른바 덕을 존경하고 국민을 보호한다는 종교, 정치, 윤리사상을 말한 것이다. 덕을 존경하는 것은 국민을 보호한다는 근거가 되고, 국민을 보호한다는 것은 천명의 구현이 된다. 그러므로 덕을 존경하고 국민을 보호한다는 사상의 중요한 경향을 언급하자면 통치계급이 선 왕대에 그렇게 덕을 밝히고 국민을 보호했던 전통 즉, 하늘에 기도하여 영원한 수명을 얻는 것을[5] 본받은 것이다. 이런 전통은 영원히 노예를 위주로 하는 귀족들의 정치적 목적을 보존해주었다. 그러나 그 가운데에는 또한 하늘은 믿을 수 없다는[6] 일부 내용이 내재했다. 또한 주공(周公)의 목적은 비록 천명을 강화하기 위한 것이었지만 이런 종교 미신사상을 선전하는 것은 여전히 하늘에는 절대적 의지가 존재함을 인정하는 것이었다. 다만, 이런 의지에는 결국 하늘이 내리는 상벌이란 인간의 요구나 바람을 고려하지 않을 수 없다고 하여 하늘의 권위를 제한했을 뿐이다. 춘추전국 시대에 이런 사조가 진일보 발전되었는데 그 중요한 특징은 비교적 인간의 욕구나 바람을 깨달아 하늘의 의지나 권위에 저항한다는 점이었다. 이른바 "신이 총명 정직하여 제일인자이지만 인간에 의지

2) 『左傳·襄公 31年』, 『泰誓』.
3) 『尙書·多方』.
4) 『左傳·僖公 5年』.
5) 『尙書·召誥』.
6) 『尙書·尹奭』.

하여 시행한다"는[7] 말이다. 정국(鄭國)의 자산(子産, B.C. 580~B.C. 522)은 말하기를 "하늘의 도는 멀고 인도는 가까우니 천도가 미치는 곳이 없다"고 하였다. 이는 인도와 천도의 대립을 언급한 것이다. 이런 모든 인간의 사회적 영향력은 가면 갈수록 중시되었다. 인간이 점차 자신의 영향력과 특징에 주목하기 시작했다. 그리하여 신이 소유하고 있던 많은 특징들이 인간이 지닌 특징으로 대체되었다.

셋째, 하늘과 인간의 관계(天人關係)에서 인간을 중시하는 사상과 관련해서 보면 정치사상 가운데는 백성을 중시하는 의식이 출현되었다. 춘추전국시대에 많은 정치가들이 추앙한 신들도 인간의 의지에 의지해야 활동할 수 있었다. 수나라의 계양증(季梁曾)은 "국민은 신이 이뤄낸 지극한 존재이다. 이 때문에 성왕(聖王)은 먼저 국민을 살펴 이룬 다음에 신에게 정성을 다 한다"고[8] 말하였다. 사은(史嚚, 공자이전 춘추시대 진보적인 사상가중의 한 사람)은 말하기를 "내가 듣건대 나라가 장차 흥하려면 국민의 소리에 귀 기울이고 나라가 망하려면 귀신의 소리에 귀 기울인다"[9] 하였다. 또한 관중(管仲, 미상~B.C. 645)은 "정치가 발전하려면 민심에 따라야 하고 정치가 피폐한 것은 민심에 거슬리는데 있다"고[10] 하였다. 여기서 국민을 중시하는 이런 정치 윤리사상의 철학적 의의는 국민을 하늘에 대항하는 힘으로 삼아 인간이 마침내 대자연으로부터 분리되어 나온다는 것이다. 인간이란 무엇이며 인성이란 무엇인가의 문제도 사상가들에게 한 걸음 더 나아가 토론되어야 할 중요한 문제였다.

춘추전국시대 일부 사상가들은 인성문제에 대해 관심을 갖기 시작했다. 예컨대 관중이 추진한 정책은 인간의 성품이 이로움을 좋아하고 그 이로움을 놓고 다툴 수 있다는 것을 전제로 하였다. 자산의 인성에 대하여 이렇게 말한 바 있다. "사람들이 모두 이로움을 좋아하고 해로움을 싫어한다. 통치자는 이런 인성을 이용하여 통치의 목적 및 그 이익을 지킬 수 있어야 한다". 중국 철학사에서 비교적 일찍이 인성문제를 제기한 사람은 공자이다. 그는 "성은 서로 가까우나 익힌 바가 서로 멀다"고[11] 하였다. 이 말은 인성이 본래는 서로 가까운 것이나 환경이나 습관이 서로 달라 차이가 가면 갈수록 커진다는 의미이다. 이는 후천적 환경이나 교육이 인간의 발달과정에 결정적인 작용을 한다는 것을 인정한 것이다. 따라서 타고난 운명에 기초한 유전론이나 종교적 세습관념과 충돌하였다. 문제는 인간이 태어날 때부터 아는 것이냐 아니면 배워서 아는 것이냐가 핵심이었다. 어떤

7) 『左傳·庄公 32年』.
8) 『左傳·桓公 6年』.
9) 『左傳·昭公 32年』.
10) 『管子·牧民』.
11) 『論語·陽貨』.

의미에서 보면 공자는 춘추 이래의 천인관계에서 인간을 중시하는 전통을 계승하여 인간과 괴력을 지닌 혼란스런 신과 관계에서 처음으로 이 양자 간의 대립을 야기케 하였다. 이런 대립이 야기된 후에 인성문제에 대한 검토에도 깊은 영향을 주었다. 전국시대는 천하가 인간의 성품을 논했던 시기였다. 사상계에서 중국 철학사상 인성에 관한 논쟁이 가장 고조된 시기였기 때문이다. 많은 사상가들이 모두 인성에 대한 자신의 관점을 제시하고 서로 논박함으로써 인성문제에 대한 인식이 고조되게 되었다. 이 시기의 주요한 관점을 들면 다음과 같다. 세석(世碩, 주나라때 지식인)은 인성에는 선악이 있다는 성유선유악론(性有善有惡論)을, 고불해(告不害)는 인성에는 선악이 없다는 성무선무악론(性無善無惡論)을, 맹자(孟子, B.C. 372~B.C. 298)는 인성은 본래 선하다는 성선설을, 순자는 인성은 본래 악하다는 성악설을 각각 주장했다. 이렇게 보면 중국 고대에 이미 인성에 관한 논의가 시작되었다고 말할 수 있으며 전체 봉건사회에서 쟁점화된 관점이 이렇듯 모두 출현된 것이다.

2. 중국 고대 인성론의 비교

(1) 중국 고대의 주요 인성론

인간 존재에 관한 학설을 보면 중국의 고대로부터 매우 풍부한 역사적 유산으로 존재해 왔다. 그리하여 그들만의 특수한 개념, 범주와 체계로 독특한 논쟁과 토론의 주제가 있었다. 인성에 관한 사상적인 발전과정을 보면 장구한 역사적 흐름 가운데 각기 서로 다른 역사적인 시대에 서로 다른 학파의 사상가들이 모두 이 문제에 대하여 자기의 이론적 관점을 제시하고 그 근거를 밝힌 바 있다. 인성에 관한 사상은 내용면에서 지속적으로 풍부해져 갔고 아울러 이론적으로도 점점 심화되었으며 방법론에서도 점차 치밀해졌다. 서로 다른 학파들이 서로 대립하는 가운데 융합되고 논쟁하는 가운데 서로 영향을 주고받아 각 학파 간에 이미 상대방의 약점을 비판하고 또 상대방의 장점을 수용하며 서로 경쟁하면서 함께 발전해나갔다. 이렇게 대립하면서 발전한 인성론은 복잡한 사상적 관점과 풍부하고 다양한 사상적인 내용을 함의하고 있었다. 선진시대로부터 성선설, 성악설에 대한 다양한 관점들이 제기되었고 한당(漢唐)시기에 인성에 관한 삼품설(三品說)이 제기되었으며 송명대에는 이학파의 인성론이 진일보 발전함으로써 중국 고대 인성론은 풍요로우면서도 다채로워졌다. 중국의 인성론과 교육관의 내재적인 관련성을 알아보기 위해서는 반드시 역사적으로 중요한 인성론에 대하여 간략하게나마 돌아볼 필요가 있다.

1) 인간의 본성은 가까우나 익힌 바가 멀다(성상근습상원; 性相近習相遠)는 입론. 중국 고대의 기록 가운데 비교적 일찍이 인성문제를 제기한 사람은 공자였다. 그는 일찍이 인간의 성은 가까우나 익힌 바가 서로 멀다고[12] 말한 바 있다. 그러나 공자가 인간의 성품에 대하여는 말한 적이 매우 적어 논어 전체를 살펴보아도 단 한 곳에서만 성을 논할 정도이다. 공자의 제자인 자공(子貢)은 "공자께서 인간의 성품과 천도를 말한 것을 들을 수가 없었다"고[13] 했다. 공자는 성선, 성악에 대하여 말하지는 않았다. 다만 인간의 천성은 모두 서로 가까우나 후천적으로 차이가 나 서로 다른 것은 모두 습관 때문이라고 보았다. 이른바 성품이 서로 가깝다는 것은 인간의 성품이 선한 것은 서로 가깝다는 말인가 아니면 악한 것이 가까운가? 그리고 익힌 바가 서로 멀다는 것에서도 선한 것이 서로 먼 것인가 아니면 악한 것이 서로 먼 것인가? 혹은 다른 것인가? 이에 대한 해석이 전개된 바 없다. 『논어』에 그 밖에 몇 가지 언급된 바는 있다.

> "오직 매우 지혜로운 자와 가장 어리석은 자는 변화되지 않는다",[14] "중간 정도 이상의 사람에게는 높은 수준의 것을 말해줄 수 있으나 중간 이하의 사람에게는 높은 수준의 것을 말해 줄 수 없다",[15] "태어나면서 아는 자는 상위의 수준에 해당되고 배워서 아는 자는 그 다음이며 열심히 배워도 이해하지 못하는 자는 또 그 다음이고 열심히 노력하지만 이해하지 못하면서 배우지도 않으려 하면 하위의 수준에 해당된다".[16]

이상의 명제에 대해 학계에는 서로 다른 해석이 있다. 그 중 하나를 소개하면 다음과 같다. "이미 성품이 서로 가깝다는 것은 세 가지 성품임을 알 수 있다. 이른바 상위 수준의 지혜를 가진 자와 하우(下愚)는 원래 성품을 논하지 않으나 재주와 지혜의 차별을 말하여 성품은 본래 지우로 말할 수는 없다"는[17] 해석이다. 다른 하나의 관점으로는 고대 사상가들의 해석을 원용하는 입장이다. 한대의 저명한 사상가인 왕충(王充, 27~97 추정)은 이렇게 해석한다.

> "성품이 서로 가까우나 익힌 바가 서로 멀다는 것은 무릇 중간 정도 수준에 해

12) 『論語·陽貨』.
13) 『論語·公冶長』.
14) 『論語·陽貨』.
15) 『論語·雍也』.
16) 『論語·季氏』.
17) 張岱年, 『中國哲學大綱』, 183쪽.

당되는 사람의 성품은 익힌 바이다. 오직 상위의 수준에 해당되는 지혜와 하위 수준에 해당되는 사람은 변하지 않는다는 것은 성인이 교화하고 어진 자가 가르쳐도 그들을 다시 바꿔 놓을 수 없다는 것이다".[18]

위에서 성품이 서로 가까우나 익힌 바는 서로 멀다는 것은 단지 변화될 수 없는 상위 수준의 지혜로운 자와 하위 수준의 어리석은 자 간의 중간을 말한 것이다. 즉, 중간 정도의 사람에게만 적용할 따름이다. 또 공자가 사상에서 태어나면서 아는 자를 상등의 지혜를 가진 자로 인정하나 그의 실제 생활과 교육실천 가운데 도리어 태어나면서 아는 자를 상등의 지혜를 가진 자라고 명확하게 밝힌 바는 없다. 또한 "나는 나면서부터 아는 자가 아니라 옛 것을 좋아하여 구한 자이다"고[19] 하였다. 이렇게 보면 공자사상은 두 가지 측면을 모두 갖추고 있다. 하나는 이론적으로 인간의 성품에는 차별이 없다는 것을 인정하는 것이고 다른 한편으로는 현실적으로 가볍게 취급하여 심지어 이런 차별을 부정하는 면이 있다.

우리가 여기서 이런 문제에 대하여 학문적인 담론을 더 이상 전개할 여지는 없다. 그러나 공자 이후의 후대 봉건사회에서 많은 유학자들이 인간의 성품에 차등이 있다는 인식을 가지고 공자의 인성론을 이해하려고 한다는 점을 지적할 수 있다. 공자는 비록 성품에 대해 말한 바는 많지 않지만 그는 유가의 창시자, 처음으로 인간의 성품이라는 명제에 대하여 제시한 인물로 후래 인성론에 대하여 중대한 영향을 미쳤다. 공자 이후 출현한 맹자와 순자는 모두 공자학설로부터 자신의 인성론을 끌어내고 있다. 공자가 말한 성품은 서로 가깝지만 익힌 바가 서로 멀다는 것은 이미 맹자의 성선론과 순자의 성악론의 이론적 근거를 제공한 것이다.

2) 자연인성론: 노자(老子)는 춘추전국시대 도가의 창시자이자 자연인성론을 제일 먼저 주창한 인물이다. 그는 "천도는 자연 무위하다"고 하는 우주론에 근거하여 "소박한 것을 보고 가까이 하며, 사사로움과 욕심을 작게 하라"는 인성관을 수립했다. 그는 가장 좋은 도덕적 규범은 인간으로 하여금 원시 자연의 소박한 상태로 돌아가게 하는 것이라고 하였다. 이는 인간의 본성이 무지무욕하기 때문에 인간이 소박한 원시 자연의 본성을 잃어버리면 자기의 사적인 마음, 소유욕을 갖게 된다. 그렇게 되면 이로 인하여 사회는 다툼이 끊이지 않는다. 그는 이렇게 말했다.

---

18) 『論衡·本性』.
19) 『論語·述而』.

"그러므로 도를 잃은 다음에 덕이 필요하고 덕을 잃어버린 다음에 인이 소용되며, 인을 잃은 뒤에 의로움이 소용되고 의로움을 잃은 뒤에 예가 필요하게 되는 것이다. 무릇 예가 필요하게 되는 것은 충신(忠信)이 박약하다는 증거로 장차 어지러워지려는 시작이다. 장래 일을 선견한다는 것은 지혜이다. 지혜는 꽃과 같은 것이다. 꽃은 아름다운 것 같지만 곧 헛되게 시들어 버린다. 그러므로 지혜란 현명하다는 말의 다른 이름 같지만 실은 우매한 것의 시작이다. 그러므로 대장부는 후한 것을 취하고 박한 것을 버리며 질실한 것을 취하고 허화한 것을 버린다. 그런 까닭에 저 박한 예와 허화한 지(智)를 버리고 이 진실한 도와 후한 덕을 취한다".[20]

위에서 스스로 사사로움을 취하지 않는다는 것에서부터 자기 스스로의 사사로움으로의 전환은 인간의 자연본성에 위배된 것으로 노자는 인간이 무지, 무욕의 어린이 상태로 돌아갈 것을 주장한다. 그는 또 이렇게 말했다.

"성인은 고정된 마음이 없다. 백성들의 마음을 마음으로 삼는다. 착한 사람을 나는 선의로 대한다. 착하지 않은 사람도 나는 또한 선의로 대한다. 그렇게 하면 모두가 성인이 된다. 믿음직한 사람을 나는 믿는다. 그러나 믿음직하지 않는 사람도 나는 또한 믿는다. 그렇게 하면 모두가 믿음직해진다. 성인은 천하에 대하여 마음에 집념 없는 무심의 상태로 천하를 위하여 그 마음을 혼연일체하게 가진다. 성인은 그들을 다 어린이와 같이 대한다".[21]

성인의 임무는 천하의 모든 사람으로 하여금 혼연히 한 마음의 상태인 아는 바가 없는 어린이와 같은 마음을 갖게 하는 것이다. 이런 원시자연 상태에서는 선한 사람과 악한 사람, 교사와 학생, 성인과 대중이 모두 차별이 없는 같은 한 인간이다. 이런 사회가 비로소 진정한 오묘함을 얻는 사회다. 교육은 인간으로 하여금 어리석은 자를 지혜로운 자로 바꾸는 것이기 때문에 교육은 일종의 기만하는 죄를 범한다. 노자는 "여러 사람들이 배우지 않는 바를 배우고 그래서 여러 사람들의 잘못한 바를 도에 복귀시킨다"고[22] 말하였다. 사람들이 모두 배우지 않는다는 말은 교육자와 대중이 서로 비슷하여 모두가 함께 크게 미혹된 사회가 바로 가장 좋은 사회라는 뜻이다.

---

20) 『道德經』, 第38章.
21) 『道德經』, 第49章.
22) 『道德經』, 第64章.

장자(莊子)는 노자의 사상을 계승 발전시켜 전국시대 도가학파의 주요한 대표적 인물이 되었다. 그는 인간의 본성을 "성명(性命)의 정(情)으로 인식하였다. 이는 사람이 성명의 정에 따르는 자유로운 활동으로 외부의 구속을 받지 않고 무조건적인 정신적 자유 즉, 무기(無己), 무공(無功), 무명(無名)의 지극한 인간, 신인(神人), 성인의 경지에 도달하는 것을 의미한다. 이런 인성에는 선악도 없다. 이런 인간의 본성에 따르는 것이 가장 원만한 인성이다." 그는 말하기를 "인간의 성품이란 인간의 삶에 바탕이 된다"고[23] 하였다. 이어서 "성인은 면밀한 것에도 통달하여 모든 것을 일체로 보나 그렇게 통달해 있는지를 모르니 그것이 인간의 성품이다"고[24] 하였다. 인간이 적극적으로 미래를 내다보며 일하다 보면 하늘이 명하는 소리를 듣지 못한다. 그것이 바로 성품을 손상하고, 상하며 잃어버리는 것이다. 즉, 이는 인간이 하늘을 멸하고 그런 까닭으로 명(命)을 멸한다고 했다.

『회남자(淮南子)』는 한대 유안(劉安, B.C. 179~B.C. 122)의 빈객(賓客)들이 공동으로 저술한 책이다. 이 책은 도가학설을 계승하여 성은 하늘의 자연으로 인위적인 것을 첨가하지 않은 자연을 일러 성(性)이라고 했다. 이 책에서 그는 이렇게 말하고 있다.

> "성품에 따르는 것을 일러 도라 하고 천성을 얻은 것을 덕이라 하며 성품이 자연스러움을 잃어버린 다음에 인을 귀히 여기고 도가 자연스러움을 잃어버린 다음에 의를 존중한다. 이 때문에 인의가 서고 도덕이 옮겨가며 예악의 치장을 하면 소박함이 흩어진다".[25]

인간의 본성이 혼란스럽고 어두워 밝지 못하여 아득하고 침침하면 자연에 맡기라. 원래 인간의 본성은 단지 먹고 마시며 휴식을 취하다 천지에 의지하여 덕있게 살고 시비곡절을 따지지 않으며 인의도덕을 모르면 이것이 바로 성품을 거느리고 도를 행하는 것이다. 이런 성품이 착한 성품이라고 해야 한다. 그러나 인간이 스스로 총명하다고 하여 외적 물질을 추구하다 보면 물질로 인하여 마음이 움직이고 좋아하고 싫어하는 것이 생기게 되며 이 때문에 인성이 상해를 입게 되고 천리를 소멸하게 된다. 회남자도 후천적인 영향, 즉 사회 환경 교육이 인성 형성에 중요한 영향을 미친다고 이를 강조하였다. 그는 이렇게 말했다.

---

23) 『莊子·庚桑楚』.
24) 『莊子·則陽』.
25) 『淮南子·齊俗訓』.

"무릇 성품의 바탕이 질박하나 검게 물들면 검게 되고 붉게 물들면 붉게 된다. 인간의 성품이 삿됨이 없으나 오래 속된 것에 잠기면 바뀌져 쉽게 근본을 잃게 된다. 본래 성품과 합하면 그와 같아지게 된다".[26)]

인간의 천연 본성이 후천적인 환경에 젖어 물든 것(習染)이지만, 교육을 통하여 변화시킬 수 있다. 예컨대 검은 색은 흰색과 대비되고 붉은 색은 황색과 같은 색이다. 본래 색이 따로 있는 것이 아니라 물을 들여 만든 것이다. 일단 물이 들면 마치 본래 있던 색처럼 변화된다. 인간의 사악한 것은 성품에서 본래 그런 성질이 있는 것이 아니라 속된 것에 물이 들어 그렇게 된 것이다.

3) 인성에 선악이 존재함(人性有善有惡說): 인성에는 선과 악이 존재한다고 하는 주장은 전국시대 세석(世碩, 주나라 때 유학자)이 제일 먼저 인성문제에 대한 관점을 제기하면서 비롯되었다. 왕충은 『논형(論衡)』이라는 저서에서 세석(世碩, 춘추 陳人, 공자의 제자 중 한 사람)이 인성에 관하여 논술한 것을 편집하였다.

"주나라 세석(世碩)이라는 사람은 인성에 선과 악이 있다고 하여 인간의 성품이 선하다고 하면 이를 잘 길러 지극함에 이르면 선한 성품이 길러지고, 악하다고 하여 이를 길러 지극하면 악한 성품이 길러진다. 이같이 하면 성품에는 각기 음양과 선악이 있는데 이는 기르는 곳에 있다".[27)]

이 말의 뜻을 보면 세석은 인간에게는 선과 악이 아울러 갖춰져 있어 이 두 가지가 서로 다른 자연적인 바탕이라고 하였다. 이는 마치 같은 기운에 음양의 두 가지 기운이 나눠지는 것처럼 음기는 선으로 양기는 악으로 표현되는 것과 같다. 그러나 세석이 이해한 인성은 인간의 자연적인 속성을 말한 것이다. 세석이 제시한 이 명제와 동시에 또 다른 함의가 해석되고 있다. 비록 인간에는 선과 악의 본성이 있지만 이런 선천적인 본성을 유지하고 표현한 것이다. 즉, 기른다는 것도 후천적인 환경과 교육에 의한 것이다. 후천적으로 길러진 선한 성품은 선한 성품으로 하여금 부단히 발전하게 하고 악한 성품을 기른다는 것 역시 악한 성품을 계속 증대되게 한다는 의미이다. 다시 말하면 세석은 인성문제의 출발점은 역시 인간을 자연적, 생물학적 인간, 인성을 천부적인 것으로 보았

---

26) 『淮南子·齊俗訓』.
27) 王充, 『論衡·本性』.

으나 후천적인 사회 환경과 교육이 인성형성에 중대한 영향을 미치는 것을 의식하였다.

양웅(揚雄, B.C. 53~18)도 이런 관점을 지지한 철학자이다. 그는 말하기를 "인간의 성품은 선악이 혼재한다. 그 선함을 닦으면 선한 사람이 되고 그 악함을 닦으면 악한 사람이 된다".[28] "배운다는 것은 성품을 닦기 때문이고 보고, 듣고, 말하고, 외모와 생각하는 것은 성품이 있기 때문이다. 배우면 바르게 되고 그렇지 않으면 사악해진다".[29] 양웅의 입장에서 보면, 그가 말하는 성품의 내용은 보고, 듣고, 말하고 외모와 생각하는 것 등 다섯 가지를 포함하고 있다. 그러나 성품에 있어 보고, 듣고, 말하고, 외모와 생각하는 것 등을 구체적으로 말한 것이고 또 바른 것(正)과 그릇된 것(邪)이 있다고 했다. 대개 인간의 성품에는 선악의 두 가지가 있다. 인간이 선이나 악으로 표현하는 것은 배움과 닦음에 의해 결정되는 것이다. 그는 특히 닦음과 배움의 작용을 강조하였고 아울러 선을 닦으면 선한 사람이 되고 악을 닦으면 악한 사람이 된다고 하여 배우면 바르게 되고 그렇지 않으면 악하게 된다는 명제를 제시했다. 양웅은 유가의 도덕관념으로 즉, 인, 의, 예, 지, 신을 선악과 정사 및 수신, 양성, 마음을 다스리는 표준으로 삼았다. 그는 말하기를 "수신을 하는 것을 활로 여기고 생각을 교정하는 것은 화살로 삼아 의를 세우는 것을 이렇게 하여 존중히 한 다음에 발사하면 반드시 명중한다"고[30] 했다.

인간이 부단히 학습하고 학습을 통하여 진리를 파악하면 사악한 것과 싸워 이를 물리치고 승리하므로 본성을 수련해야 한다. 인간이 배우지 않을 수 있다. 배움과 배우지 않음은 크게 달라 배우지 않는 것은 금수와 다름이 없다.

위에서 인성에 선악이 있다는 이론에는 독특한 점이 있다. 인성에는 이미 선악의 요소가 있어 이 두 가지 요소는 태어나면서 갖춰져 있는 것으로 세상에 왜 선한 사람과 악한 사람이 존재하는가를 해석할 수 있고 또한 인성에는 이미 선악의 가능성이 존재한다고 말할 수 있다. 이런 이론에는 후천적으로 기른다는 점을 강조한다. 그리하여 그런 가능성이 현실로 전환되면 더 넓은 세상을 보게 된다. 이런 사상은 이후의 사상가들에게 일정한 영향을 미쳤다. 그러나 이런 이론에는 이미 인간이 태어나면서 선악의 두 가지 자연적 속성이 갖춰져 있다는 것이며 인간을 생물학적 인간과 후천적으로 닦음과 기름의 작용을 강조하고 있다. 그러나 이런 이론은 마침내는 인간의 마음과 물질을 이원론적으로 접근한 것이다.

28) 揚雄, 『法言·修身』.
29) 揚雄, 『法言·學行』.
30) 揚雄, 『法言·修身』.

4) 성무선무불선설(性無善無不善說, 성품에는 선함도 없고 선하지 않다고도 할 수 없다)

성무선무불선설은 전국시대 중기에 고불해(告不害)가 인성문제에 대하여 제기한 관점이다. 인성이란 무엇인가에 대하여 고불해는 "태어나면서 가지고 나오는 것을 일러 성이라 하여 식욕과 색욕이 성품이라는 견해를 제시했다. 그가 이해한 인성은 주로 생물학적 본능으로 먹고 마시고 색욕을 갖는 것은 모든 인간에게 존재하는 생리적인 공통의 욕구라고 했다. 그렇다면 인성은 당연히 선이라는 것도 아니고 선하지 않다고도 말할 수 없다는 것이다. 선과 악은 모두 천성은 아니며 후천적으로 교육하여 길러지는 것이다." 그는 이렇게 말했다.

> "성품이란 마치 여울물과 같다. 동쪽으로 흐르도록 터놓으면 동쪽으로 흐르고 서쪽으로 흐르도록 터놓으면 서쪽으로 흐른다. 인성에도 선과 선하지 않음의 구분이 없는 것이 마치 물이 동서로 구분이 없는 것과 같다"고[31] 하였다.

인간의 성품에 선과 불선이 없다는 것은 주로 어느 방향으로 인도하느냐를 보는 것이다. 그는 또한 성품과 인의도덕을 이미 구별이 있는 것으로 보았다. "성품은 마치 버들가지와 같고 또 나무를 구부려 만든 술잔과 같다. 인성을 인의로 여기는 것은 마치 버들가지로 술잔을 만드는 것과 같다".[32] 성품이란 마치 버드나무와 같다는 것은 인간의 자연속성을 가리킨다. 인의는 마치 인간이 필요에 따라 가공하여 버드나무를 술잔으로 만드는 것을 말한다. 이는 후천적인 교육으로 도덕적인 품행을 기르는 것을 가리킨다. 버드나무는 슬잔과 같을 수 없기 때문에 성품과 인의 또한 혼돈할 수 없는 것이다. 고불해는 비록 인간의 자연적 속성, 자연 본질과 인간의 사회적 속성의 상관관계 또는 서로 구별되는 점에 대해 초보적 인식을 했지만, 그는 인간의 자연적 속성에 대해 지나치게 강조하여 인간의 지우를 떨어뜨리고 사회적인 인간과 자연적 동물의 구별을 혼돈하여 이론적으로 매우 커다란 한계를 드러냈다.

왕안석(王安石, 1021~1086)도 인성의 무선무불선을 주장한 사상가이다. 그는 인성이란 인간의 심리적 활동능력을 지칭한 것으로 자연에서 나오는 "하늘이 준 재질"을 가리킨다고 하였다. 이런 태어날 때부터 가지고 나오는 성의 선천적인 자질은 인간의 심리적 활동과 인식능력을 가리키며 이런 능력은 성의 고유한 것이자 사람마다 비슷한 것이라고 하였다. 그는 다음과 같이 말했다.

---

31) 『孟子·告子, 上』.
32) 『孟子·告子, 上』.

"듣지 않아도 듣고, 보지 않아도 밝으며 생각하지 않아도 얻으며 행하지 않아도 도달하는 것이 성의 고유함이다. 신이 자생한 바인데 진심으로 정성을 다하여 도달한 경지이다. 그러므로 정성으로도 능히 측량할 수 없는 것이 성이다. 어진 사람은 정성을 다 하여 그 성을 세운 사람이요 성인은 성을 다하여 지성에 이른 사람이다. 듣지 않을 때 먼저 들을 수 있고 보지 않을 때 먼저 밝게 보며 말하지 않을 때 먼저 말을 하고 움직이지 않을 때 먼저 움직인다".33)

여기서 왕안석은 보고, 듣고, 생각하고 행동하는 능력을 일종의 자연적인 심리활동 능력에서 나오는 것으로 보았다. 이런 심리적 활동능력은 선천적으로 갖춰진 인간의 감각 기관이자 인성에 고유한 것이다. 또한 이런 선천적으로 구유한 심리적 활동능력은 인성과 동물의 성간의 다른 점의 근본적인 까닭이 된다. 하늘이 준 재질이 다름으로 인하여 인간이 예를 할 수 있으나 원숭이는 그렇지 못한다. 그러므로 인간의 본성은 원숭이 등의 동물과는 다르다. 왕안석은 맹자, 순자의 인성론적 기초를 비판하고서 인성이란 정(情)의 근본이요 정이란 성의 용이라는 명제를 제시했다. 그는 다음과 같이 말하였다.

"성(性), 정(情)은 하나이다. 세상에 다음과 같이 논하는 사람이 있다. 성은 선하고 정은 악하다고 하는데 이는 성정의 이름은 알지만 그 실제를 모르는 것이다. 희노애락호오욕(喜怒哀樂好惡欲)은 밖으로 아직 발하지 않고 마음에 있는 것 이것이 성이다. 희노애락애오욕이 밖으로 발하여 외적 행동으로 보이는 것이 정이다. 이 칠정은 인간의 살아가는데 존재하는 것으로 사물에 접한 다음에 동하는 것이다. 그 동하는 것이 이치에 합당하면 성인이고 현인이다. 그러나 이치에 합당하지 못하면 소인이다. 그 무리를 보건데 정이 밖으로 발하여 외계의 사물에 번거롭게 되면 악에 빠지는 것이다. 그렇기 때문에 이르기를 성은 악한 것이고 성을 해하는 것이 정이라고 하였다. 이는 정이 밖으로 발하는 것을 살피지 아니하고 외계의 사물에 감각된 바에 따르는 것을 선에 든다고 할 수 있는가?".34)

이미 그러한 성의 작용은 밖으로 발하여 선이 될 수도 있고 악이 될 수 도 있어 선악의 구별이 성과 정 자체에 있는 것은 아니다. 밖으로 발하는 상황이 어떠하느냐에 따라 정해질 따름이다. 즉, 정이 이치에 합당하느냐 여부이다. 왕안석은 후천적으로 익히는 것을

33) 王安石, 『禮樂論』.
34) 王安石, 『性情』.

선악의 결정적 조건으로 보고 선악, 지우가 모두 후천적인 윤리도덕의 수양에 따라 결정되는 것이고 바뀌질 수 없는 것은 아니라고 분명히 하였다. 왕안석의 인성론 사상은 형이상학적 성정분리론을 주장하는 성삼품설을 철저히 비판하여 인성문제에 대한 검토에 중요한 의의를 갖는다.

5) 성선론(人性本善論)

성선론은 중국사상사에서 가장 큰 영향을 미친 하나의 인성론이다. 맹자는 이런 관점을 맨 먼저 주창한 인물이다. 맹자는 인간의 인간답게 되는 본질이 인성에 있다고 하여 인성에는 측은, 수오, 사양, 시비의 마음이 내포되어 있고 인의예지 등의 미덕의 발단도 모두 선천적으로 태어날 때부터 갖춰져 있는 것으로 보았다. 그는 이렇게 말하였다.

> "측은지심은 사람마다 다 가지고 있으며 수오지심을 사람마다 다 가지고 있으며 공경지심을 사람마다 다 가지고 있으며 시비지심을 사람마다 다 가지고 있으니 측은지심은 인이요, 수오지심은 의요, 공경지심은 예요, 시비지심은 지이니 인의예지가 밖으로부터 나를 녹여서 들어오는 것이 아니라 나에게 고유한 것이지만 사람들이 생각하지 못할 뿐이다".35)

맹자가 강조한 것은 이런 선의 단초가 도덕관념의 싹으로 인간이 금수와 다른 점이자, 금수보다 높은 본질적 특징이라고 강조하였다. 인성은 이미 인간의 윤리 도덕적 생활의 근거요 또한 인간이 정치적 주장을 하는 기초가 된다. 인간에게는 선한 성품이 있기 때문에 도덕을 말하고 어진 정치를 실시할 수 있다. 맹자는 인간에게 선천적인 윤리 도덕관념이 갖춰져 있다고 하지만 교육과 자기 수양이 이런 도덕관념을 형성하는 과정에 어떤 작용을 한다는 점을 부정하지는 않았다. 그는 이렇게 말하였다.

> "무릇 사단(四端)이 나에게 있는 것을 다 넓혀서 채울 줄 알면 마치 불이 처음 타오르며 샘물이 처음 나오는 것과 같을 것이다. 만일 능히 이것을 채운다면 족히 사해를 보호할 수 있고 만일 채우지 못한다면 부모도 섬길 수 없을 것이다".36)

35) 『孟子·告子上』.
36) 『孟子·公孫丑上』.

맹자는 적극적으로 인간의 사회적 속성으로부터 귀결되는 인간의 본질을 파악코자 시도하고 인간의 자연적 속성으로 인성을 규정하는 것을 반대하면서 인간과 동물을 구별하려고 하였다. 이러한 사상에는 인간이 자신의 존재 자체는 현재 있는 모습이며 살아있는 종으로 대치하면서 보편적인 인자로 삼고 또한 자유의 존재물로 대치되는 합리적인 것이었다.[37] 그러나 맹자의 인성론에도 중대한 결함이 있다. 그는 인간의 사회적 속성을 인간의 선천적 본성에 귀속시켜 마치 순자가 비판한 부분. 즉, "인간의 본성을 채 모르고 타고난 본성과 후천적으로 교정된 성품과를 구분 못하는 것"과[38] 같은 한계가 있다. 그의 인성론은 선험적이고 유심주의이다. 그는 인간의 이성이 인간이 나에게 부여된 바로 보고 있다. 단지 그들을 보존하고 발전시키는 것을 스스로 깨달으려고 할 따름이다. 이로서 지혜와 덕행을 이룰 수 있다는 것이다. 그러나 그는 사유하는 것과 존재하는 것 간의 관계를 본말이 전도되게 보고 있다.

장재(張載, 1020~1077)는 성선론을 지지하는 인물이다. 그는 허(虛)와 기(氣)를 합하여 성의 이름이 있다고 하는 인생관을 제기한다. 그는 사람마다 태허라는 본성을 가지고 있는 것으로 본다. 이른바 천지의 성이 바로 그것이지만 사람마다 태어나면서 음양이라는 두 가지 기운을 품수 받았기 때문에 특수한 형체와 특수한 본성을 갖추고 있다. 이른바 기질지성이 바로 그것이다. 비록 모두 물질적인 기에서 나온 것이지만 천지의 성은 어떤 결점이 없다. 이런 인성은 인간이 공유하는 본성이다. "인성이란 선하지 않는 것이 없다. 그 선함을 받으면 도리어 선하지 않음이 될 따름이다".[39] 이는 말하자면 인간이 선하고자 하면 자기를 반성하는데 있고 천지의 성을 체현하는 것이 윤리 도덕이라고 하는 선의 요구에 부합될 수 있는 것이다. 기질지성은 인간이 태어날 때 음양의 두 가지 두텁고 얇은 서로 다른 것을 품수 받아 형성된 것이기 때문에 깨끗한 것도 있고 탁한 것도 있으며 선하게 혹은 악하게 표현되기도 한다. 이런 근거위에서 그는 인간의 각종 정욕은 모두 선하지 못한 행동으로 이는 기질지성에서 유래된 것으로 보았다. 그는 천지지성을 선의 근원이라고 하였다. 이로 인하여 그는 기질지성의 추구를 반대하고 인간이 천지지성으로 돌아갈 것을 요구하였다. 그는 말하기를 "형상이 갖춰진 다음에 기질지성이 있고 선이 이에 반한 것으로 즉 천지지성이 존재한다"고[40] 하였다. 악한 사람을 선한 사람으로 개조하려면 천지지성으로 하여금 보전하게 하여 기질을 변화시키는 것이다. 그는 말하기를 "크게 이로운 것을 배우는 것은 스스로 기질을 변화시킬 수 있는데 있다"

---

37) 맑스, 『경제학, 철학수고』, 50쪽.

38) 『荀子·性惡』.

39) 『正蒙·誠明』.

40) 『正蒙·誠明』.

고[41] 하였다. 장재는 기질지성을 변화시키는 방법으로 윤리 도덕을 배우는 것과 호연지기를 선양하는 것으로 보았다. 호연지기를 기르려면 의를 모아야 한다. 여기서 의를 모은다(集義)는 것은 선을 모으고 악을 제거한다는 것이다. 인간이 이렇게 자주 쉬지 아니하고 날로 달로 쌓아 가면 호연지기를 얻을 수 있다. 자기의 물질적인 욕망을 극복하고 물질적인 욕망의 유혹을 배제하여 빈 마음, 존경하는 마음, 정성스런 마음을 갖게 되면 악을 선으로 바꿀 수 있게 되고 본래 마음을 기를 수 있다. 또한 본래 성품을 유지하고 하늘을 섬길 수 있다. 장재의 인성론은 비록 후천적인 학습과 스스로 자기 수양을 강조하는 점에서 일정한 적극적 의의가 있지만 그 목적은 도리어 천지지성의 봉건적인 윤리도덕에 근원하는 관계로 인간의 정감, 욕망을 억제하고 봉건제도의 합리화를 위한 논증을 한다. 장재의 인성론은 중국 고대의 인성론에서 중요한 지위를 점유한다. 그의 유심주의는 송명대의 성리학자들이 출현하는데 커다란 영향을 미쳤다.

정호, 정이 형제는 인성문제에 대한 입장이 기본적으로 일치하고 있다. 장재가 인성문제에 대하여 제기한 기초위에서 정호, 정이 두 형제는 성즉리(性卽理)라는 이론 다시 말하면, 선하지 않는 것이 없다는 주장이다. 그들 형제는 인간의 성을 두 가지로 나눠보고 있다. 하나는 하늘이 명한 것을 일러 성이라고 하여 인간이 태어나기 전에 존재하는 것으로 우주의 근원적 정신성이 인간의 성품 가운데 체현된 것을 일러 이(理)라고 하며 이는 가장 근원적인 것이다. 이런 성은 절대적인 선이다. 다른 하나는 태어나면서 가지고 나오는 성으로 이는 이른바 기 가운데서 나온다. 때문에 선도 있고 악도 있지만 가장 근본적인 것은 아니다. 그들 형제는 말하기를 "맹자가 인간의 성품은 선하다고 말하였다. 이는 옳다. 그런데 순자와 양웅은 또한 성을 모른 것이다. 맹자가 모든 유학자 가운데 홀로 드러나는 것은 성을 밝힐 수 있었기 때문이다. 인성에는 선하지 않음이 없으나 선하지 않은 자도 있다. 그것이 재(才)이다".[42] 인성이 바로 이(理)다. 여기서 이(理)란 요순시대에서 진흙을 굽는 사람은 한 사람이 있었는데 그 재주는 기에 품수되어 있었다. 기에는 청탁이 있는데 그 청한 기운을 품수한 자는 어진 사람이 되고 탁한 기운을 품수한 자는 어리석은 자가 된다.[43] 이 두 형제가 본 바에 따르면 이만 있으면 가장 높고 위없는 원칙으로 천지만물의 모든 근원이 된다. 그러나 성은 이의 나타난 바 이기 때문에 지선에 달하여 악일 수는 없다. 그러므로 "하늘에 있는 것을 명으로 하고 옳은 것에 있는 것은 이로 삼으며 인간에게는 성이 되어 주로 몸에서 마음을 삼는다. 그러나 사실은 하나이다".[44] 이 말에 의하면 성의 내용은 인의예지라는 윤리 도덕관념을 가리킨다. 이런 모든

41) 『經學理窟』.
42) 『二程遺書』, 卷18.
43) 『二程遺書』, 卷18.

것은 인간의 천성에 고유한 것이다. 이 두 형제는 인간이 태어 날 때 품수 받은 기를 악의 근원으로 보았다. "어릴 때부터 선하기도 하고 악하기도 하다. 이는 기에 품수되어 있기 때문에 그렇다".45) 이는 인간의 일생을 보면 기에 청탁이 품수된 것이 달라 인간이 어릴 때부터 선악이 나눠지는 것이 결정된다. 기와 성은 모든 인간의 몸에서 동시에 존재한다. 이는 통일되어 있고 대립되어 있기도 하다. 그 통일된 것을 말하면 기에서 품수되어 구성된 재료로 인하여 선은 하늘로부터 나올 때 가지고 온 것이고 악도 하늘로부터 가지고 온 것이라고 할 수 밖에 없다. 그 대립된 면을 말하면 성은 이가 인간의 본성에서 체현된 것이다. 기에 청탁을 품수 받아 선과 악이 존재한다. 그러면 어떻게 하면 선을 보존하고 악을 제거할 수 있는가? 이에 대해 두 형제는 장재의 기질을 변화시키는 학설을 한 걸음 나아가 천리를 보존하여 인간의 욕망을 제거한다는 주장을 제기한다. 항상 배우고 익히며 몸소 천리를 관찰하면 인간의 기질을 변화시킬 수 있다. 그들은 말하기를 "보고 듣고 말하고 행동하는 것이 이치에 맞지 않아 하지 않으면 이는 이에 해당된다. 예가 바로 이(理)다. 천리가 아닌 것은 바로 사욕이다. 인간이 비록 선을 하려고 하지만 역시 예가 아니다. 인간의 욕망이 모두 천리인 것은 아니다".46)

주희(朱熹, 1130~1200)는 성리학의 집대성자이다. 그는 장재, 이정(二程)의 인성론을 계승한 바탕위에서 체계적인 선험적 도덕론의 인성학설을 수립했다. 먼저, 주희는 그의 객관적인 유심론 철학 체계로부터 인간의 성품은 단지 천리의 체현일 뿐이라고 하였다. 그는 다음과 같이 말하였다.

> "성(性)이란 인간이 하늘에서 얻은 바의 이(理)요, 생(生) 즉, 태어난다는 것은 인간이 하늘에서 얻은 바의 기(氣)이니. 성(性)은 형이상의 것이라면 기는 형이하의 것이다. 인간과 사물이 나올 때 이 성을 갖지 않음이 없고 이 기를 갖지 않음이 없다. 그러나 기로 말하면 지각, 운동이다. 이는 인간과 동물이 다르지 않은 것 같다. 이(理)로 말하면 인의예지가 품수된 것으로 어찌 동물이 얻어 온전히 할 수 있겠는가? 이는 인성이 선함이 없지 않다고 하는 것이며 이로 인하여 인간이 만물의 영장이라고 한다. 고불해는 성이 이임을 알지 못하고 이른바 기를 성에 해당시켰다. 지각, 운동이 움직이는 것은 사람과 동물이 같은 줄만 알고, 인의예지의 순수한 것을 모르는 것이 인간과 동물이 다르기 때문이다".47)

44) 『二程遺書』, 卷18.
45) 『二程遺書』, 卷1.
46) 『二程遺書』, 卷15.
47) 『孟子·告子上注』.

주희는 맹자가 선천적인 사회, 윤리 도덕관념으로 인성과 동물의 성품을 구분하는 논법을 긍정적으로 보는 한편 고자(告子)가 이와 기의 한계를 모호하게 하여 인성과 동물의 본성을 같은 것으로 보았다고 비판했다. 그 다음에 주희는 인성에는 두 가지가 있다고 주장했다. 즉, 천지의 성과 기질의 성이다. 천지의 성은 바로 천리로 순박한 지선의 자리이나 기질지성은 이(理)와 기(氣)로 서로 섞여서 서로 상호작용하여 형성된 것으로 인간의 품기에 청탁과 후박이 이 있기 때문에 인성에 선악의 구분이 있다. 천리를 보존하고 인간의 욕만을 제거하면 인간이 선하게 될 수 있고 반대로 인간의 욕망을 발전시켜 천리를 멸하면 인간은 선하지 않게 될 수 있다. 주희는 천리와 인간의 욕망이라는 서로 용납되지 않는 두 가지 측면에서 인성을 명확히 제시하려고 하였다 최후에 주희의 인성학설에서 그는 장재와 이정의 이른바 천지지성과 기질지성의 기초위에서 마음을 도심과 인심이라는 개념으로 나누었다. 도심과 인심은 마음의 두 가지 측면이다. 전자는 천명지성이라면 후자는 기질지성이다. 천리를 실행하는 것을 일어 도심이라고 한다. 이목구비의 욕망에 만족하고 그 욕망을 추구하려는 것은 인심이다. 도심은 인간에게 공통된 것으로 성인과 범부의 구분이 없다. 실제로 성인과 범부의 구별이 생기게 되는 까닭은 성인은 시간 공간에 따라 도심을 살펴 감정과 욕망의 구속을 받지 않는다. 보통사람이 성인과 같은 인격을 갖출 수 있느냐 여부는 인심으로 하여금 도심에 완전히 복종시키고 도심을 보장하여 항상 한 몸의 주인이 되게 하느냐에 있다.

왕양명은 명대의 저명한 주관적 유심주의 사상가이다. 그는 마음 밖에는 아무런 것도 존재하지 않는다는 유심주의 사상체계를 세웠다. 인성문제에서 인성은 본래 선하다는 입장에서 마음을 다해 본성을 알고 마음을 다해 이치를 궁구할 것을 선양했다. 먼저 왕양명은 천리, 마음, 성을 하나로 연계하면서 모두 "성 하나일 따름이라고 하였다. 스스로 그 형체도 천이라고 하고 주제도 제왕이라고 하고 유행도 명(命)이라고 하며 인간에 부여된 것도 성이라고 하고 인간의 몸에 주인이 되는 것도 마음이라고 하였다. 마음이 발하여 아버지를 만나면 효가 되고 임금을 만나면 충이 된다. 이로부터 이름이 무궁하여 단지 성 하나일 따름이다".[48] 서로 다른 사물, 서로 다른 입장에서 말하지만 성은 바로 마음, 천리, 천명, 이(理)이다. "항상 밝은 것이 도이다. 그것이 하늘에 있는 것을 일러 명(命)이라고 하고 인간에게 부여된 것을 일러 성이라고 하며 신체에 주인이 되는 것을 마음이라고 하는데 마음, 성, 명이 하나이다".[49] 성이 이미 그러한 것이 마음이고 천리의 체현이기 때문에 그것이 선하지 않음이 없다. 그 다음으로 이미 인성이 본래 선하면 악한 사람

---

48) 『傳習錄上』.

49) 『稽山書院尊經閣記』.

은 어디서 오는 것인가? 왕양명은 인간이 악하다는 표현이 있기 때문에 악한 성품이 존재하고 인간의 본심은 생각이 발한 다음에 부정, 선하지 않음이 있다. 물욕을 추구하고 물욕을 감추기 때문에 악하다는 표현이 있다. 이로 인하여 차별이 생긴다. 인간의 물욕의 은폐를 제거하고 그 본성마음을 회복하면 성인이 될 수 있다. 그렇다면 어떻게 그 물욕을 제거할 수 있는가? 왕양명은 치양지(致良知)를 제시하였다. 그는 고요한 곳에서 깨닫고 일하면서 연마하며, 실다웁게 보존하며 치밀하게 체득하며 기질을 변화시켜 인간의 욕망의 은폐와 해독을 제거하는 공부를 철저히 하여 한 생각도 선하지 못한 것이 가슴에 잠복하지 않도록 하면 인간의 욕망이 조금도 남아 있지 않고 천리가 보존되는 목적에 도달할 수 있다고 하였다.

6) 성악설(人性惡說): 인성이 악하다는 주장은 전국시대 저명한 사상가인 순자(荀子)가 맨 먼저 이론적으로 해석하기 시작하였다. 먼저 순자는 성이라는 이 개념에 대하여 한계를 정하였다.

> "태어나면서 그러한 것을 일러 성(性)이라고 하고,[50] 배우지 않고 하지 않아도 그대로 존재하는 것을 일러 성이라 한다.[51] 배고프면 먹고 싶고, 추우면 따뜻하게 하고 싶고 고단하면 쉬고 싶고 이익을 좋아하고 손해를 싫어하는 것은 누구나 나면서부터 있는 것이다. 배워서 된 것이 아니다. 이것은 우왕(禹王)이나 걸(桀)이나 다 같다".[52]

첫째, 인간에게는 모두 욕망과 추구하고자 하는 것이 있기 때문에 성품 가운데 스스로 있는 것이지 기다려 배워서 존재하는 것은 아니다. 이런 물질적 이익을 추구하는 것이 인간의 성악(性惡)을 결정한다. 둘째, 순자는 제일 먼저 인위라는 개념을 제시했다. "인위(人僞)란 빛나는 문화요,[53] 배워야 되고 해보아야 되는 것을 일러 인위라고 한다"[54]. 인위는 인위적으로 이뤄진 것이라는 뜻이다.[55] 셋째로 순자는 성과 위를 구별하였고 또한 이들 간에 서로 관련이 있는 하나의 대립 개념으로 보았다. 그는 말하기를 "본성이 없으면 인위를 추가할 곳이 없고 인위가 아니면 본성은 아름답지 못하다. 본성과 인위가 합해

---

50) 『荀子·正名』.
51) 『荀子·性惡』.
52) 『荀子·非相』.
53) 『荀子·禮論』.
54) 『荀子·性惡』.
55) 『荀子·儒效』.

야 비로소 성인이란 명목이 서고 천하에 큰 공적을 이룰 수 있다"(『荀子·禮論』)고 하였다. 이는 인간의 자연적 자질의 작용을 인정하는 한편 인간의 사회, 윤리도덕이 후천적으로 형성되는 것임을 인정하고 인간의 자연성과 사회적 속성을 연계하여 고찰할 것을 요구하고 있다. 넷째, 순자는 선천적으로 가지고 나온 인간의 성품의 변화를 강조하여 "일상 거동행위 등이 수반된 습관 풍속에 의해 본성을 변화시키다(注錯習俗, 所以化性)"고[56] 주장하여 인간의 자연적 본성이 비록 악하다고 했지만 후천적 윤리도덕의 자아 수양에 주력할 수 있고 성인이 제정한 예의 법도를 준수하면 이런 악한 자연본성도 바뀌질 수 있다고 하였다.

> "습속이란 내게 원래 있는 것은 아니지만 변화시킬 수 있는 것이다. 습속이란 성정을 변화시키는 것이다. 전일하게 여러 번 되풀이하면 습성이 되고 습속이 마음을 변화시켜 오래 오래 쌓으면 본질도 변화시키며 전일하게 수양하고 수양하면 신명에 통하고 천지에 참예할 수 있을 것이다."(『荀子·儒效』) "때문에 보통사람도 우임금 같은 성인이 될 수 있다".(『荀子·性惡』)

순자의 인성론은 선천적 도덕관념과 오래된 차별적인 선천적 근거를 부정하고 후천적인 환경의 영향과 교육 작용을 매우 강조하여 제일 먼저 인간은 일정한 윤리도덕과 관련된 사회에서 이성적인 인간, 많은 적극적인 가능성을 지닌 존재로 인식하였다. 그러나 그는 인간이 입고 먹고, 색욕 등의 욕구에 근거하여 반드시 투쟁, 음란이 일어날 것으로 예측하고서 인간이 악하다고 한 것은 사실에 부합되지 않고 논리적으로도 문제가 있다고 했다. 그가 마음은 이해관계가 있는 것을 중요시한다는 것도 인간의 자연, 생리적인 본능을 중시한 것이다. 도덕적인 의식을 본능의 범주에 끌어 들여 선추천의 구별을 혼란스럽게 하고 그가 제시한 본성과 인위적인 것 간의 구별도 혼란스럽게 한 면을 면할 수는 없다.

7) 성삼품설(性三品說): 동중서(董仲舒, B.C. 179~B.C. 104)는 가장 먼저 삼품설을 주장하여 후세에 큰 영향을 미친 인물이다. 먼저, 동중서는 하늘과 인간으로부터 감응하는 목적론에서 출발하여 인간이 일생동안 갖추어야 하는 성(性)과 정(情)이 있다고 하였다. 인간에게는 성과 정이 있는데 이들은 모두 인격으로 말미암아, 의지가 있는 하늘의 음양이라는 두 가지 속성에 의해 결정된다. 성은 하늘의 음이(陰)라는 측면이 나타난 것으로

---

56) 주착습속, 소이화성(注錯習俗, 所以化性)에서 주착은 일상의 거동행위 등에 수반된 습관풍습을 말한다. 어느 정도 후천적으로 형성되는 것이어서 변화 가능하다.

인(仁)이라고 하며 선한 품성을 낼 수 있다. 한편 정은 하늘의 양(陽)이 나타난 것으로 탐(貪)이라고 하며 악한 품성을 낼 수 있다. 그렇기 때문에 성은 인이 정은 탐이 각각 나올 수 있다. 그들은 모두 천명이 결정한 것이다.

> "인간은 하늘로부터 명을 받아 선악의 성품이 있다. 이들은 기를 수는 있으나 고칠 수는 없으며 예상은 할 수 있으나 제거할 수 없다. 만일 형체가 살이 찌고 야윌 수는 있으나 변화시킬 수는 없다".57)

성정은 인성에 속하나 간단히 인성 가운데 선과 악이 있다고 말할 수는 없다. 인성 가운데 성정은 함께 존재하여 인간으로 하여금 선한 품성을 낼 수도 있고 악한 품성을 낼 수도 있다. 그러나 인성은 현실적인 선이나 악과 같은 것은 아니다. 그는 이렇게 말하였다.

> "그러므로 성은 벼에 비유될 수 있고 선은 쌀에 비유될 수 있다. 쌀은 벼에서 나오지만 벼에 있는 쌀이 전부 쌀이 될 수는 없다. 선은 성에서 나오나 성이 모두 선이 될 수 없다. 선과 쌀은 인간이 하늘을 이어서 밖에서 이뤄지는 것이지 하늘 안에서 이뤄지는 것은 아니다".58)

그 다음 동중서는 인간이 비록 모두 성과 정을 천성적으로 가지고 나오지만 선악은 서로 다른 품성이다. 하지만 서로 다른 인간의 품성이 비중 역시 서로 다르다고 할 수 있다. 이에 따라 인성을 세 가지 종류로 나눠볼 수 있다. 하나는 정욕(情欲)이 매우 작고 가르치지 않아도 스스로 선한 성인의 성품이요, 둘은 정욕이 매우 많아 가르쳐도 선하게 되지 않는 국량이 작은 하찮은 성품(斗筲之性), 셋은 정욕이 있고 또 인덕(仁德)도 있어 선, 악이 될 수 있는 중간 정도의 백성이 갖는 성품이 그것이다. 동중서는 그 중에서 중민(中民, 중간 정도의 수준에 해당되는 일반 백성)에 대한 교화를 강조한다. 그는 이렇게 말하였다.

> "성이란 하늘이 부여한 품성의 소박한 기질이요, 선이란 왕이 가르쳐 교화함이요, 그런 기질이 없다면 왕이 가르쳐도 교화할 수 없다. 왕의 가르침이 없으면 그 기질이 소박하나 선해질 수 없다".59)

---

57) 『春秋繁露·玉杯』.
58) 『春秋繁露·深察名號』.

이상과 같은 성삼품설은 봉건적인 윤리, 도덕교화를 중시할 것을 요구했다.

한유는 동중서 이래의 성삼품설을 계승하여 성(性)과 정(情)의 관계를 논술하면서 성삼품설을 완성했다. 그는 인성에는 성과 정의 두 가지 면이 포괄되어 있으나 정은 성을 기초로 한다. "성이란 선천적으로 구유된 것이고 정이란 사물에 접하여 나오는 것이다".[60] 성은 선천적인 것이라면 정은 인간이 외부에 접촉하여 그 자극을 받아 나온 인간의 내면의 마음에서 나오는 것이다.

한유가 가리키는 "성의 구체적인 내용은 인의예지신이라는 다섯 가지 덕을 의미하나, 서로 다른 사람에게 각자 갖추어 가진 오덕의 수준도 다르다고 할 수 있다. 이 때문에 인성을 상, 중, 하로 나눈다. 상품의 인성은 덕을 위주로 나머지 네 가지 덕에 통한다. 중품의 인성은 오덕 가운데 하나의 덕이 부족하거나 위배되어 나머지 사덕에도 부족하거나 상황에 맞지 않는다. 하품의 인성은 하나의 덕에 위배되고 나머지 네 가지 덕에도 부합되지 않는다. 정(情)의 구체적인 내용은 희노애구애오욕(喜怒哀懼愛惡欲)인 일곱 가지 정 즉, 칠정(七情)을 가리킨다. 정에는 성품에 따라 세 가지 품덕이 있고 세 가지 종류로 분류되나 그들로 하여금 성품에 세 가지 것들이 서로 부합되게 한다. 한유는 봉건윤리 도덕으로 성품의 등급을 분류하는 것을 지지하고 후천적으로 봉건윤리 도덕교육을 통하여 상품의 성이 더욱 배움으로 나가 밝아지게 하고 하품의 성은 두렵고 위엄이 있으나 죄를 적게 범하도록 할 수 있다"고[61] 하였다. 한유의 학설은 봉건제도의 강상명교(綱常名教)를 지지하는 입론으로 그 의미가 분명하고 제시된 견해는 또한 후세에 천명지성과 기질지성, 천리와 인욕에 대한 논쟁의 길을 앞서 터놓았다.

8) 인성불성론(人性佛性論): 불교는 서한말 동한초에 중국에 전래된 후 위진 남북조시대에 발전을 한 다음 수당대에 더욱 번성하여, 천태, 화엄, 유식, 선정, 정토종, 밀교 등 중국 특유의 많은 종파가 출현했다. 송대 이후 불교는 기본 교의가 유가에 흡수되어 점차 쇠미해졌다. 불교사상은 중국 고대 철학, 교육사상에 모두 커다란 영향을 끼쳤다. 인성론에서는 혜능(慧能, 638~713)의 본성이 부처라고 하는 주장이 가장 큰 영향을 끼쳤다. 혜능은 인간은 모두 불성이 깂아 있고 부처가 될 수 있다고 보았다. 인간이 망념을 제거하고 본래 갖춰진 불성을 드러내면 부처가 될 수 있다는 것이다. 그는 다음과 같이 말했다.

---

59) 『春秋繁露·實性』.

60) 『韓昌黎集·原性』.

61) 『韓昌黎集·原性』.

"반야의 지혜 역시 크고 작은 것이 없고 일체 중생에게 자신의 마음에 깨달음과 어두움이 서로 다를 뿐이다. 미(迷)한 마음을 밖에서 보려고 하고 그런 부처를 찾으려고 수행을 하면 자성을 깨닫지 못해 이는 작은 근기에 해당된다. 만약 돈오로 깨달음이 열려 가르친다면 밖으로 닦는데 집착하지 않는다. 단지, 자기의 마음 가운데 항상 바른 견해가 일어나고 번뇌는 사라지고 항상 물들지 않으면 바로 성품을 본 것이다".[62]

이른 바 자성(自性)이란 자기의 성품, 주체적인 자아의 성품을 가리킨다. 이른바 부처는 바로 자기 스스로가 주체임을 깨달은 것을 말한다. 만일 그렇지 않으면 중생이다. 그러므로 그는 또 말하기를 "자성을 깨달으면 중생도 부처요, 자성이 미혹하면 부처라도 중생이다".[63] 반야의 지혜는 원래 주체적으로 가지고 있는 것이다. 관건은 깨달음 여하에 달려 있다. 인간이 불성을 가리는 미망에 대한 망념, 정욕을 배제할 수 있다면 어리석은 사람이 지혜로운 자가 될 수 있고 부처를 이룰 수 있다. 사람마다 불성이 갊아 있을 뿐만 아니라 불성은 같은 것이다. 다만 미혹하느냐 깨닫느냐의 차이만 있을 따름이다. 그에 따라 중생과 부처의 구별이 있다.

"마땅히 어리석은 자와 지혜로운 자를 알아야 한다. 하지만 불성에는 본래 차별이 없다. 다만 미하고 깨달음이 다를 뿐이다. 그러므로 이에 따라 지혜로운 자와 어리석은 자가 있다".[64]

혜능은 불성을 인간의 유일한 하나의 본질적 특성으로 보았다. 그러므로 인간의 본성은 바로 부처이다. "본래 성품이 부처이므로 불성을 떠나 따로 부처가 없다".[65] 그는 분명히 인성이 바로 불성임을 인정하고 그 불성은 당연히 인간 자신에게 있기에 "부처는 그 성품을 지향하는 가운데 이뤄지는 것이지 몸 밖에서 구하지 마라"고[66] 하였다. 불성은 사람마다 갊아 있는 유일한 인성이다. 단지 자성을 깨달으면 불성을 보는 것이 되어 부처를 이룰 수 있다. 자성을 깨달아 알면 부처에 이른다는 것이다.

혜능은 또한 부처를 이루는 것은 어려운 것이 아니고 어려운 수련을 하는 과정을 거칠

62) 慧能, 『六祖壇經』.
63) 慧能, 『六祖壇經』.
64) 慧能, 『六祖壇經』.
65) 慧能, 『六祖壇經』.
66) 慧能, 『六祖壇經』.

필요도 없고 단지 본성을 보는 것이 바로 견성이요, 부처를 이루는 것이라고 한다. 돈오성불을 하려고 하면 혜능이 제시한바 즉, 먼저 무념을 마루 되는 것으로 삼을 것을 요구한다.

> "선지식아, 나는 이 법문에 따라 예로부터 먼저 무념(無念)을 마루되는 가르침(宗)으로 삼고 무상(無相)을 체(體)로 하며 어디에 주한 바 없음을 근본으로 삼는다. 무상이란 상에 있으되 상을 떠나며 무념이란 생각이 있으나 생각이 없고 어디에 주한 바 없는 것이 인간의 본성이다".[67]

인간이 외부의 사물과 접촉할 때 마음에 외부의 사물에 묶인 바 없고 외경의 영향을 입지 않으며 마음에 외계 사물에 물들지 않고 스스로 청정한 마음을 지키고 주체가 객체 가운데 있어도 어디에 머물러 있지 않으나 행동은 자유로 하는 것은 본성의 능력이 있음을 말하는 것이다. 그러므로 이를 일러 인간의 본성이라고 말하는 것이다. 다만 무념의 상태에 이르면 자성이 진공임을 알 수 있다. 이는 자성진공(自性眞空)이 만물을 포함할 수 있다는 것이다. "자성에는 만법을 포섭할 수 있어 가장 크고 모든 인간의 그 성품 가운데 존재한다".[68] 무념의 상태로 어디에 물들지 않으면 오고 가는 것을 자유로이 하며 스스로 청정하여 조금도 어디에 머물지 않고 정신이 해탈되어 천당에 도달할 수 있다. 혜능이 말한 본성이 부처라는 사상은 교육적으로 일정한 영향을 미쳤을 뿐더러 직접적으로 송명대의 성리학의 사상적 원천 가운데 하나가 되었다.

중국 고대 인성론은 매우 다양하고 광대하여 여기서는 그 중요한 내용만을 선택하여 개략적으로 서술했을 뿐이다. 사상가의 세계관이 서로 다르고 입장차도 있어 하나의 동일한 명제 아래 서로 다른 구체적인 사상내용을 포함시키거나 상이한 명제 하에 서로 유사한 사상적인 내용을 포함시킨 상황이 있음을 알 수 있다. 따라서 우리는 그 내용을 분석할 때 주의를 해야 한다. 중국 고대 인성론의 발전 과정에 대한 역사적 자취를 비교적 잘 이해하기 위해서 다음 몇 가지 주요한 인성론의 관점을 중심으로 기본적인 비교와 논의를 전개해보기로 한다.

(2) 성무선무악설과 성선설의 논쟁

고불해(告不害)를 대표로 하는 무성선무악설과 맹자를 대표로 하는 성선론은 역사상

67) 慧能, 『六祖壇經』.
68) 慧能, 『六祖壇經』.

일찍이 격렬한 논쟁을 벌인 적이 있고 인간의 자연적 본질과 사회적 본질에 관하여 즉, 자연적 속성과 사회적 속성의 관련 문제는 중국 고대 인성론 발전의 역사에서 중요한 의미를 갖고 있어 여기서 이를 별도로 논의해 볼 필요가 있다.

1) 고자(告子), 맹자의 인성론의 분기점: 즉 인성은 무엇이며 그 본질적 특성은 무엇인가? 고자와 맹자는 이 문제에 대해 각기 다른 주장을 전개했다. 고자는 인간이 태어날 때부터 가지고 나오는 생리적 특징을 근거로 인성의 근거를 확정하려고 한다. 고자는 "태어날 때부터 가지고 나온 근본을 성이라고 하며 식욕과 색욕이 성이다"고[69] 하였다. 고자가 파악한 성은 선천적인 본능 여부에 따라 성과 성이 아닌 것을 구분하는 기준으로 삼은 것을 쉽게 알 수 있다. 모든 후천적인 학습을 거쳐야 비로소 품성, 행위가 갖춰질 수 있으며 이들 모두를 인성의 근거로 삼을 수는 없다. 음식을 먹는 것과 색욕은 사람마다 가지고 있는 본능이기 때문에 성의 범주를 구획하는 범주가 된다.

한편 맹자는 인간과 동물의 구별로 인성을 확정하려 하였다. 인성은 인간이 다른 동물과 구별되는 특수한 증거가 되기 때문이다. 그는 적극적으로 인성과 동물의 성이 같다는 입장을 반대하면서 고자의 주장을 이렇게 반박한다. "태어날 때의 근본을 성이라고 한다면 개의 성이 소의 성과 같으며 소의 성이 인간의 성과 같은가?"(『孟子·告子上』) 여기서 고자는 자연적 속성을 인간의 본성으로 파악하고 인의도덕을 사회적 속성으로 보아 후자를 인성의 범주에 속하지 않는 것으로 보았다. 이런 구별은 이미 인간에게는 자연적 속성과 사회적 속성이라는 두 가지 속성이 있으며 소박한 기철학적인(물질주의적) 요소를 포함하고 있는 것으로 볼 수 있다. 그러나 그는 인성을 단지 생물의 성으로 귀결시켜 인간의 사회적 본질을 배제하였고 인간이 동물과 구별될 수 없다고 하였기 때문에 이론적으로 결함이 있다. 바로 이런 근본적인 점에서 고자는 맹자의 비난을 받은 것이다. 맹자가 고자를 비판한 내용 즉, 고자는 "인성을 손상시켰다고 하면서 자신은 인간의 사회적 성은 인간의 본질적인 것이라는 관점을 제기하였다". 이렇게 보면 인간과 동물의 구별을 확정한 맹자의 주장은 고자의 입장을 넘어선 것이다.

2) 고자의 태어날 때 즉, 생(生)의 근본을 일러 성(性)이라는 명제: 고자가 주장한 성무선무악설은 인성의 후천적인 발전에 폭 넓은 여지를 남겼다. 고자는 이렇게 말했다.

"인성은 여울물과 같다. 그리하여 이것을 동방으로 터놓으면 동쪽으로 흐르고

---

69) 『孟子·告子上』.

서쪽으로 터놓으면 서쪽으로 흐른다. 인성이 선과 불선에 구분이 없음은 마치 물에 동서의 구분이 없는 것과 같다"고[70] 하였다.

인간이 선할 수도 악할 수도 있다는 것은 사회적 영향과 교육의 결과가 다르기 때문이라고 본 것이다. 맹자는 인간과 동물을 구별할 때 인간에게는 측은, 수오, 사양, 시비의 사단지심을 변별의 기준으로 삼았다. 그는 말하기를 "사람에게 측은지심이 없으면 사람이 아니고 수오지심이 없으면 사람이 아니며 사양하는 마음이 없으면 사람이 아니고 시비지심이 없으면 사람이 아니다".[71] 그렇다면 사단지심은 어디서 오는 것인가? 맹자는 그들이 모두 선천적으로 구비되어 있는 양지(良知), 양능(良能)한 것으로 귀결시킨다. "측인지심은 이이고 수오지심은 의이며 공경지심은 예이고 시비지심은 지혜이다. 인의예지가 밖으로부터 나를 녹여서 들어오는 것이 아니라 나에게 고유한 것이다".[72] 비록 그들이 말한 것은 선의 단초 다시 말하면 선의 시작이지 선의 완성은 아니다. 완성형이 되려면 도덕적 수양을 해야 한다. 그러나 맹자는 이렇듯 인성에 자연적 속성과 사회적 속성이 뒤섞여 있다는 관점을 제시하여 고자가 인간의 도덕적 관념이 선천적임을 부인한 것에 비하면 인성에 선악을 구분하는 관점을 분명히 한 점도 있지만 퇴보한 면도 있다.

(3) 성선설과 성악설의 논쟁

중국 고대 인성론의 발전과정에서 맹자와 순자의 인성론은 가장 많은 논쟁을 일으켰고 가장 큰 영향을 끼쳤다. 그들이 인성문제에 대하여 비교적 체계적인 사고를 한 것이다. 맹자는 성선을 순자는 성악을 주장하여 서로 상대적 관점에서 한계가 분명하다.

1) 천인관(天人觀)의 차이가 인성론의 차이를 일으켰다. 맹자는 유심론자로 천인합일론을 주장한다. 그는 말하기를 "그 마음을 다하는 자는 그 성을 아니, 그 성을 알면 하늘을 알게 된다. 그 마음을 보존하여 그 성을 양성하는 것은 하늘을 섬기는 것이다".[73] 이는 바로 한 개인이 만일 자기의 이성적 작용을 충분히 발휘하면 고유한 본성을 알 수 있게 되고 따라서 천도를 안다는 것이다. 수양에 주의하고 본심을 보존하여 흩어지게 하지 않고 본성을 함양하여 손상을 입지 않게 하면 이것이 하늘을 받드는 것이다. 그는

70) 『孟子·告子上』.
71) 『孟子·告子上』.
72) 『孟子·告子上』.
73) 『孟子·盡心上』.

또 말하기를 "성(誠)이란 하늘의 도이다. 성을 생각하는 것이 인간의 도이다"고[74] 하였다. 천도로 말하면 인성은 본래 천명으로부터 오며 인생은 본래 진실한 선성을 갖추고 있어 천인이 본래는 합일된 것이다. 인도로 말하면 인간의 임무는 이성적 사유를 통하여 선성을 깨닫고 천도합일의 자각에 이르는 것이다.

한편 순자는 물질주의자로 하늘과 인간의 구분을 분명히 밝혀야 한다고 주장한다. 그가 말한 하늘은 바로 "별이 돌고 해와 달이 번갈아 비치고 사시의 질서가 바뀌며 음양의 기운이 변하고 비바람이 부는"[75] 자연계를 가리킨다. 자연계와 인간은 각각 서로 다른 직분이 있다. 자연규율은 인간의 의지의 변화에 따르지 않기 때문에 자연현상으로 사회적 혼란을 다스리는 것으로 해석할 수 없다. 인간의 직분은 합리적 사회질서를 세워 규율로 자연을 통제하고 자유를 얻는 것이다. 순자의 인성론은 하늘과 인간의 구분을 밝히는 데서 부터 나온 것이다.

> "성(性)이란 천지가 하는 것이다. 배울 수 없고 할 수 없는 것이다. 예의란 성인이 만들어 낸 것이다. 인간이 배워 할 수 있고 해서 이뤄낼 수 있다. 배울 수 없고 할 수 없는 것이 인간에 존재하는데 이를 일러 성이라고 한다. 배워 할 수 있고 해서 이룰 수 있는 것은 인간에게 있다. 이를 일러 인위적이라고 한다. 이것이 성과 인위적인 것의 구분이다".[76]

자연적 품성은 인간이 학습과 작위적 노력을 통해 얻어진 것은 아니다. 그러나 예의는 인간이 학습과 작위적 노력으로 가능하기 때문에 예의는 인위적인 것에서 나오지 천성에서 나오는 것은 아니다. 이렇게 순자는 천부적 도덕론을 반대하고 인간의 덕성은 후천적으로 길러지는 것을 인정하였다.

우리는 앞서 서로 다른 천인관에서 서로 다른 인성론이 나온다고 했고 유심주의 세계관이 성선론이, 유물주의 세계관에서 성악론이 제기된 것은 아니다. 성악, 성선론을 막론하고 모두 인성론을 추론한 것인데 역사적으로 유심론의 범주에 속한다. 여기서 우리가 지적해야 하는 것은 자연관에서 유심론적 인성론에서는 비교적 인간의 선천적 본성을 지닌 존재를 많이 강조한다. 환경 여하에도 불구하고 주관적으로 선을 향하면 선심의 확충을 보증할 수 있고 성인이 될 수 있다. 그러므로 자신의 주관적 노력을 특별히 강조

---

74) 『孟子·離樓下』.
75) 『荀子·天論』.
76) 『荀子·性惡』.

하였고 유물주의에서는 외계의 환경과 후천적 교육이 인성의 양성에 결정적 의의를 지닌다고 주장한다.

중국 인성론의 발전과정에서 가장 쟁점화된 것은 성선, 성악의 문제였다. 또한 가장 관심의 대상이 될 수 있는 인성의 평가, 인성의 구체적인 내용에 대하여 특별한 언급을 하지는 않았다. 이는 인성의 내용을 말하는 것이 단지 성선, 성악의 근거를 찾을 뿐이었고 아울러 전문적인 연구의 성격을 띠는 것도 아니었다. 그렇다면 이런 이론적 형태가 출현한 원인은 무엇인가? 이는 탐구해볼 만한 가치가 있는 문제이다. 우리는 중국의 고대에 주로 성선, 성악으로 인성을 담론화한 것과 중국 문화의 특징과 사유방식간에는 밀접한 관련이 있다. 중국의 천도관, 도덕론, 인식론은 하나로 합해진다. 실용적인 면에 대해 사회와 관련된 것은 매우 관심을 갖는다. 인간이 그러나 비실용적인 것이나 수양, 수신, 제가, 치국, 평천하와 관련해서는 비교적 냉담한 편이다. 사상가들이 인성을 담론하는 것은 수양, 교육, 정치를 위해 부득이 인성을 논의하는 것이다. 어떻게 인간을 교육하든, 어떻게 정치를 하든, 모두 먼저 인간의 본래 상태가 어떤 것인가를 살펴보아야 하며 또한 이런 원인에서부터 출발하여 사상가는 특히 인간의 본성이 좋다거나 혹은 좋지 않다거나, 선악의 기원 등의 문제를 관심 가져야 한다.

2) 성선론, 성악론은 인성에 대한 학설의 입장 차가 크다. 맹자는 인간과 동물을 구분하여 인성을 확정했다. 그는 인의예지는 근본적으로 선한 것이며 인성 가운데 싹트는 형식이 존재하는데 이것이 인성에 고유한 것이지 본래 없는 것이 아니라 후천적으로 노력하여 이뤄지는 것이라고 한다. 인의예지는 고유한 것이다. 그러므로 인간의 재질(才質)이 인간을 만들기에 동물과 구별된다고 한다. 여기서 우리는 맹자가 말한 인성이 인간과 금수와 다른 특수한 증거를 가리킨다고 본다. "인간이 금수와 달리 구분되는 점은 얼마 아니 되나 대다수의 서민은 이것을 버리고 군자는 이것을 보존했다"고[77] 하였다. 맹자 이후의 성선론을 주장하는 자들은 대체로 이런 관점이다. 순자는 인성은 선천적으로 구비된 자연적 특징이라고 한다. 따라서 인성은 인간의 자연성, 자연 생리적 본능이자 정욕으로 "무릇 인성이란 하늘로부터 부여받은 것이지",[78] 인위적인 것이 아닌 자연의 성품을 말한다. 이렇게 본다면 순자가 말하는 성과 맹자가 말하는 성은 사실 두 가지 범주이다. 성품에 대한 학설의 차이는 두 사람의 대표적인 인물의 출발점이 이미 다르다는 것을 보여준다. 맹자는 성선론적 입장에서 이성을 선의 근본으로 삼고 순자는 정욕은 악이라

77) 『孟子·離樓下』.

78) 『荀子·性惡』.

는 입장에서 성악을 해석하여 감성을 악의 근본으로 삼았다. 후에 인성론에서 표출된 성정 이원론은 여기서 노출된 단초가 된다.

3) 선악은 어떻게 이뤄지는가? 성선론과 성악론은 비록 하나의 각기 다른 인성론이지만 그들이 말한 것은 모두 인성 가운데 포함된 선, 악의 가능성이다. 이런 가능성이 어떻게 현실로 변화될 수 있는가? 두 학파는 또한 각기 하나의 학설을 지지하고 있다. 맹자는 인성에 이미 선의 단초가 갊아 있어 이런 선단을 양성하고, 확충하면 현실적인 선이 될 수 있다고 한다. 인간에게 악행이 일어나는 것은 외부로부터 받은 영향으로 인하여 선심을 잃어버린 것이다. 맹자의 논리에 인성에는 선단이 있을 뿐 선과 악이 선천적으로 존재하는 것은 아니라는 모순된 범주가 있다. 그러나 선성은 조정하면 보존되지만 놓아버리면 잃어버려 보존과 상실은 서로 모순된 범주이다. 그러나 보존은 바로 선이고 상실은 바로 악이라고 하여 맹자는 이로써 자신의 논리적 체계를 완성한 것이다. 한편 순자는 성악을 주장하는데 "인간이 타고난 성질이나 감정에 맡겨버린다는 것은 반드시 서로 싸우고 다투어 사회의 질서를 깨뜨리고 세상을 혼란에 빠지게 할 것이나 반드시 스승의 교화와 예의의 법도가 있어야 남에게 사양할 줄도 알고 사회의 질서를 지킬 줄도 알아 세상의 평화가 유지될 것이다"고[79] 하였다.

태어날 때부터 가지고 나온 천성과 감정을 변화시킬 것을 강조하여 "일상 거동행위 등이 수반된 습관풍속에 의해 본성을 변화시키다"(注錯習俗, 所以化性)는 주장을 하며 인간의 자연적 본성이 비록 악하지만 후천적인 윤리, 도덕적 수양에 주력하고 성인이 정한 예의 법도를 준수한다면 이런 악한 자연적인 본성도 바꿀 수 있다고 한다. "습속이 마음을 변화시켜 오래 오래 쌓으면 본질도 변화시킨다"는[80] 것이다.

4) 선과 악은 어떻게 형성되는가에 대한 관점이 서로 다르기 때문에 성선론과 성악론을 조성하는 구체적인 수양 방법론에서도 다르며 자율과 타율이라는 두 가지 서로 다른 방법을 도출해낸다. 맹자는 비록 환경의 영향을 인정했지만, 결정적인 작용은 인간의 주관에 두고 있다. 그는 순임금을 예로 든다.

> "순임금이 깊은 산중에 거처할 때 나무와 돌과 함께 거처하시며 사슴과 멧돼지와 함께 노시니 깊은 산속의 야인과 다를 바 없으셨는데 한 착한 말을 들으시며

---

79) 『荀子·性惡』.
80) 『荀子·儒效』.

> 한 선행을 봄에 미쳐서는 마치 강하를 터놓은 듯이 패연(沛然)하여 막을 수 없으셨다".81)

이는 주관적 조정과 수양을 강조하고 인간이 선을 향하여 스스로 자각해나가길 요구한다. 이에 비하여 순자는 더욱 환경의 영향을 강조하여 환경의 조정을 강조한다.

> "쑥도 삼밭에 나면 붙들어 주지 아니해도 저절로 곧아진다 …. 그러므로 선비는 사는 곳을 가리고 노는 데는 어진 이를 따르나니 사벽한 것을 막고 올바른 것을 가까이 하려는 것이다".82)

맹자와 순자는 선(善)을 이루는 방법에 차이가 있다.

첫째, 맹자는 욕심을 줄이라고 한다면 순자는 인간의 욕구를 절제하기를 주장한다. 맹자는 이렇게 말했다. "마음을 기르는데 과욕보다 더 좋은 것이 없다. 그 사람됨이 과욕한 사람이 존재하지 않으나 적고 그 사람됨이 욕심이 많은 자는 있으나 적다"(『孟子』). 그는 정욕, 주관적인 감정으로 일처리 하는데 있어 금욕주의를 쫓을 것을 강조하고 있다. 이런 사상은 장재, 이정(二程)을 거쳐 주희에 이르러 극도로 발전하여 이(理)를 기본 범주로 하는 유심주의 사상체계를 수립하였다. 천명지성(天命之性)은 직접적으로 세계 본원의 이(理)를 일반적인 선험지성으로 삼는 것으로 이는 지선(至善)이라면 기질지성(氣質之性)은 이(理)와 기(氣)가 섞여 이뤄진 것이기 때문에 선과 악이 있고 인간이 추구하는 선한 방법이 바로 천리를 보존하고 인욕을 막는 것이다. 한편 순자는 힘을 써도 의지나 정욕의 다과에 차이가 있어 만족스런 상태를 향하여 가느냐? 여부와 이해가 문제이다.

> "도의(義)와 이기심(利)은 인간에게 보편적으로 존재하는 두 가지 것이다. 요임금과 순임금 같은 성왕도 민중이 이익을 추구하는 것을 막지 못했다. 그러나 그 이익을 추구하는 마음으로 하여금 도의를 좋아하는 마음을 넘어서게 하지는 못한다".83)

이는 인간이 이익을 좋아하고 해로움을 싫어하는 욕망이 천성에서 나와 누구도 그 마음을 제거할 수 없는 것으로 본 것이다. 다만 예의로 도량의 한계를 정하여 인간이

---

81) 『孟子·盡心上』.
82) 『荀子·勸學』.
83) 『荀子·大略』.

서로 이익을 추구하는데 충돌이 일어나지 않도록 하고 적극적으로 인간의 욕심을 수양하고 타인이 추구하는 바를 이루도록 도와주어 예의 규범에 따라 좋아하고 싫어하는 바를 취사하는 권리를 장악하고자 할 다름이다.

둘째, 맹자는 존양(存養)을 순자는 "실질을 속이고 겉을 꾸밀 것"(矯飾)을 각각 주장했다. 맹자는 인간의 본성에 이미 양지(良知)가 존재하는 것으로 보았다. 이 양지는 네 가지 선의 단초가 되는 것으로 모두 선천적으로 고유한 주체적인 주관적 정신이다. 그러나 이는 주체가 이를 주관에서 스스로 깨달아 의식하고 이런 정신을 파악한다는 의미는 아니다. 그렇지만 이런 주관적인 정신이 주체인 자신에 대하여 말한다면 단지 맹목적이어서 이런 주체도 맹목적인 주체일 다름이다. 마치 주희가 말한바와 같이 선에 대하여 명확하지 않다. 이런 인간은 외부 사물의 유혹을 쉽게 받아 본심을 잃어버린다. 이런 인식에 기초하여 맹자는 수양에 대하여 그 관건은 맹목적인 주관정신으로부터 자각적인 주관적 정신으로 변화하는 것이라고 말한다. 이는 바로 이성으로 자기의 행위를 통제하는 것이다. 이를 위해 내성법(內省法), 즉, 자기 자신을 돌이켜 보는 과정에서 자기의 선한 본성을 알게 된다고 주장한다. 여기서 개인의 주관적인 노력이 가장 중요한데 이런 인식은 봉건적인 윤리에 대한 자각 인식이다. 맹자의 이런 사상이 후에 유교가 인간의 주체적인 작용을 발휘하는 이론적 근거가 된다. 순자는 인성에 따라 가면 발전한다는 것은 선을 이룰 수 없는 것으로 본다. 단지 성인이 설정한 예의로 본성의 겉만 꾸미는 것이 되어 재능이 도리어 성품을 위장하여 마치 덕있는 것처럼 된다. 그러므로 윤리 도덕으로 인간이 되기를 요구하고 인간을 개조하려는 것은 외부 환경과 교육이 결정적인 작용을 한다는 입장이다. 순자는 이렇게 말하였다.

> "사람이 스승과 법이 없으면 타고난 성정을 높일 것이요, 스승과 법이 있으면 후천적으로 배워서 익히는 것이 많아질 것이다, 스승의 법은 정(情)에서 익혀서 축적(習積)하여 얻어진 것이지, 타고난 인성대로는 아니다. 인성이 독립적으로 다스를 수 없고 반드시 습적에 의해 다스려 진다. 성이란 내가 어떻게 할 수 없는 것이다, 그러나 변화시킬 수 있다. 정(情)이란 원래 나에게 있는 것은 아니다. 그러나 변화시킬 수 있다".84)

성선설과 성악설의 논쟁은 사상사에서 가장 중대한 의의가 있다. 이런 논쟁은 인성에 대한 인식의 연결 고리 가운데 중요한 일부이자 인성론 인식과정에서 논리적 발전의 필

---

84) 『荀子·儒效』.

연적인 단계이다. 성선이나 성악에 대한 논쟁은 중국 고대 사상계에 인성연구에 커다란 자극을 가져다주었다. 진리는 투쟁과정에서 발전한다. 바로 무수한 사상가의 집념어린 연구가 있어야 인류의 사유능력을 제고할 수 있고 인간이 세계와 자신에 대한 인식을 더 한층 정확하게 할 수 있게 한다. 성선론과 성악론이 제시한 많은 내용에는 가치 있는 관점이 많이 있다. 이런 것들은 우리의 연구와 노력에 아직도 충분히 거울삼을 만한 귀한 것들이 값아 있다. 우리는 가능한 구체적으로 역사적으로 깊이 있는 분석을 해야 한다. 그리고 성선과 성악으로 과학과 과학 아닌 것을 구분할 수 없고 더욱이 성선과 성악으로 진보와 보수를 나눌 수도 없는 것이다.

(4) 중국 고대 인성론에 관한 세 가지 학설

일부 중국 고대 인성론의 발전사는 일부 논쟁의 역사이다. 선진시기에 성선론, 성악론, 성무선무악론, 성선악초월론, 성유선불선론, 성선유선불선론 등이 있었고 동시에 성선천설, 성후천설 등이 있었다. 한대로부터 당대에 이르기 까지 성삼품설이 주도적인 이론이었다면 송대 이후에는 성양원론이 성삼품설로 대체되어 주도적인 이론이 되었고 명대, 청대에는 성양원론(性兩元論)이 저항을 받았고 또 성일원론(性一元論)이 있었다.

중국의 고대 인성론의 발전 과정을 종합해서 보면 우리는 각종 학파가 비록 모두 인성 문제를 다뤘지만 그 각 학파에서 말하는 인성, 정의가 오히려 매우 차이가 있다. 이런 서로 다른 학계의 개념정의를 분류하면 대체로 세 가지 종류이다.

인성에 대한 첫 번째 정의는 태어나면서부터 가지고 나오는 자연성이다. 그 기준은 배우지 않아도 할 수 있고 익힘에 의해서 이뤄지는 것이 아니라는 것이다. 고자(告子)는 이른바 나면서 가지고 나오는 것을 일러 성이라고 하였고, 순자는 이른바 성이란 하늘이 하는 것이다 하였으며, 한유는 나면서 구비되어 있다 하였고, 송대 유학자들은 기질지성이라 하였다. 이상의 성에 대한 각각의 입장은 모두 인성이라는 의미에서 논의된 것들이다.

나면서 가지고 나오는 자연이라는 명제에서도 또 구체적인 구별이 있다. 즉, 배우지 않아도 할 수 있다는 입장과 학습을 통하여 형성된다는 두 가지 경우이다. 첫 번째는 나면서 완전하게 구비되어 있다는 것이다. 이는 후천적으로 익혀서 나오거나 또는 학습에 의해 이뤄지는 것이 아니다. 그 가운데에 어떤 경우는 유년기에 아직 출현되지 않기도 하고 장년 후에야 비로소 자연스럽게 출현하기도 한다. 예를 들면, 고자가 말한 식욕과 성욕을 인성이라고 하였는데 여기서 식욕과 색욕은 서로 다른 것이다. 둘째 나면서 가지고 나오는 것인데 일종의 가능성이나 경향이라고 보는 경우이다. 그러나 이 역시 학습을 통해야 비로소 완성단계로 발전할 수 있다. 예를 들면 송대 유학에서 말하는 기질지성은 이런 의미를 담고 있다.

인성에 대한 두 번째 정의는 인간을 인간이 되게 하는 특성을 가리킨다는 입장이다. 맹자는 이런 주장의 대표적 인물이다. 이른바 인간이 되게 하는 특징은 또한 인간이 다른 동물과 구별되는 점이기도 하다. 즉, 인간의 본질적 특징이다. 이 문제는 표면적으로는 인간과 금수를 구별하는 것 같으나 실제로는 인간이 동물보다 뛰어난 특징을 가리킨다. 이런 금수와 다른 요소는 반드시 인간이 태어나면서 싹트는 것이지만 이런 요소는 반드시 나면서 완비되는 것은 아니다. 대부분이 학습을 통하여 완성될 수 있는 것이다. 또한 인간이 되게 되는 까닭에는 반드시 나면서부터 가지고 나오는 가능한 경향은 분명이 있지만 가지고 나오는 가능한 경향성이 도리어 전적으로 인간이 인간되게 하는 까닭의 전부는 아니다. 예를 들면 앞에서 인성에 대한 개념정의에서 언급한 바와 같다. 인성의 두 번째 정의에서는 인간이 금수와 구별되는 점에 주목한 것이다. 만일 어떤 특징이 인간과 금수에 공통점이라면 그런 특징은 인성의 요소가 될 수 없다.

인성에 대한 세 번째 정의는 인간 삶의 근본 근거를 가리킨다. 송대의 장재, 이정(二程), 주희 등이 사용한 천지의 성은 바로 이런 의미에서 사용한 것이다. 천지지성은 전 우주의 근본적인 특성이다. 만일 이런 특성이 없다면 우주도 인생도 존재하지 않는다. 이런 종류의 성은 순전히 선한 것이다. 이런 이론은 철학적으로 이전의 두 가지 이론에 비해 더욱 정치한 편이다. 그 의도는 도덕규범을 선양하는데 본체론적 근거를 부여하는데 뜻이 있다. 그러나 이 이론은 유심주의 본체론에서 수립된 것임에 틀림이 없다. 이 때문에 또한 이 이론은 유명무실하여 결실이 없는 꽃과 같다.

(5) 중국 고대의 주요 인성론의 공통점

중국 고대 인성론의 중요한 점은 봉건제도를 따라 싹이 텄고 아울러 봉건제도를 따라 건립되어 발전, 완성된 점이다. 중국 고대의 중요한 인성론은 모두 장구한 봉건사회에서 출현되어 기본적으로 유사한 사회형태에 기반을 두고서 많은 사상가들로 하여금 많은 내재적 관계를 갖게 하였다. 따라서 그들의 인성론도 자연히 많은 유사점이 있다.

첫째, 인성론과 역사적인 각 시대의 사회 정치사상, 윤리 도덕적 규범 간에 직접적인 연관이 있다. 인간의 본질을 어떻게 이해하든 각 계층 간의 이해관계와 밀접한 관계가 있다. 인성론도 직접적으로 이들에 영향을 미쳐 제시되거나 어떤 윤리 도덕적 규범문화를 수립하여 인간과 인간의 관계에 모종의 조정과 유지를 하게 하였다. 맹자와 순자는 모두 전국시대 신흥지주계급의 사상가들로 당시 신흥지주계급의 임무의 하나는 바로 노예와 주종간의 사회적 지위를 얻는 것이었다. 맹자와 순자는 비록 주로 성선설과 성악설을 각기 주장했지만 모두 인성에는 유사한 점이 있다고 보았다. 맹자는 말하기를 "무릇 동류의 것이란 서로 비슷한 것을 말한다. 어찌 유독 인간에게 이를 의심하리요, 성인은 나와 동류이다"(『孟子·告子 上』)고 하였다. 이는 성인과 일반인이 같은 사람으로 같은 마음을 지닌 것임을 강조한 것이다. 다만 인간이 성인과 같은 마음을 가지려고 노력하면 모두 요순과 같은 성인이 될 수 있다. 순자는 말하기를 "무릇 인간의 성품이란 요순, 걸척(桀跖)이 같고 군자나 소인이나 그 성품은 하나이다"고[85] 하였다. 무릇 인간과 성인이 본질적으로 같다는 사상은 신흥지주계급의 신분 상승기에 일정한 진보적 성향을 반영한 것이다. 용감하게 진리를 반영하고 노예지주와 귀족이 하늘의 명을 받은 계층이라는 사상에 치명적 타격을 주었다. 서한시대에 봉건제도의 출현은 이미 지주계급이 통치계급이 되고 자신들의 정치적 정당성에 대한 새로운 논증이 필요했다. 동중서의 성삼품설은 이런 시대적 요구에 응하여 나온 것이다. 성인 과 중인의 미미한 차이점은 정욕의 다과에 두었는데 정욕은 바로 악이었다. 성왕은 하늘의 뜻을 이어받아 하늘을 대신하여 만민을 교화하는데 착한 성품을 이뤄 인욕으로 악을 저지르는 것을 방지하는 것이었다. 이런 인성론은 봉건제도 아래 제왕의 통치를 위해 이론적 근거를 찾으려는 의도가 분명하다. 동중서의 이론이 통치자 계층의 총애를 받은 원인도 여기에 있다.

둘째, 인성론의 발전과정에서 시종 일관된 것은 유심주의와 유물주의의 논쟁이다. 맹자와 순자의 인성론이 역사상 사람들의 주의를 끌었던 것은 그 가운데 중요한 원인의 하나가 그들이 각자 대표하는 철학적인 일종의 노선이었지 단순히 성선, 성악의 구분에 의한 것은 아니었다. 맹자는 유심주의의 대표자로 사회에서 존재하는 도덕이 인간의 선천적인 본성에 이미 존재한다고 보았고 따라서 "인의예지가 밖으로부터 나를 녹여 들어오는 것이 아니라 나에게 고유한 것이다"고[86] 하였다. 인간에게 갖춰져 있는 도덕적인 방법이 선천적인 선성의 존재라는 것이다. 만일 선심을 이미 잃어버렸다면 그것을 구제할 방법은 바로 잃어버린 마음을 찾는 것이라고 하여 자기 수양을 강조했다. 순자는 전국시대 유물론을 대성한 학자이다. 그는 환경과 교육의 작용을 중시했고 "인간이 노력에 의해 요순이 될 수 있고 걸척도 될 수 있으며 기술자도 되고 농사짓고 장사하는 사람도 될 수 있다. 이는 모두 습속을 익혀서 쌓아 될 따름이다"고[87] 하였다. 그는 또 말하기를 "간(干), 월(越),이(夷), 맥(貊)과 강이 떨어져 있는 지역의 각각 다른 민족들로 어릴 때 울음소리는 다 같지만 자라서 풍속이 서로 다른 것은 교육이 다른 탓이다"고[88] 하였다.

---

85) 『荀子·性惡』.
86) 『孟子·告子上』.
87) 『荀子·榮辱』.

왕양명은 명대의 저명한 주관적 유심주의 사상가로 마음, 천리와 예가 사실은 하나임을 주장하였다. 일반인을 뛰어 넘어 성인의 경지에 들어가는 근본적인 방법은 외부의 사물에 대한 인식이 아니라 바로 양지라는 자아에 대한 인식에 있다고 하였다. 즉, 그가 주장한 양지(良知)는 본래 마음이 물욕에 가리지 않게 하는 일종의 수양방법이다. 왕부지(王夫之, 1619~1692)는 명청대 기론을 주창한 유물론 사상가이자 동시에 유심주의 사상가이다. 특히 왕양명을 대표로 하는 주관적인 유심주의의 인성론과 논쟁을 벌여 "명(命)은 매일 받고 성(性)도 매일 태어난다"는 인성론 명제를 제시하였고 인간의 생명이 부단히 성장하듯 인간의 본성도 반드시 이런 길을 밟아 다름과 손익이 있다고 하였다. 중국 고대의 인성론에서 기중심의 유물론과 유심주의간의 부단한 논쟁은 철학적으로 두 가지 노선의 논쟁이 보편적이었음을 설명한다. 유물주의든 유심주의든 모두 자기의 세계관으로 인성론을 설명하려고 노력하였다.

셋째, 중국 고대의 인성론은 모두 추상적 인성론이다. 인성문제는 실증과학이나 막시즘 출현이전 사상가들이 모두 해결하지 못한 문제이다. 계층과 역사적 한계를 안고서 다양한 사상가들이 모두 자신의 인성론을 주장했다. 그들은 자신들의 인성론이 시대를 넘어 보편적인 인성론, 자신이 속한 계층을 넘어선 인성론, 일반적인 이론, 계층구조를 넘어선 항구성을 지닌 것이라고 말한다. 이론적으로 말하면 그들은 비록 일정한 수준에서 인류 활동의 사회성을 나타냈지만 인성론에서는 모두 이런 사회성을 수용하지는 못했다. 그리고 인간의 사회성과 유리된 추상적인 인성론으로 이런 입장을 벗어나야 비로소 여러 가지 구체적인 형태의 사회에 영향을 끼칠 수 있다. 그러나 관찰자와 피관찰자가 모두 구체적인 형태의 사회에서 생활하는 인간으로 이런 사회를 벗어나서는 존재하지 못한다. 이렇듯 그들의 학설에는 불가피하게 수반되는 해결하기 어려운 모순이 내재해 있다. 즉, 일면 사회성을 담론하는 것을 회피하고 있고 또 다른 면에서 그들은 자신들이 처한 사회적 계층의 입장에 따라 자신의 안목으로 관찰하는 사람임을 자각하지 못하고 있다.

지주계층에 속한 사상가들은 모두 봉건사회의 윤리도덕을 영원한 도덕적 규범으로 간주하여 이런 도덕질서를 파괴하는 것은 도덕이 존재하지 않는 것과 같은 것으로 보았다. 바로 사회성을 벗어난 이런 도덕적 규범은 실제로 지주계급의 이득을 대변하는 이런 모순이 있었고 많은 사상가들이 일면 이론적으로 이를 받아들이는가 하면 다른 일면으로 요순시대의 이상사회를 논증할 수 있다고 하였다. 이와는 반면에 부득이 현실적 대상이 되는 것에는 선지식이나 예제(禮制)를 제정하는 성인의 것을 제시한다.

---

88) 『荀子·勸學』.

넷째, 중국 고대 사상가들은 인성문제를 연구할 때 모두 지역에 따라 인간과 동물이 다르다는 점을 드러내고 있다. 이는 그들이 인간의 동류(同類)의식이 이미 형성되어 인간과 동물의 본질을 구별하려고 하고 자연적 속성과 사회적 속성을 구별하려고 시도한 것이다. 고자(告子)는 일찍이 날 때부터 가지고 나오는 성을 일러 인성으로 보는 관점에서 인간의 자연적 속성과 사회적 속성을 구별하고서 인간의 본질을 설명하고 또한 기류(杞柳, 버들과에 속하는 낙엽관목으로 이를 가지고 버들고리, 키 등을 만듦)와 배권(桮棬, 나무를 구부려 만든 술잔)의 관계를 예로 들어 인본과 인의 등의 윤리 도덕적 관계를 해석하려고 시도하였다. 또한 인간의 자연적 속성과 인간의 사회적 속성 간에 관계와 구별을 두려고 하지만 인간의 생리적 본능으로 인간의 본질을 이해하려고 하고 인성과 동물의 성간의 진정한 구별을 할 방법이 없기 때문에 맹자의 반박을 받아 고자의 관점을 따른다면 인성과 동물의 성간에 구별이 없어지게 된다. 맹자는 인간에게 도덕이 갖춰져 있다는 것은 인간과 동물을 구분하는 분수령으로 보았다. 그는 다음과 같이 말하였다.

> "인간과 금수가 다른 점이 얼마 아니 되나 일반 사람들은 이것을 버리고 군자는 이를 보존한다, 측은지심이 없으면 사람이 아니고 수오지심이 없으면 사람이 아니며 사양지심이 없으면 사람이 아니며 시비지심이 없으면 사람이 아니다".[89]

이상은 인간에게는 착한 본성을 보존하는 수양(存養), 확충하는 노력이 필요하며 인간이 되는 까닭은 선한 단초가 있기 때문이라고 하여 네 가지 도덕관념을 제시하고 있다. 그러나 맹자가 인간의 사회윤리 도덕관념을 선천적으로 구비된 것으로 말하였기 때문에 따로 하나의 극단을 걸어가는 것도 과학으로 인간의 본질을 설명할 방법이 없다. 한편 순자는 인간과 동물의 차이를 상세히 설명한 바 있다. 그는 "인간이 인간다운 특징은 변별에 있다"고[90] 하였다. 그는 생산노동이 인류생존에 미치는 중요한 작용에 대해 초보적 인식을 하고서 비교적 철저하게 인간과 동물의 차이를 구분하려고 하였다. 인간과 동물의 구별은 인간의 사회적 속성으로 인간의 본질을 확정하려고 하면서 그는 "인간을 현재 존재하는 자신을 자기로 여기며 살아서 약동하는 존재의 부류로 대치하면서 보편적인 이유로도 존재하는 사물과 대치하는 합리적인 요소로 삼았다.

다섯째, 중국 고대 사상가들은 대부분이 인성은 변화 가능한 것으로 보았다. 따라서 환경과 교육이 인간에게 미치는 영향을 강조하였다. 맹자는 선한 단초를 강조했으나 사

---

89) 『孟子·公孫丑上』.

90) 『荀子·非相』.

단은 이미 완성된 선이 아닐 뿐만 아니라 네 가지 종류의 선단(善端)이 변화, 상실될 수 있다고 보았다. "그러므로 만일 그 본성을 기르면 장양되지 않은 사물이 없고 기르지 않으면 소멸되지 않는 것이 없다. 잡으면 보존되고 놓으면 잃어버리며 나가고 들어옴이 일정한 때가 없으며 그 방향을 알 수 없는 것은 오직 사람의 마음을 두고 한 말이다. 구하면 얻어지고 놓으면 잃어버린다"고[91] 하였다. 인간의 선단이 곤경에 빠져 선단을 잃어버리면 악한 사람이 된다. 악한 사람이 만일 개과천선하면 선한 사람이 될 수 있다. 순자의 인성론에서 가장 두드러진 부분은 인성의 가변성 즉, 선한 것은 인위적이라는 점이다. 그는 다음과 같이 말하였다.

> "성(性)이란 내가 어떻게 할 수 없는 것이다. 그러나 변화시킬 수는 있다. 정(情)이란 내게 원래 있는 것은 아니지만 변화시킬 수 있다. 습속이란 내게 원래 있는 것은 아니지만 성으로 변화시킬 수 있는 것이다. 전일하게 여러 번 되풀이 하면 습성이 되고 습성이 마음을 변화시켜 오래 오래 쌓으면 본질도 변화시킨다".[92]

이는 바로 천성이란 인간이 만들어 나오는 것이 아니나 개조할 수 있다는 의미이다. "그러므로 그 교우를 삼가고 습속을 삼가며 크게 올바른 습관을 익히고 쌓으면 군자가 된다. 타고난 성정대로 하고 배우지 않으면 소인이 된다"고[93] 하였다. 동중서는 비록 운명 결정론적 삼품설을 제시했지만 인간의 본질적인 면에는 뛰어 넘을 수 없는 선천적인 경계가 있다고 보았다. 그러나 그는 그래도 가능성과 현실은 다르다는 것을 인정하고 인성 특히 중간 수준 정도의 성품을 지닌 사람 즉, 중인지성(中人之性)은 비교적 큰 변화의 여지를 남겼다. 이런 사상은 다른 삼품설을 주장한 한유에게 수용되어 "중민지성(中民之性)은 지도하여 위 아래로 변화가 가능하나 상품지성(上品之性)과 하품지성(下品之性)의 경우 상품지성은 가르칠 수 있으나 하품은 제제해야 할 수 있다고 분명하게 제시하였다.[94] 맹자는 이렇게 말하였다. "풍년이 든 해에 자제들이 의뢰함이 많고 흉년이 든 해에 자제들은 포악함이 많으니, 하늘이 재주를 내림이 이와 같이 다른 것이 아니라, 그 마음을 빠뜨리는 것이 그렇게 만드는 것이다".(『孟子·告子上』)

---

91) 『孟子·告子上』.
92) 『荀子·儒效』.
93) 『荀子·儒效』.
94) 『韓昌黎集·原性』.

부자와 가난한 환경으로 직접 인간의 도덕적 품성을 실명하려고 했으나 과학적이지는 못하였다. 그렇지만 인간의 환경의 영향 아래 그 성품도 변화가 가능한 것 같다. 즉, 어느 쪽으로든 취할 수 있는 것이다. 순자는 이렇게 말하였다.

> "빵 쑥도 삼밭에 나면 붙들어 주지 아니해도 저절로 곧아지는 것이다. 흰 모래도 검은 흙 속에 함께 있으면 검게 되는 것이고 난괴 뿌리를 백지라고 하여 향료로 쓰지만 오줌에 적시면 점잖은 사람도 가까이 하지 않으며 누구도 가지려고 들지 않을 것이다. 그 본질이 향기롭지 않아서가 아니라 묻은 것이 더럽기 때문이다. 그러므로 군자는 사는 곳을 가리고 노는 데는 어진 이를 따르나니 사벽한 것을 막고 올바른 것을 가까이 하려는 것이다".[95]

이는 환경과 교육이 인간에게 미치는 영향을 중시한 것이다.

3. 중국 고대 인성론의 주요 범주와 교육적 영향

범주는 인류가 인식능력을 발휘하여 발전시킨 역사적 산물이다. 일정한 범주를 설정한다는 것은 인간이 객관세계에 대한 인식의 일정한 단계를 지칭한다. 이는 사회에 따라 실행되고 발전되어 더욱 풍부해지고 정확해진다. 한 민족의 이념적 사유나 한 시대의 시대사조는 많은 범주로 구성된다. 중국 고대 인성론의 발전과정에 출현된 많은 범주가 있다. 성습(性習), 성정(性情), 이기(理氣), 이욕(理欲) 등의 범주는 기본적으로 중요한 것들로 이들 범주는 많은 사상가들에 의해 널리 활용되고 사상가들이 서로 만나는 접점이 되기도 했다. 이런 범주의 확정과 변화는 사상가의 교육관에 중요한 영향을 미친다. 다음에서 우리는 중국의 고대인성론 가운데 몇 가지 주요한 점주를 구려하고 또한 이런 범주들이 교육에 미친 영향을 살펴보기로 한다.

(1) 인성론(人性論)

인성의 선악은 어디서 오는 것인가? 왜 사회적 지위가 다른 사람에게는 이른바 서로 다른 인성이 있다고 말하는가? 성정(性情) 관계의 탐색은 이런 문제에 대한 답을 시도한

---

95) 『荀子·勸學』.

것들이다. 비교적 직접적으로 성, 정의 관계를 다루고 이론적으로 이 양자에 대해 구별하기 시작한 것은 순자로부터 이다. 그는 이렇게 말했다.

"눈으로는 아름다운 빛을 좋아하고 귀로는 아름다운 소리를 좋아하고 입으로 맛있는 음식을 좋아하고 마음으로 이익을 탐내고 육체적으로 유쾌하고 안일한 것을 좋아하는 것은 인간의 자연 성정에서 나온 것이다".[96]

성정은 인간이 이익을 좋아하고 해로움을 피하여 욕망을 추구하고자 하는 천부적인 본능이다. 순자는 성, 정과 욕망의 관계에 대해 말하기를 "성이란 하늘이 부여한 바이고 정이란 성의 질이며 욕망이란 정이 응한 것이다"고[97] 하였다. 이 말은 성은 하늘이 자연적으로 부여한 바라면 정이란 성의 자질이요 욕망이란 정의 감응이라는 뜻이다. 인간에게는 선천적으로 부여된 본성이 있고 이 본성이 바로 식욕, 색욕의 욕망을 추구하고 이로움을 좋아하고 해로움을 피하려는 정서와 희로애락의 감정이다. 그러므로 말하기를 "성이 좋아하고, 기뻐하며 성내고, 슬퍼하고 즐거워하는 감정"이라고[98] 한 것이다. 질은 바로 본능으로 성에는 좋아하고 싫어하며 기뻐하고 성내며, 슬퍼하고 즐거워하는(好惡喜怒哀樂)의 본능이 있으며 감각의 본능과 좋아하고 싫어하는 본능이 결합하여 감각에 정이 있고 정은 인간의 감각기관의 기능을 유발하여 반응을 일으키니 이것이 바로 욕망이다. 욕망이란 정이 쫓는 방향으로 집행하고자 하여 "하고자 하는 바를 구하여 얻고 정이 하는 바는 반드시 피치 못할 자연이다".[99] 성, 정, 욕망은 인간이 천성적으로 추구하는 것이기 때문에 정욕의 과다로 인간을 볼 수 없는 것이며 욕망을 제거하는 것으로 인간을 다스릴 수 없는 것이며 인간에게 욕망을 부여하려고 하면 인간의 정을 길러야 한다.

"무릇 정치를 하면서 민중의 욕심 버리기를 원하는 것은 욕망을 지도할 줄 모르고 욕망 있는 사실을 괴로워하는 사람이다. 무릇 정치를 말하면서 민중에게 과욕하라고 권하는 것은 욕망을 절제할 줄 모르고 욕망이 많은 것만 근심하는 자이다. 욕망이 있다 없다하는 것은 생물이냐 무생물이냐 하는 것과 같이 정치의 치란과는 상관없는 것이다. 또한 욕망이 많느냐 적으냐 하는 것도 전혀 다른 것으로 인정의 소치와 정치와는 무관한 것이다".[100]

---

96) 『荀子·性惡』.
97) 『荀子·正名』.
98) 『荀子·正名』.
99) 『荀子·正名』

욕망은 성과 같이 본래 갖춰져 있는 것이다. 그러므로 제거할 수 없는 것이다. 욕망이 있는 것을 무욕으로 변화시킬 수 없는 것이다. 다만, 정확한 방법은 욕심을 지도하고 욕심을 절제하는 것이다. 순자는 강조하기를 국가를 다스리고 국민을 편안하게 하려면 반드시 성정을 변화시키고 욕구를 절제하며 습관을 잘 쌓아 선을 이루고 욕구를 절제하여 도에 합하며 예의로 욕망을 수양하라고 하였다.

동중서는 가장 일찍 성정관계를 밝힌 인물이다. 그는 성은 양(陽)에 속하는 것으로 착한 것이며 정은 음(陰)에 속하여 악한 것으로 보았다. 인성에는 성과 정이라는 두 가지 기본적인 요소가 있다. 성은 선하며 어질고 정은 악하며 탐한다. 그러므로 인성에는 선악이 포함되어 있기 때문에 간단히 인성의 선악을 말할 수 없는 것이다. 그는 비유하여 이렇게 해석하고 있다.

> "성을 벼에 비유한다면 선은 쌀에 비유된다. 쌀은 벼에서 나왔지만 벼가 모두 쌀이 되는 것은 아니다. 선은 성에서 나오지만 성이 모두 선이 되는 것은 아니다. 성은 마치 누에고치, 알에 비유된다. 알을 덮어주었다 부화되면 병아리가 되고 누에고치는 실을 뽑아내야 실이 된다. 성은 교육을 받아 선이 되니 이것을 일러 참으로 하늘이라고 한다".[101]

동중서는 성, 정이 각기 구체적인 인간의 신체에서는 많고 적고, 같고 다름으로 인하여 어른이 되면 성에는 세 가지 등급이 있다고 하였다. 첫째 정욕이 매우 적은 경우로 가르치지 않아도 스스로 선해지는 성인의 성이 있다. 이는 가장 좋은 것이다. 두 번째로 정욕이 매우 많아 가르쳐도 선이 될 수 없는 작은 하찮은 성으로 가장 부끄러운 것이다. 끝으로 세 번째는 정욕이 있지만 선이 될 수도 있고 악이 될 수도 있는 중민(中民: 중간 정도)의 성이 있다. 그는 이렇게 말하였다.

> "성인의 성(性)은 성이라고 이름 할 수 없다. 하찮은 낮은 수준의 성도 또한 성이라고 이름 할 수 없다. 성이라고 이름 하는 것은 중간 정도의 성을 말하는 것이다. 이 중민의 성 즉, 중간 정도의 성은 마치 누에고치와 알에 비유될 수 있다. 알은 이십 여 일 동안 잘 덮어 품어준 다음에 병아리가 될 수 있고, 누에고치는 실을 뽑아 끓는 물에 삶은 다음에 실이 될 수 있으며, 성은 점차적으로 가르치고 훈

---

100) 『荀子·正名』.
101) 『春秋繁露·深察名號』.

도한 다음에 선이 될 수 있다. 선은 가르치고 훈도한 까닭으로 된 것이지, 소질로 인하여 그렇게 된 것이 아니다".102)

한유는 자신의 저서 『원성(原性)』에서 인간의 성과 정을 통일하려고 시도하였다. 그에 의하면 인간의 성과 정은 하나하나에 대응한 것으로 어떤 성이 존재한다는 것은 어떤 정이 존재한다는 것이다. 성에 세 가지 종류의 삼품이 있다고 제시한 것은 역시 정에도 세 가지 종류의 삼품이 있다는 것이다. 상품의 정이 발동하는 것은 모두 중도의 원칙에 부합된 것이라면 중품의 정이 발동한 것은 과불급이 있어 부분적으로 중도의 원칙에 부합되며 하품의 정이 발동하면 중도의 원칙에 부합되지 않아 오직 정(情) 그대로 행할 뿐이다. 한유는 비록 성에 세 가지 종류의 삼품이 있다고 주장했지만 또한 상품의 성은 학습으로 더욱 밝혀지나 하품의 성은 두려워하고 위협을 가해야 죄를 적게 짓는다고 하였다. 이런 성에 세 가지 삼품설은 봉건제도하의 정치체제의 정당성을 옹호할 분만 아니라 상품의 성은 교육이 가능하나 하품은 통제해야 한다는 현실을 돌아보게 하여 성삼품설은 진일보 발전된 것이라고 할 수 있다.

이고(李翺, 774~836)는 한유가 제시한 성정론(性情論)에 진일보한 주장을 제시하였다. 그는 성과 정의 관계는 이미 결정과 피결정의 관계라고 지적한다. 또한 표현과 피표현(被表現)의 관계라고 말한다. 그러나 또한 성인의 재능이라야 정이 허물이 되지 않고 선성(善性)이 광대하게 발휘되게 한다. 보통 사람은 왕왕이 정욕에 빠져 스스로 발휘할 수 없어 이미 존재하는 선성을 가로 막는다. 이 때문에 초범입성이 되려면 단지 정욕을 없애고 성을 회복할 수 있어야 한다. 그는 이렇게 말한다.

"인간이 성인이 되는 것은 성이 있기 때문이다. 인간이 그 성을 의혹되게 하는 것은 정 때문이다. 희노애구애오욕(喜怒哀懼愛惡欲) 등의 칠정은 모두 정이 있기 때문에 일어난 것들이다. 정이란 이미 혼미해있다면 성이란 숨어 있다. 정의 이런 현상은 성의 과오는 아니다. 칠정이 순환하여 교차하기 때문에 성은 확충할 수 없다. 정은 짓지 말고 성은 확충하는 것을 놓아야 한다."(『復性書上』) 그는 또 말하기를 "성이란 하늘이 명한 것이다. 성인은 이것을 얻어 의혹됨이 없는 것이다. 정이란 성이 동한 것이다. 백성이 이에 빠져 그 근본을 알 수 없다".103)

102) 『春秋繁露·實性』.

103) 『復性書上』.

성인과 일반인의 성은 하늘이 명한 것으로 아무런 차별이 없이 모두 선한 것이다. 차별이 있다면 성인은 이 천성을 획득하여 정욕으로 그 천성을 의혹되게 하지 않고 물욕이 면전에 와도 적연 부동하고 조용히 그 본성을 지켜 그 본연의 성품을 유지할 수 있다.

왕안석은 성은 정의 근본이요 정은 성의 용(用)이라고 주장하였다. 정은 이미 선을 위해 표현할 수 있고 또 악을 위해 표현할 수도 있어 선악의 구분은 성 자체에 있는 것이 아니라 외부로 정이 어떻게 발동하느냐에 있는 것이다. 즉, 정이 이치에 합당하느냐 여부에 있는 것이다. 그는 이렇게 말했다.

> "성(性)과 정(情)이란 하나이다. 세상에 성은 선하고 정은 악하다고 말하는 사람이 있는데 이는 성과 정의 이름만 아는 것이지 성과 정의 실제를 모르는 것이다. 희노애악호오욕이 밖으로 발하기 이전에 마음에 존재하는 것이 성이다. 희노애악호오욕이 밖으로 발하여 행동으로 나타나 보이는 것이 정이다".104)

그렇다면 성과 정의 실제는 동쪽과 서쪽의 두 가지 방향인 것이다. 인간의 선과 악 또한 어디서 오는 것인가? 군자와 소인은 어디에 근거하여 구별되는 것인가? 왕안석은 진일보한 설명을 하였다.

> "이 칠정이란 인간이 세상에 나와 존재하는 것이자, 사물에 접한 다음에 동하는 것이다. 동하는데 이치에 합당하면 성인이요, 어진 사람이고 이치에 합당하지 못하면 소인이다. 무릇 군자는 성의 선함을 기르기 때문에 정 또한 선한 것이며 소인은 성의 악한 부분을 기르기 때문에 정 역시 악한 것이다".105)

왕안석 이후에 송대 사상가들은 이런 성과 정에 대하여 성은 선하고 정은 악하다거나 성과 정이 선악과 일치한다는 두 가지 주장을 벗어나지 않았다. 그러나 그 성과 정을 논할 때 기질지성과 의리지성(義理之性) 등을 주장하기도 하는데 이는 이미 앞에서 제기한 부분과 크게 다르지 않다.

(2) 이기(理氣)와 인성

이기를 맨 먼저 범주화하여 제시한 사람은 장재이다. 그는 "천지의 기는 비록 백 여가지로 모았다 흩어졌다 공격했다 취했다 하지만 그것은 이가 들어서 하는 것인데 그에

---

104) 『性情』.

105) 『性情』.

따르나 망령되이 하지 않는다"고[106] 하였다. 우주의 근본을 기라고 하면 기의 천만가지 변화는 모두 일정한 법칙이 있다. 그는 이런 우주관으로 인성론을 전개하는데 끌어들여 천지지성(天地之性)과 기질지성(氣質之性)의 명제를 제시하였다. 이 두 가지는 비록 물질의 기에서 나온 것이지만 천지지성은 어떤 결함이 없는 인류 공동의 본성이다. 그러나 기질지성은 인간이 캐어날 때 품수 받은 음양의 두 가지 기운이 박약한데 빠져 서로 다르게 형성된 것이며 이로 인하여 불순하게 되고 청탁이 있게 된다. 아울러 선으로 표현하거나 혹은 악으로 표현하기도 한다. 모든 선하지 않은 행위는 기질지성에서 나온다. 성인은 이 기질지성의 가장 맑은 것을 얻은 사람이라면 일반인은 비교적 기의 탁한 것을 얻은 것이요, 악한 사람은 기질의 가장 탁한 것을 얻은 것이라고 하여 선악의 구별을 하고 있다. 천지지성의 선성을 회복하는 것은 바로 반드시 기질지성의 가림을 배제해야 하고 근본적으로 물질적인 욕망의 유혹을 받지 않고 기질지성이 변화되어야 본연의 선성으로 돌아가게 된다. 인간이 악에서 선으로 변화여부가 기질지성이 변화되어 선이 그 성으로 회복되는가 여부에 그 관건이 달려 있다. 기질을 어떻게 변화시킬 것인가에 대해 장재도 자신의 주장을 이렇게 제시한 바 있다.

> "맹자는 이르기를 기를 옮겨 거처하며 몸을 옮겨 수양한다면 어떻게 천하의 넓은 곳에 사는 사람이라고 하겠는가? 인에 살되 의로움으로 말미암으면 자연히 마음이 화평하고 몸도 바르게 된다고 하였다. 더욱 요약하면 단, 옛날에 저지른 바를 불식하여 동작하는 것이 모두 예에 맞으면 기질이 자연 모두 좋아진다. 禮에 이르기를 마음을 넓게 가지고 몸은 크게 하라. 마음이 크다는 것은 자연히 편안하여 즐겁다는 것이다 만일 마음이 큰데도 삼가 공경하지 않는다면 서지 못할 것이요, 삼가 공경할 수 있으나 마음이 크지 못하면 좁아지므로 반드시 마음을 넓히되 공경해야 한다. 대저 모든 것이 도에 들어맞는다는 것은 반드시 외적인 것도 갖추어져야 한다는 것이다. 그러므로 군자가 마음을 화하게 한다는 것은 기가 화하고 마음이 바르게 되어 기가 바르게 된다는 것이다".[107]

장재는 호연지기를 기르려면 모든 일용행사가 도에 맞아야(集義) 한다. 모든 행사가 도에 맞아야 만이 호연지기를 얻을 수 있다. 이렇게 모든 행사가 도에 맞는 것이 바로 선을 모으는 것이요 악을 제거하는 것으로 보았다.

---

106) 『正蒙·太陽』.
107) 『經學理窟·氣質』.

정이, 정호는 장재의 이런 천지지성과 기질지성의 사상을 받아들여 인성은 이미 지극히 선한 것이라면 왜 악이 존재하는가? 라는 물음에 대해 여러 차례 답하고 있다. 악은 선으로 변할 수 있는데 이는 어떻게 선으로 변하느냐의 문제이다. 정이는 이렇게 말했다.

> "성은 선하지 않음이 없으나 선하지 않는 사람이 있는 것은 재(才)때문이다. 성은 이(理)이고 이(理)는 요순임금으로부터 보통사람에 이르기 까지 한가지이다. 재(才)는 기에 품수되어 있는데 기에는 청탁이 있다. 그 맑은 기운을 품수 받은 자는 어진 사람이 되고 그 탁한 기운을 품수 받은 자는 어리석은 자가 된다".108)

그는 선악과 지우(智愚)의 차별이 모두 변화 가능한 것으로 그 관건은 교육과 학습에 있는 것으로 보았다. 정호는 이렇게 말했다.

> "날 때부터 가지고 나오는 것을 일러 성이라고 하고, 성은 즉 기이며 기는 바로 성이다. 날 때부터 가지고 나온다. 인간에 날 때 기를 품수 받아 나오며 이(理)에는 선악이 있으나 성가운데 원래 이 두 가지 상대적인 것이 있어 나온 것은 아니다. 어릴 때부터 선하기도 하고 어릴 때부터 악하기도 하는데 이는 기가 그런 요소를 품수하기 때문이다. 이렇기 때문에 인간이 그 기를 맑게 하는 공부를 하지 않을 수 없다. 그러므로 힘써 용맹스럽게 노력하면 빨리 맑아지고 게을리 하면 늦게 맑아진다. 이런 이치는 천명이다. 순환하는 것이 도이다. 이 순환하는 이치에 따라 수양하고 각자 그 분수를 얻게 하는 것이 교육이다".109)

이렇게 같은 논리로 교육적 작용을 강조하고 있다.

주희는 장재와 이정(二程)이 주장한 이기(理氣)와 관련된 사상에 체계화를 가했다. 그는 모든 인간에게는 태어날 때 가지고 나온 선성이 구비되어 있으며 본연지성은 자연이 천리에 합치된 것이기에 성(性)은 이(理)다고 한다. 그러나 사람마다 불가피하게 모두 기질이 어느 한쪽으로 기울어 가리게 되면 그 본연지성이 충분히 발휘되지 못한다. 단지 교육을 통해야만 그 기질을 변화시킬 수 있다. 그는 이렇게 말했다.

> "인성은 모두 선하지만 그것을 아는데 선후가 있다. 뒤에 깨닫는 사람은 반드시 먼저 깨달은 사람의 하는 바를 본받아야 선을 밝게 알아서 처음의 본성으로

108)『二程集·遺書, 伊川先生語四』.

109)『二程集·遺書, 二先生語一』.

회복할 수 있다.[110] 예전의 성왕이 학교를 설립하여 천하 사람을 교육한 것은 모두 기질이 편벽되고 물욕에 가린 것을 제거하여 본래 성을 회복함으로서 그 인륜을 다할 따름이다".[111]

명대 사상가인 왕정상은 위와 같이 이를 주장하는 학자들의 관점에 반대하면서 성과 기의 상자성(相資性) 즉, 서로 떠날 수 없는 관계를 제시하면서 송대 유학에서 인성이 이와 기에 아무런 관련이 없다고 구분한 것은 잘못된 것이라고 비판했다. 그는 다음과 같이 말했다.

"인성에는 두가가 있다. 이는 송대 유학자들에게 의혹된 바이다. --인간과 사물의 성에는 기질이라고 하는 것이 없지 않아 기를 떠나 성을 말하면 성이 처한 곳이 없어 허(虛)와 유사한 것으로 돌아간다. 이렇게 성을 떠나 기를 말하는 것은 기가 생동하지 않아 죽은 것과 같다. 성과 기는 상자하여 서로 떠나지 않는 것이다".[112]

위에서는 기질에 천지지성의 존재를 인정하지 않고 있다. 왕부지는 명·청대에 저명한 사상가로 기는 우주 만물의 본체요, 전 우주가 모두 이 기로 구성된 것이며 기는 영원이 존재하여 만물이 모으고 흩어지며 나타나고 숨고 밝고 어두운 것이 모두 기의 표현이라고 하였다. 이런 일원론적 기본체론의 사상에서 그는 이렇게 말하고 있다.

명(命)은 매일 받고 성(性)은 나날이 태어난다는 사상을 제시했다. 그는 말하기를 "무릇 성이란 태어 날 때 가지고 나오는 이치로 날로 태어나며 날로 이뤄지는 것이다. 오직 이렇게 명받은 것을 다하지 못하기 때문에 인성은 여러 차례 변화를 거쳐 개인차가 나타나게 된다".[113]

인간에게는 음양의 두 기운을 품수 받아 태어나는데 인간이 태어나 성장한 다음에야 감각, 사유 활동이 있게 된다. 인성도 선천적으로 구비된 것은 아니고 연령의 증가에 따라 인성도 부단히 변화 형성되어 가는 것이다. 한 개인이 유년에서 소년, 소년에서

---

110) 『論語集注·學而』.
111) 『玉山講義』.
112) 『答薛君采論性書』.
113) 『尙書引義·太甲二』.

장년, 장년에서 노인에 이르기 까지 매일 매시로 모두 명을 받아 인성을 이뤄가는 것이다. 만일 때도 없이 모두 명을 받아 인성이 이뤄진다면 처음 태어 날 때 받은 성을 잊어버려야 한다. 왕부지는 인성은 선천적으로 한 번에 형성되는 것이 아니고, 한번 형성되면 불변하는 것도 아니라고 강조한다.

> "맹자는 인성을 말했고 공자는 후천적으로 익히는 것을 말했다. 이런 입장을 따르면 인성이란 천도이고 익힌다는 것은 인도이다. 이미 익히는 것을 잃어버리고 그 성을 구하고자 한다면 비록 인성을 보았지만 익히는 것을 할 수 없다는 것인데 하물며 볼 수 없다는 것 아닌가? 『역』에 이렇게 말하고 있다. 어려움을 무릅쓰고 올 바른 것을 기르면 성인의 공을 이룬다. 어릴 때부터 익힌 바를 기르면 성인이 되는 기초가 여기서 세워지는 것이다. 인간이 불행하게도 교육을 상실하여 악습에 빠져들고 귀로 듣는 것이 비인간적인 언어이며 눈으로 보는 것이 비인간적인 일이며 날로 달로 시골 촌락에 물들어 살면 뜻 있는 이가 성인의 인격을 만회하고자 하는데도 각고의 노력이 아니면 이길 수 없다".[114] 그러므로 "익히는 것과 인성을 이룬다는 것은 익히는 것을 이루어 성이 더불어 이뤄졌다는 것".[115]

인성은 후천적 환경의 배양, 학습에 따라 이뤄지는 것으로 익혀서 이뤄진 다음에는 곧 습관이 되어 자연스런 것이다.

(3) 이와 욕망(理欲)

선진 시기에 이미 어떻게 인간의 욕망 문제를 대치해왔는가에 대한 토론이 전개된 바 있다. 유가에서는 인간의 욕망을 절제하라고 하고 묵가에서는 고행을 중시하여 금욕의 경향이 있으며 도가에서는 무욕(無慾)을 주장하며 타악(它囂, 전국시대 사람으로 성정이 방탕하여 금수에 가까움), 위모(魏牟)는 욕망을 좇으라고 주장했다. 당시에 인간의 욕망에 대립된 개념은 도였다. 이는 理欲에 대한 논쟁에 앞서 제기된 것이다. 진한대 사상가들은 이욕문제를 언급하기 시작했다. 『禮記·樂記』에서도 이렇게 말하고 있다.

> "인간이 태어날 때는 그 성품이 고요한데(정: 靜) 이는 천지의 성이다. 외부의 사물에 감응하면 성이 욕구를 발동한다. 사물에 대한 앎이 무엇인지를 안 다음에

114) 『俟解』.
115) 『尙書引義, 卷三』.

좋아하는 것과 싫어하는 것이 형성된다. 좋아하고 싫어하는 것은 그 자체에는 한계가 없으나 아는 것이 외부로부터 유혹으로 자신을 돌아볼 수 없게 되면 천리는 멸해진다. 무릇 인간이 사물에 대한 감응에는 무궁하나 인간의 좋아하고 싫어하는 데는 한계가 없다. 이는 사물에 의해 인간이 물격화된 것이다. 인간이 사물에 의해 물격화됐다는 것은 천리를 멸하고 인간의 욕구를 궁구한다는 것이다"(『禮記·樂記』).

이욕의 관계는 송대 유학자들의 인성론, 도덕론에서도 제시된 하나의 핵심문제였다. 이 문제는 성과 정의 문제로부터 천지지성과 기질지성 등과의 관계에서도 진일보 발전되어 나온 문제이다. 천리는 필연적 규율과 준칙을 가리키며 그 내용은 봉건적인 도덕률인 "천리를 단지 인의예지의 총체적인 명칭일 뿐이며 인의예지는 바로 천리가 하는 일의 가지수이다"라고[116] 하였다. 인욕은 개인이 물질생활에서 욕망을 가리킨다. 송명대의 성리학자인 정호, 정이, 주희, 왕양명 등은 각자의 이론에서 이와 욕에 대한 사상을 각각 발표한 바 있다. 이욕, 천리와 인욕을 대립하여 주장하고 있는데 인간의 욕심(人慾)은 악의 근원이라고 여겨 인욕을 제거하고 천리(天理)를 보존하는 것으로 보았다. 이정(二程)의 사상체계에서 이(理)는 지고무상의 것이자 완전무결한 미(美)의 차원으로 영원히 존재하는 것이며 자연만물을 생산하는 최초의 근원이고 또한 인류사회의 최고 원칙으로 더욱이 인륜 도덕의 최고 표준이 된다. 인성과 천리는 본래 광명하여 인간의 정욕에 의한 가림이 없다면 자연이 외부 행동으로 나타나게 되고 인성, 천리의 광명을 상실하지 않으면 그렇게 당연히 광명을 보존하기 위한 수양을 할 필요가 없다. 그러나 정욕에 가려 인성, 천리가 어두워지기 때문에 수양공부가 필요하고 정욕을 제거하기 위한 노력이 요구된다.

"인간이 천지에 태어나 만물과 유사한 동류이나 하늘이 언제부터 인간, 사물을 분별해내게 된 것인가? 도를 닦는 것을 일러 교육이라고 한다. 이는 주로 인간이 하는 일에 있어서 본성을 상실했기 때문에 닦아서 그 본성을 회복하자는 것이다. 즉, 배움에 들어가는 것이다. 만일 본성을 상실하지 않았다면 왜 수도를 해야 할 필요가 있겠는가? 이 때문에 인의를 실행에 옮겨야 할 이유가 있는 것이다. 이 본성을 이미 상실했기 때문에 수도를 하는 것이다.[117] 수양의 경로에 대하여 이정

---

116) 『朱子語類』, 卷13.
117) 『河南程氏遺書』, 第15.

(二程)은 과욕을 주장한다. 마음을 닦는데 욕심을 줄이는 것보다 더 좋은 방법이 없다. 욕심이 없으면 의혹도 없다. 하고자 하는 바가 반드시 어디에 빠질 필요는 없지만 어디로 지향하는 바가 있다면 바로 이것이 욕심일 다름이다".[118]

천리를 선하다고 하고 사적인 욕심을 악하다고 하며 성선이 천리로 나타나고 성악은 인욕으로 나타난다. 기질을 변화하고 선성을 보존하려면 수양을 해야 한다. 마음을 닦는다는 것은 안정된 상태에서 일에 당하여 부동심을 기르고 사물에 당하여 유혹에 동하지 않는 것을 말한다.

주희는 성리학의 집대성자로 이욕과 관련하여 가장 자세히 언급하고 있다. 그는 말하기를 "혹 인심과 도심은 구별됩니까? 하고 묻는다. 답하기를 단지 하나의 마음일 뿐인데 지각하는 것이 귀와 눈으로 쫒아 가면 바로 인심이고 의리에 쫒아 가면 이것이 바로 도심이다"고[119] 하였다. 인심이 인욕을 나타낸 것이라면 도심은 천리를 표현한 것으로 인욕과 천리는 대립된다. "천리와 인욕은 병립을 허용할 수 없다".[120] 이미 천리와 인욕이 상대적이라면 어떻게 이 양자 간의 모순을 해결할 것인가? 주희는 천리가 인욕과 싸워 이길 것을 주장한다. 주관적 정신으로 생리, 물질적인 욕망의 욕구를 억압하기 위해서는 어려운 수련을 해야만 악을 선으로 바꿀 수 있다. 주희는 "인간의 한 마음에는 천리가 보존되어 있으나 인간이 망하고자 하면 인욕이 이기는 것이며 그렇게 되면 천리가 멸한다"고[121] 보았다. 그는 천리를 보존하고 인욕을 제거할 것을 주장하여 천리로 인욕을 제거하는 과정이 바로 자신을 극복하고 예에 돌아가는(克己復禮)의 과정이라고 했다. 예는 바로 이(理)이기 때문에 복예가 바로 천리로 돌아가는 것이다. 그는 말하기를 "예란 이(理)이다. 또한 예는 천리에 속한다면, 반대로 자기에게 속한 것이 인욕이 된다고 할 수 있다".[122] 주희의 관점대로 봉건적인 윤리도덕 관념은 인의예지 네 가지 덕이 천리라고 보았으며 이들은 모두 천지지성에 근거한다는 것이다.

왕양명은 중국 고대의 유심론 사상가의 대표적인 인물이다. 그는 "마음의 본체는 천리이다, 천리의 소소하고도 영영한 앎을 양지라고 한다"고[123] 하여 양지가 천리라고 보았다. 양지는 사람 사람마다 모두 갊아 있는 시비지심(是非之心)이고 마음 가운데 있는 천리

118) 『河南程氏遺書』, 第二上.
119) 『朱子語類』, 卷78.
120) 朱熹, 『孟子 集注』, 卷5.
121) 『朱子語類』, 卷13.
122) 『論語』·或問, 권12.
123) 『答舒國用』.

로 본연의 성선적 자아 인식이다. 이미 인간이 태어날 때 가지고 나오는 것이 양지라면 악은 어디서 나오는가? 왕양명은 인간이 인위적 사욕에 가려 본원을 함양하는 것을 모르고 천리가 인욕을 판단하는 것을 살피지 않아서 그렇다고 해석했다. 그는 "천리와 인욕은 병립할 수 없다. 왜 천리를 위주로 하고 인욕이 따라서 그 명(命)을 듣는 것인가?"[124] 인욕이 범람하면 반드시 천리가 멸망하기 때문에 악이 변하여 선을 회복토록 하기 위해서는 천리를 보존하고 인욕을 멸해야 한다. 인욕을 제거하고 천리를 보존하는 것이 공부이다.

성리학자들이 이욕에 대한 대립적 이론은 비록 통치계급이 지나치게 탐욕을 부려 잔혹한 정치를 하는데 대해 충고와 제한을 하는 작용을 했지만 그 주도적인 방향은 노동자를 마비시키고 기만하며 봉건지주계층의 이익을 위해 봉사하였다. 이런 이론은 선진적인 사상가들의 비판을 받았다. 그 중에서 왕부지, 대진(戴震, 1724~1777)은 가장 격렬한 비판을 가한 인물이다.

왕부지는 천리와 인욕의 통일을 중시하여 천리가 인간의 욕심에 있고 천리와 인욕은 인간의 성품에 관하여 합치되는 이론이라고 제시했다. 그는 말하기를 "예가 비록 순전히 천리의 절문(節文)이라고 하나 인욕에 살아야 보이는 것이다. 그렇다면 마침내 인간을 떠나 따로 천지가 존재하지 않는 것이며 인간의 욕심을 떠나 따로 이치가 있는 것도 아니다"고[125] 하였다. 천리와 인욕은 모두 인성으로 인욕을 떠나면 천리도 말할 수 없고 천리가 인욕 가운데 존재하여 인욕이 존재해야 천리도 존재한다고 한다. 텅 빈 마음으로 만물의 공욕(公欲)을 보아야 만물의 공리가 된다. 곳곳에서 인욕을 본다는 것은 곳곳에서 천리를 본다는 것이다. 여기서 출발하여 왕부지는 적극 인욕을 부정하기 보다는 인간의 욕구를 막고 억제하는 주장은 인성발전을 제한하는 것이라고 여겼다.[126]

대진은 송명대 성리학에서 천리는 존재하지만 인욕을 부정하는 주장에 대한 투쟁을 벌이는 것에 반대하고서 새롭게 한 차원 높였다. 그는 천리는 원래 욕구에서 나오는 것이며 욕심을 조절하는 것이 바로 천리이지 욕심을 떠나 천리가 다로 존재하지 않는다고 했다. "인륜은 일상생활에 활용하는 것인데 성인은 천하의 정서를 통하여 천하의 욕구를

---

124) 王陽明, 『傳習錄上』.

125) 『讀四書大全說·孟子』.

126) 왕부지는 인욕을 천리라고 하여 인욕을 인정하지 않고서는 천리를 인식할 수 없다는 입장이다. 이 점에서 송대 유학에서 인욕을 부정한 견해를 넘어섰다고 볼 수 있다. 다만, 인욕 자체를 부정하지는 않았지만 인욕이 천리에 합당하면 그 인욕은 천리라고 하였다. 즉, 이는 기에 내재해 있고 또한 이는 욕에 내재해 있다고 하여 이가 욕에 있는 것 자체가 악이 아니라 인간의 욕구가 이에 합당하느냐가 문제이다. 그러므로 인간의 욕구가 이에 합당하지 않을 때 악이 성립되기 때문에 성일생론(性日生論) 즉, 평생학습설을 주장했다.

완수하고 권한으로 천리와 인욕을 구분하여 시원하지 않은데 이를 일러 이(理)라고 한다".[127] 그는 악은 인욕에서 나오는 것이 아니라 사적인 것에서 나온다고 하였다. 대진은 봉건통치자들이 천리로 인간을 죽이는 죄악을 저질렀다고 맹렬하게 비판하였다.

> "성인의 도는 천하에 이르지 않음이 없는 정(情)이다. 그 욕구를 추구하고자 천하를 다스린다. 후대 유학자들이 이런 정이 미세한 부분에 까지 이르는 것을 몰랐는데 이를 일러 이(理)라고 한다. 이를 이라고 말하는 까닭은 혹독한 관리가 말하는 법과 같다. 혹독한 관리는 법으로 사람을 죽이고 후대 유학자들은 이(理)로 사람을 죽인다. 그리고서 재빨리 법을 놓고 이치를 논한다. 사람이 죽으면 더욱 구할 수도 없다".[128]

왕부지, 대진 등은 이욕의 관계에 대한 사상을 제시하여 후세에 계몽적인 영향을 끼쳤다.

(4) 인성과 후천적 학습(성습: 性習)

인성과 후천적 학습은 공자(孔子)가 맨 먼저 제시한 범주이다. 그는 "인성은 서로 가까우나 후천적인 학습에 의해 서로 멀어졌다"고 하였다. 이는 사실 인성의 변화 가능성 여부, 인성과 교육과 수양의 관계문제 등을 말한 것이다. 공자가 제시한 명제는 인간이 태어날 때 차이는 크지 않고 교육이 인간의 발전에 결정적인 작용을 한다는 점을 인정한 것이다. 유력한 갈등이 야기될 소지가 있는 부분은 천명관(天命觀)을 바탕으로 하는 유전론(혈통론)과 종법 세습관념간의 충돌이다. 공자 이후 많은 사상가들이 인성과 후천적 학습에 대한 검토를 진행하여 적지 않은 견해들이 제시된 바 있다. 맹자는 선험적으로 인성의 성선론을 주장하면서 인간이 태어날 때부터 배우지 않아도 할 수 있는 양지(良知)와 생각하지 않아도 아는 양지(良知), 인의예지 등의 관념도 날 때부터 가지고 나온다는 입장이다. 그러나 그는 동시에 이런 선천적으로 구비된 선의 단서(善端)가 확충되어야 현실적인 선을 위해 필요하다고 강조하였다. 관건이 되는 것은 정신을 수양하여 본래 마음을 보존하고 길러 거기에 머무냐(존양득주: 存養得住)여부이다. 후천적으로 익힘의 작용은 바로 흩어지고 상실된 선성을 회복하여 여기에 수양을 통해 확충하는 것이다. 순자(荀子)는 습속을 익혀 인간의 성품을 도야함(注錯習俗, 所以化性)을 주장하여 점진적

---

127) 『孟子字義疏證』.

128) 『與某書』.

인 것(漸)과 꾸준히 쌓아가는(積) 교육과 학습의 공부를 강조하였다. 동중서는 명(命)이 결정한다는 입장의 성삼품설을 주장하였다. 인간의 본질에는 뛰어 넘을 수 없는 선천적인 한계가 있지만 가능성과 현실은 다르다는 점을 인정하고서 교육이 이뤄진 다음에 선(善)이 될 수 있다는 사상을 제시했다. 특히 그는 보통 사람의 인성은 더욱 이와 같다고 하였다. 송명대 장재는 기질의 변화를 강조하는 학설을 제시하여 인간의 본질적으로 개조할 수 있으며 아울러 봉건적인 윤리 도덕으로 수양하는 사회적 작용을 제기했다. 인성과 후천적 학습간의 관계에서 대부분의 견해 가운데 일치하는 점은 바로 자아수양과 교육적 작용을 언급한 것이라고 할 수 있고 또한 기본적으로 인성은 변화 가능한 것이라는 점이다.

이상에서 서술한 바와 같이 중국 고대 사상의 발전 과정에서 성정(性情), 이기(理氣), 이욕(理欲), 성습(性習) 등에 대한 검토를 통해 그 착안점은 인성의 기원, 본질과 형성 등의 문제와 아울러 인간의 자연적 속성과 인간의 사회적 속성간의 관계 문제 등을 논증한 것임을 알 수 있다.이런 논의는 중국 고대 교육사상에 중요한 영향을 미쳤다.

인성에서 자연적 속성과 사회적 속성을 보는 눈은 다르다. 그렇기 때문에 고대 교육사상에 출발점도 다르고 인성을 인식하는데도 차이가 있다. 따라서 중국 고대 교육에서 두 가지 기본적인 경향간의 논쟁이 야기된 것이다. 예를 들면 개인본위와 사회본위의 관점에 따른 논쟁, 자연주의와 비자연주의 간의 논쟁 등이 그렇다. 인성론에서 해결을 기다리는 문제는 인간이 도대체 어떤 존재인가 하는 문제이다. 따라서 교육이 해결해야 하는 것은 인간이 마땅히 어떤 존재가 되어야 하는가의 문제이다. 또한 이런 인간이 어떻게 길러지는가? 등의 문제이다. 여기서 우리는 인성론과 교육관이 밀접하게 관련된 내재적 논리를 갖고 있음을 알 수 있다. 만일 인성론에서 인간의 본연성이 좋은 것이나 사회적으로 좋지 않은 사람이 좋지 않은 사회적 환경을 조정한다면 교육에서 반드시 나쁜 사회적 환경을 배제하는 영향을 최대한 견지해야 하고 교육방법에서도 어떻게 하면 본연의 선을 보존할 것인가에 대해 연구해야 할 것이다. 중국교육사상 노자와 장자는 자연주의와 개인본위의 대표적인 전형이다. 그들은 자연무위를 강조했다. 무릇 자연과 인위적인 것은 모순이 발생한다. 따라서 모두 인위적인 것에 자연적인 것을 부가하고 인위적인 것이라 해도 자연이 허락하는 범주를 뛰어 넘을 수 없다고 한다. 사회와 개인 간에도 모순이 발생한다. 따라서 사회에 개인을 부가할 것을 요구한다. 자연주의와 개인본위는 서로 반대되는 입장이다. 비자연주의와 사회본위도 그렇다. 이런 관점들은 사회적 요구로 인간을 개조할 것을 견지하고 인간의 본성 가운데 사회적 영향에 부합되는 것은 모두 그것을 교정할 것을 요구한다. 순자(荀子)는 이런 주장의 대표적인 전형이다. 그는 인성과 인위적 작용이라는 두 가지 대립된 개념을 제시하는 비자연주의의 대표적인 인물이다. 자연주의 사상은 중국 고대 사회발전과정에서 주도적 지위를 차지하지는 못했다. 그러나 그는 줄곧 존재해오면서 사회본위로 자강불식(自强不息)을 강조하고 서로 논쟁을 벌이기도 하는가 하면 상보적 관계, 공동으로 중국 고대 인간에 대한 기본적 관점을 갖기도 했다.

역사는 복잡하다. 역사를 반영하는 이론도 매우 복잡하다. 우리가 제시한 두 가지 기본적인 경향은 우리가 분석하는 문제에 도움을 받기 위한 것이다. 사실, 역사 발전과정에서 장자와 순자와 같은 전향적인 예는 매우 적다. 그러나 많이 존재하기도 하는데 더욱이 대부분은 이들 양자에 대하여 취사할 만한 이론으로 남아 있다. 여기서 막시즘의 구체적인 문제를 분석해 볼 필요도 있다. 어떤 모종의 이론이 어떤 방향으로 주도하여 존재할 수 있다. 그러나 그의 이론이 상반된 요인을 포함하고 있지만 비록 이런 요소들이 어떤 사상가의 사상 체계 속에서 주도적 위치를 차지하지 못하는 경우도 있다. 맹자는 성선론을 주장하고 교육 작용도 이런 선성(善性)을 발휘하는데 두고 있다. 이 점에서 그는 자연주의적 경향이 있다. 그러나 그가 규정한 선성이 사실은 봉건사회의 윤리강령이었기 때문에 자연 성장할 수 없었던 것이다. 그러므로 그의 이론은 사회적 요소를 자연적인 요소로 귀결하여 표현한 다음 이런 자연적인 요소에 발전을 더하여 사실은 사회적 요소를 배양하는 것이었다. 맹자는 호연지기(浩然之氣)를[129] 제시하여 자신의 영향에 대해 좋지 않은 사회적 요소를 배제하고자 했다. 이는 자신의 선성을 보존하기 위한 것으로 사회와 항거하여 투쟁하는 것을 애석히 여긴 것은 아니다. 그렇지만 그의 선성이 사회적 선성이었기 때문에 실제로는 일종의 사회적 요구로 또 다른 사회적 요구에 반대한 것이다. 이는 마치 우리가 위에서 언급한 바와 같이 중국 고대의 유구한 역사에서 사회본위와 비자연주의는 주도적 지위를 점유하였다. 개인본위와 자연주의는 종종 서로 다른 입장의 이념이나 주장에 영향을 주고받기도 했다. 그들은 단지 사회본위와 비자연주의가 발전하여 일정한 수준에 이르면 사회는 충분히 이들에 대한 또 다른 문제점을 발견하고 일종의 새로운 방안 모색을 위한 충돌을 야기한다. 예를 들면 위진남북조시대 현학의 발전은 한대 경학에 대한 일차의 반작용이자. 또 다른 면에서 발전을 향한 노력이기도 했다. 중국 인성문제의 발전과정에서 더욱 논쟁이 야기된 것은 사회본위의 이런 일부 파벌 내

129) 맹자에 의해 도덕적인 정기를 배양하는 방법으로 제시한 것이다. 일종의 도덕정신, 또는 "이성을 응집한 감성"으로 보기도 한다. 맹자는 기를 생명의 원천으로 보고 인성의 기본적인 잠재능력으로 간주한다. 호연지기의 기는 생명의 물질존재이자 도덕이성의 적극적이고 능동적인 의지행위이다. 이 기를 배양함으로써 이성과 감성, 내재성과 외재성의 통일이 가능해지는 것으로 본다(蒙培元 저, 이상선역, 『중국심성론』, 법인문화사, 1996, 84-86쪽).

부에서 또 맹자와 순자가 시작한 분기점에서도 그렇다. 여기서 일파란 자신 수양을 강조하는 인간의 능동성을 발휘하는 것에 관해서는 발전을 가져왔다면 다른 일파는 환경의 영향을 강조하여 사회가 발전하여 어떻게 인성의 방향을 결정하고 영향을 미치는가에 관심을 갖는다. 결국 이들 두 학파는 모두 교육의 작용을 강조했다. 사실, 자신 수양의 내용은 사회가 규정한 것이다. 사회적 영향도 반드시 인간의 수양과 행위에 떨어진다. 그러나 두 학파는 모두 봉건사회를 위해 봉사했다. 순자와 맹자의 인성론은 모두 서로 다른 경향을 갖고 있으나 또한 공통점도 있다. 맹자를 이상주의라고 한다면 순자(荀子)는 현실주의라고 할 수 있다. 표면적으로 양자는 서로 대립된 듯하다. 실제로 모두 상호 보완적이며, 중국 고대 유가교육철학의 내재된 자아를 조절하는 기능을 수행했다.

중국 고대 사상사에서 맹자와 고자(告子)의 논쟁할 때 인간과 동물의 구별문제가 제기되어 자연적 속성과 사회적 속성 간에 논쟁이 야기된 바 있다. 고자(告子)는 태어날 때부터 가지고 나오는 것을 일러 인성이라고 하는 관점을 제시했다. 그가 주장한 주요한 내용은 인간의 자연적 속성에서 인간의 본질을 밝히려고 시도하였다. 그는 또 버드나무(기류: 杞柳)와 나무로 만든 그릇(배권: 桮棬)의 관계를 예로 들어 인간의 본성과 인의 등 윤리 도덕적 관념을 설명하였다. 또한 인간의 자연적 속성과 사회적 속성의 관계와 구별을 시도했다. 그러나 고자가 사용한 자연적 속성으로 인간의 본질을 규정하려고 하였기 때문에 인간과 동물을 구별할 방법이 없다. 맹자는 사회적 속성에서 인간의 본질을 찾으려고 했으나 자신의 학설의 신뢰도를 논증하기 위해 도리어 인간의 사회적 속성을 자연적 속성으로 귀결시켜 선험론에 빠지게 되었다. 장재는 천지지성과 기질지성을 제시하여 인성론 사상사에서 끼친 영향도 매우 크다. 그는 천지지성이 인성의 주요한 부분으로 예법을 엄수하고 몸과 마음을 제약해야 기질지성의 변화가 가능하고 천지지성으로 회복하여 성인이 될 수 있다고 강조했다. 또한 사회적 속성으로 자연적 속성을 통제하고자 했다. 중국 고대 사상사에서 보면 거의 많은 사상가들이 선천설적인 입장에서 인성을 논의했지 사회적 관점에서 접근하지는 않았다. 중국 고대 사상가의 관념에는 인성의 결정적인 요인이 인간의 사회적 속성에 있다는 것을 의식하고 있다고 말할 수 있다. 다만 많은 사람들의 이런 인식이 유심주의 체계에 기초를 두고 형성되었다는 것이다.

인성이 사회적 속성에 의해 결정된다는 인식은 사상가들로 하여금 보편적으로 교육적 작용을 강조하게 했다. 맹자, 순자는 모두 적극적으로 교육이 인간의 발전에 결정적인 작용을 하는 것을 증명하였고 아울러 안으로 자아수양과 밖으로 일어나는 인위적인 면의 이런 두 가지 측면에서 교육과 학습과정을 검토했다. 동중서는 성삼품설을 주장했다. 단 보통 사람의 성은 교육으로 선해질 수 있을 뿐만 아니라 교육을 기다린 다음에야 선해진다고 하였다. 그러나 그는 보통사람의 인성은 가장 광범위하다고 했지만 기본적으로 교육의 필요성을 인정했다. 왕충도 인성의 삼품설을 주장했다. 그러나 그는 어떤 종류의 성인가를 논하지 않았고 선악에 대해 관계하지 않고 모두 변화할 수 있으며 관건은 교육에 있다고 했다. 그는 이렇게 말했다.

> "변화는 인성에 있는 것이 아니라 교육에 있으며 오직 인성에 있는 것도 아니며 선이란 양육하고 권하여 따르게 하는 것이다. 교육(영: 爺)이 부재하면 악에 가깝고 악하면 본성을 지키도록 도와주고 금할 것은 지켜주면 교육에 의해 점차로 선해진다".130)

이는 자연적 속성이 개인의 성장과정에서 일어나는 작용이며 관건은 후천적인 환경과 교육에 있다는 것이다. 우리는 중국 고대 사상가들이 자연적 속성과 사회적 속성에 대한 인식과 탐색은 오늘날 우리가 이런 문제에 대해 연구하는데 매우 큰 깨우침과 도움을 많이 줄 것으로 믿는다. 다만 막시즘은 사회적 측면에서 이해에 도움이 될 것으로 전망한다. 인간에게는 자연적 속성과 사회적 속성의 두 부분이 갖추어 있으며 인간의 자연적 속성은 사회적 속성이 형성된 전제에서 이뤄지고 또한 역사적으로 축적된 결과이기도 하다. 이는 인성의 주요한 부분에 인간의 사회적 속성이 관여됨을 의미한다.

현대 심리학의 연구 성과도 우리가 인성을 이해하는데 여러 가지 조건을 제공한다. 심리학의 연구는 인간의 사회적 속성은 유전될 수 없는 것으로 표명한다. 다만 사회적 환경에서 생활하는 바로 그 점이 인간과 동물을 구별하는 특징이라고 할 수 있다. 인간의 개체 유전적인 형질은 사회적인 인간 존재를 위해 하나의 가능성을 제공하는 것이고 사회 환경에서 그가 참가하는 사회생활 속에서 이런 가능성이 현실로 이뤄질 수 있을 따름이다. 여기서 중요한 문제가 있다. 인간의 자연적 속성이 도대체 인간발달에 어떤 가능성을 제공하는가이다. 이런 가능성은 구체적인 개체의 신체에 일정한 경향성을 갖는 것인가? 이런 경향성이 일정 수준에서 인간 발달에 영향을 미치는가? 인간의 사회적 모종의 속성도 장기적인 역사적 경험의 축적과정으로 인하여 일정한 속성으로 확정될 가능성이 있는 것인지 아니면 유전으로 이뤄지는 것인지? 등등의 문제이다. 이런 문제는 비록 아직 공인된 결론은 없지만 현대 심리학에서 인간의 자연적 속성에 대한 인식이 날로 심화되어 이미 주요한 발전을 가져왔다. 인성연구에 대해서는 가장 최근의 과학적 연구성과의 기반위에서 정확한 결론을 얻을 수 있을 것이다.

---

130) 『論衡·率性』.

막시즘의 유물사관의 출현은 사회 역사학으로 하여금 과학으로 성립되게 했고 인성론이 처음으로 과학적 토대위에서 수립되게 했다. 막시즘 이전의 사상가들은 역사상 모두 유심주의 범주에 속한다고 할 수 있다. 그들은 구체적인 역사적 조건을 떠나 특정 사회의 물질적 관계로 인성, 인간의 본질을 논하고 추상적인 인성으로 역사를 해석하였으며 아울러 이로써 사회 역사 발전을 촉진하는 동력으로 삼았다. 이런 역사 유물론과 달리 막시즘은 구체적인 사회 물질관계와 생활조건으로 역사와 사회발전의 역사적 동력을 해석하고 인성, 인간의 본질을 일정한 구체적인 사회관계속에 두고서 고찰한다. 막스는 인간은 인간세계이며, 인간의 본질이란 인간의 참다운 사회와 관계 속에 존재하는 것으로 보았다. 현실적인 구체적인 인간으로부터 출발하여 인성을 연구하고 현실적인 인간 및 그 역사발전의 과학에 의하여 추상적으로 인간을 숭배하는 현상을 대체해야 한다고 주장했다. 현실적인 인간은 일정한 역사적 조건과 사회적 조건 속에서 활동하는 인간이며 그들이 종사하는 실제 활동과 물질생활의 조건을 기초로 하는 인간이지 추상화된 허구의 불분명한 인간을 일반적인 것으로 여기지는 않는다. 생활방식과 생산방식이 인간과 인성을 결정한다. 마르크스는 "개인은 사회적 산물이라고 강조한다".[131] 이 때문에 그의 생명에 대한 표현은 공유된 방식을 취하지 않는다. 기타 일반인들과 함께 완성한 생명표현은 이런 직접적인 형식이자 사회생활의 표현과 확증이다. 그러므로 인간의 사회적 관계를 떠나 인성을 추상적으로 담론할 수 없고 또한 인간이 생활하는 사회적 조건을 떠나 인류의 공통점을 찾을 수도 없는 것이다. 인간의 본질은 개인의 고유한 추상물은 아니다. 실제로 그는 모든 사회관계의 총화이다.

막시즘은 인간의 본질이란 사회적 속성임을 인정한다. 그러나 인간이 자연적 속성을 지닌 존재임을 부인하지도 않는다. 인간이라는 유기체, 인간의 유전적 형질, 인간의 본능 욕구 등은 모두 인간의 자연적 속성의 범주이다. 자연은 사실 개인이 발전하는 물질적 토대이다. 마치 막시즘에서 말하는 어떤 인류역사도 첫 단계에는 의심의 여지없이 생명을 가진 개인적 존재이다. 이 때문에 첫째 수요가 확정된 구체적인 사실은 바로 이런 개인의 육체적 조직이다. 그리고 육체적 조직의 제약을 받는 그들과 자연의 관계이다.[132] 마르크스는 또 이렇게 말했다.

> "인간과 인간관계의 직접적이고 자연적이며 필연적 관계는 남녀 간의 관계이다. 이런 자연적 비슷한 중간의 관계에서 인간은 자연계의 관계와 비슷하게 직접

131) 『마르크스엥겔스전집』, 第42卷, 122-123쪽.
132) 『막스엥겔스 選集』, 第1卷 24쪽.

적으로 이뤄지는 것이 인간과 인간의 관계이나 인간과의 인간관계가 집적으로 이뤄지는 것은 자연계의 관계도 마찬가지로 인간이 스스로 만든 자연적 규정이다. 이렇기 때문에 이런 관계는 감성의 형식을 통하여 일부는 나타나 쉽게 확인 되는 사실이기도 하다. 이런 사실들은 인간의 본질이 어느 정도 수준에서 자연계를 설명하고. 혹은 자연계가 어느 정도 수준에서 인간의 요구를 표출해내는가를 보여준다. 또한 이런 관계는 인간의 욕구가 어느 정도에서 충족되고 타인에게도 어느 정도 수준에서 욕구충족이 되었는가를 설명해준다. 개개인도 사회적 존재물도 어느 수준에서 욕구가 충족되는가를 제시해준다"(『마르크스 엥겔스전집』, 第42卷 119쪽).

마르크스는 여기서 인간의 자연적 속성과 사회적 속성을 인정하고 인간에게는 자연적 관계와 사회적 관계가 존재하며 마찬가지로 인간에게는 자연적인 존재물이 있고 또 사회적 존재물도 존재한다. 그러나 이런 관계에서 인간의 자연적 속성, 자연적 존재물은 사회적 속성으로 간주하고 사회적 존재물의 물질을 담당하는 사람이 존재하게 된다. 그런데 인간의 이런 두 가지 속성, 두 가지 존재물은 인정하지만, 존재양식이나 인간의 자연적 속성이 오히려 인간의 본질은 아니다. 추상적 개인이 존재하지 않기 때문이다. 인간은 사회적 동물이다. 인간만이 일정한 사회적 관계 속에서 존재할 수 있고 발전을 추구할 수 있다. 인간의 사회적 속성이야말로 인간의 본질이다.

4. 인성론과 교육의 관계

교육의 대상은 인간이다. 교육이 사회발생에 영향을 미치는 작용여부, 그 작용의 규모는 교육이 인간의 심신발전에 어떤 영향을 미치는가를 보면 알 수 있다. 이 때문에 인간의 본질 및 인성론과 교육의 관계 문제는 교육철학 연구의 핵심문제 중의 하나가 된다. 어떤 이념적 기반위에서 인성을 이해하고 교육을 이해하느냐에 따라 다양한 접근이 가능할 수 있다. 이를 테면 막시즘에서는 유물사관으로 인간의 본질을 분석하고 인간의 본질에 대한 정확한 이해 그리고 인성론과 교육의 관계에 대해서도 과학적 인식의 기초를 제공해준다.

증용(『中庸』)에서는 인성의 의미를 이렇게 밝혀주고 있다. 즉, "하늘이 명한 것을 일러 성이라고 하고 성품을 거느리는 것을 일러 도라고 하며 도를 닦는 것을 일러 가르침이다"

고 한다. 또한 여기서 성이란 하늘이 명한 것이고, 솔선하여 실천에 옮기는 것이 도이며 교육은 하늘이 명한 성에 따라 수양을 하여 도에 합하도록 하는 과정이다. 중국의 전국시대 많은 사상가와 교육자들이 이미 인성과 교육의 관계를 생각하기 시작했고, 인성이란 어떻게 생겼으며, 인간이 교육을 받을 수 있는 존재인가 교육이 어떻게 실천되어야 하는가의 기초를 제공하고 있음을 알 수 있다. 그렇다면 중국 고대 교육자들의 사유논리 가운데 인성론은 교육의 이론적 기초이자 정확한 교육관에는 정확한 인성론의 기초가 구축되어 있어야 한다고 말한다. 바로 이런 배경은 춘추전국시대에 모든 사람들이 인성에 대해 논의하는 시대사조로 하여금 중국 고대의 사상적 전통을 수립케 하고 교육의 필요성을 담론하게 했지만 인성에 대한 담론은 교육문제에 까지 미치지 못했고 실제적인 접근은 하지 못했다. 양계초(梁啓超, 1873~1929)는 일찍이 이렇게 말한 바 있다.

> "이 인성문제는 모든 교육, 모든 정치의 출발점이다. 인성을 악하다, 선하다고 주장하는 기로에 따라 교육의 방향이 존재하기 때문이다. 물론 개인마다 다르고 모든 사회조직이나 정치의 근본이념도 따라서 변동될 수 있다. 이 문제와 실제 생활의 직접적인 관계는 이렇듯 중대하기 때문에 어떤 철학의 학파에서도 모두 이 토론에 참가한다".133)

이 말은 그만큼 인성론의 의의를 높이 평가한 것으로 검토할만한 가치가 있다는 뜻이다. 그러나 분명한 것은 중국 고대 교육가들이 교육과 인성과의 관계를 중시했음을 반영해주고 있다. 중국 고대 교육사상의 출발점에서 보면 인성론은 교육관의 기초이자 교육의 대상을 선택하고 교육의 작용을 확정하며 교육목표를 정하고 교육을 실천에 옮기는 원칙과 방법의 근거가 된다.

(1) 인성론과 교육대상

누가 교육 받을 수 있고 누구는 교육을 받을 수 없는가라는 문제는 교육권(教育權)에 속하는 문제일 뿐만 아니라 고대 교육에서도 가장 중요한 문제였다. 교육을 받을 권리를 현실 조건에서 보면 당시의 생산수준, 특히 당시의 정치, 경제적 제도와 밀접한 관련이 있다. 농경, 봉건사회에서는 아무래도 생산력이 발달되지 못해 청소년들이 정규 교육을 받을 수 있는 조건이 제공될 수 없었다. 사회적 생산과 생활수준 역시 청소년들이 반드시 학교교육을 받은 다음에 사회에 진출할 수 있도록 그 요구에 부응하지 못했다. 그리고

---

133) 梁啓超, 『中國先哲人性論』, 4쪽.

많은 사람들이 단지 생산 노동, 일상생활에서 성인들과 함께 더불어 인간이 되는 길을 배우고 생산노동에 관한 지식과 기능을 배워 사회생활에 요구되는 바를 충당할 수밖에 없었다. 사회적 생산력이 일부 소수 사람들에게만 정규 학교교육의 기회가 제공될 뿐이었다. 그렇다면 누가 이런 일부 소수계층에 속했던 것인가? 단지 통치하는 지배 계층만이 가능했다. 그에 반하여 사회적 생산력이 박탈되고 소외된 계층, 정치·경제적으로 불평등한 계층들은 필연적으로 교육받을 권리에서 불평등한 위치에 있었다. 농경사회에서 학교교육은 농경민 자제들을 위해 설립되어 학교교육을 받는 것이 그들의 특권이었다. 그러나 봉건사회에서 농민자제들이 학교에서 배척당하고, 통치 지배 계층 내부에서 교육받을 권리도 역시 엄격하게 규제되는 차별이 확대되었다. 교육받을 권리의 불평등을 어떻게 해석할 것인가? 고대 교육학자들에게는 이런 부분에 대한 인식이 부재하거나 이런 상황에서 사회적 계층의 기반을 인정하고 싶지 않은 대신 단지 인성에서 그 답을 찾고자 했다. 인간이 본질적으로는 평등하다는 주장에 근거하여 사람마다 평등하게 교육받을 수 있고 교육의 범주를 확대해야 한다고 주장하는 사람도 있었다. 한편 인간은 하늘로부터 생명을 부여받을 때부터 차별이 존재하여 교육에서 차별은 정당한 것이라고 하면서 일부 사람들이 교육 외의 영역에서 배제되는 것은 합리적이라고 주장하는 사람도 있었다.

중국 교육사에서 공자는 가장 일찍 인간을 교육하는데 유의차별을 두지 말아야 한다고 주장한 교육가이다. 공자가 생활했던 춘추전국시대의 관학은 노예에 의해 이뤄지고 있었고 엄격한 등급의 제한도 있었다. 공자가 말한 교육에 유의 구별이 없어야 한다는 말에는 두 가지 한계를 극복하려는 의지가 있다. 비단 교육을 누가됐든 야만인이든 그들의 지역적 출신배경에 무관하게 추진해야 한다는 것뿐만 아니라 예란 아래 서민에게 존재하는 것이 아니라는 등급제도의 타파이다. 공자의 이런 사상은 당시 계층 관계의 변화에 요구에 따라 큰 영향을 미쳤다. 그렇다면 교육에 유의 구별이 없다는 근거는 무엇인가? 공자는 "인성은 서로 가까우나 익히는데 는 서로 멀다고 했다. 또한 인간의 선천적인 소질의 차별은 매우 작은데 교육과 환경의 영향이 달라 인간의 차별이 생기게 되었다고 한다. 여기서 공자는 평등한 인성관에 근거하여 교육의 대상 범주를 확대하여 일반 평민에까지 미치게 했다. 공자의 교육실천에서 우리는 가르치는데 유의 구별이 없다는 것이 공자의 주도적인 사상이라고 단정할 수 있다." 그 밖에 공자는 이렇게 말한 바 있다. "태어나면서 아는 자는 가장 뛰어난 자요, 배워서 아는 자가 그 다음이요, 배워도 통하지 못하는 자가 또 그 다음이니 배워도 통하지 않으니 배우려 하지 않으면 백성으로서 하등한 인간이 된다"고[134] 하였다.

어떤 학자는 이 말이 공자가 인간의 학습능력을 구분한 것으로 보기도 한다. 그리하여 이런 해석에 의하면 익히는데 서로 멀다는 말과 나면서부터 안다는 말에는 모순이 있다는 지적과 함께 이 말이 어떻게 이해되어야 하는가에 대해서는 논의를 요하는 부분이다. 그러나 춘추전국시대는 사회변동이 크게 일어나던 시대였으며 신구 사상간에 논쟁이 격렬하게 표출된 시대였다. 공자의 가르침에서 귀중히 여기는 부분은 그가 제시한 것이 객관적 사실에 거의 접근해 있다고 보는 것이지만 그의 주장이 사회발전에 도움이 되었다는 주장은 인정하는데 어려움이 있을 수 있다.

맹자는 비교적 농민을 본위로 하는 색갈이 두드러진 교육가이다. 그는 인류는 선천적으로 선성이 갖추어 있다고 보아 "성인과 우리는 같은 류이다"고[135] 하였다. 이 말은 성인과 일반인이 동류라는 것이다. 단지 인간의 노력여하에 따라 요순과 같은 성인이 될 수 있을 뿐이다. 이런 인식은 사람 사람마다 평등하다는 결론을 얻을 수 있다. 순자(荀子)도 인성에는 서로 한가지라고 하여 "대개 인성은 요순과 같은 성인이나 걸척과 같은 인물이나 하나이다. 군자와 소인의 인성도 하나이다"고[136] 하였다. 그는 "재주와 인성과 지능이 군자나 소인이나 한가지다"고[137] 하여 인간은 태어날 때부터 모두 같은 인식능력을 갖고 있다고 했다. 순자의 인성론과 맹자의 그것에는 서로 대립되는 점이 많다. 반면에 두 사람 간에 일치하는 점도 있다. 그렇지만 이 두 사람은 당시 신흥지주계급의 대표적인 인물로 그들의 주장이 자신이 처한 사회적 지위를 합리화하는데 요긴한 논리적 근거로 활용될 수 있었기 때문에 귀족들이 하늘로부터 명을 받았다는 이른바 천명사상이 비판을 받게 된다.

동중서는 처음으로 인성에 세 가지 종류로 분류해 볼 수 있다는 성삼품설을[138] 주장한 교육가이다. 그는 성인의 성품을 상품이라고 한다. 이는 하늘로부터 날 때 가지고 나온 과선(過善)의 성으로 일반인들에게는 선천적으로 불가능한 것이며 후천적으로도 역시 미칠 수 없다고 하여 통치계급을 가장 상위층의 소수 일부인을 지칭하고 위로 하늘에서 그들을 보내 예악을 만들고 법도를 세우며 만민을 통치 교화한다는 것이다. 그는 이른바 하찮은 성(斗筲之性)을 하품(下品)으로 간주하고 이들은 날 때부터 악하여 교화도 효용이

134) 『論語·季氏』.

135) 『孟子·告子上』.

136) 『荀子·性惡』.

137) 『荀子·性惡』.

138) 성삼품설(性三品說)은 동중서가 인성을 온전한 성에 가까운 성인의 성품, 선과 악이 될 수 있는 중민의 성, 모두 악한 두소지성(斗筲之性)을 분류한 것으로부터 비롯된다. 이후 동한의 왕충은 인성을 선, 중, 악의 세 종류로 분류했고 당대 한유는 성정삼품설을 주장하여 송명대 인성론에 영향을 미쳤다(廖其發, 『先秦兩漢人性論與教育思想研究』, 重慶出版社, 1999 참조).

없고 단지 형법으로 그들을 대처해야 할 뿐이다. 이는 가장 빈천한 노비, 노예를 가리키는 것이다. 반면에 중민의 성 즉, 일반인의 성은 착한 소질은 있으나 착해질 수 없고 점차로 교육과 훈도를 받은 다음에 선으로 될 수 있다는 것이다. 이런 부류의 사람들에는 일부 통치자, 일부 피통치자도 포함되어 있다. 동중서의 사상은 인간이 모두 요순과 같은 성인이 될 수 있다는 고대의 평등사상을 부인한다. 그리하여 최고의 황제 권한을 신성화해주고 전제 통치의 절대화 및 사회 계층적 구조의 영속화를 추구하는데 이론적 근거가 된다.

성삼품설은 후에 적지 않은 교육학자들의 수정을 거쳐 완성단계에 이르렀다. 송명대 성리학자들에 이르러 보다 정교화 될 뿐만 아니라 통치 집단의 정치적 입지가 계속 유지되면서 이런 상태는 봉건사회의 계급간의 불평등과 서로 일치되는 부분이다. 성삼품설의 이론적 목적은 현실사회에서 상이한 사회적 계층에 속한 사람의 성품이 선한 사람도 있고 그렇지 않은 사람도 있으며 교육과 자신의 노력으로 선을 실현할 수도 있는데 이 모두가 선천적으로 결정된 것이며 세 가지 종류의 인성의 성질은 고칠 수 없다고 한다. 봉건사회를 배경으로 한 사상가들은 바로 이런 차별로 인간이 어떻게 하면 선이 되고 악이 되는 차별을 해석하려고 하고 이로 인하여 발생되는 상이한 사회적 지위와 교육권의 문제가 야기된다고 하였다.

요컨대 교육가들의 교육권 문제에 대한 인식은 자신들이 처한 사회적 지위의 이해관계와 서로 밀접한 관계가 있다. 만일 이렇게 된다면 인성론은 자신이 처한 사회적 상황, 이해관계에 봉사하는 것으로 활용되는 것에 불과하다. 당연히 우리는 유전적 형질이 인간의 발전에 미치는 영향을 부정하는 것이나 다름이 없다. 실제로 유전적 형질의 차이가 인간의 심신 발달에 개별적인 특징을 구성하는데 일정한 영향을 미친다. 마치 대뇌에 결함을 가지고 태어난 아이와 건강한 몸으로 태어난 아이에서 확실히 후천적으로 성장 발달하는데 큰 차이가 있다. 사실, 같은 논리로 일반화하면 정상적인 인간에게 천부적인 차이가 그의 성장 발달 과정에 일으키는 작용은 크지 않다는 증거가 있다. 인간의 선악은 선천적인 유전적 형질로 예측할 수는 없다. 물건을 운반하는 사람과 철학자간의 원초적인 차이는 집에서 기르는 일반 개와 사냥개간의 차이를 비교하는 것처럼 차이가 작은 것 같은데 많다. 그들간의 큰 격차를 탐구해내는 일은 마치 분업화한 큰 공사에 비유될 정도로 큰일이다.

(2) 인성론과 교육적 작용

중국 고대 교육가들이 종종 인성과 교육의 관계를 통하여 교육이 인간 발달에 미치는 영향에 대해 연구, 토론을 전개했다. 맨 먼저, 중국 고대 교육가들이 주장하는 바를 보면 인성은 변할 수 있다는 부분에 대해 인정하는 정도가 다르고 교육적 작용에 대해서도 역시 그렇다. 공자는 교육적 작용을 매우 중시했다. 그는 "익히는데 서로 멀다"는 것으로 이론적 기초를 삼아 교육이 인간 성장 발달과정에 큰 영향을 미치는 것을 밝혔다. 그는 이렇게 말하기도 했다.

> "어질기만 좋아하고 배우기를 좋아하지 않으면 그 폐단이 어리석게 되고 지혜만 좋아하고 배우기를 좋아하지 않으면 그 폐단이 호탕하게 되고 믿음만 좋아하고 배우기를 좋아하지 않으면 그 폐단은 해치게 되고 정직한 것만 좋아하고 배우기를 좋아하지 않으면 그 폐단은 급하게 되고 용맹만 좋아하고 배우기를 좋아하지 않으면 그 폐단은 어지럽게 되고 강한 것만 좋아하고 배우기를 좋아하지 않으면 그 폐단은 경솔하게 된다".[139]

이는 인간이 만일 학습하지 않고 교육을 받지 않으면 진정으로 인(仁), 지(智), 신(信), 직(直), 용(勇), 강(剛) 등의 각종 도덕적 자질을 형성할 수 없다는 것이다. 즉, 인간에게 갖춰있는 각종 바람직한 자질이 있다 할지라도 학습하지 않고 교육받지 않으면 이런 좋은 자질이 어리석고, 호탕하고, 남을 해치고, 어지럽고, 경솔하며 부도덕한 결과를 낳게 된다.

맹자는 교육을 반드시 작다고 할 수 없는 것으로 인식했다. 인간이 마땅히 실천해야 하는 도는 배불리 먹고 따뜻하게 옷을 입고 편안하게 거처하나 교육이 없으면 금수에 가깝다고 했다. 인간이 비록 양지를 갖추고 있다고 할 때 양(良) 즉, 훌륭하다는 것은 선천적인 선성과 같다. 그러나 관건은 그 본성을 보존하기 위해 노력하느냐 여부이다. 교육적 작용이 바로 인간의 흩어지고 잃어버린 선성을 회복하게 해주어 본래의 선성을 지키고 확충해준다.

> "무릇 사단(四端)이 나에게 있는 것을 더 넓혀서 채울 줄 알면 마치 불이 처음 타오르며 샘물이 처음 나오는 것과 같을 것이다. 만일 이것을 채울 수 있다면 충분히 사해를 보호할 수 있고 채우지 못한다면 부모도 섬길 수 없을 것이다".[140]

선성(善性)을 확충하면 대인, 현인, 성인도 될 수 있지만, 자포자기하여 확충을 하지

---

139) 『論語·陽貨』.
140) 『孟子·公孫丑上』.

않거나 본래 선성을 상실하면 소인, 야인, 혹은 금수와 다름이 없는 인간이 될 것이다. 그러므로 교육에는 이런 중요한 작용이 있다고 주장한다.

순자(荀子)는 성악설을 주장함과 동시에 보통사람도 우(禹)임금 같은 인물이 될 수 있고 보통 사람이 우임금 같은 성인으로 변화되는 과정에 교육이 결정적인 작용을 한다고 인식한다. 그는 이렇게 말하였다.

> "사람이 스승과 법이 없으면 아는 것이 도둑이 될 것이고 용맹하면 강도가 될 것이며 재능이 있으면 반드시 세상을 어지럽게 할 것이다. 살펴보건대 반드시 괴변을 할 것이고 변론을 하면 반드시 허황한 말을 할 것이다. 스승이 있고 규범에 따르는 인간은 지혜가 있어 슬기로우면 속히 통달하고 용맹하면 속히 위엄이 서고 유능하면 속히 성공하며 고찰하면 속히 만사를 다 알게 되고 변론하면 속히 시비를 밝힐 것이다. 그러므로 스승의 법을 가진 것은 사람의 큰 보배요 스승과 법이 없는 것은 사람의 큰 재앙이다. 또한 천한 신분의 사람이 귀하게 되고 어리석은 사람이 슬기로운 사람이 되며 가난한 사람이 부자가 될 수 있겠습니까? 그렇게 될 수 있다. 그것은 오직 배우면 가능하다. 위로는 성인 될 수 있고 아래로는 선비, 군자가 되는 것을 누가 금하겠는가?"[141]

교육은 어리석은 사람을 지혜로운 사람으로 악한 자를 선한 사람으로 변화시킬 뿐만 아니라 개인의 정치와 경제적 지위도 바꿀 수 있다. 동중서는 인성을 성(性)과 정(情)의 대립된 두개의 요인으로 나누면서 "신체의 이름은 모두 하늘에서 얻었고 하늘은 음양이라는 두 가지를 베풀었으며 몸에도 역시 두 가지 즉, 탐욕과 어진 인성이 있다"고[142] 하여 하늘에는 음양이 있고 인간은 하늘의 복사본이기 때문에 인성에도 역시 성과 정이 있다고 하였다. 동중서는 인성에는 선단(善端)이 있으나 이 선단이 바로 선이 아니라 선단은 반드시 교육을 통해야만 선이 될 수 있다고 보았다. 그는 말하기를 "오늘날 만민의 성은 밖으로 교육을 받은 다음에 선이 될 수 있다. 선은 교육이 맡은 바이지 성이 맡은 바는 아니다"고[143] 하여 선, 교육의 까닭을 밝히고 있다. 이미 인간의 성은 외부로부터 교육을 받아야 선이 될 수 있는 것으로 본 것이다. 그렇다면 선은 교육의 범주에 속하는 것이지 성의 범주에 속하는 것은 아니다. 그는 또 말하기를

141) 『荀子·儒效』.
142) 『春秋繁露·深察名號』.
143) 『春秋繁露·深察名號』.

"인성은 누에고치와 알에 비유될 수 있다. 알은 이십 여 일 동안 잘 덮어 품어 주어야 병아리가 될 수 있고, 누에고치는 실을 뽑아 끓는 물에 삶은 다음에 실이 될 수 있으며, 성은 점차적으로 가르치고 훈도한 다음에 선이 될 수 있다". 인성은 벼에 비유될 수 있고 선은 쌀에 비유될 수 있다. 쌀은 벼에서 나왔지만 벼가 모두 쌀이 될 수 있는 것이 아니다. 선은 성에서 나왔으나 성은 모두 선이 될 수는 없다".[144]

여기서 동중서는 "가능한 선"과 "현실적 선"을 구별하여 선은 교육의 결과라고 하면서, "선이란 가르쳐서 그렇게 된 것이지 그저 소질로 인하여 그런 선의 경지에 도달한 것은 아니다"(『春秋繁露·實性』)라고 강조했다.

왕충은 비록 인간의 선악이 물질적인 성의 기(氣)에 기원하지만 그는 인간은 궁극적으로 선할 수도 악할 수도 있다고 보았다. 아울러 전부가 기의 짙고 얇은 바를 품수한데에 있는 것은 아니고 교화에 있지 성에 있는 것이 아니다고 하였다. 그는 성의 변화 가능성을 인정하고 인성은 선으로 또는 악으로 변할 수 있는데 중요한 것은 교육에 있지 본성에 있는 것은 아니라고 한다. 그는 말하기를 "교육에 있지, 유독 성에 있는 것은 아니다. 선은 양육하고 권하고 이끌어서 되는 것이지 그런 교육의 령(令)이 서지 않으면 악에 가깝고 악이라 할지라도 보완하고 본성을 지키며 금할 것은 금하면 그런 교육에 의한 노력으로 점차 선으로 변화될 수 있다"고[145] 하였다.

그는 특히 천하에는 변화가 불가능한 성은 존재하지 않으며 가르칠 수 없는 사람도 존재하지 않다고 강조하면서 교육이 인간발달에 결정적인 작용을 하는 것을 십분 인정하였다.

송명대 성리학자들의 연구성과는 중국 고대에 인성과 교육관련 인식에 한 단계 도약을 가져왔다. 만일 춘추전국시대에서 한당대에 교육사상의 대부분이 경험적 총 결론이라면 송명대 성리학 이후 교육사상의 사변적, 철학적 성향이 강화되어 교육 작용에 대하여 밝힌 내용도 더욱 정치해지고 심화되었다. 그들의 연구는 또 다시 교육이 인간의 발달에 결정적인 작용을 하는데 머물지 않고 한 걸음 나아가 왜 교육이 결정적인 작용을 하는가? 그리고 어떻게 결정적인 영향을 미치는가를 연구하였다.

주희는 성리학의 집대성자이다. 그는 인성을 이렇게 규정한다.

144) 『春秋繁露·實性』.
145) 『論衡·率性』.

"사람마다 품수 받은 기에는 어둡고 밝고, 맑고 탁한 차이가 있기 때문에 기에 맑은 기운을 품수 받은 자는 성인이나 어진 사람이 된다. 마치 보배로운 진주가 맑은 냉수 가운데 있는 것과 같다. 기의 탁한 것을 품수 받은 사람은 어리석거나 미련하게 된다. 이는 마치 진주가 탁한 물에 있는 것과 같다. 이른바 명덕을 밝힌다는 것은 바로 탁한 물 가운데 이 진주를 닦아 내는 것이다".[146]

교육적 작용은 기질지성(氣質之性)을 소멸하는 것이 아니라 기질을 변화시켜 기질지성 가운데 선험적인 선성을 발휘하여 사덕(四德: 천지자연의 네 가지 덕으로 元, 亨, 利, 貞)에 따라 만들어 가면 곧 인심으로 하여금 도심에 복종하게 하는 것이다. 그러면 위태로운 인심이 곧 위기에서 편안한 상태로 바뀌져 도심이 곧 숨은데 서 나타나 완전한 모습을 띠게 된다. 이는 천리를 회복한 것이며 인욕을 혁파하는 작용이기도 하다.

명청대 출현한 선진 사상가들은 송, 명대 성리학을 비판하고서 자신들의 이론체계를 구축하여 중국 고대 인성론과 교육사상의 최후를 이룬 화려한 장르가 되었다. 이를테면 왕부지는 교육은 인간 형성과 발달과정에 세 가지 측면에서 작용을 한다고 했다. 하나는 선천의 성에 영향을 미쳐 잠재적인 인식능력으로 하여금 강화하고 발달시키는 것이요, 둘은 교육과 학습을 통하여 지식과 재능을 얻을 수 있고 도덕의식을 형성할 수 있고, 셋은 교육이라는 수단을 통하여 교육받지 못했거나 교육이 미치지 못하여 형성된 악습을 제거할 수 있다.

이상에서 간략하게 살펴본 바와 같이 인간 발달에 미치는 작용에 교육의 중요성을 강조한 것은 중국 고대 교육가와 사상가들의 일관된 전통이었다. 그들이 제시한 풍부한 사상적 자료는 오늘 인간의 심신 발달과 교육과의 관계를 연구하는데 참고할 수 있는 귀중한 유산이다.

그 다음으로 인성이 가능성에서 현실성으로 옮겨가는 과정에 교육이 미치는 작용을 인정한 다음 교육적 작용의 수준이 어느 정도인가에 대해서는 교육가들이 아직도 인성론에서 그 근거를 찾고 있다. 이 문제에는 대체로 두 가지 관점으로 나눠 볼 수 있다. 하나는 맹자, 순자(荀子)를 대표로 하는 관점이다. 이들은 어떤 사람이든지 좋은 교육을 받으면 성인이 될 수 있다고 한다. 즉, 후천적인 환경과 교육이 인간발달과정에 결정적인 의미가 있다는 것이다. 송명대에 이르면 더욱 한 걸음 나아가 교육이 왜 결정적인 작용을 하는가, 어떻게 그런 작용을 하는가를 연구하기 시작했다. 다른 하나의 관점은 동중서, 한유를 대표로 하는 관점이다. 이들은 교육이 서로 다른 사람의 심신에 상이한 작용을

146) 『語類』 卷4.

한다고 보았다. 그들에 의하면 교육적 작용은 한계가 있고 교육도 인성론에서 이미 규정한 선천적 한계를 뛰어 넘을 수 없다고 하였다. 교육은 가장 뛰어난 사람(上品에 해당되는 사람)이 배우면 더욱 명석하게 하지만 중간 정도의 수준에 있는 사람(中品)은 지도를 하면 위로 또는 아래로 변화가 가능하다. 하지만 가장 낮은 수준의 사람(下品)은 형법이나 제도로 다스려 그들로 하여금 두렵고 위엄을 주어 죄를 적게 할 수 있다고 하여 인성은 변화 가능하지만 선천적으로 부여받은 품급은 변화시킬 수 없다고 하였다.

중국 고대의 교육가들은 인성은 변화가능하다는 관점을 가지고 인간의 주관적인 능동성, 환경과 교육의 작용을 강조한다. 상이한 수준에서 천명의 작용은 부정하지만 인간이 인류의 완전한 선과 완전한 선의 사회가 광활한 앞날을 열어갈 수 있다고 주장했다. 그러나 그들의 교육적 작용에 대한 인식은 경험적으로 총결론에 도달했다. 교육의 결정적인 작용에 대한 관점은 인간을 세 등급으로 나눠서 보는 관점에 비하면 더욱 혁명적인 면과 한걸음 진보된 발전 가능성을 강조하고 있다. 고대 교육가들의 인성에 대한 논쟁과 탐색은 우리에게 귀중한 사상적 자료로 남겨 둠으로써 다양한 인성에 대한 관점들은 오늘에까지 여전히 탐구의 가치가 있다.

(3) 인성론과 교육목적

교육목적은 학습자를 교육하기 위해 사회가 필요로 하는 인간의 모든 욕구의 총체를 교육을 통하여 교육받는 자가 어떤 인간으로 길러질 것인가를 규정한 것이다. 중국 고대 교육가들은 모두 교육목적을 중시했다. 그러나 역사와 사회 계층의 한계로 말미암아 그들이 교육목적 문제에 대하여 진정한 의미의 과학적 설명은 불가능했다. 고대 교육가들의 눈으로 보면 사회변화에 따라 변화된 교육목적은 탐구할만한 가치가 없었다. 단지 그런 만고에 불변하는 교육목적이 진실된 것이고 가치가 있을 뿐이었다. 그러나 이런 만고불변의 교육목적은 인성론에서 그 근거를 찾을 수 있다. 그들은 이런 일정한 역사적 시기의 교육목적은 하늘을 경으로 삼고 땅의 뜻으로 받아들이는(天經地義)것이 만고불변의 것이라고 생각했다. 계층 간의 이익을 박탈한 체 교육목적을 요구하고 그런 교육목적은 스스로 인성의 소치라고 말한다. 맹자는 교육의 목적이 인륜을 밝히는데 있다는 점을 명확히 제시했다. 그는 다음과 같이 말했다.

> "하(夏)나라에서는 학교의 이름을 교(校)라고 하였고 은(殷)나라에서는 서(序)라 했고 주(周)나라에서는 상(庠)이라 했는데 학(學)은 삼대가 이름을 함께 했다. 이는 모두 인륜을 밝히는 것이었다. 또 말하기를 인륜을 가르치는데 부자간에는 친

함이 있고 군신 간에는 의리가 있으며 부부간에는 분별이 있고 장유 간에는 질서가 있고 친구 간에는 신의가 있음을 가르치는 것이다".[147]

맹자는 반복해서 인륜이 인성 가운데 존재하는 것은 선천적인 것이라고 논증함으로써 이런 인륜을 양성하는 것이 교육의 목적으로써 합리적이라고 했다. 이런 선험주의 교육목적론은 분명히 문제가 없지 않지만 전국시대 교육가인 맹자는 이를 설명하기 위해 이미 교육받는 자의 몸과 마음에서 교육목적의 근거를 찾기 시작했고 이런 안목은 하늘이 열리면서 인간에게 옮겨지게 되었다.

『대학』은 춘추전국시대 이래 유가의 교육사상을 총결산한 것이다. 『대학』에서는 교육목적을 "대학의 도는 덕을 밝히고 국민을 친하게 하고 지선에 이르도록 하는 것"이라고 개괄하고 있다. 여기서 덕을 밝힌다는 것은 인륜을 밝힌다는 것이요, 국민을 친하게 한다는 것은 덕치와 어진 정치의 정신으로 감화를 준다는 것이며 또한 민중에 대한 교화를 실시하여 오래 전부터 오염된 것들을 제거하여 국민이 서로 친하게 하는 것이다. 지선의 경지에 이르게 한다는 것은 전 사회가 도달할 이상적인 지선의 경지를 말한다. 이는 인간이 인(仁)에 머물러 살며 사람들과 신하가 공경하며 사람과 자녀들이 효하고 사람들과 부모가 사랑하며 국민들이 서로 교류하는데 신의에 머문다는 것이다. 『대학』의 저자는 분명 성선론 영향을 받았다. 자신이 제정한 교육목적을 인성은 본래 선하다는 바탕위에 두고서 봉건사회의 윤리규범을 인성의 내용에 주입한 다음 다시 인성론으로 이런 규범을 양성하는 것을 교육의 목적으로 합리화하는데 활용하였다. 『대학』에서 제시하는 교육목적은 봉건사회에서 매우 장기간에 걸쳐 교육의 근본 목적이 되어 그 영향은 매우 멀리 미쳤다.

중국의 고대 교육목적의 또 다른 특징은 덕육을 위주로 하는 교육목적의 구성 체계를 수립한 점이다. 중국 고대 교육가들은 인간교육의 목표의 중점을 도덕성을 함양하는데 두었으며 덕육의 목표가 교육목적 가운데 차지하는 위치는 지식교육, 체육, 미육으로 어디에 비교할 수 없었다. 이는 당시에 산업, 생산의 발달 수준으로 인하여 중국 고대 문화의 특징에 따라 결정한 바이나 이론적으로는 인성론을 통하여 완성된 것이다. 인성론은 인간을 교육하기 위해 제공되는 이론적 근거이나 교육의 직분은 인간을 교육하는 것이다. 이미 도덕이 존재한다는 것은 인간의 본질적 특징이요 자연히 길러낼 도덕적 품성을 가장 중요한 일로 삼아야 한다는 것이다.

---

147) 『孟子·滕文公上』.

(4) 인성론과 교육원리, 교육방법

교육원리와 교육방법은 고대 교육사상의 중요한 요소이다. 고대 교육가들은 장기간에 걸쳐 교육을 실천에 옮기는 과정에서 교육과 관련된 주요한 문제에 대응하고 교육과정에서 모종의 일반화된 법칙이 존재한다는 인식을 갖게 되었다. 따라서 이에 기초하여 많은 의미 있는 교육원리와 교육방법을 제시했다. 그러나 이런 가운데 형성된 많은 내용은 인간의 본질적인 인식에 기초하여 세워진 것들이다.

고대 교육사상에서는 자율적인 원리가 강조되었다. 이들은 서로 다른 인성론의 이론적 기초위에서 세워졌다. 자율적인 원리를 강조하는 교육학자들은 교육이 학생의 내재된 마음을 수양하는데 중점을 두어 지도해야 한다는 점을 강조하고 자아 통제능력과 선한 행위를 위주로 하는 자각성을 강조한다. 성선론을 주장하는 교육가들은 대부분 이런 관점을 지지한다. 맹자는 맨 먼저 성선론을 제시했으며 동시에 자율적인 원리를 강조한 교육체계를 수립했다. 맹자는 이렇게 말했다.

> "인의예지는 밖에서 나를 단련해서 되는 것이 아니라 나에게 고유한 것이다. 또 말하기를 인간에게는 모두 차마 참지 못하는 마음이 있다고 말하는 까닭은 어린이가 우물에 빠지는 것을 보면 모두가 측은한 마음이 드는데 이는 안으로 어린이의 부모와 교분이 있어서도 아니요, 고장의 친구관계나, 명예 때문도 아니요, 나쁜 소리를 듣기 싫어서 그러는 것도 아니다".[148]

이미 착한 본성이 인간에게 모두 갖추어 있기 때문에 교육의 임무는 곧 밖에서 구할 것이 아니라 단지 수양공부를 강화하면 선한 목적에 도달할 수 있다는 것이다. 교육방법에서도 맹자가 가장 강조하는 것은 자기를 돌아보아 구할 것(反求諸己)을 강조했다. 그는 말하기를

> "사람을 사랑해도 친해지지 않거든 그 인을 돌이켜 보고 사람을 다스려도 다스려지지 않거든 그 지혜로움을 돌이켜보고 사람에게 예를 해도 답례하지 않거든 그 공경함을 돌이켜보며 행하고도 얻음이 없거든 모두 자신에게 돌이켜 찾아야 한다"고[149] 했다.

---

148) 『孟子·性善』.
149) 『孟子·離樓上』.

인간이 학습하는데 반드시 주관적인 노력이 요구되는데 부단히 탐구하는 의지를 가짐과 동시에 적극적인 자각으로 스스로 얻으려고 노력해야 한다는 것이다. 왕양명도 자율적인 원리를 주장했다. 그는 다음과 같이 말하였다.

> "무릇 선과 악을 말하는 것은 참으로 망녕된 말이다. 나의 마음 가운데 있는 양지(良知)를 놓고 또한 왜 몸으로 살펴서 알려고 하는가? 또 말하기를 나의 마음에 있는 양지를 천리라고 말한다. 나의 마음에 존재하는 양지의 천리를 알 수 있는 것은 사사물물이고 사사물물에 모두 그 이치가 있다".[150]

왕양명이 인식한 교육의 주요한 문제는 어떻게 이 양지에 이르는가였다[151]. 그는 여러 차례 마음을 보존하기(존심: 存心), 마음을 다하기(진심: 盡心), 마음 밝히기(명심: 明心), 방심한 마음을 거두어들이기(수기방심: 收其放心), 그 마음을 구하여 얻는 것(구득가심: 求得其心) 등의 수양방법을 제시한 바 있다.

타율적인 교육원리를 강조한 교육자들은 학생의 행동이 사회에 대한 모종의 결과를 이끌어낼 것을 요구한다. 그리하여 사회적 전통 도덕을 학생에게 전수하는 것을 중시하면서 학생이 사회도덕에 따라 행동할 것을 요구한다. 하지만 학생 자신의 요구가 무엇인지는 묻지 않은 채 학생의 변화를 요구하는 공부만 강조한다. 성악설에 기초한 교육을 주장하는 대부분의 교육가들은 이런 학설을 주장한다. 순자(荀子)는 성악설을 주장했다. 그에 따르면 인성에서 바람직한 것을 끌어낼 방법이 없으면 성인이라도 예외가 아니다고 한다.

> "성인이 생각을 내서 인위적으로 성을 익히게 하고 예의를 짓고 법도를 마련한 것이다. 그러면 예의와 법도는 성인이 인위적으로 만든 것이요, 원래 성에서 나온 것은 아니다".[152]

그는 교육을 통하여 인간의 본성이 근본적인 변화가 가능하다고 보았다(長遷而不反其初, 오랜 기간에 걸쳐 후천적인 변화의 노력에도 불구하고 원래 처음의 본성으로 돌아갈 수 없다). 교육적 작용은 인성의 변화를 가져 오는데 인성의 변화가 작위적인 것, 의지적 실천을 통해 본성의 변화를 가져온다고 하는 화성기위(化性起僞)를[153] 주장하면서 장기적인 변화 과정을

---

150) 王陽明, 『大學問』.
151) 王陽明, 『書魏師孟卷』.
152) 『荀子·性惡』.

거쳐 다시 그 본래 면목을 회복하지는 못한다고 했다. 교육과정은 교사가 학생의 성정(性情)을 변화시키는 것이요, 학생의 행동방식을 변화시키는 것이자 학생에 대해 맨 먼저 할 말이란 바로 사회의 예의 규범을 배우게 하는 것이다. 자율성을 강조하는 대부분의 교육학자들은 성리학의 범주에 속하는 사람들이다. 그러나 그들은 인간의 주체적인 작용을 발휘하는데 주력한 점에서 그 적극적인 의미가 있다. 타율을 강조한 교육자들은 교육의 실질적인 내용은 사회가 필요로 하는 인간을 배양하는 것이라고 보고서 이런 인간은 사회가 인정하는 지식기능과 도덕적 규범을 갖추어야 한다고 했다. 그러나 사회적 요구를 지나치게 강조하여 종종 학생의 자율성과 창의성을 간과하기 쉽다. 이런 두 학파의 관점은 상이한 관점에서 인성에 대한 탐색을 통하여 풍부한 사상적 자료를 제공하고 교육사상을 위한 심도 있는 연구에 기여했다.

학습의 과정에서 돈오(頓悟, 불교에서 문득 깨달음, 혹은 몰로 깨달음을 지칭함)와 점오(漸悟, 불교에서 점진적인 수양을 통하여 깨달음에 이르는 것을 말함)를 말하는데 이 역시 인성론과 밀접한 관련이 있다. 맹자는 인성과 하늘은 서로 합해지는 것으로 인식했다. 그렇다면 하늘이 만물을 낳았다는 것은 인성에 만물의 요소가 있다는 것이다. 그는 다음과 같이 말하였다.

> "마음의 기능은 생각할 수 있으니 생각하면 얻고 생각하지 못하면 얻지 못한다. 이것은 하늘이 우리 인간에게 부여한 것이다. 먼저 그 큰 것에 선다면 그 작은 것을 빼앗을 수 없을 것이니 이는 대인이 되는 이유일 따름이다".154)

학습과 수양의 길은 큰 곳(거시적)과 본원에서 착수해야 할 것이다. 그는 다음과 같이 말하였다.

> "공자께서 노나라 동산에 올라가시어 노나라를 작게 여기셨고 태산에 오르시어 천하를 작게 여기셨다. 그러므로 바다를 구경한 자에게는 큰 물 되기가 어렵고 성인의 문하에 유학(遊學)한 자에게는 훌륭한 인물되기가 어렵다. 물을 구경하는데 방법이 있는데 반드시 그 여울목을 보아야 한다. 해와 달이 밝음이 있어서 빛을 받아들이는 곳에는 반드시 비춘다".155)

---

153) 화성기위는 『순자·성악』에 나오는 말로 악한 본성을 후천적인 수양이나 노력에 의해 변화시켜 사회생활에 잘 적응하도록 교정하는 것을 의미한다. 여기서 위(僞)는 인위적 노력을 뜻한다.

154) 『孟子·告子上』.

155) 『孟子·盡心上』.

수양과정에는 큰 곳에서부터(거시적으로) 마음 가운데서 시작하여 일단 자기의 본래 마음이 착한 것임을 알고 그 마음을 보존하기 시작해야 스스로 존재하는 선으로부터 선의 경지를 자각할 수 있다. 이 때 감각적으로 느끼는 혼란스런 것들도 인정되지 않는다. 순자는 학습과 수양은 하나씩 하나씩 수행해가는 것으로 보고 양적으로 누적되어 질적 변화를 가져오는 것이라고 했다. 그는 "장기간에 걸쳐 그 기질을 변화시키기 위한 노력(안구이질: 安久移質)을 주장함과 동시에 그런 노력에도 불구하고 인간의 원초적 본래성으로 회복될 수 없다(장천불반: 長遷不反)"는[156] 사상을 제기했다. 그는 이렇게 말했다.

> "흙이 모여 산이 되면 바람과 비가 일어난다. 물이 모여 못이 되면 용이 살고 착한 것이 쌓여 덕을 이루면 스스로 신명에 통하여 성인의 마음씨가 갖추어진다. 그러므로 한 걸음씩 한 걸음씩 걸어가지 않으면 천리 길을 갈 수 없고 작은 냇물을 모으고 모아야 바다를 이룰 수 있다. 성공은 쉬지 않는데 있다. 깎다가 놓으면 썩은 나무도 자르지 못하고 새기고 새기어 쉬지 않으면 돌이나 쇠도 깎일 것이다".[157]

또 말하기를 "군자의 학문은 매미가 껍질을 벗고 성장해가는 것과 같이 점차로 조금씩 옮겨 변화 발전해 가는 것이다"고[158] 했다. 그리하여 교육이 꾸준히 쌓아가는 노력(積)과 점진적으로 실행(漸)해가는 과정을 통하여 질적 변화가 일어난다고 했다. 맹자와 순자(荀子)는 학습, 수양에 대한 관점에서 차이점을 보이고 있는데 이는 교육에서도 역시 두 가지 서로 다른 방법을 제시하고 있기 때문이다. 후래 사상사에서 어떤 교육가들은 맹자(孟子)의 수양방법이 후에 돈오설(頓悟說, 불교에서 문득 깨달음에 이른다는 이론을 비유하여 본성에 회복하는 길이 후천적으로 장기간의 노력보다는 순간적인 깨달음에 의한 각성을 제기함)로 발전되었다고 하며, 순자(荀子)의 수양방법은 점오설(漸悟說, 불교에서 깨달음에 이르는데 점진적인 후천적 노력에 의해 가능하다는 이론을 빌려 순자의 수양론을 비유함)로 발전되었다고 주장한다.

---

156) 안구이질(安久移質)은 후천적으로 오랜 시간의 노력을 통한 질적인 변화로 옮겨가는 것이라면 장천불반 (長遷不反)은 그런 노력에 의해 옮겨감에도 불구하고 인간의 원초적 본래성으로 회복될 수 없다는 의미한다.

157) 『荀子·勸學』.

158) 『荀子·大略』.

제 4 장

윤리관과 교육

1. 춘추전국시기 윤리사상의 논쟁
2. 중국 고대 윤리사상의 기본 특징
3. 덕육중심의 고대 교육체계
4. 중국 고대 윤리사상의 기본 범주

제4장

윤리관과 교육

중국 고대사상사에서 가장 많이 회자되고 있는 것 중 하나가 '도덕문제'이다. 고대교육의 주요 내용은 윤리도덕으로 도덕을 연구하고 도덕교육을 하는 것이 기본이었다. 이에 고대의 교육가는 '도덕을 강의하고 인의를 말하는 것'이 자신의 주요 임무라고 생각했다. 중국 고대의 저명한 교육자 공자가 "제자는 집에 들어가서는 효도하고, 밖에 나가서는 윗사람에게 공순해야 하며, 근신하고 신의를 지키며, 널리 사람들을 사랑하고 어진 사람을 친근히 해야 한다. 이렇게 행하고 남는 힘이 있으면 학문에 힘써야 한다"고 한 것은 이미 널리 알려진 말이다. 즉 이것은 학생은 집에서는 부모에게 효순하고, 밖에 나아가서는 웃어른을 공경하며, 일을 함에 조신하고, 말을 할 때는 믿음이 있어야 하며, 대중을 사랑하고, 인과 덕이 있는 사람을 가까이 한 후, 만약 남는 힘이 있다면 학문에 게을리하지 말아야 함을 의미한다. 이것은 중국 고대 교육에서 덕육의 중요성을 밝힌 것이다. 선진시기의 대표 인물인 공자, 맹자(孟子, B.C. 372~B.C. 289), 순자에서부터 청대의 교육가 안원(顔元, 1635~ 1704), 대진(戴震, 1724~1777), 위원(魏源, 1794~1857)은 덕육정신을 중시하고 도덕교육에 힘쓴 대표적인 사람이다. 특히 송명 이학가들은 '덕성(德性)에 대해 아는 것'을 견문으로 아는 것과 도덕의 형상인 지혜 및 명예를 추구하는 것보다 강조하여 도덕과 도덕교육을 본체론으로까지 승화시켜 논의하였다. 또한 가치의 근원을 자신의 마음에서 나와 타인 및 천지만물과 소통하는 것으로 보고, 도덕교육의 근본은 가치를 자각하고 분발해가는 과정에서 점점 완성해가는 것이라고 생각했다. 즉 중국 고대교육의 전통은 도덕교육을 교육 전체의 핵심으로 삼아 도덕교육 및 그 실천을 가장 근본적인 실천 활동으로 생각하였다. 중국 고대 교육가의 도덕교육사상은 도덕교육의 기본이론 문제에 많은 영향을 주었다. 따라서 이들 사상의 윤리관과 교육관의 내재적인 관계를 탐구하고 연구하는 것은 교육철학사상에 있어 중요한 과제이다.

1. 춘추전국시기 윤리사상의 논쟁

춘추전국시기는 인간의 문제를 중시하기 시작하였다. 당시 사상가와 교육가들은 이러한 사회현상 속에서 도덕에 대해 많은 연구와 토론을 하였다. 이 시기는 대변혁 시기로 서로 다른 계급, 사회집단과 정치파벌들의 대변인들이 복잡한 사회현상, 사람과의 관계, 개인과 사회와의 관계에 대해 재평가하기 시작하였다. 사상가들은 본래의 계급 및 집단의 요구에 맞춰 인간에 대한 다양한 준칙을 제시했는데, 이러한 것 사이에서 격렬한 쟁론이 일어났다.

'윤리(倫理)'와 '도덕(道德)'이라는 두 개의 범주는 서로 관련이 있으면서 차이가 있다. 윤리는 인류사회에 있어 인간관계의 내재적 질서라고 말할 수 있다. 이른바 맹자가 말한 "인륜으로서 가르치라는 것" 순자가 말한 "국가의 운명은 예에 있다", "예보다 중요한 것은 없다"고 한 것은 모두 이를 설명하는 것이다. 여기서 말하는 '윤(倫)'과 '예(禮)'는 인간관계의 내재질서에서 나온 것이다. 도덕은 개인이 윤리규범을 체현하는 주체이며 정신이라고 말할 수 있다. 예를 들면 공자가 "내가 인하고자 하나 인에 도달하지 못했다", "군자는 의를 제일 중요하다고 생각했다", "인은 자신의 수양을 갈고 닦는 것이다"고 한 것이다. 맹자가 "생명을 희생해서라도 의(義)를 취하라"고 한 것은 모두 개인의 가치자각과 가치 선택을 중시한 것이다. 유가는 윤리와 도덕을 하나로 보았으며, 이들의 윤리관은 인륜질서를 강조하면서, 다른 한편으로 개인의 가치자각을 강조하였다. '윤'과 '예(禮)'는 비록 질서를 중시하는 면이 있지만 그 토대는 개인에게 있다. 사회에서의 윤리규범교육과 도덕수양교육은 사회가 건전하게 나아가고 발전하는데 필요하다. 자신을 세우는 것과 타인을 세우는 것, 먼저 자신을 완성하는 것과 만물을 완성하는 것, 내성과 외왕, 궁극에 이르러서는 그 몸이 홀로 선해지고 천하를 잘 통일할 수 있게 된다는 윤리관은 유가에서 주창한 개인도덕이 사회윤리와 서로 영향을 주고 상호 보완하는 윤리관이 되었다. "도로써 다스리되 심신을 바르게 하는 것에 그 근본을 두어야 하며", "그 몸을 바르게 하여 천하에 되돌려야 한다"는 것은 개인적으로 도덕을 수양하는 것이 건전한 사회질서를 유지하는 토대가 됨을 강조한 것이다. 노장(老莊)을 대표로 하는 도가사상은 특히 개인의 도덕문제를 중시하고 사물을 억지로 보려 하지 않는 '덕이 중심이 되는 세계', '홀로 천지정신과 왕래하는' 소요의 경지를 이상으로 삼고, 사람은 "홀로 뜻을 세워야 그 고독함 속에 진정한 인간이 된다"고 하였다. 묵가는 "서로 사랑하고, 이로움을 서로 나누자"고 하여 사회윤리를 강조하였다. 법가의 학설에서 개인도덕은 별로 중시되지 않았다. "상하간에 아무 것이 없고 법만이 존재한다", "법을 바르게 하고 형벌을 엄하게 하면 사람들의 혼란을 막을 수 있고 천하의 화를 제거할 수 있다"고 생각하여 국가질서와 정치질서를 중시하였다.

역사적으로 선진시기의 윤리관과 도덕교육을 살펴보면, 모두 도덕적 가치와 도덕을 어떻게 배양할 것인가를 설명하는 문제에 집중하였다. 사람들의 주요 쟁론은 무엇이 선인가? 어떤 것이 좋은 행위인가? 도덕의 사회 작용이 얼마나 중요한가? 좋은 수양방법은 무엇인가? 라는 문제였다.

(1) 선(善)이란 무엇인가?

선이란 역사이래로 사람과 사람의 관계를 이해하는 가치로 여겨왔다. 그 핵심문제는 사람과 사회의 관계를 어떻게 대할 것인가이다. 유가, 묵가, 법가라는 세 학파는 모두 개인이 사회와 분리될 수 없음을 인정하였다. 유가, 법가 두 학파는 계급주의를 도덕의 기본 준칙으로 삼고, 이러한 계급제도를 보호하는 사상과 행위를 선이라고 생각했다. 따라서 이들의 관점에서 보면 이러한 계급제도의 사상과 행위를 없애는 것은 악한 것이다. 도가는 개인과 사회는 분리된 것이라고 간주하여 개인의 정신은 도덕적 기본 준칙과 별개의 것이라고 생각하였다.

유가의 이상은 덕으로 도를 닦고 예로 나라를 다스리며, 인문으로 천하를 조화롭게 하는 이른바 도덕질서를 세우는 것을 제일로 삼고, 정치질서를 세우는 것을 그 다음으로 생각하였다. 『맹자(孟子)·진심(盡心)』에 "군자는 자신의 몸을 수양하고 천하를 태평하게 다스린다"고 했으며, 『대학(大學)』에서 "대학의 도는 도를 밝히고, 백성을 친하게 하며, 선에 이르는 것이다"고 했는데, 이는 모두 유가의 이상을 내포하고 있는 것이다.

묵가는 겸애와 의를 인류의 최고 도덕이념이라고 생각하여 인류사회에 도덕질서를 세울 것을 강조하였다. 또한 이들은 "국가는 백성의 이익을 위해야 한다"는 것을 가치 기준으로 삼을 것을 강조하였다. 『묵자(墨子)·겸애(兼愛)』에 "어진 사람은 일을 함에 반드시 천하를 이롭게 하며, 천하의 해를 제거하기 위해 일을 하는 것이다"고 했다. 또 『묵자(墨子)·경주(耕柱)』에서 "의로써 정치를 하면 백성은 많아지고, 형벌로 정치를 하면 다스려지며, 사직(社稷)은 안정될 것이다. 이른바 좋은 보배를 귀중히 여기는 것은 그것이 백성들을 이롭게 할 수 있기 때문이다. 의가 사람들을 이롭게 할 수 있으므로 의는 천하의 좋은 보배라고 말하는 것이다"고 했다. 이것은 '농민과 공업에 종사하는 사람'의 입장에서 윤리와 도덕의 문제를 생각한 것이다. 그래서 묵자(墨子, B.C. 468~B.C. 376)는 "어진 사람이 하는 일은 반드시 천하의 이로움을 일으키고 천하의 해로움을 없애는 일에 힘쓰는 것이다. 그렇게 함으로써 천하의 법도를 삼아 사람들에게 이로움이 되면 행하고, 사람들에게 이로움이 되지 않으면 그만 둔다"고[1] 하였다. 이것은 '천하의 이로움을 구하는' 행위에 부합한 것은 선한 것이고, 이에 반대되는 것은 악한 것임을 말한 것이다.

법가의 주요 경향은 비도덕주의로, 이들은 '힘(力)'과 '법(法)'이 사람과의 관계, 사람과

---

1) 『墨子·非樂』.

사회관계에 있어 근본 준칙이라고 주장하였다. 이들은 대부분 공리론자로 도덕 가치를 부정하고 권력의 가치를 숭상하며, 정치질서를 세우는 것을 첫째 목표로 삼는다. 한비자(韓非子, B.C. 280~B.C. 233)는 "성인은 나라를 다스림에 있어 사람들이 나를 위해 선량하기를 기대지 않고 비행을 할 수 없는 수단을 쓴다",[2] "그러므로 술(術)을 터득한 군주는 우연한 선을 좇지 않고 반드시 그렇게 되어야 할 도를 행한다"고[3] 했다. 법가도 정치윤리의 필요성을 강조했는데, "신하는 임금을 섬기고, 자식은 아비를 섬기고, 아내는 남편을 섬긴다. 이 세 가지가 순조로우면 곧 천하가 잘 다스려질 것이다. 이 세 가지를 거스르면 곧 천하가 어지러워질 것이다"고[4] 하였다. 이들은 심지어 "비록 임금이 못났다 해도 신하는 감히 임금을 침해해서는 안된다"고 했다. 종합해보면 한비자를 대표로 하는 법가가 주장하는 것은 인간관계에 있어 사람을 이해관계로 파악하는 통치계급의 입장과 관점을 반영한 것이다.

노장은 자연을 숭상한다. '자연무위(自然無爲)'의 우주관에서 출발하여 노자(老子)는 '무위로서 다스리는' 정치철학과 '다르지만 서로 싸우지 않는', '근본적으로 고요함에 이르는' 윤리철학을 세워, 소요의 세계에서 소박한 자연으로 돌아가는 것이 인생의 최고 경지임을 제시하였다. 따라서 자연무위에 순응하는 행위는 모두 선한 것이며, 반대로 이를 거역하는 것은 악한 것이다. 노자는 "'도'를 높이 여기고, '덕'을 귀히 여기는 것은 그렇게 시키지 않아도 저절로 되는 것이다"고[5] 했다. 만물이 자연스럽게 발전하도록 하고 외적인 힘에 의해 방해받지 않고 백성들도 스스로 성장·발전·개선하도록 하여 백성을 억압하는 다양한 예법을 제정하지 않도록 하였다. 이러한 '자연무위'는 사회를 조화롭고 평안하게 하며 풍족하게 하고 개인의 인격이 충분이 성장하도록 한 것이다. 노자는 총애를 받든 모욕을 당하든지 간에 자신의 인격을 존엄하고 온전하도록 보호해야 한다고 했다. 장자(莊子) 윤리관의 주지는 개인이 공(功), 명(名), 리(利), 록(祿), 권(權), 세(勢), 존(尊), 위(位)의 속박에서 벗어나야 비로소 세속의 속박에서 초월하여 자연의 본성으로 돌아가 독립된 인격과 정신적 자유를 누릴 수 있다는 것이다. 이처럼 그는 인간이 자연본성을 회복한다면, 인격이 독립되고 자유로운 행위를 중심으로 정신도 선해질 것이라고 주장했다.

---

2) 『韓非子·顯學』.
3) 『韓非子·顯學』.
4) 『韓非子·忠孝』.
5) 『老子』 51장.

(2) 선은 어디에서 오는가?

도덕의 기원문제에 대해 유가, 묵가, 도가, 법가의 견해는 서로 다르다. 이들은 천부론(天賦論)과 후천론의 대립에서 나아가 복고설과 시대에 따라 변한다는 설로 대립하였다. 일반적으로 인성론에 대해 대부분의 선진 제자는 인간의 본연 및 인간과 인간과의 사회관계에서 도덕의 기원 문제를 연구했다. 이러한 예로 공자의 '성습론(性習論)', 맹자의 '성선론(性善論)', 순자의 성악론(性惡論), 묵자의 '소염론(所染論)', 한비자의 '자위심(自爲心)' 설이 있다. 또한 도덕의 기원문제에 대해 본체론의 관점에서 설명하자면 노장은 자연설을 주장하고 『중용』, 『역전(易傳)』에서는 '천명설(天命說)' 혹은 '천인합덕(天人合德)'설을 제시하였다.

도덕의 기원에 대한 서로 다른 관점은 도덕수양, 도덕이상, 도덕교육 등의 이론 구성 및 실천에 많은 영향을 주었다. 예를 들면 공자의 '구제기(求諸己)설', 맹자의 '반구제기(反求諸己)설' 순자의 '화성기위(化性起僞)설' 묵자의 '법천설(法天說)', 노자와 장자의 '위도일손(爲道日損)'과 '심재좌망(心齋坐忘)설' 및 한비자의 '불무덕(不務德)설'은 모두 각 학파의 입장을 제시한 것이다.

맹자는 기본적으로 도덕은 천부적으로 인간이 지니고 태어났다고 보는 도덕천부론자이다. 그는 "인, 의, 예, 지는 밖으로부터 나에게 들어오는 것이 아니라, 나에게 고유한 것이다"고[6] 했다. 또, 맹자는 "사람이 배우지 않고도 능한 것은 양능(良能)이요, 생각하지 않고도 아는 것은 양지(良知)이다. 어려서 손을 잡고 가는 아이가 그 어버이를 사랑할 줄 모르는 이가 없으며, 장성함에 이르러서는 그 형을 공경할 줄 모르는 이가 없다. 어버이를 친애함은 인이요, 어른을 공경함은 의이니 이는 다름이 아니라 온 천하에 공통되기 때문이다"고[7] 했다. 여기에서 도덕의식에 대한 맹자의 주관성이 지나치게 한쪽으로 치우쳐 있음을 알 수 있다. 그는 인간의 의식활동에서 사상적 내용을 이끌어내어 그 결과 도덕관념을 인간의 고유한 것이라고 생각하였다. 그러나 맹자는 "풍년에는 자제들이 대부분 선량하게 되고, 흉년에는 자제들이 대부분 포악하게 되는데, 이것은 하늘이 재질을 내려준 것이 다른 것이 아니라 그 환경이 그들의 마음을 함정에 빠지게 하여 그렇게 만든 것이다"고[8] 하였다. "잘 기르면 만물이 흥하지 않는 것이 없고, 기르지 않으면 소멸되지 않는 것이 없다"고[9] 했다. 이것은 맹자의 사단(四端)의 초기 형태로 환경과 교육의

6) 『孟子·告子上』.
7) 『孟子·盡心上』.
8) 『孟子·告子上』.
9) 『孟子·告子上』.

영향 및 주체적인 자각 노력을 통해서 비로소 선한 도덕품성이 형성될 수 있음을 말한다.

맹자의 관점과 달리 순자는 도덕이 후천적으로 형성된다는 후천론을 제시하였다. 그는 인간은 '좋은 색(色)을 좋아하고', '소리(聲)를 좋아하고', '아름다운 맛(味)을 좋아하고', '이(利)를 좋아하는' 것 등의 본성을 갖고 있다고 생각했다. "인간의 본성을 따르고 인간 본래의 감정에 따르면 반드시 쟁탈하는 데로 나아가 예의를 범하고 도리를 어지럽혀 마침내 천하를 혼란에 빠지게 한다"고[10] 해서, 성인은 인간의 본성을 변화시켜 작위를 일으키고 "군주의 권위를 세워 임하게 하고, 예의를 밝혀서 교화시키며, 법도의 올바름을 제정하여 다스리게 하고 형벌을 엄중하게 하여 올바르지 못함을 금지함으로써 천하가 잘 다스려지도록 하고 나아가 선에 이르도록 하였다"고[11] 했다. 그는 '군(群)'과 '분(分)'의 개념을 제시하고 인류의 공동생활에 필요한 도덕의 기원을 설명하였다. 그의 관점에서 보면 차별화된 봉건등급의 '분'은 사람간의 상호관계를 조절하는 이른바 '예(禮)', '의(義)'의 실제내용이다. 순자가 도덕의 기원 문제를 사회에서 찾아보려고 한 것에는 내부에 유물주의적 요소가 포함되어 있다. 그러나 과학적으로 도덕의 기원 문제를 설명하지는 못했다. 그는 후천적인 예의법도가 인위적(僞)이라는 것을 말하기 위해 먼저 인간의 본성이 악함을 제시했는데, 이것도 그의 유심주의적 사고라고 말할 수 있다.

묵자는 도덕의 근원을 '천지(天志)'라고 생각하여 윤리는 모두 '천지'에서 나왔다고 했다. 그는 "천의 행함은 지극이 넓어 사사로움이 없고, 더없이 두터운 덕을 베풀어 잠시도 쉬는 일이 없어 세상에 광명을 비추어 영원토록 쇠하지 않는다. 그래서 이것을 성왕의 법이라고 한다. 즉 천을 법으로 삼고 자기의 모든 행동이나 일을 천심에 맡겼다. … 그러면 천이 무엇을 바라고 또 무엇을 싫어하는 것일까? 천은 반드시 모두가 서로 사랑하고 이익이 되기를 바라며, 미워하고 서로 해치는 것을 싫어한다. 그런데 말없는 천이니 천의 이러한 뜻을 어떻게 알 수 있을까? 그것은 천이 만인을 차별없이 사랑해주며 똑같이 이익되게 하는 것으로 미루어 알 수 있다"고[12] 했다. '천을 법으로 생각하는' 이러한 객관적 윤리법칙은 유가 중 맹사학파가 자신의 마음에 가치의 근원이 있다고 보고, 타인 및 천지만물과 외통한다는 것과는 분명한 차이가 있다.

도는 노자철학의 핵심개념으로 어떤 때는 형이상학적인 실존자를 가리키는 것으로 모든 존재의 근원이기도 하며, 어떤 때는 인생의 준칙 또는 모범을 가리키는 것으로 더 넓게는 만물의 변화 규율을 가리킨다. 노자는 "도는 하나를 낳고, 하나는 둘을 낳고, 둘은 셋을 낳고 셋은 만물을 낳는다"고[13] 하였다. 또 "도는 그것을 낳고 덕은 그것을 기르고

10) 『荀子·性惡』.
11) 『荀子·性惡』.
12) 『墨子·法儀』.

물은 그것을 형성시키고 기세(勢)는 그것을 완성시킨다. 이 때문에 만물 가운데 도를 높이고 덕을 귀하게 여기지 않는 것이 없다. 도를 높이고 덕을 귀하게 여기는 것은 아무도 명령하지 않아도 항상 저절로 그렇게 되는 것이다"고[14] 하여 형이상학적인 도를 인생에 적용하여 인류생활의 준칙과 행위규범이 되도록 했다.

법가는 치국의 도를 엄격한 형법에 두고, '인의(仁義)'의 학설은 나라의 혼란을 다스리는데 부족하다고 생각했다. 이로 인해 법가학설에서 윤리는 중시받지 못했다. 그러나 그들은 예법이 시대에 따라 다르므로 영원불변한 도덕관념에 대한 의의를 부정하였다. 한비자는 경제생활의 영향에 따른 도덕의 발생과 변천을 설명하려고 하였다. 그는 "흉년이 든 이듬해 봄에는 나이 어린 아우에게도 밥을 먹이지 않으나, 풍년이 든 해의 가을에는 먼 손님까지 반드시 먹였다. … 이는 많고 적은 실익이 다르기 때문이다. 이처럼 옛날에 재물을 가볍게 여긴 것은 어질어서가 아니라 재물이 많았기 때문이며, 오늘의 쟁탈은 야비해서가 아니라 재물이 적기 때문이다"고[15] 했다. 더불어 "상고(上古)에는 도덕을 따르고, 중세에는 지모(智謀)를 겨루었으나 오늘날에는 기력을 다툰다"고[16] 했다. 이것은 맞는 말이긴 하지만 이 또한 도덕의 기원 문제를 과학적으로 설명하지는 못했다.

(3) 이상적인 인격

선진시기의 각 학파들은 이상적인 인격에 대해 다양한 의견을 제시했는데, 이는 윤리관 논쟁의 중요한 내용 중 하나이다. 이상적인 인격은 즉 도덕이상의 내용으로 각 사회, 계급에서 이행하고 있는 도덕원칙과 규범으로 도덕의 전형이면서 인간 최고의 도덕기준이다.

공자는 인을 최고의 도덕기준, 도덕이상으로 삼아 "뜻있는 사(士)와 인한 사람은 목숨을 추구하기 위하여 인을 해치는 일이 없고 자신을 죽여서라도 인을 이룬다"고[17] 하였다. 그는 사람이 자신의 입장에서만 생각하고 다른 사람의 입장을 고려하지 않으면 안된다고 생각하여 반드시 입장을 바꾸어 생각해야 한다고 했다. 또한 "무릇 인한 사람은 자기가 서고자 하지만 남부터 서게 하고, 자기가 뜻을 이루고자 하면 남부터 뜻을 이루게 한다"고[18] 하였다. 사람들에게 적극적으로 남을 돕고 '충(忠)' 할 것을 요구한 것이다.

---

13) 『老子』 第42章.
14) 『老子』 第51章.
15) 『韓非子·五蠹』.
16) 『韓非子·五蠹』.
17) 『論語·衛靈公』.
18) 『論語·雍也』.

그리고 이것은 “스스로 하고 싶지 않은 일을 다른 사람에게 행하게 하지 말라”고[19] 한 것이다. 즉 자신이 하고 싶지 않은 것을 다른 사람에게 강요하지 않는다는 것으로 다른 사람에게 ‘너그러울 것(恕)’을 요구하였다.

맹자도 인을 주장하였다. 그는 “무릇 인이란 천하의 높은 벼슬이며, 사람이 사는 안락한 집이다”고[20] 했다. 그는 이상적인 인격은 반드시 “천하의 넓은 곳에 거하며, 천하의 바른 지위에 서며, 천하의 큰 도를 행하여 뜻을 얻으면 백성과 더불어 말미암고 뜻을 얻지 못하면 홀로 그 도를 행해야 한다”고[21] 했다. 맹자는 의를 중시하여 “부는 귀하여도 능히 음란하지 아니하고, 가난하고 천하여도 능히 옮기지 아니하며, 위엄과 무용도 능히 굽히지 못하는 것”이[22] ‘대장부’의 도덕수양 기준임을 제시했다. 이것은 후대 사람들에게 많은 영향을 주었다.

묵가가 제시한 이상적인 인격은 ‘겸사(兼士)’이다. ‘겸사’는 ‘겸애(兼愛)’의 품덕으로 만 백성을 널리 사랑하기에 충분한 것이다. 묵자가 “힘써 천하를 이롭게 하고 천하의 해로움을 없애려고 노력해야 한다”는 것은 바로 인을 말하는 것이다. “힘이 있는 자는 다른 사람을 도와주고, 재물이 있는 사람은 남에게 나누어 주는 것”을 말한다. 겸사는 바로 인의를 두루 갖춘 미덕이 있는 사람이다. 그는 ‘삼리(三利)’설을 제시하였다. 이른바 ‘삼리’라는 것은 “위로는 하늘을 섬기고, 가운데로는 귀신을 섬기며, 아래로는 사람을 섬기는 것이다”고 하고, “삼리가 있다면 이롭지 않은 곳이 없다. 그래서 천하에서 가장 아름다운 이름을 붙여 그를 성왕이라고 부르는 것이다”고[23] 했다.

도가에서 제시한 이상적인 인격은 생과 사, 슬픔과 기쁨을 아우르면 편안하게 천명을 누려 모든 자연의 소리를 들을 수 있고 생사고락을 깨달아 인간세상의 부귀영화를 추구하지 않는다는 것이다. 그들은 ‘진인(眞人)’, ‘성인(聖人)’, ‘천인(天人)’ 등의 관념으로 이상적인 인격의 의미를 나타냈다. 그 주지는 세속 사회와 인간을 구별하기 위한 것이다. 노장이 세속사회를 경시하고, 자연을 본받고 소박하고 참된 것에 되돌아가고자 한 목적은 정신의 안녕과 자유를 추구한 것이다. 정신세계를 초월한 자연은 세속의 인륜과 예법 교화를 초월했음을 의미한다.

---

19)『論語·慰靈公』.
20)『孟子·公孫丑上』.
21)『孟子·騰文公下』.
22)『孟子·騰文公下』.
23)『墨子·天志上』.

(4) 도덕적 기능

선진시기 도덕의 기능과 사회작용에 관한 인식에는 세 가지 관점이 있다. 즉 유가와 묵가는 덕치주의자로 '도덕결정론'을 주장하고, 법가는 심지어 도덕의 교화작용까지 경시했으며, 도가는 비윤리주의를 주장하였다.

'도덕결정론'자들은 도덕교화의 작용을 강조하고 천하를 인의로서 다스릴 것을 주장하였다. 따라서 사람들의 도덕수준이 높아지면 모든 사회문제는 해결될 것이라고 보았다.

공자는 도덕을 인류생활을 결정짓는 요소로 간주하여 "정령으로 인도해주고 형벌로써 다스려주면 백성들은 형벌은 면하려 들지만 염치는 모르게 된다. 덕으로서 인도해주고 예로서 다스리면 염치를 알게 되고 올바르게 된다"고[24] 하였다. 이것은 명령으로 나라를 다스리고 형벌로 구속하면 백성들은 자신이 저지른 죄는 면할 수 있겠지만 도덕으로 사회를 다스린다면 사람들은 염치를 알 뿐만 아니라 민심도 염치를 알게 된다는 것이다. 공자는 '덕으로 정치를 하는 것은 마치 북극성은 제자리에 있고 여러 별들이 이를 떠받들고 있는 것과 같은 것'이라고[25] 하였다. 이에 도덕으로 국가를 다스리면 마치 북극성과 같이 한 곳에 있지만 많은 별들이 그것을 에워싸는 것과 같다는 것이다. 이로써 덕치를 펼치는 국가의 임금은 많은 백성들로부터 추대받는 것과 같다는 것을 비유한 것이다. 맹자는 공자의 학설을 발전시켜 '왕도(王道)', '인정(仁政)'을 주장하였다. 그는 "삼대가 천하를 얻은 것은 어진 것으로써 한 것이요, 그 천하를 잃은 것은 어질지 않은 것으로써 한 것이다. 나라가 흥하고 망하는 것이 또한 그러한 것이다"고[26] 하였다. "잘 하는 정치는 잘 가르친 백성을 얻는 것만 못하다. … 정치를 잘 하는 것은 백성의 재물을 얻고, 잘 가르치는 것은 민심을 얻는다"고[27] 하였다. 그는 "위로 예가 없고 아래로 배움이 없으면 백성의 흥함을 멸하게 하여 슬픔이 끊이지 않을 것이다"고[28] 하였다. 윗사람이 만약 예의를 알지 못하고 아랫사람이 인의도덕을 배우지 않는다면 혼란해지기 쉽다. 법을 어기고 질서를 혼란하게 하는 사람들이 많아져 백성을 해치는 일이 끊임없이 일어날 것이다. 이렇게 되면 국가도 쉽게 멸망할 것이다.

순자는 국가를 다스림에 있어 예의 작용을 매우 강조하였다. 그는 "사람에게 예가 없으면 사는 것이 아니고, 일에 예가 없으면 성공하지 못하며, 국가에 예가 없으면 평안할 수 없다"고[29] 했다. 순자는 예의 교육을 중시하여 예를 웅대하게 했는데, "성인은 이를

---

24) 『論語·爲政』.
25) 『論語·爲政』.
26) 『孟子·離婁上』.
27) 『孟子·盡心上』.
28) 毛禮銳에서 『孟子的道德教育思想』, 『教史擷英』에서 재인용함.

밝히고, 군자는 이를 실행하고, 관리는 이것을 지키고, 백성은 이것을 풍습이 되게 하는 것이다"고[30] 하였다. 예교는 전체 군, 신, 사, 민의 공동이기 때문에 순자는 먼저 예교로서 정치를 할 것을 주장하고 법치로서 보충하여 "평안하게 다스릴 수 있는 길은 예의와 형벌 두 가지이다. 군자가 이것으로 몸을 닦으면 온 백성이 이것으로 안녕을 누리고, 덕을 닦고 형벌을 신중히 하면 나라가 잘 다스려져 온 천하가 태평해질 것이다"고[31] 했다.

『학기』에 '나라를 세우면 임금은 먼저 백성을 가르칠 것'을 말했는데, 여기서 가르침은 도덕교육을 그 핵심으로 삼도록 한 것이다. "사려 깊게 법도를 수립하고 훌륭한 사람을 등용하면 그의 명성을 드높일 수는 있으나 백성의 마음은 움직이지 못한다. 가까이 있는 관료들의 말을 따르고 멀리 있는 관료들의 마음까지 헤아리면 백성의 마음을 움직일 수 있으나 백성을 교화하지는 못한다. 통치자가 되어 만약 백성의 마음을 교화하고 풍속을 바로 세우고자 한다면 그것은 반드시 학문으로부터 시작해야 할 것이다!"고 했다. 이것은 통치자가 국가의 법을 제정하기 위해 종친 귀족 중에서 선한 사람을 국가를 다스리는 보좌로 하면 명성과 명예만을 얻으려고 해서 통치계급 중 많은 사람이 추대 받을 수 없음을 의미한다. 현능한 인사(人士)를 초빙하고 멀리 있는 상층 인물을 회유하면 많은 사람의 추대를 받을 수 있다. 그러나 많은 백성들의 추대를 받을 수 없다. 통치자가 만약 평민으로부터 추대를 받으려면 현행 사회질서를 준수하고 미풍양속을 지키는 것인데, 이것은 교육을 통해 할 수 있는 것이다. 따라서 도덕교육은 나라를 세운 임금이 가장 먼저 해야 하는 것이라고 생각하였다.

법가는 '도덕무용론'을 주장하고 기본적으로 도덕의 교화작용을 부정했다. 이것은 덕치가 법치보다 낫다고 생각하지 않았기 때문이다. 법가는 국가를 다스림에 "힘으로 다스리는 것이지 덕으로 다스리는 것이 아니며 법은 귀하고 의는 귀하지 않다"고 생각했다. 심지어 상앙(商鞅, B.C. 390~B.C. 338)은 도덕은 무익할 뿐만 아니라 오히려 해가된다고 생각했다. 그는 예악(禮樂), 시서(詩書), 수선효제(修善孝悌), 성신정렴(誠信貞廉), 인의(仁義), 비병수전(非兵羞戰)을 '육풍(六風)'이라고 칭했다.[32] 법가는 백성들은 통치자를 위해 전쟁을 할 수 있는 도구를 만들고, 법치는 백성들이 전쟁을 할 수 있는 최고의 무기를 다룰 수 있도록 하는 것이라고 생각했다.

---

29) 『荀子 · 修身』.
30) 『荀子 · 禮論』.
31) 『荀子 · 成相』.
32) 『商君書 · 靳令』.

장자는 비윤리주의의 대표자로 정신의 해탈을 도덕으로 삼고 사회생활과 격리를 이상으로 여겼다. 그는 사물의 상대성을 절대화하고 사물간의 질적 차이를 부정했으며, "이 세상에 가을 짐승의 털끝보다 큰 것은 없고, 태산은 작다고 할 수 있다. 어려서 죽은 아이보다 장수한 자는 없고, 팽조(彭祖)는 일찍 죽은 자가 된다"고[33] 하였다. 그는 "사람의 힘으로 어쩔 수 없다는 사실을 잘 알아서 마음 편히 운명을 따라야 한다. 이것이 최고의 덕이다"고[34] 하였다.

(5) 도덕행위에 대한 평가

윤리학에서 도덕행위의 선택과 평가문제는 동기론과 결과론으로 표현되거나 혹은 주내(主內)적 도덕가치관과 주외(主外)적 도덕가치관의 대립으로 나타난다. 도덕행위의 선택은 사람들이 도덕활동을 하는 일종의 형식이다. 사회에서 사람들은 타인과 사회와 이해관계의 모순에 부딪친다. 도덕적 선택이란 사람들이 선택할 수 있는 몇 가지 행위방안이 있을 때, 자신의 도덕신념에 따라 결정하게 된다. 그 내용은 도덕적 동기의 확립, 행위방안의 계획과 행위수단을 선택하는 내용이 포함된다. 도덕평가는 사람들이 타인 또는 자신의 행위에 대한 선악판단과 평가를 가리킨다. 중국의 선진사상사에서 사상가들은 대부분 동기와 결과 두 가지 방면에 주의를 기울였는데, 이를 동기와 결과의 일치론자들이라고 부른다. 그러나 동기와 결과에 각각 서로 다른 가치를 부여해야 한다고 보는 사상가들도 있다. 예를 들면 공맹은 동기를 더 중시하고, 묵가와 법가는 결과를 더 중시하였다.

공자는 '입지(立志)'와 '역행(力行)'을 강조하였다. 그는 사람에게 스스로 선악을 분명하게 알게 하고 인을 좋아하고 인하지 않음을 싫어하도록 해야 한다고 생각하였다. 그는 소극적인 방면에서 부끄러움을 알아 그러한 행동을 하지 않도록 하고, 적극적인 면에서 오로지 '문도(聞道)', '수도(守道)'와 '성인(成仁)'을 자신의 지향으로 삼아 '역행'면에서 "다급한 순간이라 할지라도 인을 지키고, 넘어지는 순간이라 할지라도 꼭 인을 지켜야 하는"[35] 정신을 요구하였다. 말과 행동이 일치하지 않는 사람은 도덕적으로 고상한 사람이 아니며, "듣기 좋게 말이나 잘하고 보기 좋은 얼굴빛으로 꾸미는 자들 중에는 인한 이가 드물다"고[36] 하였다. 공자는 도덕행위의 동기는 도덕평가의 주요내용이라고 생각

33) 『莊子·齊物論』.
34) 『莊子·人間世』.
35) 『論語·里仁』.
36) 『論語·學而』.

했다. 그는 "숨어 살면서 자기의 뜻을 추구하고 의로움을 행함으로써 자기의 도를 달성한다"고[37] 하였다. 도를 넓히는 것을 자신의 임무로 삼아 설령 그대로 행하지 못하더라도 계속 노력해야 한다. 어떤 사람이 공자는 "안 되는 것을 알면서도 그걸 하고 있는 자"라고[38] 평가하기도 했다. 맹자는 공자의 관점을 발전시켰다. 그는 도덕의 결과를 중시하고 "군자가 도에 뜻이 있어도 문장을 이루지 못하면 통달하지 못한다"고[39] 하였다. "우물 아홉 길을 파도 샘에 미치지 못하면 우물을 버리는 것과 같다"고[40] 하였다. 이는 도덕수양에 있어 결과를 중시한 것이다. 예를 들면 우물을 파는 것은 물이 나오게 해야 하는 목표가 있는 것으로 우물을 파려는 동기는 있는데 샘에 미치지 못하면 성공을 눈앞에 두고 실패한 것과 마찬가지로 진정한 결과가 있다고 말할 수 없는 것이다. 그러나 맹자와 공자를 비교해볼 때, 맹자가 동기를 더 강조했음을 알 수 있다. 그는 "뜻은 도에 있고", "무릇 뜻이란 기의 통솔자이다"고[41] 했듯이 도덕수양은 반드시 동기가 좋아야 한다고 보았다. 그는 만약 동기가 불순하면 결과가 좋다고 하더라도 군자도 해서는 안되며 공리를 척도로 삼아 사람의 행위를 지도하는 것을 반대하였다.

묵자는 '합지공(合志功, 동기와 결과의 결합)'을 주장하고 동기와 결과를 일치시켜 고찰하도록 하였다. 노(魯)나라 임금이 묵자에게 태자(太子)를 가르쳐 줄 것을 청했는데, 묵자는 "저는 바라건대 임금께서 그들의 뜻과 공로를 합쳐 관찰해보시기 바랍니다"고[42] 했다. 이렇게 해야 도덕행위를 정확히 평가할 수 있다고 생각했다. 여기서 '지(志)'는 공허한 것이 아니라 사람 행위에 있어 '만민의 이익'에 적합한 가를 따져 선악의 기준으로 삼는 것이다. 그는 "인한 사람이 일을 하는 것은 천하에 이익이 되는 것을 일으키고 해가 되는 것을 없애려고 하는 것이다"고[43] 하였다. 종합하자면 묵자는 사람에 대한 도덕행위를 평가할 때 결코 그 사람의 동기가 중요하다는 것을 반대한 것이 아니라 행위의 결과를 더 중시한 것으로 인의도덕에 대한 공허한 담론을 반대한 것이다.

한비자는 사람의 '자리심(自利心)' 이론에서 출발하여 도덕의 결과를 중시하였다. 그는 인간의 행위는 개인의 이기심에서 나온다고 생각하여 개인의 이해관계를 고려하여 사람과의 관계를 조절해야 한다고 생각했다. 부모와 자녀간에도 이기심이 있어 계산을 하고 "어렸을 때 부모의 보살핌을 제대로 받지 못하면, 그 자식이 자라서 부모를 원망한다.

---

37) 『論語·季氏』.
38) 『論語·憲問』.
39) 『孟子·眞心上』.
40) 『孟子·眞心上』.
41) 『孟子·公孫丑上』.
42) 『墨子 魯門』.
43) 『墨子·兼愛』.

자식이 장성하여 성인이 된 후 부모 봉양을 소홀히 하면 부모는 화가 나 그 자식을 책망하게 된다"고[44] 하였다. 도덕행위에 있어 중요한 것은 개인의 내면에 있는 어떤 태도가 아니라 그가 어떤 일을 행함에 있어 그의 행위가 어떤 결과를 가져오는가에 달려있는 것이다.

(6) 수양방법

수양방법과 관련하여 선진시기에는 경험론, 합리론(이성론)과 내심체험론(內心體驗論) 등의 대립이 있었다. 도덕수양은 사회 구성원이 정한 도덕원칙과 규범을 자각해서 스스로를 변화시키는 것으로 자신의 품격을 단련하고 정신세계를 높이는 도덕실천 활동이다. 이것은 사람들 스스로 도덕적 깨달음을 높이는 주요과정이며, 인격을 완성하는데 있어 반드시 필요한 과정이다. 도덕수양의 목적은 훌륭한 도덕적 인격을 형성하고, 정신적 경지를 높이는 것이다. 선진시대의 사상가들은 수양방법에 관한 많은 사상을 남겼다. 예를 들면 맹자는 많이 생각할 것을 주장했는데 이것은 합리론에 속한다고 볼 수 있다. 순자는 배움과 행동을 중시했는데, 이것은 경험론에 속하는 것이며, 도가 중 장자는 마음을 비우고 고요함을 지킬 것(致虛守靜), 심재좌망(心齋坐忘) 할 것을 주장하고 학과 행을 배척하고 사(思)를 배척했는데, 이것은 내심체험론에 해당한다. 유가, 묵가, 법가는 욕망에 대해 절욕을 주장하고, 도가는 어떤 때는 금욕을 주장하며 어떤 때는 욕망을 따를 것을 주장하였다.

맹자는 도덕관념을 주관적이라고 생각했다. 모든 미덕은 선천적으로 사람의 본심에 존재한다고 보았다. 그래서 이성만 존재하지 감성은 없기에 선하다는 것이다. 스스로 자신의 내부에서 추구하고자 하는 것이 있을 때 보편적이고 절대적인 선을 장악할 수 있다. 그래서 도덕수양의 방법상 마음에 있는 성(性), 과욕, 스스로 반성하는(원상태로 돌아가려는, 自反) 등의 방면에 치중되어 있어 내성(內省)을 중시하였다. 맹자는 "사람을 사랑하되 친해지지 아니하거든 그 어짐을 반성하고, 사람을 다스리되 다스려지지 아니하거든 그 지혜를 반성하고, 사람을 예로 하되 답하지 아니하거든 그 공경을 반성할 것이다. 행하여도 얻지 못하거든 모두 자기 자신이 반성하여 구할 것이다"고[45] 하였다. 이러한 수양방법은 인간의 정신경지를 높이고 이성으로 반성하게 하여 도덕행위가 자각심에 있음을 강조하는 것으로 나름대로 의의가 있다. 그러나 맹자는 반성적 작용을 과장하고, 감성경험과 사회도덕실천에서 벗어나 그의 사상 중 일부는 유심주의 합리론의 특색을

44) 『韓非子·外儲說左上』.
45) 『孟子·离娄上』.

띠고 있다.

순자는 인성은 악하다는 것에서 출발하여 사람은 '이익을 좋아하고', '좋은 말소리와 얼굴빛을 좋아하는' 등 좋지 않은 정욕이 있다고 생각했다. 그래서 좋은 도덕품격, 고상한 정신경지는 내심으로 반성하는 것으로 이루어질 수 없다고 생각했다. 그는 사람이 선할 수 있는 까닭은 후천적인 학습과 도덕실천 때문이라고 생각했다. 그는 "내가 일찍이 하루 종일 사색에 잠긴 일이 있었다. 그러나 잠시 동안 학문에 힘쓰는 것만 못하였다. 또 내가 일찍이 뒤축을 들고 먼 곳을 보았지만 높은 곳에 올라가서 멀리 그리고 드넓게 보는 것만 못하였다"고[46] 했다. 또 "듣지 않는 것은 듣는 것만 못하고, 듣는 것은 보는 것만 못하고, 보는 것은 아는 것만 못하고, 아는 것은 행하는 것만 못하니 학문이란 실천을 목표로 실천하는 데서 그치는 것이다. 실천함으로써 만사가 사리에 밝게 통하게 되고, 사리에 통달하면 성인이 된다. 성인이란 인의를 근본으로 하여 시비의 판단을 정확하게 내리고, 언행을 한결같이 하여 조금도 어긋남이 없는 사람이다. 성인이 이렇게 될 수 있는 것은 다른 방법에서가 아니라 바로 실천을 목표로 했기 때문이다"고[47] 했다. 순자의 관점은 품성양성에서 외련(外煉)과 도덕실천의 중성을 강조했다. 이것은 유물주의의 요소가 있는 것으로 고대의 지행학설에 반기를 내세운 새로운 발전이다.

장자가 제시한 수양방법은 그가 추구한 이상적인 생활경지와 일치한다. 그는 심재좌망(心齋坐忘)의 수양방법을 제시했는데, 즉 허정(虛靜)으로 마음을 지키는 계율로 삼고 모든 것을 떨쳐버리면 도가 바로 체현될 수 있다고 보았다. 그는 "사흘이 지나자 천하를 잊게 되었다. 천하를 잊게 되었으므로 나는 다시 신중히 하였는데, 7일이 지나니까 사물을 잊게 되었다. 사물을 잊게 되었으므로 나는 또 신중히 하였는데, 9일이 지나니까 삶을 잊게 되었다. 삶을 잊게 되자 비로소 깨달음을 얻게 되었다. 깨달음을 얻게 되자 절대적인 경지를 보게 되고, 절대적인 경지를 보게 되니까 고금을 초월하게 되며, 고금을 초월하게 되자 죽음도 삶도 없는 경지에 이르렀다. 삶을 죽이는 자에게 죽음은 없고 삶을 살려는 자에게 삶은 없다. 도는 모든 것을 보내고 모든 것을 맞아들이며, 모든 것을 파괴하고 모든 것을 이룩한다. 이를 두고 변화 속의 안정이라 한다. 변화 속의 안정이란 변화가 있은 후 비로소 이루어지는 법이다"고[48] 하였다. 인, 의, 예, 악 등 도덕을 버리고 자신의 심신을 모두 망각하는 것이라고 하였다. 마음에 어떤 생각도 버리고, 어떤 것도 추구하지 않을 때 인, 의, 예, 악도 쓸모없게 된다. 이러한 수양방법은 학, 사, 행에 대해 모두 부정하는 태도로 감각적인 활동을 배척할 뿐만 아니라 이성적인 활동과 도덕실천도

46) 『荀子·勸學』.
47) 『荀子·儒效』.
48) 『莊子·大宗師』.

배척한 것이다. 다만 내심의 허정(虛靜) 상태를 지키면 되는 것이다.

지금까지, 춘추전국시기 윤리사상의 논쟁을 간략하게 살펴보았다. 여기서 말한 각 학파의 기본적인 관점은 도덕 문제를 다루는 주요 경향으로, 각 학파의 관점에 따라 받아들일 것도 있지만 이론적으로 표현하기에 매우 복잡한 것도 있다. 선진시기의 윤리학은 당시 사람들에게 인류가 도덕생활을 어떻게 해왔는지 인식하는 것이라고 할 수 있다. 그들의 인식이 비록 적지 않은 단점을 갖고 있고 한계성을 지니고 있지만, 도덕현상에 대한 서로 다른 관점은 오늘날 우리가 살펴볼 필요가 있다. 선진윤리학은 후에 윤리학이 발전하는 토대를 마련하였다. 진한 이후 봉건시대의 윤리학설은 대부분 선진윤리학에서 그 이론적 기원을 살펴볼 수 있다. 따라서 춘추전국시기의 윤리학을 연구하는 것은 봉건시대 윤리학의 발전을 이해하는데 큰 의의가 있다.

2. 중국 고대 윤리사상의 기본 특징

춘추전국시기 유가, 묵가, 도가, 법가 등의 논쟁은 중국 윤리사상이 발전할 수 있는 토대가 되었다. 진한 이후 명·청에 이르기까지 유가의 윤리사상은 점점 중요해지고, 도덕가치가 그 핵심이 되어 윤리를 본위로 하는 중국 고대의 문화전통이 서서히 형성되었다. 유가의 윤리사상은 일반 중국인의 가정윤리관념, 사회윤리관념 및 국가윤리관념이 되었다. 나아가 중국인의 인생관과 우주관에 영향을 주었다. 선진시대의 공맹, 송명시대의 이학을 거쳐 신유가에 이르기까지 심성학(心性學)은 계속 중국 문화의 정수가 되어 도덕가치관을 중심으로 한 인생철학이 되었다. 중국에서 유가윤리가 2000여 년 동안 주도적인 위치에 있음으로 인해 도덕은 거의 모든 문화를 이루는 토대가 되었으며 정치, 경제, 교육, 법률, 문학예술 등을 윤리화시켰다. 중국에서 '효', '오륜'을 주요내용으로 한 윤리관은 인륜관계의 질서 확립과 유지에 중요한 작용을 했다. 따라서 중국의 고대 윤리사상의 기본 특징을 이해하고 중국 고대 문화의 특징이 어떤지 인식하며 전통윤리사상을 이해하는 것은 고대 교육사상에 어떤 영향을 주었는지 이해하는 데 중요한 의의가 될 것이다.

중국의 전통윤리사상은 고대 사회의 구조에서 형성된 것이다. 중국의 고대사회는 씨족사회에서 국가로 발전함으로 인해 혈연을 중심으로 한 종법제도가 인간관계의 기본 형식이 되었다. 따라서 종법관계를 유지하는 것은 인간관계를 안정되게 하고, 사회의 계급질서를 공고히 하는 중요한 수단이었다. 또한 사회가 존재할 수 있는 토대가 되는 자연경제의 작용으로 말미암아 가부장제를 중심으로 한 종법제도는 가정의 자연경제, 군주가 가정을 다스리고 천하를 통치하는 체제를 공고히 했다. 이로부터 중국 전통 윤리사상 중에서 도덕원칙, 도덕가치, 행위규범과 도덕작용의 사상과 특징을 찾아볼 수 있다. 이러한 사상은 끊임없이 발전하여 유가윤리사상을 이루는 주체가 되고 '종통(宗統)'을 보호하는 봉건통치사상의 '도통(道統)'이 형성되었다. 원시사회에서 20세기 초까지 전형적인 가족문화에 근본적인 변화는 없었다. 가족문화는 중국 사회의 각 영역, 즉 경제, 정치, 종교, 윤리, 도덕, 문화, 풍속, 법률, 교육 등에 영향을 주었다. 중국인들은 거의 평생을 가족문화 속에서 지내며 이들의 감정, 사상, 도덕행위와 생활에 있어 모두 가족문화의 영향을 받았다. 중국인은 친자관계를 생활방식의 기본으로 삼는다. 이러한 친자관계에 따라 생활에서의 책임과 의무가 정해졌다. 중국 사회는 혼란을 거쳐 사회경제형태, 국가정권형식에 많은 변화가 있었지만 혈연을 중심으로 가족사회를 유지하고 가족을 중심으로 형성된 종법등급제도를 유지할 수 있었다. 비록 몇 번의 위기가 있긴 했지만 결코 사라지지는 않았다. 양계초(梁啓超, 1873~1929)는 "나는 중국 사회의 조직이 개인을 단위로 하는 것이 아니라, 가족을 단위로 이루어졌기 때문에 집안을 다스린 후 국가를 다스릴 수 있다고 생각한다. 주대의 종법제도는 비록 오늘날 그 형식이 없어졌지만 그 정신은 여전히 남아 있다"고[49] 했다. 전목(錢穆, 1895~1990)도 "중국 문화는 모두 가족 관념에서 나온 것으로, 먼저 가족의 관념이 있고 나서 인도(人道)의 관념이 있다. 먼저 인도관념이 있고 나서 기타 일체가 있는 것이다"고 했다. "효제의 마음이 바로 인도의 핵심이며, 이것을 널리 확장시켜 만물에게까지 미칠 수 있는 것이다"고[50] 했다. 유가의 윤리사상이 중국 고대윤리사에 있어 주도적인 위치에 놓일 수 있었던 까닭은 가족사회의 내재적이고, 분리할 수 없는 관계가 있기 때문이다.

유가사상을 중심으로 한 중국 고대 윤리사상의 기본 특징을 살펴보면 다음과 같다.

(1) '천인합일(天人合一)', '천인합덕(天人合德)'의 우주윤리양식에 근거하여 '천도(天道)'로 '인도(人道)'를 이끌어 냈다.

『중용(中庸)』에서 "하늘이 명한 것을 성(性)이라 이르고, 성을 따름을 도(道)라 이르고, 도를 닦는 것을 교(敎)라 이른다"고 했다. 맹자는 "그 마음을 다하는 자는 그 성(性)을 알 것이니 그 성을 알면 곧 천(天)을 알 것이다"고 했으며, 동중서((董仲舒, B.C. 179~B.C. 104)는 "도의 후덕함은 천에서 나왔다"고 하였다. '천인합일', '천인합덕'의

49) 梁啓超, 『新大陸遊記』, 『飮氷室合集·專集』 第五冊.
50) 錢穆, 『中國文化史導論』, 42쪽.

관념은 모두 중국 고대에 있어 인생철학의 이론적 초석을 마련했다. '인도'는 사람들 행위의 법칙이 되고 또 사람이 천명을 감히 위배해서는 안되는 '천리(天理)'가 되었으며, "부자(父子), 군신(君臣)은 천하에 정해진 것으로 천지에서 벗어날 수가 없는 것이다"고[51] 했다. 천인의 관계는 실제로 사회와 개인의 관계이다. "인생을 참구(參究, 꿰뚫어 밝히기 위해 집중함)하여 위로는 우주 근원에 대해 궁구하여 인생이 시작된 근원에 대해 설명하고 인생수양의 마땅함과 귀숙(歸宿)을 결정하는 것이다"고[52] 하였다.

'천인합일' 관념의 출현은 농업사회의 생산활동과 밀접한 관계가 있다. 종백화(宗白華, 1897~1986)는 "중국인에게 우주라는 개념은 본래 집과 관련이 있다. '우(宇)'는 집을 가리키며 '주(宙)'는 '우'에서 나온 것이다. 중국 고대에 농민의 집은 바로 그들의 세계였다. 그들은 집에서 공간개념을 알았다. 해가 뜨면 집밖으로 나가 일을 하고, 해가 지면 들어와 쉬는 곳'으로 우는 나가고 들어오는 곳으로 여기에서 시간의 개념, 즉 공간, 시간이 우주와 합쳐져 그의 생활을 편안하게 하였다"고[53] 했다. 농업생산은 자연의 법칙에 순응하고 이를 지켜야 한다. 사계의 변화, 생장에서 수확에 이르는 과정, 자족할 수 있는 생산 특징은 끊임없이 사람들에게 사람과 자연의 조화가 얼마다 중요한 지를 일깨우는 것이다. 그밖에 가족사회에서의 인간관계 역시 혈연으로 맺어진 친자관계를 중심으로 이루어지는 사람과의 자연관계로 이것의 가치는 바로 '조화(和)'와 '평등(均)', '편안함(安)' 같은 것이다.

진숭첩(陣崇捷)의 연구에 의하면, '천인합일(天人合一)'의 개념은 네 가지 의미를 포함한다. 첫째 천인일도(天人一道) 둘째, 사람이 만물의 영혼(정신)이라는 것 셋째, 사람의 마음은 천지의 마음과 통한다는 것 넷째, 하늘과 사람이 일체한다는 것이다. 장대년(張岱年, 1909~)은 천인합일의 의미를 다음의 명제를 포함한다고 보았다. 첫째, 인간은 자연의 일부분이라는 것 둘째, 자연계에는 보편적인 규칙이 있어 사람도 이러한 보편규칙에 순종해야 된다는 것 셋째, 인성은 바로 천도(天道)로 도덕원칙과 자연규칙은 일치한다는 것 넷째, 인생의 이상은 천인의 조화라는 것이다. 그는 이러한 네 가지 명제 중에서 첫째와 둘째 명제는 기본적으로 명확하고, 셋째 명제는 잘못된 것이 있고, 넷째 명제는 가치가 있는 중요한 사상이라고 하였다.[54]

중국 고대사상가의 관점에서 볼 때, '천인합일'은 도덕수양으로 도달해야 하는 최고의 경지이다. 맹자는 인과 천은 서로 통한다고 보고, 인의 선성(善性)은 천부적이라고 생각

51) 『程氏遺書』 卷五.

52) 熊十力, 『明心篇』, 178쪽.

53) 宗白華, 『美學散步』, 89쪽.

54) 張岱年, 『中國哲學中'天人合一'思想的剖析』, 載『北京大學學報』1985年. 第1期.

하여 자신의 선성이 바로 천이 될 수 있다고 생각했다. 따라서 진심(盡心), 양성(養性) 등의 과정을 통해 천지와 더불어 위 아래가 흐름을 같이 한다고 하였다. 『중용』에도 이와 비슷한 관점이 있다. "오직 천하에 지극히 성실한 분이어야 그 성을 다할 수 있으니, 그 성을 다하면 사람의 성을 다할 것이요, 사람의 성을 다하면 물건의 성을 다할 것이요, 물건의 성을 다하면 천지의 화육(化育)을 도울 것이요, 천지의 화육을 도우면 천지와 더불어 참여하게 될 것이다"고 하였다. 이것은 유가가 이해한 '자유(自由)'이다. 즉 개인의 성정욕을 배척하고 '천리(天理)'를 내심에 실현한 '자득(自得)'이다. 도가의 대표인물인 장자는 천(天)과 인(人)은 본래 하나였다고 생각하여 "천지가 나와 함께 살아 있고 만물도 나와 함께 하나가 된다"고[55] 하였다. 사람들의 주관적인 구별로 천과 인의 통일을 분리한 것이다. 그는 "성인(聖人)이란 애초부터 하늘도 없고 사람도 없으며 처음도 없고 사물도 없어 일체 무의식이다. 세상과 함께 움직여 가면서도 [스스로를]없애지 않는다"고[56] 하였다 자연에 순응하여 모든 차별을 없애는 것은 천인혼일을 구분하지 않는 것이다. 지금까지 살펴본 것으로 중국의 고대사상가들은 대부분 천과 인의 상통하는 부분을 찾으려고 했고, 천인의 조화, 화해, 일치를 추구했음을 알 수 있다.

(2) '존현유등(尊賢有等)'은 중국 전통윤리 사상에서 제창한 도덕규범, 도덕요구의 기본적인 특징이다.

윤리도덕은 생산관계에 있는 계급, 집단, 개인 관계의 준칙과 규범을 정하고 조정한다. 계급사회에서 윤리도덕의 준칙과 규범에는 명확한 계급성이 있다. 이것은 통치자에게는 '수기(修己)', '정기(正己)'를 요구하고, 피통치자에게는 안분과 순종을 요구한다. 이러한 특징은 중국 고대사회에서 개인은 사회등급질서를 유지하는데 반드시 복종해야 하는 것으로 나타났다. 유가는 '애인(愛人)'을 주장하고 더불어 '입장을 바꾸어 생각하는' 충서의 도는 '인도(仁道)'를 실행하는 원칙의 기본 방법이 되었다. 그러나 이러한 '애인(愛人)'은 '군군(君君), 신신(臣臣), 부부(父父), 자자(子子)'의 예의 척도에 필요한 것으로 "예가 아닌 것은 보지도 말고, 예가 아닌 것은 듣지도 말며, 예가 아닌 것은 말하지도 말고, 예가 아닌 것은 행하지도 말라"는 것이다. 한대에 이러한 사상은 '군위신강, 부위자강, 부위처강'으로 요약되고, 송 이후 '충, 효, 절(節)'이라는 삼대 덕목으로 더욱 명확해졌으며, 인정(仁政)을 베풀고 인륜을 밝히는 것이 통일되어 충과 효는 윤리사상체계가 되었다.

종법제도는 은, 주에서 시작되어 역대의 유가 학파들이 선양한 효를 통해 중국 고대

---

55) 『莊子·齊物論』.

56) 『莊子·則陽』.

윤리사상에서 기본적인 도덕규범이 되었다. 중국의 고대윤리관 중 효는 백가지 선 중에서도 최고의 선에 해당한다. 『효경(孝經)』에서 "무릇 효란 덕의 근본이요 가르침은 여기에서 비롯되는 것이다"고 했다. 부모가 길러준 것에 대한 경의와 애심은 교육의 출발점이며, 이는 가정을 본위로 한 종법제도의 요구를 실현한 것으로 사회와 국가에까지 확대되었다. 『대학(大學)』에서 "이른바 천하를 태평하게 하는 것이 그 나라를 다스림에 있다고 하는 것은 윗사람이 늙은이를 늙은이로 대접하면 백성이 효도하는 기풍이 일어나고, 윗사람이 어른을 어른으로 대접하면 백성이 공손하는 기풍이 일어나며, 윗사람이 고아를 구제하면 백성이 배반하지 않으니 군자는 척도로 헤아리는 방법이 있는 것이다"고 하였다. 효제를 사회윤리와 국가윤리의 근본으로 삼은 것이다. 맹자는 "천하의 근본은 나라에 있고, 나라의 근본은 집에 있고 집의 근본은 몸에 있다"고[57] 했다. 그래서 '수(修), 제(齊), 치(治), 평(平)'을 유가의 행위규범으로 삼았다.

선진유가는 '효(孝)'를 윤리관념에서 처음으로 논의하였다. 『논어(論語)·학이(學而)』에 "유자가 말하였다. '그 사람됨이 효성스럽고 공순하면서도 윗사람을 거스르기 좋아하는 사람은 드물다. 윗사람을 거스르기 좋아하지 않으면서도 혼란을 일으키기 좋아하는 사람은 없다. 군자는 근본에 힘써야 하는 것이니, 근본이 서야만 올바른 길이 생긴다. 효성과 공순함이란 인을 이룩하는 근본이다'"고 하였다. 이 말은 비록 유자가 말한 것이지만 '효제'에 대한 공자의 생각을 나타낸 것이다. 공자는 '잘 봉양하고', '거역하지 않으며', '공경함이 있는' 세 가지 품덕을 합쳐 '효'라고 칭했으며, 이 세 가지 중 하나라도 빠져서는 안 된다고 생각했다.

맹자는 효의 배양을 정감교육의 기초로 중시하였다. 그는 효제를 인간 천성(天性)의 정으로 간주하고, 효제를 양지(良知), 양능(良能)으로 보았다. 그는 "어린 아이가 그 어버이를 사랑하는 것을 알지 못하는 것이 없으며, 자라서는 그 형을 공경하는 것을 알지 못하는 사람이 없다"고[58] 하였다. 이러한 애친경장의 행위는 덕으로 정치를 잘하기 위한 전제조건이다. 그래서 효제의 확충이 인의(仁義)인 것이다. 또 "나의 어버이를 존경하는 마음으로 남의 어버이를 존경하며, 나의 어린 아이를 사랑하는 마음으로 남의 어린 아이를 사랑한다면 천하를 손아귀에 쥐고 움직일 수 있을 것이다"고[59] 했다. 이것은 가정윤리를 사회윤리, 국가윤리의 출발점과 기초로 본 것이며, 더불어 가정은 도덕훈련의 시작으로 이것을 널리 확대하여 사회의 조화로운 발전을 추구한 것이다. 맹자의 윤리 중 효를 충의 관념으로 해석한 것은 없다. 그는 "임금이 신하를 보기를 수족과 같이 하면 신하가

57) 『孟子·離婁上』.
58) 『孟子·盡心上』.
59) 『孟子·梁惠王上』.

임금을 보기를 몸과 마음을 다하고, 임금이 신하를 보기를 개와 말같이 하면 신하가 임금 보기를 길 가는 사람 같이 하고, 임금이 신하를 보기를 흙과 쓰레기같이 하면 신하가 임금 보기를 원수와 같이 할 것이다"고[60] 하였다. 충은 상대적이고 조건적임을 강조한 것이다.

전제정치가 공고해짐에 따라 윤리의 중심은 '효'에서 '충'으로 옮겨지고, '충군(忠君)의 가치는 최고의 가치가 되었다. 또한 상대적 윤리관(부자유친, 군신유의, 부부유별, 장유유서, 붕우유신)은[61] 절대적 윤리관(군위신강, 부위자강, 부위처강)이 되었다.

(3) '인(仁)'을 도덕이상으로 삼은 인간 세상을 강조하였다.

중국 고대사상가들의 주요 관심 연구 영역은 대부분 인생과 밀접한 관련이 있는 현실문제로 이들은 이론과 행위의 일치를 중시하고 사상과 생활을 융합시켜 이상적인 현실이란 현실 생활 밖에 있는 것이 아니라고 생각했다. 그래서 일상생활에서 진리를 추구하려고 노력했다.

'인'은 도덕규범으로 공자 이전에도 이것에 대한 기록이 있다. 그러나 인을 사람됨의 최고 준칙으로 여기고 사람과의 관계를 조절하는 가치기준으로 확대하여 체계적인 인학체계를 구성한 것은 공자이다. 공자는 인을 "인한 사람은 자기가 서고자 하지만 남부터 서게 하고, 자기가 뜻을 이루고자 하면 남부터 뜻을 이루게 한다. 가까이 자기에게서 이루어 남까지 이루게 하는 것이 바로 인의 방도라 할 수 있다"고[62] 하였다. 충서(忠恕)의 도는 도덕생활의 시작과 종결로 충서를 행하는 것은 바로 인을 행하는 것이고, 인을 행하는 것은 사회의 책임과 의무를 이행하는 것이다. 그는 개인에서 가족, 국가, 나아가 천하에 이르기까지, 구체적인 것에서 보편적인 것까지 인학 발전의 방향을 제시하였다. 맹자의 인정(仁政), 순자의 진윤(盡倫), 『대학』에서 말하는 수, 제, 치, 평의 도는 모두 공자의 인학사상을 발전시킨 것이다.

공자의 인학사상은 후기 유학자들에 의해 '내성외왕(內聖外王)의 도'로 집약되고 내재적 도덕수양과 외재적 정치업적이 모두 진, 선, 미의 경지에 도달할 것을 추구하였다. 비효통(費孝通, 1910~2005)은 "유가학자들이 가장 깊이 연구한 것은 인륜(人倫)이다. 여기서 윤(倫)은 무엇인가? 내 생각은 밖으로 나가 사회와 관계를 맺으면서 사람 관계에서 발생하는 것으로 출렁이는 물결과 같다"고 했다. "공자가 가장 중시한 것은 물결이

60) 『孟子·離婁下』.
61) 『中庸』.
62) 『論語·雍也』.

이는 파장을 널리 파급시키는 것이다. 그는 먼저 한 개인을 인정하고, 그 개인의 영향이 타인에게 미치도록 하며, 자신을 예로 극복하는 것이 바로 수신이라고 보았다. 이러한 동심원의 윤리강상에 따라 밖으로 파급될 수 있는 것이다"고[63] 했다. '자신(己)'은 외계와 단절된 독립된 개체가 아니라 복잡한 인간관계에서의 중심점이다. '자신'의 인격완성은 타인의 인격완성에 영향을 미치며, 자신의 인격을 완성하는 과정에서 동시에 타인의 인격도 완성되기를 바라는 것이다. 증자는 "사(士)는 강하지 않을 수 없다. 임무는 무겁고 길은 멀기 때문이다. 인을 자신의 임무로 삼으니 어찌 무겁지 않겠는가? 죽은 다음에야 그만둘 수 있으니 어찌 멀지 않겠는가?"라고 하였다. 장재(張載, 1020~1077)는 "천지를 위한 마음을 바로 세우고, 백성은 생명을 보존하고 위로 성왕의 가르침을 끊임없이 받는다면 세상은 태평해질 것이다"고 했다. 또 유가에서 '신심성명지학(身心性命之學)'은 효제를 기초로 함을 밝힌 것이라고 했다. 나아가 '자신을 세우고' '타인에게까지 미쳐', '항상 평안하고 벗을 신으로 사귀면 자신을 해하는 일이 줄어들 것이며' 널리 백성들에게까지 영향을 미친다고 했다. 이러한 사회윤리관은 사람들에게 '천하의 흥망은 필부에게 책임이 있다'는 신념을 주었다. 또한 국가의 흥망에 대한 민족기개, 백성들의 환난과 생명을 보호하고 고통을 덜어주는 애민사상의 형성에 긍정적인 작용을 하여 중화민족의 성격을 형성하게 하여 민족의 응집력을 높였다.

(4) 중용, 평형(공정)은 사람됨의 도덕준칙이다.

중용에서는 유가 최초로 윤리범주를 제시하였다. 중(中)이란, 중정(中正), 중화(中和), 어느 한쪽으로도 치우치지 않는 것을 의미하며, 용(庸)은 평상(平常), 상도(常道) 등을 의미한다.

공자는 "중용의 덕은 지극한 것이다"고[64] 하고 중용을 최고의 미덕으로 삼았다. 그는 또 "중정(중도를 지키는 사람)하게 행동하는 사람과 함께 할 수 없을 바에야 반드시 과격한 사람이나 고집쟁이를 택하겠다고 했는데, 과격한 사람은 진취적이고 고집쟁이는 하지 않는 바가 있기 때문이다"고[65] 했다. '중용'의 관념은 공자의 교육실천 중 가치 있는 준칙 또는 방법론의 준칙으로 자주 활용된다. 『논어(論語)·선진(先進)』에 "자공(子貢)이 물었다. '사(師)와 상(商) 중 누가 더 현명합니까?' 공자가 말했다. '사는 지나치고 상은 모자라다', '그러면 사가 낫습니까?' 공자가 말했다. '지나치는 것은 모자라는 것이나 같

63) 費孝通, 『鄉土社會』, 26쪽.
64) 『論語·雍也』.
65) 『論語·子路』.

다'"고 하였다. 여기서 '지나침(過)', '모자람(不及)'은 모두 중용의 원칙에 맞지 않는 것이다. 중도에 적합한 것만이 공자가 숭상하는 미덕인 것이다. 또 『논어 · 선진』에서 "자로(子路)가 '들은 것은 곧 그것을 행하여야 합니까?' 하고 묻자, 공자는 '부형이 계시는데 어떻게 들은 것을 바로 행하겠느냐?'고 말했다. 염유가 '들은 것은 곧 그것을 행하여야 합니까?' 하고 묻자, 공자는 '들었으면 바로 그것을 행하여야지!' 하고 말했다. 공서화(公西華)가 물었다. '유가 들은 것은 곧 그것을 행하여야 합니까? 하고 여쭈었을 때에는 선생님께서 부형이 계시다고 말씀하시고, 구가 들은 것은 곧 그것을 행하여야 합니까? 하고 여쭈었을 때에는 선생님께서 들었으면 바로 그것을 행하라고 말씀하셨습니다. 저는 어리둥절하여, 감히 까닭을 여쭙고자 합니다.' 공자가 말했다. '구는 소극적이기 때문에 그를 나아가도록 해준 것이고, 유는 남을 이기려 하기 때문에 그를 물러서도록 해 준 것이다' 고 하였다"고 했다. 이것도 중용의 원칙을 가치기준으로 삼아 학생들로 하여금 자신의 성격을 중도에 맞도록 교화시킨 사례이다. 주희(朱熹, 1130~1200)는 『논어집주(論語集注)』에서 "자장(子張)은 재주가 높고 뜻이 넓었으나 어려운 일을 하기 좋아했으므로 항상 중도에 지나쳤고, 자하(子夏)는 확실히 믿고 삼가 지켰으나 규모가 협소했으므로 항상 미치지 못하였다", "도(道)는 중용을 지극함으로 삼으니 현자(賢者)와 지자(知者)의 지나침이 비록 우자(愚者)와 불소한 자의 미치지 못함이니 나을 것 같으나 그 중도를 잃음은 똑같은 것이다"고 했다.

맹자는 '중권(中權)'의 개념을 제시하였다. 그는 "양자(楊子)는 나를 위하는 것을 취하니 한 터럭을 뽑아서 천하를 이롭게 하는 것이라도 하지 않았다. 자막(子莫)은 그 중간을 취하니, 중간을 취하는 것이 도에 가까우나 중간을 취하여 권도가 없음이 오히려 하나를 취하는 것이다. 하나를 잡는 것을 미워하는 것은 그 도를 해롭게 하기 때문이니 하나를 가지고 백을 폐하는 것이다"고[66] 했다. 중용의 도를 지켜서, 권력을 행하고 원칙성이 있으면서 융통성이 있어야 중용의 도라고 할 수 있다. 그렇지 않으면 중용과 통하지 않는다.

사마광(司馬光, 1019~1086)은 정치를 하는데 있어 '중화'를 준칙으로 하는 사상을 설명하였다. 그는 "예가 지나치면 멀어지고 악이 지나치면 방탕한다. 포상이 지나치면 사람들이 교만해지고 형벌이 남용되면 이를 업신여긴다. 너무 강하면 폭력이 되고 너무 부드러우면 나약해진다. 너무 느리면 얽매이게 되고, 너무 급하면 경솔해진다. … 이것을 잘 다스리면(執一) 불변하는 것이다. 좋은 일을 하는 사람은 그 넉넉함을 덜어주고 부족한 것을 보완하며 너무 과도하면 억제하고 미치지 못하면 이를 일으켜 모두 중화에 이르

66) 『孟子 · 盡心上』.

게 할 뿐이다"고 했다. 이상에서 제시한 사상가의 말은 주로 사람들이 도덕수양과 사물을 대할 때, 자신의 언행에 있어 중정을 지키도록 하고 극단을 버리고 백성에게 그 중간을 취하도록 하여 극단에 치우지지 않도록 한 것이다. 그래서 대립되는 것이 통일되도록 했는데, 이는 중용사상에 있어 중요한 것이다. 그밖에 변화 중에서도 중화를 추구하는 것 역시 중용사상에서 중요한 것이다.

유가가 제창한 '중용'의 정신과 『역전(易傳)』에서 말하는 음양 대치 변화의 리(理)는 상통하는 것이면서 모순을 내포하기도 한다. 모순은 서로 마찰되어 추구하는 바가 다르면서 서로 취할 것은 취하고, 끊임없는 변화가 있는 것 같지만 변화는 다시 통일을 일으키고 그러한 통일 중에 대립을 야기시킨다. 너그러움과 엄격함, 긴장과 이완, 격렬함과 성급함, 급함과 느슨함, 여유와 부족, 이익과 손해, 지나침과 모자람 등은 모두 상대적인 것이다. 이러한 상대적인 것에도 반드시 변화가 있고, 변화에도 반드시 통일됨이 있다. 이러한 상대성, 변화와 통일의 도가 유가에서 말하는 '중용'이다. 정이(程頤, 1033~1107), 정호(程顥, 1032~1085)는 "천지의 변화는 비록 무궁하지만 음양의 법도, 일월(日月), 한서(寒暑), 주야(晝夜)의 변화는 영속성이 없는 것이 없다. 이러한 까닭에 이 도를 중용이라고 부른다"고[67] 했다. 따라서 유자(儒者)들은 특히 때에 맞게 절제하여 중용을 지키는 것, '상대성', '변화'의 과정에서 통일의 도를 추구하며 사물간의 상대적이고 동태적인 평형을 추구하기를 강조하였다. 맹자가 "벼슬을 할 수 있으면 벼슬을 하고 그쳐야 하면 그치고, 오래해야 할 때는 오래 있고 빨리해야 할 때는 빨리 해야 한다"고[68] 말한 것은 성인은 때를 잘 알아서 하는 사람이라는 것이다. 『중용』에서도 "군자가 중용을 함은 군자이면서 때로 맞게 하기 때문이다"고 했다. 모든 것은 시간의 변화에 따라 끊임없이 변화한다. 그러므로 균형이 파괴될 때, 기울어진 힘의 시세와 형세를 잘 살피고 시의 적절한 임기응변의 조치를 취하면 변화도 시세와 적합하게 되어 중도로 돌아오게 된다. 주희는 '때에 맞게(時中)'라는 말에서 "중(中)이라는 것은 일정한 체(體)가 없어 때에 따라 있으니 이것이 평상의 리이다"고[69] 했다. '중'이라는 것은 무엇인가? '시'라는 것은 언제인가? '시'라는 것은 무엇인가? '중'일 뿐이라는 것과 시중(時中)의 도는 주역과 중용 철학의 정수이다. 『중용』에 "중이란 것은 천하의 큰 근본이요, 화란 것은 천하의 공통된 도이다. 중과 화를 지극히 하면 천지가 제자리를 편안히 하고 만물이 잘 성장할 것이다", "만물이 함께 길러져 서로 해치지 않으며 도가 함께 행하여 서로 위배되지 않는다. 작은 덕은 냇물의 흐름이요, 큰 덕은 돈독히 화함이니, 이는 천지가 위대함이 되는 것이다"고

---

67) 『二程集』, 『遺書』, 卷七.
68) 『孟子·公孫丑上』.
69) 『中庸章句』.

했다. 사람들에게 인간과 자연, 개체와 사회, 감정과 이성, 정신과 물질의 조화로운 통일을 추구하도록 한 것이다.

지금까지 말한 대립적인 면을 어떻게 서로 조화롭게 하고 연결시킬 것인가 하는 면에서 심오한 사상이 담겨있는 '중용' 사상은 윤리사상에 있어 변증법을 운용한 것이다. 그러나 중용사상은 조화와 평형의 작용을 과장하고, 의존적인 부분을 과대하게 말하고 발전적인 부분을 적게 말했으며 윤리사상과 행위의 조화에 많은 비중을 두어 긍정적인 요소를 거의 찾아보기 힘들다. 그럼에도 불구하고 장기간의 봉건전제집권 사회에서 중용사상이 그 특색을 유지하고 중시를 받고 중국의 전통윤리에 많은 영향을 주었는데, 이것은 중국 역사의 발전과 밀접한 관계가 있기 때문이다.

(5) 고대 가치관의 주요경향은 의(義)를 중시하고 리(利)를 경시하는 도의관이다.

도덕행위와 공리에 관한 관계는 중국 고대 윤리학에서 이야기되는 기본 문제 중 하나이다. 중국의 고대 윤리발전 사상을 살펴보면 '의를 중시하고 리를 경시하는' 사상은 주도적인 위치에 있었다. 서주말기에서 춘추시기의 일부 정치가들은 노예주 귀족정권의 독점에 대한 폐단을 보고 '의'로 '리'를 제한하였다. "무릇 혈기가 넘치면 누구나 경쟁심이 발동하기 때문에 이익은 억지로 구할 수 있는 것이 아닙니다. 따라서 도의를 생각하는 것이 다른 사람을 이기는 것입니다"고[70] 했다.

공자는 최초로 의와 리를 도덕범주로 제시하여 토론하고, 의를 중시하고 리를 경시하는 유자들이 반드시 취해야 할 가치 있는 선택이며, 사람의 도덕적 자각심을 계발하고 배양하는 것임을 강조하였다. 공자는 "군자는 의에 밝고 소인은 리에 밝다"고[71] 했으며, "군자가 임하는 것은 의를 실천하는 것이다"고[72] 했다. 또 "군자는 의로 바탕을 삼고, 예로써 실천하며, 겸손하게 말하고 신의로써 이룩한다",[73] "군자는 의를 최상으로 여긴다"고[74] 하여 공리를 제창하고 사리를 반대하였다. 따라서 "의롭지 않으면서 부귀해지는 것이 내게는 뜬구름과 같다"고[75] 했다. 공자는 결코 대중의 이익을 간과하지 않았다. 그는 '부유하게 하는 것', '가르치는 것'을 치국 방책으로 강조하고 대중의 물질적 이익을 높이고, 문화소질을 높이는 것에 관심을 기울였다. "백성이 이롭다고 여기는 것을 근거로

70) 『左傳·昭公十年』.
71) 『論語·里仁』.
72) 『論語·微子』.
73) 『論語·衛靈公』.
74) 『論語·陽貨』.
75) 『論語·述而』.

하여 그들을 이롭게 해준다"고[76] 한 것은 공자가 리의 합리성을 인정했음을 의미하는 것이다. 그러나 공자는 "부와 귀라는 것은 사람들이 탐내는 것이지만 정도로서 얻은 것이 아니라면 누리지 말아야 한다. 빈천이라는 것은 사람들이 싫어하는 것이지만, 정도로써 얻어진 것이 아니라 하더라도 면하려 들지 말아야 한다"고[77] 했다. 도의와 부귀, 의와 리가 충돌하는 순간 공자는 도의를 가치선택의 준거로 삼을 것을 주장하였다. 즉 생활이 빈곤할지라도 사람됨의 원칙을 절대 포기하지 말고, 자신의 사리를 챙기는 마음에 굴복해서는 더욱 안되며 대중 혹은 멀리 내다볼 수 있는 이익을 위해 희생할 것을 주장하였다.

맹자는 '의리지변(義理之辨)'을 국가흥망과 관련시켜 생각했다. 그는 재부와 권력을 탐욕스럽게 쟁탈하는 것은 천하를 크게 혼란시키는 것이라고 생각했다. 맹자는 양혜왕(梁惠王)에게 "왕께서는 어찌 꼭 이익만을 말씀하십니까? 단지 인과 의가 있을 뿐입니다. 왕께서 '어떻게 하면 내 나라를 이롭게 할까?' 하신다면, 대부들은 '어떻게 하면 내 고장을 이롭게 할까' 하며, 선비와 서인들은 '어떻게 하면 내 자신을 이롭게 할 수 있을까?' 하여 위 아래에서 서로 이익추구를 하게 되면 나라는 위태로울 것이다"고[78] 훈계하였다. 만약 제후에서 백성에 이르기까지 모두 자신의 사리를 위해 서로 싸운다면 천하의 사람들은 모두 리만을 추구하려고 할 것이며, 그 결과 천하에 대혼란이 일어날 것이다. 맹자는 공자가 '의를 최상으로 하는' 관점을 견지하고 나아가 "목숨을 버려서라도 의를 취해야 한다"고 제시하였다. 그는 "목숨 역시 내가 원하는 것이요, 의 역시 내가 바라는 것이다. 그런데 둘 다 가질 수 없다면 목숨을 버리고 의를 취하겠다"고 했다. 또한 "한 그릇 밥과 한 그릇의 국을 얻으면 살고, 얻지 못하면 죽더라도 꾸짖으면서 주면 길을 가는 사람도 받지 아니하며 발로 밀어서 주면 걸인도 깨끗하게 여기지 아니 한다"고[79] 했다. 생명은 중요하긴 하지만 인격의 독립과 존엄이 더 중요한 것으로 생명을 버려서라도 인격의 존엄과 독립을 보호해야 한다.

순자는 춘추전국시기 의리관의 집대성자로 "먼저 의를 생각하고 후에 리를 생각하라"는 명제를 제시하였다. 그는 의는 인생가치의 본질적인 특징이라고 생각했다. 그는 "물과 불에는 기(氣)는 있지만 생명이 없고, 초목에는 생명은 있지만 지각이 없고, 금수에는 지각은 있으나 모든 행위의 규범이 되는 예의가 없다. 오직 인간에게만 기도 있고 생명도 있고 지각도 있고 또 이 위에 예의도 있다. 그러므로 천하에서 인간이 가장 귀한 것이다"

---

76) 『論語·堯曰』.
77) 『論語·里仁』.
78) 『孟子·梁惠王上』.
79) 『孟子·告子上』.

고[80] 했다. 의는 인생의 가장 고귀한 가치이다. 따라서 한 인간이 자각적으로 의를 가치로운 것으로 여겨 실천할 수 있는지 없는지는 인격이 건전하게 성장하는 것과 관련이 있다. "의를 먼저하고 리를 뒤에 하는 사람은 영예를 얻게 되고, 반대로 리를 먼저하고 의를 뒤로 돌리는 사람은 치욕을 얻게 된다"고[81] 했다. 또 "학문은 하지 않고 정의도 없으며 부와 리를 높이는 자는 속된 자"라고[82] 했다. 그는 "뜻이 닦여지면 부유하거나 지위 높은 사람 앞에서도 교만할 수 있고, 도의(道義)가 중후해지면 임금이나 장관도 가볍게 보게 된다. 안으로 반성을 해 보아도 밖의 사물이란 경미한 것들이기 때문이다"고[83] 했다. 순자는 의리의 관계를 국가의 흥망성쇠와 관련지었다. 그는 "의를 좋아하는 마음과 이익을 좋아하는 마음, 이 두 가지는 사람마다 한꺼번에 지니고 있는 것이다. 요임금, 순임금과 같은 성인이라도 백성들이 리를 추구하는 마음을 아주 버리게 할 수는 없다. 그러나 요, 순 두 성왕은 의를 좋아했기 때문에 사람들이 리를 추구하는 마음으로 하여금 의를 좋아하는 마음을 이기지 못하도록 하였다. 또 하나라의 걸(桀)왕이나 은나라의 주(紂)왕과 같은 폭군이라도 백성들이 의를 좋아하는 마음을 아주 없애버릴 수는 없다. 그러나 걸, 주 두 폭군은 리를 좋아하였기 때문에 사람들이 의를 좋아하는 마음으로 하여금 리를 추구하는 마음을 이기지 못하도록 하였다. 그러므로 의가 리를 눌러 이기는 세상이 잘 다스려진 세상이요, 반대로 리가 의를 눌러 이기는 세상은 어지러운 세상이다"고[84] 했다. 순자는 도의를 숭상했지만 리를 배척하지는 않았다. 민중의 이익, 사회의 이익을 의의 범주에 넣어 의와 리를 모두 고려하였다.

봉건통치의 공고와 강화는 동중서 이후의 사상가들에게 의와 리를 대립하게 했다. 동중서는 "무릇 인이란 의를 바로 잡으려는 것이지 이익을 꾀하는 것이 아니며, 그 도를 밝게 하려는 것이지 그 공을 계산하려는 것이 아니다"고[85] 했다. 송대의 소옹(邵雍, 1011~1077)도 "천하가 다스려지면 사람은 반드시 의를 숭상한다. 천하가 혼란해지면 사람은 리를 숭상한다. 의를 숭상하면 세상에 겸손함이 유행하고, 리를 숭상하면 서로 찬탈하는 것이 유행하게 된다"고[86] 했다. 이러한 사상은 통치계급의 지지를 받았는데, 이는 종법제와 군주전제의 통치하에서 개인이 자주적인 정치, 경제권리가 없었고, 개인의 이익이 종족 또는 국가의 이익을 앞서는 것은 더욱 허락하지 않았기 때문이다.

---

80) 『荀子 · 王制』.
81) 『荀子 · 荣辱』.
82) 『荀子 · 儒効』.
83) 『荀子 · 修身』.
84) 『荀子 · 大略』.
85) 『春秋繁露 · 對胶西王越大夫不得爲仁篇』.
86) 『皇極經世 · 觀物內篇』.

'의를 중시하고 리를 경시하는' 도의론 가치관은 도덕적 평가, 이상적인 인격의 형성, 도덕수양의 경지를 직접적으로 결정하여 사회의 가치체계를 형성하였다. 이러한 가치관은 사회발전에 긍정적·부정적인 영향을 미친다. 도덕은 바로 개인과 개인, 개인과 집단, 개인과 사회의 관계를 조절하는 규범 또는 규칙을 가리키는 것으로 사회도덕규범을 준수하는 것은 때로는 개인의 이익을 희생하는 것을 의미한다. 만약 의를 사회의 이익을 대표하는 것으로 간주한다면, '의를 중시하고 리를 경시하는 것은' 고상한 행위가 되는 것이다. 역사에서 많은 민족 영웅은 '목숨을 버리고 의를 취했는데, 이것은 이러한 가치관과 관계가 있다. 그러나 오랫동안 의와 리가 대립하는 것으로 간주하여 도덕에 대한 물질적인 이익의 작용을 부인하고, 의를 봉건지주계급의 이익을 대표 하는 것으로 보아 많은 사람들이 삶을 개선하려는 갈망을 억압하여 부정적인 결과를 낳기도 했다.

(6) 덕을 중심으로 한 지덕(知德) 통일의 지덕론

공자, 맹자, 순자가 '인(仁)과 지(智)'를 제시하고, 『중용』에서 "덕성을 높이고 학문을 따를 것"을 제시한 후 유가학파들은 기본적으로 도덕과 지식의 통일을 견지하는 경향으로 흘러갔다. '덕성을 높이고' '학문을 따르는 것'은 상호 보완하는 것으로 덕성을 높이는 것은 학문을 따르는 것을 전제로 하고, 학문을 따름은 덕성을 높이는 것이 된다. '인'은 생명의 본체(體)이고 지(智)도 생명의 근원으로 자신의 능력(用)을 체현하는 것이다. 그래서 인과 지의 통일, 체와 용이 두 개가 아니라는 것은 유가사상에 있어 도덕과 지식의 관계를 논증하는 기본법칙이다. 한대와 당대 이후 유가학파들은 내부적으로 덕(德)과 지(知)의 관계 문제를 보다 깊이 연구하고 변론하기 시작했다. 장재, 이정(二程) 등은 '견문(見聞)의 지(知)'와 '덕성(德性)의 지'의 명제를 제시한 후, 덕과 지의 관계에 대한 유가의 관점에 새로운 변화가 일어났다. 송대의 유학자들은 두 개의 결합을 견지하고 명대의 유학자들은 '덕성을 높이는 것'을 주장했으며, 청대에 이르러서는 '학문을 따르는 것'을 중시하였다. 종합적으로 보면 주덕(主德)론은 계속 주지(主知)론을 넘어 중국사상사에서 주류를 차지하였다. 여영시(余英時)는 "중국인은 가치의 근원이 사람의 마음에 있다고 보기 때문에 자아를 해체시키는 것이 오랜 전통이 되었다. 멀리 공자, 맹자, 노자, 장자에서 가까이는 송명 이학 모두 자아의 인식과 통제를 주요 목표로 삼았다"고[87] 했다.

인격교육으로 도덕과 지식교육을 하는 것은 선진유가학파에서부터 시작하여 명·청유가학파에 이르기까지 계승·발전된 교육전통이다. 개인의 학습은 '학도(學道)'에서 '악도(樂道)'에 이르기까지 다시 '수도(守道)'에서 '문이재도(文以載道)'를 추구하는 것이다. 지

87) 余英時, 『從價値系統看中國文化的現代意義』, 載『文化危機與展望』下.

식교육은 일종의 수단에 불과한 것으로 교육의 궁극적인 목적은 도덕교육이다. 격물치지(格物致知)는 성의(誠意)와 정심(正心)에 이르기 위한 것이고, 지혜를 계발하는 것은 학도(學道)를 위한 것이므로 지식은 도덕의 인식능력이지 과학적 지식을 인식하는 것은 아니다. '지(知), 인(仁), 용(勇)'은 천하의 덕에 이르는 것이다. 육경의 가치는 '『예』는 사람을 절도있게 하고, 『악』은 사람의 마음에 화(和)를 일으켜 주고, 『서(書)』는 사실을 가르치고, 『시(詩)』는 감정과 의지를 창달시키고, 『역』은 변화를 가르치고, 『춘추』는 대의를 가르치는 것'이다.[88] 이것은 모두 도덕적 요구를 실현하는 교재다. 경을 읽는 것은 '궁리(窮理), 수업(授業)'을 위한 것이요, '전도(傳道)'를 위한 것이다.

지식을 '덕성의 지'와 '견문의 지'로 구분하는 것은 '덕성의 지'를 근본으로 하고 '견문의 지'를 그 종결로 하는 것이다. 덕성의 지는 견문의 지보다 우선하며 지행합일, 체용불이의 강조는 송명유학의 대표인물인 장재, 이정, 주희, 육구연(陸九淵, 1139~1193), 왕양명(王陽明, 1368~1661), 황종희(黃宗羲, 1610~1695), 왕부지(王夫之, 1619~1692) 등이 강조한 것이다. 주희, 왕부지 등이 주지정신이 매우 뚜렷한 사상가라 할지라도 덕성의 지식이 견문의 지식보다 우선한다는 사상을 완전히 벗어나지는 못했다.

『중용』에서 제시한 덕성을 높이고 학문을 따르는 것은 이미 덕성의 지와 견문의 지의 요소를 내포하고 있다. 주희는 "덕성을 높인다는 것은 마음을 보존하여 도체(道體)의 큼을 다하는 것이요, 학문을 따른다는 것은 지식을 지극히 하여 도체의 세세함을 다하는 것이니 이 두 가지는 덕을 닦고 도를 모으는 큰 단서이다"고[89] 해석했다. 유가에서 이른바 말하는 덕성의 지식은 주로 심성함양, 윤리규범, 도덕실천, 인격교육 등에서의 도덕지식을 가리킨다. 견문의 지식은 덕성지식, 생활지식, 책지식 등과 직접 또는 간접적인 경험지식을 가리킨다.

지(知)를 덕성의 지와 견문의 지 두 가지로 구분하는 것은 장재에서부터 시작하였다. 그는 "마음을 크게 하면 천하의 사물들을 체득하게 된다. 사물을 체득하지 못하면 마음과 사물 사이에 간격이 있게 된다. 세상 사람들의 마음은 듣고 보는 편협한 데 머무르지만 성인은 본성에 극진하여 보고 듣는 것에 마음을 두지 않아 그가 천하를 볼 때는 어느 물건 하나 자신과 같지 않은 것이 없다. … 보고 들어서 아는 것은 바깥 사물과 교류하여 알게 되는 것이지 덕성으로 아는 것이 아니다. 덕성으로 아는 것은 보고 듣는 데 기원을 두지 않는다"고[90] 하였다. 이러한 구분 방법은 성인이 감각경험으로 아는 지식의 한계가 아니라 자아를 초월하여 천지만물과 일체하는 것이다. 도덕적 자유를 마음껏 누릴 수

88) 『史記·太史公自序』.
89) 朱熹, 『中庸章句』.
90) 『正蒙·大心』.

있느냐의 여부는 사람들의 본심본성의 각성 여부에 있는 것으로, 송대 유가윤리학의 발전에 새로운 방향을 제시하였다

정이는 "견문의 지는 덕성의 지가 아니다. 물(物)은 물과 교류하는 것으로 앎이라는 것은 내부에 있는 것이 아니다. 이른바 오늘날 다재다능하다는 것 역시 그러하다. 덕성의 지는 견문이 아닌 것이 없다"고[91] 했다. 육구연은 "덕성을 높이는 것을 알지 못하면서 어찌 학문의 도를 말할 수 있는가?"고[92] 했다. 나아가 왕양명은 '지행합일'의 설법에서 '도를 묻는 학문'과 '덕성을 높이는 것'이 두 개임을 부정하였다. 그는 양지(良知)는 즉 덕성의 지고 덕성의 지는 학문에서도 으뜸이요 사람을 가르치는 첫 번째 의이고 견문의 지는 두 번째 의로 덕성의 지의 통솔을 받는다고 생각했다.

종합해보면 덕을 중심으로 한 지덕 통일의 지덕론의 특징은 중국 고대의 인문주의 전통을 형성하고 지식교학과 도덕교육을 결합시켰다. 그러나 지식의 전수와 과학의 발전에는 부정적인 영향을 미치기도 했다.

(7) 도덕과 정치의 일체화

중국 고대사회에서 인간관계의 기본구조인 종법등급제로 인해서 종법등급관계를 알고 조절하는 도덕원칙과 행위규범은 나라를 안정되게 다스리는 것과 관련되어 도덕과 정치가 일체화되는 특징이 나타났다. 공자는 통치자는 도덕교화로 통치를 해야함을 주장하였다. 그는 "정령(政法)으로써 인도해주고 형벌로써 다스리면 백성들은 형벌은 면하려 들되 염치는 모르게 된다. 덕으로써 인도해 주고 예로서 다스려 주면 염치를 알게 되고 또 올바르게 된다"고[93] 했다. 그는 정법, 형벌은 사람으로 하여금 감히 범죄를 저지르지 못하게 하고 덕과 예는 사람에게 부끄러움을 알게 한다고 생각했다. 맹자는 통치계급이 천하를 얻는 도는 민심을 사로잡는데 있으며, 민심의 도를 얻기 위해 정치적 수단을 이용하는 것은 도덕교화로 이용하는 것보다 그 효과가 없다고 했다. 맹자는 "잘 하는 정사는 백성이 두려워하고 착한 가르침은 백성이 사랑하는 것이니, 잘 하는 정사는 백성의 재물을 얻고 착한 가르침은 백성의 마음을 얻는다"고[94] 했다. 또한 그는 "어질면서 그 어버이를 버리는 사람은 없으며, 의로우면서 그 임금을 뒤로 하는 사람은 없다"고[95] 했다. 가장제의 가족에서 양성된 부형에 대한 복종을 군주에게 복종하는 것에까지 확대하고, 가족

---

91) 『二程遺書』 卷二十五, 『伊川先生語』 十一.

92) 『象山先生全集』 卷三十四 『語錄上』.

93) 『論語·爲政』.

94) 『孟子·盡心上』.

95) 『孟子·梁惠王上』.

혈연관계의 온정을 사회와 정치 관계까지 확대해야 통치계급의 정신적 지주가 될 수 있는 것이다. 한대에 동중서가 제시한 "백가를 퇴출하고 유술만을 숭상하자"는 건의가 채택된 이후, 삼강(三綱), 오상(五常)은 주도적인 지위를 지닌 국가도덕이 되고, 이중 삼강은 최고의 도덕준칙이 되었으며, 최고의 정치원칙이 되었다. 효(孝), 충(忠), 절(節) 등은 법제화되었다. 도덕과 정치 일체화도 계급사회에서 도덕은 계급성을 반영했으며, 어떤 도덕범주는 계급의 정치를 위해 있었는데, 봉건도덕이라는 것은 봉건지주계급의 이익과 일치했다고 볼 수 있다. 여기서 반드시 짚고 넘어가야 될 것은 이른바 도덕과 정치가 중국의 고대사회에서 일체화되어 나타나는 점이다. 도덕과 정치에서 말하는 것은 내용상의 일치와 융화의 정도로 정치와 도덕은 문제를 해결하는데 있어 서로 다른 점이 있다. 정치는 각 계급간의 이해관계를 조절하는 일종의 강제적 수단이고, 도덕은 교육을 통해 설득하고 감화시키고 사회여론을 압력하는 방법으로 사람간의 상호 이해관계 문제를 조절한다. 이 둘은 서로 일치하면서 필요로 하는 것이다.

3. 덕육중심의 고대 교육체계

중국 고대교육의 발전을 살펴보면 비록 교육가들이 교육의 내용과 기준, 교육의 과정과 원칙에 있어 이해하는 정도는 서로 달랐지만 기본적으로 모두 덕육을 중시하였다. 중국의 고대 교육, 특히 유가교육의 주지는 사람을 가르쳐서 어떻게 사람답게 하는가? 라는 사람됨(做人)의 도리를 제시하였다. '사람됨'의 요구, 사람됨의 방법은 체계적인 덕육이론체계가 되었다. 따라서 중국 고대에 있어 덕육내용은 교육의 주요 내용이었다. 덕육은 끊임없이 주도적인 위치에 있어 교육가의 교육사상은 기본적으로 도덕을 연구하고 도덕교육을 하는 것을 주요한 것으로 삼았다. 전목(錢穆, 1895~1990)은 "중국에서 최근까지도 중시하고 있는 것은 여전히 도덕과 교육이다. 교육의 중심은 바로 도덕이다. 따라서 나는 항상 중국 문화정신에서 가장 주요한 것은 즉 도덕정신이라고 생각한다"고[96] 했다.

중국의 고대 사상체계는 덕육을 중심으로 구성되었다. 이러한 것은 다음의 몇 가지 방면에서 알 수 있다.

---

96) 錢穆, 『中國)文化與科學』, 載『世界局勢與中國文化』.

(1) 중국 고대교육의 교육목표: 덕육의 목표를 정하는 것

교육목표는 사회의 정치, 경제, 문화, 과학기술 등의 발전수준 및 교육을 받는 사람의 발달정도에 따라 결정된다. 이것은 교육내용을 결정하고 교육방법을 선택하는데 중요한 의의가 있다. 이러한 교육목표는 국가 혹은 교육자가 이른바 기대하는 피교육자의 발전 성과이다. 덕육은 사회의식 혹은 윤리도덕이 피교육자 개개인의 덕성을 위한 교육이다. 중국 문화는 도덕정신을 주도적인 문화로 간주한다. 따라서 중국의 고대교육가는 교육목표를 확립할 때, 비록 지육, 미육, 군사체육교육을 중시했지만 이 가운데 주요 고려 대상 또는 중점을 덕육에 두었다. 예를 들면『대학』에 "대학의 도는 덕을 밝히고 백성을 새롭게 하고, 지선에 그침에 있다"고 했다. 이정(二程)도 "상서(庠序)의 가르침은 선왕의 가르침으로 이른바 인륜을 밝히고 천하를 조화(化)롭게 하는데 있다"고[97] 했다. 이것은 대체로 배양목표에 있어 고대사상가들의 기본사상을 대표하는 것이다.

공자가 제시한 교육목표는 자신을 닦아 다른 사람을 편안하게 하고, 자신을 닦아 다른 사람을 다스리는 것으로 사(士) 또는 군자이다. 이러한 목표를 달성하기 위해 그는 인(仁)과 지(智)와 더불어 덕육을 근본으로 할 것을 주장하였다. 공자는 덕을[98] 가르침으로 삼도록 하고 이에 근접할 수 있는 목표로 "자신이 서고자 하면 먼저 다른 사람을 세우고 자신이 도달하고자 하면 먼저 다른 사람이 도달하도록 하는 것", "어진 사람은 다른 사람을 사랑하는 것", "자신을 이기고 예로 돌아갈 것" 등을 제시하였다. 그 최고 이상은 자신을 닦아 백성을 편안하게 하고 백성에게 널리 베풀어 대중을 안정되게 하는 것이라고 했다. '인'은 덕이 완성된 인격을 통괄하는 것으로 극기복례, 효제, 충서, 다른 사람을 먼저 세우고 다른 사람이 먼저 도달하게 하는 것 등의 내용을 포함할 뿐만 아니라 경(敬), 지(智), 용(勇), 공(恭), 신(信), 관(寬), 민(敏), 혜(惠) 등 덕목의 총화이다. 공자는 교육을 받는 사람은 "도에 뜻을 두고, 덕을 지키고, 인에 의지하고, 예에 노닐어야 한다"고[99] 했다. 이것은 공자 설교의 강령이다. 도라는 것은 원리 혹은 이상으로 주희는 이것을 "인륜으로서 일상생활에서 반드시 행해야 하는 것"으로 해석했는데, 비교적 명확한 해석이다. 이것은 뛰어나면서 일생생활과 격리되지 않은 도로 피교육자가 추구하는 이상 혹은 목표이다. 덕이라는 것은 마음에 있어 도를 행하는 것이다. 즉, 실천하는 것으로 이것을 잊어서는 안된다. 그래서 "덕을 지킨다"는 것은 바로 인의, 효, 제, 충, 서, 예, 악

---

97)『二程集』, 453쪽.

98) 리쩌우는 덕은 원래 도덕을 가리킨 것이 아니라 씨족의 습관법이었을 것이라고 판단하고 있다. 그러므로 "성이 다르면 덕행도 다르고 덕행이 다르면 종류도 달라진다(國語·晉語)"고 했다(리쩌허우, 정병석 옮김,『중국 고대사상사론』, 파주: 한길사, 2005: 60 주22 참조.

99)『論語·述而』.

등의 덕목을 실천하는 것이며, 더불어 그것을 지켜가며 끊임없이 나아가는 것이다. 공자는 성현이 되는 최고의 조건은 도덕품격이라고 생각했다. "공자는 네 가지로 가르쳤는데, 바로 학문과 행실과 충성과 신의이다"고[100] 했다. 그는 지식교육과 도덕교육의 관계를 어떻게 해야 하는지 명확하게 설명하였다. 즉 "제자들은 들어와서는 효도를 다하고, 나아가서는 윗사람에게 공순해야 하며, 근신하고 신의를 지키며, 널리 사람들을 사랑하고 어진 사람을 가까이 해야 한다. 이렇게 행하고 여력이 있으면 곧 글을 배우는 것이다"고[101] 했다. 즉 첫째, 도덕교육 및 그 실천이고, 둘째, 지식교육이다. 물론 공자도 도덕에 대한 문화지식의 영향을 간과하지는 않았다. 그는 "인한 사람은 인에 안주하고 지혜로운 사람은 인을 이롭게 여기는 것이다"고[102] 했다. 인과 덕이 있는 사람은 인에 안주하고 지식이 있는 사람은 인을 이용한다. 그러하기 때문에 지혜로운 자는 장기적인 안목에서 보면 도덕이 그에게 거대한 이익을 안겨주는 것이라고 생각하여 인과 덕을 실행해야 한다고 생각했다.

맹자는 교육의 목적은 '인륜을 밝히는 것'에 있다고 제시했다. 그는 "하(夏)나라는 '교(校)', 은(殷)나라는 '서(序)', 주(周)나라는 '상(庠)', '학(學)'은 삼대가 같이 썼으니 다 인륜을 밝히는 곳이다. 인륜이 위에서 밝아야 백성이 아래서 친할 것이다"고[103] 했다. 일반적으로 하대에 학교(이른바 소학)는 '교(校)', 은상에서의 학교는 '서'라고 칭했다. 주대는 일반적으로 학교를 '상', 대학에 이르러 삼대는 모두 '학'이라고 칭했음을 의미한다. 학교 설립 목적은 모두 학생들이 인간관계에 있어 각종 윤리 관계를 어떻게 처리하고 사회생활준칙을 어떻게 이해해야 하는지를 설명하고 가르치기 위한 것이다. 그렇다면 인륜은 무엇을 말하는 것인가? 맹자는 "인륜으로 가르침에 부자유친, 군신유의, 부부유별, 장유유서, 붕우유신이 있다"고[104] 했다. 자신에게서 출발하여 하나씩 실천에 옮겨나가는 것으로 자신에서 가정, 가정에서 국가, 국가에서 천하에 이르게 하는 것이다. 그는 교육의 목적은 바로 사람들에게 봉건 도덕이 사람들에게 요구하는 것을 밝히는 것이며, 이러한 도덕을 지키고 보호하는 것이라고 생각했다. 만약 피교육자가 이러한 것을 지킨다면 교육의 목적이 실현되는 것이며, 성공적인 교육이 되는 것이다. 이러한 맹자의 사상은 후세에 커다란 영향을 미쳤다.

순자는 도덕교육과 정치를 밀접하게 관련시켜 사람과의 관계, 사회질서를 안정시키는

100) 『論語·述而』.
101) 『論語·學而』.
102) 『論語·里仁』.
103) 『孟子·騰文公上』.
104) 『孟子·騰文公上』.

방면에서 교육의 기능을 말하였다. 그는 이러한 토대위에 자신의 교육목표를 제시하였다. "배움은 어디서 시작하여 어디서 마치는가? 순자가 말하기를 그 방법으로 말하면 경전을 암송하는 것에서 시작하여 예를 읽는 것에서 마치고, 그 의의로 말하면 사(士) 되는 도리에서 시작하여 성인이 되는 도리에서 마친다"고[105] 했다. 그는 또 "배움은 (그 방법으로서는) 예에 이르러 마치는 것이다. 무릇 이것을 도덕의 극치라고 한다"고[106] 했다. 지식교육은 도덕교육의 기초이이며 도덕을 양성하기 위해 필요한 것이다. 교육목적은 바로 사람에게 예를 알게 하고 예를 지키도록 하는 것이다.

『대학』은 춘추전국 이후 유가의 교육사상, 교육목적을 총괄하여 "대학의 도는 명덕을 밝히고 백성을 새롭게 함에 있으며, 지선에 이름에 있다"고 했다. 여기서 '명명덕(明明德)'은 바로 도덕규칙을 설명하고 수립한 것이다. 그 중 주요한 '명인륜(明人倫)', '친민(親民)'은 바로 덕치(德治), 인정(仁政)의 정신으로 백성을 감화하고 다스리는 것이며, 백성들을 새롭게 하는 것이다. '지우지선(止于至善)'는 바로 사회전체가 이상적인 선과 미의 경지에 이르도록 하는 것으로 임금은 인에 이르고 신하는 경에 이르며, 자식된 자는 효에 이르고 부모는 자애에 이르며, 인관관계에 있어서 믿음이 있어야 하는 것이다. 『대학』에서는 이상적인 교육체계로 도덕관념을 인식하는 것에서 출발하여 도덕신념을 세우는 것을 중심으로 도덕을 자각하는 교육의 근본으로 삼고 제가, 치국, 평천하를 실천목표로 해야 한다고 했다.

주희 교육의 목적도 봉건사회의 '성인(聖人)'을 양성하는 것이다. 그는 성인에 대해 체계적인 설명을 했다. 주희는 당시 학교가 과거급제를 교육의 주요목표로 삼아 벼슬이나 이익을 추구하고, 본래의 뜻을 망각하고 부수적인 것을 추구하는 교육이라고 비판하였다. 그는 "진한(秦漢) 이후, 성학(聖學)이 전수되지 않아 유자들은 오로지 장구의 훈고만 알지 성인의 뜻이 무엇을 말하는지 살펴서 무릇 성명(性命)의 도덕을 밝히려고 하지 않는다"고[107] 했다. 이러한 상황은 사회의 풍속을 나쁘게 하고 인재들을 썩히는 것이다. 그는 '선왕의 학문은 인륜을 밝히는 것을 근본으로 삼고', 사람을 가르침에 '덕행도(德行道)를 실제로 삼을 것'을[108] 말하고, 사람들에게 욕망을 저지하고 천리를 보존하도록 하여 자각적으로 도덕강상과 봉건등급제도의 '성인'을 고수하도록 하였다. 주희는 "옛날의 성현(聖賢)이 학문에 뜻을 두도록 사람들을 가르친 까닭을 곰곰이 생각해보면 스스로 수양을 하여 남에게 까지 미치도록 하는 것이었다. 읽고 외는데 힘쓰고 글 짓는 것을

105) 『荀子·勸學』.
106) 『荀子·勸學』.
107) 『朱文公文集·中庸集解序』.
108) 『近思錄』.

일삼음으로써 명예와 이록을 좇아서는 안된다"고[109] 했다. 주희는 『백록동서원학규』에 교육목적을 명시하였다. 교육의 최종 목표는 부자유친, 군신유의, 부부유별, 장유유서, 붕우유신으로 즉 오교를 밝히는 것이다. 배움의 순서는 넓게 배우고, 배운 것을 심도 있게 질문하며, 그것을 심사숙고하여 명확하게 분별하고, 성실하게 실행하는 것이다. 성실하게 행하는 공부는 몇 가지로 나누어 볼 수 있다. 즉 수신의 요지는 "말을 함에 믿음이 있어야 하고, 행함에는 공경하고, 노여움과 욕심을 자제하고 나쁜 것을 고쳐 선함을 행하는 것이다"고 했다. 일을 처리하는 요지는 "의를 올바르게 세우고 이익을 도모하지 않으며, 그 도리를 명확히 하여 그 공을 계산하지 말라는 것이다"고 했다. 사물을 대하는 요지는 "이미 가지고 있는 것에 만족하고 다른 사람에게 베풀며 행함에 이익을 바라지 말고 도리어 그것을 다른 사람에게 베푸는 것이다"고 했다. 주희의 이러한 사상은 송대 이후 각 학교의 교육에 많은 영향을 주었다.

이상에서 말한 내용을 살펴보면, 중국의 고대교육가는 '수기(修己)'에 교육 목표를 두고 교육은 모두 덕육을 목표로 삼아 이를 실천하는 것에 두었음을 알 수 있다. 이는 바로 교육가들이 교육을 행함에 덕을 근본으로 하는 원칙을 고수한 것이다. 이로써 중국 고대의 문화에 있어 덕을 중시하는 정신이 형성되도록 촉진하였다.

(2) 덕육을 중심으로 한 교육과정

중국 고대의 학교는 크게 소학과 대학으로 구분된다. 그 교육내용과 과정에 서로 차이가 있지만, 대체로 교육가들은 소학에서의 가르침은 사(事, 일상적인 일)를 중심으로 하고 대학에서의 가르침은 의(義)를 중심으로 하였다. 이른바 '사(事)'와 '의(義)'는 기본적으로 도덕의 사요, 도덕의 의이다. 즉 중국의 고대교육가들이 보편적으로 추종하고 있는 격물(格物), 치지(致知), 성의(誠意), 정심(正心), 수신(修身), 제가(齊家), 치국(治國), 평천하(平天下)라는 이상적인 인재양성과정은 도덕양성을 그 근본과 내용으로 했음을 알 수 있다. 이러한 사상은 교육과정 중 소학에서 대학에 이르기까지 교육목표의 실현 및 교육내용을 행함에 시종일관 도덕교육을 그 내용으로 삼은 것이다.

도덕교육을 인생 전체의 교육과정으로 삼은 것은 공자 가르침의 중요한 특징이다. 그는 자신이 학문으로 다스리고 수양한 경험을 "나는 열다섯 살에 배움에 뜻을 두었고, 서른 살에는 자립하였다. 마흔 살에는 미혹되지 않았고, 쉰 살에는 천명을 알게 되었으며, 예순 살에는 귀로 듣는 대로 모든 것을 순조로이 이해하게 되었고, 일흔 살에는 마음 내키는 대로 좇아도 법도를 넘어서지 않게 되었다"고[110] 했다. 또한 그는 "내게 몇 년

---

109)『白鹿洞書院學規』.

만 더 보태어져, 쉰 살까지 『역경』을 공부한다면 큰 허물이 없게 될 것이다"고[111] 했다. 인생은 천지간에 존재하는 것으로 천지조화의 위대한 힘을 깨달아 자강불식(自强不息)의 정신으로 스스로 도덕적 실천을 하도록 노력해야 한다고 했다. 이렇게 인간은 자신이 하고자 하는 바 사람됨의 도리, 고상한 도덕경지에 이를 수 있다고 보았다. 주희는 공자는 이것을 "한편으로는 배우는 자들이 마땅히 유유자적하며 오래도록 물에 젖어 있어야 할 것이요, 등급을 뛰어넘어 나아가서는 안됨을 보여주셨고, 또 한편으로는 배우는 자들이 마땅히 나날이 나아가고 다달이 진보하여야 할 것이요, 중도에 그만두어서는 안됨을 보여주신 것이다"고[112] 하였다. 이것은 도덕교육이 전체교육과정의 내용이어야 하는 중요성을 말한 것이다. 『논어·술이』에 "섭공(葉公)이 자로에게 공자의 인물됨을 물었는데 자로가 대답하지 않았다. 공자가 말하였다. '너는 어찌 그의 사람됨이 분발하여 먹는 것도 잊고 [깨달으면]즐거워 근심을 잊어서 늙음이 장차 닥쳐오는 줄도 모른다고 말하지 않았느냐'"고 했다. 생명의 과정은 자강불식이요 끊임없이 분투해야 하며 갱신하여 개선되는 과정인 것이다. "군자는 하루 종일 인을 어기지 않으며 다급한 순간에도 반드시 인에 의거하고 넘어지는 순간에도 반드시 인을 지켜야 한다"고 했다. 이것은 처해진 환경이 어떠하더라도 도덕교육 또는 도덕수양을 중도에 포기하거나 없애서는 안되는 것으로 이른바 '도를 깨달았으면 그것이 일관되어야 함'을 일컫는 것이다.

유가의 덕육목표는 '내성외왕(內聖外王)'의 도로 내성외왕의 인격을 갖추고 있는 사람을 '성인(聖人)' 혹은 '인인(仁人)'이라고 부른다. 이들의 교육관점은 '성성(成聖, 성을 이루고)', '의인(依仁, 인에 의지하는)'에 있어 가장 기본적인 동력은 인간의 본성에 있다는 것이다. 성인의 도는 언제 어디서든 인간의 존재에서 출발하여 끊임없이 스스로 완성되어가는 과정이다. 도덕교육이 전체교육과정의 내용이 되어야 하는 이유는 인간이 도덕적 존재이기 때문이다. 스스로 완성되어 가는 과정은 유한에서 무한한 것으로 통한다. 『중용』에서 "넓게 배우고 배운 것을 심도 있게 질문하며 그것을 심사숙고하여 명확하게 분별하고 성실하게 실행해야 한다"고 한 것은 끊임없이 스스로 개선해가는 과정을 말하는 것이다. 웅십력(熊十力)은 "천행이 건실하고 우주를 밝혀 생명을 창조함에 있어 끊임없어 새로운 것이 그치지 않는다. 군자는 자강불식하여 사람에게 있는 하늘의 덕을 밝히되 자력으로 그것을 밝히도록 하여 인간이 그것을 할 수 있도록 한다"고[113] 했다.

『학기(學記)』에서 제시한 교육내용과 과정은 "[공부한지]1년이 되어서는 학생이 문장

---

110) 『論語·爲政』.
111) 『論語·述而』.
112) 朱熹, 『論語集注』.
113) 『讀經示要』 卷三, 43쪽.

을 분석하는 능력과 학습의 뜻을 살피고, 3년이 되어서는 학생이 집중해서 공부하고 사람들과 잘 지내는지를 살피며, 5년이 되어서는 다양하게 익히고 스승과 친밀한 지를 살피고, 7년이 되어서는 학생이 학문의 본령을 연구하며 친구를 사귀는 것을 살핀다. (이러한 기준에 서로 부합되었을 때) 작은 것을 이루었다고 한다(小成). 9년에 이르러서는 사물에 대해 통달하는 지를 살피고 뜻이 확고해서 변화가 없는지를 살핀다.[이러한 기준에 적합하면]큰 것을 이루었다고 한다(大成)"고 했다. 각 단계는 모두 도덕교육과 전문지식이라는 두 가지 방면의 교육을 필요로 한다. 특히 개인 관계, 개인과 집단간의 관계를 처리하는 도리를 중시하였다. 개인과 개인의 관계를 어떻게 처리할 것인가의 연구는 피교육자에게 '군중을 좋아하고(樂群)', '스승을 친애하고(親師)', '벗을 택하는(取友)' 것으로 사람을 파악하는 방법을 이해하는 것이다. 즉 『학기』에서 덕육이 전체 교육과정으로 되어야 하는 이유를 강조하였다. 좋은 도덕품격은 갑자기 깨달아서 되는 것이 아니라 무에서 유의 과정, 저급에서 고급으로, 피동적인 것에서 자각적으로 창조하는 발전의 과정을 거친다. 정이(程頤)는 "배우는 것에 충실하고, 도덕적으로 숭고해지는 것은 모두 하루아침에 되는 것이 아니라 끊임없이 축적되어진 것일 뿐이다"고[114] 했다. "군자(君子)의 나아감은 아래로부터 올라가고 은미함으로부터 드러나서 반 걸음과 잠시라도 차례가 있지 않음이 없다"고[115] 했다. 도덕교육이 전체교육과정이 되려면 '분수를 넘지 않고', '단계를 뛰어넘지 않고', '순서대로 나아가' 날마다 쌓아서 점점 선의 경지에 도달해야 하는 것이다.

주희는 선진에서 북송에 이르기까지 도덕교육과 관련된 경험있는 교육가를 종합하여 초보적으로나마 피교육자의 배양 과정을 소학과 대학으로 구분하였다. 그는 "옛 사람들은 아이를 가르침에 어려서 효(孝), 제(悌), 성(誠), 경(敬)의 실천을 가르쳤다. 조금 커서는 시, 서, 예, 악의 문장을 가르쳤는데, 모두 사물간에 의리(義理)라는 것이 있음을 말하는 것으로 이를 실천하도록 한 것이다. 15세가 되어서는 대학에 들어가 물을 뿌리고 마당을 쓸고 응대하며 예, 악, 사, 어를 익혀 이것을 빠짐없이 실천했을 때 작은 것을 이루었다"고[116] 했다. 아이가 어렸을 때 쇄소, 응대, 진퇴로부터 윤리강상예교를 아동에게 가르쳐야 하고, 아이가 조금 크면 시, 서, 예, 악의 문장을 가르치며, 아동에게 일상생활에서 구체적으로 실행하도록 윤리강상 예악에 익숙하도록 가르쳐야 한다. 구체적인 활동 중에서 덕육은 서서히 감화시키는 것으로 자존(自存), 자주(自主), 자애(自愛), 자강의 품덕을 내포하고 있어 다음 단계 교육의 토대를 다지는 것이다. 대학단계에 이르러서는 "이치를

---

114) 『二程集·周易程氏傳』 卷二.
115) 『二程集·周易程氏傳』 卷二.
116) 『朱子大全·答吳晦叔序』.

궁구하고 마음을 바르게 하며 몸을 닦고 사람을 다스리는 도를 가르쳤다"고[117] 하였다. 이렇게 해야 비로소 교육을 받는 자는 사람됨의 도리를 이해하게 된다. 그는 "배움의 크고 작음은 원래 서로 다르니 그것을 도로 여길 뿐이다"고[118] 했다. 주희가 세운 교육과정 체계는 송, 원에서 청대까지 정통사상이 되어 남송 이후 관학, 사학, 몽학의 교학계획, 교학내용과 방법에 영향을 주었다.

(3) 중국 고대교육의 주요 내용: 덕육

교육내용에 관한 역대 교육가들의 사상에는 오랜 중화민족의 역사 속에서 사회 발전에 적합한 지식 내용을 탐색하기 위해 힘썼던 과정이 기록되어 있다. 사회생산력의 수준과 생산관계의 작용으로 고대 교육가들은 비록 다른 지식교육을 소홀히 하지 않았지만, 교재를 편찬할 때 도덕교육의 내용을 가장 중요하게 생각하였다. 공자가 육예를 교재로 채택한 시기부터 명청시기까지 중국 문화는 『영락대전(永樂大典)』, 『고금도서집성(古今圖書集成)』, 『사고전서(四庫全書)』에 잘 나타나 있다. 몽학교육의 교재로 『삼자경(三字經)』, 『백가성(百家姓)』, 『천자문(千字文)』, 『유학경림(幼學琼林)』에서 유가경전 13경에 이르기까지 비록 지식을 보급시키는 영역은 넓었지만 그 주요 내용은 도덕교육이었다.

공자는 중국 고대의 도덕교육 내용에 관한 토대를 마련했으며, 교육내용 중 가장 먼저 도덕교육을 체계적으로 확립한 교육가이다. 『논어』에 "자식에게 사교 즉 문(文), 행(行), 충(忠), 신(信)을 가르치라"고 했다. 즉, 이것은 문학, 품행, 충성과 믿음을 학생에게 가르치도록 한 것이다. 이러한 네 가지 내용에서 '문'은 고전문헌 지식 외의 것을 가르치는 것이며, 행, 충, 신은 덕육내용을 말한다.

공자가 편찬한 『시』, 『서』, 『예』, 『악』, 『역』, 『춘추』 등 육서는 공자가 사용한 가장 기본적인 교재로 체계적으로 구성된 교과서이다. 이 책의 내용은 중국 고대의 중요한 역사, 문학, 문헌 자료를 포함하고 있지만 공자가 정리하고 사용한 주요 목적은 이 문헌에 공자의 도덕과 정치사상이 담겨 있어 이것으로 수기치인의 도를 전달한 것이다. 공자는 "그 나라에 들어가면 그 가르침을 알게 된다. 사람됨이 온유하고 돈후한 것은 『시』의 가르침이요, 정사에 통달하여 멀리 상고의 일도 아는 것은 『서』의 가르침이다. 의리를 알아 광박하고 성정이 화이한 것은 『악』의 가르침이요, 심성이 맑고 의리가 정비한 것은 『역』의 가르침이며, 공경하고 검소하며 엄숙히 삼가는 것은 『예』의 가르침이요, 말을 분석하고 사물을 비교하여 그 가치를 판단하는 것은 『춘추』의 가르침이다"고[119] 하였다.

---

117) 『大學章句序』.

118) 『學規類編』.

외면과 내면의 조화를 잘 이룬 군자가 되려면 육예 교육이 그 토대가 되어야 한다. 이것은 순자의 『권학(勸學)』편에서 육예를 '경'으로 높이기 시작한 후에 육경(六經)으로 불리게 되었다. 이 중 『악경』은 이미 소실되어 없어졌고 기타 오경은 중국에서 2,000여 년의 봉건사회에서 줄곧 학교에서 기본적인 교재가 되었다.

『시』는 서주와 동주의 시가를 선집한 것으로 '풍(風), 아(雅), 송(松)' 세 부분으로 구성되어 있다. 『상서』는 '시가 말하는 의미'를 가리킨다. 공자는 "시를 공부하지 않으면 (남과) 말을 할 수 없다"고[120] 하였다. "시는 사람의 감흥을 일으켜 줄 수 있고, 사물을 올바로 볼 수 있게 하며, 남과 잘 어울릴 수 있게 하고, 잘못을 원망할 수 있게 하고, 가까이는 아버지를 섬기게 하며, 멀리는 임금을 섬기게 하고, 새, 짐승과 풀, 나무의 이름도 많이 알게 하는 것이다"고[121] 하였다. 공자가 보기에 시를 배우는 작용은 매우 많지만 그중에서 가장 중요한 것은 봉건도덕을 배양하는 것이었다. 그는 심지어 "시 삼백편을 한마디로 말하자면 생각에 사악함이 없다"고[122] 하였다.

『상서』는 중국 상고시대의 역사문헌과 부분적으로 고대 사적을 모아 편찬한 것으로 상나라, 주나라 특히 서주 초기의 중요한 사료이다. 공자가 직접적으로 『서』에 배움을 설명한 곳은 많지 않지만 이 책을 중시했다. 이 책에는 노예제 사회의 도덕과 정치사상에 관한 내용이 있다. 공자는 "『서』에 이르기를 '효도하라! 오로지 효도를 하고 형제에게 우애를 다함으로써 그것을 정치에 반영시켜라'고 하였다. 이것도 정치를 하는 것인데 어찌 따로 정치를 할 것이 있겠는가?"고 했는데, 효, 우를 실행하는 도덕교육은 본래 정치적인 것이라고 생각했다.

『예』는 의례(儀禮)를 가리킨다. 공자가 선발한 사(士)들이 예제 17편을 배워 편찬한 것이다. 도덕윤리교육 과목 중 공자는 예를 가장 중시하였다. 후세에 유학을 예교라고 부르게 된 것은 바로 이러한 근거에 의한 것이다. 공자는 "예를 공부하지 않으면 남 앞에 설 수 없다"고[123] 하고 "예로써 국가를 다스려야 한다"고[124] 했다. 그는 예교를 통해 봉건사회의 규범과 도덕규범이 있는 사람을 배양하고자 하였다.

『악』은 그 존재 여부에 있어 지금까지 끊임없이 쟁론이 되고 있다. 어떤 사람은 『악경』은 원래 있었지만 진(秦) 멸망 이후 소실되었다고 본다. 또 어떤 사람은 본래 『악경』

---

119) 『禮記·經解』.
120) 『論語·季氏』.
121) 『論語·陽貨』.
122) 『論語·爲政』.
123) 『論語·季氏』.
124) 『論語·先進』.

은 없었던 것으로 악의 가락은『시』에 있는 것이고, 악의 작용은『예』에 있는 것으로 악의 가락이 악공에 의해 전래된 것으로 생각한다.『논어』라는 책에서 공자는 특히 음악을 좋아한 것으로 보아 그가 악교를 매우 중시했음을 알 수 있다. 그는 음악의 심미적 가치를 중시했을 뿐만 아니라 도덕적 가치도 매우 중시하였다. 공자는 "소(韶, 순임금의 음악)에 대해 '아름다움을 다했고 또 훌륭함도 다했다'고 하고 무(武, 주 무왕의 음악)에 대하여는 '아름다움은 다했으나 훌륭함은 다하지 못하였다'고 하였다"고[125] 했다. 공자는 예교와 악교를 정치의 중요한 수단으로 생각하고 예교와 악교는 정치와 형벌을 다스리는 토대가 된다고 생각하였다. 공자는 "예악이 흥성하지 않으면 곧 형벌이 적절하지 않게 되며, 형벌이 적절하지 않으면 곧 백성들은 손발도 제대로 둘 곳이 없게 된다"고[126] 했다. 예의 작용은 행위에 있어 사람을 규범짓고 악의 작용은 감정에 있어 사람을 도야시키는 것이다. 따라서 악으로 내면을 수양하고 예로 외면을 수양하면 예는 외면을 절제 있게 하고 악은 내면을 알게 한다고 한 것이다.

『역』은『역경(易經)』과『역전(易傳)』 두 부분으로 나뉜다.『경』은 고대의 점술에 대한 것으로 내용은 64괘와 384개의 효로 구성되어 있으며, 괘(卦)와 효(爻)에 각각 설명이 있다.『전』은『경』에 대한 설명으로 총 7종 10편이다.『역전』은 대체로 전국시대 말기에 형성된 것이다.『역』은 유가의 중요한 철학사상을 담고 있으며, 변증법 사상이 풍부하게 담겨있다.

『춘추(春秋)』는 일종의 편년체 역사책이다. 이것은 춘추시기 노(魯)나라의 역사를 기록한 것이다.『춘추』는 시비를 논하는 것으로 사람을 다스리는 것이다. 공자는『춘추』에서 역사를 서술할 때 자신의 관점을 제시하여 "예의를 끊어버리고 공허한 문장을 중시한다(『史記』)"고 하고 일에 대해 좋고 나쁨을 평가했으며, 후세의 왕이 입법을 할 때 도의(道義)에 뜻을 두었는데, 이미 사실을 책에 기록했을 뿐만 아니라 명의(明義)를 빌려 춘추의 요지를 말하였다. 명의란 무엇인가? 간단히 설명하면 등급에 대한 명분제도라고 할 수 있다.

『좌전』에 진(晉)나라의 조쇠(趙衰, 미상~B.C. 622)는 "예악은『시』와『서』를 돈독하게 한다.『시』,『서』는 의(義)의 부(府)요, 예, 악, 덕의 법칙이다. 덕과 의는 리(利)의 근본이다"고 했다. 의의 부와 덕의 법칙(則)은 시, 서, 예, 악의 실질이라고 말할 수 있는데, 이것은 춘추시대의 사상가, 교육가가 이미 육예의 도덕적 기능을 주의깊게 살핀 것이라고 볼 수 있다. 공자가 '육예'를 교재로 삼고 이후 육예에 덕육을 포함시킨 이후, 역대

---

125)『論語 · 八佾』.
126)『論語 · 子路』.

의 유가는 특히 '육예'의 덕육기능을 중시하였다. 맹자는 스스로 공자는 배우는 것에 뜻을 둔 사람이라고 했다. 그는 특히 덕육의 의의를 강조하였다. 맹자는 "인의 실상은 어버이를 섬기는 것이고, 의의 실상은 형(兄)을 따르는 것이다. 지의 실상은 이 두 가지를 알아서 버리지 아니함이요, 예의 실상은 두 가지를 절문함이 이것이요, 악의 실상은 이 두 가지를 즐겨함이 즐겨하면 날것이니 나면 어찌 그치리오? 어찌 그치리오? 하면 발이 뛰며 손이 춤추는 것을 알지 못할 것이다"고[127] 하였다. 여기에서 인, 의, 예, 악의 작용 및 그 상호관계를 설명하였다. 이러한 인식은 맹자의 교육내용이 윤리도덕의 핵심이 되도록 하였다. 맹자는 "어진 것에 살며 옳은 것으로 비롯하면 대인의 일이 갖춰진다"고[128] 하였다.

순자는 후왕(后王)을 본받아서 제도를 하나로 정할 줄 아는 인재를 배양하고 신흥지주계급의 욕구를 만족시키기 위해 육경을 계승하고 보완하기 시작하였다. 그는 경을 읽는 것과 예를 읽는 것을 매우 중시하였다. 그는 "배움은 어디에서 시작해서 어디서 마치는가? 그 방법으로 말하자면 시, 서의 경전을 암송하는 것에서 시작하여 예를 읽는 것에서 마친다"고[129] 하였다. 순자도 각 경의 서로 다른 교육적 작용에 대해 주의깊게 살폈다. 그는 "『서』는 정사의 기록이고, 『시』는 중정(中正)한 소리의 소재이다. 『예』는 규범의 대본이고, 여러 가지 조례의 기강이므로 배움은 (그 방법으로서) 예에 이르러 마치는 것이다. 대저 이것을 도덕의 극치라고 한다. 『예』의 공경의 문식과 악의 중화(中和)와 『시』, 『서』의 해박함과 『춘추』의 은미한 큰 뜻에서 천지 사이에 있는 모든 것이 다 끝난다"고[130] 하였다. 순자는 교학과목 중 반드시 "예의(禮義)를 받들고 『시』, 『서』를 낮추는 것이 중요하다"고[131] 생각했다. 그는 예의를 가장 중시하고, 그 다음으로 『시』와 『서』를 중시하였다. 예는 기강을 바로 잡는 것이다. 만약 예의를 근본으로 삼지 않는다면, 설령 『시』와 『서』를 배워서 그것을 수신, 치국으로 사용한다고 하더라도 그것은 손가락으로 강의 깊이를 재고, 창으로 쌀을 찧으며, 젓가락으로 새총을 사용하는 것과 같아 결과를 얻기 어렵다.

육예는 중국 고대 학술의 총체이다. 공자, 맹자, 순자는 이러한 육예정신을 발굴하고 널리 알렸으며 덕육을 육예교육의 핵심으로 삼아 후세에 유자들의 좋은 본보기가 되었다. 한당 이후, 육예 또는 육경이 십삼경으로 발전하여 『예기』 중 『대학』과 『중용』편을

127) 『孟子·離婁上』.
128) 『孟子·盡心上』.
129) 『荀子·勸學』.
130) 『荀子·勸學』.
131) 『荀子·儒效』.

단독으로 분리하여 교재로 삼기도 했다. 송대에 이르러 주희는 다시 『대학』, 『중용』, 『논어』, 『맹자』를 해석하여 『사서집주』를 완성했는데, 후에 이것은 몇 백 년 동안 기본 교재가 되었다. 이러한 책에는 선진유가들이 덕육을 중시한 정신이 고스란히 남아 있다.

동중서는 '천인감응(天人感應)' 학설에서 출발하여 사람의 내성(內省)과 직관을 통해 사물의 본질을 이해할 수 있다고 생각했다. 그는 '명(名)'이라는 것은 바로 '진(眞)'으로, 이는 명은 천에서 취한 것이기 때문이라고 생각했다. 따라서 명은 우리들이 인식하는 진리이며 배우는 대상인 것이다. 이러한 명은 바로 시, 서, 예, 악 및 봉건도덕을 말한다. 자연지식은 학습으로 이루어지는 것이 아니다. 그는 "짐승이라는 것은 성인이 말하려는 바가 아니다. 성인이 말하고자 하는 것은 인의의 이치(理)를 말하려는 것이다. …그렇지 않으면 대중들의 말에 부화하고 사소한 것을 보고 중요하지 않은 말을 하여, 다음 세대를 더욱 혼란스럽게 하여 군자가 싫어하는 것인데 어찌 군자가 할 수 있겠는가?"고[132] 하였다.

한유(韓愈, 768~824)는 '학문이란 도를 깨우치기 위해서 하는 것'이라고 하였다. 그는 도에 관해 "널리 사랑하는 것을 인이라 하고, 행하여 이치에 합당한 것을 의라고 한다. 이를 따라 하는 것을 도라 하고, 자신에게 충족되어 있어 밖에 기대지 않는 것을 덕이라고 한다. 그 글은 시, 서, 역, 춘추이며 그 법도는 예, 악, 형, 정이다. … 그들의 도리는 명백히 알기가 쉽고, 그들의 가르침은 실행하기가 쉽다"고[133] 하였다. 한유가 주장한 교육의 내용은 크게 세 가지인데 이는 다음과 같다. 첫째, 인, 의, 도덕 등 유가윤리이다. 둘째, 예, 악, 형, 정의 정치교육이다. 셋째, 시, 서, 역, 춘추의 지식교육이다. 여기서 지식교육은 도덕교육으로 도덕교육의 핵심을 이루는 것이다.

장재는 자연과학지식과 군사지식을 중시하였다. 그러나 교육과정에서 중시한 것은 사상도덕교육과 윤리도덕교육으로 이와 관련된 과목도 중시하였다. 『송사(宋史)』에 "예를 존중하고 덕을 귀하게 여기는 것은 천명을 즐겁게 하고 편안하게 하는 것으로 『역』을 주지로, 『중용』을 그 다음으로 삼고, 『예』를 본체로 삼고 공맹을 최고로 삼는다"고 하였다. 장재는 교육의 목적은 사람의 성을 바로 세우는 것이고, 배움으로 사람다운 사람이 되어 본연의 선을 회복할 수 있다고 생각했다. 학습은 바로 성인이 되는 것을 배우는 것이다. 그는 "학자는 사람의 성을 반드시 바로 해야 한다. 인자는 사람다운 사람이다. 바로 인자를 말하는 것에서 사람이 된다. 학자는 배움에서 사람이 된다"고[134] 하였다. 이러한 목적에 도달할 수 있는 주요한 방법은 예를 배우는 것으로 "예를 지키는 것은

132) 『春秋繁露 · 重政』.
133) 『原道』.
134) 『語錄 · 中』.

도를 어기지 않는 것이다"고 하였다. 또, 박학을 강조하여 그는 "두루 익히면 학문이 점점 나아져서 넓게 되고 의를 밝힘에 점점 정밀해진다"고 하여 박학의 출발점이 의를 밝히는 데 있다고 했다.

주희는 이학 사상을 종합한 사람이다. 그는 송 이후에서 청중엽까지 봉건통치의 정통 사상가와 교육가가 되었다. 그가 편찬한 『사서장구집주(四書章句集注)』, 『시집전(詩集傳)』, 『소학(小學)』 등은 봉건사회의 정통 교과서가 되었다. 주희는 "부자유친, 군신유의, 부부유별, 장유유서, 붕우유신이라는 오교는 요순이 계(契)로 하여금 사도에게 가르치도록 한 것이다. 학자는 이것을 배울 뿐이다"고 하였다. 그는 또 "내가 옛날의 성현(聖賢)이 학문에 뜻을 두도록 사람들을 가르친 까닭을 가만히 생각해 보니, 그것은 자신의 수양을 위하여 의리를 설명하고 밝히는 것이라는 것을 알게 되었다. 수양이 이루어지면, 그 영향이 다른 사람에게까지 미치게 되는 것이다. 다만 읽고 외는데 힘쓰고 글 짓는 것을 일삼음으로써 명예를 구하고 자신의 이익이나 녹을 구하려 해서는 안 된다. 오늘날 학문을 한다는 자는 그 반대다. 그러나 성현께서 사람을 가르치는 방법은 경전에 다 갖추어져 있다. 뜻있는 선비는 마땅히 경전을 숙독하고 그 뜻을 깊이 생각해서 의문 나는 점을 묻고 그것을 분별해야 한다. 진실로 이치의 당연함을 알아서 그 자신을 꾸짖어서 반드시 그렇게 해야 한다"고[135] 하였다. 사람을 가르쳐 배우는 것과 자신이 강학하는 목적은 잡다한 지식을 배우고 화려한 문자를 배워 명예를 추구하고 권리를 쟁탈하려는 것이 아니라 사람됨의 도리를 터득하고 자신을 닦아 남을 다스리기 위한 것이다. 이러한 도리는 모두 경서에 있는 것으로 사람을 가르치는 것과 자학은 모두 독서궁리 신체역행에 있음은 논할 여지가 없다.

왕양명은 선험주의를 토대로 봉건도덕의 준칙을 세웠다. 모든 것을 본심에 두고 내심의 수양문제를 교육의 근본문제에 두어 여러 차례 '존심(存心)', '진심(盡心)', '명심(明心)', '수기방심(收其放心)', '구기득심(求其得心)'이라는 수양방법을 제시하였다. 그는 "군자의 배움은 그 마음을 밝히고 그 본심을 속이지 않는 것이다. 하고자 하는 것을 덮어두면 배우는데 해롭다. 따라서 가려지고 해로운 것이 없어지면 다시 밝아져서 나쁜 것이 밖으로부터 오는 것이다"고[136] 하였다.

안원은 청초에 유명한 진보적 철학가이자 교육자이다. 그는 덕(德), 재(才)라는 개념을 새롭게 해석하였다. 그는 '명륜(明倫)으로 배우는 것'을 제시했는데, 그 내용은 '소학에서는 쇄소, 응대, 진퇴를 가르치고 대학에서는 격치(格致), 성정(誠正), 수제(修齊), 치평(治

135) 『白鹿洞書院學規』.
136) 『王文成公全書』 卷七.

平)을 가르치는 것'이라고[137] 하였다. 그는 완전한 도덕적 인격, 진정한 재능과 견실한 학문이 있어야 유능한 인재가 될 수 있다고 생각했다. 요, 순, 주공은 모두 견실한 학문을 중시하고 행실을 가르쳐 개인에게 도움이 되고 국가에 유익하도록 하였다. 그래서 그는 요, 순, 주공의 도를 살리는 것이 자신의 임무라고 생각했다. 한대 이후, 장구(章句), 훈고(訓詁), 청담(淸談) 등 공리공담만 일삼는 교육내용을 반대하고 '삼사(三事, 正德, 利用, 厚生), 육부(六府, 金, 木, 水, 火, 土, 谷), 삼물(三物, 六德, 六行, 六藝), 육덕(六德, 智, 仁, 聖, 義, 中, 和), 육행(六行, 孝, 友, 睦, 姻, 任, 恤), 육예(六藝, 禮, 樂, 射, 御, 書, 數)를 교육내용으로 삼을 것을 주장했다. 그밖에 노동교육과 체육교육을 교육내용으로 삼았다. 안원은 비록 실용기술과 지식을 중시했지만 그가 열거한 교육내용 중 가장 중시한 것은 예이다. 그는 공맹의 도를 계승자로 자처하면서 예를 엄숙히 지키고 제자들과 함께 예를 익혔다. 그는 행의 목적을 명륜(明倫)에 두고 봉건도덕을 배양하는 것을 배우도록 교육내용을 개혁했다.

이상에서 간단히 열거한 몇 명의 교육가의 주장 중 주요 교육내용은 덕육임을 알 수 있는데, 이것이 바로 중국 고대교육의 특징이다. 장대평(張岱平)은 "중국의 고서는 과거에 경(經), 사(史), 자(子) 집(集) 네 종류로 나누었다. 이러한 네 종류의 서적은 모두 윤리사상과 관계가 있다"고[138] 했다. 이른바 심연(深淵)과 대해(大海)에 비유한다면 오경은 도의(道義)의 근원이고, 자서는 이것보다 깊은 곳에서 나오는 냇물과 같다는 것이다. 선진시대의 육예에서 청대의 『사고전서(四庫全書)』에 이르기까지 도덕 또는 도덕교육의 내용은 중요하게 다루어졌다. 이것은 중국 고대 문화에서 덕을 중시한 정신과 밀접한 관계가 있다.

(4) 덕육의 내용을 포함한 지식교육

중국 고대교육의 내용에서 주로 다루고 있는 것은 덕육에 관한 내용이다. 이와 동시에 덕육과 는 상대적인 지식교육에도 덕육의 내용이 곳곳에 있어 지식교육에 덕육이 내재되어 있다. 지식교육의 효과와 사회효과는 덕성으로 결정되며, 도덕적인 자각 없이 지식을 추구하는 사람을 이른바 '소인(小人)', '소지(小知)'라고 했다. 따라서 유가의 지식론은 덕성을 앎으로 여겼다. 비록 순자, 왕부지와 같은 주지(主知)정신이 강한 사람도 지성을 탐구하는 데에 있어 덕성의 앎에 심취하지 않을 수 없었다. 송명이학 이른바 격물치지(格物致知)에는 지식론의 의의가 있으면서 이학의 의의가 있으며, 한편으로 지식을 추구하는 방법이면서 수양방법이기도 하다. 그러나 주요한 것은 바로 후자이다. 왕양명이 말하

137) 『存治編·學校』.
138) 張岱平, 『中國倫理思想硏究』, 229쪽.

는 이른바 지행합일(知行合一)은 바로 개인이 사회에서 도덕실천과 인격완성에 대해 말하고 있는 것으로 지(知)는 덕성의 지 또는 양지(良知)를 말한다.

대다수의 중국 고대교육가들은 보기에 단순하게 재능의 높고 낮음으로 인간의 사회적 가치를 판단하지 않아 학문이 높은 사람이 결코 사회에 유익한 사람이 아니며 인격이 완성된 사람이라고 보지 않았다. 재능이 있어도 덕이 없으면 사회에 쓸모없는 사람으로 여겼다. 유가는 대부분 인(仁)과 지(智)의 합일을 중시하고 인을 그 핵심으로 삼는다. 이것은 지(智)가 인 중에서 독립적으로 명확하지 않아 지의 지성형태가 덕성의 제약을 받기 때문으로 일종의 지(智)의 사회적 효과가 덕의 양성에 있기 때문이다. "지식의 개척으로 심성의 자각을 완성하고 더불어 의지를 자유롭게 표현하고 도덕적 행위와 실천을 발전시켜야 한다"고[139] 한 것은 중국 유가지식의 기본 특징이다. 이러한 관념은 교육내용에 있어 지식, 인간행위의 가치규범이 되었다. 가치를 근본으로 지식을 지엽적인 것으로, 가치를 우선으로 지식을 그 다음으로, 도덕의 내용을 가장 중요한 것으로 삼아 비록 지식과 학문을 소홀히 하지는 않았지만 그 다음 중요한 것으로 생각했다.

육예교육은 중국 고대교육의 주요내용으로 현대 교육과정에서 분석해보면 육예는 중국의 고대학교에서 가장 기본적인 과목에 속한다. 은(殷)나라와 주(周)나라 시기의 예, 악, 사, 어, 서, 수의 육예에서 춘추 이후 『예』, 『악』, 『시』, 『서』, 『역』, 『춘추』의 육예, 오경이 발전하여 십삼경으로 발전하기까지 도덕교육의 특징은 점점 명확해졌다.

중국 고대교육의 최고 목표는 광의의 도덕적 함의에 있다. 그래서 각 학과를 배우거나 지식을 받아들일 때, 반드시 도덕적 제약을 받았다. 이미 앞서 육예 중 악이 고대의 예술 교육 또는 미육(美育)임을 살펴보았다. 고대의 사람들이 예술을 배우는 것을 중시한 것은 인격이 건전하게 발전할 수 있는 것이기 때문이었다. 공자가 '악에서 이루어지고', '문은 예악으로 이루어진다'고 하고, 순자가 '음악이 행해지면 마음이 맑아진다'고 말한 것은 모두 이를 일컫는 것이다. 그러나 악에 대한 교육 중 유가의 대표 인물은 도덕적 관점에서 항상 음악을 대하고 악을 '정성(正聲)'과 '음성(淫聲)', '세상을 다스리는 음(治世之音)'과 '나라를 망하게 하는 음(亡國之音)'으로 구분하며 교육자는 덕음(德音)으로 교화하고 '음성(淫聲)', '닉음(溺音)'을 배척하도록 하였다. 이렇게 하여 음악지식 교육에 도덕교육의 내용을 포함시켰다.

역사교육의 사례를 보면 다음과 같다. 양계초는 일찍이 "중국 고대를 알려면 역사를 제외할 수 없다. 무릇 인류 지식의 근원은 사(史)에 있다"고[140] 했다. 중국 고대의 교육가는 모두 역사교육을 중시했는데, 특히 명청 이후 왕양명, 장학성(章學誠, 1738~1801)은

139) 成中英, 『文化·倫理與管理』, 103쪽.

140) 梁啓招, 『中國歷史研究法』.

"육경은 모두 역사이다"고 말한 후, 중국 고대교육에서 사학교육이 점점 중요해졌다. 경사를 두루 아는 것은 유자들이 반드시 갖추어야 할 학술 수양이었다. 그러나 주목할 만한 것은 역대교육가는 교육을 받는 사람들에게 역사 지식을 전수한 것이 아니라 역사지식교육의 도덕적 의의를 중시하였다. 사마천(司馬遷, B.C. 145~B.C. 86)은 『춘추』를 짓는 의도를 "공자는 '나는 이것을 추상적인 말로 적으려고 했으나, 구체적인 사적(事蹟)으로 표현하는 쪽이 더 절실하고 명백하다'고 했다. 『춘추』는 위로는 삼왕(三王; 夏, 殷, 周) 3대 성왕의 도를 분명히 하고, 아래로는 인사(人事)의 기강을 변론하여 의심이 나는 곳을 풀고 시비를 밝히며, 망설여 아직 결정하지 못한 것을 결정하여 선(善)을 선이라 하고, 악(惡)을 악이라 하며, 현(賢)을 현이라 하여 불초(不肖)를 천하게 만들며, 망해서는 안 될 나라가 망한 것을 다시 일으키고, 끊어져서는 안 될 집안이 끊어진 것을 다시 잇게 하며, 바른 것이면서 없어진 것을 보완하여 일으켰으니, 이는 왕도의 큰 것이라 할 것입니다"고[141] 하였다. 사마천은 『사기』를 24사(史), 사마광의 『자치통감(自治通監)』, 주희의 『자치통감강목(自治通監綱目)』, 왕부지의 『독통감론(讀通監論)』, 고염무(顧炎武, 1613~1682), 의 『천하군국리병서(天下郡國利病書)』, 장학성의 『문사통의(文史通義)』를 가장 중시했고, 『춘추』의 "선(善)을 선이라 하고 악(惡)을 악이라 하며, 현(賢)을 현이라 하여 불초(不肖)를 천하게 만든다"는 가치관의 영향을 받아 도덕판단과 역사판단의 상호관계 원칙에 따라 도덕지식을 역사지식에 적용시켰다. 황종희는 "배움에 있어 반드시 경술을 근본으로 해야 어긋나지 않게 된다. 사적(史籍)으로 증거를 밝힌 후, 임무를 충실히 해야 한다"고[142] 하였다. 장학성은 "절동학(浙東學)도 성명(性命)을 말하면 반드시 사(史)에서 연구한다"고[143] 하여 역사의식과 도덕의식을 밀접하게 결합시켰다.

언어문자, 생활기본지식을 가르치는 것이 주요한 목적인 몽학교재 예를 들면 『삼자경(三字經)』, 『유림수지(幼林須知)』, 『천자문(千字文)』, 『명물몽구(名物蒙求)』 등은 모두 지식교육과 덕육의 유기적 결합을 중시했다. 예를 들면, 『삼자경』은 봉건윤리도덕 교육의 강령 즉 삼강이란 군신간의 의(義), 부자간의 친(親), 부부간의 순(順)이다. … 인(仁), 의(義), 예(禮), 지(智), 신(信)을 오상으로 질서가 있는 것"을 제시했을 뿐만 아니라 책의 내용이 매우 논리적으로 결합되어 있다.

중국 고대교육을 종적인 면에서 살펴보면, '뜻은 도에 있고', '뜻은 인에 있으며', '배움이라는 것은 도에서 이루어진다'는 사상 아래 지식의 학습 또는 교육이 두 번째에 놓여 교학은 단지 지식을 전달하는 것이 아니라 기질(氣質)을 변화시켜 인격을 도야시키는

141) 司馬遷, 『史記·太史公自序』.
142) 『明儒學案』.
143) 『文史通義』.

것이었다. 이러한 윤리의식을 심어주는 교육방식은 전통적 재능교육을 제한하였다. 지식을 추구하거나 순수지성을 추구하기 위한 태도는 일상생활에서의 인륜을 벗어나 단순히 지식을 전수하는 교육방법으로 역대 교육가들에게 '본질을 버리고 부수적인 것을 따르는', '형기(形器)에 막는' 학문을 하도록 하였다. 주희는 "성현이 사람들을 가르칠 때는 아랫사람에게 배워 발전하고 점진적으로 순서에 맞게 가르쳤다. 이에 따르면 넓게 알고도 그것을 집약할 수 있으며 종합한 것이나 하나가 아니고, 뜻을 가볍게 보지도 않았다. 그런데 오늘날의 학자들은 이와 반대다. 고자는 환상에 빠져있고 비자는 견문에만 빠져있어, 갈팡질팡하여 돌아가야 할 바를 알지 못한다"고[144] 했다. 그는 당시 학교교육이 "본질을 버리고 부수적인 것을 좇으며, 리를 추구하고 의를 버린다", "읊고, 훈고하고, 글을 짓지 못하며 명성을 추구하고 이록을 챙긴다",[145] "덕행과 도예(道藝)가 없다"고[146] 비판했다. 지식교육에 있는 덕육교육 내용에는 긍정적인 면과 합리적인 것이 있다. 당시 역사적인 관점에서 보면 봉건교육이 봉건도덕을 지키는 사람을 배양한 것은 교육의 긍정적인 측면이며, 교육기능의 주요 요소이다. 그러나 단일한 도덕교육은 수백 년 동안 중국에서 자연과학과 기술의 발전을 낙후하게 하는 원인 중 하나가 되었다. '쓸모없는 지식' 심지어 지식은 덕성함양을 방해하는 것으로 배척해야한다고 생각하여 중국 고대 특히 송명 이후의 교육에 심각한 폐단이 되었다.

(5) 도덕교육의 가장 중요한 방법: 교사의 모범

교사는 인류사회가 축적한 문화지식, 사상, 행위규범을 다음 세대에게 전수하고, 그들 세대의 사업을 다음 세대들이 계승하도록 하여 사회가 지속적으로 발전할 수 있도록 해야 한다. 교육과정에 있어 교사의 주요 역할은 교육내용을 선택하고, 교육사상의 방향을 결정하는 것이다. 레닌(Lenin, 1870~1924)은 일찍이 "어떠한 학교에서든 가장 중요한 것은 교육과정의 사상정치 방향이다. 이러한 방향은 무엇에 의해 결정되는가? 전적으로 가르치는 사람에 의해 결정된다"고[147] 하였다. 이것은 중국의 전통교육 중 확고부동한 것이다.

중국의 역대통치자들은 교육의 정치방향을 결정하는데 있어 교사의 작용을 매우 중시하였다. 따라서 관학의 교사는 엄격한 과정을 통해 선발되고 교육내용도 엄선하여 편찬하였다. 사학뿐만 아니라 관학에서도 교사를 구속할 수 있는 방법을 생각하고, 이것으로

144) 『朱文公文集』 卷五十三, 『答沈有開』.
145) 『鎭江府學記』.
146) 『學校貢學私議』.
147) 『列寧全集』 第15卷, 438쪽.

교육의 내용이 통치계급의 이익과 요구에 부합하도록 하였다.

고대 교육자들이 도덕교육에 있어 교사에게 제시한 요구는 주로 두 가지 측면에서 살펴볼 수 있다. 첫째 도를 전하는 것이다(傳道). 둘째 교사로서 모범을 보이는 것이다. 여기서 도를 전하는 목적, 교사로서 모범이 되는 수단으로 교육의 영향을 강화하였다.

순자는 교사는 예의 화신이라고 생각했다. 따라서 교사의 주요 직책은 "예를 바로 잡는 것이다", "예란 몸을 바르게 하는 것이다. 교사는 예를 바로 잡는 사람이다. … 예가 정한 대로 행해진다면 바로 정서가 예 쪽으로 안정될 것이다. 스승이 이르는 말 그대로 전해진다면 지혜가 스승과 똑같아질 것이다. 정서가 예 쪽으로 안정되고 지혜가 스승과 똑같아지면 바로 이러한 사람이 성인이다"고 하였다.[148) 『학기』에서도 "암기하고 듣는 배움은 스승이 되기 충분하지 않다", "군자는 (스승은) 배움의 쉽고 어려움을 알고 이에 따른 교육방법을 알며, 그에 따라 학생을 계발할 줄 알고 학생을 다양한 방법으로 계발할 수 있을 때 능히 교사라 할 수 있다고 했다. 교사는 그러한 후 한 지역의 리더가 될 수 있으며, 한 지역의 리더가 된 후 한 국가의 임금이 될 수 있는 것이다. 따라서 교사가 가르치는 것은 임금이 되는 것과 같이 신중한 것이다"고 하였다. 또한 "스승을 존경할 줄 안 후 도를 존경할 줄 알고 도를 존경할 줄 알아야 백성이 배움을 존경할 줄 안다"고 했다. 이것은 스승을 존경하고 도를 중시하는 관계를 설명한 것이다. 한유는 교사는 도의 화신이라고 생각하여 "도가 있는 곳에 교사가 있다"고[149) 하였다. 이것은 도가 없으면 교사가 될 수 없고, 교사가 없으면 그 도를 배울 방법이 없는 것이며, 교사를 존중하지 않는 것은 그 도를 중시하지 않는 것을 의미한다. 그는 '도를 전하는 것'을 교사의 삼대 직책 중 하나라고 생각했다. 이것은 중국 고대의 교육가들이 교사란, 교육에 있어 결정적인 작용을 하는 것으로 본 것이다.

이와 비교하여 고대 교육가의 설명이 가장 많은 것은 교사는 "다른 사람들의 모범이 되어야 한다"는 관점과 관련이 있다. 교사가 사람들의 모범이 되고 사람들에게 감화작용을 해야 한다고 생각하는 것은 도덕교육의 기능이 바로 교사에게 있음을 강조한 것이다. 그들은 교육자는 지식이 깊고 넓으며 풍부한 경험이 있어야 할 뿐만 아니라 고상한 도덕적인 품격과 인격이 있어야 함을 강조하였다.

공자는 말을 몸소 실천한 사람이다. 그는 "정(政)이란 정(正)의 뜻이다. 선생이 올바르게 이끈다면 누가 감히 올바르지 않겠는가?",[150) "그 자신이 올바르면 명령하지 않아도 행하고, 그 자신이 올바르지 않으면 비록 명령하여도 따르지 않는다",[151) "그 자신이

---

148) 『荀子·修身』.
149) 『師說』.
150) 『論語·顏淵』.

올바르지 못한데 어찌 남을 바르게 할 수 있겠는가?"고[152] 했다. 이 말은 대부분 권력자에 대한 말이다. 그러나 이것은 교사에게도 해당되는 것이다. 이러한 사상은 덕육에 있어 행동으로 가르치는 것이 말로 가르치는 것보다 중요하다는 철학적 이치를 나타낸 것이다.

동중서는 "좋은 교사란 도(道)를 잘 따르면서 그 행실에도 신실함이 있어야 한다", "교사가 된다는 것은 참으로 신중하지 않을 수 없다"고[153] 강조했는데, 여기서 교사가 된다는 것은 도덕교육과정에서의 본보기의 작용을 하는 것이다. 양웅(揚雄, B.C. 53~B.C. 18)도 "교사란, 다른 사람의 본보기이다", "배우는 것에 힘쓰는 것은 교사를 구하는 것에 힘쓰는 것만 못하다"고[154] 하였다.

주희는 대강 보는 것, 명예를 추구하는 것, 단지 과거 시문만 할 줄 아는 교사를 반대하고, 교사는 반드시 도예(道藝)를 행할 것, 꾸준히 남을 교화할 수 있는 정신을 발휘할 수 있다고 강조했다.

왕부지는 교사는 고상한 도덕적 품격, 훌륭한 품행을 갖추고 더불어 그 자신이 솔선수범해야 한다고 생각했다. 특히 그는 교사의 궁행(躬行)을 중시하였다. 그는 "가르침을 근본으로 삼고 궁행으로 그것을 다지며, 가르침에는 의가 있어야 하며 도를 바르게 하여 끊임없이 갈고 닦아야 한다"고[155] 했다.

(6) 국가에서 도덕교육을 가장 중시함

중국교육사에 있어 도덕교육을 가장 중시한 것은 국가에서 각종 정책을 펴고 장려한 것과 관련이 있는데, 이를 살펴보면 다음과 같다.

첫째, 교재의 반포이다. 현대교육 중 학교교육내용의 가장 근본이 되는 것은 교육과정 개설문제이다. 교육과정의 편성은 다양한 학교의 교육목표, 규정된 교과목 및 그 목적, 내용, 범주, 분량과 과정 등을 실현하기 위한 것이다. 교육과정의 편성은 각 교육내용의 계획을 교육에 맞도록 보다 체계화한 것으로, 사람을 배양하는 청사진과 같다. 중국의 고대 적어도 선진시기에 이미 교육과정 편성의 초기적 형태를 찾아볼 수 있다. 예를 들면 『학기』에 중국 고대에 행해졌던 1년에서 9년까지의 학습내용과 순서가 기재되어 있다. 후에 많은 시대에 걸쳐 관학에서도 비교적 체계적인 교육계획이 있었다. 관학은 정부에

---

151) 『論語·子路』.
152) 『論語·子路』.
153) 『春秋繁露·重政』.
154) 『法言·學行』.
155) 『四書訓義』 卷三十二.

서 직접 설립한 것이다. 그래서 교육과정 편성에 대해 규제가 엄격한 반면에 사학에서의 규제는 비교적 엄격하지 않았다.

국가에서는 교육내용을 규제하는 교재를 반포하였다. 교사는 정부에서 지정해준 책으로 학생들을 가르치고, 이것을 학교에서 지정교재로 삼도록 했는데, 일반적으로 통치가 비교적 엄격한 시기에는 관학뿐만 아니라 사학에서도 대부분 통치계급의 의도에 따랐다. 예를 들면 진(秦)나라 시대에는 매우 강력한 정책으로 인해 교육내용이 통일되었다. 당시 '협서령(挾書令)의 공포', '사학의 금지, 관리를 스승으로 삼도록 하는' 조치가 있었다. 한무제(漢武帝, B.C. 142~B.C. 87)시기부터 '유가의 학술만을 숭상하자는 독존유술(獨尊儒術)'의 정책 이후 선진 유가학파들이 사용한 교재는 『시』, 『서』, 『예』, 『역』, 『춘추』 등을 경전으로 숭상했다. 당시 이것은 관학에서 필독서였으며 사회적으로 널리 보급했다. 한대는 경학을 치국의 방침으로 삼아 오경박사를 설치하였다. 그래서 교육을 받는 사람들은 경전을 읽고 연구해야 관직에 나갈 수 있었다. 또한 한대에는 '효로서 나라를 다스리자'고 제창하여 오경 외에 『논어』, 『효경』을 더해 '칠경(七經)'이라 불렀다. 동한 때, 『백호통의(白虎通義)』의 저술은 경학의 모범답안과 관계있는 것으로 봉건적인 삼강, 육기(六紀)의 법전화였다. 이때 이후 거의 모든 시대에 교재를 심의하는데 힘썼으며, 사상이 통일되었다. 통치자들은 자신의 이익에서 출발하여 자신이 장기간 편안하게 통치하기 위해 봉건윤리강상을 교재의 가장 중요한 내용이 되도록 하였다.

당대(唐代)에는 『역』, 『시』, 『서』, 『의례(儀禮)』, 『주례(周禮)』, 『예기(禮記)』, 『좌전(左傳)』, 『공양전(公羊傳)』, 『곡량전(谷梁傳)』을 합쳐 '구경'이라고 했다. 더불어 구경으로 사(士)를 뽑도록 명백히 규정하였다. 당 문종(文宗) 태화(太和)년간에 다시 『논어』, 『효경』, 『이아(爾雅)』를 합쳐 '십이경'이 되었다. 송대에 또 『맹자』를 더해 '십삼경'이 되었다. 주희는 『예기』 중 『대학』, 『중용』을 취하고 『논어』, 『맹자』를 더해 '사서'라고 불렀다. 이때부터 중국 고대의 교재는 기본적으로 청말까지 정형화되었다.

둘째, 찰거(察擧)와 과거이다. 이것은 봉건통치자가 인재를 선발하는 두 가지 방법으로 봉건교육이 발전하도록 이끌었다. 사회는 인재의 가치 방향에 대해 많은 면에서 교육내용을 결정하였다. 봉건통치자는 찰거와 과거 등의 수단을 통해 사람들에게 봉건윤리도덕을 배우도록 하였다.

이러한 찰거로 사를 뽑는 제도는 한대에 성행하였다. 그 주요과목은 효렴(孝廉), 무재(茂材), 현량방정(賢良方正), 문학(文學), 명경(明經), 명법(明法) 등이다. 찰거는 비록 덕재(德才)를 겸비한 사를 뽑는 것이지만 실제로 덕을 중시하고 재는 경시하였다. 전한 시대에 나온 효렴은 시험을 보지 않고 관직을 부여하는 제도이다. 후에 점점 시험이 추가되면서 찰거를 한 후, 각급 정부에서 시험을 보았다. 시험의 내용은 치국방침 외에 오경과 같은 권위 있는 교재의 내용이었다. 이것은 자연히 관학과 사학의 교육과정 편성에 영향을 주었다. 학교는 윤리지식의 전수, 도덕품성의 양성을 가장 중요한 내용으로 삼았다.

수당 이후 구품중정제(九品中正制)가 폐지된 후, 과거제도가 생겼는데, 이는 인재를 선발하는 주요 방법이 되어 청말까지 약 1300여 년 동안 지속되었다. 과거제도는 학교교육의 목표와 내용에 많은 영향을 미쳤다. 과거제도의 시행 이후, 학교의 교육목표는 과거를 준비하는 것이 되었고, 과거시험의 내용이 학교교육의 내용이 되었다. 예를 들어 당대의 과거는 구경으로 시험을 보았다. 따라서 국자학(國子學), 태학(太學)과 사문학(四門學)의 교육계획은 과거시험 과목인 구경에 의해 사를 뽑는 요구에 맞게 계획되었다. 경서를 대, 중, 소 세 부류로 나누어 반드시 대경, 소경 각각 하나 또는 중경을 통과하고, 대·중·소경 중 각각 삼경을 통과하고 오경을 통과하려면 반드시 대경도 통과해야 했다. 그리고 『효경』, 『논어』는 공동 필수 과목이었다. 당시 봉건윤리사상의 경서를 전파하는 것을 교육의 주요내용으로 하고 교육과정 중 도덕교육을 가장 중요하게 생각했다.

4. 중국 고대 윤리사상의 기본 범주

중국의 고대 사상사 중 도덕문제는 사상가들이 연구하는 중요한 주제였다. 중국 고대 교육철학 범주 체계에서 가장 많이 그리고 중요하게 연구하는 것은 윤리와 도덕교육에 관한 범주문제였다.

선진시대의 유가, 묵가, 도가, 법가의 대표인물들은 많은 윤리 범주를 제시하였다. 예를 들면 도와 덕, 정(情)과 욕(欲), 의(義)와 리(利), 겸(兼)과 달(達), 지(志)와 공(功), 역(力)과 명(命), 지(知)와 행(行), 성(性)과 습(習), 성(聖)과 지(智) 등은 각 학파들이 창조한 범주와 덕목이다. 특히 유가학파의 대표 인물인 공자, 맹자, 순자는 체계적인 도덕범주와 덕목을 제시하여 후세대에게 큰 영향을 주었다. 예를 들면 공자는 '인'을 최고의 도덕범주로 충(忠), 서(恕), 의(義), 효(孝), 제(悌), 용(勇), 공(恭), 관(寬), 민(敏), 혜(惠), 중용(中庸), 광견(狂狷) 등을 통솔하고 더불어 자신을 다스려 백성을 편안하게 하는 가치를 최고 준칙으로 삼아 사람들의 도덕실천을 판단하였다. 맹자는 '인'과 '의'를 도덕의 중요한 원칙으로 삼고 '효제충신', '인의예지'를 도덕의 중요한 항목으로 삼았다. 더불어 오륜을 제시하고 초보적으로나마 성(誠)의 문제를 탐구하여 도덕 자율주의를 내세웠다. 순자는 특히 '예'를 중시했다. 그는 예를 '도덕의 경지'로 생각했으며, 동시에 도의(道義)와 사욕(私

欲), 성신(誠信)과 세사(勢詐), 의리(義理)와 정욕(情欲), 영(榮)과 욕(辱) 등을 깊이 연구하고 공자, 맹자가 제시한 도덕범주와 덕목을 비판적으로 종합하였다. 기타 학파도 많은 도덕 범주를 제시했다. 예를 들면 묵자는 '겸애(兼愛)'를 최고 범주로 여기고, 인의를 제시했으며, 더불어 의리를 중시하고 지공(志功)의 합일을 중시했다. 그는 겸애를 이용하여 혜(惠), 충(忠), 효(孝), 제(悌), 절약 등의 덕목을 통솔하였다. 노자와 장자는 도를 본체로 도와 덕을 함께 제시하였으며, 무욕(無欲)을 도덕으로 생각하여 '소사과욕(少私寡欲)', '귀진반박(歸眞返朴)'을 주장하고 종법사회의 도덕규범을 맹렬하게 비판하였다. 동시에 도덕범주로써 효자(孝慈), 검(儉), 유(柔), 지족(知足), 불쟁(不爭), 불감위천하선(不敢爲天下先), 소(素), 박(朴), 진(眞), 무정(無情), 무기(無己), 무공(無功), 무명(無名), 천방(天放) 등을 제시하였다. 관자(管子)는 '공(公)' 및 '예의염치(禮義廉恥)' 사유(四維)의 설을 제시하고, 한비자(韓非子)는 자용(慈勇), 공사(公私), 충효(忠孝)에 대해 새롭게 해석했는데, 이는 모두 선진도덕철학 범주체계를 풍부하게 하였다.

한대 사상가는 주로 선진의 도덕 범주 즉 효, 충을 중시하였다. 사마천, 반고(班固, 32~92) 등은 역사 저작 중 기본적으로 유가에서 제시한 덕목을 받아들이고, 나아가 동중서는 의리문제를 해석하고 삼강오상설을 상세히 논하였다. 한대에도 도덕범주가 발전했는데, 예를 들면 사마천은 '임협(任俠)'의 품덕을 높이 평가하고 왕충(王充, 27~97 추정)은 명의(命義)문제에 대해 깊이 탐구했는데, 모두 한대 사람들의 도덕학설이 자신의 독창적인 것에 있음을 밝힌 것이다.

위진남북조시대에는 자연과 명교(名教)에 대한 변론이 있었다. 당대의 한유는 '원도(原道)'의 설을, 이고(李翱, 772~841)는 '복성(復性)'을 논하였다. 또한 불교에서 제시한 일련의 새로운 덕목과 범주, 유·도·불교에서 도덕문제간의 학술적 논쟁이 있었다. 이러한 것은 중국의 도덕철학, 도덕교육의 내용을 풍부하게 했을 뿐만 아니라 새로운 길을 열어주었다. 송명시대의 신유가는 이러한 문화적 배경에서 등장하였다. 그들은 선진유가에서 제시한 도덕범주에 대해 창조적으로 해석하고 동시에 도교, 불교 등의 도덕철학 중 가치있는 것을 받아들여 유가의 도덕사상체계를 새롭게 세웠다. 예를 들면 주돈이(周敦頤, 1017~1073)는 '태극(太極)', '성(誠)'에 대해 탐구하고, 장재, 이정은 '덕성지지(德性之知)'와 '문견지지(聞見之知)', '천명지성(天命之性)'과 '기질지성(氣質之性)'을 분석하였다. 이정, 주희, 육구연, 왕양명 등은 '천리(天理)'와 '인욕(人欲)', 의(義)와 리(利), 도심(道心)과 인심(人心), 도의(道義)와 공리(公利), 공(公)과 사(私)에 대해 육구연 왕양명은 양지(良知), 지행합일(知行合一) 등의 범주 혹은 명제에 대해 심도있게 설명하였다. 또한 그들은 내성외왕(內聖外王), 공안악처(孔顔樂處) 등 도덕경지를 숭배하고 추구하였다. 이들은 선진유가의 도덕학설을 부활시켰을 뿐만 아니라 불교도덕철학의 도전을 창조적으로 대응하고 동시에 교육자들을 위해 '안신입명지도(安身立命之道)'를 드러냈다. 송명 신유가들은 선진유가들이 내세운 '위기지학(爲己之學)'을 힘써 알리고 도덕교육과 도덕수양 문제에 대해 체계적으로 연구하였다. 예를 들면 이와 관련하여 정단몽(程端蒙, 1143~1191)의 『성리자훈(性理字訓)』, 진순(陳諄, 1159~1223)의 『북계자의(北溪字義)』, 황종희의 『명유학안(明儒學案)』 및 전조망(全祖望, 1704~1755)과 함께 지은 『송원학안(宋元學案)』, 대진의 『맹자자의소증(孟子字義疏證)』 등의 저작이 있다. 지금까지 중국 고대의 도덕 및 도덕교육과 관련된 범주, 덕목에 대해 알아보았다. 다음은 중국 고대윤리관의 기본 범주를 간략히 설명하고, 이러한 범주와 도덕교육의 내재적 관계를 살펴보고자 한다.

(1) 도(道)와 덕(德)

도와 덕의 관계에 대해 연구하는 것은 중국의 고대 윤리사상사에 있어 기본 연구주제이다. 도덕이라는 두 글자는 은(殷), 주(周), 춘추시대에 있었던 개념으로 도는 반드시 따라야 하는 행위 원칙 또는 규율이고, 덕은 원칙을 실행함에 있어 얻게 되는 것으로 즉 도의 실제 체현인 것이다. 도는 본래 의의(意義) 개념이고, 덕은 좋은 행위규범의 총칭이다.

'도'가 최초로 출현한 것은 춘추시기이다. 자산(子産, B.C. 580~B.C. 522)이 "천도(天道)는 멀고 인도(人道)는 가까우니 천도는 인도에 미칠 바가 아니다"고[156] 제시하였다. 이른바 천도는 천체 운행의 규율을 가리키고, 인도는 사람됨의 최고 준칙을 가리킨다. 유가에서 말하는 '도'는 대개 윤리와 정치의 규범 혹은 원칙을 가리키며, 인도를 중시한다. 『논어』, 『맹자』, 『순자』에서는 '도'를 중요한 규범체계 또는 가치체계로 본다. 공, 맹, 순은 '응연(應然)'의 도를 중시하고 『중용』에서는 "천명(天命)을 성(性)이라 하고, 성을 따르는 것을 도라 하며, 도를 닦는 것을 교라고 한다"고 했다. 또 "성은 하늘의 도요, 성해지려는 것은 사람의 도이다"고 하여 천도와 인도의 관계를 연구하고 도에 대한 본체론적 사고를 했다. 도가는 도에 대한 본체론을 연구했다. 대개 '실연(實然)'의 의(義)에서 도를 말하는데, 실제 자연의 도를 인도의 '응연(應然)'의 규범으로 생각했다. 노자는 "만물이 혼돈의 상태일 때는 천지보다 먼저 있어 적막하고 조용하네. 독립적으로 존재하고 영원히 변하지 않으며 널리 운행함에 지치지 않아 천지만물의 어머니라고 할 수 있다. 내가 그의 이름을 알지 못하여 도라고 한다"고[157] 했다. 장자는 노자의 사상을 발전시켜

156) 『左傳·昭公十八年』.
157) 『老子·二十五章』.

도는 우주의 근본이라고 주장하였다. 도는 스스로 근본이어서 그 어떤 것보다 위에 있다. "도는 사실 작용도 있고 믿을 수 있는 증거가 있으나 작위도 없고 형체도 없으며, 마음으로 전할 수는 있으나 말로 전달받을 수는 없고 마음속으로 터득할 수는 있지만 눈으로 볼 수는 없으며, 스스로 근본이어서 천지가 있기 전 예부터 이미 존재했고 귀신과 상제를 신비롭게 했고 천지를 생성했다"고[158] 했다. 동중서는[159] "무릇 도의 근원은 천(天)에서 나온 것으로 천이 변하지 않으면 도 역시 불변한다"고[160] 했다. 그가 말한 도는 봉건윤리 강상이다. 왕충은 이러한 관점을 반대하고 천은 목적적 의지가 없는 것이라고 생각하여 '천도무위(天道無爲)'를 강조하였다. 주희는 리를 도라고 생각했다. 그는 "리(理)라는 것은 형이상의 도이고, 만물이 생성하는 근본이다"고[161] 했다. 종합적으로 말하자면 도라는 개념에 대해 천도와 인도가 있고, 의지가 있는 것과 의지가 없는 것이 있으며, 변화하는 것과 변화하지 않는 것 등 서로 다른 관점의 논쟁이 있었다.

'덕'의 개념은 은(殷), 주(周)에서 기원하여 춘추전국시대 유가, 도가, 묵가, 법가에서 이 개념을 계승하여 새롭게 해석하였다. 자의적인 의미에서 보면 '덕'은 바로 '득(得)'으로 허신(許愼, 30~124)의 『설문해자(說文解字)』에서는 '덕'을 내부적으로는 자신에게서, 외부적으로는 다른 사람으로부터 얻어지는 것이라고 하였다. 『석명(釋名)·석언어(釋言語)』에서는 "덕이란, 득이다. 득은 마땅히 해야 되는 것이다"고 했다. 도와 비교하여 덕은 내심의 도덕경지에 치중되어 있다. 공자는 "충성과 신의를 위주로 하고 의로움으로 실천하는 것이 덕을 숭상하는 것이다",[162] "덕을 닦지 못하는 것, 배움을 익히지 못하는 것, 의로움을 듣고도 실천하지 못하는 것, 선하지 못한 것을 고치지 못하는 것이 바로 나의 걱정이다"고[163] 했다. 맹자는 "동용(動容)하고 주선(周旋)함이 예에 맞는 것은 성덕(盛德)이 지극한 것이다"고[164] 했다. 도가는 유가의 학설을 반대하고 "상덕(上德)은 덕을 베푼다는 의식이 없어 덕이 되고 하덕(下德)은 덕을 베푼다는 의식이 있어 덕이 없어진다"고[165] 하여 청정무위(淸靜無爲), 담박자약(澹泊, 욕심이 없고 마음이 깨끗함; 自若, 침착함), 불유의가(不有意苛) 덕행을 추구하는 인재가 진정으로 덕이 있다고 생각했다. 춘추전국시

---

158) 『莊子·大宗師』.

159) 동중서는 공자와 맹자의 유가의 도사상을 계승하고 음양, 형명(刑名) 사상을 바탕으로 천인감응을 핵심내용으로 하는 도론을 세운 것으로 유명하다. 그는 인간을 소우주로 파악하고 오행은 인체의 오장에 해당한다고 보았으며 천지 만물이 모두 음양오행의 원리에 따른다고 보았다.

160) 『擧賢良對策三』.

161) 『容黃道夫』.

162) 『論語·顔淵』.

163) 『論語·述而』.

164) 『孟子·盡心下』.

165) 『老子·三十八章』.

기 '덕'이라는 개념은 한때 현대어로 도덕이라는 것으로 해석했다. 예를 들면『역(易)·건(乾)·문언(文言)』에 "군자는 덕의 완성을 위해 노력하고 대업의 성취를 위해 연마한다"고 하고,『좌전(左傳)·희공5년(僖公五年)』에 "귀신은 친한 사람이 없고 오직 덕에 따른다"고 하였다.

춘추시기부터 사람들은 도와 덕의 관계를 고려하기 시작하여 전국시기에 이르러 장자와 순자는 이 도와 덕의 개념을 하나의 범주로 결합시켜 '도덕'이라고 하였다. 공자는 "뜻은 도에 있고 덕에 의한다"고 했는데, 여기서 도는 이상적인 인격 혹은 사회의 이상적인 경관을 가리킨다. '덕'은 입신의 근거와 행위의 준칙을 가리킨다. 맹자도 "덕을 높이고 도를 중시하였다"고 주장하였다.『주역(周易)·설괘전(說卦傳)』에 "도덕에 화순(和順)하고 의에 입각하여 일을 처리하며 사물의 이치를 구명함과 동시에 인성을 꿰뚫어 알아 하늘이 부여한 수명을 누릴 수 있기에 이른 것이다"고 했다.『순자(荀子)·권학(勸學)』에서는 "학문은 예에 이르러서 그치는 것이다. 무릇 이것을 일러 도덕의 극치라고 말한다"고 하고,『순자(荀子)·강국(强國)』에 "위엄에는 세 가지가 있다. 도덕에 의한 위엄이라는 것이 있고, 엄격히 통제하는 위엄이라는 것이 있으며, 상식을 벗어난 위엄이라는 것이 있다"고 했다.『장자(莊子)·천도(天道)』에 "고요함으로 안정(安靜)을 지키고 그윽한 적막에 있으며 작위(作爲)가 없는 것이야말로 천지자연의 기준이며 도덕의 본질이다"고 했다. 도가에서 말하는 도덕은 유가에서 말하는 도덕의 의미와 차이가 있다. 즉 형이상학의 도, 만물에 있는 것, 인생 가운데 작용하는 것을 덕이라고 지칭하였다. 그러나 도덕을 최고의 윤리범주로 사용한 것은 도가와 유가 모두 공통적이다.

중국 고대에 '도덕'은 비록 하나의 명사로 결합되었지만 여전히 두 개의 의미를 내포하고 있다. 즉 하나는 행위의 준칙을 가리키며, 다른 하나는 실제행위의 체현을 가리킨다. 도덕적 인간이란 순리에 따라야 하는 행위의 준칙을 이해할 뿐만 아니라 생활 속에서 자각적으로 이러한 행위준칙에 따라 지식을 행위로써 완성하고 행동을 앎으로 살피는 것이며, 도를 따라 행하고 그것을 널리 배우고 깊게 탐구하며 신실하게 생각하고 명석하게 분별하며 돈독하게 행하는 것으로 반드시 이 두 가지를 갖춘 사람을 말한다. 지행합일은 개인이 사회에서 도덕적 실천을 하는 것으로 그 목적은 인간관계를 조화롭게 하는 것이다.

도덕이라는 범주는 각각 다른 시대에 다른 의미를 내포할 뿐만 아니라 학파간에도 다르게 이해하여 서로 다른 작용을 하였다. 예를 들면 공맹은 인의를 도덕이라고 생각하고, 노장은 인의의 상대성을 제시했으며 "도덕이 없어지지 않는다면 어찌 인의를 택하겠는가?",[166] "대도(大道)가 없어지니 인의(仁義)가 생겨났다"고[167] 하여 진실로 소박한 것으로 돌아가는 것이 도덕에 부합한 것이라고 생각했다. 또 다른 예를 들면 이정은 "인욕(人慾)을 줄이고 천리(天理)로 돌아가는 것"168)이 도덕이라고 생각했으며, 대진은 "도덕이 성행하면 사람들이 하고자 하는 바 성취되지 않는 바가 없으며, 사람들의 본성(情)이 도달하지 않는 곳이 없다"고169) 했다. 더불어 "이욕(理慾)의 논쟁은 마치 잔인한 도구와 같다"고 까지170) 했다. 유가학파들이 도덕학설을 주요한 위치에 놓은 후, 덕을 중시하고 도덕을 의(義)와 덕치의 이상으로 강조했으며, 공맹 이후 인의관념은 도덕의 최고 규범원리가 되어 내성(內聖)은 외왕(外王)을 실현하는 필수조건이고 삼강, 오륜은 인간간의 정상적인 관계를 유지하는 유대체가 되었다. 이러한 범도덕주의 전통은 서학의 충격 후에 비로소 급변하게 되었다.

'도'와 '덕'의 합체는 천도와 인도를 하나로 한 우주 윤리의 형태를 체현한 것이다. 도덕을 반드시 준수해야 하는 이유는 이러한 요구가 '천명'을 거역하지 않는 데서 나왔기 때문이다. 『정씨유서(程氏遺書)』에 "부자군신(父子君臣)은 천하의 정해진 리로 천지간에 벗어날 수 없다"고171) 했다. 이러한 사유논리는 도덕교육에서 학생들이 자각적으로 하는 것을 중시하고 마음대로 선택하는 것을 중시하지 않은 것이며, 필연을 강조하고 자유를 중시하지 않은 것이다. 공자철학의 최고원리는 '천명'으로 그는 '천명을 알고(知天命)', '천명에 순응하도록(順天命)'하였다. 그러한 후에야 비로소 "마음의 욕심이 정도를 넘지 않는 것이다"고 하였다. '천명'은 사람들이 반드시 선을 추구해야 하고 어떻게 선을 추구하는지를 가르쳐주는 것이며, 사람들의 임무는 이러한 점을 인식하고 더불어 이를 행하려고 노력하는 것이다. 맹자는 자각적인 원칙을 강조했는데, 그는 선성(善性)은 이미 본심에 있는 것으로 사람들의 임무는 바로 이것을 인식하고 자각적으로 실행하는 것이다. 만약 이렇게 하지 않는다면 사람다운 사람이라고 할 수 없다. 바로 이러한 인식을 토대로 유가에서 말하는 의지라는 것은 이성에 순응해야 하는 것으로 필요할 때 반드시 몸을 버리고 인을 이루며, 생을 버리고 의를 취하는 것이라고 생각하여, 인과 의는 이성적 요구이면서 최고의 인식이라고 생각했다. 역사에 있어 이것은 비교적 긍정적인 영향을 주었지만 사회윤리도덕을 천하의 정해진 리(理)로 반드시 실행해야 하는 것으로 생각하

166) 『莊子·馬蹄』.
167) 『老子·十八章』.
168) 『程氏易傳·損卦』.
169) 『孟子字義疎證』 卷下.
170) 『孟子字義疎證』 卷下.
171) 『程氏遺書』 卷五.

도록 하는 숙명론에 빠져들게 하였다. 도덕교육에 있어 이러한 사상은 종종 주입식 교육으로 나타났다.

(2) 의(義)와 리(利)

의리문제 및 이와 관련된 '이욕(利慾)', '공사(公私)', '도심(道心)'과 '인심(人心)' 등의 문제는 모두 중국 윤리사상사에서 격렬한 쟁론이 있었던 중요한 문제이다. 이러한 문제는 도덕가치와 물질이익, 사회단체의 이익과 개인의 이익, 인생의 가치 취향 등의 내용을 포함한 것으로 도덕교육에서 중요한 문제이며, 교육을 받는 사람이 덕에 들어가는 최초의 법문이다. 특히 사회위기, 문화위기, 민족위기 및 교육위기에서 유가 학파의 대표 인물들은 종종 의리문제를 강조하였다. 이들은 자각적으로 도덕가치, 도덕이성을 인생의 최고 목표로 삼고 개인의 도덕실천이 사회의 전체 이익, 장기적인 안목에서의 이익과 일치하도록 했다. 또한 인격의 독립과 존엄을 유지하고 도덕가치를 실현하기 위해 심지어 생명을 희생하는 것도 아까워하지 않고 '덕을 세우는 것(立德)'을 쇄하지 않는 사업으로 생각했는데, 이는 역대 교육가들이 의리를 중시했기 때문이다.

공자는 도덕가치, 도덕이상을 높이 평가하고 '의(義)'를 입신의 근본으로 생각했다. 또한 그는 "군자는 의를 최고로 간주했다"는[172] 것을 강조하고 "군자가 출사하는 것은 의로움을 실천하는 것이다"고[173] 하였다. 교육을 받는 사람은 '득(得)을 보면 의를 생각하고',[174] '리를 보면 의를 생각하고'[175] 의를 인생의 가치 방향으로 생각하여 의에 부합한 것은 행하고 의에 부합하지 않는 것은 행하지 않는 것이라고 생각하여 도덕의 자각성을 체현하였다. '의'는 특수한 도덕규범이 아니라 당연한 준칙을 가리킨다. 공자의 '도덕자주'의 원칙 아래 도덕철학은 생명철학에 융합되어 이른바 "군자는 의를 바탕으로 삼고",[176] "뜻있는 선비와 인한 사람은 삶을 추구하기 위해 인을 해치는 일은 없고 자신을 죽여서라도 인을 이룬다",[177] "의롭지 않으면서 부귀해지는 것은 나에게는 뜬 구름과 같다"고[178] 했다. 그는 의와 리를 초보적으로 나마 대립하는 것으로 보기 시작했는데, "군자는 의에 밝고 소인은 리에 밝다"고[179] 했다. 그러나 그는 "리를 보면 의를 생각하

172) 『論語·陽貨』.
173) 『論語·微子』.
174) 『論語·季氏』.
175) 『論語·憲問』.
176) 『論語·尉靈公』.
177) 『論語·尉靈公』.
178) 『論語·述而』.
179) 『論語·里仁』.

라"고 했듯이 결코 리를 반대하지 않았다. 더불어 "백성이 이롭다고 여기는 것을 근거로 하여 그들을 이롭게 해준다"고[180] 했듯이 귀중한 것으로 제시하기도 했다. 묵가는 의를 매우 중시했다. 그러나 의와 리를 대립적으로 보지 않고 '만민의 리'는 바로 의라고 보아 의와 리를 통일적인 것으로 생각했다. 묵가가 말한 리는 공리(公利)이고 유가가 말한 리는 사리(私利)이기 때문에 두 파의 의리관은 내용상 명확히 다르다. 도가는 의를 중시하지 않고 리도 중시하지 않았다. 그러나 사람들을 인도하는데 의리의 속박에서 초월할 것을 요구하고, 정신적 자유의 소요경지를 추구하였다. "내가 욕심을 내지 않으니 백성들이 저절로 순박해진다",[181] "죄는 욕심내는 것보다 더 큰 것이 없고 재앙은 만족할 줄 모르는 데서 비롯되며 허물을 얻으려는 것보다 큰 것이 없다"고[182] 했다. 한 개인이 만약 물질적 이익과 도덕 가치를 추구한다는 것을 안다면 이것은 모두 '유위(有爲)'의 표현으로 초탈과 자유로울 수 없다.

전국시대 이후 '의리의 논쟁'은 계속 심화되었다. 맹자, 순자는 기본적으로 공자의 '의리관'을 계승하여 연구하고 의를 숭상하고 도를 존중하는 관점을 취했다. 맹자는 "의는 사람이 가야 하는 바른 길"임을 제시하고 의를 행위의 기준으로 삼아 "대인이란, 말을 반드시 믿게 하지 않으며 행실은 과단성 있게 하지 않고 오직 의가 있는 데로 하는 것이다"고[183] 했다. 그는 의를 인간과 짐승을 구별하는 기본 특징으로 생각했다. 만약 인간이 의를 버리면 이욕의 충동으로 자신을 지배하고 사회적 책임감을 잃게 되어 타락으로 빠져 짐승이 되는 것이다. 순자는 사람은 리를 완전히 버리고 리만 취할 수 없다고 생각하여, "의와 리는 사람이 둘 다 가지고 있는 것이다"고[184] 했다. 그러나 반드시 의를 중심으로 의를 먼저 하고 리를 취하며 의로써 리를 제어하도록 했다. 그는 "의가 리를 이길 경우에는 치세(治世)가 되고, 리가 의를 이기면 난세(亂世)가 된다"고[185] 했다. 한비(韓非)는 공리(功利)를 중시했다. 그는 사람과 사람 사이는 첫째가 이해관계로 리가 있어야 비로소 의를 행한다고 생각했다. 정직한 방법으로 리를 얻는다면 신하들이 성심껏 군주를 섬긴다. 그래서 "뛰어난 군주는 상(賞)을 분명히 밝혀 이익을 제시함으로써 격려하고 백성에게 공적을 돌려 상을 받게 하며, 인의로써 베풀지 않는다"고[186] 했다.

180) 『論語·堯曰』.
181) 『老子』 第五十七章.
182) 『老子』 第四十六章.
183) 『孟子·離婁上』.
184) 『荀子·大略』.
185) 『荀子·大略』.
186) 『韓非子·奸劫弑臣』.

한당 이후의 유가들은 대부분 공, 맹, 순은 의를 숭상하고 리를 경시하는 심지어 의를 취하고 리를 버리는 것으로 해석했다. 동중서는 리보다 의를 중시할 것을 주장하고 "의(義)를 바로잡을 뿐 리를 꾀하지 않고 도를 밝힐 뿐 그 공에 대해서 헤아리지 않는다"고[187] 하여, 의와 리를 대립시켰다. 정호는 "무릇 나가서는 의를 섬기고 들어와서는 리를 섬기고 나가서는 리를 섬기고 들어와서는 의를 섬겨야 한다. 천하의 일은 의와 리를 섬기는 것뿐이다",[188] "인심(人心)은 아는 것만 못하다"고[189] 했다. 주희는 "인의는 사람의 마음 고유한 것에서 근원하였으니 천리(天理)의 공(公)이요, 이심(利心)은 남과 내가 서로 나타남에서 생겼으니 인욕의 사(私)이다. 천리를 따르면 리(利)를 구하지 않아도 저절로 이롭지 않음이 없고, 인욕(人慾)을 따르면 리를 구하여도 얻지 못하고 해(害)가 따른다"고[190] 하였다. 왕양명도 "반드시 이 마음을 천리(天理)에 순수하게 하고 한 터럭의 사사로운 인욕도 남겨 두지 않도록 해야 한다. 이것이 성인이 되는 공부이다"고[191] 했다. 송명유학의 내부에서도 이러한 경향에 대해 동의하지 않았다. 예를 들면 협적(嗜適, 1150~1223)공리를 중시했는데, 리를 꾀하지 않고 도를 밝히되 그 공을 계산하지 않았으며 처음에는 세밀하게 보고 전체적으로 크게 보아야 한다. 옛 사람은 사람을 대할 때 거함에 그 공을 헤아리지 않았으며 도의(道義)에 밝았다. 지금은 공리도 없고 도의도 무용지물일 뿐이라고[192] 했다. 안원은 공리에서 출발했으며 동중서가 "의(義)를 바로잡을 뿐 리를 꾀하지 않고 도를 밝힐 뿐 그 공에 대해서 헤아리지 않는다"는 것을 "의를 바로잡고 리를 꾀하며 도를 밝히고 그 공에 대해 헤아린다"로[193] 바꿔 도덕과 이익이 결합된 새로운 견해를 말했다.

중국의 고대 윤리사상은 줄곧 '의를 중시하고 리를 경시한 것'이 주요 경향이다. 이것은 중국의 고대 종법제도, 군주전제주의와 관련이 있다. 당시 개인은 자주독립적인 정치경제권리가 없었다. 그래서 개인의 이익은 가족, 국가의 이익에 따라야 했다.

'의를 중시하고 리를 경시하는' 가치관은 중국의 고대 교육에 크게 영향을 미쳤다. 먼저 이러한 도의론의 가치관은 이상인격을 형성하는 것을 규정하였다. 고대의 교육가는 보편적으로 '의를 중요한 것' 즉 봉건적 윤리도덕을 준수하는 것을 교육목표의 주요 내용으로 삼아 학생들이 물질의 이익과 도덕신념의 관계를 정확히 하도록 하였다. 공자는

187) 『漢書·董仲舒傳』.
188) 『河南程氏遺書』 卷十一.
189) 『河南程氏遺書』 卷十一.
190) 『四書章句集注』.
191) 『明儒學案·姚江學案』.
192) 『習學記言』.
193) 『四書正誤』 卷一.

항상 학생들에게 눈앞의 이익보다는 도덕이상을 추구하도록 가르쳤다. 그는 "속효(速效)를 보려 들지 말고 작은 이익을 추구하지 마라. 속효를 보려 들면 일이 제대로 이루어지지 않고, 작은 이익을 추구하면 큰 일을 이룩하지 못한다"고[194] 하여 원대한 이상을 가진 사람은 눈앞의 물질적 이익에 미련을 두지 않는다고 하였다. 또 "군자는 도를 추구하지 먹을 것을 추구하지 않는다", "군자는 도나 걱정하지 가난을 걱정하지 않는다"고[195] 하여 의(義)를 생각하도록 하였다. 그는 "거친 밥을 먹고 물을 마시고, 팔을 굽혀 베개 삼고 있어도 즐거움은 그 가운데 있다"고[196] 했다. 그는 "한 그릇 밥을 먹고 한 쪽박 물을 마시며 누추한 걸에 산다면, 남들은 그 괴로움을 감당치 못할 터인데, 회는 그의 즐거움이 변하지 않는다"고[197] 하며 안회를 칭찬하였다. 맹자는 '목숨을 버려서라도 의를 취하는' 정신이 있어야 함을 강조하며 부귀해져도 음탕함에 빠지지 않고, 빈천해도 마음을 바꾸지 않으며 큰 무력 앞에서도 굽히지 않는 대장부의 품격이 있어야 한다고 했다. 순자는 "군자는 빈궁하더라도 도에 게으르지 않고", "군자는 빈궁하더라도 뜻은 넓고 부귀하더라도 몸가짐이 공손하며 편하게 쉬더라도 게으름을 피우지 않고 고달프더라도 용모가 지저분해보이지 않는다"고[198] 했다. 역사상 이러한 사상은 기개를 지키려는 것으로 악한 세력 앞에서 고개를 굽히지 않고 사람들에게 국가와 민족의 이익을 위해 목숨을 버려서라도 의를 취하도록 하였다. 그러나 후에 이러한 사상이 발전하여 '의'를 당연한 것과 부당한 것을 가르는 기준으로 삼아 개인의 이익에 만족하지 않도록 하여 사람들에게 의를 취하고 리를 버릴 것을 요구했으며, "굶어죽는 일은 극히 하찮은 일이지만, 절개를 잃는 일은 지극히 큰 것이다"는 마치 '리로써 사람을 죽이는 것'의 주요한 이론적 근거가 되어 통치계급이 순민을 양성하는 도구로 전락하였다. 그밖에 이러한 도의론의 가치관은 교육내용을 선택하는데 직접 영향을 주었다. '의'를 귀히 여기는 것은 고대 교육가들에게 도덕교육을 중시하도록 하고, 의를 경시하는 것은 자연지식과 생산지식을 교육의 내용에서 배제하도록 하였다. 공자는 생산지식은 군자가 필요한 것이 아니라고 생각했다. 공자는 번지(樊遲)를 '소인(小人)'이라고 비평하였다. 『예기·악기』에 "덕이 이루어지면 윗자리에 있고, 예(藝)가 이루어지면 아랫자리에 있다"고 하였다. 중국의 고대 교육에서 자연을 경시하고 기예를 배척한 것에는 많은 이유가 있지만 이는 '의를 중시하고 리를 경시하는' 가치관과 관계가 있다. 이러한 것은 중국 고대에 자연과학의 발전에 저해가 되었다.

---

194) 『論語·子路』.
195) 『論語·衛靈公』.
196) 『論語·述而』.
197) 『論語·雍也』.
198) 『荀子·修身』.

(3) 입지(立志)와 성실한 행동

윤리학 중 입지는 스스로 도덕이상과 도덕신념을 확립하는 것을 가리킨다. 성실한 행동은 도덕적 실천을 가리킨다. 도덕교육과 도덕수양에서 중국의 고대 교육가들은 도덕이상과 도덕 실천간의 밀접한 관계를 중시하고 실천과 관계된 방법을 도덕교육 및 도덕수양의 기본방법으로 생각하여 실천을 벗어나거나 '성명(性命)도덕'의 문제를 공담하는 것을 반대하였다. 그래서 훌륭한 것이 일생을 벗어나지 않도록 하였다. "도에 뜻을 둔 사람은 아무리 다급한 순간일지라도 넘어지는 순간일지라도 도를 지켜야 한다"고 했다. 이러한 뜻을 세우는 데는 용맹해야 한다. 뜻이 없다는 것은 행동의 동기가 없다는 것이다. 행동이 없는 뜻은 실현하기 어려우며 덕이 완성되기 어렵다. 우주, 인생의 실재를 연구하고 인의의 이상을 수립하는 것은 덕행실천에 있어 공부를 요하는 것이며, 내성외왕의 도를 실현하기 위해 '그 본질을 밝히고 실용에 이를 수 있는 학문'을 해야 한다.

'지(志)'의 함의는 신념, 신앙, 이상, 목표, 지향 등 매우 풍부하다. 이러한 의미는 모두 '지'의 의미를 한마디로 표현한 말이다. 『역전(易傳)』에 "하늘의 운행이 강건하여 잠시도 쉬는 일이 없다", "대군의 장수를 빼앗을 수는 있어도 한 사나이의 뜻은 빼앗을 수가 없다"고[199] 했는데, 이것은 모두 사람들의 입지를 말한 것이다.

공자는 먼저 '도에 뜻을 두고', '배움에 뜻을 두라'고 했는데, 교육을 받는 사람들에게 숭고한 도덕이상을 세우도록 하고 그들에게 배우는 동기를 불러일으킨 것이다. 그는 "지(志)에 뜻을 두고 덕(德)을 지키고, 인(仁)에 의지하고 예(藝)에 노닐어야 한다",[200] "인이 멀리 있는 것일까? 내가 인하고자 하면 곧 인이 찾아온다.",[201] "선비가 도에 뜻을 두었다 해도 나쁜 옷, 나쁜 음식을 부끄럽게 여긴다면 함께 논의할 상대가 되지 못한다"고[202] 했다. '입지'라는 것은 사람이 살아가는데 실천의 기점일 뿐만 아니라 살아가는 동안에도 계속 세워야 하는 것이다. 주희는 공자의 사상을 "지(志)란 마음이 가는 것이다. 도는 인륜과 일상생활 사이에 마땅히 행하여야 할 것이다. 이것을 알아서 마음이 반드시 거기에 간다면 나아감이 바르고 다른 길로 향하는 미혹이 없을 것이다"고[203] 하여 숭고한 도덕이상을 세우고 인생의 신념을 정해야 도덕실천의 방향을 명확히 할 수 있는 것이며, 행동이 성실해진다고 보았다. 입지는 교육받는 사람들이 독립적이고 앞을 향해 전진하는 동기를 불러일으키는 것이다. 공자는 학생들에게 '도에 뜻을 두고' 더불어 '도를 즐기는'

---

199) 『論語·子罕』.
200) 『論語·述而』.
201) 『論語·述而』.
202) 『論語·里仁』.
203) 『論語集注』.

경지에 이르도록 했으며, 자신의 원대한 이상과 신념을 실현하기 위해 몸을 헌신하도록 했다. 그는 "뜻있는 선비와 인한 사람은 삶을 추구하기 위하여 인을 해치는 일은 없고 자신을 죽여서라도 인을 이룬다"고[204] 했다.

맹자의 '상지(尙志)'는 입지의 중요성을 강조한 것이다. 그는 "지란 기의 장수(將帥)이다. 기는 몸에 꽉 차 있는 것이다. 지란 최고요, 기는 그 다음이다. 그러므로 그 지를 잘 잡고도 또 그 기를 포악하게 하지 말라"고[205] 한 것이다. 그는 학생들에게 "예(羿)가 사람에게 활쏘기를 가르칠 적에 반드시 구(彀)에 뜻을 두게 하니 활쏘기를 배우는 자 역시 반드시 구에 뜻을 둔다",[206] "먼저 그 큰 것에 산다면 그 작은 것이 능히 빼앗지 못할 것이다"고[207] 하여 강한 신념과 숭고한 이상은 사람들이 분발하고 진취적이도록 내재적 동기를 불러일으켰다. '대자(大者)'란 인의이다. "왕자점(王子墊)이 물었다. '선비는 무엇을 일삼습니까?' 맹자가 말하였다. '뜻을 고상히 한다', '무엇을 뜻을 고상히 한다고 합니까?' 맹자가 말하였다. '인의일 뿐이다'"고[208] 하였다. 순자는 "뜻이 닦여지면 부유하거나 지위 높은 사람 앞에서도 교만할 수 있고, 도의(道義)가 중후해지면 임금이나 장관도 가볍게 보게 된다. 안으로 반성을 해 보아도 밖의 사물이란 경미한 것들이기 때문이다"고[209] 하였다. 묵자도 "뜻이 강하지 않은 자는 지혜롭지 못하다"고 하고 천하의 리를 흥하게 하고 천하의 해로움을 제거하기 위해 과감하게 목숨을 바칠 수 있는 '겸사(兼士)'를 배양할 것을 강조했다.

동중서는 지(志)를 중시하였다. 그는 "예의 중요함은 그 마음 가짐(志)에 있다"고[210] 주장하였다. 장재도 배움의 의의에 있어 입지를 매우 중시하였다. 그는 "배움에 뜻을 둔 자는 모두 기(氣)의 미악(美惡)을 논하지 않는다. 다만 지(志)가 어떠한가를 살필 뿐이다. 필부는 지를 세우지 않고 배우는 자가 오직 걱정하는 것은 용감하지 않은 것이다",[211] "지가 작으면 변화하기 쉽고 변화되기 쉬우면 나아감이 없다"고[212] 했다. 주희는 "입지는 마치 음식을 갈망할 때는 요원해보이듯이 쉽게 세워지지 않는다"고[213] 했다.

---

204)『論語·慰靈公』.
205)『孟子·公孫丑上』.
206)『孟子·告子上』.
207)『孟子·告子上』.
208)『孟子·盡心上』.
209)『荀子新注』.
210)『春秋繁露·玉杯』.
211)『橫渠語錄』.
212)『子蒙·中正篇』.
213)『朱子語類』, 138쪽.

왕양명은 '지'를 인간의 정신, 언행의 주재로 생각하고 "지가 세워지지 않으면 천하의 일은 이루어지지 않는다", "입지는 성스럽고 성스러운 것이요, 어질고 어진 것이다",[214] "무릇 지는 기의 장수요, 인간의 생명이요, 나무의 뿌리요, 물의 근원이다. 근원이 깊지 않으면 물의 흐름이 순조롭지 못하고 뿌리가 내리지 못하면 나무는 썩으며 목숨이 끊기면 사람이 죽으며, 뜻이 세워지지 않으면 기가 혼미하다. 군자의 뜻이 이러하므로 언제 어디서나 뜻 세우는 것 만한 것이 없다"고[215] 하였다. 육부향(陸桴亭)은 "성현을 배우고자 하는 학자는 먼저 뜻을 세워야 한다. 지는 입도(入道)하는 선봉이다. 선봉이 용감해야 군대가 전진한다. 기개가 강해야 학문을 함에 성공한다"고[216] 했다. 이상에서 일부 교육가가 입지의 중요성을 언급한 것을 열거한 것에서 볼 수 있듯이 교육가들은 도덕교육에 있어 입지를 가장 중요한 것으로 생각했다.

도덕적 입지가 도덕행위로 나타나기까지는 반드시 의지력이 필요하다. 이것은 도덕적 동기가 비도덕적 동기를 누르고 각종 내외적인 장애를 극복하는데 필요하며, 도덕적 의지가 도덕적 행동으로 나타나게 하는 것이다. 중국의 고대교육가는 의지를 키우는 것과 관련된 사상을 많이 제시했다. 공자는 특히 항심(恒心)과 백절불굴(百折不屈)의 정신을 도야하는 것을 중시하였다. 그는 만약 사람이 항심이 없다면 심지어 무당과 의사도 할 수 없다. 그는 "비유하자면 산을 쌓아올리다가 흙 한 삼태기가 모자라는 데서 중지했다 해도 나 자신이 중지한 것이다. 비유컨대 움푹한 땅을 메우는 데 있어서 비록 한 삼태기의 흙을 부어 진전되었다면 나 자신이 발전한 것이다"고[217] 했다. 어려운 것을 경험해 본 뒤에야 비로소 도덕적인 사람이 될 수 있으며 "한 해의 날씨가 추워진 뒤에야 소나무와 잣나무는 잎이 시들지 않음을 알게 된다"고[218] 했다. 묵자는 특히 의지의 단련을 중시했는데, 그는 의지를 강화시킬 것을 중시하고 의지가 강하지 않은 사람은 학습에 있어서 정진할 수 없으며, 지력도 강해질 수 없다고 생각했다. 맹자는 어려움을 통해 단련을 하면 자신의 포부가 강해지고 큰 일을 할 수 있다고 생각했다. 그는 "하늘이 장차 큰 임무를 사람에게 내리려 하실 적에는 반드시 먼저 그 심지를 괴롭게 하고 그 육신을 수고롭게 하며, 그 몸을 굶주리게 하고 그 몸을 빈궁하게 하여 행함에 그 하는 바를 불란시키니, 이것은 마음을 분발시키고 성질을 참게 하여 가능하지 못한 바를 가능하게 하고자 해서이다"고[219] 했다. 여기에서 볼 수 있듯이 고대의 교육가는 끊임없는 단련, 자신의

214) 『教務示龍場諸生』.

215) 『王文成公全書』 卷七, 『示弟立志說』.

216) 『思辨錄·立志類』.

217) 『論語·子罕』.

218) 『論語·子罕』.

의지와 도덕적 품성을 높이는 것이 사람됨의 필수조건으로 보았는데, 이것 또한 고대 도덕교육의 중요한 교훈이다.

독행(篤行)에는 두 가지 함의가 있다. 하나는 언행일치, 지행통일이고, 둘째는 착실하게 일을 하는 것이다. 사람들 품성의 사회적 의의는 도덕행위로 나타난다. 도덕행위는 사람의 품성을 나타내는 가장 중요한 표시이다. 중국의 고대 교육가는 도덕교육은 내부에서 이루어져 외적으로 나타난다고 생각했다. 도덕수양의 높고 낮음은 행동으로 나타나며, 도덕준칙과 규범을 끊임없이 몸에 익혀야 비로소 도덕수양의 수준을 향상시킬 수 있다. 중국의 고대교육가는 도덕실천을 중시하였다. 공자는 '궁행(躬行)'을 중시하고 '그 말을 듣고 그 행동을 살필 것'을 주장했으며, 언행이 일치되지 않는 것을 반대하였다. "말에는 반드시 신의가 있고 행동에는 반드시 성과가 있다",[220] "옛날 사람이 말을 함부로 하지 않는 것은 자신의 행동이 따르지 못할 경우를 부끄러워했기 때문이다",[221] '다급한 순간, 넘어지는 순간'에도[222] 이러한 정신을 요구하였다. 묵자도 독행을 중시하였다. 그는 "사(士)에게 비록 배움이 있지만 행동을 근본으로 삼는다"고[223] 했다.

『중용』에서 "학문을 좋아함은 지(智)에 가깝고, 힘써 행함은 인(仁)에 가깝고, 부끄러움을 아는 것은 용(勇)에 가깝다. 이 세 가지를 알면 몸을 닦는 바를 알 것이요, 몸을 닦는 것을 알면 남을 다스리는 바를 알 것이요, 남을 다스리는 바를 알면 천하와 국가를 다스리는 바를 알 것이다"고 했다. 지는 행의 기초이고, 행은 지의 전개로 행동이 이루어지면 사람다운 사람이 되는 것이다. 인을 인생의 이상으로 삼아 입지에만 의지하는 것은 실현하기 어려운 것으로 도에 따라 행동하고 도덕실천을 철저하게 하는 과정에서 독행이 뜻하는 바 아는 바가 비로소 인의 목표에 부단히 가까워질 수 있는 것이다. 『중용』에서 "편안히 이것을 행하고 혹은 이롭게 여겨 이것을 행하고 혹은 억지로 힘써 이것을 행하는데 그 성공함에 미쳐서는 똑같다"고[224] 했다. 행동의 방식이 비록 다를지라도 자각적으로 실천하기만 하면 성공할 수 있다. 동중서는 성(性)의 선악, 도덕의 좋고 나쁨은 행동에 있어 매우 뚜렷하게 나타난다고 했는데 "삼강오기[즉, 인간관계의 근본적 도리를 준수하고]를 준수하고 팔단[八端, 즉 사람다워지는 단서를 깨닫고]의 이치를 깨닫고 거짓이 없고 믿음이 있으며 널리 사랑을 베풀고 관계가 돈독해서 쉽게 변하지 않으며 예의범절을 지킨다면 이

219) 『孟子·告子下』.
220) 『論語·子路』.
221) 『論語·里仁』.
222) 『論語·里仁』.
223) 『墨子·修身』.
224) 『中庸』.

에 선이라 할만하다"고[225] 했다. 주희는 "만약 힘써 행하지 않고 말만 쉽게 한다면 공자를 따른 70여명의 제자들이 단지 양일(兩日)말하는 것으로 어떻게 여러 해 동안 공자 주변에 가지 않겠는가? 라고[226] 했다. 왕부지도 "군자의 도는 일척을 지나면 또 일척이 있고 일장을 지나면 또 일장이 있어 말로 알 수 없고, 마음으로도 알 수 없는 곳이 너무 많다"고[227] 했다.

중국의 고대 교육가는 도덕교육에 있어 입지와 독행을 관련지어 입지는 역경을 이겨낼 수 있는 정신적인 힘으로 좋은 도덕품성을 기르는 출발점이라고 보았다. 그러나 이것은 실천 궁행을 통해 비로소 그 뜻을 세운 바를 달성할 수 있는 것이다. 독행은 도덕수양의 근본방법으로 숭고한 정신적 경지에 도달하는 것이다. 순자는 "보이지 않는 어둠속에서 힘을 기울일 뜻이 없는 자는 뚜렷하게 알려진 명성이 없고, 묵묵히 정성들여 일하지 않는 자는 혁혁히 빛나는 공이 없다"고[228] 했는데, 이는 바로 입지와 독행을 강조한 것이다.

(4) 내성(內省)과 신독(愼獨)

내성과 신독도 중요한 수양방법이다. 그 의의는 사람들의 마음을 자각하게 하는데 있는 것으로 도덕적인 심성을 깨닫게 하는 것은 도덕주체가 확립될 수 있는 전제조건이다. 내성, 신독은 교육을 받는 사람이 스스로 자각하고, 평가하고, 완전한 도덕공부로 역대의 교육가들은 모두 이를 중시하였다.

내성은 스스로 내심을 성찰하는 것으로 스스로 도덕을 인식하고, 도덕행위에 대해 반성을 하는 것이다. 선진유가의 대표 인물들은 모두 '내성'의 방법을 중시하였다. 공자는 "속으로 반성해도 잘못이 없는데, 무엇을 걱정하고 무엇을 두려워하겠느냐?"고[229] 했다.

---

225) 『春秋繁露·深察名號』: '삼강'이란 무엇을 말하는가? 군주와 신하, 아버지와 아들, 남편과 아내의 관계를 말한다. '육기'는 무엇을 말하는가? 제부(諸父), 형과 동생, 족인, 제구(諸舅), 스승과 연장사, 붕우를 가리킨다. …'강(綱)'과 '기(紀)'는 무슨 뜻인가? '강'은 '펼치다'는 뜻이고 '기'는 '다스리다'는 뜻이다. 큰 매듭이 강이고 작은 매듭이 기이다. 이로써 위와 아래에 펼쳐서 다스리면 인도를 가지런하게 할 수 있다. 사람들은 모두 오상(五常)의 본성을 품고 있고 친애하는 마음을 지니고 있다. 따라서 사람은 기본적 인간관계에 있어 규율되는데 그것은 마치 그물에 크고 작은 코가 있어서 수많은 줄이 서로 엉키지 않고 잘 펼쳐지는 것과 비슷하다(신정근역, 『백호통의』, 2005: 309-310). 여기서 말하는 육기에 대해 같은 책에서 신정근은 인간관계를 분류하는 용어로서 이곳에 처음 쓰인다고 보았다. 그는 『漢書·賈誼傳』에서 "아버지와 자식 사이에 예가 있게 하고, 육친 사이에 기율이 있게 한다"라고 할 때, '육친유기(六親有紀)'가 육기(六紀)의 어의 결합에 연관이 있을 것이라고 보았다.

226) 『朱子語類·輯略』 卷三.

227) 『讀四書大全說』 卷十.

228) 『荀子·勸學』.

229) 『論語·顔淵』.

자신의 행위가 모두 도덕규범에 합당하고 스스로 반성하고 마음속으로 물어보아 부끄러움이 없으면 마음이 편안하여 어떠한 걱정과 두려움이 없는 것이다. 공자는 객관적인 '도'와 주관적인 '덕'의 관계를 대할 때, 주관적 사상으로 활동을 분석하는 것을 중시하고 자각적으로 사상을 감독할 것을 강조하여 도에 따라 내재적인 자각을 하도록 하였다. 그리고 외부환경의 영향을 받지 않도록 하였다. 그는 이러한 주관적인 사상활동을 내성이라 부르고, 내성을 자신의 도덕수양을 높이는 중요한 수단으로 생각하였다. 증자는 "나는 매일 자신에 대하여 세 가지를 반성하는 데, 남을 위해 일을 함에 있어 불충실하지 않았는가? 친구들과 사귐에 있어 신의를 잃은 일은 없는가?, 스승에게서 배운 것을 익히지 않은 것은 없는가?"라고 230) 했는데, 이것이 내성의 방법이다. 맹자는 '사(思)'를 중시했는데, 이것은 특별한 사상체계이다. 그는 수양방법에 있어 내성 방법으로 이것을 특히 중시하였다. 그는 "남을 사랑해도 친해지지 않거든 그 인을 돌이켜보고, 사람을 다스려도 다스려지지 않거든 그 지(智)를 돌이켜보고, 사람에게 예를 해도 답례하지 않거든 그 경(敬)을 돌이켜보아야 한다"고231) 했다. 순자는 "군자는 넓게 배워서 매일 자기 성찰을 할 뿐이다. 이렇게 하면 지혜가 밝아져서 행동에 잘못이 없게 된다"고232) 했다. 이들이 반성, 내성의 수양방법을 중시한 것은 교육을 받는 사람의 도덕적 자각심을 계발하는 것에 중요성을 둔 것이며, 도덕적 자책(自責), 자신(自信), 자반(自反), 자강(自强) 등 도덕주체 확립의 문제를 강조한 것이다.

후세의 유가 특히 맹자를 계승한 심학의 대표인물 육구연, 왕양명은 '내성'의 공부를 중시하고, 내성을 사람들이 스스로 각성하는 도덕적 심성주체의 주요방법으로 생각하여 사람의 내성이 교류의 진정한 기초라고 생각했다. 육구연과 왕양명은 특히 도덕적 자율을 중시했는데, 이는 도덕수양은 교육을 받는 사람이 스스로 완전해지려고 노력하는데 있지 스승이나 친구들에 의해 대체될 수 있는 것이 아니기 때문이다. 육구연은 학생을 감동시키고 사람의 본심을 매일 계발하며 사람들이 자성하도록 촉구하면 도덕적인 양지(良知)를 회복할 수 있다고 가르쳤다. 교육을 받는 사람은 자신의 본심을 회복해야 되는데 이것은 체험, 성찰, 반성, 자신을 돌이켜보고 자신에게서 구하는 것에 있다. 다른 사람이 육구연에게 도덕수양과 도덕교육의 핵심이 어디에 있냐고 물었을 때, 그는 "단지 자신을 돌이켜보아 개과천선(改過遷善)하는데 있을 뿐이다"고233) 했다.

왕양명은 육구연의 간단한 이치를 따라 도덕실존의 자각 각성을 양지에 이르는 본질이

230) 『論語 · 學而』.

231) 『孟子 · 離婁上』.

232) 『荀子 · 勸學』.

233) 『陸九淵集 · 思則得之』.

라고 보았다. 그는 성찰로 다스리는 공부가 바로 덕에 들어가는 문이라고 생각했다. 그는 "반성하고 살펴서 사욕을 제거하는 공부는 잠시라도 방심할 수 없으니, 마치 도둑을 몰아내는 것처럼 말끔하게 쓸어내려는 의지가 있어야 한다. 아무 일도 없을 때는 여색을 좋아하고 재물을 좋아하고 명예를 좋아하는 등의 사욕을 하나하나 찾아내어 반드시 병의 근원을 뽑아내고 영원히 재발하지 않게 해야만 비로소 유쾌하게 된다. 고양이가 쥐를 잡듯이 언제나 정신을 집중하여 눈으로 살피고 귀로 들어서 한 생각의 싹이 발동하자마자 곧바로 제거해야 한다. 못을 끊고 쇠를 자르듯이 단호하여 잠시라도 그것을 방편으로 허용해서도 안되고 몰래 간직해서도 안되며 그것에 출로를 내주어서도 안된다. 이렇게 했을 때, 비로소 참되고 착실한 공부가 된다. 바야흐로 말끔하게 쓸어낼 수 있다"고[234] 했다. 이것의 요점은 교육을 받는 사람들에게 어떻게 사욕을 극복하고 내재적인 성(聖)을 실현하도록 계발시킬 것인가이다. 항상 자각하도록 하고 철저하게 자신을 분석하여 고루한 관념이 생기는 것을 막아 도덕주체로 하여금 물욕의 유혹에서 해탈 또는 초월하도록 하는 것은 수양의 중요한 부분이다. '성찰극치(省察克治)'의 과정은 진정한 도덕으로 자신을 보호하여 높이는 과정이다. 이것은 왕양명이 말하는 '발본색원(拔本塞源)'과 같다.

육구연, 왕양명은 "심(心)은 리(理)이다"고 주장하고, 주희는 '성(性)은 즉 리이다'고 주장하였다. 이들의 입장은 본래 서로 다르지만 철학적인 관점에서 보면 전자는 주관유심주의 범주에 속하고, 후자는 객관유심주의 범주에 속한다. 그러나 도덕수양의 공부에서 말하자면 주희도 '내성'을 중시하였다. 예를 들면 주희는 "미발(未發) 기발(己發)은 단지 하나의 공부이다. 미발에서는 본래 존양(存養)이 필요하다. 기발도 심찰(審察)이 필요하다. 사태에 마주치면 언제나 반복 제기하여 스스로 게을러 방치하는 심을 낳아서는 안된다. 늘 존양하지 않을 수 없고 일에서 성찰하지 않을 수 없다"고[235] 했다. 그는 '함양성찰(涵養省察)'의 공부는 서로 관계가 있다고 생각하여 "서로 도움이 될 수 있고 서로 기대할 수 있다"고[236] 했다. 그는 내면적으로 반성(反省)하는 것을 중시했는데, 이것은 육구연의 생각과 같다. 그는 "사람의 본심은 밝지 않아 마치 잠든 상태에서는 혼미한 것처럼, 그 몸을 알지 못한다. 모름지기 잠에서 깨어나 알 수 있다. 바로 잠에서 깨어나서 자신을 강하게 일깨운 것이 깨어 있게 해야 한다. 공부는 깨어있는 상태에서 해야 한다. 만약 이렇게 하면 스스로 체험하게 되어 분명해진다"고[237] 했다.

내성방법은 실재로 잘못된 도덕관념, 도덕적인 감정과 도덕행위를 끊임없이 극복하고

---

234)『王文成公全集』卷一『傳習錄』上.

235)『朱子語類』卷六二.

236)『朱子語類』卷六二.

237)『朱子語類』十二.

정확한 도덕관념을 세워가며 도덕품성을 배양하고 정신경지를 높이는 과정이다. 중국의 고대교육가는 오늘날 도덕교육에 있어 중요한 귀감이 되고 있다.

'신독'도 중국의 고대에서 중요한 수양방법 중 하나이다. 『논어』, 『맹자』에서는 '경(敬)으로 자신을 수양하고', '묵묵히 알아가며', '자신의 몸을 닦아 천하를 평안하게 하는 것'을 말하여 교육을 받는 사람들이 사물을 처리하고 항상 자각하도록 했다. 비록 '신독'이라는 단어를 사용하지는 않았지만 신독의 의미에 대한 단서가 있다. 『중용』에서 "도란 잠시도 떠날 수 없는 것이니, 떠날 수 있으면 도가 아니다. 그러므로 군자는 보지 않아도 조심하며 듣지 않아도 두려워하며 어두운 곳보다 드러남이 없으며 작은 것보다 나타남이 없다. 그러므로 군자는 홀로 있을 때에도 도리에 어긋나는 일을 삼간다"고 했다. 이 의미는 도덕이라는 것은 언제 어디서든지 모든 사물에 나타나고 각 개인의 행위는 은폐할 수 없는 것으로 아무리 작은 것이라도 모두 드러나고 나타난다는 것이다. 따라서 군자는 설령 혼자 있더라도 반드시 조심스럽게 행동하고 엄격하게 도덕규범을 지켜 조금도 어긋남이 없는 것이다. 이것은 '신독'사상을 최초로 설명한 것이라고 할 수 있다. 『대학』에서 "이른바 그 뜻을 성실히 한다는 것은 스스로 속이지 않는 것이니, 악을 미워하기를 악취를 미워하는 것과 같이 하며, 선을 좋아하기를 호색을 좋아하는 것과 같이 하여야 하니, 이것을 자겸(自謙)이라고 한다. 그러므로 군자는 반드시 혼자 있을 때라하더라도 반드시 조심스럽게 행동한다"고 했다. '신(愼)'은 '근신한다'는 것이다. 주희의 해석에 의하면 "독(獨)이란 다른 사람들은 미처 알지 못하고 자기만이 홀로 아는 곳이다. 그윽하게 어두운 가운데 세미한 것으로 비록 형체가 없으나 이미 기미가 보이고 비록 남이 알지 못하나 자기가 홀로 알고 있으니, 천하의 일이 드러나 보이고 밝게 나타남이 이보다 더함이 없는 것이다"고[238] 했다.

정주학파는 "성이 즉 리이다"는 것으로 신독을 말하였다. 예를 들면 주희는 "인간은 이러한 도를 체득하고자 한다. 선도(善道)는 그렇지 아니한 때가 없어, 오직 신독하니 잠깐의 끊임도 없고 썩어 없어지지도 않는 참된 모습이다"고[239] 하고 "홀로 있음에 엄하니 이(理)의 실체가 그 안에 있다"[240] 육구연과 왕양명은 '심'을 '신독'으로 해석하였다. 왕양명은 "남이 알지 못하는 곳을 자기가 홀로 아는 것이 바로 내 마음의 양지(良知)이다"고[241] 했다. 심학에서 말하는 신독은 유종주(劉宗周, 1578~1645)에 이르러 절정을 이룬다. 그는 주돈이(周敦頤, 1017~1073)에서 이동(李侗)에 이르기까지 혈맥과 같다고 생각

238) 『中庸章句』.

239) 『論語集注』.

240) 『中庸或問』.

241) 『傳習錄』上.

하고 이러한 내용을 계승하여 "성의(誠意) 신독(愼獨)의 가르침"을 내세웠다.

사람들마다 도덕적 각성 정도가 서로 다르기 때문에 도덕원칙을 준수하고 이행하며 규범을 자각하는 정도도 다르다. 이러한 의미에서 도덕수양의 과정은 사람들이 도덕원칙, 규범을 준수하고 이행하는 것을 자각하지 못하는 것, 어느 정도 자각하는 것, 보다 자각하는 과정이 있는 것이다. 비록 도덕인식을 전제로 한다고 하더라도 큰 자각은 아니며 외재적인 요소가 필요하다. 즉 타인의 감독, 사회여론의 압력이다. 이때 사람들은 홀로 처해있지 않을 때에도 도덕원칙을 준수해야 한다는 것을 자각할 수 있다. 사람들이 '신독'을 하는 것은 그에게 이미 도덕신념이 형성되었음을 나타내는 것이며, 내적 신념의 힘으로 도덕행위를 선택하고 도덕원칙을 고수하는 것이다. 도덕적 자각에 대한 중국 고대 교육가의 사상은 매우 풍부하다. 마르크스주의 윤리학은 신독을 비판적으로 변화시켜 사람들에게 끊임없이 자신을 깨닫도록 하고, 사(私)가 아닌 공(公)을 위해 노력하도록 했다. 즉 "어떤 사람이 홀로 일을 하고 감독하는 사람이 없고, 나쁜 일이 발생할 가능성이 있을 때에도 신독을 하고 어떠한 나쁜 일도 하지 말아야 한다"고[242] 했다.

(5) 중용(中庸)과 광견(狂狷)

'중용', '광견'[243]은 '위선자(鄕愿)'와 상대적인 말로 '사(士)' 또는 '군자'의 도덕품격을 가리키며 도덕수양, 사람을 대하는 방법 및 원칙을 가리킨다.

공자는 "중정(中正)하게 행동하는 사람과 함께 할 수 없을 바에야 반드시 과격한 사람이나 고집쟁이를 택하겠다(광견)! 과격한 사람은(狂者) 진취적이고 고집쟁이는(狷者) 하지 않는 바가 있기 때문이다"고[244] 했다. 중행(中行)은 사람의 기질, 풍격,[245] 덕행 모두 중도를 지키고 어느 한쪽에 치우침이 없는 것을 말한다. '광'과 '견'은 서로 대립되는 성격이다. '광'은 즉 제멋대로 행동하고, 분별없이 나아가고, 적극적이고, 대담하게 행동하며 나아감에 성급하고 조잡하며 일올 함에 실제와 부합되지 않는 것이다. '견'은 언행에 있어 조심스럽고 세속에 물들지 않게 자신을 지키고, 다소 위축되어 과감하게 행동을 취하지 않는 것이다. 공자는 중행(中行)은 바로 광에 치우치지도 견에 치우치지도 않는 이상적인 인간이라고 생각했다.

---

242) 『劉少奇選集』 上卷, 133쪽.

243) '광견'이란 과격한 사람과 고집쟁이를 말한다. 『논어』집주에서 주희는 '광(狂)'은 뜻이 지극히 높아서 행동에 거리낌이 없는 사람을 말하고 '견(狷)'이란 지식은 미치지 못하나 행동에 여유가 있는 것을 말한다고 하였다.

244) 『論語·子路』.

245) 풍격이란 문학작품을 통해 드러나는 작가의 사상적·예술적 특징을 말한다.

중행은 바로 중용으로 공자의 주요한 사상내용 중 하나이다. 공자는 “구(求)는 소극적이기 때문에 나아가도록 해 준 것이고, 유(由)는 남을 이기려 하기 때문에 그를 물러서도록 해 준 것이다”고[246] 했다. 이것은 염유와 자로는 각각 어느 한쪽으로 치우쳐져 있어 중행에 부합하지 않다고 생각한 것으로 그들의 품격과 덕행을 바로 잡으려고 한 것이다. 『논어』에 “자공(子貢)이 물었다. ‘사(師)와 상(商) 중 누가 더 현명합니까?’ 공자가 말하였다. ‘사는 지나치고 상은 모자라지’, ‘그러면 사가 낫습니까?’ 공자가 말하였다. ‘지나치는 것은 모자라는 것이나 같다’”고[247] 했다. ‘지나침(過)’은 ‘모자람’보다 결코 좋은 것이 아님을 강조한 것으로 모자람도 중도에 적합하지 않은 것이다. 공자는 중용의 기준에 의해 ‘다섯 가지 미덕(五美)’를 제시했는데, 이는 다섯 가지의 도덕 품격을 말한다. 즉 “군자로서 은혜를 베풀되 낭비하지 않고, 수고롭게 부리되 원망을 사지 않으며, 바라는 것은 있으되 탐욕스럽지 않고, 안온하되 교만하지 않으며, 위엄이 있으되 사납지 않은 것이다”고[248] 했다.

공자 이후 ‘중용’과 ‘광견’은 중국 고대에 도덕행위를 평가하는 중요한 준거가 되었다. 『중용』이라는 책은 공자가 말한 중용에 대해 집중적으로 설명한 것으로 중용을 도덕행위의 최고준칙으로 삼고 있다. 중용의 도에 대한 해석에는 다음과 같은 몇 가지 함의가 있다. 먼저 지나침은 미치지 못함과 같다는 과유불급이다. “도가 행해지지 못하는 이유를 내가 알았으니 지혜로운 자는 지나치고 어리석은 자는 미치지 못하기 때문이다. 도가 밝아지지 못하는 이유를 알았으니 현자(賢者)는 지나치고 현명하지 못한 자는 미치지 못하기 때문이다”고 했다. 두 끝을 잡고 그 중간을 사용할 것을 말하고 사물의 대립적인 면을 주의하여 도덕행위가 어느 한쪽으로도 치우치지 말 것을 요구하였다. 따라서 “두 끝을 잡으시어 그 중(中)을 백성에게 쓰니 이 때문에 순임금이 된 것이다”고 했다. 즉 순임금은 두 끝 중 가운데를 택하여 지나치지도 않고 모자라지도 않게 그 중도로 백성을 교화시켜 대성인이 되었다. 둘째, “군자이면서 때에 맞게 중도를 취하기 때문이다”는 군자는 언제 어디서나 중도를 택한다는 것이다. 도덕문제에 있어 상황에 따라 서로 다른 해결책을 선택하여 개인의 행위가 도덕적으로 부합한지 평가하는 것은 도덕적 가치가 없다. 단지 결과로 나타난 도덕규범으로 평가할 수 없는 것이다. 만약 개인의 행위가 표면적으로 나타나는 것과 도덕규범과 부합하지 않더라도 근본적인 것을 살펴본다면 오히려 도덕적 기본원칙에 부합할 수도 있다. 이러한 행위가 바로 선한 것이다. 셋째, 중용의 내재적 의미를 중화에 이르는 것으로 보았다. “기뻐하고 화내고 슬퍼하고 즐거워하는 것이 발(發)하지 않

246) 『論語·先進』.
247) 『論語·先進』.
248) 『論語·堯曰』.

은 것을 중이라 이르고, 발하여 모두 절도에 맞는 것을 화(和)라 이르니 중이란 천하의 근본이요, 화란 천하의 공통된 도이다. 중과 화를 지극히 하면 천지가 제자리를 편안히 하고 만물이 잘 소생할 것이다"고 했다. 이것은 즉 희로애락 등의 감정이 아직 발생하지 않아 희로애락의 한 끝에 치우침이 없는 상태를 이른바 중이라고 한 것이다. 감정의 형태가 외부로 이미 표출되었지만 그것이 절도에 부합하다면 즉 지나치지도 않고 모자라지도 않고 조화로운 경지에 있으면 이것을 화라고 한다. 『중용』에서 "군자는 중용을 취하고 소인은 중용을 반대한다"고 했다. 소인이 중용을 반대하는 것은 그 사상, 감정과 언행 모두 꺼리는 바가 없고 봉건등급질서를 준수하지 않기 때문이다. 그러나 군자는 이러한 사상, 감정과 언행을 모두 나타내나 중도를 취하는 것으로 감정에서 언행 모두 오륜의 규정에 부합하다.

후에 유학자들은 중용에 관한 주희의 해석은 공맹으로부터 나온 것이라고 생각했다. 주희는 "중이라는 것은 편벽되지 않고 치우침이 없는 것으로 지나치지도 모자라지도 않는 것이다. 용은 평상(平常)이다"고 했다. 또 "지나치면 중을 잃고 모자라면 이르지 못한 것이다. 그러므로 오직 중용의 덕이 지극함이 된다"고[249] 했다. "군자가 중용을 지키는 까닭은 군자의 덕이 있고 또 언제 어디서든 중도에 있기 때문이다", "중은 정해진 대로 있는 것이 아니라 수시로 있는 것이니, 이것이 바로 평상의 리(理)이다"고[250] 했다. 어떠한 조건, 어떠한 환경에서든 모두 도를 준수하고 행하니 때에 맞게 중도를 취해(時中) 윤리의 대덕으로 삼으면 이것이 바로 '중용'인 것이다.

'중도를 행하는 사람'을 배양할 것을 요구하면서 그렇다면 왜 '광견'의 사람을 긍정하는가? 광견의 사람을 어떻게 대해야 하는가? 주희는 이에 대해 상세히 설명하였다. 그는 "광은 뜻이 있는 자요, 견은 지킴이 있는 자이니 뜻이 있는 자는 도에 나아갈 수 있고, 지킴이 있는 자는 자신의 지조를 잃지 않는다"고[251] 했다. 그는 또 "행(行)은 도(道)이다. 광(狂)은 뜻이 지극히 높으나 행동이 말을 가리지 못하는 것이요. 견(狷)은 지식이 미치지 못하는 행동에 여유가 있는 것이다. 성인은 본래 중도의 사람을 얻어 가르치려고 하였으나 이미 얻을 수 없고, 근후(謹厚)한 사람을 얻는다면 반드시 스스로 분발하여 훌륭한 일을 하지 못한다. 그러므로 광자와 견자를 얻어 가르치는 것만 못하니 오히려 그 지조와 절개를 격려하고 억제하여 도에 나아가게 할 수 있기 때문이요, 끝내 여기에서 마칠 뿐임을 허한 것은 아니다"고[252] 했다. 중도에 있는 사람과 비교해볼 때, 광견의 품격은 비록

249) 『中庸章句』.
250) 『中庸章句』.
251) 『孟子集注』.
252) 『論語集注』.

과격하고 엄수(嚴守)에 치우쳐 있지만 천하에 '위선자(鄕愿)'가 가득한 가운데 모두 뜻이 있는 사람이며 중용의 정신은 안일주의, 나약해지려는(折衷主義) 것으로 빠지려한다는 왜곡된 상황에서 광견의 정신을 높이고 실행하는 것은 위선자사회에 저항하는데 도움이 되는 것이다. 주희는 남송사회의 도덕 상황에 맞게 "사람이 기백이 크고, 강건하면 재능이 있는 사람으로 모름지기 하는 일마다 이룬다. 그러나 오늘날 사람들은 열심히 하지 않는다. 좋은 일을 하는 것도 힘써 하지 않고, 오히려 악한 일을 하는데 어찌 대오를 저지르지 않겠느냐? 그래서 일마다 이루어지지지 않는다. 그러므로 공자는 '중정(中正)하게 행동하는 사람과 함께 할 수 없을 바에야 반드시 과격한 사람이나 고집쟁이를 택하겠다'고 하였다. 사람들에게는 약간의 과격함이나 고집이 있는 것이다"고[253] 했다. 광견은 교육을 통해 중도를 걷는 사람으로 만들 수 있다. 주자는 광견은 바르고 곧은 충절의 사(士)라고 칭찬하고 "광견은 기개(의지)가 있는 사람이다", "견이란 비록 중도는 아니지만 , 이러한 사람들은 체력이 있어 바로 절조가 있다"고[254] 했다. 그가 보기에 광견의 사람은 도덕행위에 있어 비록 지나치거나 모자라고 중도의 경지에는 도달하지 못했지만 모두 좋은 품덕을 지닌 사람으로 이에 적합한 교육을 통해 '중절(中節)을 지키는'사람으로 만들 수 있으며 윤리도덕을 실천하는 사람이 될 수 있다고 생각했다.

교육에 있어 광견이 중용이 된 것은 고대 교육가들이 인재를 널리 가르치는 것과 선을 장려하고 잃어버린 것을 찾는 것을 중시하는 것으로 나타났다.

『학기』는 선을 장려하고 잃지 않도록 하는 사상을 명확히 제시하였다. 즉 "배우는 자에게는 네 가지 과오가 있는데 가르치는 자는 반드시 이것을 알아야 한다. 사람의 배움은 혹 많은 데서 잃고 혹 적은 데서 잃으며, 혹 쉬운 데서 잃고 혹 멈추는 데서 잃는다. 이 네 가지 는 마음이 한결같지 않기 때문이다. 그러므로 그 마음을 알고 난 후에야 능히 그 잃음을 구할 수 있는 것이다. 가르치는 자는 좋은 것을 키워주고 잃어버린 것을 찾아주는 것이다"고 했다. 교사는 상황에 따라 잘 유도하고 긍정적인 요소를 발견하고 부정적인 요소를 극복할 수 있어야 한다.

장재는 "가르치는 사람은 반드시 배움의 쉽고 어려움을 알고, 사람의 미악을 알아야 한다. 누가 먼저 이것을 알고 전할 것이며, 누가 후세에 이것을 전할 것인가를 알아야 한다. 배움의 쉽고 어려움을 알고 덕을 알아야 한다. 그 미악을 알고 타인을 알아야 한다. 다른 사람을 알 뿐만 아니라 덕을 알아야 한다. 그러므로 덕이 있어야 사람을 가르칠 수 있는데 이로써 중니가 동일한 질문에 서로 다른 대답을 한 것이다"고[255] 했다. 교육의

253)『朱子語類』 卷四十三.
254)『朱子語類』 卷四十三.
255)『正蒙·中正篇』.

내용은 쉽고 어려움의 구별이 있다. 학생의 재능, 학생이 지향하고자 하는 바, 학생이 받아들이는 능력의 차이에 따라 난이의 구별이 있어야 한다. 따라서 학생과 교육내용면에서 교사는 이를 충분히 이해하고 이에 적합한 교육을 해야 한다.

종합하자면 중국의 봉건사회에서 유행한 중용사상은 '매우 뛰어나며 중용을 지키는 것'은 봉건시대 사람 됨됨이의 기준이었다. 이것은 조화롭지 못한 것을 절충하고 사물의 발전·변화 중 질(質)과 물(物)의 관계를 기본적으로 인식한 것이다. 또한 지나침과 모자람을 반대하고 질의 안정성을 유지하여 도덕교육 중 교육을 이해하고 구속을 비평하는 것이 결합되어 우수한 점은 널리 알리고 결점은 이겨내는 원칙으로 현실적 의의가 있다.

(6) 천하를 잘 다스리는 것과 그 몸을 잘 다스리는 것

천하를 잘 다스리는 것과 그 몸을 잘 다스리는 것은 본래 도덕 이상으로 대립적인 것이다. 그런데 이것은 유가사상에서 통일되었으며, 인간 처세의 태도와 방법으로 확장되었다.

춘추전국시기 백가쟁명의 학술사상은 전례 없던 활기를 띠고 각 학파들은 인간과 사회의 관계를 어떻게 처리할 것인가의 문제에 대해 다양한 견해를 내놓았다. 이들의 주요 연구는 크게 세 가지 경향으로 살펴볼 수 있다. 노자, 양주(楊朱, B.C. 440~360), 장자 등은 '그 몸을 잘 다스리는 것(獨善其身)'에 치중하여 '생명을 귀히 여기고(貴生)', '자신을 중시하고(重己)', '성을 온전히 보존하고 환경으로 실제를 수고롭게 하지 않는 것'을 주장하고 묵가는 '천하를 잘 다스리는' 것을 중시하였다. 유가는 즉 인생을 논하는 인생론으로 '천하를 잘 다스리는 것'과 '그 몸을 홀로 선하게 하는 것'을 상호 보충하여 때에 따라 융통성있게 활용해서 그 몸을 선하게 하는 것을 연구하여 천하를 잘 다스리는 것에 이르도록 했다. 후세에 지식인들은 대부분 유가의 이러한 '겸(兼)'과 '독(獨)'의 상호 보완하는 사상을 높였다. "조정에 거하며 세상을 생각하는 것은 녹봉과 권력에 연연해하는 간교한 신하와 다르고, 삼림에 은거하며 세상을 위해 뜻을 품는 것은 퇴폐하고 게으른 이름만 쫓는 사(士)와 다른 것은"[256] 내성외왕을 인생 이상의 최고경지로 간주한 고대 지식인의 전형적인 인격 양식이다.

가치론의 관점에서 분석해보면 묵가는 사회가치와 집단가치를 중시하고, 도가는 개인의 자아가치, 정신적 자유를 중시했다. 유가는 자아가치와 사회가치를 통일하여 도를 내적인 핵심으로 상호 협력과 독선(獨善)이 유기적으로 결합하는 인생철학을 중시하였다. 복잡한 사회의 변화와 개인의 운명이 서로 충돌하는 상황에서 특히 전제정치의 힘이

---

256) 繆鉞, 『詩詞散論』.

강대해져 도의 이상을 실현하는 것이 현실에 맞지 않을 때는 '천하를 선하게 하는 것'은 더욱 실현하기 어렵다. 물러서서 '혼자 자신을 선하게 하는 것은' 인격의 독립과 존엄을 보호하는 것이다. 그래서 이러한 통일은 시간·공간의 변화나 추이에 따라 '독선(獨善)', '겸달(兼達)'은 주·객관적 조건에 따라 사람들이 사회생활을 하기 위한 원칙이 되었다. 유가, 도가 묵가는 처세의 태도를 분명히 밝혀 고대(古代)의 도덕교육, 도덕수양론의 특색을 이해하는데 도움을 주었다.

"묵자는 겸애를 주장하고 분골쇄신하여 천하를 이롭게 해야 한다"고[257] 했다. 겸애와 천하를 이롭게 하는 것은 묵가가 말하는 처세의 가치 준거가 되었다. '겸애'의 사람은 천하를 이롭게 하고 모든 백성이 이롭도록 하는 것을 자신의 목표로 삼으며, 대중의 일에 몸담아 고생을 마다하지 않고 어려움에 맞서고 희생을 두려워하지 않고 온 힘을 다해 "천하의 이로움을 일으키고 천하의 해로움을 없애는 일"에[258] 힘써야 한다고 했다. 묵가는 천하가 혼란한 근본 원인은 '서로 사랑하지 않기' 때문이라고 생각하고 사람들마다 '서로 죽이고 서로 악하게 하는 것'은 군중을 이롭게 하는 관념이 부족한 것으로 천하의 대란을 야기시키는 것이라고 생각했다. 따라서 묵가는 신체역행으로 군중을 이롭게 하고 천하를 이롭게 할 뿐만 아니라 교육에 힘쓰고 다른 사람을 계몽하며 "힘이 있는 사람은 서둘러 다른 사람을 돕고 재물이 있는 사람은 힘써 다른 사람에게 나누어 주고, 도를 깨우친 사람은 권하여 남을 가르치게 한다"고 했다. 또한 "굶주린 자에게는 음식을 먹게 하고, 추운 자에게는 옷을 입게 하고 혼란스러운 자에게는 안정되게 해야 한다"고[259] 했다. '겸애'의 사상은 유가보다 더 적극적이지만 그 포부가 너무 높아 고대 계급사회에서 이러한 포부에 이르기에는 너무 어려웠다. 따라서 묵가학설이 쇠퇴한 후, 이러한 겸애를 중심으로 한 인생철학은 점점 그 영향력을 상실해갔다.

춘추전국시기 "양주, 묵적(墨翟, B.C. 468~B.C. 376)의 말이 천하에 가득하여 천하의 말이 양주에게 돌아가지 않으면 묵적에게 돌아간다"고[260] 했다. 묵가는 '겸애'를 주장하고 양주는 '자신만을 위하니' "하나의 털을 뽑아서 천하가 이롭더라도 하지 않았다"고[261] 했다. 또한 "천하의 큰 이익이 될지라도 자신의 정강이 털 하나와도 바꾸지 않는다"고[262] 했다. 이러한 것에 의해 한비자는 스스로 물질을 가볍게 여기고 생명을 중시하는 사(士)

257) 『孟子·盡心上』.
258) 『墨子·非命』.
259) 『墨子·尙賢』.
260) 『孟子·滕文公下』.
261) 『孟子·盡心上』.
262) 『韓非子·顯學』.

라고 지칭하였다. 이것은 묵가의 사상과 대조를 이루는 것이다. 어떤 학자는 양주가 '자신만을 위하는' 극단적 이기주의라고 불렀지만, 이것은 단지 표면적으로 드러나는 특징만을 가지고 설명하는 것이다. 이 사상도 진리를 추구하고 물욕을 멀리하며, 나쁜 무리들과 나쁜 행동을 하는 것을 부정하고 통치자와 당시 사회제도의 불만을 드러낸 것은 주목해볼 만하다. 『여씨춘추(呂氏春秋)·귀생(貴生)』에서 "성인은 천하의 일을 심사숙고하는데 생명보다 더 귀하게 여기는 것은 없다"고 한 것은 이 학파의 '자신만을 위하는' 것이 내심 그 몸을 잘 다스리는 것임을 드러낸 것이며, 도덕주체 또는 도덕자아로 하여금 저속하고 서로 속고 속이는 인간관계에서 벗어나게 한 것이다. 양주는 "사람마다 다 자기의 털 한 올도 뽑지 않고, 사람마다 다 천하를 이롭게 하지 않는다면 천하는 다 저절로 다스려질 것이다"고[263] 했다. 여사면(呂思勉, 1884~1957)은 "양자(楊子)의 위아(爲我)론은 이와 같다. 철학론 역시 심심미묘(甚深微妙)하다고 일컬으며 지나치게 이기적인 것으로 이러한 천한 것을 헤아리는 것은 양주이다"고[264]했다. 장자에게도 '자신만을 위하는(爲我)', '자신을 귀히 여기는(貴己)' 사상이 있다. 그는 "착한 일을 하면 소문이 나지 않게 하고, 악한 일을 하더라도 형벌에 저촉되지 않게 해야 한다. 중간적 입장을 취해 이것을 기준으로 삼는다면, 몸을 온전히 지킬 수 있고 평생을 무사히 보낼 수 있으며 부모를 공양하고 천수를 다할 수 가 있다"고[265] 했다. 또 "사람으로 태어난 이상, 목숨을 해치는 일 없이 그대로 죽기를 기다리자. 주위의 사물에 거역해서 서로 해치고 다툰다면 일생은 말 달리 듯 지나가 버려 막을 도리가 없다. 슬픈 일이 아닌가!"고[266] 했다. 장자는 유가와 묵가는 인의(仁義)를 내세우고, 천하를 잘 다스릴 것을 주장했다고 보고 있다. 그러나 장기적으로 보면 인생은 매우 짧은데 돌아오는 것이 없다고 생각했다. 유가와 묵가는 인의를 위해 희생하는 사람은 매우 적고 인의를 이용하여 개인의 이익을 모사하는 사람이 많아 천하를 잘 다스리는 것이 오히려 천하를 나쁘게 하는 것임을 알지 못한다. 단지 장자는 자연의 순리에 따라 소박함에 귀의해야 비로소 자신의 몸을 보전하고 생명을 온전히 하는 것으로 천하를 보존할 수 있다고 보았다. 난세에 태어난 장자는 양주와 마찬가지로 특히 '그 몸을 다스리는 것'을 중시하고 정신의 자유와 인격의 독립을 추구했는데, 이것을 인생경지로 보았다.

서복관(徐復觀), 1903~1982)은 "유가, 도가의 기본 동기는 모두 우환에서 출발했지만 유가는 우환에 대해서 구제할 것을 요구하고, 도가는 우환에 대해 해탈할 것을 요구한다"

263) 『列子·楊朱』.
264) 呂思勉, 『先秦諸子學概論』, 46쪽.
265) 『莊子·養生主』.
266) 『莊子·齊物論』.

고[267] 했다. 유가의 '도'는 '인의'를 핵심으로 하고, 도가의 '도'는 '자연'을 핵심으로 한다. 그래서 유가, 도가가 내세우는 처세 방식이 크게 다른 것이다. 유가는 도에 스스로 임하고 세상에 적극 참여하며 끊임없이 노력할 것을 주장하고, 도가는 자연무위하고, 속세에서 벗어나며 소박한 것으로 귀의하도록 하였다. 유가와 묵가는 모두 '겸선천하(兼善天下)'를 말하지만 유가의 심적 태도는 상당히 융통성이 있다. 즉 겸선할 수 있으면 겸선하고, 겸선할 수 없다면 독선(獨善)해야 한다. 유가, 도가는 모두 그 몸을 잘 다스릴 것을 말하지만 심적 태도에 있어 '집착'과 '해탈'이라는 차이가 있다. 유가는 인의를 추구하는 사랑에서 나와 강한 신념을 품고 그 몸을 지키는 것이지만, 도가는 암울한 현실의 비애에서 나와 온전한 성을 보존하는 것으로 해탈에서 구하는 것이다. 유가는 그 몸을 잘 다스리는 것의 경지는 '공자와 안회의 즐거움이 있는 곳'이며, 도가에서 그 몸을 잘 다스리는 것의 내재적인 의미는 '소요유(逍遙遊)'이다. 유가, 도가 모두 인격의 독립과 정신자유를 추구하는 것은 같지만 각각 '도'가 내포하고 있는 의미는 다르다.

공자의 사상에는 이미 천하를 잘 다스리는 것과 그 몸을 홀로 선하게 하는 것의 기본적인 형태가 있다. 예를 들면 공자가 "천하에 올바른 도가 행해지면 나타나 일하고 올바른 도가 없으면 곧 숨는 것이다",[268] "나라에 도가 있으면 임하고 나라에 도가 없으면 재능을 밖으로 드러내지 않는다",[269] "숨어 살면서 자기의 뜻을 추구하고 의로움을 행함으로써 자기의 뜻을 달성한다"고[270] 한 것 등이다. '필사적으로 그 몸을 잘 다스리면 천하를 잘 다스릴 수 있다'는 정신은 공자가 사회가치를 중시했지만 그렇다고 해서 자아가치를 중시하지 않은 것은 아니다. 이것은 이 두 방면을 힘써 도로 통일하려고 했음을 설명하는 것이다. 종합적인 측면에서 공자의 인생태도는 사회에 대해서 적극적이었다. 이러한 태도는 "만약 나를 써 주는 사람만 있다면, 나는 그 나라를 동쪽의 주나라로 만들 것이다", "어떻게 매달려 있기만 하고 남에게 먹여 주지 않을 수 있겠느냐?"고[271] 한 측면에서 엿볼 수 있다. 공자에게 있어 '써준다(用)'는 것은 내재동기이고 '숨기다(藏)' 또는 '은밀히 감추다(隱)'는 객관적인 것으로 '써야 할(用) 때'를 허락하지 않는 태도이다. '천하를 잘 다스리는 것은 첫 번째 의(義)이고', '힘써 그 몸을 잘 다스리는 것'은 두 번째 의에 해당하는 것으로 이것은 세상을 다스리는 사상으로 우여곡절 끝에 어쩔 수 없이 내심세계로 되돌아가 인격의 독립과 존엄을 보호하기 위한 것이 되었다.

267) 徐復觀, 『中國藝術精神』, 115쪽.
268) 『論語·泰伯』.
269) 『論語·公冶長』.
270) 『論語·季氏』.
271) 『論語·陽貨』.

맹자는 유가의 인격가치에 대해 기본정신을 비교적 체계적으로 설명하였다. 그는 "선비는 궁하여도 의를 잃지 않으며 영달(榮達)하여도 도를 떠나지 않는다. 궁하여도 의를 잃지 않기 때문에 선비가 자신의 지조를 지키며, 영달하여도 도를 떠나지 않기 때문에 백성들이 실망하지 않는 것이다. 옛 사람들은 뜻을 얻으면 은택이 백성에게 가해지고 뜻을 얻지 못하면 몸을 닦아 세상에 드러나니, 궁하면 그 몸을 홀로 선하게 하고 영달하면 천하를 겸하게 하는 것이다"고[272] 했다. 겸하는 것과 영달하는 것, 나아가는 것과 물러나는 것, 관직에 임하는 것과 은둔하는 것은 비록 시간과 공간에 있어 그 조건이 다르고 표현이 다르지만 내재적인 특징은 서로 같은 것으로 모두 도를 실현하고 도의 존엄을 보호하기 위한 것이다. 이러한 '겸하게 하는 것'과 '홀로 하는 것'의 처세 방식은 도를 높이는 가치관에 있어서 일치한다. 맹자는 도가의 이러한 태도 즉 현실을 도피하고 외부로부터의 압력을 참고 견디어 내는 것, 소극적인 것을 즐거움으로 생각하는 것을 반대하였다. 그래서 맹자는 사회에 적극적으로 참여할 것을 주장하고 역경을 자기의 도덕 경지를 높이는 수단으로 생각하여 마음을 분발시키고 참을성을 길러주어 할 수 없는 부분을 할 수 있게 하기 위한 것이라고 했다. 즉 이것은 어떤 역경에서도 자신의 신념이 동요되어서는 안된다는 것으로 '그 몸을 홀로 선하게 하는 것'은 천하를 잘 다스리는 것의 전제가 되는 것이다. 맹자는 묵가가 말하는 겸애의 사상을 완전히 반대하지는 않았다. 다만 '뜻을 얻고(得志)', '이루는(達)' 것을 '천하를 겸하게 하는 것'의 조건으로 삼았을 뿐이다. 이것으로 '그 몸을 선하게 하는 것'에서 '천하를 선하게 하는 것'은 중국 고대에 이상적인 인격의 정통양식이 되었다. 도연명(陶淵明, 365~427)은 "땅을 치며 기뻐하며 창생(蒼生)을 구하겠다"고[273] 하고, 유종원(柳宗元, 773~819)은 "무릇 군자는 도를 행함에 드러나고 거함에 그 몸을 홀로 선하게 하는 것에 있다"고[274] 했으며, 백거이(白居易, 772~846)는 "그래서 저는 뜻은 겸제(兼濟)에 두고 행동은 독선(獨善)에 두고 있소. 이를 받들어 시종일관하면 도가 되고 이것을 말로 표현하여 밝히면 시가 되는 것이요"라고[275] 했는데, 모두 '홀로 선하게 하는 것'과 '겸허해지는 것에 이르는 것'을 통해 유가의 '내성외왕'의 도를 구체화한 것이다.

272) 『孟子·盡心上』.
273) 『陶淵明集·感士不遇賦』.
274) 『柳宗元集』, 656쪽.
275) 『白居易集·與元九書』.

제 5 장

지식론과 교학

1. 지식과 인식
2. 학술의 기원과 교육내용
3. 교학과정과 방법
4. 교학 범주론

제5장

지식론과 교학

1. 지식과 인식

지식은 인식의 성과물로 사람들이 생활하면서 축적해온 경험이다. 그 본질을 말하자면 지식은 인식의 범주에 속한다. 지식은 무에서 유에 이르고 적은 것이 축적되어 많은 것에 이르며, 얕은 것이 깊어지고, 표면적인 것이 내면에 이르며, 편면적인 것이 완전한 것에 이르는 것으로 인식활동이 끊임없이 심화·확장되는 과정이다. 지식의 기원, 성격, 기능, 가치 및 치지(致知, 깊이 연구하여 지식을 넓힘)의 가능과 한계 등의 문제는 인식의 방법과 매우 밀접한 관계가 있다.

(1) 지덕합일(知德合一)

중국 철학에서 가장 중요한 특징은 천인합일(天人合一), 지행합일(知行合一), 체용불이(體用不二), 진선비이(眞善非二)이다. 중국 철학에서는 인생을 중시하되 지식을 중시하지 않으며 깨닫는 것을 중시하고 논증을 중시하지 않는다. 지식은 순수지성을 탐구하는 것으로 사상의 힘이다. 중국 철학 중 매우 보기 드문 '육합(六合: 천, 지, 동, 서, 남, 북) 외에 성인은 존재하나 논하지 않는다'고 하고 있으나 자연의 오묘함에 대한 숙고와 탐구가 상당히 부족하다. 중국의 철학자들은 행위의 개선, 덕성의 완성, 인격의 완성을 위해 진리를 탐구하였다. 지식론, 인식론과 인생론, 도덕론은 서로 밀접한 관계가 있는데, 이는 치지(致知)와 수양의 토대가 되며 진리를 구하는 것은 선을 구하고 덕을 숭상하여 지(知)에 이르는 것이다. 중국의 철학자들은 주로 지행의 난이, 지행의 선후, 지행의 경중, 지행의 호발(互發), 지행합일 등의 문제를 토론하고 지식만을 연구하지 않고, 여기에 심성의 수양을 융합시켰다. 『중용』에서는 "덕성을 높이고 학문을 말한다"고 하였다. 송명시기 학술계에 이르러 덕성을 높이고 학문을 말하는 것에 대한 논쟁이 일어났으며, 그 후 중국 학술은 명청시기에 이르러 '덕성을 높이는 것'이 '학문을 말하는 것'으로 바뀌고 지식의 작용과 가치는 점점 사람들의 중시를 받았다. 특히 방이지(方以智, 1611~1771)는[1] "도

1) 명나라 말기, 청나라 초기의 학자로 천문, 지리, 문학, 음운학 등을 두루 연구했다. 그는 질측(質測, 과학적 실험)을 강조하고 그 위에 통기(通幾, 철학의 의미)를 두어야 한다고 말했다. 그는 "일체 만물은

는 예(藝)에 거하고 예 밖에는 도가 없으며 도 밖에는 예가 없다"(『동서균(東西均)·도예(道藝)』)고 하였다. 사람들이 자연과학에 점점 관심을 갖고 서학이 동양에 들어오면서 지식의 영역이 크게 확장되었으며, 이에 따라 인식의 방법과 학문을 하는 방법에도 근본적인 변화가 일어났다. 그러나 종합적인 면에서 보면 중국의 철학자들은 비록 지식과 인식의 방법은 논했지만 이것에 대한 전문적이고 체계적인 연구는 하지 않았다. 도덕론과 가치론을 중심으로 한 학술사상이 끊임없이 주도적인 위치를 차지하였다. 선진에서 명청에 이르기까지 춘추전국시대 백가쟁명의 '자학시대(子學時代)'를 제외하고 한당 이후는 기본적으로 경학시대였다. 위진남북조의 현학,[2] 당대(唐代)의 불학도 경학과 불가분의 관계에 있다. 동중서(董仲舒, B.C. 179~B.C. 104)가 '독존유술'을 제창한 후, 강유위(康有爲, 1858~1927)의 '탁고개제(托古改制)'에 이르기까지 중국의 경학은 비록 금문학파의 경학, 고문학파의 경학, 청담학파의 경학, 이학가의 경학, 고증학파의 경학, 경세학파의 경학이 있었고, 경전도 '육경'에서 '십삼경'으로 발전했지만 학술의 기본적인 정신에는 큰 변화가 없었다. 지식론은 경학의 부속품에 해당하였고 사상가, 교육가는 자연지식과 사회지식에 대해 탐구하고 종종 경전을 해석하기도 했다. 가끔 주소(注疏)에 창조적인 것이 보이기도 했지만 순수지식을 탐구하는 학술전통은 형성되지 않았다. 비록 순자(荀子, B.C. 298?~B.C. 238?), 주희(朱熹, 1130~1200), 왕부지(王夫之, 1619 ~1692)와 같은 사람이 지(智)를 중시한 사상가라 할지라도 경학의 관점에서 지성탐구, 존재이유, 가치의의를 벗어날 수 없었다. 경학은 고대 중국의 지식인에게 큰 영향을 미쳤으며, 경전의 해석을 독립적인 창조로 간주한 것은 중국 고대 지식론이 자연과학이론으로 발달하지 못한 원인 중 하나다. 또한 중국 지식인들에게 인식활동의 시야와 범주를 제한하였다. 따라서 지식과 인식의 관계를 연구하려면 먼저 이러한 문제를 밝히고 난 후에야 지식론과 교학론의 관계를 이해할 수 있다.

(2) 지행관계

중국 고대의 인식론 중 지행관계의 문제는 중요하다. 역대의 사상가는 지행의 난이, 선후, 경중, 호발(互發), 합일 등 문제에 대해 서로 변론을 하고 지식의 근원, 성격, 기능,

---

모두 기가 만든 것"이라는, '기'를 우주만물의 본원으로 삼는 본체론을 주장하고 있다. 특히 방이지는 '불(火)'이 만물의 통일과 변화의 기초라는 독특한 견해를 보여주고 있다(리쩌허우, 정병석 옮김, 『중국 고대사상사론』, 파주: 한길사, 2005: 488 역주 참조).

2) 현학이란 '현원지학(玄遠之學)'으로 그것은 '조술노장(祖述老莊)'으로 유가가 도가의 입장을 종합한 것이다. 여기서 『주역』, 『노자』, 『장자』를 삼현(三玄)이라고 한다. 현학의 현은 『노자』의 "현지우현, 중묘지문(玄之又玄, 衆妙之門)'에서 나온 것이다. 현학으로 유가의 경전을 전체적으로 해석한 것은 조위(曹魏)의 정시(正始, 241~249)년간 시작되었다.

지식을 탐구하는 방법, 인식과정 및 지식의 진위를 검증하는 기준 등에 대한 문제를 논하였다. 지행관계는 주로 도덕인식과 도덕실천의 관계이다. 그러나 일반적인 인식론의 의의도 포함하고 있어 지식과 인식의 관계를 연구하려면 이러한 문제에 대한 이해가 필요하다.

『상서(尙書)·열명(說命)』에 "아는 것은 어렵지 않다. 행하는 것이 어려운 것이다"고 제시하면서부터 손중산(孫中山, 1866~1925)이 신해혁명에서 실패한 후 "아는 것은 어렵고 행하는 것은 쉽다"고 제시할 때까지 지행난이의 문제는 계속 사람들의 주목을 받아왔다. "아는 것이 어려운 것이 아니라 행하는 것이 어려운 것이다"는 말은 비록 『고문상서(古文尙書)』에 나와 있지만 그 사상은 이미 춘추시대에 있었다. 예를 들면 『좌전(左傳)』 소공(昭公) 10년에 자피(子皮, 미상~BC529)가 자우(子羽)에게 "(도리를) 아는 것이 어려운 것이 아니라 이를 실행하는 것이 어렵소, 자산(子産, B.C. 580~B.C. 522)은 도리를 익히 알고 있었지만 나는 이를 제대로 알지 못했소"라고 했다. 『좌전(左傳)』소공 3년에 "군자가 말하기를 '알지 못하면 모르되 알면서 따르지 않으면 이보다 더 큰 화는 없다'"고 했다. 이것은 아는 것은 쉽지만 행하는 것은 어렵다는 것을 의미한다. 이러한 명제는 본래 국가를 다스리는 도리로 알려졌다. 전설(傳說)은 무정(武丁)에게 치국 전략으로 이것을 제시하고 무정은 흔쾌히 동의하며 실행하였다. 전설은 다시 무정에게 "아는 것이 어려운 것이 아니라 이를 실행하는 것이 어려운 것이다"고 훈계하였다. 치국의 도리를 이해하는 것은 비교적 쉬운 것이지만 그 도리를 알고 실천하기에는 많은 어려움이 따른다는 것이다. 전설이 '행(行)'이 어렵고 중요한 것임을 강조한 것은 의의가 있는 것이다. 공자가 말한 "군자는 그가 말한 것이 그의 행동보다 지나치는 것을 부끄러워 한다",[3] "군자는 말에는 더듬거리지만, 행동에는 민첩하다",[4] "옛 사람들이 말을 함부로 하지 않는 것은 자신의 행동이 따르지 못할 경우를 부끄러워했기 때문이다",[5] "『시경』 삼백 편을 외었으되, 그에게 정사를 맡기면 일에 통달하지 못하고 각 국에 사신으로 가서 전문적으로 응대하지 못한다면 비록 많이 외었다 하더라도 무슨 소용이 있겠느냐?"는 것도 모두 지행관계의 문제를 함축하고 있다. 공자는 비록 지행통일론자이지만 특히 행의 어려움과 중요함을 강조하였다. 순자도 "듣는다 함은 이를 보는 것만 못하다. 본다 함은 이를 아는 것만 못하다. 안다 함은 이를 행하는 것만 같지 못하다. 배움이란 이를 행하는 데 이르러서 그치는 것이다"고[6] 했다. 이것은 행하는 것이 아는 것보다 더욱 중요하다는

3) 『論語·憲問』.
4) 『論語·里仁』.
5) 『論語·里仁』.
6) 『荀子·有效』.

것을 강조한 것이다. "아는 것은 쉽고 행하는 것은 어렵다"는 것은 공자, 순자가 행을 중시하는 사상과 매우 밀접한 관련이 있다. 유가학파는 지식론과 도덕론을 결합하여 치지(致知)와 수양(修養)의 문제를 분리하지 않았다. 그래서 '지는 쉽고 행은 어렵다'는 것은 도덕실천을 중시하는 정신과 관계가 깊다. '지(知)'와 '언(言)'이 도덕실천과 분리될 때 진정한 가치를 상실하는 것으로, "군자의 학문은 그것으로 그 몸을 훌륭하게 한다"고[7] 했다. 인격수양에 있어 지식을 이해하는 것에서부터 완전한 인격을 도야하는 것에 이르는 것은 매우 힘든 실천의 과정이다.

한당 이후의 정치가, 사상가는 "아는 것이 어려운 것이 아니라 실천하는 것이 어렵다"는 사상에 대해 기본적으로 동의하였다. 예를 들면 당태종(太宗, 626~649)은 『제범후서(帝範后序)』에서 "아는 것이 어려운 것이 아니라 행하는 것이 쉽지 않은 것이다. 힘써 행하는 것이 실로 어려운 것이다. 폭군은 혼자 나쁜 짓을 하는 것이 아니다. 성군은 홀로 선한 것을 아는 것이 아니다"고[8] 했다. 이것은 치국의 전략으로 "아는 것은 쉽고 행하는 것은 어렵다"는 문제를 논증한 것으로 그 사상과 말이 일치하는 것이다. 또 한 예로 왕부지는 "『열명(說命)』에서 '아는 것이 어려운 것이 아니라 행하는 것이 어려운 것이다'. 천성(千聖)이 다시 나와도 말을 바꾸기 어렵다. 무릇 사람이 가까이서 있는 것을 취해 그것이 쓴 것인지 단 것인지 스스로 깨닫도록 해야 한다. 공자는 어진 사람은 어려운 것을 먼저 한다고 하였다. 어려운 것을 반드시 먼저 해야 한다. 어려운 것을 먼저 하면 쉬운 것이 따라와서 쉬워진다. 그러나 쉬운 것을 먼저 하면 후에 어려운 것이 와서, 힘이 약해지면 중도에 그만두게 되니, 나중에는 회의가 끊이지 않고 기세만 교만해져 홀로 하학(下學)하여 깨닫는다 하여도 자신의 잘못을 고쳐 도리에 맞게 일을 하는 자가 드물다"고[9] 했다. 왕양명(王陽明, 1472~1529)의 지행합일설을 비판하는 관점에서 "아는 것이 어려운 것이 아니라 행하는 것이 어려운 것이다"는 것을 논증한 것이다. 왕부지의 요지는 행의 중요성과 어려움을 강조하고 사람들에게 '지행합일', '행함으로 앎에 이르는 것'에 대해 공리공담을 하지 말라고 충고한 것이다. 지금까지 살펴본 바와 같이 서로 다른 시기에 정치가, 철학가들이 "아는 것이 어려운 것이 아니라 행하는 것이 어려운 것이다"는 것에 대해 새로운 해석을 한 것은 특정한 함의가 있는 것으로 구체적인 분석이 필요하다.

송대의 정이(程頤, 1033~1107)는[10] "행동이 앎보다 먼저이다"는 사상을 관철시키기

---

7) 『荀子·勸學』.

8) 『全唐文』 卷一.

9) 『尙書引義·說命中』.

10) 북송 때의 하남 낙양 사람으로 자는 정숙(正叔)이고 이천(伊川) 선생이라고 불렀다. 정호(程顥)의 동생이다.

위해 『상서』의 "아는 것은 어려운 것이 아니다. 행하는 것이 어려운 것이다"는 명제를 바꾸어 "아는 것은 어렵고 행하는 것 역시 어렵다"고 했다. 그는 "옛날 사람들은 힘써 행하는 것에 앞서 알도록 하였다. 특별히 행하는 것이 어려운 것이 아니라 아는 것이 어려운 것이다. 『서(書)』에 "아는 것이 어려운 것이 아니라 행하는 것이 어려운 것이다" 고 했지만 아는 것도 어려운 것임을 말한 것이다. 예를 들면 어떤 사람이 서울로 가고자 한다면 반드시 어느 문을 나가서 어떤 길로 가야 하는지 알아야 가고자 하는 방향으로 갈 수 있는 것이다. 만약 이것을 모른다면 비록 서울로 가고자 하는 마음은 있으나 어떻게 가겠는가? 옛날부터 좋지 않은 재목이 힘써 행하지 않는다면 도를 깨닫기 어려운 것이다. 이것으로 아는 것이 어려운 것임을 알 수 있다"고[11] 했다. 정이의 "아는 것은 어렵고 행하는 것도 어렵다"의 핵심은 "아는 것이 어렵다"는 것에 있으며, 이것은 '아는 것'의 기능과 가치를 드러낸 것이다. 정이는 "인식이 행하는 것보다 선행한다. 예를 들면 길을 가는데 반드시 빛이 있어야 한다"고[12] 했다. 만약 정확한 '앎(知)' 없이 이것을 '실천한다면(行)' 이때의 실천은 맹목적인 것이다. 여기서 빛은 앎을 비유하는 것으로 그 의의는 지식의 가치를 파악하고 이해할 수 있도록 하는 것이며, 실천의 자각성, 합리성, 계획성을 강조한 것이다. 정이는 '서울로 가는 것'의 비유로 '아는 것 역시 어렵다는 것'을 증명하였다. 그러나 열거한 예는 계획의 중요함을 설명하는 것에 적합하며 계획이 없는 '실천'은 '사리를 깨닫지 못하고 무턱대고 실천하는 것'으로 "앎에 이르지 못하는데 어떻게 실천에 옮기겠는가? 애써 실천에 옮겼다한들 이것이 오래 유지될 수 있겠는가?" 고[13] 했다. 실천을 중시하는 것에서 앎을 중시한 것으로 이미 주희는 지식론, 방법론을 중시한 선구자인 것이다. 주희의 "지행은 반드시 서로 발생하는 것"이라는 관점, 왕부지가 "지행은 서로 필요한 것"이라는 관점 역시 정이가 말한 "지는 어렵고 행도 어렵다"는 것을 받아들인 것이다.

손중산은 오랫동안 논의된 "지는 쉽고 행은 어렵다"는 것에 대해 심도 있게 생각하고 첨예하게 비판하였다. 그는 중국 근대의 비극적인 역사를 분석하는 것과 관련하여 "중국 근대의 침체기, 쇠퇴기는 실제로 '지는 어렵지 않은 것이고 행은 어려운 것이었다'"는 것은 한마디로 잘못된 것이라고 하였다. "만약 지가 쉽지 않고 행이 어렵지 않다는 것을 증명하여 중국인에게 두려움 없이 즐겁게 행하도록 한다면 중국은 가능성의 여지가 있었을 것이다"고[14] 했다. 그가 "아는 것이 어려운 것이 아니라 행하는 것이 어려운 것이다"

11) 『二程遺書』 卷十八.
12) 『二程遺書』 卷二.
13) 『二程語錄』.
14) 『孫文學說』.

의 전통관념을 타파하고 "아는 것은 어렵고 행하는 것은 쉽다"는 새로운 관념을 제시한 것은 민족심리를 변화시키려고 한 것이다. 이것은 음식, 소비, 작문, 건축, 조선, 축성, 새로운 강의 개척, 전기학, 화학, 진화라는 10가지의 예가 증명하는 것으로 그는 "지는 어렵고 행은 쉽다"라는 것의 중요성과 합리성을 증명하였다. 손중산의 논리는 과학정신을 바탕으로 베이컨(Francis bacon, 1561~1626)의 '지식이 바로 힘이다'라는 사상의 영향을 받은 것이다. 그는 인류의 진화를 크게 세 시기로 구분하였다. 첫째, 원시사회에서 문명사회로 들어가면서 앎 없이 행하던 시기이고 둘째, 문명에서 다시 문명사회에 진입한 시기로 행한 후에 앎을 안 시기이며 셋째, 과학이 발명된 후로 이 시기는 앎 이후 행하던 시기이다. 더불어 "오늘날 과학 발명시대에 사물을 만든다는 것은 반드시 먼저 앎 후에 그것을 행할 수 있다. 그래야 실수를 면하고 시간을 낭비하지 않을 수 있다"고[15] 했다. 따라서 그는 지식과 계획의 중요성을 강조했다. 총체적인 관점에서 보면 손중산의 "아는 것은 어렵고 행하는 것은 쉽다"는 것은 전통 농업사회에서 현대 공업사회로 변화하는 중국인의 과학에 대한 열망과 민주정신의 심리를 잘 표현한 것이다. '지'와 '행'의 내포는 이미 도덕주의의 한계를 타파한 것으로 지행관이 근본적으로 변화되었음을 구체적으로 나타낸 것이다. 현대유학대사 양수명(梁漱溟, 1893~ 1988)은 『인심(人心)과 인생(人生)』에서 인심을 '주동성, 활발성, 계획성'으로 말하고 '지식의 힘, 계획의 공'을 강조했는데, 손중산의 "지는 어렵고 행은 쉽다"는 설의 영향을 받은 것이다. 서양교육철학은 칸트 이후, 지식의 문제가 가장 중요하다고 생각하여, 근대 서양교육철학은 지식문제를 핵심으로 다루었다. 즉 사람들은 지식의 기능, 작용, 지위, 가치를 끊임없이 중시하고 서양학자들도 오랫동안 순수지성을 탐구하여 지식론과 교학론의 관계는 상당히 밀접하다. 중국의 고대 교육철학은 도덕가치론을 매우 중시하였다. 지식론은 가치론에 포함되어 있는 것으로 가치론과 교학론의 관계는 상당히 밀접하다. 정이가 제시한 '지는 어렵고 행 역시 어렵다'고 한 후 주희, 고염무(顧炎武, 1613~ 1682), 대진(戴震, 1723~1777), 전대흔(錢大昕, 1728~1804), 초순(焦循, 1763 ~1820), 장학성(章學誠, 1738~1801) 등의 노력으로 유학 내부에 덕성을 존중하던 것에서 학문에 대해 의문을 가지는 변화과정을 거치면서 경전에 대해 의심하고 지식, 연구방법을 중시하는 학풍이 형성되었다. 청대의 학자 공자진(龔自珍, 1792~1841)은 "청대에 들어서 유술이 풍부해졌다. 실로 그 운세가 학문을 말하는 것으로 충만하구나",[16] '학문을 말하는 것'은 바로 "배움을 구하고 앎을

15)『孫文學說』.

16)『龔子珍全集·江子展所著書序』.

구하는 것이다"고 했다. 이것은 지식의 기능, 가치를 인정한 것이다. 비록 완전히 도덕주의 굴레를 벗어나지는 못했지만 주희, 고염무 이후 지식을 중시하는 경향이 나타났다.

유가 지식론의 특징은 주로 세 가지이다. 첫째, 지를 '덕성(德性)의 지'와 '견문(見聞)의 지'로 구분한 것이다. 예를 들면 장재(張載, 1020~1077)는 "견문의 지는 바깥 사물과 교류하여 알게 되는 것이지 덕성으로 아는 것이 아니다. 덕성으로 아는 것은 보고 듣는 데 기원을 두지 않는다"고[17] 했다. 정이도 "보고 들어서 아는 것은 덕성으로 아는 것이 아니고 사물과 사물이 교류하여 알게 되는 것으로 내면에 있는 것이 아니다. 오늘날 두루두루 많이 아는 것을 일컫는다. 덕성으로 아는 것은 듣고 보는 것으로 아는 것이 아니다"고[18] 했다. 무릇 감각기관의 경험으로 얻은 지식은 모두 '보고 들어서 아는 것'에 속한다. 마음의 직관으로 얻은 내재지식은 '덕성의 지'에 해당하는 것으로 장재가 말한 '천덕양지(天德良知)'와 왕양명이 말한 '양지(良知)'이다. 덕성의 지를 근본으로 하고 '견문의 지'를 끝으로 삼는 것으로 전자는 후자보다 우선한다. 『호씨전가록(胡氏傳家錄)』의 기재에 의하면, 사양좌(謝良佐, 1050~1130)는 "초기에는 들어서 기억하는 것으로 배우되 스스로 많은 것을 알아야 한다. 사서(史書)를 논함에 한 글자도 빠뜨리지 말아야 한다"고 했다. 정호(程顥, 1032~1085)는[19] 좋아하는 것에만 푹 빠져서 원대한 이상과 포부를 잃어버리는 것을 비판하였다. "왜 근본적인 것을 추구하지 않고 지엽적인 것을 추구하는가? 상세함과 간략함을 연구함에는 같은 점과 다른 점을 선택해야 한다. 양자가 모두 자신에게 이로운 것이 아니며 군자의 배움이 아니다"고[20] 했다. 근본적인 것(덕성의 지)을 버리고 지엽적인 것(견문의 지)을 추구하는 것은 심신의 수양문제를 소홀히 하는 것이다. 왕부지의 『속통감론(續通監論)』에서 "사(史)를 읽어서 글에 박식한 것은 정자가 채상채(蔡上蔡)는 '좋아하는 것에만 푹 빠져서 원대한 이상과 포부를 잃어버리는 것'이라고 비난한 것과 같다. 이른바 뜻을 잃어버려 좋아하는 것에만 빠지는 것이다. 완(玩)이라는 것은 좋아하는 것을 가지고 노는 것을 일컫는다. 예를 들면 『사기』, 「항우본기(項羽本紀)」 및 「두영관부(竇嬰灌夫)」전 같은 것은 너무 솔직하고 독자들을 사로잡는데 이것은 희비와 혼비백산으로 인한 것이다. 그래서 그 마음에서 뜻하는바 어디로 가야 할 지 모른다. 이것을 일러 뜻을 상실했다고 하는 것이다. 그 패기가 종횡으로 난잡하여 심신에 무익하다"고 했다. 이것은 배움을 추구하고 앎을 추구하는 것이 '견문의 지'에 몰두할 수 없어 "숙연한

---

17) 『正蒙 · 大心』.

18) 『二程遺書』 卷二十五.

19) 북송 때의 하남 낙향사람이다. 자는 백순(伯淳)이고 정향(程珦)의 아들이며 정이의 형이다. 그를 명도(明道)선생이라고 도 부른다.

20) 『宋元學案 · 伊川學案』.

마음에 이르렀을 때 한 절, 한 단락, 한 글자, 한 구절마다 모두 심신에 돌아오는 것으로 그 큰 뜻을 추구하기에 적합한 것"으로[21] 좋아하는 것에만 푹 빠져서 원대한 이상과 포부를 잃어버리지 않게 되는 것이다. 그렇지 않으면 "많은 독서를 해도 혼미한 상태에 빠져들어 배우지 않은 자의 본래 소박함만 못하다"고[22] 했다. 비록 순자, 주희, 왕부지 등이 '견문의 지'를 중시한 유학대사이지만 이들은 여전히 '덕성의 지'를 '견문의 지'보다 중시했다. '덕성을 숭상하는 것'을 중시한 육구연(陸九淵, 1139~1193), 왕양명은 더 말할 필요가 없다. 셋째, 실천을 중시하고 지식을 경시하며 지행합일을 이루는 것이다. "아는 것이 어려운 것이 아니라 행하는 것이 어려운 것이다", "말이 그 행동을 넘어서는 것을 부끄러워해야 한다", "아는 것은 행하는 것만 못하다. 배워서 행하는 것에 이르러야 한다"는 것의 관점은 비록 지행의 난이, 언행일치 등의 문제를 말하는 것이지만 이미 행하는 것이 아는 것보다 중요함을 내포하고 있다. 공자는 "나는 이것을 공허한 말로 하려고 했으나 구체적인 것으로 표현하는 것이 더 절실하고 명백하다"고[23] 했다. 주희는 "널리 배우는 것은 요약된 지혜만 못하다. 요약된 지혜는 실재적인 실천만 못하다"고[24] 했다. "비록 안다고 하더라도 그것에 의지할 수 없는 것이다. 『서』에서 '아는 것은 어렵지 않다. 행하는 것이 어려울 뿐이다'고 하고 공부는 행하는 데 있다"[25]고 했다. 인(仁)을 실천하는 목표에서 본다면 교육을 받는 사람이 실제적인 상황에 이르도록 계몽하는 것이다. 즉 심신수양을 핵심으로 주희가 "아는 것에 이르고 힘써 행하는 것의 선후를 말함에 당연히 아는 것을 먼저 한 후, 그 경중을 논하여 힘써 행할 것을 중요한 것으로 삼았다"고 한 것을 서로 비교해보면 사람들의 오해를 풀 수 있다. 주희는 "지혜와 실천은 항상 서로 의지한다. 이것은 마치 눈이 있어도 발이 없으면 걷지 못하고 발이 있어도 눈이 없으면 보지 못하는 것과 같다"고[26] 했다. "지와 행의 공부는 반드시 서로 병립되어야 한다. … 이 둘이 한 곳에 편중되어서는 안된다"고[27] 했다. "아는 것이 분명하면 행하는 것도 성실하다. 행하는 것이 성실하면 아는 것이 분명하다"[28]고 했다. "행함에 힘쓰면 아는 것이 보다 진보하고, 아는 것이 깊으면 보다 완벽하게 행할 수 있다"고[29] 했다. 이것은

---

21) 『宋元學案·伊川學案』.
22) 『宋元學案·伊川學案』.
23) 『史記·太史公自序』.
24) 『朱子語類』 卷十三.
25) 『朱子語類』 卷十三.
26) 『朱子語類』 卷九.
27) 『朱子語類』 卷十四.
28) 『朱子語類』 卷十四.
29) 『朱子語類』 卷六十.

표면적으로 보았을 때, 지가 먼저고 행이 그 다음으로, 지보다 행을 더 중시하는 관점과 '지행이 동시에 하는 것으로 보는 관점'에 다소 모순이 있는 것처럼 보인다. 그러나 자세히 살펴보면 실질은 서로 일치하는 것이다. 유가에서 말한 지행은 주로 인생수양을 말하는 것이므로 지행일치는 사회에서 개인의 도덕적 실천으로 완성된다. 그래서 특별히 행의 중요성을 강조한다. 그러나 이 행은 지와 격리되어 무턱대고 하는 행동이 아니다. 그래서 '지'라는 것이 논리에 맞도록 지행이 동시에 발생한다는 것을 연구해야 하는 것이다. 『중용』에서 "널리 배우고 깊게 탐구하며 신실하게 생각하고 명석하게 분별하며 돈독하게 행하는 것"은 바로 행을 지의 결과로 간주하고, 지를 행의 전제조건으로 본 것이다. 지행의 내재적 관계와 상호 기본적인 특징에 근거하여 왕양명은 '지행합일'의 관점을 제시하고 "지행합일이 지행이 본체인데 어떻게 지행을 분리하겠는가?", "지는 행의 취지이며 행은 지의 공부(工夫)이다. 지는 행의 시작이고, 행은 지의 완성이다"고[30] 했다. 이것은 유가의 지식론, 지행관을 오랫동안 탐구·변론하여 논리에 맞게 발전시킨 것이다. 지행합일의 사상은 공자, 맹자(B.C. 372~B.C. 298)가 『대학』, 『중용』에서 이미 초보적으로나마 설명하였다. 왕양명에 이르러 명확하게 제시된 후, 그 정신과 기능이 비로소 충분히 발휘되었다. 그러나 철학본체론 또는 생명철학의 토대에서 보면 모두 같다. 위에서 말한 세 가지 특징은 유가학파의 지식과 인식에 관한 기본 관점으로 역대의 저명한 교육가들이 모두 신봉하는 유가철학에 의해 이러한 기본관점을 교학론에 관철시켰으며, 교육과정 구성에 있어 교학방법의 선택, 교학과정에 많은 영향을 주었다. 중국 고대의 교학은 유가지식론 또는 인식론의 실천이다. 동시에 유가지식론 혹은 인식론을 발전시켰다.

(3) 각 학파의 비교

유가, 도가, 묵가, 법가, 현학, 석가는 지식문제, 지식과 인식의 관계에 대해 모두 탐구하였다. 이 학파들을 비교해보면 다음과 같다. 유가는 특히 '배워서 아는 것'을 중시하여 이성의 자각을 중시했으며, 역사반성, 문화반성과 가치반성에 능하고 학통을 토대로 '도통(道統)'을 세워 지식, 학술을 독립시켜 일반 사람들에게 배운 내용을 가르치며 지혜와 폭 넓은 지식을 갖춘 사람을 양성하고자 했다. 유가는 지식과 인생, 사회의 기본가치를 결합하여 인격의 발전과 사회의 조화로운 발전을 실현하고자 했다. 맹자, 장재, 주희, 왕부지, 고염무, 황종희(黃宗羲, 1610~1695), 안원(顔元, 1635~1704), 공자진, 강유위 등 교육대가들은 모두 유가의 지식전통 중 '도(道)'와 '학(學)'을 결합하는 정신을 널리

30) 王陽明: 『傳習錄』.

알리고자 노력하였다. 그들은 문화위기, 사회위기 및 민족위기에 처했을 때, 높은 역사적 사명감, 도덕적 책임감, 사회적 책임감에 자각적으로 사회적 양지(養知)를 안고 지식과 가치의 유기적인 통일을 추구하였다. 더불어 학술적인 면에서 새로운 세계를 개척하고 지식학문의 추구에 있어 정치의 득실을 따지는 것을 반성하고 인심, 양지의 가치를 체험하였다. 이들이 추구하려는 것 중 적지 않은 것이 발전되고 정교해졌으며 오랫동안 계승되어 후대의 학술대사들이 많은 것을 받아들였다. 도가, 법가는 지식을 반대하는 경향이 있다. 도가는 '지를 버리고', '지혜를 버리고 배우지 말 것'을 주장하였다. 이들은 사람들에게 창조를 통해 직접 도를 체험하도록 하였다. 법가는 '법으로 교화하고', '관리를 스승으로 삼을 것'을 강조하여 지식의 영역을 정치지식의 범주로 국한하여 사람들의 지식에 대한 시야를 축소시켰다. 진시황의 분서갱유는 전통 지식을 반대한 행동이다. 도가, 법가 두 학파는 비록 지식을 반대하는 경향이 있었지만 노자, 장자, 한비자(韓非子, B.C. 280~B.C. 233), 이사(李斯, 미상~B.C. 208) 등의 사상을 살펴보면, 이들은 지혜가 풍부한 철학가 또는 정치가였음을 알 수 있다. 이들의 저작은 상당히 탁월하다. 특히, 지식과 인식의 관계, 지식과 교육의 관계에 대해 많은 독창적인 견해를 제시하였다. 예를 들면 노자와 장자가 말하는 "만물이 아울러 일어나니 나는 만물이 거기로 돌아옴을 본다", "돌아오는 것은 도의 움직임이다",[31] "바름을 의식하면 비뚤어지고 착함을 의식하면 다시 괴이해진다",[32] "도로써 그것을 보니 어찌 귀하고 천하겠는가? 이것을 일러 반연(反衍)이라고 한다", "우리의 삶에는 끝이 있건만 앎에는 끝이 없다"고[33] 한 것에는 의심, 비판, 변증의 정신이 있어 사람들이 변증의 시각을 이용하여 지식을 인식하고 변화·발전하는 세계를 보도록 한 것이다. 노자와 장자의 저작은 어디에서든 대립·통일되는 것을 볼 수 있다. 예를 들면 음양, 정반, 새 것과 낡은 것, 대소, 고하, 생사, 미추, 시비, 화복, 선악, 강약, 장노(壯老), 꾸밈과 진실됨(華實), 동이, 정교함과 조잡함(巧拙), 진퇴, 진위, 귀천, 정돈됨과 어지러움(治亂), 어리석음과 지혜로움(愚智), 홀수와 짝수(奇偶), 완성과 훼손(成毁) 등이다. 노장은 모두 사물이 서로 연계되고 상호 전화한다는 변증법칙을 인식하고 "돌아감이 도의 움직임이다"고 하여 "사물이 극에 달하면 반드시 되돌아간다"는 반복원칙을 강조하였다. 노자가 말하는 "나는 만물이 거기로 돌아옴을 본다"는 것은 실제로 인식과 인생의 관계를 말한 것이다. 이것은 본래의 순수함과 순박함으로 돌아감을 다시 근본으로 돌아가 고요함을 변화의 근원인 도로 돌아감을 암시하는 것이며, 부드러움과 약함을 중시한 변증적 사유 특색을 나타낸 것이다. 이것은 『역전』에서 강함과 움직

31) 『老子』 第十六章.
32) 『老子』 第四十章.
33) 『莊子·養生主』.

임을 중시하는 변증정신과 상호 보완하는 관계를 형성하여 중국 고대 변증사유의 커다란 두 계통이 되었다. 특히 노장의 "자연을 따르라"는 사상은 오늘날 우리가 중시할 만한 가치가 있는 것이다. 또한 이것은 사람들에게 인식의 시야를 자연으로 돌리도록 하였다. 이것은 후세 자연주의의 우주관과 무위의 정치학, 시인, 예술가들에게 진정한 아름다움의 예술사상을 형성하는데 많은 영향을 주었다. 노장이 중시한 창조적인 직관 역시 후세의 철학자, 예술가들에게 영향을 주었다. 법가는 비록 지식을 반대하는 경향이 있었지만 『한비자』라는 책을 볼 때, 한비자는 풍부한 창조력과 비판력으로 선진 유가, 도가, 묵가, 명가 및 전기 법가 사상을 받아들이고 그 능력을 발휘하여 법가사상의 집대성자가 되었다. 이것은 그가 지식전통을 상당히 신뢰하고 있다는 것이다. 지식과 인식의 관계에 대해, 그는 "도리에 따라서 일을 하는 자는 이루지 못할 것이 없다",[34] "규구(規矩)를 버리고 아무렇게나 어림잡으면 해중(奚中)이라[35] 하더라도 한 개의 수레바퀴도 완성시킬 수 없을 것이다. 자를 버리고 길고 짧음을 비교한다면 왕이(王爾)도 그 절반을 맞히지 못할 것이다",[36] "여러 가지 증거를 대조하여 진언한 실적을 끝까지 살펴봐야 한다",[37] "참고할 증험도 없이 꼭 그렇다고 주장하는 것은 어리석은 자이고 꼭 그런 것이 아닌데도 그것을 의거하는 것은 사기꾼이다"고[38] 분석하였다. 묵자(墨子, B.C. 468~B.C. 376), 순자의 지식론에는 실증정신이 풍부하다. 이들은 실증지식론을 정치철학에 결합하는 과정에 법(法), 술(術), 세(勢)를 결합시키고 윤리적 임기웅변사상과 법치정신을 뛰어넘는 지혜를 발휘하였다. 종합적으로 살펴보면 『노자』, 『장자』, 『한비자』 등 도가, 법가의 대표 저작은 심오한 지혜가 담겨 있으며, 수학, 물리, 천문, 생물, 지리, 정치, 경제, 군사, 외교, 도덕, 법률, 예술, 논리 등 다방면의 지식 영역에 영향을 미쳤다. 그러나 유가, 묵가와 비교해 볼 때, 이들은 확실히 윤리적 성향을 넘어섰다고 볼 수 있다.

제자백가 중 지식문제에 대해 특히 관심을 가진 학파는 묵가이다. 『묵자』(『묵경』을 포함)라는 책은 묵가학파의 대표 저작으로 그 내용은 진귀하고 사상은 깊으며 정치, 경제, 군사, 도덕, 종교, 교육, 예술 등 사회과학을 망라하고 물리, 수학, 심리학, 논리학 등 자연과학, 사유과학과 관련된 내용을 포함하고 있어 중국 고대의 철학, 사회과학, 자연과학 및 사유과학의 보배라고 할 수 있다. 묵자 및 후기 묵가의 많은 계통들은 직접 생산노동에 참여하는 노동자로 각종 생산기술에 대해 직접 인식하였다. 이들은 공구를 제작하

34) 『韓非子·解老』.
35) 하우(夏禹) 때 수레를 관장하던 사람을 일컫는다.
36) 『韓非子·用人』.
37) 『韓非子·備內』.
38) 『韓非子·顯學』.

는데 뛰어났으며, 힘써 공예를 제작하는 원리를 연구하였다. 따라서 많은 자연과학지식을 획득하였다. 이들은 "천하의 이로움을 흥하게 하고 천하의 해로움을 제거한다"는 사회적 책임아래 온힘을 다해 천하의 이로움을 위해 사회변화에 적극 참여했으며, 이러한 실천 속에서 많은 사회과학지식을 획득하였다. 이들은 '백가쟁명', '처사들이 기탄없이 제멋대로 의론하는(處士橫議)' 시대에는 다른 학파와의 학술논쟁을 위해 사유의 규율과 형식에 대해 깊이 연구하여 저명한 '묵변(墨辯)'을 세우기도 했다. 이것은 고대 희랍의 삼단논법의 형식논리 인도의 오지(五支), 삼지(三支)식의 인명(因明) 정립과 함께 선진제자 중에서 묵자와 후기 묵가들은 지식과 인식의 사상에 대해 분석력이 뛰어났다. 묵자는 제자들에게 과학지식뿐만 아니라 방법에 있어서도 이론과 실천을 관련시켜 교육하였다.

지식과 인식의 관계에 대해 묵자는 치밀하고 독창적인 견해를 제시하였다. 그중 주요한 세 가지는 다음과 같다. 첫째, 인간의 지식 근원을 세 가지로 구분하였다. 『묵경(墨經·경상(經上)』에 "지(知) 라는 것은 들어서 아는 것(聞), 살펴봄으로써 아는 것(說), 몸소 경험해보는 것으로 아는 것이 있다(親)"고 했다. 「경설상(經說上)」에 "지라는 것은 전하여 받는 것이 듣는 것이며 모든 방면에 막힘이 없게 되는 것이 살펴보는 것이며 몸소 보는 것이 친히 경험하는 것이다"고 했다. 여기서 '문지(聞知)'는 전하여 듣거나 전수받은 것으로 아는 지식이다. '설지(說知)'는 추론해서 아는 지식이다. '친지(親知)'는 몸소 경험하고 관찰한 것으로 아는 지식이다. '문지'와 '설지'는 간접지식이고 친지는 직접지식이다. "지는 재능이다"고[39] 한 묵가는 인류가 스스로 획득한 지식의 능력을 인정하고 특별히 '친지'의 작용을 중시하였다. 둘째, 묵가는 인간의 인식과정을 네 가지로 설명하였다. 즉 "지는 재능이다"는[40] 것, "안다는 것은 그것을 근거로 사물에 대해 안다는 것이다. 그리하여 반드시 알게 되는 것은 눈으로 밝게 보는 거나 같은 것이다"고[41] 했다. 지는 인간의 능력이며, 인간은 이러한 능력에 의해 외부 세계를 인식한다. "생각(慮)이란 추구하는 것이다",[42] "생각하는 것은 그 지식을 구하는 것으로, 이를 통해 반드시 아는 것은 아니다"고[43] 했다. 인식능력이 있으면 이러한 능력을 사용하여 지식을 획득할 수 있는 것이다. '생각'은 지의 활동을 추구하는 것이다. 그러나 지의 목적에는 아직 도달하지 못한 것이다. "앎이란 사물을 접하는 것이다"고[44] 했다. 또한 "안다는 것은 그의 지능으로

39) 『墨經·經上』.
40) 『墨經·經上』.
41) 『墨經·經說上』.
42) 『墨經·經上』.
43) 『墨經·經說上』.
44) 『墨經·經上』.

사물에 접촉하여 그 모양을 알게 되는 것으로 마치 보는 것과 같다"고[45] 했다. 인간의 인식능력과 외부사물이 서로 접촉하면 사물의 형태를 알게 된다. "恕는 밝게 한다는 것이다",[46] "恕라는 것은 그의 지론(知論)으로 사물을 따져서 그가 알고 있는 것을 분명히 하는 것이어서 마치 밝에 보는 것과 같다"고[47] 했다. '恕'란 지(智)의 고어로 밝게 한다는 것이다'고[48] 했다. 인간의 감각기관은 외물과 서로 접하고 마음에 아는 바가 있는 것이다. 이러한 지는 이성이 작용해서 획득된 지보다 명확한 것이다. 순자는 "무릇 지(知)로 인성을 알면 이로 미루어 사물의 이치를 알 수 있다",[49] "아는 능력이 사람에게 있는 것을 일러 지(知)라 하고, 그 아는 것이 객관적 사물과 일치되는 바를 일러 지(智)라 한다. 실천 능력이 사람에게 있는 것을 일러 능(能)이라 하고, 그 능력이 일치되는 바를 일러 능(能)이라고도 한다"고[50] 했다. 이것은 주관인식능력이 객관적인 대상과 결합하여 지식을 획득할 수 있다고 생각하는 것으로 유가, 묵가의 지식과 인식에 대한 생각으로 눈여겨 볼 만한 가치가 있다. 셋째, 검증을 통한 지식이 진리임을 확신하는 삼표법(三表法)이다. "'무엇을 세 가지 표준이라 하는가?' 묵자가 말하였다. '근본을 마련하는 게 있어야 하고, 근원을 따지는 게 있어야 하며, 활용할 수 있는 게 있어야 한다. 무엇에다 근본을 마련하는가? 위로는 옛날 성왕들의 일에 근본을 둔다. 무엇에서 근원을 따지는가? 아래로는 백성들의 귀와 눈으로 듣고 본 사실에서 근원을 따져야 한다. 무엇에 활용을 하는가? 그것을 발휘하여 형정(刑政)을 시행하고 국가와 백성의 이익에 부합할 수 있는가를 보아야 한다. 이것이 이른바 세 가지 표준이라고 말하는 것이다'"고 했다.[51] 역사경험, 백성들의 활동을 통해 획득한 직접경험 및 지식을 응용한 후의 사회효과, 이 세 가지가 결합하여 지식의 진리 및 그 가치의 기준으로 삼는 것은 고대 인식사상에 있어 처음 있는 일이다. 묵가는 농업, 의학, 공업에 종사하는 사람의 입장, '만민의 이익'을 보호하는 관점에서 삼표법을 제시하였다. 지식은 가치와 유기적으로 결합하여 함께 있는 것이다. 묵가는 비교적 합리적으로 지식과 인식의 관계를 처리했기 때문에 '몸소 경험하여 아는 지식'의 중요성을 강조하였다. 그러나 '들어서 아는 지식과 설지(說知)'를 결코 간과하지 않았으며, 지식의 기능, 작용을 중시하면서 가치에 대한 작용을 간과하지도 않았다. 이러한 지식론은 교육과 관련되면서 큰 변화를 주었다. 즉 묵가는 인문과학, 사회과학과 자연

45) 『墨經·經說上』.
46) 『墨經·經上』.
47) 『墨經·經說上』.
48) 『墨經·經上』.
49) 『荀子·解蔽』.
50) 『荀子·正名』.
51) 『荀子·非命上』.

과학의 지식이 모두 풍부한데 이것은 유가, 도교, 법가와 비교할 수 없을 정도다. 묵학은 전국시대에 절정을 이루어 유학과 더불어 현학(顯學)이라고 하였다. 그러나 진한 이후 전해지지 않자 점점 중국에서 사라지다가 후에 사람들에게 계승되었다. 한무제(漢武帝, B.C. 142~B.C. 87) 때 "백가를 퇴출하고 유술만을 숭상하자"고 주장한 후, 청초까지 묵학을 대략적으로 아는 사람은 노승(魯勝, 255~313?), 악태(樂台), 한유(韓愈, 768~824) 등 몇 사람으로 소수의 사람이 묵학을 연구했다. 묵가의 과학사상과 논리사상은 널리 알려지지 못했지만 중국 고대지식론사에 있어 선인이 남긴 큰 업적이라고 말할 수 있다.

유가, 도가, 묵가, 법가지식론을 비교분석해보면, 중국 고대지식론의 발전 추세를 이해하는데 도움이 될 것이다.

2. 학술의 기원과 교육내용

(1) 지식의 분류와 학술사상의 변화

지식은 인류 인식의 성과이다. 일상생활, 사회활동, 생산활동과 과학활동에서 사람들이 사물에 대해 이해한 것을 개괄하여 지식이 된 것이다. 사물의 본질과 체계를 인식하는 측면에서 말하자면, 지식은 크게 생활상식과 과학지식으로 구분된다. 과학지식은 자연과학, 사회과학, 사유과학(思惟科學)으로 분류할 수 있는데, 이것은 사람들의 자연, 사회, 인류에 대한 소중한 성과이다. 지식은 역사를 계승시키고 끊임없이 증가시키는 등의 특징을 지니고 있다. 지식과 교학의 관계에 대해 말하자면 지식은 교육 목적, 양성목표, 피교육자의 연령특징, 교학규율, 학제의 구체적인 상황과 교육사업, 발전수준 등을 토대로 해서 여기에 선택, 수정, 조직과 분배를 한 것이다. 학교교육은 교육과정을 중심으로 이루어진다. 가장 기본적인 요소는 지식과 기능이다. 오랫동안 인류는 생활 속에서 풍부한 지식과 기능을 축적했으며, 그 내용은 매우 광범위했다. 교육과정은 지식, 기능과 이에 상응하는 교육을 받는 사람들의 활동에 의해 조직된 것이다. 사람들은 기초지식, 기능, 재능을 선택하여 교육과정을 구성하고 이를 교육활동에 적용시켰다. "공자는 육예(六藝)로 사람들을 가르쳤다",[52] "시, 서, 예, 악으로 사(士)를 배양하였다"고[53] 했다. 이것은 중국 고대학교에서 배운 교과목을 말하는 것으로 육예교육, 문무겸비, 지식을 추구하

52) 『史記』.
53) 『禮記』.

는 것은 공자가 고대인이 발견하고 창조한 지식, 기능을 받아들이고, 이것을 선택, 수정, 조직, 분배하여 완성한 것이다. 공자는 이러한 육예교육을 통해 많은 인재를 배양하였다.

지식은 '친지(親知)'의 직접경험에서 문자를 기재하고 체계적으로 조직하는 것을 통해 학문으로 변한 것이다. 감성지식은 과학개념으로 사물을 이해·설명하는 것을 통해 이성지식으로 발전시켰다. 지식은 심화되고 체계적으로 조직되었을 뿐만 아니라 끊임없이 학술적으로 발전한다. 일반적으로 체계적이고 전문적인 지식을 '학술'이라고 부른다. 중국 고대학교의 교육내용은 기본적으로 체계적이고 전문적인 학술이었다. 당시의 생활응용지식, 생산노동경험 및 대부분 실용과학기술로 주로 부유한 계층에서 서로 전하거나 사도들이 개인적으로 전수한 것이다. 『사고전서총목(四庫全書總目)』에 기재된 '경(經)', '사(史)', '자(子)', '집(集)'은 자연, 사회, 사유영역 등 다양한 분야의 내용이 담겨 있다. 그러나 모두 고대의 학교교육에 포함되어 있는 것은 아니다. 전통교육에서 말하는 학(學)이라는 것은 주로 부문별로 나눈 것을 추구하는 지식을 가리키는 것이 아니고, 지식을 위한 지식도 아니며 학으로 사람이 되기 위한 것이다. "군자의 학은 그 몸을 바르게 하는 것이다",[54] "배움의 큰 이익은 배우는 것으로 스스로 기질을 변화시키는 데 있다"고[55] 했다. "군자의 배움이라는 것은 도를 밝게 하고 세상을 구하는 것에 있다"고[56] 했다. "학이라는 것은 배워 성인이 되는 것이다",[57] "학술은 인재의 근본이요, 인재는 정사(政事)의 근본이다. 정사라는 것은 백성의 목숨을 지키는 근본이다. 학술이 없으면 인재가 없는 것이요, 인재가 없으면 정사가 없는 것이며, 정사가 없으면 나라를 편안하게 다스릴 수 없고 백성의 목숨도 없는 것과 같다"고[58] 했다. 선진시기의 교육가 공자, 맹자, 순자에서 명청시기의 교육가 고염무, 왕양명, 황종희, 안원은 모두 수기치인의 실학을 매우 중시했으며, 교육목표는 수기치인의 실학을 실시하는 것으로 내성외왕의 도를 실현하는 것이다. '경', '사', '자', '집' 네 부분의 학술은 선택, 변화 조직과 분배를 통해 교육과정이 된 것이다. 이것은 주로 수기치인, 내성외왕의 범주에 속하는 학문이다. 사람들이 자연을 변화시키고 사회를 변화시키는 활동 속에서 끊임없이 심화와 확장을 통해 지식의 내용도 점점 증가하고 그 영역도 끊임없이 확대되어 학교의 교육과정도 사회의 진보와 학술적 성취를 반영하게 되었다. 교학내용도 점점 풍부해져 당, 송 이후 실용과학 예를 들면 수학, 의학, 천문학 등이 교육내용에 포함되고 예술교육도 어느 정도 중시를 받았

54) 『荀子·勸學』.
55) 『理窟·義理』.
56) 『亨林文集』.
57) 『習齋言行錄』 卷上.
58) 『習齋記餘』 卷一.

다. 종합해서 말하자면 한당 이후의 관학과 사학에서의 교육은 '수기치인'의 내용에서 교육의 내용을 선택·조직한 것이다. 특히 송명시기에 이르러 이학(理學)의 궐기로 '심성(心性)의 학'이 당시 학술계의 주목을 받으면서 사서(四書)의 지위는 점점 '오경(五經)'의 지위를 초월했다. 많은 학자들이 육예를 배우지 않고 선현들의 고전을 고증하지 않았으며, 당대의 임무를 다하지 않고 부자(夫子)론학을 들어 정치를 논하는 이유를 일체 묻지 않고 일관(一貫)을 말하되, 마음을 밝혀 성(性)을 보는 '무언(無言)'으로 수기치인의 실학으로 삼으라고[59] 했다. 학술이 넓은 것에서 간단한 것으로, 복잡한 것에서 단순한 것으로, 외부에서 내부로 전환하는 발전 추세가 나타났다. 비록 '밝은 마음으로 천성을 깨닫는다는(明心見性) 공담'의 지식을 추구하는 육구연, 왕양명과 같은 사람을 비판한 고염무, 왕부지 등의 학술대사로 대체되었다 하더라도 그 취지는 수기치인의 실학 전통을 회복하기 위한 것이었다. 학술적 시각에서 주로 정치학, 경제학, 역사학, 윤리학, 교육학, 군사학, 사회학, 종교학, 예술, 문학 등 인문학과 사회과학에 집중되어 있었다. 다만 수기치인과 관련이 있는 것은 자연과학으로 교육의 내용에 포함한다. 예를 들면 방이지, 왕부지가 말하는 '질을 평가하는 학문(質測之學)'이다. 그러나 학문의 길에 들어선 학자들은 결코 많지 않았다. 자연과학의 중시는 근·현대학교가 설립된 이후의 일이다. 이러한 상황의 기저에는 양계초가 "'내성외왕의 도'라는 말은 중국 학술의 전체를 포함하여 그 취지는 자신을 수양하여 내부에서 만족하는 것에서 외부적으로 사회에 만족하는 것이다"고[60] 한 것에 있다. 이러한 인식에 기초하여 양계초(梁啓超, 1873~1929)는 또 중국의 학술을 연구하는 방법에 대하여 논하고, '문헌적 학문'과 '덕성의 학문'을 구분하여 객관적 과학 방법과 내성적 궁행의 방법을 채택해서 연구해야 진리를 구할 수 있으며 박식해질 수 있다고 했다. 중국의 학술과 교육의 관계를 연구하려면 특히 이러한 기본정신과 방법을 이해해야 한다.

중국의 고대 교육철학사상을 연구하려면 중국의 고대 학술사상의 발전·변화를 살펴보지 않을 수 없다. 학술성과가 교학의 내용에 포함되어 교육과정 내용을 선택하고, 조직하는 것이며, 교육의 내용 및 교육과정은 학술적 성과를 반영하고 이러한 성과는 후세들에게 전수된다. 이러한 양자의 관계는 매우 밀접하다. 그래서 중국의 고대 교육내용, 교육과정의 발전·변화를 이해하기 위해서 먼저 중국 고대 학술사상의 변화를 알아야 한다. 중국의 학술적 기원을 따져보면 아주 오래되었으며 그 학문은 넓고 심오하다. 역대의 노동자, 지식인은 놀랄만한 끈기와 포용정신, 온갖 역경을 이겨내면서 업적을 이루었으

59) 『日知錄』 卷七.

60) 『論語考釋·莊子天下編釋義』.

며 근면하게 일하며 개척해왔다. 이들은 독창적이면서 지속적으로 자신의 학술을 발전시키고 탁월한 풍채로 세계의 학술 분위기를 만들었다. 중국의 학술은 비록 번성, 쇠퇴하는 시기 등 굴곡의 과정을 거쳤지만 끊임없이 지속되었다. 중국인은 외래학술을 수용하고 이를 동화시키며 더불어 변화에 있어서도 뛰어났다. 자국의 학술전통을 외부의 것과 융합하여 새로운 문제, 새로운 내용을 발견하고 새로운 학술사조를 형성하여 학술이 보다 높은 경지로 나아가도록 했다. 노신(魯迅, 1881~1936)은 "외부의 것이 세계의 사조에 뒤지지 않도록 하고 내부의 것은 고유의 혈맥을 잃어버려서는 안된다. 오늘의 것을 취하고 옛 것을 되살리고 새로운 것을 만들어야 한다"고[61] 했다. 진인각(陣寅恪, 1890~1969)은 "외래의 학설을 수용하면서, 본래 민족의 본위를 잃어버리지 말아야 한다"고[62] 했다. "한 시대의 학술은 반드시 새로운 내용과 새로운 문제가 있어야 한다. 이러한 새로운 내용을 받아들이고 새로운 문제를 연구해야 한다. 이것이 시대를 위한 새로운 학술 조류인 것이다. 학문을 하는 사(士)는 이러한 조류를 예측할 수 있는 자이어야 하며, 이것이 시대적 조류를 예측하는 것이다. 이러한 조류를 예측하지 못하는 사람은 시대적 조류에 참여하지 않는 것이다. 이처럼 옛날로 지금의 할술에 통하는 이의(理義)는 문을 닫고 수레를 만들어 달리는 것이 아니라 함께 깨우치는 것이다"고 할 수 있다. 중국의 학술은 기본적으로 노신과 진인각이 개괄한 통의(通義)를 따르고 이것을 변화·발전시킨 것이다. 따라서 독창성, 연속성, 포용성, 통일성이라는 특징을 지니고 있다. 수천년의 학술발전사에서 비록 끊임없이 백가쟁명의 국면이 나타났지만 예를 들면 『역대전(易大傳)』에서 말하는 "천하를 통일시켜려면 백번을 고려해야 촉망받는 앞날이 될 수 있다"고 했듯이 이러한 과정을 통해 '수기치인의 실학'을 중심으로 한 학술체계가 된 것이다.

여사면(呂思勉, 1884~1957)은 중국 학술 변화의 대세에 대해 다음과 같이 말하였다. "중국의 학술은 크게 세 번 변했다. 원시시대 모든 학술사상의 근원은 노동을 통해 축적되었다. 동주(東周)시대에 이르러 구류(九流)가[63] 나타나고 매우 흥성해졌는데, 이것이 제1기이다. 진한시대에 이르러 유가, 도가, 법가의 학문 및 위진시기의 현학은 후대의 어느 시기도 이 시대만큼 만연하지 않았다. 시간이 흐른 후 불학이 점점 일어나고 수당시기에 이르러 매우 흥성했는데, 이것은 큰 변화를 불러일으켰다. 송명의 이학은 불학과 중국의 고유사상이 융합된 것이다. 명 중엽 이후 서학이 점점 들어오면서 약 40년 동안 전국을 풍미했는데, 이 때에 또 큰 변화가 일어났다. 옛 말에 '단맛이 오미를 받을 수 있고, 흰색이 오채를 받을 수 있다'고 했는데 본래 문화가 높은 것을 생각해보면 타인의 문화를

61) 『文化偏至論』.

62) 『金明館稿叢二編』.

63) 전국시대의 유가, 도가, 음양가, 법가, 명가, 묵가, 종횡가, 잡가, 농가의 아홉학파를 일컫는다.

받아들일 수 있어서이다.[64] 고대부터 한대까지 중국의 학술은 독립적으로 발전하였다. 하나라, 은나라의 소박함, 서주·동주의 문 숭상, 배움이 관부에 있다는 것은 육예를 핵심으로 한 '왕궁의 학'을 구성하였다. 춘추전국시기 "도술(道術)은 천하를 분열시킨다"는[65] 것은 "천자가 관을 잃고 배움이 오랑케(四夷)에 있다"는 학술 현상으로 나타났다. '왕궁의 학'은 제자백가를 분산하는 국면을 낳았다. 육예는 중국 고대 학술의 총체로 제자백가의 학술은 상고시대의 육예에서 나온 것이다. 공자는 하, 상, 주나라의 학술을 창조적으로 종합하였다. 그는 육예에 새로운 내용과 정신을 부여하여 사학에서 전수할 교재를 편찬했는데, 최초로 학술과 교육의 결합을 촉진시켰다. 묵자는 최초로 육예를 배웠는데, 후에 도가, 법가, 명가, 음양가, 병가, 종횡가, 잡가, 농가, 소설가, 의가 등 10가를 비판하는 예악의 비판자가 되었다. 또한 왕궁의 학에 대한 결점을 자세하게 밝히고 각각 그 한계를 극복하여 새롭게 수립하였다. 당시 제자백가는 사회의 병폐를 막고 학문으로 다스린다는 취지로 삼아 새로운 내용을 결합하고 문제를 연구하여 새로운 사조를 형성하고 상호 보완하여 고대 학술이 새롭게 발전하도록 하였다. 이로 인해 '백가쟁명'의 학술 황금시대가 나타났다. 왕궁의 학이 제자백가의 쟁명으로 변하는 과정에서 신(神) 본위의 학술이 인간 본위의 학술로 변화되었으며, 인문주제 즉 내성외왕, 수기치인의 국면이 초보적으로 형성되었다. 선진 제자의 학술사상은 심오한 지혜가 있으며 중화민족의 창조력이 드러난 것으로 이는 인류가 중심시대로 철학적으로 새로운 진전을 마련한 사대문명 중 하나이다. 이 시기는 중국 고대 학술의 기초가 다져지던 시대이다.

진한의 정치적 통일은 민족의 대융합을 촉진시켰으며, 문화의 통일, 학술적 통일을 위한 토대가 마련되었다. 일찍이 전국시기에 순자의 학은 이미 집대성된 학술체계로 한대까지 크게 유행하였다. 법가의 학설은 진시황에 의해 보급되고, 『여씨춘추(呂氏春秋)』는 백가를 종합한 것으로 사상의 통일을 이루었다. 진나라의 정치는 공리를 취하려고 하고, 형법이 엄격했으며 분서갱유를 일으키고 학술을 억제하여 스스로 멸망하게 되었다. 한나라 초기 통치자는 진나라의 실패를 교훈으로 삼아 황노의 학을 숭상하여 무위(無爲)로 통치하였다. 『회남자』는 도가를 중심으로 백가를 통솔하여 학술을 통일하도록 하는 단서가 되었다. 동중서는 '춘추대일통'의 이치를 인용하여 유학을 흥성하게 하고 숭상할 것을 주장하였다. 그는 "육예의 학과와 공자의 학술에 속하지 않는 모든 학술은 그 길을 끊어버림으로써 세상에 출현하지 못하도록 해야 한다"고[66] 했다. 한나라 무제는 초기에 "백가를 퇴출하고 『육경』을 중시하자"고[67] 했다. 한대는 경학으로 나라를 다스려

64) 『先秦史』 472쪽.
65) 『莊子·天下』.
66) 『漢書·董仲舒傳』.

경학이 학술의 중심이 되어 유학도 문화의 주류가 되었다. 한무제는 오경박사를 설치하고 오경 외에 『효경』과 『논어』를 합쳐 '칠경'이라고 했다. 당시 유학의 숭상은 학술과 교학이 결합되도록 하였다. 오경박사의 설립 후 '경학시대'가 열렸다. 서한시대에는 금문경학이 통행했는데, 『공양(公羊)』학은 치국의 법전으로 간주되었다. 금문경학은 음양오행, 참위설과 서로 부회하여 발전이 없었으며, 고문경학은 이러한 틈을 타고 일어나 동한에 이르러 크게 성행하여 금문경학을 뒤엎은 형세가 되었다. 이에 많은 저명한 고문경학대사 예를 들면 위굉(衛宏, 후한 사람으로 생몰은 미상), 가육(賈陸)[68], 마융(馬融, 79~166), 허신(許愼, 55~125?) 등이 나타났다. 금문경학과 고문경학의 장기간의 쟁론은 학술사상의 중대 분기점이 되었다. 학자들은 무엇을 선택해야 할 지 어찌할 바를 몰랐다. 정현(鄭玄, 127~200)은 고문을 따르면서 금문의 장점을 취해 두 학파를 종합해서 일가를 이뤘으며, 여러 경전을 두루 살펴 경학을 집대성하였다. 하휴(何休, 129~182)가 지은 『공양해고(公羊解詁)』는 금문경학을 변호하기 위해 참위를 선택해서 황당한 것에 가깝고 말이 속되어 정현, 복건(服虔) 등의 비판을 받았다. 정현은 금고문경에 두루 능통하여 독존적인 위치에 있었는데, 그는 경학을 통일하여 정학(鄭學)을 유행시키고 금문경학이 관학화되어가는 것을 폐지하여 장기간 진행되었던 한대 경학의 논쟁을 멈추게 하였다. 양한은 경학의 전성시기로 경전은 학교에서 교재가 되어 전수되었으며, 경학대사들도 많은 제자들을 모아 문하에 수많은 사람이 있었다. 경학대사가 가르치는 것에 있어 이른바 '사법(師法)'과 '가법(家法)'이 있었는데, 학생들은 각각 그 사법을 지키려고 노력하였다. 서한에서는 사법을 중시하고 동한에서는 가법을 중시하였다. 정현은 경에 주를 함에 금고문을 모두 선택해서 사법, 가법을 따르는 것을 타파하였다. 학술과 교학의 관계를 분석해보면, 경학의 성행은 경학과 고대 교학이 필연의 관계가 되도록 하여 경을 반드시 배워야 하는 학풍이 형성되도록 했으며, 경학을 배우는 것은 관리로 나아가기 위한 필수조건이 되었다. 한당 이후, 경학은 통치 지위에 올라 경전을 훈고·해석하는 것이 학술의 새로운 양상이 되었는데, 이것은 학술의 자유로운 발전을 속박하였다.

서한시대부터 형성된 경학시대는 동한, 위진남북조, 수, 당, 송, 원, 명, 청에 걸쳐 분열, 통일, 경직, 갱신, 쇠락, 부흥, 다시 쇠락의 과정을 거치면서 5·4신문화운동이 일어나기까지 과학과 민주사상의 거대한 충격을 거쳐 비로소 끝났다. 기원전 206년부터 1919년까지 2000여 년 동안 중국의 학술은 기본적으로 경학을 중심으로 이루어졌다. 이른바 이것을 경학시대라고 부른다. 위진남북조에서 당초와 당의 전성기까지 경학은

---

67) 『漢書·董武帝紀贊』.

68) 가의(賈誼, B.C. 200~B.C. 168)와 육가(陸賈, 생몰연대 미상)를 말한다.

분열과 통일의 시대를 맞이하였다. 양한시기에 금고문의 쟁론은 극명해졌고, 정치적 태도도 분명하였다. 서한 말에서 동한 말에 이르기까지 금고문의 논쟁은 무려 200여 년 동안 지속되었다. 유흠(劉歆, B.C. 53 추정~B.C. 23, 고문학파)과 태상(太常)박사들(금문학파), 한흠(韓歆, 미상~39), 진원(陳元, 고문학파)과 범승(範升, 미상~66, 금문학파), 가육(賈陸, 고문학파)과 이육(李育, 미상~미상, 금문학파) 및 정현(鄭玄, 고문학파)과 하휴(何休, 금문학파)간의 격렬한 쟁론이 있었다. 이러한 쟁론은 한대 말까지 이어졌으며, 쟁론의 결과로 금문학파가 쇠퇴하였다. 위진 경학은 주로 정학과 왕학간의 시비논쟁으로 경학이 현학화되었다. 왕숙(王肅, 195~256)도 금·고문학을 겸했다. 그는 외손인 진무제 사마담(社馬談, 미상~B.C. 110)의 정치세력에 의해 스스로 『상서(尙書)』, 『시』, 『논어』, 『삼례(三禮)』, 『좌전해(左傳解)』에 주해를 하고, 부친 왕랑(王郞, 미상~228)이 해석을 붙인 『역전』을 관학에 세웠다. 더불어 『성증론(聖證論)』을 지어 정현을 공격하여 하마터면 정학의 자리가 위태로울 뻔했다. 이때 이후 금고문의 '가법'을 묻는 사람이 줄어들었다. 위진시기는 현학이 성행하고 사들이 노, 장을 숭상하며 청담이 유행하였다. 현묘하고 심원한 『노자』, 『장자』와 『역경』에 대해 위진의 이름난 사들은 이들을 '삼현(三玄)'이라고 불렀다. 노자, 장자로 유가의 경전을 해석하여 경학이 현학화 되기도 했는데. 왕필(王弼, 226~249)은 『역』에 주를 달고 전통적인 상수(象數)를 버리고 의리를 말하는 『역』학의 최초의 의리파였다. 하안(何晏, 193 추정~249)은 채중열(采衆說)이 지은 『논어집해』를 선택했으며, 현학이 크게 흥성했는데 이를 '정시지음(正始之音)'이라고 한다. 남북조시대는 정치가 분열되고 남북이 서로 대치하여 전쟁이 끊이지 않았으며 학술은 쇠퇴하였다. 금문경은 거의 소실되고 통행되는 것은 『모시』와 정현이 주를 한 『삼례(三禮)』, 두우(杜佑, 735~812)가 주를 한 『좌전(左傳)』 등 모두 고문경이었다. 경학은 남학과 북학으로 구분된다. 남조의 경학은 위진시대의 분위기를 이어받아 대부분 『삼례』, 『역』은 정현이 아닌 왕필을 따랐다. 북조의 경학은 양한의 학풍을 회복하는 경향이었는데, 노장을 배척하고 유가의 도를 숭상하였다. 이른바 "남인은 간략하면서 훌륭한 것을 얻으려고 하나 북학은 어렵고 지엽적인 것을 연구한다"고[69] 했다. 이는 남북조 경학의 특징을 개괄한 것이다. 위진 남북조시기에는 비록 현학이 왕성했지만 불교, 도가의 사상도 유행하였다. 그러나 나라를 세우고 백성을 다스리는 원칙(建國君民)을 통치의 책략으로 삼아 "나라를 세우고 백성을 다스림에 가르침을 최우선으로 삼고 몸과 행동을 연마하는데 경술로서 해야 한다"고[70] 했다. 한대 경학은 명경(明經)을 중시하고, 당대의 경학은 의소(義疏)를 중시하였다. 남북조의

69) 『北史·儒林傳』.
70) 『梁書·武帝本紀』.

많은 유가들은 이미 의소의 학문을 제창하여 당대에 경학이 시작되도록 하였다. 수, 당의 정치적 통일은 남북조시대에 분열된 경학이 다시 통일되어 쇠퇴해가는 유가의 경학도 다시 부흥하기 시작하였다. 당태종은 경술에 대해 대단한 마음을 먹고 "내가 오늘 좋아하는 것은 오로지 요순의 도, 주례의 가르침이다. 마치 이것은 새에게는 날개가 있어야 하고 물고기에게는 물이 있어야지 이들이 이것을 잃으면 죽는 것과 마찬가지로 잠시라도 없어서는 안되는 것이다"고[71] 했다. 방현령(房玄齡, 578~648), 위정(魏征, 580~643) 등 보필대신도 유학을 숭상하고 예악을 흥성시켰다. 이들은 국학을 세우고 스승이 가르치는 것을 존중할 것을 제창하였다. 『정관정요』 7권에 "정관4년 태종은 과거 성인들의 경적(經籍) 중 문자가 잘못된 것에 대해 중서시랑(中書侍郎) 안사고(顔師古, 581~645)에게 비서성에서 『오경』을 고증하도록 명하였다"고 했다. 또한 "문학이 여러 가지여서 장구가 복잡하여 안사고와 국자좨주 공영달(孔穎達, 574~648) 등 모든 유학자들에게 『오경』소의(疎意)를 쓰라고 명하였다. 무릇 180권이 되어 이른바 이것을 『오경정의』라고 부르며 국학에 널리 알리도록 하거라"고 했다. 『오경정의』는 관서로 이것의 시행은 경학이 분열에서 통일되었다는 것을 의미한다. 이 책은 유가경전의 의소(義疏)의 학을 대표하는 것으로, 북송초기까지 영향을 주었다. 안사고의 『신정오경(新定五經)』과 공영달의 『오경정의』는 대부분 남학에서 나온 것이다. 그래서 경학의 통일은 남학을 토대로 삼은 것이다. 수당시기에는 과거제도가 출현하였다. 『오경정의』는 각 관학의 통일교재가 되어 경학과 교학이 결합되어 더욱 밀접한 관계가 되었다. 『오경정의』는 비록 집대성된 저작이지만 독창적인 면도 있었다. 명경시험, 첩경시험은 수험생의 독립적인 사고력을 속박하고 단순히 암기만 했지 경의를 추구하지 않아 경을 아는 것과 수신하는 것이 결합되지 않는 학풍이 되자 경학도 경직되어 갔다. 당대에 『구경』, 즉 『역』, 『시』, 『서』, 『의례』, 『주례』, 『예기』, 『좌전』, 『공양전』, 『곡량전』으로 사를 뽑았다. 당나라 문종 태화년간에는 12경을 국학에 세우고 9경을 토대로 하여 『논어』, 『효경』, 『이아』를 합쳐 12경이라고 불렀다. 송대에는 『맹자』도 경의 항렬에 올라 모두 13경이 되었다. 통치자들이 경학을 숭상하고 경으로 사를 뽑아 13경은 줄곧 관학과 사학에서 교학의 주요 교재가 되었다.

송, 원, 명시기는 경학을 의심하고 궐기하던 시기로 의심에서부터 진위를 분별하고 선유들이 전주(傳注)한 것에 얽매이지 않고 자신의 새로운 학설을 제시하는 것, 경전의 내용을 일부 삭제하고 의리(義理)를 구하고 의소(義疏)의 학에서 심성(心性)의 학에 이르기까지 『오경정의』를 숭상하던 것에서 『사서』를 숭상하기까지 경학의 발전에 중대한

71) 『貞觀政要』.

변화가 일어났다. 철학과 도덕의 문제를 중시한 것은 송, 원, 명시대 경을 연구하는 유학자들에게 있어 공통적인 추세였다. 송학은 한학(漢學)을 계승한 것으로 경학연구가들은 점점 철학화, 도덕화 되었다. 정이는 "오늘날의 학자는 세 부류로 나눌 수 있다. 문장에 능한 문사(文士)요, 경학을 강의하는 강사요, 도를 아는 것은 유학이다"고[72] 했다. "오늘날의 학자에게 세 가지 폐단이 있다. 첫 번째는 문장에 약하다는 것이요, 두 번째는 훈고에 약하다는 것이요, 세 번째는 이단(異端)에 미혹된다는 것이다. 만약 이 세 가지에 속하지 않는다면 도에 가까이 갈 수 있다"고[73] 했다. 주희도 "진한 이후 성학(聖學)은 전해지지 않았다. 유자(儒者)는 오르지 장구의 훈고를 하는 것에만 치중하고, 성인(聖人)의 뜻을 다시 추구하려고 하지 않는다. 무릇 성명(性命) 도덕을 밝히는 것으로 돌아가야 한다"고[74] 했다. 이것은 오늘날 우리들이 송대 학술발전 추세를 이해하는데 도움이 되는 것이다. 담조(啖助, 724~770), 조광(趙匡, 미상~미상), 육순(陸淳, 미상~806) 등도 경학을 연구하였다. 먼저 이들은 한당의 훈고전통을 타파하고 전통을 버리고 경을 새롭게 연구했는데, 본문에서 그 의미를 찾아 의소훈고의 한계를 뛰어넘고 새로운 방향을 제시하여 송학이 발전하도록 했다. 게다가 많은 사림(士林)들에게 선열(禪悅)의 분위기를 만들고, 본심에 의지하여 돈오(頓悟)하는 분위기가 성행했으며, 사람들에게 경학으로부터 해탈하도록 하였다. 이고(李翱, 772~841)가[75] 쓴 『복성서(復性書)』는 불교를 전수하고 유가를 받아들이는 계기가 되어 점점 사람들이 심성의 문제에 주의를 기울이기 시작하였다. 송대에는 경전에 대해 의심하고 내용을 삭제하고 수정하는 분위기가 크게 일어났다. 유창(劉敞1019~1068)이 쓴 『칠경소전(七經小傳)』은 경문에 잘못된 곳이 있다고 지적했으며, 왕안석(王安石, 1021~1086)은 『춘추』는 '극도로 부패한 조정을 묘사하지 않은' 것이라고 비방하여 『삼경신의(三經新義)』를 지었다. 구양수(歐陽修, 1007~1072)는 『동자문(童子問)』을 써서 『역경(易經)』 중 '계사(系辭)', '문언(文言)' 등 십익(十翼)이[76] 공자의 저작이라는 것에 대해 의심하였다. 손복(孫復, 992~1057)은 『춘추존왕발미(春秋尊王發微)』를 지어 『춘추』 삼전을 한편으로 전했다. 사마광(司馬光, 1019~1086)은 『맹자』에 대해 회의를 품고 주희도 『상서』의 진실성에 대해 의심을 가졌다. 한당시대는 경학에 대해 재고하던 시기로 사람들은 선진유가의 '수기치인의 학문'에 대해 많은 관심을 가졌다.

72) 『宋元學案·伊川學案』.
73) 『宋元學案·伊川學案』.
74) 『中庸解序』.
75) 당나라 때의 산문가이자 철학자로 자는 습지(習之)이며 지금의 감숙성 천수 사람이다.
76) 십익(十翼)이란 『역(易)』에 대한 열 편의 해설서를 가리킨다. 열 편은 단사(彖傳) 상하, 상전(象傳)상하 계사(繫辭)상하, 문언(文言), 설괘(說卦), 서괘(序卦), 잡괘(雜卦)를 말한다.

이들은 한편으로 주역으로 불교철학을 대신하고 『중용』, 『대학』을 기본경전으로 삼았다. 주희는 주소의 방법을 새롭게 적용하고 북송의 많은 학자들이 경을 연구한 새로운 결과물들을 정리하여 『사서집주(四書集注)』를 편찬했으며, 공맹의 도통을 숭상하여 『오경정의』의 지위를 되찾아 명청시대에 이르러 학자들의 필독서가 되도록 하였다. 당대는 비록 유교, 불교, 도교가 융합되는 추세였지만 이들 중 특히 불교가 흥성하여 이 시기를 풍미했다. 당대의 유학자들은 나라를 다스리는 일에 치중하여 경을 연구한 결과물이 그리 많지 않다. 『오경정의』 후 계승자가 거의 끊겼다. 선종(禪宗)이 일어난 후 사대부들은 거의 선(禪)을 생각하고 경학도 점점 쇠미해졌다. 특히 당말 오대에 이르러 이러한 현상이 더욱 뚜렷해졌다. 북송의 유학자들은 정사를 도로 다스리는 학, 경사에 능통한 학, 문장자집의 학 등 모두 큰 문제에 착안해서 독창적인 사고로 새로운 국면을 개척하여 탁월한 학파를 이루었다. 예를 들면 범중엄(范仲淹, 989~1052), 왕안석은 치도(治道)를 논하고, 호원(胡瑗, 993~1059), 손복, 석개(石介, 1005~1045), 이구(李覯, 1009~1059)는 경의에 능통했으며, 구양수, 사마광, 소식(蘇軾, 1037~1101), 소철(蘇轍, 1039~1112), 매요신(梅堯臣, 1002~1060), 소순흠(蘇舜欽, 1008~1048)은 문사에 능통했다. 이들은 모두 창의력이 뛰어나 학술계에 새로운 변화를 일으켰다. 송학의 형성시기에 실제로 경, 사, 자, 집 네 부분의 학문이 점점 세력을 형성하였다. 북송시기에 세 차례의 흥학운동이 일어났는데, 이것은 '본질을 밝히고 그것을 응용하는 것'이 중하층의 사의 자제들에게까지 보급되도록 하는 계기가 마련되었다. 북송 이학가의 궐기 후 심성의리학을 중시하여 노석(老釋)을 옹호하고 이단이 되는 것은 배척했으며 공순악(孔顔樂)이 있는 곳을 찾아 기질의 변화를 논하고 "천지에 마음이 바로 서면 민생들이 목숨을 유지하고 과거 성현의 학문을 계승하여 만세가 태평하도록 해야 한다"고 주장하였다. 또한 힘써 선진유가의 '수기치인'의 전통을 회복해야 한다고 했다. 주희는 남송시기에 활약한 사람으로, 경전을 많이 읽고 좋은 것을 채택하여 오랫동안 많은 사람들이 그를 받들었다. 그는 송학을 집대성했을 뿐만 아니라 공자 이후 중국의 고대 학술을 집대성한 교육가이다. 송학의 발전은 심성(心性)의 학, 내성(內省)의 학이 점점 흥성하다가 육구연이 주학을 비평하고 갈라져 나오면서 본심을 발견하는 학문을 제창하였다. 왕양명은 양지를 '치양지(致良知)', '지행합일' 학설의 개척자가 되었다. 송학은 '존덕성', '도문학'을 중시하는 특색이 있다. 명나라 때 왕학이 일어나자 덕성을 존중하는 학문은 거의 학계에서 독점하다시피 하였다. 명나라 때 경학은 무엇인가 새롭게 의미를 찾는다는 것은 거의 볼 수 없었고 정부에서 『오경대전』, 『사서대전』, 『성리대전』을 새롭게 수정했는데, '이것은 외관상으로는 완벽해보였지만 실제로 이미 완성된 책을 베껴 위로는 조정을 속이고 아래로는 사를 속여' '위 아래로 서로 속이고 복리(複利)를 챙기는' 것이 되어 조정에서 팔고로 사를 뽑고 주희가 주를 한 『사서』는 국가에서 정한 교과서가 되었으며, 『오경』을 연구하는 사람, 저술을 보는 사람은 매우 적었다. 이는 자연스럽게 경학이 쇠퇴하는 국면에 들어오도록 하였다. 명말에서 청초에 이르기까지 고문경학은 부흥하는 시기였다. 가경(嘉慶, 1796~1820), 도광(道光, 1821~1850) 이후, 외환이 심해지자 사대부들은 나라가 망하는 날이 곧 올 것임을 걱정하고 백성들을 구제할 것을 생각하여 경을 읽혀 실제에 응용하고 옛 것을 새롭게 고치도록 하여 금문경학이 새롭게 일어나자 제자학도 이에 따라 다시 흥성하였다. 한학(漢學), 송학(宋學)의 논쟁, 금문경학과 고문경학의 논쟁 및 고문학파의 대사인 장태염(章太炎, 1868~1936)과 금문학파의 대사인 강유위간의 진보와 보수와의 논쟁은 5·4신문화 운동 때까지 지속되었다.

고문경학의 부흥과 명청시대 실학사조는 같은 시기에 형성되었다. 이러한 큰 변화의 시기에 '도를 밝혀 세상을 밝게 하자(明道淑世)'는 뜻을 가진 학자들은 송, 명의 멸망한 역사를 참작하여 사회위기, 문화위기, 학술위기, 민족위기를 일으킨 원인을 생각하여 육경의 뜻을 지금 세상에 적합한 실학이 되도록 힘써야 한다고 생각했다. 게다가 명말 서학의 유입으로 이것이 중국의 전통학술과 충돌하여 당시 민감한 많은 사들은 서양의 학술도 일종의 실학이라고 생각하여 받아들일 것을 주장하였다. 서광계(徐光啓, 1562~1633), 이지조(李之藻, 1564~1630), 방이지, 매문정(梅文鼎, 1633~1721)은 새롭게 흥성하는 '질측(質測, 추측, 예측)의 학'을 환영하고 고염무, 황종희, 장학성은 경사(經史)에 능하고 경세치용 할 것을 제창하여 실학사조를 일으켰다. 고염무는 처음으로 '경학을 버리되 이학에 치우치지 말 것'을 제창하고 "구경을 읽어 문장을 고증하는 것에서 시작하면 문장을 고증하는 것은 음절에서 밝혀진다"고[77] 했다. 그는 『음학오서(音學五書)』, 『일지록(日知錄)』 등을 저술하여 한 시대에 경전을 고증하는 학문의 시대를 열었다. 대진도 "송의 육구연, 명의 진왕(陳王)은 강습 토론의 학문을 폐지하고 마치 덕성을 높여 그 이름을 날린다"고[78] 비평하고, "경에 이르는 것이 도이다. 그래서 도를 밝히는 것은 문장(詞)이다. 문장을 이루는 것은 글자(字)이다. 글자로 인해 그 문장의 의미를 알고 문장으로 인해 그 도를 알게 되는 것이다"고[79] 했다. 대진은 고염무의 학술사상을 계승하고 『맹자자의소증(孟子字意疏証)』, 『원선(原善)』 등의 저서를 남겼다. 청대 경학의 부흥과 사학의 흥성은 서로 영향을 주었다. 고염무, 황종희, 왕부지는 모두 경사에 능통했으며, 한·송을 두루 섭렵한 학술대사였다. 고염무는 경학에 몰두하면서도 사학을 홀시하지 않았으며,

77) 顧廉武: 『答李子德書』.
78) 載震: 『與是仲明論學書』.
79) 載震: 『與是仲明論學書』.

황종희는 사학에 정통하면서 경을 연구하고 도를 밝히는데 의지가 강했다. 왕부지는 경사를 모으는데 크게 이바지했다. 그들의 학술사상은 매우 광대하여 건륭(乾隆, 1711~1799)과 가경시대의 고증학파와 비교할 수 없을 정도였다. 건륭과 가경시대에 경전을 고증하는 분위기가 크게 성행했는데, 다시 고문경학이 부흥하였다. 진인각은 『중각서역인화화고서(重刻西域人華化考序)』에서 "청대의 경학과 사학은 모두 고증의 학이다. 그래서 학문을 닦는 자도 고증학의 길을 걷게 되었다"고 했다. 양계초는 『중국의 300여년 학술사(中國近三百年學術史)』에서 "건륭과 가경년간의 고증학은 거의 학계에서 독점하다시피 하였다"고 하였다. 이것은 청대는 고증학의 황금시대로 그 결과 고증학이 학술계를 거의 장악하여 많은 학자들이 고증학에 심취하였다. 청대의 한학은 동오(東吳), 환남(皖南) 두 파로 나뉜다. 오파에서는 혜동(惠棟, 1697~1758)을 대표로 후에 손성연(孫星衍, 1753~1818), 왕명성(王鳴盛, 1722~1797), 홍량길(洪亮吉, 1746~1809) 등이 가세하였다. 환파는 대진이 세웠는데, 왕염손(王念孫, 1744~1832), 왕인지(王引之, 1766 ~1834), 단옥재(段玉裁, 1735~1815), 손치양(孫治讓) 등이 중심이 되었다. 두 파의 학자들은 경서를 광대하게 고증하는 것에서부터 역사서들과 제자서들도 고증하였다. 또한 경의를 해석하는 것에서 역사, 지리, 역산, 음률, 전장제도를 고증하여 실사구시의 학풍을 형성하였다. 또한 문헌을 정리하고 연구하여 사회에 큰 공헌을 했다. 이것은 명청시기에 도를 밝혀 세상을 구하고자 하는 실학사조와 거리가 멀어짐에 따라 청대 통치자들에게 문자옥(文字獄)을 일으키고 문화전제주의를 보급시키는 원인이 되었다. 초순, 완원(阮元, 1764~1849)은 대씨(戴氏)에게 학문을 전수하고, 완원은 『청경해(淸經解)』 1,400여 권을 새기고 유가의 경전들을 집대성하였다. 당시 많은 학자들이 고증학에 심취하고 있을 때, 장학성은 과감하게 "육경은 모두 역사이다", "사학은 이른바 세상을 다스리는 것이다"고 했다. 그는 송명 시대의 학술대사의 경세실학의 정신을 자각적으로 알리고 사람들에게 '내성(內聖)'에서 '외왕(外王)'으로 관심을 기울여 경학에서 사학으로의 학술사조가 깊이 발전할 수 있음을 일깨웠다. "육경이 모두 역사이다"라는 경세의 이론은 당시의 학풍과 시기적으로 부합하였다. 한학을 연구하는 것은 사료를 중시하고 의리를 연구하지 않고 고증을 강의하여 실제와 동떨어졌다. 송학을 연구하는 것은 의리를 논하고 역사를 고려하지 않아 공론을 좋아하고 공적을 가볍게 여겨 각각 치우침이 있다. 그는 군자의 학술은 "세상에 치우쳐 있는 것을 바로잡을 수 있다"고[80] 했다. 그는 '도기합일(道器合一)'의 학술체계를 마련하면 한때 풍미했던 즉 아무 것도 없는 것을 고증하는 한학과 묘당, 의리가 허무한 송학에 들어가는 폐단을 바로잡을 수 있을 것이라고 했다.

---

80) 『文史通義·原學』.

왕국유(王國維, 1877~1927)는 "국초의 학문은 크고 건륭과 가경시대의 학문은 세밀하며 도광과 함풍시대의 학문은 새롭다"고 했다. 건륭, 가경시대의 학자는 허신, 정현 등을 숭상하고 정주학을 경시했다. 경학으로 경학을 다스리고 고증을 중시하고 오로지 한학을 연구하여 학술이 매우 정교해졌다. 가경, 도광 이후 청 정부의 정치가 나날이 부패되고 국력이 현저하게 쇠락해졌으며 아편전쟁이 일어나자 사회위기, 민족위기가 심각해졌다. 태평천국은 중국을 석권하고 중국과 프랑스의 전쟁, 중국과 일본의 전쟁이 잇따르자 이러한 위기는 더욱 심각해졌다. 내외적으로 혼란한 상황에서 많은 지식인들은 국가를 구하고 부강하게 하기 위해 온 힘을 다 했다. 이러한 것이 학술사상에도 반영되었는데, 즉 금문경학의 부흥이다. 『춘추공양전』에 '장삼세(張三世)', '통삼통(通三統)', '출주왕노(絀周王魯)', '수명개제(受命改制)'의 말은 금문경학이 부흥하게 되는 계기가 되었다. 장존여(莊存與, 1719~1788) 및 그 학생 유봉록(劉逢祿, 1776~1829), 송상봉(宋翔鳳, 1779~1860)은 상주(常州) 금문학파를 창설하고, 위원, 공자진이 이를 계승·발전시켰다. 이들은 경의로 시정(時政)을 풍자하고 경술을 치술로 삼고, 법을 고쳐 변화를 시도하였다. 왕개운(王闓運, 1832~1916)은 금문경학에 능통하여 두루두루 많은 경전에 주를 달았다. 그러나 그 공은 문학에 주로 있었고, 경학에 대한 조예는 그리 깊지 않았다. 그의 학생 요평(廖平, 1852~1932)은 스승의 뜻을 이어받아 『사익관경학총서(四益館經學叢書)』을 지어 금문은 공자의 진짜 학문이고, 고문은 유흠의 위작이라고 주장하였다. 원래 고문학을 연구한 강유위는 요평의 저작을 읽고 감화를 받아 한편으로 요평의 문장을 인용하고, 다른 한편으로 위원, 공자진이 경으로 시정을 논하는 학풍이 일어났다. 강유위는 『신학위경고(新學僞經考)』, 『공자개제고(孔子改制考)』를 지어 "옛 것으로 사회의 제도를 고치자"는 공양삼세(公羊三世)의 말은 유신변법의 역사적 근거가 되었다. 더불어 대동(大同)설을 연역하였다. 진천추(陳千秋), 양계초, 담사동(譚嗣同, 1865~1898), 하증우(夏曾佑, 1865~1924), 피석서(皮錫瑞, 1850~1908) 등도 청말 금문학파의 주요인물이다. 피석서는 일찍이 『경학통론(經學通論)』, 『경학역사(經學歷史)』 등의 책을 지어 초학자들에게 전했다. 장태염은 고문경학파 최후의 대사로 경술에 조예가 깊었으며 현실에 깊은 관심을 가졌다. "학문을 함에 문장에는 고문과 금문이 있는데 학문에 한진(漢晋)은 없다"고[81] 했으며 정치를 논하고 민족대의를 명확하게 하여 민주혁명을 고취하자고 주장하였다. 그는 고염무의 '경세치용' 사상을 이어받고 고문경학을 주장하고 금문경학을 반대했으며, 혁명을 통한 변화를 반대하여 고문경학의 집대성자가 되었다. 피석서의 글 및 청대 경학역사에는 "국가에 있어 경학은 크게 세 번의 변화가 있었다. 즉 국초에 한학

81) 『太炎文錄續編·漢學論』.

이 탄생하여 한학과 송학을 이분할 수 없어 문호가 세워질 수 없었다. 두 번째 건륭 이후 고문경학이 크게 흥성하자 송학이 밀려나 실증을 강의하고 의를 강의하지 않았는데, 이것이 정통 한학이다. 셋째, 도광(道光) 이후 강의한 것은 서한(西漢)의 금문경학으로 간단하지만 심오한 말로 대의를 이야기하고 원의(原義)를 갖다 붙이는 것을 좋아하였다"고 했다. 범문란(範文瀾, 1891~ 1969)은 『경학강연록(經學講演錄)』에서 "이러한 분류는 대체로 맞다"고 했다.

앞에서 이미 '육예'는 경학 및 경학의 발전과정에서 출현한 학술사조임을 간략하게 분석해보았다. 그 목적은 학술의 변화와 교육내용이 어떻게 발전했는지의 관계를 이해하기 위한 것이었다. 공자, 정현, 주희, 고염무, 대진, 강유위, 장태염 등 경학 발전과정에서의 개척자와 학술대사들 뿐만 아니라 뛰어난 교육가들은 육예, 육경 및 십삼경의 연구성과를 교육에 적용하였다. 경학에 대한 서로 다른 관점도 교육내용의 선택, 교재편찬, 교육과정에 영향을 주었다. 특히 사학과 서원의 교육은 매우 자율적이어서 그 영향도 컸다. 금문경학은 간단하지만 심오한 말로 대의를 이야기하는 것에 치중하고 정치, 도덕적 관점에서 육경을 말하였다. 육경은 보통과(『시』, 『서』, 『예』, 『악』)와 전문과(『역』, 『춘추』)로 구분하였다. 고문경학가는 '선인의 업적을 이어 말할 뿐 지어내지 않는다. 믿어 옛것을 좋아하여' 역사 언어의 관점에서 경의를 해석하고 육경의 순서를 『역』, 『서』, 『시』, 『예』, 『악』, 『춘추』로 배열하였다. 교재와 교육과정의 조직과 안배는 학술사상과 밀접한 관계가 있었는데, 대체로 금문경학가는 육경의 내용 난이도에 따라 배열하고 고문경학가들은 육경의 탄생시대에 의해 시기순으로 배열하였다. 금문경학가는 공자는 정치가, 교육가라고 생각하고 고문경학가는 공자는 사학가, 고대 문화의 보존자라고 생각하였다. 그래서 교재와 교육과정의 선택, 배치는 서로 달랐다. 예를 들면 송명시대에 이학이 궐기한 후, 이학가들도 경학을 연구했는데, 고문경학가처럼 종래의 규율에 얽매이지 않고 훈고의 길을 따랐다. 많은 철학가들의 관점에서 출발하여 이성을 탐구하였다. 그래서 과감하게 기존의 것에 대해 의심하고 새로운 해석을 하였다. 주희의 『시서변설(詩書辨說)』, 『시집전(詩集傳)』, 모씨의 『서(序)』가 조잡하다고 했을 뿐만 아니라 음란한 시 문제에 대해 대담하게 새로운 해석을 하였다. 『효경간오(孝經刊誤)』에도 그의 비판 정신이 가득하다. 이것은 그가 '도덕심성'의 문제 특히 『논어』, 『맹자』를 중시했기 때문이다. 더불어 『예기』 중 「중용」, 「대학」 두 편을 합하여 사서를 편찬했다. 이것은 그가 일생동안 사서에 주를 다는데 정력을 기울여 의심스러운 부분을 분석하고 아주 작은 것도 변별하여 새롭게 주소를 해석하여 공맹유가의 전통을 확립하고자 한 것으로 이에 그의 공부도 『역』, 『시』, 『춘추』, 『예』, 『상서』, 『효경』을 두루 섭렵하였다. 주희의 마음에 사서는 경학이었다. 그는 이것을 기타 경전보다 중요하게 생각했는데, 사서는 경학과 이학을 통일하는 기점이 되어 경학과 이학이 점점 심오해지고 이학의 새로운 설과 공맹정의가 점점 밀접하게 관련되자 전통정신이 창조적으로 변하게 되었다. 학술사상의 새로운 변화는 송대 서원의 교육에 반영되었을 뿐만 아니라 명청 이후 관학, 사학의 교재, 교육과정을 선택·조직하는데 영향을 주었다. 한학과 송학의 변천과 교육의 관계를 보면, 학술과 교육의 관계는 교육가 또는 학술대사의 교육행위의 교량이 되어 교육이 피동적으로 학술사상의 영향을 받은 것이 아니라 교육실천을 통해 특히 학술사상을 교재로 삼아 교육과정을 조직하여 학술사상이 보다 간결하고, 명확하고, 체계적으로 되어 학술사상의 전파와 갱신에 도움을 주었다. '육예'는 중국 고대 학술의 총체로 공자가 첨삭하여 편찬한 교과서로 이후, 줄곧 고대 학교교육의 주요 교재가 되었다. 마일부(馬一浮, 1883~1967)가 『복성서원강록(復性書院講錄)』에서 "육예의 문은 즉 천하의 도를 말하고 천하의 일을 실천하는 것으로 육예의 문을 밝히는 것은 서민도 천하의 일을 할 수 있게 하는 것이다"고 했다. 그는 육예를 세 과로 나누었다. 첫째, 『시』, 『악』으로 오늘날의 문학, 음악 및 음률학 등에 속하는 것이다. 둘째, 『서』, 『예』로 즉 오늘날의 정치학, 사회학 등에 속하는 것이다. 셋째, 『역』, 『춘추』로 오늘날의 철학 및 사학 등에 속하는 것이다. 중국의 인문학은 상당히 발달했는데, 공자가 인문학을 세운 것을 토대로 교재를 편찬하여 육예교육 및 역대 교육가들이 육예교육을 중시한 것과 밀접한 관계가 있다. 주희는 『사서집주(四書集注)』를 편찬했으며 철학, 도덕 등 방면의 교육에 많은 관심을 가졌는데, 이 역시 인문학에 속하는 것이다. 이렇게 중국 학술과 교학은 밀접하게 결합되어 인문정신을 계승하고 높이는데 일조하였다.

(2) 묵가, 도가, 법가, 병가 등의 학술사상이 교육에 미친 영향

지금까지 중국 학술의 주요사상을 설명하였다. 실제로 중국 학술에 있어 경학은 한계가 많지만 제자학술은 각각 나름대로 새로운 것을 창조하기도 하였다. 진한 이후, 묵학이 비록 약 2천년 동안 묻혀있었지만 멸망하지는 않았다. 유가, 도가는 묵가의 많은 사상을 받아들였다. 예를 들면 유가의 '대동(大同)'사상은 묵가의 '겸애(兼愛)'학설과 관련된다. 진(晉)나라의 노승, 당의 한유도 대략 묵학을 알고 있었다. 청대의 건륭, 가경시대에 고증학과 제자학이 성행하였는데, 이때 묵학이 다시 부흥하였다. 그 대표적인 학자로 장혜언(張惠言, 1761~1802), 필추범(畢秋帆), 노문소(盧文紹), 손성연, 왕념손(王念孫, 1744~1832), 왕인지, 필원(畢沅, 1730~1797), 유월(兪樾), 왕개운(王闓運, 1832~1916), 장순일(張純一) 등은 계속 묵학을 연구한 사람이다. 손치양은 『묵자한고(墨子閑詁)』를 지어 역대 묵가 연구를 집대성하였다. 청말 민초에 묵자의 연구물이 끊임없이 나왔는데, 특히 묵가의 논리사상, 과학사상은 학술계의 중시를 받았으며, 이립(李笠), 진주(陳柱), 양계초, 호적(胡適, 1891~1962) 등의 학자들이 전문적으로 이에 대해 논하였다. 양계초는 『자묵자학설(子墨子學說)』에 심지어 "아아, 양학(楊學)이 점점 중국을 망하게 하는 구나, 양학이 점점 중국을 망하게 하는 구나! 지금 나라를 구하고 싶거든 묵학을 행하여라, 묵학이 아닌 것을 연구하지 말고 진실로 묵학을 연구하거라"고 했다. 그밖에 북변과 인도의 인명(因明), 유럽의 형식논리학을 비교·연구하는 것도 국내·외학자들의 흥미로운 연구 주제가 되었다.

도가학파는 노장, 직하도가학자들 이후에 새로운 변화가 있었다. 진한 사이의 새로운 도가학파들은 황제의 말에 의해 노자학설을 일부 바꾸고 선진 각 학파들의 성과를 받아들어 황로학이 되었으며, 한초에 '무위로 다스리는' 사상의 토대가 되었다. 『여씨춘추』도 도가사상을 수용했으며, 『회남자(淮南子)』는 도가학술을 집대성한 것이다. 사마담의 『논육가요지(論六家要旨)』에는 특히 도가의 자연주의를 높였다. 동한 중엽, 도교가 탄생했는데, 노자를 교주로 봉하고 『도덕경(道德經)』을 법전으로 삼았다. 더불어 '천사도(天師道)', '태평도(太平道)', '상청파(上淸派)', 보령파(寶靈派) 등으로 전화되었지만 이미 종교에 속해 도가학파와 더불어 동일시 될 수 없었다.[82] 위진시기 현학이 발흥하고 『노자(老子)』, 『장자(莊子)』는 삼현(三賢) 중 이현으로 여기에 『주역』이 더하여져 삼현이 되었다. 유무(有無), 본말(本末), 명교(名敎)와 자연, 말로 다 표현할 수 있는 것과 말로 마음으로 생각한 바를 다 표현할 수 없는 것 등의 범주에 대한 논변은 사람들의 사상이 경학의 속박에서 벗어나도록 하여 예술적 자각을 촉진하고 세속을 초월한 반전통정신과 독립된 인격을 갖도록 하였다. 당, 송 이후 도가, 유가, 석가의 사상이 합류하고 많은 사대부들이 이러한 세 학술정신을 융합하였다. 예를 들면 소식은 노장을 숭상하고 선종(禪宗)을 좋아했다. 뿐만 아니라 유가의 '수기치인'의 학문을 결코 버리지 않았다. 자연주의를 핵심으로 하는 도가의 미학사상은 시인, 예술가 등을 탄생시키는데 많은 영향을 주었다. 당대부터 청말까지 『노자』, 『장자』에 관한 주석과 연구가 계속 이어졌는데, 위정, 전혁(傅奕), 왕안석, 소철, 범응원(範應元), 오징(吳澄, 1249~1333), 왕부지 등은 노자에 대해 해석하고 연구하였다. 곽상(郭象, 252 추정~312), 성립영(成立英), 여혜경(呂惠卿, 1032~1112), 방이지, 왕부지, 왕선겸(王先謙, 1842~1917) 등도 『노자』에 대해 주석을 하고 연구하여 끊임없이 새로운 뜻을 제시하고 정신을 드러내어 노장사상과 교학을 결합시켰

82) 천사도(天師道)는 후한의 장릉(張陵, ?~157)이 창시한 것으로 술법을 시행하여 병을 치료하는 것으로 신자를 모으고 신자들에게 다섯 말의 쌀을 받아 오두미도(五斗米道)라고도 칭한다. 장릉을 천사라 일컬었으므로 '천사도'라고 불렀다.

다. 이는 역대 시화(詩話), 문론, 예술적 담론에 노장사상으로 예술창조의 원리를 설명한 것에서 쉽게 찾아볼 수 있다. 석도(石濤)의 일화(一畵)론은 노자의 도의 관념을 예술 영역에 운용하였다. 특히 노자, 장자가 중시한 창조적 직관은 후세의 시인, 예술가들에게 많은 영향을 주었다.

법가사상도 그 역사가 유구하다. 한비자가 법가학술을 집대성한 후 진시황, 이사는 법가의 학술을 깊이 연구하여 중앙군주집권제를 세우는데 유리하도록 했으며, 한비의 학술사상을 실행하도록 했다. 진나라가 멸망한 후, 한대 초기 통치자는 황노의 학을 제창하고 무위로 다스렸지만 정치에는 여전히 법으로 나라를 다스리고 도와 법을 결합하였다. 한무제는 "백가를 버리고 유술만을 존중하는" 치국방침을 세웠지만 법가정신은 결국 중단되지 않았다. 선제(宣帝, B.C. 91~B.C. 49)가 "본래 왕도와 패도가 섞여 있다"고 하여 유교를 존중하면서 법가의 형명(刑名)술을 병용한 유가의 온화함을 보이지만 속으로는 법가의 엄격함이 있는 통치술이다. 위진시대 이후 법가학술사상은 조조(曹操, 155~220), 제갈량(諸葛亮, 181~234), 왕맹(王猛, 325~375), 소작(蘇綽, 498~546), 왕안석, 장거정(張居正, 1525~1582) 등 법가정신을 지닌 정치가의 중시를 받았다. 이들은 법가의 정치학설을 받아들이거나 일부 수정하여 정치이론을 혁신하는 근거로 삼았다. 한비자의 실증정신과 검증사상도 후세학자들의 중시를 받았다. 그러나 사마천(司馬遷, B.C. 145~B.C. 86) 같은 사람은 법가에 대해 "너무 각박하여 은혜로움이 적고(極其慘礉少恩)", "임금을 존중하고 신하를 업신여겼으며(尊主卑臣)", "극단적 왕권사상과 문화전제주의, 학술자유를 억압하고 나쁜 영향을 미친다"고 생각하여 상당히 비판적이었다. 송명 이후 학술계는 왕도와 패도를 구분하고 덕을 숭상하고 무력을 숭상하지 않는다고 하여 신한(申韓)을 이단에 포함시켰을 뿐만 아니라 신한의 학술을 말하는 정치가도 비난을 받았다. 이러한 상황은 근대에 이르러 비로소 변화되었다. 왕선겸은 "원래 치우치지 않은 것으로 밝은 법령을 분명하게 정하고 엄한 형벌로써 사람들의 혼란을 구제하고 천하의 재앙을 없애야 한다. 그럼으로써 강자가 약자를 괴롭히지 못하도록 하고 다수가 소수에 대한 폭력을 행사하지 못하도록 하며 나이든 사람은 제 명을 다 누리고 고아는 잘 길러지도록 해야한다. 이러한 엄격한 법률을 이용하여 성하고 쇠한다고 하는 것은 이른바 맹자가 말한 형벌과 정치에 대한 뜻을 다르게 사용한 것이다"고 하였다. 장태염도 "왕도로 백성을 편안하게 하고 패도로 민족을 보호한다"고 했으며 호적은 "한비자는 역사의 진화를 믿는 사상가로 법가사상을 새롭게 해석한 사람이다"라고 평가했다.

선진 제자에는 유가, 묵가, 도가, 법가, 명가, 음양가, 병가, 농가, 종횡가, 소설가, 잡가, 의가 등이 있는데 학술적으로 가장 영향을 미친 것은 유가, 묵가, 도가, 법가 네 학파이다. 기타 학파들도 학술방면에서 나름대로 특색을 지니고 있다. 예를 들면 병가의 『손자병법(孫子兵法)』, 『오자(吳子)』, 『사마법(司馬法)』, 『손빈병법(孫臏兵法)』, 『위료자(尉繚子)』, 『육도(六韜)』, 『삼략(三略)』은 모두 군사학의 거작이다. 송대 정부에서 반포한 『무경칠서(武經七書)』는 위에서 상술한 육부에 『이위공문답(李衛公問答)』을 집성한 것으로 중국 고대의 저명한 군사교과서이다. 특히 『손자병법』은 그 영향이 지대했으며, 중국 고대 국사가들이 필독으로 읽는 병서로 세계에서도 매우 귀중한 책이다. 음양가의 이론은 『맹자』, 『여씨춘추』, 동중서의 사상이 어우러져 '천인합일(天人合一)'의 정치이론으로 발전하고 의학가, 철학가도 음양오행학설을 발전시켰다. 예를 들면 『황제내경(黃帝內經)』은 음양오행학설을 철학적 토대로 하여 체계적인 중의학설을 세우고, 주돈이(周敦頤, 1017~1073)는 『역경(易經)』의 태극관념을 결합하고 음양오행설과 배합하여 우주변화의 이치를 설명하였다. 방이지도 이러한 순서에 의해 우주의 이치를 연구하였다. 더불어 음양오행설을 토대로 하여 유럽의 자연과학을 받아들이고 고금에 정통하고 중서를 융합하여 『통아(通雅)』, 『물리소식(物理小識)』 등을 지었으며 중국 학술사상이 실증적 근대과학정신으로 전환하도록 하였다. 기타 학파의 학술사상은 진한 이후에도 서로 다른 정도에서 발전하였다. 종합하자면 제자학은 상생하여 서로 영향을 주고받으며, 후세의 학술대사들이 학문을 하여 제자학술의 장점을 받아들여 학술이 새로운 경지로 나아갔다. 그들은 교재를 편찬하고 교육과정의 조직에도 이러한 학술정신을 반영하였다. 예를 들면 왕안석은 스스로 "백가제자의 책에서부터 『난경(難經)』,[83] 『소문(素文)』, 『본초(本草)』, 많은 소설 등 두루두루 안읽은 책이 없다"고[84] 했다. 『소씨견문후록(邵氏聞見后錄)』에서도 왕안석은 "두루두루 많은 책을 읽었다"고 하였다. 소식은 학문을 함에 유가, 도가를 넘나들며 불선(佛禪)에도 능하고 제자백가에도 능통하여 다양한 것을 채택하여 상당히 개방적이었으며 마음이 넓었다. 주희는 청소년시기에 유가를 중심으로 학문을 하고 점점 백가의 학설을 섭렵했는데, "어렸을 때는 무엇이든지 배우려고 했다. 선(禪), 도문장(道文章), 초사(楚辭), 시(詩), 병법(兵法) 무엇이든 배우려고 해서 무수히 많은 책을 읽었다"고[85] 했다. 앞서 말한 세 명의 학술대사의 학문적 연구 경험을 분석해보면 제자백가의 학술사상의 영향이 컸음을 알 수 있다.

---

83) 진(秦)나라의 명의(名醫) 편작(扁鵲)이 지은 한의서(漢醫書)로 한의학(韓醫學)의 근본(根本)이 되는 황제내경(皇帝內經)과 소문영추(素問靈樞) 가운데 가장 중요(重要)한 내용만을 뽑아 알기 쉽게 풀이한 책이다.

84) 『王臨川集·答曾子固書』.

85) 『朱子語類』 卷一0四.

(3) 외래 학술사상의 영향

중국 학술은 선진시대부터 독립적으로 발전하기 시작했지만 외래 학술사상을 받아들여 이것을 자국의 학술과 융합시켰다. 이른바 "단 것은 화합을 불러오고, 흰 것은 채색을 받아들인다"는 것은 즉 외래 학술과의 교류를 말하는 것이다. 예를 들면 당대에 중국인들은 마치 '큰 고래가 바닷물을 마시듯' 외국의 학술을 수용했을 뿐만 아니라 이러한 학술정신을 가까이는 동아시아 지역, 멀게는 서양까지 영향을 주었다. 학술교류사를 살펴보면 외래 학술은 중국에 세 차례에 걸쳐 들어왔다. 첫째, 기원전 1세기 이후 불교를 대표로 하는 인도학술이 전래되었고, 둘째 명 중엽 이후 서양의 예수회선교사들이 중국에 들어오면서 서양의 자연과학지식이 도입되었다. 셋째, 아편전쟁 이후 서학이 점점 동양으로 들어오고 과학과 민주사상이 들어왔다. 중국인들은 외래의 학술사상을 받아들이고 채택했으며, 이를 자국에 맞게 바꾸었다. 예를 들면 당대 선종(禪宗)의 형성은 불교가 중국 학술사상의 영향을 받아 중국의 전통학술 중 일부가 되었다. 서학이 점점 동양으로 들어온 후, 많은 지식인들은 그중 가치 있는 것을 받아들여 중국 학술의 부족한 점을 보충하였다. 예를 들면 서광계, 방이지, 매문정 등은 서학을 상당히 환영했는데, 서양의 것으로 염자를 말하는(借泰西爲剡子) 넓은 마음으로 중서과학기술을 받아 들였으며 이에 정통하였다. 새로운 학술사상은 교육실천에 반영되어 교육에 변화를 주기도 하였다. 예를 들면 서광계는 "수학을 중심으로 삼고", "경제물리를 중시하자"는 교육관점을 제시하였다. 더불어 마테오리치(利馬竇, 1552~1610)는 『기하원본(幾何原本)』, 『측량법의(測量法義)』, 『태서수법(泰西水法)』을 번역하고, 『측량이동(測量異同)』, 『농정전서(農政全書)』를 지어 서양의 자연과학과 지식을 동양에 전하였다. 매문정은 이것은 "마치 소호규제와 같다(略仿蘇湖規制)"고[86] 하여 전문적으로 자연과학을 연구하는 학교를 세우자고 주장하였다. 비록 그의 이상은 실현되지 못했지만, 과학적 가치가 매우 높은 『매씨역산전서(梅氏曆算全書)』, 『고금역법통고(古今曆法通考)』 등을 편찬했다. 그 중 『기하보편(幾何補編)』 네 권에는 그의 새로운 생각이 풍부하다. 그는 근대 과학교육의 선도적인 인물이라고 할 수 있다. 청대 후기의 과학가로 정복광(鄭復光), 나사림(羅士琳, 1778~1858), 오기준(吳其濬, 1789~1847), 항명달(項名達, 1789~1850), 정공진(丁拱辰, 1800~1875), 이선란(李善蘭, 1814~1884), 서수(徐壽, 1818~1884), 화형방(華蘅芳, 1833~1902) 등이 있는데 이들도 서광계, 매문정을 이어 받아 중서의 학술사상에 정통했으며, 과학연구에

86) 소호(蘇湖)는 소주(蘇州)와 호주(湖州) 지역을 일컫는 것으로 예전에 곡물 생산의 중심지로 본문에서는 서양의 자연과학에는 배워야할 많은 내용이 있음을 의미한다.

몰두하고 책을 지어 제자들에게 전수함으로써 학생들에게 중서과학의 장점을 받아들이고, 교육의 새로운 방법을 개척하도록 하였다.

(4) 연구와 교육에 관한 사학과 목록학의 기능

양계초는 『중국역사연구법』에서 "중국의 다양한 학문 중 사학이 가장 발달했으며, 세계의 사학자 중 중국의 사학자가 가장 훌륭하다"고 했다. 종적인 방면에서 많은 사서를 살펴보면 하, 상, 주 이후의 역사를 모두 단절 없이 기록하였다. 횡적인 방면에서 보면 중국의 사서는 실제로 문화사, 역대의 정치, 경제, 철학, 종교, 윤리, 문학, 예술, 천문, 지리, 수학 등을 모두 기술하고 있다. 국사(國史)의 완비, 사사(私史)의 풍부함, 많은 사론(史論)은 유럽, 아시아에 있는 어떤 민족과도 필적할 만하다. 역사를 중시하는 중국의 전통은 역사문헌을 보존하고 정리하며 연구하는 것에서 찾아볼 수 있을 뿐만 아니라 교훈을 거울삼고 역사 편찬을 중시하며 역사를 사실대로 기재하고 사덕(史德)을 중시하는 측면에서도 이러한 점을 찾아볼 수 있다. 이 뿐만 아니라 역사교육을 중시한 면에서도 이러한 모습을 찾아볼 수 있다. 역사를 알지 못하면 역사의 장구함, 학술의 기원이 매우 오래되었다는 것을 알지 못하며 조상들이 어렵게 창업을 한 상황, 정치 득실의 원인도 알 수 없다. 사가들이 '과거의 일을 기록하고 미래를 예측하는' 이른바 '사심(史心)'을 이해하기란 더욱 힘들다. 중국 역대의 식견이 있는 교육가는 경사(經史)에 정통했을 뿐만 아니라 역사서를 선택하고 개편하고 저술하는데도 뛰어나 직접 교재를 만들어 학생들을 가르치기도 했다. 예를 들면 공자가 지은 『춘추(春秋)』, 주희가 편찬한 『자치통감강목(資治通鑑綱目)』, 황종희가 지은 『명유학안(明儒學案)』, 고염무가 편찬한 『천하군국이병서(天下郡國利病書)』, 『일지록(日知錄)』, 왕부지가 지은 『속통감론(續通監論)』, 『송론(宋論)』, 『영역실록(永歷實錄)』은 모두 교학과 연구를 결합한 학술성과물이다. 사마천의 『사기』를 대표로 하는 24사 및 선진시기의 『춘추』, 『좌전(左傳)』, 『국어(國語)』, 『전국책(戰國策)』 등 사서는 역대에 학교에서 사용한 교재이다. 예를 들면 "육경은 모두 역사이다"의 관점에서 분석해보면, 역사교육의 범주는 상당히 넓으며 역사는 학술사상사에서 사람들의 많은 중시를 받았다. 중국의 사서는 많은 부분이 사학과 문학이 결합된 명편(名篇)들이며, 역사적인 사실에 충실했을 뿐만 아니라 문장도 매우 훌륭하다. 예를 들면 『사기』의 「항우본기(項羽本紀)」, 「렴파(廉頗), 인상여열전(藺相如列傳)」, 「이장군열전(李將軍列傳)」 등에는 후세에 길이 남을 작자의 재능이 담겨있어 수천년 동안 사람들에게 전해지고 있다. 노신은 "사가의 뛰어난 문장은 무운(無韻)의 『이소(離騷)』이다"(『한문학사강(漢文學史剛)』)고 하며, 『사기』를 높이 평가했다. 또한 '사(史)'와 '문(文)'의 유기적 결합이라고 했다. 그래서 우수한 역사작품을 교재로 선택하는 것은 사학교육과 문학교육의 이중 효과를 누릴 수 있는 것이다. 중국 고대의 교육대가들은 경사를 중시했을 뿐만 아니라 문학도 중시하였다. 경, 사, 자 집 네 부류 중 '집(集)'이 가리키는 것은 고대 작가의 시(詩), 문(文), 사(詞), 곡(曲)의 결집이다. 그중 많은 명편이 교재에 수록되어 필수과정으로 배우고 있다. 그러나 지면이 제한되어 여기서는 일일이 설명하지 않겠다.

교학은 교육과정을 축으로 전개되는 것으로 학술적 전수와 전파는 반드시 합리적, 체계적인 분류가 이루어져서 진정한 기초지식, 기능으로 교육과정이 이루어져야 교학과 결합될 수 있다. 따라서 지식, 학술에 대한 분류를 하는 것은 교재를 편찬하고 교육과정을 구성하는 중요한 일이다. 중국의 학술기원은 그 역사가 매우 깊고 문헌자료가 풍부하다. 만약 합리적, 체계적인 분류가 이루어지지 않는다면 학술을 명확히 하고 학술의 기원을 고증하는 것, 설령 책을 구해 그 책으로 학문을 연구한다고 하더라도 문헌자료가 너무 많고, 마치 별이 총총한 밤하늘과 같이 학술도 많아서 어디서부터 무엇을 해야 할지 몰라 자신의 능력을 개탄할 것이다. 교학, 학문을 하는 것(治學), 연구는 모두 지식, 학술 영역이 무한한 반면 학습시간은 유한하므로 우리는 지식, 학술이라는 귀중한 창고를 여는 열쇠를 갖고 있어야 한다. 예를 들면 베이컨(Francis Bacon, 1561~1626)은 "지식은 힘이다"는 관점을 제시했을 뿐만 아니라 지식, 학술을 분류했다. 그는 학술을 역사학, 시학, 신학과 철학이라는 네 개의 범주로 구분하고 인류지식에 대해 체계적인 구분을 해서 근대과학을 분류하는 선도자가 되었다. 그는 교재의 편찬, 교육과정을 구성하는데 직접적인 영향을 미쳤으며, 그중 실용지식을 강조하는 것에 중점을 두었다. 베이컨 이전에 마단림(馬端臨, 1254 추정~1323)은 『문헌통고(文獻通考)·경적고(經籍考)』에서 중국 역사 문헌을 경, 사, 자 집 네 부류로 나누었는데, 이는 위로는 유흠(劉歆, 미상~23)의 『칠략(七略)』의 취지를 계승한 것이고, 가운데로는 『수서(隋書)·경적지(經籍志)』의 정법(定法)을 채택한 것이며, 아래로는 『사고전서총목(四庫全書總目)』의 분류법을 알린 것이다. 학술을 논하고 그 원류를 고증하는데 도서 분류 중 학술변화의 흔적을 알 수 있다. 『사고전서총목』을 편찬한 후 사고분류법은 보다 완비되었다. 『사고전서총목』은 대형총서 『사고전서』를 합리적·체계적인 분류를 한 후 편찬된 것이다. 이것은 중국 고적을 모아 네 부분으로 분류한 것으로 베이컨의 분류법과 비교해 볼 때 경부는 신학에 해당하고, 사부는 역사학에 해당하며, 자부는 철학에 해당하고, 집부는 시학에 해당된다. 지식, 학술에 대한 분류는 서로 비슷한 부분이 많다. 서로 다른 부분은 베이컨의 분류법은 인간의 이성능력(기억, 상상, 이성)에 의해 구분한 것으로 특히 자연과학지식 및 학술, 경험과 응용간의 관계를 중시하여 근대과학정신이 담겨 있다. 그러나 사고분류법에도 도를 존중하는 것을 근본관념으로 예술을 경시하는 사상이 있다. 비록 중국의 학술문화가 완벽하고 체계적으로 분류되었으며 사회의 질서와 국가의 법이 많은 경적에 있고 교학, 학문의 단서가 있다고 할지라도 근본정신은 상당히 고전적이지 근현대적이지 못하다. 건륭과 가경시기에는 중국의 고전학술이 성숙되고 종합화되는 시기로 『사고전서』가 편찬되었다. 이것의 편찬은 중국 고대에서 완벽하고 체계적인 학술세계를 만든 것으로 상당히 권위가 있으며, 세계 학술사상사에서 보기 드문 연구 성과이다. 18세기 중엽 프랑스의 드니 디드로(狄德羅, Denis Diderot, 1713~1784)가 주편한 『백과전서』는 2,268자이지만 『사고전서』는 9억9천7백 만자로 『백과전서』는 글자 수만 보더라도 44배나 많다. 이러한 광대한 학술을 이해하고 장악하기 위해 체계적인 분류는 반드시 필요하다. 『사고전서총목』은 이러한 개관적인 요구에 맞춰 편찬된 것으로 상당히 논리적이어서 독자들이 학문을 연구함에 적은 노력으로 많은 효과를 거둘 수 있는 책이다.

『칠략』의 편찬에서 『사고전서총목』의 편찬까지 중국의 고대교육가, 사상가, 사학가는 학술을 논하고 그 원류를 고증하는 문제를 매우 중시하였다. 중국의 학자들은 목록학을 중시하여 학술사, 학술 분류의 관점에서 어떻게 문헌을 제시하고 보도할 것인지, 학습자들에게 문헌의 사상내용을 어떻게 인식하게 할 것인지, 작자의 학술업적, 스승이 전수하는 것의 연원, 학술유파, 나아가 학술원류를 설명하고 학과의 범주를 구분하여 교재를 선택하고 교육과정을 조직하며 독서와 학문을 어떻게 해야 하는 지 알려주었다. 목록학은 학술분류를 기본으로 삼는다. 그래서 학술을 논하고 그 원류를 고증하는 것은 매우 필요하다. 학술분류는 일찍이 은, 주나라시기에 시작되었다. 예를 들면 『주례(周禮)·지관보씨(地官保氏)』에 나와 있는 예, 악, 사, 어, 서, 수는 '육예', 『장자(莊子)·천운(天運)』편에 있는 『시』, 『서』, 『예』, 『역』, 『춘추』는 '육경(六經)'이다. 전국시기 백가의 기능들이 많이 나누어지면서 지식분류는 더욱 중요해졌다. 순자는 '도에 정통한 자'와 '물(物)에 정통한 자' 두 부류로 나누었다. 이것을 다시 '물에 정통한 자'는 '천(天)에 뜻을 두고', '지(地)에 뜻을 두고', '사시(四時)에 뜻을 둔 것'으로 세분하였다. 춘추전국 이후 백가쟁명, 학술 자유로 인해 저서로 말하는 사람이 많아졌다. 한나라 문제는 사람들에게 책을 헌납하도록 하여 도서를 모았는데, 이렇게 모아진 책이 마치 작은 산과 같았다. 도서를 분류하고 학술의 원류를 분석하는 것이 거의 필연적인 것이 되었다. 유흠이 편찬한 『칠략』7권은 많은 도서가 학술체계를 갖추고 있음을 반영하고 있는데, 집략(輯略), 육예략(六藝略), 제자략(諸子略), 시부략(詩賦略), 병서략(兵書略), 수술략(數術略), 방기략(放技略)에 수만권의 도서가 기록되어 있어 학술과 교학의 발전을 촉진하였다. 『한서(漢書)·예문지』는 『칠략』을 근거로 하여 편찬한 것으로 이를 통해 서한의 학술사상과 문화,

전적(典籍)의 양상을 알 수 있다. 위진남북조시기 순욱(筍勖, 163~212)의 『진중경부(晉中經簿)』, 이충(李充)이 편찬한 『진원제사부서목(晉元帝四部書目)』에서 사부분류법을 정했다. 왕검(王儉, 452~489)의 『칠지(七志)』, 원효서(阮孝緖, 479~536)의 『칠록(七錄)』은 이 시기 새로운 학술의 반영이다. 그후 『수서(隋書)·경적지(經籍志)』, 『군서사부록(群書四部錄)』, 『고금서록(古今書錄)』, 『당서경적지(唐書經籍志)』, 『신당서(新唐書)·예문지(藝文志)』, 『숭문총목(崇文總木)』, 『송사(宋史)·예문지(藝文志)』, 『군재독서지(郡齋讀書志)』, 『직제서록해제(直齋書錄解題)』, 『통지(通志)·교수략(校讎略)』, 『문헌통고(文獻通考)·경적고(經籍考)』, 『명사(明史)·예문지(藝文志)』, 『백천서지(百川書志)』, 『담생당장서목(澹生堂藏書目)』, 『독서민구기(讀書敏求記)』 및 『사고전서총목(四庫全書總目)』, 『교수통의(校讎通義)』 등의 저작은 모두 학술분류와 도서분류를 결합한 것이다. 사회질서와 국가의 법에 관한 서적들은 사람들이 학술원류를 분석하고 학문을 함에 도움을 주는 것이다. 이로 인해 사람들이 중국의 학술발전을 인식·이해하고 장악하는 대세가 되어 교재를 편찬하고 교육과정을 조직하며 학습을 지도하는데 있어 목록학은 안내자 역할을 하였다. 청대의 학자 왕명성은 십칠사상각(十七史商榷)에서 "목록학은 학문 중 가장 중요한 것으로 이것으로 학문의 길을 물어야 문에 들어갈 수 있는 것이다"(卷一)고 했다. "무릇 독서의 가장 중요한 것은 목록학이다. 목록에 밝아야 독서를 할 수 있는 것이다. 만약 이에 밝지 못하면 독서를 함에 늘 혼란스럽다"(卷七)고 했다. 김방(金榜, 1735~1801)도 "『한서예문지(漢書藝文志)』를 알지 못하면 천하의 책을 읽을 수 없다. '예문지'라는 것은 학문의 요강이며 저술의 관문이다"고 했다. 근대의 사람 요명달(姚明達, 1905~1942)은 이를 보다 상세하게 설명하였다. 즉 그는 "목록은 인류 지식의 결정체를 여는 열쇠이다. 만약 열쇠가 없다면 사람들이 문으로 들어가기 쉽지 않을 것이다"고[87] 했다. 학술과 교학은 서로 소통할 수 있는 매개체가 필요하다. '학술을 논하고 그 원류를 고증하는 것'을 취지로 삼는 목록학은 이러한 매개역할을 하는 것이다.

3. 교학과정과 방법

교학은 과정이다. 교학의 과정은 교육목표와 교재의 차이로 인해 다르다. 교학방법 혹은 학습방법도 이에 상응하여 다르다. 교학실천 활동은 교육과정을 중심으로 이에 상응하는 방법을 채택해서 전개되는 활동과정이다.

87) 『目錄學』.

(1) 고대 교육가들이 말하는 교학과정과 방법

중국의 고대 교육가는 일찍이 교학이 하나의 과정임을 인식하였다. 그들은 인식론, 학습론 및 수양론의 관점에서 교학과정을 개괄하고 더불어 『역경』의 대립, 변화, 통일이라는 변증법을 응용하여 교학과정을 구체적으로 분석했으며, 지(知)와 행(行)의 변증관계를 강조하고 지식의 과정과 인격완성의 과정을 파악하였다. 그래서 학습과정과 인생 가치 실현의 과정을 유기적으로 결합시켰다.

『역전』에서 "천지 만물을 포섭하는 것을 대업이라 하고, 부단한 작용 끝에 날로 새로워지는 것을 성덕이라고 한다. 생성의 이치를 역이라고 말한다",[88] "하늘의 운행은 건전하고 군자는 잠시도 쉬지 않는다"고[89] 했다. 모든 사물은 변화·발전의 과정에 있으며, 우주는 끊임없이 변화하는 과정으로 발전적·진취적인 규율로 학문하는 사람들에게 이러한 천의 '건전함'을 배우고 끊임없이 분투하고 멈춤이 없도록 하는 것이다. 이러한 철학관념이 교학론에 반영되어야 사람들이 변증적이고 변화·발전하는 관점으로 교학과정을 인식도록 하는데 도움이 되는 것이다.

공자는 교학 즉 '학(學)', '사(思)', '습(習)', '행(行)'에 대해 구체적으로 말하였다. 그는 "배움을 좋아하면 앎에 가깝고, 힘써 행하면 인에 가깝고, 부끄러움을 알면 용기에 가깝다"고[90] 했으며, "군자는 학문을 널리 공부하고 예로써 단속하며 도를 어기지 않는다",[91] "배워서 때때로 그것을 익히면 즐겁지 아니한가?"고[92] 했다. '학'은 '학습(學習)'으로 직접경험과 간접경험이라는 인식활동을 모두 포함한다. '사'는 '사고(思考)'로 즉 이성인식 능력을 발휘하여 획득한 직접경험과 간접경험에 대해 분석과 판단을 하여 그 시비곡직을 가리는 것이다. '습'은 반복해서 복습하고 연습하는 것으로 보다 깊은 이해를 위해 힘쓰는 것이며 더불어 획득한 지식, 경험이 기능(솜씨)으로 전화하는 것이다. 안원은 "공자가 책을 펼치면 배움을 숭상하였다. 생각하고 읽는 것은 배우는 것만 못하다. 배움을 멈추면 결국 게으른 것으로 익히지 않는 것만 못하다. 두세 번 익힌다고 해서 나와 같게 되는 것이 아니다. 때때로 익혀 얻는 것만 못하다. 습(習)과 성(性)이 이루어지려면 자강불식해야 한다"고[93] 했으며, 『역경(易經)』은 자강불식의 관점을 '시습(時習)'으로 해석했는데, 이것은 공자가 말하는 학문의 정신에 부합되는 것이다. 열심히 학문을 하는

88) 『易傳·系辭上』.
89) 『易傳·乾卦』.
90) 『中庸』.
91) 『論語·雍也』.
92) 『論語·學而』.
93) 『顔司齋言行錄』, 『學須』 十三.

것은 공자가 말한, 학과 습의 요지이다. 이렇게 하면 습과 성이 이루어지는 것이다. 행은 '실행(實行)', '실천(實踐)'으로 배운 것을 실제에 응용하고 아는 것을 행동으로 실천하는 것이다. 습은 학의 확대이며, 행의 준비라고 할 수 있다. 학과 습은 반드시 실천, 행위와 서로 결합되는 것으로 지(志)의 실현과 인격의 완성에 도움을 주는 것이다. 특히 공자는 행에 대해 중시했다. "군자는 말을 함에 그 행동이 지나칠까 두려워한다," "군자는 말을 어눌하게 하나 행동은 민첩하다"고 했다. 공자가 제창하는 수기치인(修己治人)의 실학(實學)은 바로 행에 중점을 둔 것이다. 『역(易)·계사하(系辭下)』에서 말하는 "사람이 진리를 탐구함은 마침내 활용하게 될 힘을 기르기 위해서이다"는 후세 학자들이 말하는 "학문의 도는 실행하는 것에 그 중요함이 있다"고[94] 했다. 이것은 공자가 행(行)을 중시한 사상과 일치하는 것으로 자강불식, 끊임없이 실천하는 정신이 포함되어 있다. 그래서 행은 지의 확대라는 것은 인생의 목적을 가리키는 것이며, 행은 자신을 이루고, 다른 사람도 이루게 하는 것으로 행을 벗어나서는 근본적으로 "자신이 서고자 하면 다른 사람을 세우고 자신이 이루고자 하면 다른 사람을 먼저 이루게 해야 한다"는 목표를 성취할 수 없다. 공자의 교학이 '실천역행'을 중시한 유래가 여기에 있는 것이다. 위에서 분석한 것을 살펴보면 공자가 주장한 학습과정은 인식활동과 수양활동, 앎을 추구하고 덕을 이루는 것이 서로 통일된 발전과정으로 그 핵심개념은 인격완성이다.

맹자는 "학문의 도는 다른 것이 아니다. 놓친 마음을 찾는 것일 뿐이다"고[95] 했으며, "행하여 얻어지지 않는 것이 있으면 모두 자기 자신을 반성해야 한다"고[96] 했다. 여기서 "(잘잘못을)돌이켜 자기 자신에게서 찾는다(反求諸己)"는 것의 '기(己)'는 도덕주체를 가리킨다. 동물을 유기체의 본능에 가두어 두면 결국 본능에 의해 살게 된다. 인간의 장점은 마음의 자각이다. 인류의 생명은 오로지 자각을 통해서 동물보다 앞서 능동적인 지위를 획득할 수 있다. 어떤 성취도 모두 마음의 자각과 관련되어 있다. 마음의 자각이 발휘할 수 있는 기능과 작용은 외부적으로 발휘되는 것과 내부적으로 발휘되는 것 두 가지가 있다. "돌이켜 자기 자신에게서 찾는다"는 것은 사람의 마음이 자각한다는 능동적인 표현으로 "돌이켜 자기 자신에게서 찾는" 공부가 없다면 도덕주체는 확립될 수 없으며, 도덕가치도 실현될 수 없다. 맹자는 사람의 성은 선하다고 주장하였다. 그는 사람의 마음에 담겨있는 것은 '양지(良知)', '양능(良能)'이라고 생각했다. 그는 공자가 말하는 군자는 허물을 자기 자신에게서 찾고 어질지 않은 자를 보면 안으로 스스로 (그렇지 않은가) 반성하는 사람이다. 증자는 "하루에 세 번 나를 반성한다" 등의 관점에서 깨우침을 얻을

94) 朱之瑜, 『答安東宋約書』.
95) 『孟子·告子上』.
96) 『孟子·離婁上』.

수 있다고 보았다. 공자는 자아성찰 즉 "자기 자신을 반성해야 한다"는 것에서 인간간의 관계로 확대되어 교학실천속에서 이를 실행하여 교학과정을 '자기 자신을 반성하는' 과정으로 간주하였다. 그는 "때에 맞춰 오는 비가 화하게 하는 것이니",[97] "군자가 활을 당기고 쏘지 아니하여 눈앞에 나타나게 하여 중도에 서면 능한 자가 쫒는 것이다",[98] "군자는 스스로 얻고자 한다"는[99] 것 및 "호연지기를 기르는 것"[100] 등은 모두 교육을 받는 사람들에게 '돌이켜 자기 자신에게서 찾는' 공부를 통해 일깨워서 인격이 완성되게 하는 것이 교학방법이라고 생각했다. 교학방법론의 분석은 내적으로 본심에 대해 반성하는 직관법에 있다. 교육과정 중 내부적으로 반성하는 직관법을 채택하는 교사의 교학방법은 가르치는 것, 각성, 계발, 유도에 치중한다. 교육을 받는 사람의 학습방법은 성찰, 반성, 잘잘못을 자신에게서 찾는 것, 체험에 있다. 육구연의 교학은 '사람의 본심을 계발하는 것'이다. 왕양명의 교학은 사람의 양지(良知)를 잘 가르치는 것이다. 이것은 모두 맹자의 '돌이켜 자기 자신에게서 찾는' 방법에서 발전한 것이다. 도덕교육은 '잃어버린 마음을 찾는' 과정과 방법이 유기적으로 통일된 것으로 자각하는 것을 계발하는 것을 근본으로 삼아야 한다.

공자, 맹자, 순자는 모두 자각의 문제를 중시하였다. 이들을 서로 비교해보면 다음과 같다. 공자의 자각심은 내부와 외부의 결합으로 발휘된다고 보았고, 맹자는 내부에 치중했으나 순자는 외부에 치중하였다. 순자는 '성악(性惡)'을 주장하였다. 인간의 성이 선한 것은 후에 인위적인 노력(積僞)의 결과로 무릇 선하다는 것이고, 가치가 있다는 것은 모두 노력의 산물이라고 보았다. 맹자는 본성을 확충해서 말했다. 즉 "학문의 도는 다른 것에 있는 것이 아니라 잃어버린 마음을 찾는 것일 뿐이다"고 하여 본래 있었던 것을 발휘하는 것이라고 보았다. 순자는 "본성을 변화시켜 인위를 만드는 것(化性積僞)"을 말하였다. 그래서 그는 "군자의 학문은 귀로 들어와 마음에 부착되고 온 몸에 퍼져 행동으로 드러난다"고[101] 했으며, 본래 가지고 있는 것을 변화시켜 본래에 없었던 것을 창조하는 것이라고 말하였다. 교학과정이라는 측면에서 분석해보면 순자는 군자의 학문을 세 단계로 구분한 것이다. 즉 귀로 들어온다는 것은 감성인식의 단계이고, 마음에 와닿는다는 것은 이성인식의 단계이며, 온몸에 퍼져 행동으로 나타난다는 것은 실천궁행의 단계를 일컫는다. 그는 「유효(儒效)」편에서 "듣지 않는 것은 듣는 것만 못하고, 듣는 것은

97) 『孟子 · 盡心上』.
98) 『孟子 · 盡心上』.
99) 『孟子 · 離婁下』.
100) 『孟子 · 公孫丑上』.
101) 『荀子 · 勸學』.

보는 것만 못하며, 보는 것은 아는 것만 못하고, 아는 것은 행하는 것만 못하다. 배움은 행함에 이르러서야 멈춘다"고 했다. 여기에서 말하는 '듣는 것(聞)', '보는 것(見)', '아는 것(知)', '행하는 것(行)'은 실제로 지에서 행으로 나아가는 과정이다. 공자가 말한 '학(學), 사(思), 습(習), 행(行)'과 대체로 비슷하다. 유향(劉向, B.C. 77~B.C. 6)은 『설원(說苑)』에서 "군자의 학문은 귀로 들어와 마음에 머물렀다가 몸으로 행동하는 것이다"고 했다. 또한 "군자는 두루 배워 익히지 않는 것을 근심하고 그것을 익히면 익힌 것을 행동으로 옮기지 못할까 걱정한다"고 했는데, 이것은 순자의 설법을 계승한 것으로 '몸소 힘써 실천할 것'을 강조한 것이다. 주희는 "학문의 길은 궁리(窮理)보다 앞서는 것이 없다. 궁리의 요체는 독서에 있다. 독서의 방법으로 중요한 것은 순서를 따르며 정기(精氣)를 모으는 것이다. 정기를 모으는 근본은 공손하게 거하고 뜻을 잘 간직하는 것이다"고[102] 했다. 주희는 교학과정과 교학방법의 관계에서 교학, 학습 및 도덕수양의 기본 특징을 분석하였다. 그가 인식한 교학과정은 일종의 특수한 인식과정으로 교육을 받는 사람의 심신의 발전을 간과하지 않고, 앎을 추구하고 덕을 이루는 것이 유기적 통일을 이룬다고 생각했다. 교육을 받는 사람이 순서대로 학습을 하고 지식을 응용하고 배움과 지식을 구하는 과정에서 끊임없이 자신의 인격을 완성해가는 것이다. 주희는 치지(致知)에서 격물궁리를 구하고 궁리치지에 대해 이전의 학자들과 비교할 수 없을 정도로 넓고 세밀하게 설명하였다. 그는 "일상생활에서 어떤 일에 처하는 것, 사물을 접하는 것, 생각하는 것, 독서를 하는 것" 모두 격물의 대상이라고 했다. 그는 독서를 중시했으며 학습의 범주를 독서에 국한하지 않았다. 주희는 "무릇 학문이라는 것은 독서만을 일컫는 것이 아니다. 독서만이 학문이 아니라는 것은 지식이 학문의 목적이 아니라는 것이다"고[103] 했다. 그는 학습과정을 지와 행의 상호촉진의 과정으로 간주하고 "널리 배우는 것은 그 요지를 아는 것만 못하고 그 요지를 하는 것은 성실하게 행하는 것만 못하다"고[104] 했다. "알고서도 행동이 미처 따라하지 못한다면 아직 깊이 알지 못한 탓이다. 몸소 경험하여 그 앎을 밝혀나가면 예전의 앎이 아닌 것이다"고[105] 했다. 사람의 마음은 두 가지이다. 즉 지식면과 도덕면이다. 지식의 탐구는 철저하게 파헤치는 것이며, 도덕의 표현은 충분과 완벽이다. 도덕적 실천은 성실해야 하며, 지식의 추구도 진실해야 한다. 지식과 도덕은 서로 기초가 되는 것이며, 서로 자극하고 촉진하는 것으로 교학과정은 실제로 지행의 변증 발전의 과정이다. 원대의 정단례(鄭端禮, 1271~1345)의 『정씨가숙독서분년일정

102) 『性理情義』.
103) 『學規類編』.
104) 『朱子語類輯略』.
105) 『性理精義』.

(鄭氏家塾讀書分年日程)』에 의하면 주희는 "문하생과 사숙의 제자들에게 주자가 일상생활에서 말한 교훈을 모아 그중 중요한 것을 뽑아 독서법 6조를 만들었다. 즉 순서대로 진행하고, 정독하며 깊이 생각하고, 마음을 비우며, 실제생활에서 몸소 체험하고, 문제에 부딪쳐 힘쓰며, 정성된 마음으로 성실함을 지니는 것이다. 이것을 종합해보면 교학, 학문을 하는 과정에 대한 이해가 상당히 주도면밀했음을 알 수 있다. 독서의 관점에서 분석해보면 비록 교육과정의 특수성을 이해하는데 도움을 주었지만 교학을 독서궁리에 제한하고 주희가 말한 교학의 본뜻과 부합하지 않았을 뿐만 아니라 실천과 괴리된 좋지 않은 학풍을 조성하였다. 명, 청 이후 사(士)들은 '주자가 편찬한 사서만을 읽는' 독서방법으로 지행이 상호 토대가 되는 원칙에서 점점 벗어났다.

공자는 인(仁)과 지(智)의 통일을 주장했는데, 이후의 유학자들은 이러한 관점을 기본적으로 따랐다. 그러나 시대마다 새로운 내용, 새로운 문제는 완전히 일치하지 않았으며 인과 지의 이해도 다소 달랐다. 예를 들면 맹자, 육구연, 왕양명은 인을 확실히 이해하는 것을 중시한 반면 순자, 주희, 왕부지, 고염무 등은 지를 널리 알리는 것을 중시하였다. 인을 확실히 이해하는 것은 물론 내재적으로 반성하는 직관법을 주장하고, 지를 널리 알리는 것은 외재적으로 탐구하는 이성법을 주장한 것이다. 그러나 종합적인 경향에서 보면 유가사상의 체계는 인과 지의 합일로 인을 핵심으로 하는 시스템이다. 인은 뚜렷하나 지는 뚜렷한 입지, 체계적인 발전이 없다. 비록 주지주의자인 순자, 주희, 왕부지 등이 이해한 지가 결코 순수지성을 탐구하는 지(知)는 아니지만 덕성의 지가 견문의 지보다 결코 우세한 것이 아니라는 한계가 있다. 그래서 여전히 중시하는 것은 행이다. 행은 지의 발전과 지의 목표로 교학과정 중 도덕실천을 중심으로 이루어진다. 지의 최후 결과는 성현이 되는 것이다. 이러한 관점에서 분석해보면, 주희가 말하는 마음을 비우되 넉넉한 마음을 가지며, 실제생활에서 몸소 체험하는 것은 일종의 직관법이라고 할 수 있으며, 이것은 내외적으로 인을 투시하여 이해하는 직관법이다. 그 목표는 '심을 이해해서 자연히 두루 미치는' 경지에 이르는 것이다. 왕부지는 독서의 목표에 대해 말하였다. "무릇 독서라는 것이 무엇인가? 이것은 그 대의를 밝히고 수기치인을 본질로 삼는 것이다. 섬세한 말도 잘 살펴 정(精)신한 뜻으로써 신의 경지에 드는 것은 그것을 사용하기 위한 것이다. … 그 요점만 알면 큰 뜻을 헤아릴 수 없고 , 헤아리지 않고 혼자 깨닫는 것은 책 만권을 읽어도 혼비해져서, 오히려 배우지 못하여 재주도 없어서 온전히 순박한 것만 못하다"고[106] 했다. 왕부지가 말한 '수기치인으로 자신을 세우는 것'은 공자가 숭상한 인이다. 왕부지는 비록 선진유가에서 인을 사덕 중 가장 기본적인 것임을 인정했지만 『주역외전』

106) 『讀通監論』 卷十七.

권1에서 "지는 사덕으로 통한다(智統四德)"고 제시하고 "지 역시 숭상해야 한다"고 생각했다. 그러나 『시광전(詩廣傳)』권2 중에 "지(智)를 알지 못하면 인(仁)을 알지 못하는 것이다. 지를 알지 못한다는 것은 의(義)를 버리는 것이요, 지를 알지 못한다는 것은 예를 더럽히는 것이다"고 했다. 이것은 그의 주지주의 경향을 강하게 나타낸 것이다. 그러나 전체적인 면에서 볼 때, 인은 여전히 지를 대표한다. 『속통감론(讀通監論)』은 도덕판단과 역사판단이 뒤섞여 분간할 수 없다. 처음부터 끝까지 공자가 지은 『춘추』의 '미언대의(微言大義)'의 사유방식을 타파하지 못했다. 우리들이 이러한 관점을 이해하고 유가학파의 교학과정, 교학방법론에 대해 이해하는 것은 의미가 있는 것이며, 지를 행의 기초로 삼고, 행을 전개하는 교학과정론으로 삼는 것 및 계발식 교학방법은 모두 인과 지의 합일로 인을 주변에 가려진 것(籠罩者)으로 보는 관점과 관련이 있다. 인생을 인격이 끊임없이 완성되어 가는 과정으로 생각한다면 교학과정과 교학방법은 자연히 인격교육에 중점을 두어야 한다. 유가학파의 교학과정론에 대한 사상을 체계적으로 종합한 것이 『중용(中庸)』이다. 『중용』은 "성실한 것은 하늘의 도(道)요, 성실히 하려는 것는 사람의 도이니라. 성실한 사람은 힘쓰지 않아도 알맞게 되며 생각하지 않아도 얻게 되어 종용(從容)히 도에 알맞은 것이니 성인이다. 성실하게 하는 것은 선을 가리어 굳게 잡는 것이다. 널리 그것을 배우며 자세히 그것을 물으며 신중히 그것을 생각하며, 밝게 그것을 분별하며, 두터이 그것을 행해야 한다. 배우지 않음이 있을지언정 그것을 배우면 능해지지 않고는 그대로 두지 않는다. 묻지 않음이 있을지언정 그것을 물으면 알지 않고는 그대로 두지 않는다. 생각하지 않음이 있을지언정 그것을 생각하면 얻지 않고는 그대로 두지 않는다. 분별하지 아니함이 있을지언정 분별할 바엔 그것을 밝히지 않고서는 그만두지 아니하고 행하지 아니함이 있을지언정 행할 바엔 독실해지지 않고서는 그만두지 아니하며, 남이 한 번에 능하거든 자신은 백번을 하고 남이 열 번에 능하거든 자기는 천 번을 할 것이다. 과감히 이 도에 능하다면 비록 어리석다하더라도 반드시 밝아질 것이며, 비록 유약(柔弱)하더라도 반드시 강해질 것이다"고 했다. 종합하자면 이것은 과정과 방법을 설명한 것으로 인격교육을 유기적으로 결합시킨 것이다. 유가는 인문 본위의 입장에서 인문 경지에서 천지(天地) 경지에 도달하는 길을 탐구하고 인격의 완성은 '성실함과 밝음이 결합될 수 있는 것(誠明合能)' 내부에 있는 자신의 창조공부와 정신에 있다. '입인(立人)', '달인(達人)'은 개인이 사회와 융합해가는 실천과정인 '지행합체(知行合體)'를 탐구하는 것이라고 하였다. 성실한 것은 하늘의 도요, 성실해지려는 것은 사람의 도다. 하늘의 도를 표현할 수 있는 것은 성인(聖人)이다. 일반교육을 받는 사람은 선의 인식을 통해 선을 장악하고 선을 행하는 것에 힘써야 한다. '성실히 하려는 자는 선을 택하고 그것을 택하려고 부단히 힘쓰는 자'로 사람의 본질이 성으로 선해진다. 성의 본질은 '성실함으로 밝아지는 것'이다. 가르침의 효과는 밝음으로 인해 성실해지는 것으로 '밝음(明)'은 성실함(誠)을 자아내고 '성실함'은 '밝음'을 자아낸다. 그래서 '성실함과 밝음이 결합될 수 있는 것'이라고 할 수 있다. 널리 배우고(博學), 자세히 따져 묻고(審問), 신중히 생각하며(愼思), 명확하게 분별하고(明辨), 독실하게 행하는 것(篤行)은 성실해지려는 과정에서 나타나는 절차이다. 사람은 천지의 중간에 놓여 천지의 창조성과 일이 순조롭게 진행되는 것을 겸해 인간의 깨달음을 통해 하늘의 도를 체현하고 자강불식, 굽히지 않고 앞으로고 나아가야 천지의 화육(化育)을 도울 수 있는 것(贊天地之化育)과 천지가 병립하여 제삼의 경지에 이를 수 있다. 따라서 '성실함과 밝음이 결합될 수 있는 것'(誠明合能)은 지행일치로 발전할 수 있는 것이다. 생명의 가치는 창조이다. 생명의 창조과정도 인생의 가치 실현과정이며, 이러한 도리를 따라 실행하면 비록 어리석을지라도 명석해지고 유약할지라도 강건해진다. 따라서 훌륭한 인격에 이를 수 있는 것이다. 그래서 교학과정과 교학방법은 이러한 기본정신에 의해 전개되고 선택된다.

『중용』의 교학론 사상은 위의 것을 전수받아 아래로 전달한 것이다. 진·한 이후, 특히 송, 명시기에 유가학파의 교육가들은 기본적으로 『중용』이 '성명합능(誠明合能)', '지행합체'를 교학관으로 하고 있다는 것에 동의하고 이에 새로운 해석을 하였다. 예를 들면 주희는 『중용장구(中庸章句)』에서 "선을 가리는 것은 배우면서 아는 것 이하의 일이요, 고집(固執)은 이롭게 여겨 행하는 것 이하의 일이다"고 했다. 이것은 지행의 관점에서 교학의 과정을 이해한 것이다. 널리 배우고(博學), 자세히 따져 묻고(審問), 신중히 생각하며(愼思), 명확하게 분별하고(明辨), 독실하게 행하는 것(篤行)은 성실에 이르는 조목이라고 생각했다. "학(學), 문(問), 사(思), 변(辯)은 선을 가려 아는 것으로 배워서 아는 것이니라. 행실을 돈독하게 한다는 것은 고집해서 인을 삼음이니 이롭게 여겨 행함이니라"고 했다. 또 "군자의 학문은 하지 않으면 그만이요, 하면 반드시 이룸이니라. 그러므로 항상 그 공을 백배로 하는 것이다. 이는 빈곤함을 아나 힘써 열심히 행하는 것으로 용감해서 하는 것이다"고 했다. 이것은 인식론의 토대로 지(知), 정(情), 의(意), 행(行)의 조화로운 발전을 강조하는 것이며, 지를 행의 전제로 보는 것이고 행을 지의 체현으로 지행이 상호작용하여 지식과 가치가 서로 촉진하는 것이다. 이것은 인격완성의 교육적 효과를 나타낸 것이며, 『역전』의 "천이 건강한 것은 군자의 자강불식이다"는 정신을 교육에 관철시킨 것으로 주희 교학과정론의 주요한 특징이다. 육구연은 비록 "본심을 계발하고, 본심을 발견하자"고 주장했지만 널리 배우고(博學), 자세히 따져 묻고(審問), 신중히 생각하며(愼思), 명확하게 분별하고(明辨), 독실하게 행하는 것(篤行)의 공부를 결코 소홀히 하지 않았다. 따라서 주희의 지지를 받았다. 이렇게 『중용』교학론의 기본정신에서 주희와 육구연은 서로 공통점이 있다.

(2) 근현대교육가가 말하는 교학과정과 방법

명청에서 건륭, 가경시기까지 중국 학술사상은 경세치용의 실학에서 '도문학(道問學)'으로 바뀌는 추세였다. 지(智)를 중시하는 경향이 점점 덕을 중시하는 경향보다 앞서고 많은 학자들이 '도문학'의 관점에 의거하여 육구연, 진백사(陳白沙, 1428~1500), 왕양명 학설의 폐단은 "덕성을 높인 것이지 도문학이 아니다"고 비판하며 도문학의 분위기가 성행하였다. 이것은 경전을 고증하는 고증학의 대성황을 일으켰다. 교학론에 대해 구체적으로 말하자면 설령 "도문학을 버리고서 어찌 존덕성을 명명할 수 있겠는가?"라고 한 대진도 『중용』의 '성명합능(誠明合能)', '지행일치'의 교학관을 소홀히 하지 않았다. 그는 "사사로움이 없는 것이 인이다. 숨김이 없는 것이 지(智)이다. 정욕을 끊는 것이 인이요, 마음을 아는 것이 지이다"고 하고 "무릇 이설(異說)은 모두 무욕(無慾)을 위주로 말한 것으로 숨기려고 한 것이다. 재차 말하건데 아는 것을 먼저 해서는 안된다", "성현의 학문은 널리 배우고(博學), 자세히 따져 묻고(審問), 신중히 생각하며(愼思), 명확하게 분별한 후 독실하게 행하는 것(篤行)이다. 사람들이 더불어 살아가며 일상생활에서 행하는 것을 숨겨서는 안된다. 그렇지 않으면 일상생활에서 인륜을 버리는 것과 같다. 욕심이 없어야 능히 행동이 독실해질 수 있다"고[107] 했다. 그래서 『중용』의 교학관을 해석하는 데 있어 그 중점이 서로 다르다. 대진은 "덕성은 학문에서 나온다"는 것에 동의하였다. 그래서 순자, 주희, 왕부지, 고염무의 주지적 전통을 계승하고 행은 지의 전개라고 강조했으며, 도학문을 통해 진정한 지식을 획득하고 "인륜을 행하는 데 감추어지는 것이 없다"고 생각했다. "그는 듣고 보는 것이 넓지 않으면 힘써 마음을 밝혀야 한다. 일에 대한 의문을 깨달으며 숨김이 없으면 모든 일이 이와 같다. 그것이 오래가지 않으면 심지가 밝아지고 성인의 지혜에 이르게 된다"고[108] 했다. 『역경』의 "지혜는 만물에 두루 비치고 도는 천하를 구할 수 있다. 그러므로 잘못이 없다"는 원리는 『중용』의 관점을 보충한 것이다. 이러한 관점을 토대로 그는 "이를 밝히고 편견을 거두는 것(明理解蔽)"의 교학론을 제시하고, "유자의 학문은 편견을 거두는 것일 뿐이다. 편견을 거두는 것에 나의 생을 다할 것이다"고[109] 했으며, 지로 행동을 인도하고 편견을 버리고, 사사로움을 버릴 것을 주장

---

107) 『孟子字義疎証』.
108) 『孟子字義疎証』.
109) 『戴東原文集·沈處士戴笠圖題冰書』.

하였다. 강유위는 『중용주(中庸注)』에서 "이것이 사람의 도로 성실해지려는 방법이다. 학(學), 문(問), 사(思), 변(辯)은 모두 지(知)의 일이다. 그래서 선을 가리는 것이다. 독행(篤行)은 이른바 완고한(固執) 것으로 행이다. 그래서 지는 네 가지에 있다. 민(民)은 어리석음을 의미한다. 어리석고 미련하며 사리를 깨닫지 못하고 무턱대고 행동하여 근심하게 된다. 어떤 일을 간파하지 못하면 일의 근본을 알지 못하게 되어 아는 것이 없어 행동하지도 못한다. 학자의 근심은 널리 알지 못해 고루한 폐단에 있는 것이다. 널리 배우면 사리에 통달하여 질문이 없다. 이것이 폐단이다. 따져 묻는 것은 상세하고 깊이 생각하지 않으면 오해를 하게 되는 폐단이 있다. 신중하게 생각해야 한다. 명확하게 구분하지 않으면 의혹의 폐단이 있다. 이러한 네 가지는 그 성과에 과실이 없고 그 질서가 혼란하지 않는 것이다"고 했다. 강유위는 유가의 덕성의 지가 견문의 지보다 우월하다는 전통적인 견해를 타파하지는 못했지만 '지교(智教)'의 중요한 의의를 강조하였다. 유신변법(維新變法)의 주요한 내용은 과학을 제창하고 민권을 주장했으며, 과거제도를 폐지하고 학교를 흥성시켜 백성들에게 지혜를 알려주고 인재를 배양하는 것이다. 강유위는 『대동서(大同書)』에서 "사람들의 어리석음을 없애지 못하면 지혜로운 가르침이라고 할 수 없다"고 하여 덕육, 체육 외에 전문적으로 지혜를 계발시킬 것을 주장하였다. 또한 여자학교를 세워 여자들에게도 지혜를 계발해서 성취감을 주어야 한다고 하였다. 그는 "어떤 일을 간파하지 못하면 일의 근본을 알지 못하게 되어 아는 것이 없어 행동하지도 못하는" 논리로 손중산이 말했던 "아는 것은 어렵고 행하는 것은 쉽다"는 것을 보여준 선구자라고 할 수 있다. 한대에서 근대에 이르기까지 교육가는 모두 『중용』의 교학론 사상을 중시하였다. 그러나 이것에 대한 해석은 학술사상의 발전, 사회 변화 및 인식의 수준에 따라 서로 달랐다.

(3) 교학에 관한 기타 학파의 주장

앞서 유가의 교학론에 대해 비교적 간략하게 설명하였다. 묵가, 도가, 법가, 음양가, 병가, 명가, 농가 및 한위 이후의 현학, 불학 등은 모두 교학, 공부의 태도와 방법(治學), 사유방법 혹은 교학방법에 대해 말했지만 유가의 교학론처럼 체계적이지 못하다. 그러나 그중에서 독창적이며 정교한 견해도 적지 않다. 도교, 불교에도 체계적인 교육사상 및 이에 상응하는 교학사상이 있다. 이것은 대체로 종교교육의 범주에 속하는 것으로 본 책에서 논의할 성격이 아니라고 생각한다. 그러나 중국의 고대 교학론을 연구하려면 먼저 교학사상을 포함하는 부분을 살펴볼 필요가 있다. 예를 들면 불교수행의 주요 문법(門法) 중의 하나인 '지관(止觀)'이다. 이것의 의미는 마음을 오로지 한곳으로 집중하여 지혜를 발휘하는 것이다. 천태종의 창시자인 지의(智顗, 538~597)는 특별히 '지관' 법문을 중시하였다. 그는 『기가지관(摩訶止觀)』, 『동몽지관(童蒙止觀)』을 저술하였다. 이것은 유가에서 '지(止)'를 일종의 학문의 경지로 이해하는 것과 상통하는 부분이 있다. 예를 들면 장재는 "대개 바른 것을 얻으면 마땅히 머물러야 할 바를 얻고 머물러야 할 바를 얻으면 도를 통해 큰 것을 이루게 된다"고[110] 했다. 이것은 모두 '학문을 하여 머물러야 할 바를 아는 것'의 중요성을 설명한 것이다. 『노자(老子)』 32장의 "그칠 줄 알고 그치면 위태로움을 면할 수 있다"는 것을 교학과 공부하는 방법과 태도에서 보면 학문을 하여 그침을 알아야 한다는 사상(治學知止)을 내포한다. 유가, 도가, 석가는 모두 배워서 그칠 줄 아는 것의 문제를 중시했는데, 이는 눈여겨볼 만하다. 이러한 문제는 교학과정과 교학방법에 중요하게 영향을 미치고 있다. 『중용』에서 제시하고 있는 "널리 배운다"는 것은 교학과정의 한 부분으로 '널리 배우는 것은' 아무렇게나 많은 것을 아는 배움이 아니다. "배운다는 것은 도를 구하는 것으로 마치 손님이 노정 중에 있는 것과 같아 그침이 없는 것으로 앞으로 편안하게 돌아가는 것이다"고[111] 했다. "넓게 배워서 돌이켜 간략하게 말한다(由博返約)"는 것의 '약(約)'은 학문을 추구하는 높은 경지이다. 주희는 "오래전에 배우지 아니한 바가 없어, 선, 도, 문장, 초사, 시, 병법 모두 공부하였다. 하루는 문득 생각이 떠올랐다. 천천히, 내가 오직 혼신의 힘을 다하면 많은 것을 포용하고 저절로 때에 맞춰 갈 수 있다"고[112] 했다. 체득하는 것은 '널리 배워 간략하게 말하고', '배워 그칠 줄 아는 것'의 문제이다. 의문점을 깨닫게 하는 교학방법(頓悟)을 실시한 것은 고대교육가들이 중시한 것이다. 종교교육도 이러한 방법을 자주 사용하였다. 고령신찬(古靈神贊) 선사(禪師)는 "세계가 저렇게 넓거늘 나가려 하지 않고 옛 종이만 뚫어지게 보고 있으니 어느 해에 나가려는고!" 했다. 회양(懷讓, 677~744)은 "벽돌을 아무리 갈아도 거울이 될 수 없는데, 좌선을 한다고 어찌 성불(成佛)이 되겠는가?"고 했다. 이것은 모두 계발의 방법을 통해 사람들로 하여금 '본성을 깨닫게 하는 것(頓悟本性)'이다.[113] 이러한 돈오의 방법은 예술교육 중 특히 시인, 예술가들이 중시한 것이다. 황정견(黃庭堅, 1045~1105)은 "시의는 무궁하나 인재가 한정되어 있구나! 한정된 인재들이 무궁한 뜻을 추구하지만 도연명과 두보(杜甫, 712~770)를 능가하지 못하는구나"라고[114] 했다. 한구(韓駒, 미상~1135)는 "시를 배울 때는 선을 처음 배우는 것 같이 해야 한다. 깨달음에 이르지 못했을 때에는

---

110) 張載, 『正蒙·中正』.
111) 王十朋, 『梅溪文集·止庵銘』.
112) 『朱子年譜』.
113) 『古尊宿語錄』.
114) 『冷齋夜話』.

여러 가지 방도를 참고해야 하지만 하루아침에 깨달음을 얻어 법안이 바르게 되면 손이 가는 대로 써도 문장이 된다"고[115] 했다. '정법안(正法眼)'은 즉 금강혜안(金剛慧眼)으로 사람의 정수리이다. 선인(禪人)은 정수리에 정법을 보는 눈을 갖춘 뒤 입에서 나오는 말마다 사리에 맞고 시가창작이 이러한 논리에서 계발을 받는 것이다. 신학은 광대하여 그 요지를 한단어로 말하자면 한번 잘못 빠지면 속세에 머물게 되고 깨달으면 성인(聖人)에 이르게 되는 것을 말한다. 선종(禪宗)에서는 참화두(參話頭)는 마음을 깨닫는 묘법이라고 생각했는데, 이것은 실제로 의심이 생겨 이것을 깨닫는 계발교학법이다. 따라서 도덕교육, 지육, 예술교육의 과정에서 교육가, 예술가들이 자주 이것을 일러 교육을 받는 사람을 계발시켰다.

묵가, 도가에 이르러 교학사상은 비록 유가 사상만큼 그 영향이 크지 않지만 나름대로 그 특색이 있으므로 중시할 만한 가치가 있다. 묵자는 힘들고 어렵게 실천한 사람으로 세상에 유명하다. 그는 배운 것을 실제에 응용할 것을 강조하고 명(名)과 실(實), 지(知)와 행(行), 지(志)와 공(功), 역(力)과 덕(德)의 통일을 주장하였다. 그래서 교학과정을 지행통일의 과정으로 보아 행을 인격을 도야하는 과정으로 보았다. 그는 "선비는 비록 배움이 있다고 하더라도 실천을 근본으로 삼는다"고[116] 했다. '들어서 아는 것(聞知)', '추론을 통해 아는 것(說知)', '직접 경험으로 아는 것(親知)'으로 획득한 학문은 "천하의 이로움을 일으키고 천하의 해로움을 제거한다"는 것으로 진정한 배움이란 사회생활 실제에 활용하는 것이다. 그는 백성의 이익을 지식가치의 기준으로 삼고 "사람들에게 이익이 되는 것이라면 곧 행하고, 이익이 되지 않는 것이라면 곧 멈추어야 한다"고[117] 하였다. 또한 "뜻이 강하지 않은 자는 지혜에 도달하지 못하고 말에 믿음이 없는 자는 실행을 다하지 못한다",[118] "말에는 신용이 있어야 하고 행동은 반드시 과단성이 있어야 한다. 언행이 일치되게 하는 것을 마치 부절을 맞추는 것처럼 한다면 말하고서 실천되지 않는 것이 없게 될 것이다"고[119] 했다. 이것은 실천의 중요성을 긍정한 것으로 묵자와 순자의 관점이 일치하는 부분이다. 그러나 행의 입장에서 보면 묵자는 농업과 공업에 종사하는 사람(農與工肆之人)의 입장에서, 순자는 사(士)의 입장에서 행의 내용을 말하였다. 묵자가 이해한 행은 덕행 및 기술응용 등을 포함하고 순자가 말하는 행은 주로 덕행을 일컫는다. 후기 묵자는 전심전력으로 공예 제작 및 그 원리를 연구하고 더불어 실천 과정에 "말에는 반드

115) 『陵陽集』.
116) 『墨子·修身』.
117) 『墨子·非樂上』.
118) 『墨子·修身』.
119) 『墨子·兼愛』.

시 믿음이 있어야 하고 행동에는 과단성이 있어야 한다"는 사상의 입장을 활용하였다. 물론 묵자는 행을 중시했지만 지를 소홀히 하지 않았다. 묵자는 처음으로 '류(類)', '고(故)', '리(理)' 세 개의 논리 범주를 제시하고 교학과정에서 학생들에게 지류(知類, 정확한 유추를 하는 것)와 변고(辯故, 근거에 의해 논거를 세우는 것)를 가르쳐야 한다고 했다. 이렇게 해야 비로소 "가질 것과 버릴 것(取舍), 시비의 도리가 있는 것이며, 이러한 취사 시비의 도리를 서로 말하고 '지식의 합리적인 근거를 명확히 하여(明故)' 두 개 이상의 대상을 비교, 유추 판별하는 것으로써 찰류(察類)가 필요한 것이다. 과거를 살펴 미래를 알고 드러난 일을 살피어 숨겨진 일을 안다"고[120] 한 것은 논리사유의 본질을 말한 것이다. 이렇게 사유에 대한 지식을 구하는 작용 및 묵변의 창립에 있어 묵자는 모두 주요한 공헌을 하였다. 묵자는 사물의 도리를 탐구하는 정신이 매우 뛰어났다. 그래서 그는 학생들에게 사물을 인식하도록 일깨우는 것은 '당연'한 것일 뿐만 아니라 그 이유도 알게 하였다. 즉 '왜 이렇게 해야만 하는지'에 대해 알게 할 뿐만 아니라 '왜, 이렇게 되었는지'에 대해서도 이해하도록 한 것이다. 『묵자(墨子)·공맹(公孟)』에서 "자묵자(子墨子)가 유자에게 말하였다. '악은 무엇입니까?', '악은 즐거움이다'고 말했다. 자묵자가 말하였다. '당신은 내게 바른 대답을 못하고 있소. 지금 내가 묻기를 무엇 때문에 집을 짓는가?'라고 말했을 때 '겨울에는 추위를 피하고 여름에는 더위를 피하여 방으로써 남녀를 분별하려는 것이오'라고 대답한다면 곧 당신은 내게 집을 짓는 이유를 얘기해 준 것이오. 지금 내가 묻기를 '무엇 때문에 음악을 연주하는가?' 하였는데 '음악을 즐기려는 것이다'고 대답하였소. 이것은 마치 '무엇 때문에 집을 짓는가?' 라고 물었을 때, '집 때문에 집을 짓는다'고 대답하는 것과 같은 것이오"고 했다. 따라서 '찰류(察類)', '명고(明故)'는 사물에게서 소이연의 이치를 구하는 것으로 '실천(行)'의 전제이다. 후기 묵가에서 제시한 소이연은 묵자의 논리사상이 발전한 것이다. 묵자의 학파 중 많은 사람들이 수공업자이며 그 기예를 대대로 전하였다. 후에 『묵경(墨經)』은 이름이 '기능을 전하는(巧傳)' 것이 되었다. "교묘하다는 것은 전하여 지는 법도로써 그 근거를 추구하는 것이다"고[121] 하여 "그것이 그렇다는 것은 알지만 그것이 그렇게 된 까닭은 알지 못한다"는 수준으로 반드시 그 소이연을 탐구해야 기술이 비로소 창조성을 지닌다. 기술의 응용도 반드시 '소이연'을 이해해야 한다. 춘추전국시기 '백가쟁명'이 있었고, 이와 더불어 묵변이 나왔다. "변론을 한다는 것은 시비의 구분을 명확히 하고 다스려짐과 혼란함의 법을 분석(연구)하여 같음과 차이를 분명히 하고 명목과 실제의 이치를 고찰하여 이로움과 해로움에

120) 『墨子·非攻』.
121) 『墨子·經上』.

대처하고 의심나는 것을 결정한다"고[122] 했다. 묵자가 이성과 실천을 중시한 정신에 의하면 후기 묵가는 '입변(立辯)'의 원칙을 제시한 것으로 이것은 진리를 탐구하고 지식의 가치를 발휘하는 데 의의가 있음을 나타낸 것이다. 묵자는 종교 정신이 풍부한 교육가이다. 그러나 그는 신의 계시에 의해 학생들을 인도하지 않고 이성에 의해 학생을 설득하고 인격으로 그들을 감화시켰다. "군자는 몸으로써 실천하는 사람이다"고[123] 했다. "옛날 학자들은 좋은 말을 들으면 그것을 몸에 익히려고 하였다"는[124] 바로 인격교육의 특징으로 보면 행의 가치가 지의 가치보다 중요하다는 것이다. 묵자 및 묵가가 '우왕(大禹)'을 숭상한 것은 우가 괴로움을 참고 힘든 일을 견디어 내며 백성을 위해 열심히 일한 정신과 상당히 밀접하다. 『회남자(淮南子)·태족훈(泰族訓)』에서 "공자의 제자는 70여 명, 그 무리는 300여 명인데 모두 효제에 뛰어났다. 말은 문장이 되고 행위는 모범이 되었으며 가르친 것을 이루었다. 묵자를 따르는 자는 180명이었는데 모두 물불을 가리지 않고 죽어도 물러서지 않았다. 그렇게 된 것은 그들을 교화했기 때문이다"고 했다. 『장자(莊子)·천하편(天下編)』에도 묵가는 우를 모범으로 삼았다고 생각했다. 그는 "굵은 베옷을 입히고 나무신이나 집세기를 신고, 또 밤낮을 쉬지 않고 스스로 괴로워하는 것이 도의 지극한 것이라고 생각했다. 그는 '이런 일을 할 수 없는 것은 우임금의 도리가 아니며, 묵가(墨家)가 될 수 없다'"고 했다. 맹자는 묵가는 아니다. 그러나 그는 묵가는 "이마에서 발꿈치까지 이르도록 천하를 이롭게 하기 위한 것이다"고[125] 했듯이 묵자교학 중 특히 인격의 감화를 중시하였다.

노자는 "배움을 행하면 날마다 더해지고 도를 행하면 날마다 덜어진다"고 하여 노자는 최고의 인식은 '견도(見道)'라고 생각하였다. 즉 도에 대한 관념으로 그는 '깨끗이 마음을 씻어내어 사물의 진상을 꿰뚫어 아는(滌除玄覽)' 방법을 제시하고 교육을 받는 사람이 창의력을 발휘하여 직접 도를 깨닫도록 하였다. 고향(高享)은 "'람(覽)'은 감(鑒)으로 읽고 람과 감은 고대에 통용자였다. … 현감(玄鑒, 마음을 비워 깊이 통찰함)이라는 것은 내심의 광명으로 형이상의 거울이다. 이것은 능히 사물을 볼 수 있어 이른바 현감이라고 부르는 것이다"고[126] 했다. 척제(滌除)는 조그만 먼지도 제거하고 사람의 마음속에 있는 각종 관념을 깨끗하게 씻어 내는 것이다. 잡념을 제거하고 일체의 망념을 버려야만 도에 대해 관조(觀照)할 수 있다. 노자는 관조자의 내심은 반드시 마음을 비우고 고요하게 하는(虛

122) 『墨子·小取』.
123) 『墨子·修身』.
124) 『墨子佚文』.
125) 『孟子·盡心』.
126) 『老子正詁』.

靜) 것을 지켜야 한다고 강조하였다. 노자는 "마음을 끝까지 비우고 고요함을 착실히 지키면 만물이 다시 모습을 드러내는데 나는 그것들이 본래의 모습으로 돌아가는 것을 본다"고[127] 했다. 외물의 방해와 내부의 사욕은 심령을 막고 불안하게 하여 도를 직관하는 것을 방해한다. 그래서 때때로 마음을 비우고(致虛), 고요함을 지키는 것(守靜)에는 공부가 필요하며 심령을 평온하게 회복하여 본래의 조용하고 고요한 경지로 돌아가야 한다. 복(復)은 원래의 상태로 되돌아감을 암시하며 변화 이전의 원래 상태의 도로 돌아감을 말한다. 그래서 "근본으로 돌아가는 것을 고요함이라 한다(歸根曰靜)"고[128] 했다. 노자가 말하는 "다시 돌아간다(復歸)"는 것의 사상은 사람들의 내면에 있는 주체성, 실천성의 내성 직관을 말하는 것으로 이러한 직관 관조의 대상이 사람의 마음이다. 도를 알고자 하면 마음의 직관에 있는 것이다. 그래서 노자는 "문밖을 나서지 않고도 천하를 안다. 창밖을 내다보지 않아도 천도를 안다. 멀리 나아가면 나아갈수록 지식은 협소해진다. 그래서 성인은 돌아다니지 않고도 알며, 보지 않고도 지칭하며, 아무것도 하지 않고도 이룬다"고[129] 했다. 이로부터 알 수 있듯이 노자가 중시한 것은 내재직관의 자성이지 외부세계로부터 얻은 경험지식이 아니다. 본래의 지혜, 고요함의 심경을 밝히고 도를 관조하면 도의 진리를 체득할 수 있다. 공자는 '많이 배워 아는 것', '하나의 이치로써 모든 것을 뚫을 것', '이지(理智)와 직관을 통일할 것'을 주장하였다. 묵자는 '실험해서 검증하는 것'을 강조하여 이성을 더 중시하였다. 맹자가 말한 이른바, '진심(盡心)'과 '잃어버린 마음을 찾는(求放心) 것', 육구연이 '본심을 찾는 것(發明本心)', 왕양명이 '양지에 이르는 것(致良知)'는 맹자의 관점을 발전시킨 것이다. 기본적으로 이것은 직각법(直覺法)에 속하는 것이다. 순자, 정이, 주희가 체득과 궁리의 설을 종합한 것은 이지와 지각을 통일한 방법이다. 도가의 직각법은 비록 신비적인 색채를 띠고 있지만 이를 체득하면 이러한 직각에 포함된 창조성, 심오함, 예술성을 이해할 수 있다. 예를 들면 육기(陸機, 261~303)가 지은 『문부(文賦)』의 서두에 "현감으로 오랫동안 서있으며 고서(典墳)에 성의를 다하다", 유협(劉勰, 약466~538)이 지은 『문심조룡(文心雕龍)·신사(神思)』편에 "문을 구상하는 동안에는 마음을 비우고 고요하게 하는 것이 중요하다. 오장을 씻어내고 정신을 깨끗하게 해야 한다"고 했는데, 이것은 모두 노장사상을 응용한 것으로 예술교육과 예술창작과정에 두루 영향을 미쳤다. 송명이학대사에 이르기까지 도덕교육의 많은 면에서 "마음을 비우고 고요함을 성실히 지키는" 법을 받아들였다.

127) 『老子』 第十六章.
128) 『老子』 第十六章.
129) 『老子』 第四十一章.

4. 교학 범주론

중국의 고대 교육철학은 독립적으로 발전했으며 각각 그 범주체계가 있다. 선진에서부터 근대에 이르기까지 각각의 범주는 모두 발생, 발전, 변화라는 과정을 거쳤다. 역대교육가는 이러한 기본범주 내에서 변론을 펴 범주에 새로운 함의를 부여하거나 새로운 범주를 만들어내기도 했다. 그래서 범주의 체계가 점점 풍부해지고 체계화되었다. 중국의 고대 교육철학 범주는 단일하다. 그러나 대다수는 짝을 이룬다. 중국의 고대교육가들은 교육법칙 또는 교학법칙에 대해 연구하고 교육경험 혹은 교학경험을 종합해서 이것으로 이론체계를 세울 때 특히 범주간의 변증관계를 중시하였다. 이들은『역경』철학에서 영감을 받아 역대에 제시한 교육범주와 교학범주를 비판적으로 종합했으며, 범주체계를 보다 완비하고 체계화시켜 변증적 특징과 방법론의 가치를 명확하게 하였다. 중국의 고대 교육철학 범주는 본체론과 윤리학, 인식론과 수양론이 서로 결합되는 특징이 있을 뿐만 아니라 교육과 교학사상의 역량과 동력을 받아들이고 이에 정통하여 지속적으로 새로운 것을 내놓았다. 역사의 연속성, 변증법과 방법론의 통일, 융통성과 창조성의 통일은 중국 고대 교육철학 범주의 기본 특징이다. 본 절에서는 교학론의 범주를 중점적으로 연구하고 인과 지(智), 지(知)와 행(行), 성(性)과 습(習), 교와 학, 학(學)과 사(思), 박(博)과 약(約), 고(故)와 신(新), 도(道)와 예(藝) 등 범주에 대해 구체적으로 분석하여 중국의 고대 지식론과 교학론의 관계를 이해하는데 도움을 주고자 한다. 그중 인과 지(智), 지(知)와 행의 범주는 본 장의 지식과 인식 앞의 3절 및 기타 몇 개의 장에서 이미 언급하여 본 절에서는 중복하여 설명하지 않고자 한다.

(1) 성(性)과 습(習)

중국의 고대 교육가들은 인간의 유전요소, 환경과 교육의 관계 및 이러한 관계가 어떻게 교학에 영향을 미치는 지에 대해 연구할 때, '성과 습'을 제시하였다. 공자는 "사람의 본성은 서로 비슷하나 습관에 의해서 서로 멀어지게 된다"고[130] 하였다. 여기서 성은 사람의 천부적인 소질을 가리키고 습은 습염(習染), 즉 사회환경, 교육환경에 의해 영향을 받는 것을 가리킨다.『상서(尙書)·태갑(太甲)』에 "이것은 의롭지 못한 것으로(玆乃不義), 습관이 오래되면 천성이 된다"고 했다. 전(傳)은 "말은 잘하나 행동이 올바르지 못해 후에 그것이 본성이 되는 것이다"고 했다.『한서(漢書)·가의전(賈誼傳)』은 공자의 말을

130)『論語·陽貨』.

인용하여 "어릴 때의 버릇은 천성이 되고, 습관은 자연(自然, 천성)이 된다"고 했는데, 이는 모두 선천적으로 가지고 있는 천부적인 소질과 후천적으로 학습된 것의 관계를 설명한 것이다. 일반적으로 중국의 교육가들은 성과 습의 문제에 대해 추상적·철학적 사변이 아니라 광대하나 일상과 떨어지지 않는 구체적인 문제를 논하였다. 예를 들면 어떻게 수양을 하고 어떻게 가르쳐야 하는 지 등의 문제에서 성과 습의 관계에 대해 깊게 토론하였다. 공자가 제시한 "사람의 본성은 서로 비슷하나 습관에 의해서 서로 멀어지게 된다"고 제시한 것의 의의는 인성의 가역성과 가소성을 가장 잘 설명한 것이다. "예악으로 문채를 내면 이 역시 성인이 될 수 있다"고 하고, "시에서 일어나고, 예에서 서며, 악에서 이루어진다"고 했다. 교학에 방법이 있고 배양에 방향이 있으면 덕, 지, 체, 미가 조화될 수 있고 조화롭게 발달할 수 있는 인간이 될 수 있다는 것이다. 이러한 사상은 공자 및 유가학파 교육의 핵심이다.

인성론에 있어 맹자와 순자의 관점은 서로 다르다. 그러나 성과 습에 대한 인식은 오히려 공통된 부분이 있다. 맹자는 비록 양지와 양능을 주장했지만 성에 대한 후천적인 환경과 교육의 영향을 결코 간과하지 않았다. "풍년에는 자제들이 대부분 얌전해지고 흉년에는 자제들이 난폭해진다. 이는 하늘이 사람의 본바탕을 다르게 부여했기 때문이 아니다. 이것은 마음을 한 곳에 빠지게 하는 것이 있어서 그렇게 된 것이다"고[131] 하여 '성'의 가소성과 변화성 및 성과 습의 변증관계를 인식한 것이다. 『맹자(孟子)·등문공(藤文公)』편에 "맹자가 송나라 신하 대불승(戴不勝)에게 말하였다. '당신은 당신 나라의 왕을 선하게 만들고 싶으시오. 내 분명하게 당신에게 알려주리다. 여기 초나라 대부가 있는데 자기 아들에게 제나라 말을 가르치고 싶어합니다. 제나라 사람을 사부로 써야 할까요? 초나라 사람을 사부로 써야 할까요?' 대불승이 말하였다. '제나라 사람을 사부로 써야 할 것이요' 맹자가 말하였다. '제나라 사람 한 명을 사부로 삼았는데, 무수한 초나라 사람들이 떠들어 댄다면 날마다 매질을 하며 제나라 말을 하게 하여도 결국은 안 될 것이요. 그런데 아이를 제나라 수도안의 번화가인 장(莊)과 악(岳) 거리에 몇 년만 데려다 놓으면 날마다 매질을 하며 초나라 말을 하게 하여도 결국은 안 될 것이요'"라고 했다. 초나라 사람이 제나라의 언어를 배우려면 제나라 사람을 스승으로 청할 뿐만 아니라 제나라의 생활환경에 놓아야 알게 모르게 감화되어 자연히 습관이 지혜와 더불어 성장하고 교화가 마음과 더불어 이루어지는 교학성과를 얻을 수 있음을 말한 것이다. 순자는 '교(教)'를 선으로 남을 인도하는 것이라고 정의하였다. 따라서 후천적인 학습을 중시하였다. 그는 "본성을 변화시켜 인위를 일으킨다(化性起僞)"는 명제를 제시하고 후천적인 학습 환경의 영향으

131) 『孟子·告子』.

로 인성을 변화시킬 수 있다는 것에 주안점을 두었다. 그는 "쑥이 삼속에서 자라면 부축하지 않아도 곧게 되고 흰 모래가 진흙 속에 있으면 함께 검어진다"고[132] 했다. 또한 "초나라 땅에 살면 초나라 사람이 되고 월나라 땅에 살면 월나라 사람이 되고, 하나라 땅에 살면 하나라 사람이 된다. 이것은 천성이 그런 것이 아니라 오랜 풍속에 쌓여서 그렇게 된 것이다"고[133] 했으며, "월나라 등 이민족의 자식으로 태어나더라도 태어날 때에는 모두 같은 소리를 내지만 자라면서 문화와 풍속이 달라지는 것은 교화의 힘에 의한 것이다"고[134] 하여 성과 습의 변증관계를 설명하였다. 특히 '쌓다(積)'와 '연마하다(摩)'라는 두 개의 개념을 제시하여 습(習)의 함의를 보다 구체화했으며 인격교육을 중시하였다.

묵가학파도 성과 습의 문제를 중시하였다. 묵자는 "파란 물감으로 물들이면 파래지고, 노란 물감으로 물들이면 노랗게 되듯이 넣는 물감색에 따라 그 색깔도 변한다. 다섯 가지 색깔을 물통에 넣었다 뒤에 보면 곧 오색이 되어 있게 마련이다. 그러니 물드는 것에는 삼가지 않을 수가 없는 것이다. 실을 물들이는 것만이 그런 것이 아니라 나라에도 물들임이 있는 것이다. 순임금은 허유(許由)와 백양(伯陽)에게 물들었고, 우(禹) 임금은 고도(皐陶)와 백익(伯益)에게 물들었으며, 탕(湯)임금은 이윤(伊尹)과 중훼(仲虺)에게 물들었고, 무왕(武王)은 태공(太公)과 주공(周公)에게 물들었다", "나라에게만 물듦이 있는 것이 아니라 선비들에게도 역시 물듦이 있다"고[135] 했다. 여기서 '물들다(染)'는 것은 감화를 의미한다. 이것은 실을 인생에 비유한 것으로 환경과 교육이 인격완성에 중요한 작용을 한다는 것을 강조한 것이다. 이러한 사고와 '습성이 본성이 된다'는 것은 서로 상통한다. 묵자는 교육을 함에 특히 인격감화의 특수가치를 중시하고 도리도 중시하였다.

진한 이후의 교육가는 성과 습의 문제에 대해 새로운 해석을 하였다. 그 주요 내용에 대해 세 가지 측면에서 살펴보면 다음과 같다. 첫째, 선진 교육가가 제시한 성습론의 토대에서 성에 대한 품성문제를 분류하였다. 예를 들면 동중서는 "사람의 품성은 가르침을 받은 후에 선하게 된다. 좋은 교육으로 인해 질박하게 되지 않을 수 있다"고[136] 했다. 왕충(王充, 27~97 추정)은 "무릇 사람의 성(性)이란 마치 붕사(硼砂)와 같아 점점 물들어서 선악이 변하는 것과 같다"고[137] 했다. 양웅(揚雄, B.C. 53~18)도 "선을 닦으면 선한

132)『荀子·勸學』.
133)『荀子·儒效』.
134)『墨子·所染』.
135)『墨子·所染』.
136)『春秋繁露·實性』.
137)『論衡·率性』.

사람이 되고 악을 닦으면 악한 사람이 된다",[138] "배움이란 성품을 수양하는 것이다"고[139] 했다. 강유위는 "천하를 교화시키는 것에는 습보다 큰 것이 없다"고[140] 했다. 또 "성인이 배움에 뜻을 세워 힘써 행하면 사람의 본성은 점점 도에 이르고 변화가 오래된 학습에 물들어 있어도 변하고 또 변하여 악습이 물러가게 되어 선한 것을 익혀 밝아진다"고[141] 했다. 이것은 기본적으로 공자가 말한 성습의 사상을 계승한 것이다. 공자사상에 대한 서로 다른 이해에 의해 성의 분류도 서로 다르다. 예를 들면 양웅은 "사람의 성은 선악이 혼재되어 있다"고[142] 했다. 동중서, 왕충은 인생을 말함에 선(善), 중(中), 악(惡) 삼품이 있다고 말하고 후에 순열(荀悅), 한유도 성에는 삼품이 있다고 했다. 동중서는 또한 성은 선하고, 정은 악하다고 하고 유주(劉晝, 514~565), 이고는 이것을 발전시켰다. 왕안석은 이러한 설에 대해 반대했는데, 그는 성에는 선악이 없으며 정이 선할 수도 있고 악할 수도 있다고 했다. 송명이학가는 또 '천지의 성'과 '기질의 성'에 대한 새로운 관점을 제시하고 "배워서 크게 이익이 있는 것은 스스로 기질을 변화시킬 수 있는 데에 있다", "예를 들면 기질이 악한 자도 배워서 변화시킬 수 있다"고 했다. 주희는 선진유가와 북송유가들이 말하는 성에 대해 집대성하였다. 그는 철학적 관점에서 성과 습의 문제를 깊이 연구하였다. 둘째 성과 습의 이론연구와 교육실천, 교학실천을 결합하여 조기교육의 필요성을 제시하고 교육을 받는 사람들이 좋은 교학환경을 만들 것을 강조했으며, 개성이 건전하게 발전하도록 하였다. 예를 들면 한대의 가의가 『신서』에서 제시한 교육관점은 태교, 조기교육, 좋은 교육환경의 선택 등에 대한 사상이 담겨 있으며 "습관이 지혜와 함께 자라고 도에 아주 근접하게 되어 부끄럽지 않게 되고 교화가 마음속에 이뤄지니 마치 타고난 천성처럼 도에 맞게 된다"는[143] 것이다. 이 함의는 매우 영향력이 있는 것이다. 후에 안지추(顔之推, 531~591)는 이보다 조금 더 나아가 조기교육의 중요성을 언급하였다. 그는 "사람은 어린 시절에는 신정(神情)이 아직 고정되지 않아 관심 가지고 사랑하는 바에 물들게 마련이다. 그리하여 말소리와 웃음, 행동거지 모두 배우겠다고 마음에 두지 않아도 자신도 모르게 스며들고 암암리에 교화되어 자연스럽게 닮아 간다"고[144] 했다. 주희도 "옛날 소학에서는 사람을 가르치되 물 뿌리고 쓸며, 응하고 대답하며, 나아가고 물러서는 예절과 부모를 사랑하고 어른을 공경하며 스승을 존경하고 벗을

---

138) 『法言·修身』.
139) 『法言·學行』.
140) 康有爲, 『論語注』.
141) 康有爲, 『論語注』.
142) 張載, 『理窟』.
143) 賈誼, 『新書·保傅』.
144) 『顔氏家訓·慕賢』.

가까이 하는 도리로써 하니 이는 다 몸을 닦고 집안을 가지런히 하며 나라를 다스리게 하고 천하를 편안하게 하는 근본이 되는 까닭이니 반드시 그들로 하여금 어렸을 때 배우고 익히게 하는 것이다"고[145] 했다. 이러한 견해는 모두 "어릴 때의 버릇은 천성이 되고, 습관은 자연(自然, 천성)이 된다"는 설을 구체적으로 나타내고 있는 것이다. 성과 습에 관한 변증관계의 인식으로 교육가들에게 교학방법의 선택과 개선을 중시하도록 한 것은 특히 중요하다. 예를 들면 왕양명은 아동교육은 반드시 '가르침(誘)', '이끔(導)', '풍자(諷)'로 인재를 배양하는 방법을 취해야 개성을 발전시키는데 유리하다고 생각하였다. 그는 "무릇 어린 아이의 정서는 놀기를 좋아하고 구속받기를 꺼려한다. 이것은 마치 초목이 처음 싹을 틔울 때, 그것을 펼쳐주면 사방으로 뻗어가지만 꺾거나 휘어버리면 쇠하여 시들어버리는 것과 같다. 이제 어린 아이들을 가르칠 때는 반드시 그들의 취향을 고무시켜서 마음이 즐겁도록 해주어야 한다. 그러면 스스로 그치지 않고 나아갈 것이다. 비유하자면 때맞춰 비가 내리고 봄바람이 불어 초목을 적시면 싹이 움터 자라지 않을 수 없어서 자연이 나날이 자라나고 다달이 변화되는 것과 같다"고[146] 했다. 이러한 봄바람, 비와 같은 도야 교학법은 공자의 성과 습론 및 맹자의 성선론을 깊게 이해한 후, 구체적으로 응용한 것이다. 셋째, 『주역』철학을 이론지도로 삼고 변증적, 발전적 관점에서 "성은 나날이 새롭다(性日生日成)"는 명제로 습의 관계를 제시하였다. 『역전(易傳)』에 "부유해지는 것을 대업이라 하고 나날이 새로워지는 것을 성덕(盛德)이라 한다. 낳고 또 낳는 것을 역(易)이라고 한다"고[147] 했다. 우주는 나날이 새로워져 끝이 없는 대과정으로 '일신(日新)', '생생(生生)'의 관념을 인성론, 교학론에 응용하여 "성은 나날이 낳는다"는 이론을 만들고 주체는 피동적으로 환경에 적응하는 것이 아니라 자각적이고 능동적이고 창조적으로 환경을 선택하고 변화시킨다고 강조하였다. 예를 들면 장재는 "남(物)을 유익하게 하는 것을 정성스럽게 하면 하늘이 만물을 낳는 것과 같아서 날마다 진보하고 날마다 불어나게 된다. 자신을 유익하게 하는 것을 정성스럽게 하면 마치 물이 흐르는 것과 같아서 날마다 더하고 날마다 얻는 것이 있다"고[148] 했다. 주희는 성을 논함에 장재, 정이로부터 깊은 영향을 받았는데, 그가 말한 인(仁)과 같이 '일신'과 '생생'의 의미를 제시하였다. 그는 "성은 사람이 받은 천리이다(人所受之天理). 천도라는 것은 하늘의 이치와 자연의 실체를 말함이니 그 실제는 하나의 이치이다",[149] "낳고 낳는 이치를 성이라고 한다"

---

145) 朱熹, 『題小學』.
146) 『王文成公全書·訓蒙大意示敎讀劉伯頌等』.
147) 『系辭上傳』.
148) 張載, 『正蒙·乾稱』.
149) 『朱子語錄』 卷五.

고[150] 했다. 그는 또 "예를 들면 곡식의 씨앗과 같다. 생(生)의 성은 곧 인이다"고[151] 했다. 여기서 '생생(生生)'의 관념은 유가의 핵심관념으로 우주전체가 '생명이 나는 것이 끊임이 없는(生生不息)', '나날이 새로워지는(變化日新)' 대생명체로 인류 생명의 의의는 우주에서 온 것으로 우주정신과 일맥상통한다. 그래서 "생의 이치를 성이라고 한다(生之理謂性)"고 했다. 주희는 "천지의 조화는 앞서 가는 것은 지나가고 뒤에 오는 것은 끊임이 없어서 한 순간의 그침도 없다고 했다. 바로 이것이 도체(道體)의 본연이다. 그러나 그것을 가리켜서 쉽게 볼 수 있는 것은 냇물만한 것이 없다. 그러므로 이를 드러내어 사람들에게 보여주어 배우는 자들이 때때로 성찰하여 공부에 털끝만큼도 멈춤이 없게 하고자 함이다",[152] "하루 묻은 더러움을 씻음으로써 스스로를 새롭게 할 수 있고 곧 마땅히 인함에 이것뿐이다. 새롭게 한다는 것은 나날이 새롭게 함과 날로 새롭게 함이 조금의 틈도 있을 수 없음이다"고[153] 했다. 『역전』의 철학사상을 어떻게 교학실천에 응용했는지 이론적인 시사를 제공한 것이다. 장재, 주희 등 교육가의 계몽 아래 왕부지는 "성은 나날이 새롭다(性日生日成)"는 명제를 제시하였다. 왕부지가 말하는 "천지의 덕은 변함이 없고, 천지의 변화는 나날이 새롭다. 오늘의 폭풍우는 어제의 폭풍우가 아니라 오늘의 해와 달은 어제의 해와 달이 아니다", "마치 오늘의 몸이 어제의 몸이 아닌 것과 같다"고[154] 했다. 그의 관점에서 보면 자연계의 폭풍, 일월이 인간의 오관에 미치기까지 모두 변화하고 새롭게 태어난다. 성도 날마다 생성하는 것으로 이미 완성된 것이 아니라 완성되어 가는 것이며 이미 완성된 것은 또 변화를 하고 있는 것이다. 그래서 '나날이 태어나서 나날이 이루어지는 것(日生則日成)'이라고 일컫는다. 그는 "하늘이 명한 것을 성이라 하고 받은 성은 날마다 새로워진다. 눈으로 날마다 태어나는 것을 보고 귀로는 날마다 새로워지는 것을 듣고 마음으로는 날마다 새로워지는 것을 생각한다"고[155] 했다. 우주 만물의 변화가 날마다 새로워지는 원리에서 "성이 날마다 생성된다"는 근거를 밝혔으며, 인성이라는 것은 처음 생길 때 이미 정해진 것이 아니라 환경과 교육에 의해 서로 다름을 강조하였다. 이렇게 서로 다른 것은 여러번 변해서 생긴 것이며, 교육을 받는 사람에게 '습성이 본성이 되는' 원리를 일깨웠다. 이러한 견해는 상당히 영향력이 있고 설득력이 있는 것이다.

---

150) 『朱子語錄』 卷五.
151) 『朱子語錄』 卷九五.
152) 『論語集注』.
153) 『大學章句』.
154) 王夫之, 『思問錄外篇』.
155) 王夫之, 『尚書引義』 卷三.

(2) 교와 학

'교(教)'와 '학(學)'이라는 두 개의 개념은 일찍이 상(商)대에 있었던 것이다. '교'는 갑골문에 "𢼂"로 되어 있다. 예를 들면 점사(占辭)에 "정유일에 점을 쳤다. 다양한 나라들의 자식들과 신하들을 불로 교육시켜도 될까요?"라고 했다. '학'은 갑골문에 '𦥯'로 되어 있다. 예를 들면 점사에 "임손(壬孫), 불주(弗酒)가 배움을 청했다"고 하였다. 갑골문 중 또한 "學多□父師于教", "무술(戊戌)일에 첨을 쳤는데 작(雀), 약(若), 교(教)"라고 했다. "병자일에 점을 쳤는데 많은 자제들이 학교에 갔다"고 했다. 고적에 상대의 학교교학의 상황이 기재되어 있으며, 갑골문 중 '교', '학', '사'라는 개념은 실제로 당시에 교학이 행해졌음을 말해주는 것이다. 『상서(尙書)·열명(說命)』에 "가르치는 것은 배움의 반이다(斅學半)"이 말은 채심(蔡沈)의 주에 "효(斅)는 가르치는 것이다. … 처음에 스스로 배우는 것도 배움이요, 마지막에 다른 사람을 가르치는 것도 배움이다"고 했다. 허신의 『설문해자』에서는 '교'를 다음과 같이 설명하였다. "교는 위에서 베풀고 아래서 본받는다"는 뜻이고 학은 "깨우치는 것이다". 본래 斅을 '學'이라고 했다. 『예기(禮記)·왕제(王制)』에 "은나라 사람은 우학(右學)에서 국노(國老)를 배양하고 좌학(左學)에서는 서노(庶老)를 배양하였다"고 했다. 주에 "은나라에는 학이 있었다. 학이라는 것은 깨닫는 것이다. 깨달은 백성이란 이른바 그 본질을 변화시키는 것이다. 그래서 학이라고 하는 것이다"고 했다. 『학기』에 "가르침이란 선을 길러서 그 잃음을 구하는 것이다"고 했다. 『순자』도 "선으로 사람을 기르는 것이 교이다"고 하였다. 여기서 교와 학이라는 두 가지 개념의 역사적 변천을 살펴보면 상대적으로 독립된 범주가 대립통일된 범주로 변했으며 관부에 배움이 있다는 것이 배움이 널리 백성에 있기까지 문명진화의 과정과 밀접하게 관련되어 있음을 알 수 있다. 사학의 탄생은 교학경험이 축적된 결과로 춘추전국시대의 교육가들은 교와 학의 변증관계를 인식하고 이 한 쌍의 범주관계를 분석하기 시작하였다.

공자는 "성인이라니 당치도 않다. 나는 다만 배움에 만족할 줄 모르고 가르침에 있어 싫증을 모를 뿐이다",[156] "묵묵히 새겨 두고 배움에 싫증내지 않으며 남을 가르치는 데 지치지 않는 것 같은 일이 나에게 무슨 문제가 있겠는가?"고[157] 했다. 공자가 교육대사가 된 것은 바로 배움을 좋아하고 잘 가르치는 것을 중시했기 때문이다. 그의 이러한 '스승'으로의 관점, 교와 학의 관계를 설명한 것에서 '교학상장'의 단서를 엿볼 수 있다. 『논어』라는 책에 '교(教)' 라는 글자는 모두 7번 나온다. '학'이라는 글자는 이보다 많은 60여 번 나타난다. 또 '교'라는 글자의 의미와 비슷한 것으로 '전(傳)' 자가 2번 나타나고

156) 『孟子·公孫丑』.
157) 『論語·述而』.

'회(誨)' 자는 5번 나온다. '학'이라는 글자의 의미와 비슷한 '습(習)'은 3번 나오고 '문(問)'이라는 글자는 120여 번 나온다. 이렇게 공자교육의 중점은 학생에게 '배우도록(학)' 계몽하는 것이다. 공자 교학의 실례를 분석해보면, 교와 학을 서로 상대적인 것, 서로 변화하고 상호 촉진하는 범주로 보았다. 공자 교학에서 중요한 것은 계발, 교화, 반어, 비유, 격려, 도야, 의논, 문변(問辨), 감화이다. 그는 개성이 서로 다른 교육대상과 특수한 교육환경을 고려하여 융통성 있고 창조적으로 서로 다른 교학방법을 채택하여 교학예술의 최고 경지에 이르러 후세 교학에 모범이 되었다. 특히 그의 '배우기를 싫증내지 않고(學不厭), 가르치기에 게을리 하지 않는 것(教不倦)', '배움에는 정해진 스승이 없고(學無常師)', '선한 것을 찾아 좇는 것(擇善而從)', '서로 부지런히 갈고 닦는 것(相互切磋)', '교학상장' 사상에는 모두 변증정신이 담겨 있다. 후대의 교육가들은 이것을 수용하고 발전시켰는데, 이것은 중화민족 교학론의 핵심내용이 되었다. 도행지(陶行知, 1891~1946)는 "만약 학생이 배우기를 좋아하면 선생도 배우기를 좋아한다. 배우기는 하나 싫어하지 않는 선생은 배우기는 하나 그 배움을 싫어하지는 않는 학생을 배양한다"고[158] 했다. "학문을 한다는 것은 배운다는 것이다. 가르치는 것은 잘 배우는 것만 못하다. 가르치고 배우는 것에 대해서는 반드시 처지를 바꾸어 생각해보고 다른 사람이 이해할 수 있도록 노력해야 한다"고[159] 했다. 이것은 교와 학의 변증관계를 간단명료하게 설명한 것으로 공자의 교학사상과 일치한다.

맹자와 순자는 모두 교와 학의 변증관계를 인식하였다. 그러나 인성의 선악에 대한 관점은 서로 다르다. 맹자는 학에 초점을 두어 교와 학 중 핵심은 학이라고 보았다. 그래서 그는 "군자가 깊이 도를 탐구하고자 하는 것은 스스로 그것을 얻고자 함이다"고[160] 하고 교사의 기능은 학생을 자각하고 주동적으로 배우도록 힘쓰는 것이라고 보았다. "군자는 당기고서 놓지는 않으나 마치 쏘는 것과 같아 정도에 맞게 서면 능력있는 사람은 따라 한다"고[161] 했다. 즉, 이것은 학생이 능동적으로 배우도록 일깨우는 교학방법이다. 후세의 교육가 예를 들면 정이, 육구연, 왕양명은 특히 맹자의 교학사상을 숭상하였다. 예를 들면 정이의 교학은 '일깨우는 것'을 중심으로 온화하고 친절하게 하여 교육을 받는 사람이 마치 물속에 푹 빠져 헤엄치듯 한 다음에야 깨달을 수 있는 것과 같다고 했다. 육구연은 "정신을 가다듬고 스스로 주재(主宰)하며", "자득(自得), 자성(自成), 자도(自道), 서적을 스승과 친구처럼 대하고", "스스로 자중하고 다른 사람의 입장만 따르지 말

158) 『陶行知文集』 98쪽.
159) 『陶行知文集』 190쪽.
160) 『孟子·離婁』.
161) 『孟子·盡心上』.

것"[162] 등의 말로 학습자를 격려하고 '학'의 주도적인 작용을 제시하였다. 왕양명의 치양지(致養知, 양지를 실현하는 것)는 특히 자득의 미를 중시한 것이다. 그는 "무릇 학문은 마음에서 얻는 것을 귀중하게 생각해야 하므로 비록 그 말이 공자에서 나왔다고 하더라도 감히 옳다고 해서는 안 될 것인데, 하물며 공자에 미치지 못한 자(주자)에게서 나온 말인데 어떠하겠는가? 심에서 구하여 옳은 것이라면 비록 그 말이 평범한 사람에게서 나왔다 할지라도 감히 그르다고 해서는 안 될 것인데, 하물며 공자에게서 나온 말인데 어떠하겠는가?"고[163] 했다. 이러한 시비를 가릴 줄 아는 것으로 맹목적인 권위가 아닌 스스로 사람들에게 깨닫도록 하여 과거제도의 팔고문 교학의 속박에서 벗어나도록 일깨웠다. 순자는 학의 의의를 간과하지 않고『권학(勸學)』편에 후학을 격려하는 글을 써서 학습자들이 중도에 포기하지 않도록 하여 제자가 스승보다 뛰어나기를 바랐다. 그러나 종합적인 면에서 보면 그는 교와 학 중 중요한 것은 '교'라고 생각했다. 그래서 '스승을 높이고 벗과 친해질 것(隆師親友)'을 주장했다. 그는 "사람에게 스승과 법이 없다면 성(性)을 그대로 높이게 될 것이며, 스승과 법이 있다면 적(積)을 높이게 될 것이다"고[164] 했다. "본성을 변화시켜 인위를 일으킨다"는 교육목적에 도달하기 위해서는 교사를 존중하고 적극적으로 교사에게 다가가는 것이 관건이다. "배움은 그럴 만한 사람에게 가까이 접근하는 것이 제일 쉬운 방법이다.『예』와『악』은 규범일 뿐 설명은 하지 않고,『시』와『서』는 옛날의 이야기일 뿐 지금과 맞지 않고,『춘추』는 너무 간략하여 쉽게 깨달을 수 없다. 그럴 만한 사람을 본받아 군자의 설을 익히면 내 몸이 존엄하게 되어 세상에 두루 통하게 된다"고[165] 했다. 교사는 선지선각자로 스승을 높이는 것은 도를 구하는 방법이라고 본 것이다. 만약 교사의 지도, 전수와 멀어지게 되면 방향을 잃게 되어 최종적으로 비루한 선비(陋儒)가 되는 것을 면할 수 없다. 주의해야 될 것은 '사법(師法)'이라는 개념이다. '경전을 전함(傳經)'에 있어 순자의 공헌은 맹자보다 크다. 청대의 왕중(汪中)은 "순경(荀卿)의 학문은 공씨에게서 나왔다. 다른 경보다 그 공로가 특히 크다"고[166] 했다. 근대 사람인 유사배(劉師培, 1884~1920), 주여동(周予同, 1898~1981)은 모두 진한시대의 유생들이 공부한 오경 및 그 해설은 거의 순자에게서 나왔다고 생각했다. 맹자의 교학은 '잃어버린 마음을 찾는 것'을 종지로 삼고 '잘못을 자기 자신에게서 찾고(反求諸己)', '그것을 자득하는' 다양한 방법으로 창조적인 직관을 중심으로 간략하게 설명하였다. 순자

162)『陸九淵集·語錄』.
163)『王文成公全書』 卷二.
164)『荀子·儒效』.
165)『荀子·勸學』.
166)『荀卿子通論』.

는 '경전을 전하는 것'을 중시하여 많은 역사문헌을 후세대에게 전하였다. 그러나 이것은 교사의 전수, 해설이 없어 초학자들이 쉽게 이해할 수 없어 궁극적인 의미를 파악하기 상당히 어려웠다. 서한의 무제 이후 경학은 '관학'이 되었다. 오경, 칠경, 구경에서 십삼경에 이르기까지 금문학파, 고문학파에서 송학, 박학(博學)에 이르기까지 경전의 전수는 주로 경학에 정통한 교사가 맡았다. 따라서 순자가 "배움은 그럴 만한 사람에게 가까이 접근하는 것보다 좋은 것이 없다"고 한 것은 상당히 중요한 말이다. 경학에서 말하는 이른바 사법, 가법이라는 체계는 경전을 전하는(傳經) 사람에게 반드시 스승의 경설을 지키도록 하고 독단적으로 바꾸지 못하도록 한 것이다. 만약 그렇지 않으면 박사의 자격을 박탈하였다. 서한은 사법을 중시하고 동한은 가법을 중시하여 관학에서는 사법, 가법을 중시하는 분위기가 흥성하였다. 예를 들면 『공양춘추(公羊春秋)』는 동중서가 전하는 경설을 사법으로 하고, 후에 대사의 제자들이 경전을 전수할 때 새로운 해석을 하여 한 가를 이루었는데, 이것이 바로 가법이 되었다. 예를 들면 '안씨공양(顔氏公羊)', '엄씨공양(嚴氏公羊)' 같은 경우이다. 피석서(皮錫端, 1850~1908)는 "먼저 사법이 있은 후 한 학파가 이루어졌다. 사법이라는 것은 그 근원을 거슬러 올라가는 것이고 가법은 그 유파가 많아진 것이다"고[167] 했다. 사법과 가법을 막론하고 모두 교사가 주도적인 작용을 강조하였다. 설령 각 가의 견해를 지키지 못한다고 하더라도 금고문을 함께 채택하여 가법을 혼란하게 한 정현도 순자처럼 "스승을 존경하고 도를 중시하자"고 주장하였다. 『예기정의(禮記正義)』에서 "사(師)라는 것은 도로써 사람을 가르치는 것을 지칭한다"고 하고, "스승의 설을 잘 밝혀 제자에게 그것을 잘 설명해야 한다"고 하였다. 특히 교사의 권위 확립을 중시하였다. 중국의 고대 관학 중 교학은 기본적으로 교사가 전수하는 방법을 중심으로 옛날의 습관이나 규칙을 끝까지 지키고 가끔 동일하여 사법, 가법의 폐단과 분리할 수 없었다. 이와 반대로 자득을 너무 강조하여 문헌의 연구를 홀시하고 당시의 현황과 동떨어져 공리공담만 일삼았다. 이것은 공소(空疎, 내용은 없고 그 짜임새는 허술함)의 병폐를 야기시켰다. 예를 들면 정주, 육구연, 왕양명 학문의 말기가 이와 같았다. 안원은 "진나라가 멸망한 후, 한대의 유생들은 남겨진 문헌을 모으고 훈고의 학문이 잘못되었음을 알고 진(晉) 나라 사람은 또 청담(淸談)으로 거짓말을 일삼고 한당에도는 또 불교, 노장이 유행하고 송대에 이르러 더욱 깊어졌다. 복상(僕嘗)은 훈고, 청담, 선종, 향원(鄉愿有一)이 유일하여 모두 무고한 백성을 혼란에 빠트렸다"고[168] 했다. 추용(鄒容, 1885~1905)도 "중국의 사(士)는 실제로 마치 죽어가는 사람처럼 생각이 없는 사람들이

167) 『經學歷史』.

168) 『習齋記余』 卷三.

다. 무슨 까닭에서인가? 백성들이 배우지 못했기 때문이다. 사들은 어리석어 배웠으나 배우지 않는 것과 같아 우매함만 늘어나고 있다", "한학을 말하고, 송학을 말하고 사장(詞章)을 말하고 명사(名士)를 말한다. 한학자들은 문장에 독창성이 없이 전주(箋注) 훈고(訓詁)하는데, 마치 육경의 노예 같아 감히 그 범주를 벗어나지 못하고 있다. 송학자들은 『오자근사록(五子近思錄)』 등의 책만 지키고 있고 태극(太極) 원극(元極) 성공(性功)의 이치를 공리공담하고 동서행랑에 죽은 이름으로 몸을 구하여(求身死名) 이익을 주기는커녕 손해만 끼친다. 사장파들은 동성(桐城, 청대의 고문숭상파)을 세우고 양호(陽湖)의 문호를 세우고 현란하고 화려한 판에 박힌 것을 외쳤다"고[169] 했다. 안원과 추용은 중국 고대의 폐단을 심각하게 인식하고 이를 강력하게 비판하였다.

물론 공자가 제시한 "배우기를 싫증내지 않고 가르치는 것을 멈추지 않는다"는 명제 이후, 적지 않은 교육의 대사들이 교와 학의 변증관계를 새롭게 해석했다. 『학기』에 "비록 맛있는 음식이 있다고 하더라고 그 음식을 먹어보지 못하면 그 맛을 알 수 없다. 비록 도에 이르렀다 할지라도 배우지 않으면 선을 알지 못한다. 따라서 배우고 난 뒤 부적함을 느끼고 가르치고 난 뒤 학문의 어려움을 안다. 앎이 부족한 것을 안 후, 스스로 돌이켜보고 학문이 어려움을 알고 난후 스스로 강해진다. 따라서 교학상장인 것이다"고 했다. 학생의 입장에서 보면 교사가 전하는 지식에 국한하지 않고 독립적으로 사고하고 어려운 것은 질문을 하여 스스로 이해하는 것에 부족함이 있으면 스스로 반성하여 자신을 강하게 해야 한다. 교사의 입장에서 보면 가르치는 과정에 배움의 과정이 있으니 가르치면서 배우는 것이 교학을 탐구하는 규율이다. 자신의 약점을 인식하고 난 후 끊임없이 노력해야 한다. 동시에 스스로 학습을 체득하고 그 방법을 학생에게 가르치고 학생들이 독립적으로 사고하고 탐구하도록 일깨워야 한다. "이른바, 학생을 올바른 길로 이끌되 강제로 끌어당기지 않으며, 강하게 하되 짓눌리지 않게 하며, 문을 열어 주되 끝까지 데리고 가지 않는다"고[170] 했다. 이것은 모두 계발식 교학법을 설명한 것이다. 당대의 한유는 『사설(師說)』에서 "제자가 반드시 스승보다 못한 것이 아니며 스승이 반드시 제자보다 나은 것이 아니다"고 했다. 송대의 주희는 교사는 "단지 저속한 사람을 인도하고 저속한 사람을 가려내고 의문 나는 것이 있으면 함께 의논할 뿐이다"고 했다. 학생의 학습은 "스스로 이해하고 스스로 관찰하고 스스로 함양하는 것이다"고[171] 했다. 왕부지가 "배움을 통한 생각을 넓혀 광대한 것을 끌어내는 것이 가르치는 일이다. 원대한 것을 이끌어내는 것이 가르치는 일이다. 가르치는 것의 뜻을 살펴 그 이유를 돌이켜봄이 배우는 것이다",

169) 鄒容, 『革命軍』.

170) 『學記』.

171) 『朱子語錄』.

"무릇 학문이라는 것은 배움으로써 다다르는 것이다. 배움은 반드시 가르치는 것은 아니다. 가르침이라는 것은 다른 사람을 가르치는 학문이다. 가르침이 반드시 배우는 것은 아니다"고[172] 했다. 이것은 모두 『학기』의 '교학상장', '교학계발' 사상을 나타낸 것이다. 특히 왕부지의 견해는 교와 학의 특징 및 그 변증관계를 철저하게 분석하여 사람들에게 교학의 규율에 대해 인식하게 하였다. 주희, 왕부지가 광범위하면서 세밀하며 대대로 군중을 모아 학술대사가 된 것은 그들이 학습을 좋아하고 교학 규율을 잘 지킨 것과 관련이 깊다. 강유위는 "규구(자)만을 가르친다면 무릇 그 교묘함으로 관직에 오르고 내릴 수 있으나 손놀림이나 숨쉬는 모양은 모두 자득에 있다"고[173] 했다. 엄복(嚴復, 1854~1921)은 "교육이라는 것은 장차 천명에 트이게 하는 것으로 그것은 스스로 구하는 데에 있는 것이다. 장래 품성을 단련시키는 것을 스스로 할 수 있어야 한다. 고금의 성현과 철학자들의 스승은 계몽교육으로 기술을 익히게 하였다. 맹자는 '화살을 당기기는 하나 쏘지 않지만 마치 쏜 것처럼 하고' 공자는 '한 귀퉁이를 들어 다른 세 귀퉁이를 알지 않으면' '무릇 시비를 말해주어야 하는가?'"고[174] 했다. 무릇 가르치는 것은 반드시 어떤 목적에 도달하기 위해 가르치는 것이 아니다. 가르치지 않고 이해함이 없는 상태에서 스승 없이도 스스로 이해하게 하는 것에 있다. 중요한 것은 교사가 계발을 잘 유도하는 가의 여부이다. 학생이 알도록 가르쳐야 할 뿐만 아니라 더 중요한 것은 학생이 배우도록 가르치는 것이다. 학생 스스로 진리를 탐구하고 문제를 해결하도록 해야 한다. 강유위, 엄복의 이론은 이러한 변증정신이 풍부하다.

(3) 학(學)과 사(思)

공자는 "배우고서 생각하지 않으면 어둡고, 생각하고 배우지 않는다면 위태롭다"고[175] 했다. 『사기』에서는 "학문을 좋아하고 깊이 생각하면 그 뜻을 마음으로 알게 된다"고[176] 했다. 중국의 고대 교육가, 사상가는 학과 사의 변증관계에 대해 깊이 인식했으며, 더불어 많은 참신한 견해를 말하였다. 공자, 사마천이 제시한 명제는 수천년 이래 지금까지 사람들이 중시하고 있으며, 방법론의 가치가 있어 학문을 하는 근본 준칙이 되고 있다.

교학의 핵심은 생각의 발전을 촉진하는 것이며, 생각의 발전은 깨닫고 이해하고 지식

---

172) 王夫之, 『讀四書大全說』.
173) 康有爲, 『孟子微·師友』.
174) 『嚴復集』 第一冊.
175) 『論語·爲政』.
176) 『史記·五帝本紀』.

과 기술을 응용하는 과정에서 실현되는 것이다. 배워서 생각하는 것을 계몽하고, 생각하는 것으로 배움을 촉진하여 배우고 생각하는 것이 결합되고 상호 보완하는 것은 공자, 사마천이 제시한 명제에 담겨있는 기본정신이다. 교육철학은 지혜의 추구와 탐구이다. 배움을 좋아하여 깊이 생각하는 것은 진리를 탐구하는 과정에서 끊임없이 지혜의 빛이 번뜩이는 것이다. 왕부지는 "치지(致知)의 방법에는 두 가지가 있다. 그 하나는 배움(學)이요. 다른 하나는 사유(思)이다. 배움은 자기 지혜의 총명함을 믿는 것이 아니라 오직 먼저 깨달은 것을 본받는 것이며, 사유는 옛 사람의 자취를 따르는 것이 아니라 나를 깨우치는 영(靈)에 맡기는 것이다"고[177] 했다. "배워 생각함에 장애가 없다면 널리 배우면 배울수록 그 생각함도 넓어진다. 바른 생각을 하여 배움에 이익이 되고, 생각이 어려우면 반드시 열심히 배워야 한다"고[178] 했다. 학습의 주요 임무는 받아들이고 선조들의 창조적인 문화유산을 계승하는 것이며 사고는 획득한 지식을 분석하고 종합해서 독창적이고 창조적인 발전을 위해 자신의 지력을 발휘하는 것이다. 많은 학술을 토대로 공부해야 비로소 선견지명이 있고 계획이 주도면밀하며 생각이 원대해져 선인들의 부족한 점을 발견할 수 있다. 의문스러운 문제를 생각하고 학문의 부족한 점을 뒤돌아보아 더욱 고분분투해야 한다. '배우되 생각하지 않으면' 현사명상(玄思冥想)에 빠져 역사와 현실과는 괴리된 채로 '사(思)'는 뿌리가 없는 나무와 근원이 없는 물이 되는 것이다. 공자, 사마천에서 왕부지에 이르기까지 학과 사의 변증관계에 대한 분석은 사람들이 교학과 발전의 내재관계를 깊게 이해하는데 기여하였다.

학과 사의 관계는 역대 교육가들이 교학규칙을 탐구한 중점 중 하나이다. 교학의 예술은 종종 교사가 학생들을 인도하여 학과 사의 변증관계를 이해하게 할 수 있는 지의 여부에 모아졌다. 이것은 교학의 성공과 실패에 있어 중요한 것이다. 공자는 학을 매우 중시하였다. 그는 박학(博學)의 토대에서 구상하는 것을 강조하고 의문을 갖고 배울 것을 주장하였다. '박학'은 독서를 가리킬 뿐만 아니라 다문(多聞), 다견(多見), 다식(多識), 다문(多問)도 학이다. 그는 "내가 하루 종일 음식을 먹지 않고 밤에 잠을 자지 않고 생각해봐도 모두 무익하여 배움만 하지 못하더라"고[179] 했다. "인을 좋아하되 배우기를 좋아하지 않으면 그 폐단은 어리석음에 빠지는 것이요, 지혜를 좋아하되 배움을 좋아하지 않으면 그 폐단은 방탕함에 빠지는 것이다",[180] "군자는 학문을 함에 널리 배우고",[181] "많이

---

177) 王夫之, 『四書訓義』 卷六.
178) 王夫之, 『四書訓義』 卷六.
179) 『論語·慰靈公』.
180) 『論語·陽貨』.
181) 『論語·雍也』.

듣고 그 중에서 좋은 것을 택해 그것을 따라야 한다"고[182] 했다. 공자는 매우 겸허하고 아랫사람에게 묻는 것을 부끄러워하지 않고 배우는 것을 멈추지 아니하여, 심지어 "늙음이 닥쳐오는 것조차도 알지 못했으며" 이러한 배움을 좋아하는 정신은 유가학파의 학통이 수립되는데 모범이 되었다. 공자는 학습의 관건은 배움과 사고의 결합여하에 달려있다고 생각했다. 그가 제시한 "많이 듣고 의문 나는 것을 해결하고", "많이 보고 위태로움을 없애며", "지혜로운 자는 유혹되지 않고", "좋은 것을 택하여 그것을 따르면" 바로 학습자들에게 "아는 것을 안다고 하고 모르는 것을 모른다고 하는" 실사구시의 정신을 발휘하도록 하여 맹목적으로 옛날 사람과 고서를 믿지 않고, 의문과 비판의 안목으로 배움의 지식을 살피고 독립적으로 사고하며 문제를 발견하여 올바른 것이 진정으로 무엇인가 알 수 있도록 하였다. 그는 학습자를 격려하며 "배우지 않고 어떻게 실천에 옮길 것이며 생각하지 않고 어떻게 얻는 것이 있겠는가? 소자들은 힘쓸지어다"고[183] 했다. 동시에 아홉 가지 생각(九思) 즉 "보는 데 있어서는 분명할 것을 생각하고 듣는 데 있어서는 똑똑할 것을 생각하고, 안색은 온화할 것을 생각하고 모습은 공손할 것을 생각하고 말은 충성스러울 것을 생각하고, 일을 함에는 공경스러울 것을 생각하고, 의심스런 것은 질문할 것을 생각하고, 성이 날 때는 어려움을 겪을 것을 생각하고, 이득을 보게 되면 의로움을 생각하는 것이다"고[184] 했다. 이것은 생각의 방법, 기능과 가치에 대해 분석한 것으로 사람들이 학과 사의 변증관계를 이해하는데 도움을 주었다.

'배움을 좋아하고 깊이 사고하는' 것은 중국의 고대 교육대가, 학술대가들이 학문을 함에 따랐던 원칙이다. 사마천이 『사기(史記)』를 편찬하고, 왕충은 『논형(論衡)』을 지었으며, 정현은 경전에 주소를 달고, 유협은 문심(文心)에 대해 설명하고 사마광은 『자치통감(資治通監)』을 주편하고 장재는 『정몽(正夢)』을 편찬하고, 주희는 민학(閩學)을 창설하고, 왕양명은 양지의 가르침을 전파하고, 방이지는 '질측지학(質測之學, 중국에서 서양과학을 가리킨 최초의 말)' 백가를 종합하고 고염무는 경세실학을 주장하고, 황종희는 학술원류 등을 논하는 등 모두 '학문을 좋아하고 깊이 사고하는' 정신을 체현하였다. 그들은 마치 공자처럼 지식이 심오하고 넓으며 사상이 깊은 대사로 학과 사를 결합하는 학문의 방법이 밀접한 관계가 있음을 알고 이를 응용하여 풍부한 학문경험을 쌓았다. 더불어 학과 사의 변증 관계에 대해 새로운 해석을 하고 공자가 제시한 명제에 새로운 내용과 정신을 부여하여 오랫동안 지속되어 온 것에 새로운 것을 더했다.

"널리 배우고 뜻을 돈독히 하며 절실한 것부터 묻고 가까운 것부터 생각하라"고[185]

182) 『論語·述而』.
183) 『中論·治學』.
184) 『論語·季氏』.

한 자하의 해석은 학과 사의 결합의 필요성을 나타낸 것이다. 맹자가 말한 "마음의 본분은 생각하는 것이고 생각하면 얻고 생각하지 않으면 얻지 못한다"고[186] 했으며, "『서경』의 내용을 그대로 다 믿는다면 이것은 『서경』이 없는 것만 못하다. 내가 『무성(武成盡)』편에서 두세 쪽만 취할 뿐이다"고[187] 한 것은 학습자의 적극적인 사유를 계발하기 위한 것으로 의심하는 안목, 비판 정신을 갖고 독서를 하도록 한 것이다. 순자도 학과 사의 관계를 말하였다. 즉 "내가 일찍이 종일토록 생각하였으나 잠깐 동안 배우는 것만 못하다"고[188] 했다. 동시에 "사람이 도를 어떻게 알 수 있겠는가? 마음에 달려 있는 것이다. 마음을 어떻게 알 수 있겠는가? 빔(虛)와 통일(壹)과 고요함(靜)이다"고[189] 하여 학습자의 방해를 배제하고 정신을 집중하여 사유 활동이 '대청명(大淸明)'의[190] 태도를 유지하여 객관사물의 규율을 심도있게 인식하도록 해야 한다고 보았다. "마음에 곁가지가 있으면 배움이 없게 되고, 마음이 기울어져 있으면 정밀하게 배우지 못하며, 마음이 둘이면 의혹에 빠지게 된다"고[191] 했다. 그는 생각의 중요성을 언급했을 뿐만 아니라 사의 방법에 대해서도 합리적인 연구를 하였다. 『예기(禮記)·학기(學記)』에 "받아 적고 묻기만 하는 학문으로는 남의 스승이 될 수 없다"는 원칙을 제시하고 또 "깨달음을 열어주되 무리하게 달성하도록 강요하지 않으면 스스로 사고하게 된다"고 했으며 "그의 마음을 알아야, 그의 잘못을 바로잡을 수 있다"고 했다. 이것은 독립적인 사고의 중요성을 인정했을 뿐만 아니라 계발식 교학의 중요성이 '사고를 계발하는 것'에 있음을 나타낸 것이다. 또한 학생으로 하여금 학습과정 중 적극적인 사고의 태도를 갖도록 한 것이다. 이렇게 전국시대, 진한 사이의 교육가는 학과 사의 관계에 대해 심오하게 연구하였다.

'학'과 '사'의 결합은 진정한 앎이 무엇인가를 탐구하게 하여 온갖 사물을 두루 두루 아는 경지에 도달하는 방법이다. 새로운 주제, 문제를 발견하고 새로운 학풍, 새로운 사조를 제시하여 '배움을 좋아하고 깊이 사고하는 것'을 버리면 다른 방법이 없다. 예를 들면 한무제는 '백가를 퇴출시키고 오로지 유술만을 숭상하는' 문교정책을 실행한 후, 유학은 경학이 되었다. 그래서 장의 분석과 해석에 매달려 세상 물정에 어둡고 융통성이 없는 학자와 윗사람의 총애를 바라는 무리들로 모두 공맹순의 계승자로 자칭하며 독서에 몰두하고 훈고에 빠졌다. 비록 금고문의 쟁론, 정(鄭)·왕(王)의 논쟁, 남·북학의 분열,

185) 『論語·子張』.
186) 『孟子·告子上』.
187) 『孟子·盡心』.
188) 『荀子·勸學』.
189) 『荀子·解蔽』.
190) 마음을 비우고 무엇인가 한 가지에 집중해서 고요해지는 것을 대청명이라고 한다.
191) 『荀子·解蔽』.

공영달·가공언의 의소가 있었지만 표면으로 볼 때는 매우 활발하여 설령 공맹에 대해 잘못된 것을 말하고 정현이 말한 것이 위언이라고 하더라도 따르지 않는 설법이 없었다. 이렇게 한당시기 훈고학의 폐단은 매우 심각하였다. 훈고의 학문이 흥성하고 사변의 길이 막혀 공, 맹, 순의 '배워 천하를 바꿀 것을 생각하는(思以其學易天下)' 창조정신은 사라졌다. 옛 것에 충실하고(篤古), 맹신(迷信), 우곡(迂曲, 이리저리 구부러짐)은 한당유생이 학문을 하는 커다란 병폐였다.

학술의 새로운 길을 개척하려면 학문을 좋아하고 깊이 사고해야 한다. 이러한 것이 없으면 목적에 도달하기 어렵다. 송학의 창시자와 집대성자는 학문을 함에 최대의 특징은 선학(善學), 선의(善疑), 선사(善思), 선변(善辨), 선창조(善創造)라고 보았다. 경전을 의심하는 것에서 시작하여 마음으로 깨달은 바를 표현하여 새로운 학술사상을 형성한 것은 송학이 걸은 길이다. 이것은 창조의 길이지 훈고의 길이 아니다. 왕응린(王應麟, 1223~1296)은 "한대의 유학에서 청대의 경력 년간까지 경을 말하는 자는 훈고를 고수하면서 명확히 따져 묻지 않고『칠경(七經小傳)』에서 제시했듯이 새로운 것을 조금씩 숭상하기 시작하였다.『삼경의(三經義)』에서는 한유의 학문은 마치 토경(土梗, 흙으로 만든 인형)을 보는 것과 같다"고[192] 했다. 경전을 전수하는 분위기에 대해 회의를 갖는 분위기가 농후하였다. 주희는 "예전부터 유자들은 주소를 능가하지 못했다. 영숙(永叔, 구양수를 가리킴), 원부(原父, 유창을 가리킴), 손명복(孫明復, 992~1057)이 의론(議論)을 처음으로 제시하였다"고[193] 했다. 구양수, 왕안석 등은 장구 주석의 속박을 타파하였다. 경문 자체에서 그 뜻을 찾고 선진유가들의 견해를 의심하며 직접 마음으로 깨달은 바를 말했는데 이로써 송학의 시작을 알렸다. 근대 사람 무월(繆鉞, 1904~1995)은 "세상에서 구양수를 알고 있는 사람, 혹은 그의 문채를 중시하는 사람, 혹은 역사적 재능이 뛰어난 사람이라고 하였다. 나는 구양씨가 지은 저서를 읽었는데, 그 학문에는 의심과 비판의 정신이 있었고 그 사고는 매우 첨예했으며 이성과 지혜는 열려 있었다. 옛 일을 의심하는 자는 사물의 요점을 파악하고 일을 처리할 수 있고 헤아릴 줄 알며 오랫동안 전해온 잘못된 것을 바로 잡아야 한다. 당시의 사람들은 말을 하고 싶어도 말을 할 수 없었고, 감히 말할 수도 없었으며 기억과 담력이 모두 좋지 않았다"고[194] 했다. 송학은 실제로 경을 의심하는 것에서 시작하여 '학문을 좋아하고 깊이 사고하는 것'에 있어 구양수, 유창, 왕안석 등은 학문 방법에 있어 선구자이다. 이들은 옛 사람을 맹목적으로 믿고 훈고의 학풍을 고수하던 것을 타파하여 학술의 새로운 길을 열었다.

---

192) 王應麟,『困學記聞』.
193)『朱子語錄』卷八十.
194) 繆鉞:『歐陽永叔治學之精神』.

송명 이후, 교육가들은 학과 사의 문제에 대해 논하고 종종 자신의 학문 방법의 경험과 결합시켜 선인의 관점을 제시하였다. 이들은 새롭게 이해한 것을 말하고 더불어 교학 실천에서 새로운 효과를 얻었다. 예를 들면 장재는 "이른바 책을 보는 것은 스스로 그 의문점을 해석하고 스스로 이해하지 못한 부분을 명백히 해야 한다. 볼 때 마다 매번 새로 알게 되는 것이 더하면 학문이 진보하는 것이요, 의문을 갖지 못했던 것에 의문이 생기면 바야흐로 진보하는 것이다"고[195] 했다. 학과 사의 결합은 모든 학문에 있어 의문이 있는 것에서 탐구하는 것이다. 학은 반드시 궁리를 목적으로 하고 궁리는 세밀하게 생각하는(精思) 것을 매개로 해야 한다. '세밀하게 생각'한 후 사물의 이치를 연구해야 한다. 『송사(宋史)·장재전(張載傳)』에서 장재는 "종일 한 방에서 꼿꼿이 앉아 좌우의 전적을 고개 숙여 읽고 고개 들어 생각하다가 얻는 것이 있으면 기록하였다. 간혹 밤에도 일어나 앉아 촛불로 책을 읽었다. 도에 뜻을 두고 생각을 구체적으로 하는 것에 일찍이 잠시도 쉬는 것이 없었으며 잠시도 잊어버린 적이 없었다"고 했다. 장재 공부 방법의 지향은 선진유가의 '수기치인의 실학'을 부흥시켜 송대 사회의 인생, 사회문제를 해결하는 것이었다. 이학가들은 인생을 지도함에 일상의 현실에서 진리를 터득하도록 하고 각자의 내면에서 중요함을 일깨워 수신, 제가, 치국, 평천하를 이루는 것에 충실하고 일이 관지하는 것이라고 생각했다. 그는 『정몽(正夢)』, 『역설(易說)』, 『이굴(理窟)』 등의 저작을 완성하여 "세상을 위해 마음을 정한다. 백성들을 위해 명을 세운다. 지난 성인들을 위해 끊어진 학문을 잇는다. 후세를 위해 태평시대를 연다"고 했다. 주희는 "배우는 것은 책을 읽는 것이다. 읽고 나서 다시 생각하고, 생각하고 나서 다시 읽으면 자연히 의미를 알게 된다"고[196] 했다. 왕부지는 "마음을 보존하여 이치를 밝히고, 널리 듣고 보아 지식을 나날이 새롭게 하면 배움이 넓어져서 반드시 마음을 보존하여 성심을 다하면 선에 이르게 된다"고[197] 했다. 이러한 견해는 학과 사의 변증관계를 나타낸 것으로, 좀 더 자세하게 이해할 필요가 있다. 명청 이후, 과거제도와 학교교학은 나날이 부패되어 식견이 좁은 진부한 사들이 관직을 얻기 위해 어려서부터 경전을 읽고, 성현을 맹목적으로 믿고 배우되 생각하지 않고 낡은 틀에 얽매이며 배운 규율을 어기고 '학문을 좋아하고 깊이 사고하는' 원리와 부합하지 않은 잘못을 교훈 삼았는데, 이러한 잘못이 되풀이 되지 않도록 노력해야 한다.

(4) 박(博)과 약(約)

195) 張載: 『理窟·義理』.
196) 朱熹, 『學規類編』.
197) 王夫之, 『張子正夢注』.

'박'과 '약'은 유가 교학론에 있어 중요한 범주에 속하는 것으로 앎(知)을 구하는 방법이며 수양방법이기도 하다. '박'은 '많이 배워 아는 것'이고, '약'은 '한 가지 이치로 모든 일을 꿰뚫는 것'을 일컫는다. 박과 약의 관계는 변증적인 것으로 "넓히기만 하면 무익하고 빠른 길로 가려고 수박 겉핥기식으로 보는 것도 잘못된 것이다"고[198] 하여 두루 익히고 그것을 펠 수 있어야 하며, 이치를 터득한 것으로 넓혀 박약이 통일되어야 한다. 공자, 맹자부터 박과 약을 함께 열거하면서 대립 통일의 범주에 속한 후, 역대 교육가는 박과 약, 박학(博學)과 전정(專精, 마음의 흐트러짐 없이 오로지 정진하는 것), 박람(博覽, 두루 책을 많이 읽음)과 간이(簡易, 단순화한 법칙) 등 관계에 대해 여러 번 논쟁을 하였다. '널리 익히고 다시 이것을 간략하게 하는 것'의 교학사상도 점점 학문을 하는 사람들로부터 받아들여졌다.

『논어(論語)·안연(顔淵)』편에 "학문은 널리 배우고 예로써 그것을 지키는 것이다"고 했다. 여기에서 '박'은 광범위하게 문헌을 익히는 것을 가리키며, 약은 예의 규범으로 행위를 단속하는 것을 말한다. 박약합일은 인과 지(智)를 합일하는 구체적인 방법이다. 『중용』에서 "덕성을 높이고 학문을 논하며 넓고 큰 것을 파악하여 정밀하고 미세한 것을 미온없이 파악하며 높고 밝은 것을 철저히 규명하여 중용을 따른다"고 했다. 고염무가 '학문을 함에 널리 배우고', '행함에 부끄러움을 갖는 것'이라고 한 것은 박과 약의 관계에 대한 새로운 해석이며 인격교육의 관점에서 분석한 것으로 단순히 지성탐구의 방법에서 생각한 것은 아니다. 강유위는 "두루 학문을 익힌다는 것은 격물을 치지한다는 것이다. 예로 구속한다는 것은 자기를 극복하여 예로 돌아가는 것이다", "군자는 앎의 욕구에 있어 무방(無方)하여, 문물(文物)에 알지 못하는 것이 없으며 행동은 방정하고 그 언동은 반드시 예를 갖추고 이것이 도에 어긋나지 말아야 한다. 이극천인(理極天人), 절도 있게 수행해야 하는데 예를 가지고 널리 배우지 않으니, 행동하면서도 그것이 무엇인지 알지 못하고, 습관이 되었어도 그 의미를 살피지 않으니 퇴시(堆施)의 본을 만들지 말라. 만약 널리 배우나 예를 따르지 않으면 흐트러지고 때에 어긋나며 실마리가 나옴에 이르지 않는 바가 없다. 오직 땅의 끝 밖에서 두루 지혜롭고, 그림쇠의 가운데에서 몸소 좇으며, 지혜는 숭상받길 원하나 예를 낮아지길 바라니 이것이 도 없음의 근심이다"고[199] 했다. 강유위의 해석을 자세하게 살펴보면 '박'과 '약'의 관계는 지식과 도덕, 지(智)와 인(仁), 지(知)와 행(行)의 관계까지 영향을 미쳤다. 지는 구하는 방법이면서 또한 수양의 방법이다. 강유위는 특히 '박'과 '약'의 상호 작용, 사회 기본적인 문제에 대해 강조하였다. 여기에서

198) 『讀四書大全說』.

199) 康有爲: 『論語注』.

보면 도덕적인 약속(約)은 없고, 지식의 박은 그 목표를 잃은 것이다. 이와 반대로 지식에 박이 없으면 도덕은 교착상태에 빠질 수밖에 없다. '앎의 욕구에 있어 무방하고(知欲無方)', '행동도 방정해야 한다는 것'은 실제로 지를 구하는 것과 수양하는 방법을 말하는 것이며, 이 두 가지는 마치 모순 같지만 실제로는 통일된 것으로 인격을 도야하여 선의 경지에 이르는 주요 방법이다. 송대의 정이, 주희는 '함양은 경(敬)으로 하고 배움에 나아감은 치지에 있다'는 것을 주장하고 궁리치지(窮理致知)와 거경함양(居敬涵養)의 상호 작용을 강조하여 '학문을 함에 널리 배우고 예로써 그것을 지킬 것'을 요구하였다.

『논어』 중 '박', '약'은 서로 비슷한 범주로 '다학(多學)'과 '일관(一貫)'이 있다. 「위령공(衛靈公)」편에 공자와 자공(子貢)과의 대화를 보면 "공자가 말하였다. '사야! 너는 내가 많이 배워서, 그것들을 모두 외고 있는 사람이라 생각하느냐?' 대답하였다. '그렇습니다. 안그렇습니까?', '그렇지 않다. 나는 한 가지 도리로써 모든 것을 관통하고 있는 것이다'" 고 했다. 이것과 「이인(里仁)」편에서 "선생님의 도는 충(忠)과 서(恕)일 뿐입니다"고 한 것은 모두 일이관지(一以貫之)를 가리키는 것이다. 자공은 공자가 학문하는 방법은 '많이 배워서 그것을 아는 것'이라고 이해했지만 공자는 '충서의 도'로 전체 학문하는 과정을 관통하는 것임을 강조하였다. 스승과 학생과의 토론도 학문을 함에 많이 배우는 것과 예로써 그것을 지키는 문제이다. 사량좌(謝良佐, 1050~1103)는 "성인의 도는 커서 사람들이 두루 보아도 다 알 수 있는 것이 아니다. 그러므로 많이 배워 그것을 알아야 하는 것은 당연한 것이다. 성인이라고 해서 어찌 넓음에 힘쓰지 않겠는가? 마치 하늘이 뭇 형상들에 대해 사물 하나하나마다 새기고 쪼지 않는 것과 같다. 그런 까닭에 "나는 하나의 이치로 일관한다"고[200] 했다. 주희도 "박학은 치지이다. 예로 그것을 단속하는 것은 헛되이 아는 것이 아니다"고[201] 하였다. 이것으로 보면 지식과 도덕의 상호관계 및 인격교육의 방법으로 '박'과 '약'의 문제를 설명하고 있는데 이것은 유가학파의 기본방향이다.

송대의 이학가 주희와 육구연의 '박약' 문제에 대한 논쟁은 남송 이후 학술계, 교육계의 주목을 받았는데, 이것이 그 유명한 '아호지회(鵝湖之會)'[202]이다. 주형도(朱亨道)는 '아호지회' 논쟁의 주요 상황을 "아호의 강의하는 방법은 상당히 진실된 것을 말하는 것으로 오늘날까지 진실된 것이다"고 했다. 아호지회에서는 사람들을 가르치는 것에 대해 논하였다. 원회(元晦)는 사람으로 하여금 널리 보고 넓게 관찰하게 한 후에 이를 집약

200) 『論語集注』 引.
201) 『朱子語錄』.
202) 아호지회란 주희와 육구연이 순희 14년~16년 사이(1187~1189)에 두 차례에 걸쳐 벌인 학술논쟁으로 당시 논쟁의 쟁점은 무극이태극'이라는 문제와 교육방법이었다. 육구연은 무극이 태극이라는 논리에 반대하면서 태극의 이는 실제로 있으며 무극은 노자의 학문이라고 비판했다.

할 수 있어야 한다고 했다. 이육(二陸, 육구연, 육구령)은 먼저 사람의 본심을 드러낸 후에 널리 보게 해야 한다고 하였다. 주희는 육구연의 가르치는 방법이 너무 쉽다고 여겼고 육구연은 원회의 가르치는 방법이 너무 지루하다고 여겼으니 이 점이 합치되지 못하였다"고[203] 했다. 주형도의 기술은 비록 본래의 뜻과 부합되지는 않지만 기본적으로 유자들의 박과 약에 대한 인식을 반영하고 있다. 대체로 '박'은 '도문학(道問學)' 방면의 일이고, '약(約)'은 '존덕성(尊德性)'으로 귀결된다. 송명 이후 '존덕성'의 교육가를 강조했는데, 예를 들면 육구연, 진백사, 왕양명은 비교적 '약'을 중시하고 '박'을 덜 중시했다. 그러나 '도문학'을 대체로 중시한 방이지, 왕연상(王延相), 대진, 원원(阮元) 등은 비교적 박을 중시하였다. '존덕성'과 '도문학' 중 어느 한 쪽에도 치우칠 수 없었던 주희, 왕부지, 고염무 등도 학문의 폐단을 바로잡고자 학문 방법의 중심을 도문학에 두어 청대 박학(博學)의 길을 열었다. 박약에 대한 논쟁이 끊임없이 깊어지자 사람들은 자신도 모르게 '박학'의 관념을 변화시켜 박학의 관념은 점점 객관지식의 영역내에서 응용되었다. 도덕과 지식의 분리설도 명확해졌다. 고염무는 주희의 영향을 받아 '학문을 함에 널리 배우는 것'과 '행동에 있어 부끄러움을 아는 것'을 분리해서 설명하였다. 대진이 『맹자자의소증(孟子字義疎証)』에서 '행지약(行之約)'과 '지지약(知之約)'을 설명한 것은 고염무의 사상에 대한 중요한 보충이다. 무엇을 '지지약(知之約)'이라고 하는가? 즉 넓게 보고 듣는 것인데, 그 임무는 마음을 밝히는 것이다. 이렇게 '도문학'에서의 박은 이미 도문학의 '약'에 귀속된다. 그러나 존덕성에서 '약'은 이에 예속되는 것은 아니다. 이것은 유가학파 지식론과 교학론에 대한 중대한 진전이다.

지식을 구하는 것과 학문을 하는 것에 대한 관점에서 박약의 문제를 말한 것은 주희, 방이지, 고염무, 대진 등 이전에 많은 뛰어난 견해가 있었다. 예를 들면 사마천이 "하늘과 인간 사이의 경계(境界)를 탐구하고, 고금의 시간 속에 흐르는 역사의 변화에 통달하여, 스스로 일가(一家)를 이루었다"고 말한 것은 바로 역사학 연구를 말한 것이다. 유협이 "학문을 구함에 광범위해야 하며, 사례를 취할 때는 간결해야 한다"고[204] 한 것은 바로 문장의 창작에 대해 말한 것이다. 갈홍(葛洪, 284~364)이 "많이 듣고 요약하고 그것을 두루 보아 좋은 것을 택하라"고[205] 한 것은 학문의 방법에 대해 말한 것이다. 안연지(顔延之, 384~456)가 "책을 읽을 때는 요점이 중요하며, 요점을 파악하려면 널리 아는 것이 중요하다. 널리 알고서 요점을 파악해야, 모든 지식을 하나로 관통할 수 있다"고[206] 한

203) 『陸九淵全集·年譜』.
204) 『文心雕龍·史類』.
205) 『抱朴子·徽旨』.
206) 『庭誥』.

것은 독서의 방법을 말한 것이다. 위에서 말한 '박'과 '약'에 관한 설명에서 중요한 것은 모두 변증정신이 풍부하다는 것이며, 주희, 방이지, 고염무 등 교육가에 있어 의의가 있는 것이다.

주희는 "두루 공부하여(博文工夫) 비록 머리에 든 것은 많을지라도 그중에는 버려야 할 것도 있고 반드시 지켜야 할 것도 있다. 성인들이 사람들을 가르칠 적에는 순서가 있어 박보다 앞서지 않았다"고[207] 했다. 비록 주희의 학술사상이 '약'에 귀속되는 것이지만 그는 '박'에 대한 내용도 중요하게 다루었다. 주희는 고대 학술의 각 영역에 학문의 방법을 보급시켰다. 그가 이해한 "성인들이 사람을 가르침에 순서가 있었다"는 것은 이와 밀접한 관계가 있다. 주희는 또 "학문할 때는 반드시 먼저 커다란 근본을 세워야 한다. 처음에는 간략하고 중간에는 광대하며 마지막에는 다시 간략하게 해야 한다. …요즈음 배우는 사람들은 대부분 간략한 것을 따르기 좋아하는데 폭넓게 탐구하지 않고서 어떻게 그 간략함을 검증할 수 있겠는가?"고[208] 했다. 먼저 '커다란 근본을 세우는 것'의 약에서 중간에 '매우 광대해지는' '박'을 통해 다시 높은 단계의 '약'에 이르는 것은 지식을 구하는 것과 학문을 구하는 규율에 부합한 것으로 부정의 부정원리를 의미한다. 고염무는 육구연과 왕양명은 말류(근본정신 따위가 쇠퇴해버린 마지막 단계의 유파)로 "많이 배워 아는 것을 버리고 일관된 것만을 구한다"고[209] 비평하였다. 초순은 "두루 배우지 않아 공허한 깨달음에 의지하는 자는 선현의 학문이 아니다"[210]고 했다. 대진은 "도문학은 나쁘고 덕성을 함양하는 것이 좋다고 할 있는가"라고[211] 하였다. 이것은 주희의 생각과 일치하는 것으로 그중 주요한 정신은 "넓게 배워서 돌이켜 간략하게 말한다(由博返約)"는 학문방법이다. 이것은 진백사가 말한 "학문에 힘써 마음이 어지러우면 도를 깨칠 수 없기 때문에 책을 보고 박식해지는 것은 고요히 앉아 깨치는 것만 못하다"고[212] 하였다. 공자의 제자, 자공이 지식으로 입도하고 증자가 몸소 실천으로 도에 이르고 주희, 초순(焦順) 등이 자공을 숭상하는 것과 상반되는 학풍이다. 육구연, 왕양명은 자공을 가볍게 여기고 증자를 숭상하며 장학성은 『문사통의(文史通義)』에 청대 경학을 주희 학술 체계와 결부하여 고증하고 더불어 대진의 학술사상을 "주희의 도문학에서 나와 근거 없는 논리로 사람들에게 말하는 것을 경계하라"고 했는데, 이는 긍정할 만한 것이다.

---

207) 『朱子語錄』 卷三十三.
208) 『朱子語錄』 卷十一.
209) 『與友人論學書』.
210) 『孟子正義』.
211) 『與是仲明論學書』.
212) 『白沙子全集』 卷三.

'앉아서 천일(千古)의 지혜를 모은다'를 주장한 방이지는 전문적으로 학문의 문제로 박약의 관계를 말하였다. "학문이란 옛 의미를 생각하면서 널리 공부하고 그것의 요점을 파악해야 한다. 널리 공부하여 그 요점을 파악할 수 있는 사람만이 사물의 원리를 이해할 수 있다. 널리 배우고도 고금을 관통하는 원리를 깨닫지 못하는 사람, 또 의심을 품을 줄 모르는 사람이 있다면 어찌 그 사람이 책을 귀하게 여기는 사람이라고 하겠는가?"고[213] 했다. 그밖에 '약(約)'은 지식을 구하는 방면을 철저히 이해하는 것이다. 방이지의 학식은 매우 넓고 깊었다. 그가 지은 『통아(通雅)』라는 책은 일종의 백과전서식 저작으로 고금에 능통하고 중서에 두루 능하여 '천세의 지혜를 모아(收千世之慧)', 그 합당한 바를 절충한(折中會決) 걸작이다. 방이지의 학문방법과 관련지어 그의 박약관을 분석해보면 확실히 '예로써 자신을 절제하는(約之以禮)' 틀을 벗어났다. 장학성은 "배움에 있어 귀한 것은 박으로 이것은 약할 수 있는 것이다. 박하지 않은데 약할 수 있는 것은 없다"고[214] 했다. 또한 묻고 배워서 사물의 도리를 깨닫는 경지에 이르는 것(致知問學)의 관점에서 생각하도록 했다. 주목할 만한 것은 건릉과 가경시기에 학자들이 말하는 '약'은 대체로 마음을 흐트러짐 없이 정진하는 것(專精)을 가리켰다는 것이다. 대진은 "배움에 있어 귀함은 정이고 귀하지 않음은 박이니 나의 학문은 박에 힘쓰지 아니한다"고[215] 했다. 국초의 학문은 크고 건릉과 가경시기에 학문은 매우 세밀하여 이로부터 학풍의 변화를 알 수 있다.

(5) 옛 것(故)과 새 것(新)

'고(故)'와 '신(新)'은 원래 철학범주에 속하는 것으로 고대철학가들이 사물의 변화·발전규율을 나타낼 때 사용하던 기본 범주이다. 예를 들면 『주역대전(周易大傳)·잡괘(雜卦)』에 "혁(革)은 옛 것을 없애는 것이다. 정(鼎)은 새로운 것을 채우는 것이다"고 했다. 『장자(莊子)·각의(刻意)』에는 "옛 것을 버리고 새 것을 받아들인다"고 했다. 이것은 자연, 사회 및 인류가 "옛 것을 새 것으로 바꾸다(新故相除)", "묵은 것은 버리고 새 것은 받아들인다"는 변화 추세를 설명한 것이다. '고(故)'는 '옛 것(舊)', '오래된 것(久)'의 의미이고, '신(新)'은 처음에 나타난 것, 갱신의 의미로 종종 '옛 것(舊)', '오래된 것(久)'의 상대어일 뿐이다. 지식과 교학을 탐구하는 과정에서도 옛 지식과 새로운 지식, 이미 알고 있는 지식의 영역과 미지의 지식영역으로 오래된 지식이 새로운 지식으로 발전해가려는

---

213) 『通雅·自序』.

214) 『文史通義』 內篇二.

215) 『年譜』.

현상으로 인해 교육가들은 고와 신을 이용하여 이러한 범주에 대한 변화의 규율을 설명하였다. 더불어 여기에 방법론을 제시했다. 예를 들면 공자가 말한 '옛 것을 익혀 새로운 것을 아는 것'과[216] 왕부지가 "배움을 이루어, 옛 것과 새것이 서로 도와 새 것으로 옛 것을 알고",[217] "옛 것을 미루어 또 다른 새로운 것을 이루는 것"[218] 이다. 공자, 왕부지는 모두 역리(易理)에 정통한 교육가로 "역의 변화로 사람의 언행을 알 수 있으며 역은 모르는 것이 없다"고[219] 했다. 역을 배워 사람들로 하여금 사물운동 변화의 규율을 인식하도록 하여 지혜를 넓히고 복잡한 현실 문제를 해결하도록 하였다. 또한 역리를 교학실천에 응용하여 학습규율을 설명하거나 지식을 탐구하는 규율을 설명한 것은 공자와 왕부지가 철학범주를 교학범주의 변화시키려고 한 것이다. 공자, 왕부지는 모두 대혼란, 변혁의 시대에 '고'와 '신'이라는 범주를 교학실천에 응용하여 이것이 독특한 문화배경과 사회내용을 지니고, 문화계승과 창조적인 변증원리를 갖도록 했다. 따라서 고와 신이라는 범주를 공자가 말한 손익(損益), 왕부지가 말한 '처한 상황을 잘 처리하는(蹈常處變)'의 관계로 인식해야 그들의 민족이념, 사유수준을 새로운 차원의 의의가 있는 것으로 이해할 수 있다.

"예악을 통일함으로 인과 지를 나타낸다", "옛 것을 종합하여 새로운 풍속을 만든다", 공자가 제시한 "옛 것을 익혀 새로운 사실을 알면 가히 스승이라 할 수 있다"는 것은 요와 순임금의 정신을 계승하고 문왕과 무왕의 법도를 본받는 문화 태도와 관련이 있다. 그는 교육을 중시하여 사학을 창설하고 고대의 문헌을 정리했으며, 육예로 인재를 배양하였다. 그가 이렇게 한 것은 교육으로 고대 문화의 기능을 전파하고 인지통일(仁智統一)하여 바탕과 외양이 잘 조화된 치국인재를 만들어 요순의 정신을 계승하고 문무왕의 법도를 잘 받들고자 한 것이다. 또한 '문화중국'의 숭고한 이상을 창조하고자 한 것이다. 그래서 그의 '고'와 '신'에 대한 이해는 풍부한 문화적 의미와 역사정신이 담겨 있다. 왕궁의 학(王官之學)에서 제자백가로 전환되는 문명과정 중 선진시대의 철학가, 교육가들은 모두 전통문화를 어떻게 계승할 것인가의 문제에 직면했으며, 중국 철학의 돌파구는 은나라와 주나라 시기에 시, 서, 예, 악에서 말하는 왕관지학(王官之學)에서 나온 것이라고 생각하였다. 공자는 선왕들의 업적을 지키고, 계속 계승하며 고대문헌을 정리·발굴하여 육예의 전통을 계승하였다. 또한 인의의 정신을 육예에 관통시켜 왕관지학의 옛 전통을 뛰어넘었다. 그를 보면 이름에 걸맞는 선생이었음을 알 수 있다. 먼저 그는 문화

216)『論語·爲政』.
217)『周易外傳』 卷五.
218)『周易外傳』 卷二.
219)『周易內傳』 卷六.

면에서 종합창조자로 '고'와 '신'의 문화적 함의를 이해하였다. 그는 "주나라는 하, 은 두 나라를 본떠서 문물제도가 더욱 찬란하다! 나는 주나라를 따르겠다"고[220] 했다. 공자는 고, 신의 변증원리를 문화측면에 응용하고, '손익(損益)'의 방법을 제시하여 이러한 원리를 교학과정에 적용하였다. 또 그는 '온고지신'의 방법을 제시하였다. 철학범주에서 문화범주 다시 교학범주에 이르기까지 고와 신의 기본 함의 및 방법론의 의의가 상통한 것이다. 강유위는 "옛 것을 익혀 새로운 사실을 알면 가히 스승이라 할 수 있다"는 것을 다음과 같이 해석하였다. "무릇 가르침에 있어 스승은 배움에 끝이 없는 것이다. 온(溫)이란 생각하여 그 단서를 찾아내는 것이다. 고(故)라는 것은 옛 것을 말하는 것이다." 왕충은 "옛 것을 알고 현재의 것을 모르면, 이것을 육침(陸沈)이라고 한다. 오늘날의 것을 알면서 옛 것을 모르면 맹고(盲瞽)라고 한다"고 했다. 고라는 것은 무릇 수 천 만 년 전의 아주 오래된 일을 찾은 후, 그것을 응용하는 것이다. 세상에 수 천 만년이 지난 후의 새로운 이치는 반드시 오늘날 그것을 알아야 한다. 그런 후에야 알릴 수 있는 것이다. 좀 더 구체적으로 말하자면, 옛 것 중에 새로운 기제가 있다는 것이다. 들어서 아는 것이 많으면 새로운 것을 옛 것으로 증명할 수 있다. 옛 것과 새로운 것은 서로 증명이 가능하며 그것을 가르침에 그릇됨 없이 변화가 있지만 통하는 것이다. 공자는 아마 가르쳐 전하는 것을 두려워하는 사람으로 과거의 것을 지키려고 한 사람일 수도 있다. 옛 것을 지키는 것에 얽매여서 시대가 변하는 새로운 이치를 알지 못하는 사람이며, 변통(變通)을 아는 사람은 새 것을 너무 좋아하여 오래된 것이 조잡하다고 생각하고 그것을 지킬 줄 모르는 자이다. 만약 이런 사람이 다스린다면 성장할 수 없고 만약 이러한 사람이 가르친다면 스승이 될 수 없다. 다스릴 수 있는 자는 때(審時)를 잘 살필 수 있고, 스승이 된 자는 쉽게 변하지 않는다. 그러므로 공자는 옛 것을 익히고 새로운 것을 모르는 것을 경계한 것인데 옛 것만 살폈겠는가? 후세의 유학자들이 이러한 성현의 뜻을 알지 못해 옛 것을 익히는 것은 알되, 새로운 것을 알지 못하는 것이 아쉽구나, 가르침이 번창하지 못하고 대지가 그 혜택을 입지 못하는 것이다. 이것은 스승의 책임이다"고[221] 했다. 만약 교사가 문화, 교육의 발전을 따라가지 못한다면 전통문화 중 좋은 결과물을 종합하고 이러한 토대위에서 끊임없는 창신이 필요하다. 강유위는 공자는 '온고지신'에 있어 중요한 것은 창조에 있다고 보았다. 그러나 이러한 창조는 생각없이 버리고 창조하는 것이 아니라 전통문화를 창의적으로 만드는 것이다. 그는 진한 이후의 유학자들은 "옛 것을 익히는 것은 알고 있으나 새로운 것을 아는 것을 모른다"고 비판했는데, 이것은 대체로

---

220) 『論語·八佾』.

221) 『論語注』 卷二.

역사적 사실과 부합한다. 그는 '고'와 '신', '고와 금(今)', '고의(故義)'와 '신리(新理)', '수도(守道)'와 '변통(變通)' 간의 관계에 대해 기본적으로 변증의 관점에서 살피고 창조에 초점을 두었다. '옛 것으로 새롭게 하는 것(復古更化)', '옛 것에 의탁해서 제도를 개혁하는 것(托古改制)', '원래의 것을 새로운 것으로 고치는 것(返本改新)', '옛 것을 익혀 새로운 것을 아는 것(溫故知新)'과 같은 것은 옛 것으로 오늘날을 변화시킨다는 것이다. 이것은 정치, 교육영역에 있어 고대 중화문화의 독특한 특징으로 표현된다. 교사는 과거와 미래를 오가는 살아있는 매개체로 위대한 문화를 알 사명이 있으며, 고와 신의 변증관계를 깊게 이해해야 한다. 또한 교학의 규율을 인식할 뿐만 하니라 교육의 문화기능도 잘 알아야 한다. 공자에서 강유위까지 그들이 '고'와 '신'을 말한 것에는 민족의 지혜가 담겨 있다. 따라서 우리는 그들의 이러한 지혜를 비판적으로 받아들일 필요가 있다.

'온고지신', '새 것과 옛 것을 서로 취하고 옛 것을 새롭게 하는 것'은 교학론, 지식론의 관점에서 분석해보면 교학방법이기도 하면서 연구방법이기도 하다. 일부 교육가들은 이것을 응용해서 수양방법으로 삼기도 했다. 공자가 제시한 온고지신 이후, 역대의 교육가들은 이러한 명제에 대해 새로운 해석을 하였다. 왕안석은 '새 것과 옛 것이 서로 나는 것'의 이치를 잘 알았다. 그는 "음이 있고 양이 있어 새 것과 옛 것이 서로 나누는 것은 천이며, 그대로 처함이 있고 변화함이 있어서 새 것과 옛 것을 서로 나누는 것은 인간이다"고 222) 했다. 낡은 것이 없어지고 새 것이 대신 생기는 것은 자연과 인류 사회변화의 법칙이다. '처(處)'는 행동이고 '변(變)'은 인식으로 이들은 끊임없이 옛 것과 새 것이 서로 덜어간다. 그는 "천하에 있는 사물의 변화는 나의 앞에서 서로 대신하여, 내가 늘 알던 것과 같으니, 나의 행동에는 때가 있으나 통하지 못한다. 그래서 반드시 그 변화를 재고, 때때로 손익이 있고 난 뒤에 가능하다. 그러므로 군자는 손익을 알지 못하지 않는다"고223) 했다. '형공신학(荊公新學)'의 형성은 왕안석이 스스로 자각하여 '신고상제' 및 '손익(損益)'의 원리를 응용한 것과 관계가 있다. 경학사에서 보면 '형공신학'은 한당경학에 대한 일차 혁신이며, 비록 이것은 '삼경신의(三經新義)'에서 얻은 이름이지만 그 정신은 『역해(易解)』, 『회남잡설(淮南雜說)』, 『홍범전(洪範傳)』, 『상인종황제언사서(上仁宗皇帝言事書)』 중에 있다. 왕안석은 '장구훈고의 학'의 길을 걸은 것이 아니며, 한당유자들이 훈고에 얽매여 경전의 대의를 저버린 것과 달리 '형공신학'은 경전대의를 밝히는 것으로 자신의 사상을 드러낸 신경학이다. 소식은 『왕안석증태전칙(王安石贈太傳敕)』에서 "육예의 유문을(罔羅網六藝之遺文) 자기의 뜻으로 단정하고, 쓸모없는 백가의 학술을 논하여,

222) 王安石, 『字說』.
223) 王安石, 『九卦論』.

새 것을 만들어서 다른 사람을 속인다"고[224] 했다. 이 말에는 폄하하는 의미가 있지만 오히려 왕안석의 개혁정신에는 영향을 주었다. 주희는 교학적 관점에서 '온고지신'을 말했다. 즉 "온(溫)이란 깊게 생각하여 그 단서를 풀어내는 것이다. '고(故)'라는 것은 예전에 들은 것이고, 신(新)은 지금 얻은 것이다. 옛 것을 배워 능히 때때로 익혀서 늘 새롭게 터득함이 있다면 배운 바가 나에게 있어서 그 응용함에 다함이 없다. 까닭에 스승으로 삼을 수가 있느니라. 무릇 암기나 하고 묻는 학문은 마음에 터득함이 없어서 앎에 한계가 있다. 까닭에 『학기』에 그 스승으로써 삼기에는 부족함을 나무랐으나 바로 이 뜻을 드러냈느니라"고[225] 했다. 복습은 학문의 모태요, 옛 것은 이미 알고 있는 지식을 익히는 것으로 새롭게 이해하는 것으로 새로운 지식을 탐구하는데 도움을 준다. 옛 지식과 새로운 지식, 이미 알고 있는 것과 아직 알지 못하는 것 사이에 넘을 수 없는 경계가 있는 것이 아니다. '온고지신'의 방법은 둘 사이가 서로 소통할 수 있는 교량역할을 한다. 주희는 교학경험과 학문경험이 매우 풍부한 교육가로 그는 온고지신에 내포되어 있는 교학예술의 가치를 인식하고 이미 알고 있는 것과 아직 알지 못하는 것, 오래된 지식과 새로운 지식으로 끊임없이 지식탐구의 관계성과 체계성으로 생각하였다. 그래서 온고지신을 『학기』에서 "기문지학(記問之學)[226]으로는 남의 스승이 되기에 부족하다"는 것과 관련지었다. 배우는 사람들에게 학술규율을 따라 앎을 추구하도록 하였다. 그는 또 "옛 것이란 과거에 이미 얻은 것이고, 새 것이란 지금 새롭게 얻은 것이다"고[227] 했다. "옛 것을 익히면 새 것을 알 수 있다. 옛 것을 익히지 않고 새 것만을 구하는 지식은 구한다고 해서 얻을 수 있는 것이 아니다"고[228] 했다. "학자는 단지 과거에 알던 것만을 지키고 새로운 견해는 버려서는 안된다. 이것은 마치 혼탁한 물에 빠진 후, 맑은 것이 나오는 것과 같다"고[229] 했다. 이 말은 명백하고 그 의미도 심오하며 공자 교학사상의 뜻이 담겨져 있다. '아호지회'가 있을 때, 주희와 육구연은 일찍이 교학과 인재양성의 방법에 대해 쟁론을 하였다. 육구연은 시로 자신의 학술사상을 설명하면서 주희의 학문방법에 대해 "역(易) 공부는 오래되고 크며, 장황하고 난잡한 일로 성하고 쇠함이 있다"고 비판하였다.[230] 3년 후 주희와 육구연의 시 중 두 글귀는 고와 신의 관계에 영향을 미쳤다. "옛 공부는 생각할수록 깊고 치밀해지는 것이요. 새 깨달음은 배울수록 더욱 깊어지는 법이

224) 『東坡外制集』 上.
225) 朱熹, 『論語集注』.
226) 단순히 책을 읽거나 외기만 할 뿐 제대로 이해하지 못하는 학문을 일컫는다.
227) 朱熹, 『四書或問』.
228) 『朱子語錄』 卷二四.
229) 『朱子語錄』 卷十一.
230) 반면 방봉진(方逢辰, 1221~1291)은 육구연에게서 비롯된 심학파의 이간공부를 반대하였다.

라네"고[231] 했다. 이렇게 서로 다른 사람의 같은 논변은 후학들을 일깨웠다. 주희와 왕안석처럼 한 시대의 새로운 학풍을 일으킨 두 사람은 고와 신의 해석에 대해 비록 서로 다른 관점을 취했지만 이들의 학풍에서 변증사상을 쉽게 볼 수 있다.

송, 명 이후 적지 않은 학자들은 '고'와 '신'의 변증관계 및 그 방법론의 가치에 대해 설명했다. 예를 들면 장재는 "옛 것을 익혀 새것을 배우며 이전 사람들의 말과 행위 등을 알아서 덕을 쌓는 것은 옛 날의 일을 밝혀 새로운 것을 아는 것이니 옛 날에 미처 이르지 못한 것을 생각하여 지금 이르게 하고, 옛 날에 보고 들은 것에 따라 앞으로 올 것을 미리 살피는 것은 모두 의이다"고[232] 했다. 왕부지는 "옛 것을 익히는 과정에는 정의(精義)를 확대한 뜻이 있어 옛 것을 아는 과정에 새로운 것이 있다"고[233] 했는데 이것은 모두 사람들에게 방법론으로 계몽시킨 것이다.

(6) 도(道)와 예(藝)

'도'와 '예'의 관계에 대한 문제는 중국의 고대 철학, 교육, 예술의 근본문제로 역대의 철학가, 교육가, 예술가들은 '도'와 '예'에 대한 범주에 대해 깊이 연구했다. 비록 이 문제에 대해 해석은 서로 달랐지만 대부분 '도'와 '예'는 하나라고 생각했다. 도는 본체이며, 본원으로 최고의 원칙, 최고의 경지로 매우 넓고 범주도 다양하다. 이것을 서로 비교해보면 도가에서 말하는 도는 천지인의 본체 혹은 본원으로 인생 현실에 충실하고, 삶에 있어 생활준칙을 가리키는 것이다. 노장은 천도(天道), 자연을 중시하고 무위자연을 인생의 최고 경지라고 생각했다. 유가는 비록 천도, 인도로 구분했지만, 대부분 인도측면에서 도를 따르며 인의를 도가 내포한 것으로 생각하고 '도에 뜻을 두고', "아침에 도를 들으면 저녁에 죽어도 좋다"고[234] 했으며 "도는 두 가지이다. 인과 불인뿐이다"고[235] 했다. 이들은 '인의'가 인생최고의 경지라고 생각했다. '예'는 재능, 기예, 예술을 일컫는다. 『논어(論語)·옹야(雍也)』에 "구(求)는 재능이 많다"고 하고 주희의 주에도 "예는 재능이 많은 것이다"고 했다. 『자한(子罕)』편에도 "내가 세상에 쓰이지 못한 까닭으로 예를 익혔다"고 하고, 형병(邢昺)의 소에도 "공자는 스스로 '내가 세상에 쓰이지 않아 많은 기예를 익혔다'"고 했다. '예'와 관련된 개념은 비교적 광범위하며 예술과 기예 등을 모두 포함한다. 『후한서(後漢書)·복잠전(伏湛傳)』에 "영화(永和) 원년 무기(無忌)와 의랑(議郎) 황경(黃景)

231) 『陸九淵集·年譜』.
232) 張載, 『正夢·中正』.
233) 王夫之, 『讀四書大全說』 卷四.
234) 『論語·述而』, 『里仁』.
235) 『孟子·離婁上』.

이 중서성에서 오경, 제자백가, 예술을 교정(校定)하였다"고 하고 주에 "예라는 것은 서, 수, 사, 어, 술을 일컬으며, 술은 의(醫), 방(方), 복(卜), 서(筮)를 일컫는다"고 했다. 이로 알 수 있듯이 예의 범주는 육예 외에 고대의 과학기술, 공예 등의 기술을 모두 포함하는 것으로 그 범위가 매우 광범위함을 알 수 있다.

고서에 '도예(道藝)'를 함께 사용하였다. 예를 들면『주례(周禮)·천관(天官)·궁정(宮正)』에 "다섯 명이나 열 명 단위로 소집하여 선왕의 도나 육예를 가르쳤다"고 했다. 주에서 정사농(鄭司農)이 "도는 선왕이 이른바 백성을 가르친 것이요, 예라는 것은 예, 악, 사, 어, 서, 수를 일컫는다"고 했다.『지관(地官)·향대부(鄕大夫)』에서도 "덕행과 도예를 살펴 어진 사람과 능력이 있는 자를 발흥하도록 하였다"고 했다. 고대에는 인재선발에 있어 '덕행(德行)과 도예(道藝)'에 이른 정도를 평가하였다. 그래서 학교교육도 도와 예의 교육을 중시하였다. 이것은 덕과 재능을 겸비하고 지능을 겸비한 인재를 배양하는 방법이었다. 공자가 말한 교학은 "도에 뜻을 두고 덕을 지키고 인에 의지하고 예에 노닐어야 한다"는[236] 것이다. 이것은 은나라와 주나라의 학교교육의 좋은 경험을 받아들여서 이룩한 것이다. 주희는 "도는 인륜과 일상생활 사이에 마땅히 행해야 할 것이다"고 했다. '예'는 "예악의 문(文)과 사, 어, 서, 수의 법이니 모두 지극한 이치가 있어 일상생활에 빼놓을 수 없는 것이다"고[237] 했다. 도에 뜻을 두는 것을 근본으로 삼는 것은 인생 추구의 최고 이상으로 이 이상을 확립한 후, 삶 속에서 이것을 실천하는 것이다. 이것은 '덕을 지키고 인에 의지하는' 것이다. 그밖에 심신의 조화로운 발전을 위해 "예에 노닐어야 한다"고 했다. 의례와 예술을 배우고 인생과 관계된 실용기예를 익히는 것은 다양한 훈련 속에서 점점 심신의 조화로운 자유를 얻게 되는 것이다. 이것은 완벽한 인격을 양성하는 군자의 주요한 방법이다. 공자는 "만약 장무중(臧武仲)의 지혜와 공작(公綽)의 과욕과 변장자(卞莊子)의 용기와 염구(冉求)의 재주에다가 예악으로써 문채를 더 보탠다면 완성된 인간이 될 수가 있을 것이다"고[238] 했다. 이것은 주로 인격교육을 말한 것이다. 도와 예는 완전한 인격을 만드는데 주요한 내용이고 철학적 지혜와 예술적 정신은 강건한 생명을 낳는 것이다. '도'는 생명의 본체, 내용, 영혼이고, '예'는 생명의 현상, 형식, 문체이다. 이 두 가지 방면의 품격을 두루 갖춘 인간을 공자는 '외관과 내용이 잘 조화를 갖춘 군자'라고 불렀다. "바탕이 겉차림보다 두드러지면 야하게 되고, 겉차림이 바탕보다 두드러지면 형식적인 것이 된다"고[239] 했다. 이것은 오늘날 우리들이 도예의 통일적 관점을 이해하

236)『論語·述而』.
237)『論語集注』.
238)『論語·憲文』.
239)『論語·雍也』.

는데 참고할 만한 가치가 있다. '도에 뜻을 두는 것'에서 '덕을 지키며, 인에 의지하며 예에 노니는 것'에 이르는 것은 서로 관계가 있다. '도'(덕, 인)는 비록 근본이고 영혼이지만 '예'와 '문'이 없다면 저속한 야만인과 비슷하다. 만약 외재적인 '예'와, '문'만 있고 내재적인 도를 잃어버린다면 내용이 결핍된 형식이 되고 '문'이 '질', '도', '예'를 갖추고 조화로운 통일을 이룬다면 비로소 인격이 완전한 군자가 되는 것이다. 교학의 구체적인 상황을 살펴보면 공자가 말한 "도에 뜻을 두고, 덕을 지키고, 인에 의지한다"는 것은 이상교육, 도덕교육에 속하고 "예에 노닌다"는 것은 예술교육, 체육, 군사교육 등의 내용에 속하는 것이다. 이것은 인격교육의 기본내용이다. 안원은 "나는 공자의 가르침을 시작으로 먼저 문을 익혔는데, 즉 예, 악, 사, 어 등이다. 이것은 주공의 육예의 일부분이다. 그 다음이 행(실천)이다. 즉 효(孝), 우(友), 목(睦), 인(姻) 등으로 이것은 주공의 육행의 일부이다"고[240] 했다. "우리가 만약 공자의 학문을 되살려 예를 익혀 무릎을 꿇고 절을 하고 음악을 배워 문무(文舞)의 춤을 추고 활쏘기를 배워 고삐를 잡고 강하게 바꾸니 혈맥이 활기차고, 근골이 강건해져 사용함에 이롭다. 정덕(正德)이란 실한 것으로 후생이다. 어찌 천하를 드는 일을 약한 여자에게 하고 병은 사내에게 하게 하겠는가?"[241] 중요성에 대하 말하자면 그 순서는 도, 덕, 인, 예이다. 교학의 순서를 청소년의 교육에서 보면 그 순서는 예, 인, 덕, 도이다. 첫째 도리, 행위에서 구상에 이르기까지 구상 행위에서 도리에 이르기까지 관점은 서로 다르지만 그 정신은 일치하는 것으로 모두 '도예(道藝)'의 통일을 강조한 것이다.

공자가 '도에 뜻을 두고 덕을 지키며 인에 의지하고 예에 노니는' 교육원리를 제시한 후, 유가학파의 교육가들은 기본적으로 이것을 교육원칙으로 삼았다. 더불어 '도'와 '예'의 관계에 도는 예의 본체, 영혼이며 진정한 '예'는 '도'로 통하고 '도'는 예에 심도와 영혼을 주고 '예'는 도에 생기와 형상(形象)을 준다고 해석을 하였다. 교학과정에 있어 교육가들은 종종 '음악에 교육이 내포하도록' 하는 방법을 택함에 도예(道藝)의 변증관계에 대해 깊게 이해한 후 채택하였다. 서간(徐幹, 170~217)은 『중론(中論)·예기(藝紀)』에서 "예란 덕을 이루는 것이다. 덕이란 스스로 도를 따르는 것이다. 예란, 덕의 나뭇가지와 잎이다. 덕이란 인간의 근본이다. 그 다음 행동에 있어 편향되지 않고 독립되지 않는 것이다. 나무에 나뭇가지와 잎이 없으면 그 근본이 풍부하지 못하게 된다. 그러므로 이것을 외(瘣)라고 한다. 인간이 예가 없으면 그 덕을 이룰 수 없는데, 이것을 야(野)라고 부른다"고 했다. 그밖에 '덕'은 공자가 말한 도, 덕, 인의 함의와 비슷하다. 덕과 예의

240) 顔元, 『四書正誤』 卷三.

241) 『習齋言行錄』 卷上.

통일 즉 도와 예의 통일이다. "인간이 예가 없으면 그 덕을 이룰 수 없는데 이것을 야(野)라고 부른다"는 것과 '바탕이 무늬보다 뛰어나면 즉 야이다(質勝文則野)'고 한 것이다. 서간은 이것이 기본적으로 선진유가의 '도예' 변증관과 부합한다고 했다. 송명 이후 대다수의 교육가들은 도를 근본으로 하고 예를 끝으로 하는 도예통일관을 지지하였다. 그러나 예를 표현할 수 있는 것으로 도를 채택하는 최고의 예는 최고의 도로 통한다는 견해로 인생에 대한 심오한 인식과 보다 높은 추구를 한 것이다. 육구연은 "바둑은 나의 정신을 키우며 거문고는 나의 덕성을 기른다. 예는 도고 도는 바로 도이다. 도는 바로 예이며 어찌 이것이 두 개인가? 이렇게 볼 수 있다"고[242] 했다. 육구연의 교학은 '먼저 큰 것을 세우는 것'인데, 이것은 '도에 뜻을 두는 것'이다. 그러나 그는 결코 예를 소홀히 하지 않았을 뿐만 아니라 '예에 노니는 것'을 강조하는 것으로 도를 함양하였다. 그는 상산(象山)정사에서 강학할 때 "도에 뜻을 두고, 덕을 지키며 인에 의존하고 예에 노니는" 방법으로 자아인격을 연마하여 학생들의 모범이 되었다. 『년보(年譜)』에 "평상시처럼 지내거나 혹은 책을 읽거나, 혹은 거문고를 탄다. 날씨가 좋으면, 천천히 걸어가 폭포를 보고, 높이 경전의 가르침을 익히고, 옛 시문에 이르러 기쁜 얼굴로 스스로 다다른다."고 기재되어 있다. 문자전장(文字典章)의 해석과 쟁론에 빠진 한나라 유학자들과 비교해보면 그 생명이 두드러지고 예술성이 풍부하다. 왕양명은 '유(誘)', '도(導)', '풍(諷)'의 아동교육론을 주장하고 "예절 익히기(習禮)는 단순히 태도를 엄숙하게 하는 것 만이 아니고, 그 진퇴, 응대의 동작 사이에서 혈액의 순환을 좋게 하고, 경례하고 일어서고 앉는 등의 예의작법에 의해 근골(筋骨)을 단련시키기 위한 것이며", "시를 읊조리도록(歌詩) 하여서 그 뜻(志意)을 펴도록 하고 뜀박질을 하고 큰소리를 지르고 싶은 충동을 노래로 흘러 내보내어 모름지기 내부의 억눌린 불쾌한 감정을 음악의 리듬(音節)을 통해 발산시키기 위한 것이다", "책을 읽는 것(讀書)을 가르쳐서 지능(知覺)을 계발하도록 해야 한다. 억양을 붙여서 낭송하여서 뜻을 발양시키기 위한 것이다"고[243] 했다. 음악에 가르침이 있고 예에 도가 있어 점점 감화되어 정서를 도야하고 지혜를 열고 체질을 증강하여 굳은 절개를(德操) 낳아 인격이 점점 완벽해지도록 하는 것이다. 이러한 교학방법은 육구연의 학문방법과 일맥상통한다. 그밖에 주희, 고염무, 황종희, 왕부지 등의 교육가도 '도예'의 통일에 능한 사상으로 교학실천에 적용한 대교육가이다. 그들의 독특한 견해와 교학경험은 오늘날 우리들이 종합해 볼 가치가 있다.

---

242) 『象山全集·語錄』.

243) 王陽明, 『訓蒙大意示教讀劉伯松等』.

도가학파들은 비록 '거지(去知)',[244] '좌망(坐忘)'을[245] 말하며, "오색은 사람의 눈을 멀게 하고, 오음은 사람의 귀를 멀게 하며, 오미는 사람의 입을 열게 한다"고[246] 했지만 예술정신이 가장 풍부한 철인들이다. 『노자』, 『장자』 두 권의 책은 도와 예에 대한 이해에 있어 심오하고 독창적이어서 선진 기타 논자들을 뛰어넘었다. 노자의 '큰소리는 들리지 않고' 천연의 아름다운 사상, 장자의 '천방(天放: 사람의 손이 가지 않는 자연그대로의 것)' 인성미론은 모두 진과 미가 통일된 것을 핵심으로 삼는 미학관이다. 노장의 입장에서 보면 생명과 우주사이에 흐르는 것은 창조의 근원이고, 그 가운데 대도가 충만하며, 이는 생기 넘치는 미로 나타난다. 노장의 심오한 철학적 이치를 이해하지 못하면 중국예술의 맛을 진정으로 이해하지 못한다. 『장자』에서 '기예(技藝)'를 도에 비유한 우화를 쉽게 볼 수 있는데, 예를 들면 '포정해우(庖丁解牛)', '하루자승조(何僂者承蜩)', '재경삭목위거(梓慶削木爲鐻)' 등이다. 이것은 모두 사람들에게 최고 경지의 기예에 이르게 하는 도의 표현이며, 예와 도가 통일된 것임을 알려주는 것이다. 종백화(宗白華, 1850~1908)는 "장자는 예술에 있어 천재적인 재능을 갖춘 철학가로 예술경지에 대한 설명이 뛰어나다고 했다. 그는 도란 형이상의 원리로 예와 함께 합체가 될 수 있다고 보았다. '도'의 생명을 재능(技)으로 표현하자면 재능의 표현은 도로 나타난다. '인류에 있어 이러한 최고의 정신활동, 예술경지와 철학적 경지는 자유분방한 심저의 자아에서 탄생한다"고[247] 했다. 장자의 이러한 도예합일, 진정한 미의 합일 사상이 대대로 시인을 낳게 한 것이다. 예를 들면 혜강(嵇康, 223~262 추정), 도잠(陶潛, 365~427), 이백(二白, 701~762), 소식, 신기질(辛棄疾, 1140~1207), 탕현조(湯顯祖, 1550~1616), 조설근(曹雪芹, 1715~1763) 등은 모두 훌륭한 예술대사, 시인이다. 만약 장자의 예술정신에서 깨달음을 얻지 못했다면 이들이 없었을 것이다. 중국 고대 예술교육사상 미(藝)와 진(道)이 일치하는 사상, 유가의 미(예)와 선(道)이 일치된 사상의 상호 보완되어 예술인을 배양하고 도덕적인 인격을 계발하고 민족정신을 연마하는데 사용되었다.

순자는 유가의 '도예' 합일의 관점에서서 묵가의 "실용주의에 가려서 꾸미는 것(예절)을 알지 못한다"고[248] 비판했다. 묵자의 '비악(非樂)' 사상을 보면, 그는 도와 문을 거의 분리하였다. 실제로 그는 '농업과 공업에 종사하는 사람'의 이익에서 출발하여 통치자들은 '백성들을 혹독하게 하여' 아름답고 섬세한 무늬로 물들이는 즐거움에 대해 비난하였

---

244) 머릿속에 떠오르는 잡념을 모두 없애라는 뜻이다.
245) 조용히 앉아서 잡념을 버리고 무아의 경지에 들어가는 것을 말한다.
246) 『老子道德經』 第十二章.
247) 宗白華: 『美學散步』, 『中國藝術意境之誕生』
248) 『荀子·解蔽』

다. 묵자와 묵가는 실용 혹은 공리주의자로 그들은 기예를 발전시켜 백성의 이익을 위해 일할 것을 중시했으며, 도(겸애)와 예(기예)의 결합을 강조하였다. 이들에게 있어 예에 대한 특수이해는 이미 육예의 범주를 초월한 것이다.

제 6 장

미학과 미육

1. 미학사상과 미육의 발전 과정
2. 유가의 현실주의 미학관과 시(詩)와 악(樂)에 대한 교육의 중시
3. 도가의 자연주의 미학관과 유가, 도가의 상호 보완
4. 중국 고대 미학사상의 주요 범주 및 변증관계

제6장

미학과 미육

미학(美學) 사상은 인류의 문화 지식이 상당히 축적된 단계에서 출현했으며, 독립된 학문분야로서의 미학은 근대에 형성되었다. 그러나 미육 혹은 미술 활동은 원시인류의 생활과 교육 속에서 이미 이루어져, 미학사상이 출현할 수 있는 토대를 마련하였다.

1. 미학사상과 미육의 발전 과정

심미교육과 원시 예술의 초기 형태는 원시인의 생산노동과 사회생활, 의식, 원시 종교교육에서 쉽게 찾아볼 수 있다. 예를 들어, 노동활동과 도구, 사람들의 일상생활품에서 원시 예술의 다양한 흔적을 발견할 수 있다. 사람들이 집단 노동을 하면서 냈던 '영차', '어영차'와 같은 고함 소리는 바로 원시 음악과 시가의 최초 형식이자 소재였다. "모든 짐승이 춤을 춘다"는[1] 것은 사람들이 짐승의 동작을 모방하고 수렵 후, 승리의 기쁨을 나타낸 것이면서, 또한 '단체'생활의 상징이기도 하다. 신화는 원시인류 생활을 반영한 것일 뿐만 아니라 원시인류의 사유와 상상력의 구체적인 표현으로, 원시사회의 가장 중요한 교과서였다. 중국의 "반고가 천지를 개벽하다", "여와가 하늘을 떠받치다", "정위가 바다를 메우다", "항아가 달로 달아나다", "형천(刑天)이 방패와 도끼를 들고 춤을 추다" 등의 신화는 원시인이 자연과 생활 속에서의 영웅적 업적을 생동적으로 반영하여 그들의 각종 원망과 이상을 드러내고 있다. 이러한 노동과 생활 실천 가운데 원시적인 예술과 미육이 생겼다.

중국 고대의 미육과 예술 활동에 관한 기록은 『상서(尙書)·순전(舜典)』에 순(舜)이 전악(典樂)에게 명하여 주자(胄子)에게 음악 교육을 하게 한 것으로 알 수 있다. "기(夔)야, 너를 전악에 임명한다. 주자를 가르치되, 곧으면서도 온화하며, 너그러우면서도 씩씩하며, 굳세면서도 사납지 않으며, 간단하면서도 거만함이 없는 성격이 되게 하라"고 한 것이다. 여기서 '전악'이라는 것은 주자를 가르치는 직책이다. 바로 이것은 음악을 이해하고 음악을 교육수단으로 삼아 그들의 후계자를 교육한 것이다. 후계자로 하여금 솔직

1) 『尙書·舜典』.

하면서 온화하고 관대하면서 엄숙하며 강직하면서도 법도에 어긋나는 점이 없고, 간단하게 하면서 경솔하지 않도록 한 것이다. 동시에 "시란 마음에 있는 뜻을 말하는 것이고, 노래란 말을 길게 뽑아 읊조리는 것을 말하며, 소리란 길게 뽑아 억양을 붙이는 것이고, 음률이란 소리가 조화를 이룬 상태인 것이다. 팔음이 조화를 이루어 서로의 음계를 빼앗지 않게 하면 신과 사람도 이로써 조화를 이룬다" 등을 설명하였다. 이로부터 당시에 음률과 소리, 소리와 읊조리는 것, 읊조리는 것과 노래, 노래와 시, 시와 뜻 등의 관계에 대해 초보적으로나마 인식하고 있었음을 알 수 있다. 뜻이 시가 되고, 시가 노래가 되며, 노래는 읊조리게 되고, 읊조리는 것은 음률이 되는 순서 관계를 비교적 과학적으로 설명하였다. 당시 음악교육의 작용 및 그 음률에 대해 비교적 잘 이해하고 있음을 알 수 있다. 이로써 팔음이 조화를 이루어 서로의 음계를 빼앗지 않게 되어, 신과 사람도 조화를 이루었다. 이러한 역사적 사실에 미학과 미육사상이 있는 것이며, 이것이 최초로 악교와 관련된 설명이기도 하다. 『여씨춘추(呂氏春秋)』의 「적음(適音)」편에 "옛날 갈천씨가 음악을 연주할 때 세 사람은 소꼬리를 잡고 발을 구르면서 팔절을 노래하였다. 여덟 곡은 각각 「재민(載民)」, 「현조(玄鳥)」, 「수초목(遂草木)」, 「축오곡(畜五穀)」, 「경천상(敬天常)」, 「건제공(建帝功)」, 「의지덕(依地德)」, 「총금수지극(總禽獸之極)」이다"고 하여 이를 더욱 상세하게 설명하고 있다. 이것은 노래, 춤, 음악이 서로 결합된 초기 문예활동을 기록한 것이다. 노래의 내용은 대체로 민족의 토템, 천신, 지지(地祇) 및 농사에 관한 것 등이다.

중국 고대 '육예(六藝)'의 가르침은 예(禮), 악(樂), 사(射), 어(御), 서(書), 수(數)를 가리킬 뿐만 아니라 『시(詩)』, 『서(書)』, 『예(禮)』, 『악(樂)』, 『역(易)』, 『춘추(春秋)』를 말하는데, 여기에는 모두 적지 않은 미육 사상이 내재되어 있다. 앞서 언급한 육예 가운데 미육에 속하는 '악(樂)'을 제외하고 예(禮), 사(射), 어(御), 서(書), 수(數)에도 많은 내용이 미육과 관련되어 있다. 뒤에 언급한 '육예' 가운데 『회남자(淮南子)·태족훈(泰族訓)』편에서 "육예는 상이란 부류를 대표하지만 그것들의 내용과 작용은 본질상 일치한다. 온화함, 은혜로움, 유순함, 선량함은 『시경』의 풍격이다. 순박함, 관대함, 성실함, 너그러움은 『서경』이 가르치는 것이다. 분명함, 명석함, 정연함, 통달함은 『역』의 요지이다. 공손함, 겸약함, 겸손함, 양보함은 『예기』의 행위준칙이다. 너그럽고, 온화함, 간단하면서 쉬움은 『악』의 교화이다. 시대적 병폐를 풍자하고 옳고 그름을 분별하여 밝히는 것은 『춘추』의 아름다운 뜻이다"고 했다. 이상에서 설명한 육예의 내용은 대부분 도덕교육, 심미교육과 관련되어 있다. 다른 나라에서는 찾아보기 힘들 정도로 미육은 중국 고대 교육에서 매우 중요하다. "악에서 이룬다"는 말은 공자가 행한 교육의 이상 경지이다. 『순자』의 「악론」, 『예기』의 「악기」는 공자의 이러한 사상을 나타낸 것이다.

고대 중국의 미학 사상과 미육의 발전 과정을 보면, 전체 교육 철학 사상의 발전 과정과 비슷하다. 이것은 선진시기의 백가쟁명과 한대 이후의 유가독존, 위진의 현학화와, 송명시기의 이학화 및 근대의 서학 동점의 발전과정을 거쳤다. 한대에 "백가를 몰아내고 유가만을 숭상하자"고 주장한 이후, 유가의 미학과 미육 사상은 오랜 기간 중국 봉건 사회 속에서 중요한 위치에 있었다. 한당의 문화는 중국 고대 문화발전의 절정기였고, 게다가 개방적 특징을 지녔다. "서한의 문장가에는 두 사마씨가 있다(西漢文章兩司馬)"고 했는데, 이 가운데 사마천(司馬遷, B.C. 145~B.C. 86)의 『사기』는 이후 이십삼사(『사기』재외)를 이루는 선례가 되었다. 『사기』의 문학적 가치는 노신(魯迅, 1881~1936)의 말처럼 사가의 절창이요, 소리 없는 초사이다. 한대 『악부(樂府)』는 후대 시가의 선구가 되었다. 당대는 시, 문, 서, 화가 전면적으로 더욱 번창하는 문화발전의 절정기였다. 한유(韓愈, 768~824), 유종원(柳宗元, 773~819)이 고문운동을 이끌었는데, 이것은 '문(文)이 팔대의 쇠락을 일으켜 세우'는 작용을 하였다. 당대의 시, 붓글씨, 회화도 많았을 뿐만 아니라 앞선 현인들을 능가했으며 후대에 이러한 것이 발전할 수 있는 길을 열어주었다. 이러한 것들은 모두 당대 문화를 고대 중국 심지어 세계 문화 발전의 정상에 올려놓았다. 그러나 철학 사상과 교육철학 사상에서 특징은 여전히 선진의 백가쟁명, 위진 시기의 현학, 송명의 이학과 근대의 서학동점이다. 이러한 네 가지 단계에 대하여 간략히 설명해 보면 다음과 같다.

첫 번째 단계, 춘추전국시기이다. 이 시기의 '백가쟁명'은 중국 고대의 미학과 미육 사상의 토대가 되었다. 그 가운데 유가·도가·묵가의 영향이 비교적 컸다. 유가의 미학과 미육 사상은 입세적이다. '인'을 사상 기초로 하여, '시'와 '악'을 교육 내용과 수단으로 삼아 심미와 예술의 사회적 작용을 발휘하였다. 그러나 도가는 자연주의로써 미학의 사상적 기초로 삼았다. 개인초탈을 목적으로 하면서, 사회공리를 바꿔 개성을 발휘하도록 하였다. 그래서 후대의 유가와 도가가 서로 부족한 부분을 보완하면서, 유가와 도가는 심미사상의 정화를 흡수하고, 각자에게 부족한 면을 보충하여 중국 고대 미학 사상과 미육의 기본 특징(이 문제는 뒤에서 전문적으로 다시 논하기로 하고 여기서는 생략하겠다)을 형성하였다. 묵가는 소생산자 '농업과 공업에 종사하는 사람'을 대표하고, 당시 통치 계급의 방탕한 생활을 반대하면서, '절용(節用)', '절장(節葬)', '비악(非樂)', '비공(非攻)'을 제창했으며, 농후한 공리주의적 심미관을 드러내며 적극적으로 행동하였다. 그러나 미학과 미육 사상에서 '바탕이 먼저이고 문체가 후임(先質而後文)'을 제창하고, 심지어 질(質)을 중시하고 문(文)을 경시하였다. 마치 순자가 이러한 것을 비판하며 "질에 가리워 문을 알지 못한다"고[2] 한 것 같이 편협된 공리주의 사상적 경향을 표출하고 있다.

『시경』과 『초사』는 당시 문학 방면에 있어서 대표적인 작품이다. 전자의 것이 시가 창작의 현실주의 전통을 표현했다면, 후자는 낭만주의적 전통을 나타내고 있다. 음악 방면에서 춘추전국시기는 고대음악과 당대음악에 모두 중요한 시기이다. 유가가 적극적으로 칭찬한 '소(韶)', '무(武)'가 있었고, 유가가 심하게 비판하고 폄하한 '정성(鄭聲)'과 '요야지악(姚冶之樂)'이 있었다. 출토된 초나라의 편종(編鐘)은 당시 형초(荊楚) 문화의 발전 정도를 여실히 증명하고 있다. 현실주의와 낭만주의 그리고 공리주의 미학 사상의 영향 아래에서 당시 심미사상의 거센 흐름과 선과 악, 문과 질, 아(雅)와 속(俗), 도와 예, 허와 실, 중화와 비중화 등의 미학 범주가 초보적으로 형성되어 중국 고대 미학과 미육 사상의 토대를 마련하였다.

두 번째 단계는 위진 남북조시기이다. 이 시기는 현학의 영향으로 말미암아 미학 사상에 커다란 변화와 발전이 있었고, 일종의 새로운 미학과 미육관을 이용하여, 과거의 선을 중시하고 미를 경시하던 유학의 전통을 수정해서, 미육의 사회 작용을 중시하던 것에서 개성의 해방을 중시하는 방향으로 전환하였다. 또한 이 시기는 진정한 이성의 사변적 철학이 형성되기 시작했고, 문예이론의 틀이 마련되었으며, 처음으로 미학 이론의 상대적 독립성과 가치를 인정받았다. 심미사상은 이미 문학예술 영역의 각 부분에 확대되었고, 일부 미학사상을 구비한 문예이론으로 세상에 알려졌는데 예를 들어 조비(曹丕, 187~226)의 『전론(典論)·논문(論文)』, 종영(鍾嶸, 미상~518)의 『시품(詩品)』, 육기(陸機, 261~303)의 『문부(文賦)』, 유협(劉勰, 약466~538)의 『문심조룡(文心彫龍)』, 고개지(顧愷之, 345 추정~ 406)의 『화론(畵論)』, 위부인(衛夫人)의 『필진도(筆陳圖)』 등 이들 모두 이 시기를 전후하여 탄생한 것으로 문예 이론에 있어 중요한 논저이며, 이러한 작품으로 중국 고대에 있어 체계적인 문예이론의 공적을 세우기 시작한 것들이다. 왕희지(王羲之, 303~361)의 붓글씨, 고개지의 그림, 도연명(陶淵明, 365~427)의 시는 당시에만 영향을 미쳤을 뿐만 아니라 오랫동안 영향을 미쳤다.

그 외 불교의 영향 때문에 각 민족의 융합, 음악과 건축, 조소 등의 방면에서도 새로운 발전이 있었는데, 예를 들어 돈황의 벽화, 용문의 석굴 등이 모두 불교의 영향을 받은 뛰어난 작품으로, 세계에 영향을 미친 귀중한 문물이다. 이것은 모두 당대 예술의 발전에 기여했고, 중국 문화 예술 발전의 최고봉에 오르는데 견실한 기초와 토대를 마련하였다.

세 번째 단계는 남북조에서 수당까지이다. 불교는 중국에서 새롭게 발전을 하고 점점 중국화되었다. 그래서 도가를 유가에 적용하는 것에서부터 불가를 유가에 적용하여 송명이학이 탄생하는 토대가 마련되었다. 송명이학은 객체화되고 윤리도덕 성격을 갖춘 '리'

---

2) 『荀子·解蔽』.

를 지고무상한 지위까지 끌어올렸다. 이것은 윤리 도덕적 경지와 심미적 경지를 관련시켜 심미적 요구를 윤리도덕적 요구에 맞추었다. 이러한 사상에서 비록 미와 선은 통일을 이루었지만, 오히려 미학과 미육사상의 독립된 발전을 저해하기도 하였다.

이학 사상의 영향아래에서 철리(哲理)를 구비한 시문도 나오게 되었는데, 예를 들어 범중엄(范仲淹, 989~1052)의 『악양루기』에서 "천하 사람이 근심하기에 앞서 근심하고 천하 사람이 즐긴 후에 즐긴다"고 한 것은 맹자(B.C. 372~B.C. 298)가 말한 "세상 사람들과 함께 즐거워하고 근심하라"는 사상을 확대한 것이다. 주희가 쓴 『춘일(春日)』, 『관서유감(觀書有感)』은 시편을 읽고 난 뒤, 마음이 확 트이고 눈이 환해지며, 사리에 정통한 심정을 쓴 것이다. 이처럼 철리가 풍부한 시문은 한 시대의 특색 있는 문풍(文風)이 되어 사람들에게 고군분투하도록 했다.

이 기간 동안 일부 사대부들이 선종화되는 경향이 나타났는데, 선론시(禪論詩)로 선종의 철리를 이용하여 시작방법을 구하였다. 예를 들어 소식(蘇軾, 1036~1101)이 그의 시문에서 말한 "고요하면 모든 움직임을 깨달을 수 있고, 비어 있으면 온갖 경계를 받아들일 수 있다"는 것은 바로 돈오를 말하는 것이다. 그 외, 많은 학식을 가진 유명한 스님들도 역시 대 시인과 철학자가 되었는데, 예를 들어 가도(賈島, 779~843), 혜능(慧能, 638~713) 등이다. 원호문(元好問, 1190~1257)이 "시는 선객(禪客)에게 비단 위 꽃이 되고 선(禪)은 시가(詩家)의 옥자르는 칼이라네"라고 한 것은 불교가 중국화된 선의(禪義)와 시론으로 문학예술이 새롭게 발전하도록 한 것이다.

또 한 가지 언급해야 할 만한 사실은 민간에 토대를 둔 소설이 송명시대에 서민계층의 발전과 더불어 중국 문학예술 영역 내에서 새로운 꽃을 피웠다는 것이다. 이것은 민간에서 시작되어, 또다시 민간으로 돌아갔다. 그래서 소설이 민간에 광범위하게 전파될 수 있도록 하였고, 심미교육(審美教育)에 크게 영향을 주었다. 아울러 민족문화가 사람들의 마음에 자리잡도록 하였다.

네 번째 단계는 근대시기이다. 근대에 이르러 서학동점(西學東漸)으로 서양의 미학 사상이 유입되고, 중국의 미학과 미육 모두 새로운 단계에 접어들었다. 만약 앞서 언급한 두 번의 충격(援道入儒는 현학사상이 미학과 미육에 영향을 미치게 하였고; 援釋入儒는 이학 사상이 미학과 미육에 영향을 미치게 했다), 또는 중국에 원래 있었던 사상 영역 내에서 말한다면 서학동점(西學東漸)의 영향은 서양 자본계급 체제의 충격아래 진행된 것으로 중국 미학과 미육사상이 근본적으로 변화하도록 하였다. 공자진(龔自珍, 1792~1841), 위원(魏源, 1794~1857) 등은 전통적 경세지학에서 근대 신학문으로 건너가는 교량역할을 하였다. 용굉(容閎, 1828~1912), 강유위(康有爲, 1858~1927), 엄복(嚴復, 1854~1921), 양계초(梁

啓超, 1873~1929) 등은 외국에서 적극적으로 새로운 지식을 찾았고, 다른 곳에서 새로운 소리를 구하고, 큰 소리로 새로운 미학과 미육사상의 탄생을 알리며, 새로운 미학과 미육 사상을 위한 지름길을 개척하였다. 왕국유(王國維, 1877~1927)와 채원배(蔡元培, 1868~1940)는 칸트 사상의 영향아래 미학 사상을 혁신하고 미육을 실시하는 많은 논저를 써서, 새로운 미학과 미육을 수립하는 데 지대한 공헌을 하였다. 5·4(五四)운동을 기점으로 하여 무산계급 사상을 지닌 지식인들은 마르크스주의의 미학사상을 전파하면서 신문화를 맞이하였다.

고대미학과 미육사상의 발전 과정을 종합해보면 다음과 같이 몇 가지 특징을 발견할 수 있다. 이것은 고대 원시시대에 지닌 신비색채의 심미주의 의식에서부터 유가가 사회의 근본이 된 시기의 심미적 요구에 이르기까지, 신격화에서 사회화의 발전과정 속에 반영되어 나타났다. 도가는 자연을 숭상하는 것을 중요하게 여기고 유가가 사회적 요구에 부응하는 것을 중시하던 심미의식을 개성을 목적으로 하는 심미의식으로 전환시켰다. 나아가 유가와 도가를 서로 보완하면서 현실주의와 낭만주의를 결합시키고, 중국 고대미학과 미육이 개인과 사회, 사람과 자연간의 조화(和諧)와 통일이라는 더 높은 경지로 발전시켰다. 이로써 중국의 고대 미학사상과 심미교육이 장점을 갖도록 했다. 유, 도, 불 결합의 전제 하에, 송명이학을 중심으로 심미사상이 이학화(理學化)되었는데, 이것은 중국의 고대미학과 미육이 나아가야 할 최후의 단계이다. 청말 민초 서학의 충격아래에서 중국의 고전미학과 미육사상은 봉건사상의 속박에서 벗어나, 서양의 자본가계급 미학과 미육사상을 받아들였다. 나아가 마르크스주의 미학과 미육사상의 영향을 받으며 발전했는데, 이것이 바로 중국미학과 미육사상 발전의 과정이다. 이러한 발전과정 속에서의 특징과 경험 및 교훈을 분석해서 어떤 규칙을 찾아내는 것은 중국 특색을 구비한 미학과 미육이론을 조금씩 구축해 나아가는 것이다.

2. 유가의 현실주의 미학관과 시(詩)와 악(樂) 교육의 중시

앞에서 언급했듯이, 유가의 사상은 현실적(入世的)이다. 그래서 유가의 미학사상과 그 교육사상은 서로 비슷하고, 정치와 윤리도덕은 밀접한 관계를 맺고 있다. 심미교육의 사회적 작용을 중시한 것은 유가미육 사상의 주요한 특징이다.

(1) 공(孔)·맹(孟)·순(荀)과 관련된 심미교육(審美教育)

공자에게서 미의 개념은 아직 확정적 함의를 갖고 있지 않다. 미는 좋은 일, 혹은 좋은 작품 등을 가리키기도 한다. 예를 들어 '인을 행동의 근거로 삼는다(里仁爲美)'는[3] 바로 앞의 것을 가리키며, 공자는 '소(韶)'를 지극히 아름다워 더 할 것이 없다(盡善盡美)'고[4] 말했는데 이것은 바로 후자의 경우를 말한다. 미와 선은 때로는 하나의 뜻이고, 때론 서로 다른 함의를 가진 것으로 혹자는 서로 다른 수준으로 구분하기도 한다.

공자는 '인'을 기초로 하고, '중화(中和)'를 목적으로 삼아 시(詩) 교육과 악(樂) 교육의 중요한 작용을 설명했다. 그는 교육은 마땅히 "시에서 일어나고, 예에서 세워지며, 악에서 이루어진다"고[5] 생각하였다. 학습은 바로 『시경』에서부터 시작해야 하고, 예를 입신의 근본으로 삼아야 하며, 최종적으로 악으로 중화를 이뤄, 완전한 선(完善)의 경지에 도달해야 한다고 생각했다. 그는 또한 "도에 뜻을 두고, 덕에 거하며, 인에 기대어 예에서 노닌다"고[6] 말하였다. 한 사람이 도에 뜻을 세우고, 덕에 믿음을 지키며, 인에 의거하고, 예에서 노니는 것은 즐겁게 배우고 화해(和諧)에 도달한 것이다. 『학기(學記)』에서 "그 예(藝)를 일으키지 못하면 즐겁게 배울 수 없다"고 했는데, 이것은 바로 "예에서 노닌다"는 의미이다. 그래서 『악(樂)』을 가르치는 것은 공자의 교육사상 가운데 교육의 목적(악에서 이룬다일 뿐만 아니라, 기타 교육사업 수단(예에서 노닌다)의 완성이다. 시가(詩歌)로 말하자면, 공자는 이것을 더 중요한 교육 내용으로 보았다. 그는 일찍이 "『시(詩)』 삼백 수는 한마디로 말해 사악함이 없다"고[7] 했다. 그는 시란 "흥을 불러일으키기도 하고, 세상을 보게도 하며, 여러 사람과 뜻을 함께 하기도 하고, 세상을 비판하기도 한다"고 생각했다. 게다가 "새와 짐승과 초목의 이름에서 많은 지식을 배운다"고 하면서 시에서 많은 지식을 알 수 있다고 여겼다. 더 나아가 가깝게는 부모를 섬기고, 멀게는 임금을 섬기는 것으로 모두 필수 불가결한 것이다. 또한 『시』의 가르침은 사회생활 속에서 거대한 인식과 사회를 바꾸는 작용을 가질 뿐만 아니라 사람의 지식 영역을 풍부하게 하여 사람들이 자연과 사회에 다방면으로 이해하게 한다. 이러한 것들은 안신(安身), 입명(立命), 정치, 백성 교화에 없어서는 안되는 것이다. 『악(樂)』의 가르침에서, 악은 중화교육을 실현하는데 반드시 필요한 것이며, 사람들의 마음에 깊이 스며들어, 풍속을 바꾸는데 큰 작용을 한다. 그래서 공자는 "낡은 풍속을 바꾸는데, 악보다 나은 것이 없다"고 했다.

---

3) 『論語·里仁』.
4) 여기서 소(韶)는 순임금의 음악으로 공자가 이 음악을 듣고 한 말이다.
5) 『論語·泰伯』.
6) 『論語·述而』.
7) 『論語·爲政』.

공자는 심미의 사회적 작용을 중시했기 때문에 '비덕(比德)'의 원칙을 제시하고, 자연의 미에도 사회적 함의를 부여했으며, 나아가 교육적 효과도 발휘하였다. 『순자(荀子)·법행(法行)』편에는 공자가 자공의 물음에 답하는 것이 있는데, 이것은 공자의 '비덕' 사상이 구체적으로 나타난 예이다. 그 예는 다음과 같다. "자공이 공자에게 물어 말하길, '군자가 옥을 귀하게 여기고, 옥돌을 천히 여기는 것은 무엇 때문입니까? 옥은 적고, 옥돌은 많기 때문입니까?' 공자가 대답하였다. "오, 사(賜)야, 어찌 그렇게 말할 수 있는가! 어찌 군자가 많다고 하여 그것을 천히 여기고, 적다고 하여 그것을 귀하게 여길 수 있겠는가? 무릇 옥이라 하는 것을 군자는 덕(德)에 비유한다. 온유하고 윤기가 있는 것이 인(仁)이다. 가지런히 결이 있는 것이 지(知)다. 야무지고 단단해서 구부러지지 않는 것이 의(義)이다. 모가 나도 다른 이를 해하지 않는 것이 행(行)이다. 꺾어도 휘지 않는 것이 용(勇)이다. 허물과 장점을 모두 드러내는 것은 정(情)이다. 두드리면 맑은 소리가 멀리까지 들리고, 그만두면 바로 멈추듯이 하는 것은 사(辭)이다. 그래서 옥돌이 아름다움이 있어도 옥의 밝음에 미치지 못한다. 『시』에는 '군자를 생각하니 온후하기가 마치 옥과 같다'고 하였는데, 이를 일러 하는 말이다"고 했다. '비덕'의 원칙은 줄곧 중국 심미교육에서 중요한 원칙이 되었다. 이것은 자연계의 사물에 인격적 함의를 부여한 것으로, 자연을 인격화하여 그 교육적 효과를 높였다. 『논어·자한』에 "날씨가 추워진 뒤에야 송백이 늦게 시듦을 알았다"고[8] 했다. 이것은 추운 날씨 속에 굳굳이 서 있는 송백을 사람의 절조에 비유한 것으로 '비덕' 원칙의 구체적인 체현이라 할 수 있다.

그밖에 공자의 문(文)과 질(質)에 대한 설명도 미학과 미육 사상에 있어 중요한 범주이다. 이 문제는 뒤에서 문과 질의 관계 속에서 전문적으로 논하기로 하고, 여기서는 생략하고자 한다.

맹자는 공자의 '인(仁)'학 사상을 계승했는데, 특히 '인'과 '악(樂)'의 통일 측면에서 심미교육의 사회적 작용을 발전시켜, 왕이 '백성과 함께 즐거워함'을 제시하였다. 맹자는 '혼자 즐거움을 즐기는 것'은 '적은 사람과 즐거움을 즐기는 것'보다 못하며, '적은 사람과 즐거움을 즐기는 것'은 '많은 사람과 즐거움을 즐기는 것'보다 못하다고 하면서, '백성과 함께 즐거워하도록' 하고, "즐거워하기를 온 천하로써 하며, 근심하기를 온 천하로써 한다"고[9] 했다. 이렇기 때문에 천하를 다스릴 수 있고, 이름하여 이를 "지금 왕께서 백성과 함께 즐거워하신다면, 바로 왕노릇을 하시는 것입니다"고[10] 했다. 이러한 인도와 민주 정신의 미학 사상에서의 부유함은 맹자의 '인정(仁政)'사상과 일치한다.

---

8) 『論語·子罕』.

9) 『孟子·梁惠王下』.

10) 『孟子·梁惠王下』.

맹자는 미의 함의를 더 발전시켜서 "충실함을 일러 아름다움이라 한다"고 했을 뿐만 아니라, 미와 선(善), 신(信), 대(大), 성(聖), 신(神) 등의 관계를 제시하였다. 그리고 "가욕(可欲)스러움을 선인(善人)이라 말하고, 선을 자기 몸에 지는 것을 신인(信人)이라 하며, 충실(充實)함을 미인(美人)이라 하고, 충실하여 빛남을 대인(大人)이라 말하며, 대인이면서 스스로 변화함을 성인(聖人)이라 하고, 성스러워 알 수 없는 것을 신인(神人)이라 한다"고[11] 했다. "충실함을 미인이라 하며, 충실하여 빛남을 대인이라 말한다"에 대하여 종백화(宗白華)는 『미학산보(美學散步)』에서 "문예 경계의 광대함은 인생과 마찬가지로 광대하다. 문예의 심오함은 인생과 마찬가지로 심오하다. 이 얼마나 풍부하고, 충실한 것인가! 그래서 맹자는 '충실함을 일러 미라고 하였다'"고 했다. 여기서 맹자는 미의 경지를 선 위에 올려놓아 미를 더욱 중시하였다. 맹자는 더 나아가 인(仁)의 아름다움은 성숙함에 있다고 말하였다. 그는 "오곡(五穀)이란 것은 종자의 아름다움이다. 만약 익지 못하면 피만도 못하다. 무릇 인(仁)도 그것을 익숙히 함에 달려 있다"고[12] 했다. 인의 성숙은 바로 미의 경지에 도달하는 것이다.

맹자는 미의 사회적 작용과 계급성을 강조하였을 뿐만 아니라, 미의 공동성의 문제에 대하여서도 거론하여 "입은 맛에 있어서 똑같이 즐김이 있고, 귀는 소리에 있어서 똑같이 들음이 있으며, 눈은 색에 있어서 똑같이 아름답게 여김이 있다"고[13] 하였다. 이러한 공동의 미는 자연 현상을 감상하는 것에서 관찰될 뿐만 아니라, 사회문제에 대한 관찰과 예술 창작 속에서도 존재한다. 또한 이것은 미의 형식에서 존재할 뿐만 아니라 미의 내용에서도 존재한다. 역사상 존재했던 수많은 위대한 예술 작품이 많은 사람들이 공동으로 감상하던 불후의 명작을 만들었다는 것이 이를 증명한다.

선진유가 가운데, 순자는 미학에 대한 공헌이 뛰어나다. 그의 미학 사상은 선진시기에 이미 상당한 수준에 이르렀다. 그는 자연미, 생활미, 예술미 및 '시(詩)'와 '악(樂)'의 작용 및 '예(禮)'의 관계 등에 대해 모두 중요한 설명을 하였다. 예를 들어 자연미에 있어서 그는 산림천곡(山林川谷)의 미, 난괴주옥(蘭槐珠玉)의 미, 금석(金錫)의 미, 향미(香味)의 미 등에 대하여 설명하였고, "하늘이 덮고, 땅이 담아도, 그 아름다움이 다함이 없고, 그 쓰임이 다하여도 위로는 현량의 장식에서 아래로는 백성을 키우고 그들을 안락하게 하는 데까지 미친다"고[14] 생각하였다. 자연의 아름다운 바는 바로 사람들에게 쓰여짐에 있고, 사람들에게 즐거움을 주는데 있다. 자연의 아름다움을 논하는 가운데 '비덕'의 자

---

11) 『孟子·盡心下』.
12) 『孟子·告子上』.
13) 『孟子·告子上』.
14) 『荀子·王制』.

연인격화 원칙(위에서 인용한 것처럼)을 제시한 것이다. 또한 생활의 미 속에서 '사람의 미'와 '풍속의 미'를 말하였다. '사람의 미'에서 강조한 것은 심술(心術)이지 외모가 아니다. 예를 들어 「비상(非相)」편에서 제시한 "형상은 마음을 논하니만 못하고, 마음을 논하는 것은 술(術)을 택하니만 못하다. 형체는 마음을 이기지 못하고, 마음은 술을 이기지 못하고, 술을 바르게 하면 마음이 그것에 순응한다. 형상이 비록 악해도, 마음(心術)이 선하고 해가 없으면 군자다. 형상이 비록 선하나 마음이 악하고, 해가 없으면 소인이다"고 했다. 이것은 사람의 아름다움과 추함을 결정하는 것은 형상의 외모에 있지 않고, 마음에 내재된 품격에 있음을 말하는 것이다. 여기에서는 심미과정에서 교육의 작용과 성(性)과 거짓된 것의 관계 문제를 제시하였다. 『예론(禮論)』에서 제시한 "성이란 맨 처음 성질이 소박하고, 거짓된 것은 문리(文理)가 융성(隆盛)하다. 성이 없으면 거짓된 것도 더할 수 없고, 거짓된 것이 없으면 성은 스스로 아름다워질 수 없다"는 것은 '성과 거짓된 것의 합일'을 요구한 것으로 심미과정 속에서 교육의 영향과 변화가 일어난 것이다. 이것은 모두 '예'의 요구에 다다르기 위한 것이다. 그래서 "군자의 배움은 미를 그 몸으로 한다"거나[15] 전(全)과 수(粹)의 경계에 다다르는 것을 요구한다. 「권학(勸學)」에서 "완전하지 않고 순수하지 않은 부족함이 아름다움이다"고 하였다. 순자는 또한 '미정(美政)'과 '미속(美俗)'의 관계에 대하여 논하면서 '잘 다스려지고, 풍속이 아름답게' 되도록 하였다.[16] "풍속이 아름다워 남녀 스스로 길에서 야합하지 않고 백성들은 떨어뜨린 물건을 줍는 것을 부끄럽게 여긴다"고[17] 했다. 이것은 바로 '예의의 변화'를 추진한 성과이면서 미와 예가 결합된 것이다. 그래서 순자는 '사람의 미'와 '풍속의 미'를 매우 중시하였다. 그렇기 때문에 공자나 맹자처럼 심미교육의 사회적 작용을 강조하였다. 「악론(樂論)」에서 순자는 문학예술의 미에 대하여 전문적으로 다루면서 음악의 교육적 작용에 대하여 설명하였다. 순자는 『시』, 『서』, 『예』, 『악』이 '미인(美人)', '미정(美政)', '미속(美俗)'에 미치는 사회적 작용이 매우 크다고 생각하고, 이것이 '치국일민(治國一民)', '이풍이속(移風易俗)'에 중대한 작용을 일으킨다고 생각하였다. 그는 「권학」편에서 "『예』의 문을 공경함, 『악』의 중용과 조화를 중시함, 『시』와 『서』의 박학함, 『춘추』의 세밀함은 세상의 모든 것이다"고 지적하였다. 천지간의 모든 사물의 도리, 미의 규율을 포함하여 모두 『시』, 『서』, 『예』, 『악』, 『춘추』 가운데 포괄되어 있다고 생각하였다. 그래서 『시』와 『악』의 작용에 대하여 더욱 상세하게 설명하였다. 예를 들어 「유효(儒效)」편에서 『시』, 『서』, 『예』, 『악』, 『춘추』에 대한 일반적인 설명을 한 것 외에도 『시』의 풍(風), 아(雅),

15) 『荀子 · 君道』.
16) 『荀子 · 王覇』.
17) 『荀子 · 正論』.

송(頌)에 대하여 전문적인 분석을 하였다. "'풍'이 음란과 분방에 흐르지 않은 까닭은 이를 근거로 조절하였기 때문이다. '소아'가 소(小)로서 성립된 까닭은 이를 근거로 아름답게 꾸몄기 때문이다. '대아'가 대(大)로서 성립된 까닭은 이를 근거로 광대하였기 때문이다. 송(松)이 지극히 성하게 된 까닭은 이를 근거로 관철하였기 때문이다. 천하의 도가 성인에서 다한다"고 했다. 「악론」에는 음악의 의의와 작용 및 구체적인 운용과 선택 등에 대해서 상세하게 설명되어 있다. 음악은 "인정(人情)이 피할 수 없는 것으로 사람에게 음악이 없을 수 없다"고 여겼다. 그는 "민심을 선하게 하고, 풍속을 변화시킨다", "행동을 바르게 하고", "나아감과 물러남을 단정하게 하였다", 심지어 사람들을 조화롭게 하고 단정하게 하도록 하여 "음악을 즐기고 뜻을 맑게 하며, 예를 닦고 행동을 이루고, 귀와 눈이 밝고 맑게 하며, 혈기를 조화롭게 하고, 나쁜 풍속이 좋은 쪽으로 바뀌어 천하가 모두 안정된다"는 목표에 이르게 한다고 생각하여 음악의 작용을 강조하였다. "문(文)에 도를 싣는다"는 요구에 근거해보면 이러한 것은 모두 순자가 보기에 '예를 높이는' 목적에 도달하기 위한 것이다. 그래서 '정치 표준이 첫째이고, 예술 표준이 두 번째'라는 문제에 대하여 순자는 문예 사상 속에서 엄격한 경계를 두었다.

위에서 말한 것에서 우리들은 선진유가철학과 교육사상에서 미학사상과 미육이 매우 중요함을 알 수 있다. 특히 시에 대한 교육과 악에 대한 교육이 중시되고 이것이 유가 심미교육 속에서 주요한 내용이 되고 있음을 알 수 있다. 만약 공자가 '인'으로써 예, 악을 새롭게 해석하여 예, 악에 새로운 함의를 부여하였다면, 맹자는 '인'과 '악'의 통일된 사상으로부터 심미교육의 사회적 작용을 말하고, 순자는 '예'와 '시', '악'의 통일에서 심미교육의 사회적 작용을 말하였다고 할 수 있다. 맹자와 순자는 비록 심미교육의 사회적 작용을 중시하였지만, 맹자는 주로 '내성(內聖)'과 '위민(爲民)'에 초점이 맞춰졌고, 순자는 '외왕(外王)'과 '위군(爲君)'에 중점을 두었다. 이러한 것들은 "미는 천하의 근본이다", "나쁜 풍속을 좋은 풍속으로 바꾼다"는 것에 이르도록 하였다. 『예기』 중 「악기」는 고대 특히 유가의 예악 사상의 업적을 모아 유가의 심미교육관을 체계적으로 설명하였다. 유가의 '시교(詩敎)'와 '악교(樂敎)'에 대한 이론은 다음에서 보다 자세하게 언급하고자 한다.

(2) 시교(詩敎)와 악교(樂敎)에 대한 유가의 중시

공자는 "시에서 흥하고, 예에서 세우고, 악에서 이룬다"는 교육과정과 내용을 제시하고 『예기(禮記)·경해(經解)』에서 "온유하고 돈후한 것이 시교다. …드넓고 변화되고 아름다운 것이 악교다"고 하였다. 『사기(史記)· 골계열전(滑稽列傳)』에서 "악으로 조화를 일으키고", "시로 뜻에 도달한다"고 하였다. 『회남자(淮南子)·태족훈(泰族訓)』에서 "따스하고, 사랑스럽고, 부드럽고, 어지러운 것은 시의 모습이다", "넓고, 관대하고, 간략한 것이 악의 가르침이다"고 했다. 이러한 말들은 모두 시교와 악교에 대해 개괄하고 종합한 것이다.

『시교에 관하여』: 『시경』은 중국 문학예술사상 최초의 시가 총집으로서 서주 초년부터 춘추 중엽까지의 작품들을 풍(風), 아(雅), 송(頌) 셋으로 구분하여 놓았다. 정초(鄭樵, 1104~1162)는 『육경오론(六經奧論)』에서 "인간의 생활 그 자체의 소리를 일러 풍이라 하고, 조정의 소리를 일러 아라 하며, 종묘의 소리를 일러 송이라 한다"면서 기본적으로 '풍', '아', '송' 세 가지 체제의 내용을 설명하였다. 공자는 『시』, 『서』 등의 고적을 정리하면서 『시경』을 삼백 오편으로 구성하였다. 이 삼백 오편의 시가에 대하여 그는 일찍이, "『시』 삼백 편은 한마디로 말해 생각이 바르므로 사악함이 없다"고 하였다.[18] 이것은 바로 『시경』의 내용이 순수하고 올바르며 사악함이 없는 것이라는 의미이다. 『시경』의 첫 편 「관휴(關雎)」에 대하여 공자는 "즐거우나 음탕하지 않고, 슬프면서 이지러지지 않는다"고[19] 평가했다. 『사기·공자세가(孔子世家)』의 기록에 따르면 "『시』 삼백 오편, 공자가 모두 이를 불러보았으며, 이로써 '소(韶)', '무(武)', '아(雅)', '송(頌)'의 소리를 얻었다"고 했다. 이러한 것은 모두 공자가 『시』의 가르침을 중시하였음을 설명한다. 『논어』에도 공자와 그의 제자가 시에 대해 논한 기록들이 적지 않게 있다. 공자의 아들 리(鯉)가 급히 정원을 지나갈 때, 공자가 먼저 그에게 물은 것 또한 "시를 배웠느냐?"의 문제였고, 아울러 "시를 배우지 아니하고서는 할 말이 없다"고[20] 하였다. 이것은 공자가 시교를 중시하였음을 증명하기에 충분하다.

공자와 관련된 시교의 작용을 대략 정리해 보면 다음과 같다.

첫째, 공자가 고대 시가를 정리한 목적에 대해 사마천은 『사기·공자세가』에서 "예의를 널리 행하기 위하여 위로는 설(契), 후직(后稷)에서 취하고, 중간에는 은, 주의 성세를 말하고, 가까이는 유(幽)왕과 려(厲)왕의 실정에 이르기까지 가려내어 취하였다. … 이것으로 왕도를 갖추게 되었으며 육예를 완성시킬 수 있었다"고[21] 하였다. 그가 고대 시가를 정리한 정치적 목적은 "예의를 널리 행할 수 있다"는 것이고, 왕도를 준비한 것으로 사용할 수 있는 것으로, 이는 고대 시가를 거울삼아 통치자가 정치를 살피는 데 사용한

18) 『論語·爲政』.
19) 『論語·八佾』.
20) 『論語·季氏』.
21) 유왕과 려왕은 자신들의 사치를 위해 백성들에게 많은 세금을 거두고 학정을 펼친 서주시대의 왕이다.

것이다. 이것은 또한 아래서 말할 시가 발휘하는 '흥(興), 관(觀), 군(群), 원(怨)' 작용의 함의이기도 하다.

두 번째, 공자는 제자들에게 여러 번 『시』에 의거하여 사람을 사귀고, 일을 처리할 것을 요구하였다. 그는 일찍이 그의 아들에게 "시를 공부하지 않으면 할 말이 없다"고 말하였다.22) "사람으로서 주남(周南)과 소남(召南)을 공부하지 않으면 그는 마치 담벽을 마주 대하고 서 있는 것과 같다"고23) 했다. 그의 학생에게 "어떻게 『시』에서 배우지 않을 수 있겠는가? 『시』는 흥을 일으키기도 하고, 세상을 보게도 하며, 여러 사람과 뜻을 함께 하기도 하고, 세상을 비판하기도 한다. 가까이는 부모를 섬기고 멀게는 임금을 섬기는 것이며, 새와 짐승과 초목의 이름에서 많은 지식을 배운다"고24) 했다. "『시』 삼백수를 외웠으되, 그에게 정사를 맡기면 일에 통달하지 못하고 사방에 사신으로 가서는 전문적으로 응대하지 못한다면 비록 많이 외웠다하더라도 무슨 소용이 있겠느냐?"고25) 했다. 이상의 설명에서 『시경』을 공부하면 지식을 부단히 증가시킬 뿐만 아니라, 감정을 도야시키고, 옳게 답하는 능력과 인재를 양성하는 도리를 발전시키며, 나아가 세상을 이해하도록 하여 세상을 다스릴 수 있는 토대가 될 수 있음을 알 수 있다. 여기에 시의 심미적 가치, 사회공리적 가치와 인식가치가 모두 담겨 있다. 따라서 공자가 교육에 있어 『시경』을 중시하게 된 것이 결코 우연이 아님을 알 수 있다. 공자는 『시』, 『서』, 『예』 모두 '좋은 말'이라 여기고 교육을 하였다.

순자도 『시』의 교육 작용을 매우 중시하였다. 위에서 언급한 바와 같이 그는 '풍', '아', '송'에 대해 구체적으로 논했을 뿐만 아니라 '아', '송'의 소리를 듣고, 뜻을 얻어 넓힐 수 있었기 때문에26) '예'의 교육 내용과 방법을 사용하였다. 이외에도 순자는 미(美)와 선(善), 문(文)과 실(實)의 관계를 논할 때, '예(禮)'와 '도(道)'를 맨 위에 두고, '문(文)'을 다음으로 하면서, 시를 배워 예를 발전시키도록 하였다. 그러나 동시에 또 단순히 질(質)만 구하고, 문(文)을 말하지 않는 일방적 관점을 반대하였다. 종합해보면 순자의 미학과 미육 사상에서 더 나아가 '시를 배우고', '예를 발전시키는' 것을 결합하였고, 시를 배워야 한다는 사회적 작용이 더 명확해지고 뚜렷해졌다.

공자가 제시한 '흥', '관', '군', '원'은 역대 학자들에게 시를 논함에 있어 법도가 되었다. '흥'이란 것은 시가의 읊조림을 통해 사람의 정신을 움직이게 하는 것을 가리킨다.

---

22) 『論語·季氏』.
23) 『論語·陽貨』.
24) 『論語·陽貨』.
25) 『論語·子路』.
26) 『荀子·樂論』.

공영달(孔穎達, 574~648)은 '흥'을 "사물에 일을 의거하니, 흥한 것이 일어났다"고[27] 하고, 이중몽(李仲蒙)은 "사물을 접촉하여 정을 일으키는 것이 흥이니, 사물이 정을 움직인다"고[28] 해석하였다. 주희는 "의지가 일어남을 느낀다"고 주를 달았다.[29] "사물에 접촉하여 정이 일어난다"고 하거나 "의지가 일어남을 느낀다"는 것을 막론하고 시의 형상(形象)언어를 사용하여 사람들의 연상과 상상을 이끌어내고, 사람들에게 영향을 주고 감화를 받도록 하여, 미로써 진리를 밝히고, 미로써 선을 쌓아가는 목적에 도달하게 한 것이다. 정현(鄭玄, 127~200)은 주에서 '관'에 대해, '풍속의 성쇠를 보는 것'이라 풀이하였고, 주희는 "득실을 따져본다"고 해석하였다. 『한서 · 예문지』에서는 이에 대하여 비교적 체계적으로 설명하였다. "옛날에 시를 수집하는 관리가 있어 왕은 풍속을 살펴 득실을 알고, 스스로 바르게 고쳐나갈 수 있었다"고 했다. 백거이(白居易, 772~846)는 시의 작용과 민요를 수집하는 의의에 대하여 더욱 구체적인 설명을 하였다. 그는 "사람은 사물에 감동하면 정(情)이 움직이고, 그 연후에 감탄하여 음영(吟詠)이 드러나고 시가로 표현된다. 그러므로 『요소(蓼蕭)』의 시를 듣고, 연못과 바다를 알게 되고, 『화태(華黍)』의 읊조림을 듣고 세월의 거대함을 알며, 『북풍(北風)』의 시를 듣고 학정(虐政)이 백성들에게 가해지고 있음을 알 수 있고, 『석서(碩鼠)』의 시를 들으면 백성에 대한 세금이 과중함을 알 수 있다. 「광수고계(廣袖高髻)」의 민요를 들으면, 풍속이 사탕(奢蕩)한 것을 알 수 있다. …그리하여 각 지방 풍속의 성쇠는 이(시)를 통해 드러나며 왕정(王政)의 득실도 이를 통해 들을 수 있다. 인정(人情)의 애락도 이를 통해 알 수 있다. 그런 연후에 임금과 신하가 친히 보고서 짐작하고 정치가 잘못된 것을 고치며 빠진 것을 보충하니 근심했던 사람이 기뻐하고 고통스러웠던 사람이 평안하게 된다. 이른바 물을 잘 막는 사람은 물이 잘 흐르도록 해야 하고 사람을 잘 다스리는 사람은 그들이 생각하는 대로 말을 하게 해야 한다"고[30] 했다. 지금까지 설명한 것으로 공자가 말한 '가이관(可以觀)'의 기본적인 함의를 알 수 있다. 이른바 '군(群)'이란 것은 바로 무리지어 가르치는 작용을 일으키는 것이다. 공안국(孔安國, B.C. 200~B.C.121)의 해석은 "무리 지어 기거하며 서로 갈고 닦는다"고 하고 주희의 해석은 "조화로우나 통하지 않는다"고 했다. 시 교육은 사상과 감정을 교류하게 하고, 사람들이 서로 이해하도록 하며, 사람들의 사회생활을 조화롭게 조정하고, 사회 집단의 공고와 발전을 촉진하여 '화이부류(和而不流)'에 이르는 것이 대의(大義)이다. 순자는 "사람의 삶은 무리를 지어 살지 않을 수 없다"는 것을 중시하였다. 그래서

---

27) 孔穎達, 『毛詩正義』.

28) 송호인(宋胡寅)의 『與李叔易書』에서 이중모의 말을 인용함.

29) 朱熹, 『論語集注』.

30) 『白香山集』 卷48, 『策林69』.

그는 「악론(樂論)」에서 '악(樂)'의 작용을 논할 때 이러한 사상을 충분히 드러냈다. 즉 "악이 중정(中正)·화평하면 백성이 화합하여 흐르지 않고, 악이 엄숙·장엄하면 백성이 가지런해져서 어지럽혀지지 않는다. 백성이 화합하고 가지런해지면 군대가 강하고 성도 견고하여 적국이 감히 범하지 않는다. 이와 같다면 백성들은 그 처지에 안주하고 그 마을에서 즐거워함으로써 군주에게 지극히 만족해할 것이다"고 했다. '중화'의 특징을 구비한 '악(樂)'은 이러한 작용을 발휘하여, '돈후(敦厚)'한 '시(詩)'를 만들고, 마찬가지로 이러한 작용을 불러일으켰다. 양계초는 『소설과 군치(群治)의 관계』에서 소설은 '인도(人道)를 지배하는' 네 종류의 힘이 있다고 생각했다. 즉, 훈(薰), 침(浸), 자(刺), 제(提) 모두는 문예가 사회 군체를 형성하는데 작용하는 것을 강조한다. 소설은 성정을 도야하고, 조화로운 군체의 작용 방면에서 시가와 음악의 작용과 상통한다. 백거이가 시를 논하며 말한 '시가'는 능히 '인정을 불러일으키고', '위와 아래가 서로 조화를 이루어', '위와 아래가 통하여 일기(一氣)가 크고, 오직 악(樂)이 합하여져 많은 뜻이 빛나는'[31] 것에 이르러 시의 '여러 사람과 조화롭게 지내는(可以群)' 사회적 작용을 도출한다. 공안국의 해석에 따르면, 이른바 '원(怨)'이란 '윗사람의 정치를 원망하고 풍자하는' 것을 가리키는 것으로 공자의 '흥(興), 관(觀), 군(群), 원(怨)'의 원의와 비교적 부합한다. 『시경』에는 윗사람의 정치를 원망하고 풍자한 시가 많다. 예를 들어 「벌단(伐檀)」, 「석서(碩鼠)」, 「북풍(北風)」, 「서리(黍离)」, 「갈뢰(葛藟)」, 「우」 등의 편이다. 이들 모두는 이러한 뜻을 지니고 있다. 당연히 이른바 '가이원'이고, 또한 '윗사람의 정치를 원망하고 풍자하는' 것에 한정되지 않는다. 어떤 것은 개인의 감수(感受)와 조우(遭遇)에서 나오는데, '불평의 탄식'인 비분의 작품이 이러한 류에 속한다. 종영은 『시품서(詩品序)』에서 "봄 바람 봄의 새, 가을 달 가을 쓰르라미, 여름 구름 무더위의 시원한 비, 겨울 달 매서운 추위 같은 이 네 계절의 느낌은 모두가 시이다. 성대한 모임에 시를 보내 손님을 청하고, 무리를 떠날 때 시를 부쳐 원망을 토로한다. 초나라 신하가 국경을 넘고, 한나라 궁녀가 궁궐을 떠나고, 뼈는 북방의 들판에 제멋대로 나뒹굴고 혼백은 바람을 따라 이리저리 떠다닌다거나 혹은 창을 잡고 변방을 지킨 이야기 살기가 변방에 등등하다거나 변방의 나그네는 홑옷을 입고 과부의 방에는 눈물이 다하였다거나 혹은 선비가 패옥을 풀고 조정을 떠나 한번 가더니 돌아올 줄 모른다거나 여인이 아름다운 눈썹을 드날려 총애를 받더니만 다시 나라를 기울게 하기를 고대하였다 등의 내용들이 있다. 무릇 이러한 내용들이 마음과 영혼을 감동시키는 것이니 시를 짓지 않으면 어찌 그 뜻을 펼칠 수 있겠고 노래를 길게 부르는 것이 아니면 어찌 그 정을 내달리게 할 수 있겠는가? 그런 까닭에 '시가 여러 사람들을 모이게

31) 『白香山集』 卷28, 『與元九書』.

할 수도 있고 원망을 토로할 수 있게도 한다'고 말하는 것이다. 곤궁하고 빈천한 사람으로 하여금 쉽게 안락하고 은거하는 사람들로 하여금 번민하지 않게 할 수 있는 것에 시보다 뛰어난 것은 없다"고 했다. 무릇 시란 모두 감정에 의해 지어진 것이다. 그러나 일반적으로 "평화의 소리는 담박하고 근심어린 생각의 소리는 절묘하다. 유쾌하고 즐거운 말은 어려운 작업이지만, 곤궁한 말은 쉽고 좋다",[32] "마지못해 하는 말, 그 노래에도 마음이, 그 울음에도 그리움이 담겨 있다"고[33] 했다. 그래야 비로소 감정이 드러나는 좋은 시가 된다. '흥, 관, 군, 원'의 의의와 관계에 대하여 왕부지(王夫之, 1619~1692)는 『강재시화(薑齋詩話)』에서 "시는 감흥을 자아내고 사물을 살피게 하며, 여럿이 어울리게 하고 잘못을 원망할 수 있게 한다"고[34] 구체적으로 말하였다.

중국은 시가 중심을 이루는 나라이다. 세계적으로 전해오는 시의 상당 부분이 중국에 있을 뿐만 아니라, 중국의 문학가 사상가는 대부분 시인으로, 혹자는 문(文)과 시(詩)가 동시에 세상에 전해졌다고 말하기도 한다. 『시경』 이후 초(楚)의 소(騷), 한(漢)의 부(賦), 육대(六代)의 병체(駢體), 당(唐)의 시(詩), 송(宋)의 사(詞), 원(元)의 곡(曲), 명청(明淸) 기간의 소설은 시와 관련 없는 것이 없고, 혹은 시를 위주로 한 것이다. 수천 년의 역사는 천만 명에 이르는 시인을 탄생시켰고, 통계를 내기 어려울 만큼의 시편을 쏟아내어 시의 바다를 만들었다. 공자가 시작한 시교(詩教)는 계속해서 전수되어, 『시경』 및 그 이후의 악부와 시가는 계속적으로 교육의 중요한 내용이 되고 있다. 시의 영향과 시론은 악론(樂論), 화론(畵論), 서론(書論), 무론(舞論) 속으로 침투되어 들어갔고, 예술적 감화와 윤리 교화의 통일은 유가의 "인문으로 천하를 변화시킨다"는 중요한 교육 내용이 되었다.

다음은 역사적으로 중요한 『시경』과 시의 언어에 대해 논한 것을 발췌한 것으로 시교 연구에 참고가 되었으면 한다.

『모시서(毛詩序)』: "득실을 바르게 하고, 천지를 움직이고, 귀신을 감동시키는 것에는 시에 비할 수 있는 것이 없다. 선왕은 이것으로 부부의 경계를 짓고, 효경을 이루고, 인륜을 두텁게 하고, 교화를 아름답게 하고, 풍속을 고쳤다."

유협의 『문심조룡·풍골(風骨)』: "시는 여섯 개의 뜻을 종합하는데, 풍(風)이 그 머리를 차지하고, 이것이 감정을 변화시키는 근본이며, 기개의 증거이다. 기쁨과 슬픔으로 정을 말하는데 반드시 풍에서 시작하고, 생각에 잠겨 속삭이며 말하는 것에는 골(骨)보다 앞서는 것이 없다."

종영의 『시품서(詩品序)』: "기의 사물을 움직임, 사물의 사람을 감화시킴, 그리하여

32) 韓愈, 『荊潭唱和詩序』.
33) 韓愈, 『送孟東野序』.
34) 王夫之, 『薑齋詩話』 卷一.

성정을 움직이고, 형태 있는 모든 것들은 춤추며 읊조린다. 조촉(照燭) 삼천은 세상 만물을 찬란하게 빛나게 한다. 천지의 신에게 이것은 지극한 대접을 하고, 심오하게 내포된 뜻을 이것으로써 명백히 알린다. 천지가 움직이고, 귀신이 감동하니, 시에 비할 바가 없도다."

백거이의 『여원구서(與元九書)』: "사람의 글은 육경이 으뜸이다. 육경으로 말하자면 『시』가 으뜸이다. 왜인가? 성인은 사람의 마음을 감동시켜 천하를 화평하게 한다. 사람의 마음을 감동시키는 데는 정(情)보다 앞서는 것이 없고 말보다 처음인 것이 없으며 소리보다 절실한 것이 없고 뜻보다 깊은 것이 없다. 시는 정을 뿌리로 삼고 말을 싹으로 하고 소리를 꽃으로 하며 뜻을 열매로 삼는다. 위로는 성현에서 아래로는 우민에 이르기까지 보잘 것 없는 돼지나 물고기에서 신묘한 귀신에 이르기까지 여럿이 나뉘어도 기는 같고 형체가 달라도 정(情)은 하나니 소리를 듣고서 응하지 아니하니 정을 나눔에 느끼지 아니하는 것이 없다"

주희의 『시집전서(詩集傳序)』: "시는 사람의 마음으로 사물을 감각해서 언어로 형상화한 것이다. 마음이 느끼는 바에 사악함과 바름이 있기에 그 말로 형용한 것에도 옳음과 그름이 있다. 오직 성인이 윗자리에 계셔야만 그 느끼는 것이 바르지 않은 것이 없어서 그 말은 모두 가르침이 되기에 풍부하다. 시 중에 간혹 사정(邪正)이 뒤섞여 감발(感發)한 바를 선별하지 않을 수 없는 것을 느끼는 경우가 있는, 즉 윗사람은 반드시 자신을 반성하여 이로 인해 아랫사람들을 권선징악 할 수 있기를 생각한다. 이 역시 시가 가르침이 되는 까닭이다"

초횡(焦竑, 1541~1620)의 『아오각집서(雅娛閣集序)』: "시란 다른 게 아니다. 사람의 성령이 기탁하는 바이다. 만약 그 감정이 지극하지 못하면 정은 깊지 않고, 정이 깊지 않으면 심금을 울리지 못하며, 세상에 드리워져 멀리 가지도 못한다. 내가 중니의 산시(刪詩)를 보니, 법도를 그 사이에 두어 그를 통해 깨우쳐 사람으로 하여금 방황하여 떠날 수 없게 하여, (결국) 반드시 풍(風)과 아(雅)에 귀속되지 않게 하지 않음이 없었으니, 시도를 가히 알 수 있다."

왕부지는 시와 정(情), 시와 리(理), 시와 악(樂), 시와 사(史) 및 흥, 관, 군, 원 등에 대해 모두 언급했으므로 여기서 자세한 논의는 생략하고자 한다.

악교에 관하여: 악교 역시 유가가 매우 중시 여기는 것이자 교육의 중요 부분으로, 공자는 『시』, 『서』, 『예』, 『악』, 『역』, 『춘추』 육경을 제자들에게 가르쳤다. 『악경』은 비록 전해지지 않지만, 순자의 「악론」, 『예기』의 「악기」는 여전히 전해 내려오는 유가의 음악이론, 음악교육과 관련된 중요한 자료이다.

공자는 음악에 대하여 깊은 연구를 하였다. 그는 '소(韶)', '무(武)' 등의 악장을 매우 숭상하였다. 공자는 '소'의 악이 이미 최고의 경지에 올라섰다고 생각하였다. 그래서 "공자는 제(齊)나라에서 '소'를 들었다"고 했는데, 이것은 "삼 개월 동안 고기 맛을 알지 못하게 했을"[35] 정도로 몰두한 정도를 의미한다. 그래서 안연이 공자에게 묻자 공자는 "악은 '소(韶)'와 '무(武)'이다"고[36]('무(舞)'는 '무(武)'이다) 명확하게 말했다. 공자는 늘 사람들과 함께 노래를 불렀다. 『논어·술이』에 "공자께서 사람들과 노래를 부르고 그가 잘 불렀으면, 반드시 다시 부르도록 청하고, 그런 뒤에 화답하였다"고[37] 했다. 이것은 만약 노래 부른 것이 만족스럽다면, 그가 노래 한곡을 다시 청할 뿐만 아니라 그 자신도 함께 노래를 불렀다는 것을 의미한다. 음악에 대한 애호가 이와 같아서, 그는 『시』 삼백에 대해서도 능히 연주하며 노래를 부를 수 있었다.

공자는 예악은 상호보완 할 가치가 있는 것이라고 생각하였다. 만약 예에 악의 호응이 없다면 그저 빈껍데기 형식에 불과할 것이다. 반대로 만약 악에 예의 절제가 빠져있다면, 중화하는 작용을 잃어버린 것에 지나지 않을 것이다. 그래서 시, 예, 악 이 삼자의 관계에서 공자는 "시에서 흥하고, 예에서 세우고, 악에서 이룬다"고 주장한 것이다. 시와 예는 모두 악의 호응과 떨어질 수 없고, 최후에 악을 이룰 뿐만 아니라 교육 목적을 달성하는 것으로, 이들은 악의 중화 작용과 교화 기능이 얼마나 중요한지 증명하기에 충분하다.

"악에서 이룬다"는 말은 "사람이 된다"와 "국가를 이룬다"는 다양한 함의가 포괄되어 있는 것으로 '악교(樂教)'에서 '악치(樂治)'까지 통한다. 『논어(論語)·양화(陽貨)』에 다음과 같은 이야기가 있다. 공자의 제자 자유는 무성(武城)의 현령이었는데, 공자가 한번 그의 학생을 데리고 무성에 가게 되었다. 무성에 도착하자 그는 거문고와 비파를 타며 노래를 부르는 소리를 듣게 되었다. 공자는 웃으며 "닭을 잡는데 어찌 소 잡는 칼을 사용하는가?" 하였다. 이것은 작은 지방을 다스리면서 어찌 이처럼 크게 악교를 베풀어 사소한 일을 떠들썩하게 만드는가? 라는 의미이다. 자유가 공자에게 "저는 스승의 말씀을 일찍이 들었습니다. '군자가 도를 배우면 타인을 사랑하고, 소인이 도를 배우면 부리기 쉬워진다'고 들었습니다"고 답했다. 이 뜻은 음악교육을 통해 사람들에게 '도를 배우도록' 하면, 관리가 된 사람은 도를 배웠기에 백성을 사랑하고 보호하게 되며, 도를 배운 백성들은 명령을 잘 따르게 된다는 것이다. 공자는 자유의 말을 듣고 난 뒤, 그의 제자들에게 "자유의 말은 옳다. 내가 좀 전에 한 말은 농담이었다"고[38] 했다. 이것은 '악치(樂

---

35) 『論語·述而』.
36) 『論語·衛靈公』.
37) 『論語·述而』.
38) 『論語·陽貨』.

治)'를 잘 설명해주는 말이다. 선진시기 유가의 교육 사상 가운데 음악은 개인 수양에 필요한 것이었을 뿐만 아니라, 나라를 다스리고 보호하는 중요한 수단이었다. 그래서 공자는 아악(雅樂)이 아닌 '정나라의 소리'에 대하여 "정나라 소리는 음란하다"고 생각하여 배척하면서, "정나라 소리를 멀리하라"고 했다. 왜냐하면 정나라의 소리가 아악을 어지럽히는 것을 싫어했기 때문이다.

맹자는 유가가 말하는 악교의 사회적 작용을 발전시켰다. 그는 '인성(仁聲)'을 '인정(仁政)'과 관련지었다. 그는 "인자한 말은 인자하다는 소리가 사람들 사이에 깊이 파고드는 것만 못하며, 좋은 정치는 좋은 가르침이 민심을 얻은 것만 못하다"고[39] 하고, 음악을 사용하여 감화를 시키는 것이 도덕을 말하여 가르치는 것보다 교육적 의의가 풍부하다고 강조하였다. 그는 백성과 함께 즐거울 수 있는 사상을 제시하였고, '인정(仁政)'의 사상을 민중의 수준까지 끌어올렸는데, 이것은 맹자의 "백성을 귀하게 여긴다"는 사상과 일치한다. 공자와 맹자는 음악교육의 감화 작용을 중시하였고, 순자도 『악론』에서 "무릇 노래와 음악은 사람들에게 전해짐이 깊고, 사람들을 감화시키는 것 또한 빠르다"고 말하면서, 공맹처럼 음악교육의 감화작용을 중시하였다.

유가의 '악교'사상에 대해서는 순자의 「악론」과 『예기』의 「악기」에서 자세히 설명하고 있다. 순자의 「악론」에서는 음악의 본질, 작용, 악과 예의 관계 및 요사스러운 음악에 대한 비판 등을 비교적 자세하게 설명하였다.

「악론」 서문에서 다음과 같이 그 요지를 밝히고 있다. "무릇 음악이란 즐거움이다. 사람의 정으로 피할 수 없는 것이다. 그러므로 사람에게 음악이 없을 수 없다. 즐거움은 반드시 성음(聲音)에서 발하고, 움직임과 고요함에서 형성되고, 사람의 도, 성음과 움직임과 고요함, 본성의 작용변화가 여기서 다하게 된다"고 했다. 이것은 음악은 인정의 표현이고, 성음의 움직임과 고요함을 통하여 본성의 작용 변화가 실현된다는 말이다. 왜냐하면 음악의 작용이 '민심을 좋게 하고', '낡은 풍속과 습관을 바꾸기' 때문이다. 성악(聲樂)이 사람들에게 깊이 스며들고, 사람을 빠르게 변화시키기 때문에 "선왕께서 삼가 그 형식을 만드셨는데, 음악이 수수하면 백성이 화합하고 흩어지지 않으며, 음악이 엄숙하면 백성이 질서를 지키고 혼란스럽지 않게 된다. 백성들이 화합하고 질서를 지키면 군대는 강하고 성은 견고해져, 감히 적국이 침략하지 못하게 된다", "정악과 조상의 공덕을 기리는 소리를 들으면 의지가 넓어지고, 무기를 잡고 몸을 숙이고 젖히고 구부리고 펴는 동작을 하면 용모가 용감해진다. 철조(綴兆)를[40] 행하여 장단을 맞추면, 행렬이 바

---

39) 『孟子·盡心上』.

40) 철조(綴兆)에 관한 설명은 「악기(樂記)」주(注)에 다음과 같이 풀이하고 있다. 즉, "철은 표(表)이다. 그래서 행렬을 나타낸다. 조는 성(城)이다. 춤추는 이의 나아가고 물러남이 다다른 바이다" 철조는

르고 나아가고 물러섬이 가지런해진다"고 했다. 음악의 작용은 개인의 입장에서 보면 의지를 넓게 하고, 용모를 씩씩하게 한다. 군대에서 이를 사용하면, 행렬이 바르게 되고, 진퇴가 가지런하게 된다. 음악의 작용은 "나아가 정벌하고 벌을 주니, 명령에 따르지 않는 이가 없게 되고, 들어와 사양하면 복종하지 않는 이가 없게 된다"고 했다. 이와 같이 음악의 작용은 매우 크다. 이외에도 「악론」은 악과 선, 악과 예의 관계에 대하여 말하면서 "악이란 것은 변할 수 없는 조화이다. 예란 바꿀 수 없는 이치이다"고 했다. 악은 '근본을 궁리하고 변화를 다하는데' 도달할 수 있고, 예는 '성실함을 드러내고 거짓을 제거하는데' 도달할 수 있다. 악은 합쳐 하나가 되게 할 수 있고, 예는 구별하여 차이를 두게 할 수 있다. 예악은 사람들의 마음을 감화시켜 통일시킬 수 있고, 사회를 정화시킬 수 있다. 그래서 마지막 결론은 "악을 행하면 뜻이 맑아지고, 예를 닦으면 행실이 이루어지고 귀와 눈이 총명해지며, 혈기가 평화롭게 되고 풍속이 바로 잡히게 되어, 천하가 모두 편안해지고 아름답고 선량한 사람들이 서로 즐기게 된다"고 했다. 음악은 개인에서 사회까지 거대한 영향을 발휘하지 않는 것이 없으니, 음악으로 사람을 다스릴 수 있는 것이다.

순자는 또한 음악을 정성과 아성(혹은 淫聲)으로 구분하였다. 그는 '요야(姚冶, 즉 窕冶)의 음악, 혹은 '정위(鄭衛)의 음악'에 대하여 배척하였고, 이러한 것들은 부정한 음악이라 생각하였으며, '사람의 마음을 음란하게 하고', '민속을 흩트리는' 쪽으로 유도하고, 혼란과 전쟁을 불러일으킨다고 생각했다. 그래서 "어지럽히니 혼란하고, 비천한 즉 싸우게 된다"고 했다. 혼란과 전쟁은 군대를 약화시키고 성을 몰락하게 하여 국가를 위기에 빠트린다. 백성에게 좋고 싫음의 정은 있으나 기쁘고 성냄의 응대가 없으면 혼란해진다. 이런 까닭에 행동을 가다듬고, 음악을 바로 함으로써 천하를 다스려야 한다. 그가 배척한 '정위의 음악'은 실제로 어떤 것은 민간 음악에 속한다. 예를 들어 '상간(桑間)', '복상(濮上)'이 민간의 애정 음악과 시가를 반영한 것에 대하여 이들 모두를 '요야'의 음악으로 보아, 이들을 대아(大雅)의 위치에 오르지 못하게 하였다. 게다가 음악 감상에 있어서도 군자와 소인의 다른 점을 구분하였다. 그는 "음악이란 즐거운 것인데, 군자는 그 도를 얻고, 소인은 그 욕망을 즐긴다. 도로써 욕망을 통제하니 악은 어지럽지 않고, 욕망으로 도를 잊으니 혹되나 즐겁지 못하다"고 말하였다. 이러한 군자와 소인의 구분은 순자의 심미사상 가운데 계급적 편견이 드러나는 부분이다.

「악기」는 『예기』 중 한 편이다. 이것은 중국에서 비교적 초기의 음악이론 저작이다.

바로 노래에 맞춰 춤을 추는 사람의 행렬, 걸음걸이 모두가 음악의 장단과 요구에 맞아야 한다는 것을 가리킨다.

또한 유가 미학사상과 교육사상이 음악이론상에 구체적으로 체현된 것이기도 하다. 이것은 순자의 「악론」과 기본적으로 같은 관점을 취한다. 그러나 내용으로 보았을 때 더 완전하고 풍부하다. 「악기」에서 음악의 본질, 미감, 음악의 사회 작용 및 예술 감상과 예술 창작의 대상과 주체적 관계 등에 대하여 모두 언급하고 있다. 아울러 음악과 천지의 조화, 마음과 사물의 감응, 교화설(教化說) 등 다방면의 이론적 문제들을 제시하고 있어 후세에 깊은 영향을 미쳤다.

「악기」는 음악의 생성, 본질에 대하여 설명하였다. 「악기」의 서문에 다음과 같이 언급하고 있다. “무릇 음(音)은 사람의 마음에서 생기는 것이다. 사람의 마음이 움직이면, 사물도 그처럼 된다. 사물에서 감화하여 움직이니 소리에서 드러난다. 소리가 서로 응하니 변화가 일어난다. 변화하여 방법을 이루니 이를 일러 음이라 한다. 그 음을 오악 악기에 모으면 전쟁과 일상의 삶에 미치니 이를 일러 악이라 한다”고 했다. 그래서 악은 마음의 움직임이고, 소리는 악의 모양이다. 문채(文采)의 리듬(節奏)은 소리의 장식이다. 여기에서 말하는 것은 음악의 첫 시작은 사람의 마음이 사물에 감화되어 발생한다는 것으로, 그 속에서 성(聲), 변(變), 방(方) 등의 창작과정을 거치면서, 전쟁과 일상에서 삶의 춤이 더하여져 완전한 악장을 이루게 된다. 음은 사람의 마음에서 생기는 것이다. 물(物)이 느껴서 이루어지는 것으로 구체적으로 설명하면 다음과 같다. “무릇 음이란 마음에서 생기는 것이다. 감정이 속에 움직이기 때문에 소리가 나며 소리가 문을 이루니 이것을 음이라고 한다”고 하였다. 이것은 음악의 심(心), 정(情), 성(聲), 문(文) 등의 관계, 음악의 발생과 창작을 잘 설명한 것이다. 음악은 물에 느껴서 생기는 것이다. 마음의 느낌은 사람마다 다르다. 따라서 그 음악의 리듬도 각각 차이가 있다. 즉 “슬픈 마음이 느껴지는 것은 그 소리가 급하고 짧다. 즐거운 마음이 느껴지는 것은 그 소리가 명랑하면서도 여유가 있다. 기쁜 마음이 느껴지는 것은 그 소리가 높아져서 흩어진다. 분노의 마음이 느껴지는 것은 그 소리가 거칠고도 사납다. 공경하는 마음이 느껴지는 것은 그 소리가 진지하면서도 겸손하다. 사랑하는 마음이 느껴지는 것은 그 소리가 화평하면서도 부드럽다. 이 여섯 가지는 성품(性)이 아니다. 물건에 느껴진 뒤에 움직이는 것이다”고 했다. 여기서 희, 노, 애, 악, 경, 애 등의 감정이 서로 다름을 비교적 심오하게 설명한 것이다. 비록 설명에 있어 서로 다른 점이 있다고 하더라도 어떤 것은 시대적 한계가 없을 수 없지만 그 서로 다름은 객관적으로 존재하는 것으로 과학적인 것이다. 이러한 현상에 대해 이미 예술창작에 있어 대상과 주체의 관계 문제를 설명하였다.[41)]

---

41) 『呂氏春秋·大樂』에서는 음악의 창작 조건에 대해 다음과 같이 설명하고 있다. 즉 “음악의 창작에는 조건이 있다. 그것은 반드시 욕망을 적당하게 억제하는 일이다. 감정이나 욕망에 절도가 있어야 비로소 음악을 창작할 수가 있다. 작곡에는 일정한 방법이 있다. 그것은 화평(和平)한 마음을 가지

「악기」는 음악이 미인(美人), 미정(美政), 미속(美俗)의 중요 과정이라고 생각했다. 「악기」에서는 음악이 인간에게 '도지(道志)', '악심(樂心)' 및 '혈기화평'의 작용을 하고 사회에 대해서는 낡은 풍속, 습관을 고치는 작용이 있다고 했다.

사람에게 있어 음악은 인정(人情)의 표현, 성술(性術)변화를 나타낸다. "사람은 즐거움이 없음을 견딜 수 없으며 즐거움은 나타남이 없음을 견딜 수 없다. 나타남의 도리에 맞게 하지 않는다면 혼란이 없음을 견디지 못한다. 선왕은 그 어지러워지는 것을 부끄럽게 여겼다. 그러므로 아(雅)와 송(頌)의 소리를 만들어 이를 이끌어서 그 소리로 하여금 즐거워하기에 족하되 방탕에 흐르지 않게 했으며, 그 문리로 하여금 강론하기에 족해서 그만두는 일이 없게 했으며, 그 곡직, 번척, 염육, 절주로 하여금 사람의 선한 마음을 감동하기에 족할 뿐 방종한 마음과 음사한 기운이 접근함을 얻지 못하게 했다. 이것이 선왕이 악을 세운 목적이다"고 했다. 즉 음악은 사람의 감정을 나타내고 사람의 성술의 변화를 나타낸다. 따라서 사람에게 악이 없을 수 없으며 악도 무형이 될 수 없다. 그 형태는 도에 부합하지 않을 수 없다. 만약 이렇게 하지 않으면 혼란스럽게 된다. 따라서 성현들은 혼란하게 되는 것이 두려워 '아', '송'의 소리를 제정하여 사람들을 선하게 인도하였으며, 그 소리로 하여금 음악의 요구에 이르도록 해서 혼란스럽지 않도록 했다. 또한 그것의 문장이 대의를 설명하고 도태되지 않도록 하였으며, 그 곡조를 짓는 것에서 곡직(曲直), 번척(繁瘠), 염육(廉肉), 절주(節奏) 모두 조화되도록 하였다. 이렇게 인간의 선한 마음이 나타나서 사악한 기운이 나타나지 못하도록 억제해야 한다. 이것이 바로 선왕의 음악 지도와 방법이며, 음악이 사람을 깊이 감화시켰고 교화시킨다는 교육작용이다.

음악의 사회적 영향은 나쁜 풍속 습관을 바로잡는 작용이다. 서로 다른 음악은 혼란한 사회를 다스릴 수 있어 음악과 정치는 서로 통한다. "화평한 시대의 음악은 편안하고도 즐겁다. 이것은 그 저이가 화평하기 때문이다. 어지러운 시대의 음은 원망해서 분노에 차 있다. 이것은 정치가 도리에 어긋나기 때문이다. 망국의 음은 슬프고 생각하게 한다. 이는 그 백성이 곤궁하기 때문이다. 성음(聲音)의 도는 정치와 통하는 것이다"고 했다. 그런 까닭에 그는 정(鄭)나라와 위(衛)나라의 음, 송(宋)나라와 제(齊)나라의 음은 상간복상(桑間濮上)의[42] 음이라고 비판하고 배척하였다. 이른바 "정나라와 위나라의 음은 난세(亂世)의 음이니 만(慢)에 가깝다. 상간복상의 음은 망국의 음이다. 그 정치가 흩어지고

는 것이요, 화평한 마음은 공정한 데서 생기고 공정은 도를 근원으로 한다. 그러므로 참된 도를 체득한 사람만이 음악에 대하여 말할 수가 있는 것이다".

42) 여기서 상간복상은 위나라의 땅이다. 상림(桑林)의 사이이며 복수(濮水)의 위이기 때문에 하는 말이다. 위령공이 복수 위에서 듣고 사연(師涓)을 시켜 기록하려 한 음악이니 은나라 주왕의 악이었다. 그렇게 때문에 망국의 음이 된다.

그 백성이 유리(流離)한다. 윗사람을 속이고 사악을 행하여도 제지할 수가 없는 것이다"고 했다. 정치는 흩어져 위가 없으며 백성들이 흩어져 음란이 성행하는 것은 난세의 음이며 망국의 음이다. 「악기」에 자하(子夏)와 위문후(魏文侯)가 나눈 음악에 대한 대화가 있다. 자하는 "정나라 음은 방탕을 좋아해서 뜻을 음란하게 합니다. 송나라의 음은 여자를 좋아해서 뜻을 탐닉하는 것입니다. 위나라의 음은 촉박하면서 빨라서 뜻을 번거롭게 합니다. 제나라의 음은 오만하고 편벽되어서 뜻을 교만하게 합니다. 이 네 가지는 모두 음란해서 덕을 해치는 것입니다. 이런 까닭으로 제사에 쓰지 않는 것입니다"고 비판했다. 순자가 보기에 '아', '송'의 음악은 적합하지 않아 사용할 수 없다는 것이다. 음악의 작용은 반드시 예악에 맞아야 하며 예로써 조절하고 악으로써 조화롭게 해야 한다.

악에는 큰 작용이 있는데, 그 작용은 예(禮)로써 그 뜻을 인도하고 예악형정(禮樂刑政)을 함께 사용하여 "민심을 합하게 하여 다스리는 도를 실현시키는 것이다"고 했다. 「악기」는 "악은 안에서부터 나오고, 예는 밖에서부터 일어난다. 악은 안에서부터 나오기 때문에 고요하고 예는 밖에서부터 일어나기 때문에 문(文)이 있다. 대악은 쉽고 대례는 간략하다. 악이 지극하면 원망이 없고 예가 지극하면 다투지 않는다. 읍양(揖讓)하며 천하를 다스린다 함은 예악을 두고 하는 말이다"고 했다. 이 단락에서 악과 예의 특징, 대악과 대례의 요구 및 악과 예의 관계에 대해 모두 설명했다. 악과 예의 병용으로 만민을 교화시켜 예악의 도를 극진히 해서 이를 베푼다면 천하에 어려울 것이 없으며, 나아가 예악을 모두 얻으면 덕이 있는 경지에 이를 수 있다.

「악기」에서는 악을 '천지의 조화', 예를 '천지의 질서'라고 보았다. "조화로운 까닭으로 만물이 모두 화하고 질서가 있는 까닭으로 물이 모두 분별이 있다. 악은 하늘로 말미암아 만들어진 것이다. 예는 땅의 법칙을 가지고 만들어진 것이다. 잘못 만들면 어지러워지고 잘못 지으면 난폭해진다. 천지의 도리가 밝은 뒤에야 예악을 일으킬 수 있는 것이다"고 했다. "하늘은 높고 땅은 낮으며 만물이 벌려 있어서 예제가 행하여진다. 쉬지 않고 서로 협력하여 화생(化生)하여 악이 일어난다. 봄에 심고 여름에 자라는 것이 인이다. 가을에 거두고 겨울에 감추는 것은 의다. 인은 악에 가깝고 의는 예에 가깝다. 악이라는 것은 화를 도탑게 해서 신에 좇아서 하늘에 따르는 것이다. 예라는 것은 마땅함을 분별해서 귀(鬼)에 좇아 땅에 따르는 것이다. 그러므로 성인은 악을 만들어서 하늘에 응하고, 예를 만들어서 땅에 짝했다. 예와 악이 밝게 갖추어져서 하늘과 땅이 각각 직능을 다하는 것이다"고 했다. 이 문장에 악은 조화롭게 하고 예는 질서 있게 하며, 인은 악에 가까우며 의는 예에 가깝다. 이는 유가의 예악사상, 인의의 도를 체계적으로 설명하고 그들의 관계를 말한 것이다. 그중 철리의 요소를 포함하고 있다. 여기에는 예와 악의 쓰임, 천지귀신을 억지로 끌어들인 관계, 즉 적지 않은 미신사상이 있는데, 시대적인 한계의 영향을 배제할 수 없는 부분이다.

예악에서 출발하여 형정(刑政)과의 관계를 동시에 논한 것도 「악기」 중 중요한 사상이다. 이렇게 해야 예악의 사회작용을 보다 효과적으로 실현할 수 있다. "선왕이 예악을 마련함에 있어 사람에 따라서 절도를 만들었다. … 예는 백성의 마음을 절도 있게 하고 악은 백성의 소리를 화평하게 한다. 정치로써 이를 행하고 형벌로써 이를 막는다. 예, 악, 형, 정이 천하에 널리 행해져서 어긋나지 않는다면 왕도가 갖추어질 것이다"고 하여 예악형정을 함께 실시하고 유가의 왕도사상과 관련지었는데 여기에서 유가 예악사상의 사회적 의의를 볼 수 있다.

종합하자면 「악기」는 음악, 예술사상에 관한 유가의 대표작으로 내부에 공맹의 인의사상이 있다. 순자의 「악론(樂論)」에는 악과 예의 결합을 많이 찾아볼 수 있으며, 법제의 사상 악의 사회작용을 설명하고 있어 우리들이 취할 것이 많다. 그러나 그중에는 적지 않은 미신사상, 존비(尊卑) 등급관념과 군자와 소인의 구분이 포함되어 있는데, 이러한 역사와 계급을 규정짓는 것은 마땅히 버려야 한다.

유가의 시교와 악교 사상은 중국 고대 교육에 미친 영향이 크다. 『시경』은 줄곧 오경 중 하나로 학생들의 필독서였다. 『악경』은 과연 이 책이 존재했었는지, 혹은 존재는 했으나 전해지지 않는 것인지에 대한 쟁론이 있지만 『순자』의 「악론」과 『예기』의 「악기」는 음악을 논하는 것, 문예를 논하는 모두 중요한 저작으로 후세 사람들이 이를 매우 중시하고 있다. 중국 고대의 발전과정 중 시와 악의 관계는 시와 악의 결합, 악으로 시를 취하고 시로 악을 취하는 것과 시와 음악의 분리 등 서로 다른 상황이 있다. 또한 이 중간에 각 민족의 융합으로 중외문화의 교류, 시가, 특히 음악방면에서 여러 차례의 교류, 편장(篇章)이 융합되어 중화민족 고전시가와 좋은 음악의 성과가 있어 세계문화유산의 보고라고 할 수 있다. 따라서 중국 고대 시악의 발전역사를 종합하고 시교와 악교의 성공경험을 되살리는 것은 오늘날 우리들이 해야 할 미학과 미육연구의 중요과제이다.

여기서 특별히 제시하고자 하는 것은 왕수인(王守仁)의 아동교육이다. 그의 아동교육 중 시를 칭송하고 노래를 하는 것(歌咏)은 중요한 내용이다. 그는 '시를 노래하고', '예를 익히고', '독서를 하는 것' 등 세 방면의 교육을 병행하였다. 그는 아동에게 시가(詩歌)를 가르쳐 그들의 의지를 키울 뿐만 아니라 그들의 활동성, 도약, 울부짖음(號呼)의 심정을 발산하고 그들의 근심, 쌓인 불만과 억압의 감정을 해소하도록 하였다. 즉 독서라도 읊조리는 독서(諷之讀書)를 하도록 하였다. 읊조리는 가락의 고조로 인해(抑揚諷頌) 정감을 배양하고 의지력을 높이는데 중요한 작용을 하는 것이다. 그는 "무릇 어린 아이의 정서는 놀기를 좋아하고 구속받기를 꺼려한다. 이것은 마치 초목이 처음 싹을 틔울 때, 그것을 펼쳐주면 사방으로 뻗어가지만 꺾거나 휘어버리면 쇠하여 시들어 버리는 것과 같다. 이제 어린 아이들을 가르칠 때는 반드시 그들의 취향을 고무시켜서 속마음이 즐겁도록 해주어야 한다. 그러면 스스로 그치지 않고 나아갈 것이다. 비유하자면 때맞춰 비가 내리고 봄바람이 불어 초목을 적시면 싹이 움터 자라지 않을 수 없어서 자연이 나날이 자라고 다달이 변화될 것이지만, 만약 얼음이 얼고 서리가 내린다면 생의(生意)가 쇠잔해져서 날마다 말라가는 것과 같다. 그러므로 시를 노래하도록 인도하는 것은 비단 그들의 뜻을 드러내게 만들 뿐만 아니라 뛰고 소리치고 휘파람부는 것을 노래를 통해 발산하고 그 답답하게 억눌리고 막혀 있는 것을 음절을 통해 펼쳐내게 하는 것이다. 예를 익히도록 인도하는 것은 비단 그 위의(威儀)를 엄숙하게 만들 뿐만 아니라, 응대하고 읍양하여 그 혈맥을 움직이게 하고, 절했다 일어났다 굽혔다 폈다하여 그 힘줄과 뼈를 튼튼하게 하는 것이다. 글을 읽도록 인도하는 것은 비단 그 지각을 개발시킬 뿐만 아니라 침잠하고 반복하여 그 마음을 보존하고 올렸다 내렸다 하며 소리를 내어 글을 읽어서 그 뜻을 펴게 하는 것이다. 무릇 이것들은 모두 그 뜻을 순리대로 인도하고 그 성정을 길들이고, 그 속되고 인색함을 가라앉혀 없애고 그 거칠고 완고함을 묵묵히 변화시키는 것이다. 그리하여 예의에 점차 나아가되 그 어려움을 고통스럽게 여기지 않게 하고, 중화(中和)에 들어갔으되 그 까닭을 알지 못하게 하는 것이다"고[43] 했다. 그의 이러한 설명 중 미육에 대한 요구 특히 악교를 요구했는데, 시를 노래하고 예를 익히고 독서를 하는 활동에 포함시켜 '예의에 점차 나아가되 그 어려움을 고통스럽게 여기지 않게 하고, 중화(中和)에 들어갔으되 그 까닭을 알지 못하게 하는 것'에 이르도록 하는 것이다. 이것은 중국 고대의 시교와 악교에 있어 취할 만한 것이다. 또한 이러한 시교와 악교에 대한 설명은 사람의 발달 특징과도 부합한다. 특히 아동교육에 있어 아동의 연령특징과도 부합한다. 따라서 우리들이 오늘날 계승하고 널리 알릴 필요가 있다.

3. 도가의 자연주의 미학관과 유가, 도가의 상호 보완

유가사상과 도가사상의 탄생에 대해 말하자면 유가사상이 도가사상보다 다소 적극적이다. 그러나 다른 면에서 도가는 도법자연(道法自然, 참다운 도의법칙이란 자연법칙이다)에 의해 심미사상을 사회 수요에 맞게 인성초탈(人性超脫)로 변화시켰다. 인간의 공리에서 벗

43) 王守仁, 『陽明全書』 第二冊, 卷二, 『語錄二』, 『訓蒙代意示教讀劉伯頌』.

어나 인간의 개성 해방을 향해 인간의 자유와 초탈을 실현하고 종법사회의 예교문화의 인성에 대한 속박을 타파하여 스스로 "홀로 천지정신과 왕래한다"는 경지에 이르러 심미사상을 새로운 단계까지 끌어올렸다.

(1) 미학(美學)과 미육(美育)에 대한 노·장의 자연주의 사상의 영향

노장철학사상의 기본 관념은 자연을 숭상하고 처음의 순박함으로 돌아가는 것이다. 노자는 '도법자연'의 사상에서 출발하여 "소박한 상태로 돌아가 욕심을 부리지 말라"고[44] 주장하고 소박할 것을 주장하며 허식을 반대하였다. 그는 당시 혼란한 사회적 상황을 목도하고 유가가 주장한 예악제도에 대해 "예란 충성과 믿음이 희박해진 것이요, 혼란의 시작이다"고[45] 했다. 당시 상류층에서의 가무와 여색에 빠진 음란한 생활, 관능적인 것을 추구하는 현실에 대해 첨예한 비판을 하였다. 노자는 "오색은 사람의 눈을 멀게 하고, 오음은 사람의 귀를 멀게 하여, 오미는 사람의 입을 열게 한다. 말을 타고 달리며 새나 짐승 사냥을 하는 것은 인간의 마음을 미쳐 버리게 한다. 얻기 어려운 재화는 사람의 행동을 방해하기 마련이다"고[46] 했다. 이렇게 하여 그는 사람들에게 물욕생활을 버리도록 하고 내심으로 맑고 깨끗함을 지키고 인성 고유의 순수함을 회복하도록 하였다. 그래서 『노자』 제28장에서 "항상 덕(常德)을 떠나지 않으면 어린 아이 상태로 되돌아간다"고 하고 제55장에서 또 "덕을 충분히 품고 있는 사람은 어린 아이에 견줄만하다"고 했다. 노자는 갓난아기와 어린 아이의 마음은 아직 이화(異化)되지 않고 외부의 영향을 받지 않은 가장 순진한 인성의 미라고 보았다. 이러한 사상은 후세 철학사상 중 동심설(童心說)에 영향을 주었을 뿐만 아니라 미학사상의 발전에도 영향을 주어 순수한 미학사상이 발전하는 토대가 되었다.

특히 노자의 변증법사상을 미학에 운용하여 "천하가 모두 아름다운 것이 아름다운 것인 줄 알지만 이것은 보기 흉한 것일 뿐이다"고[47] 하여 미추간의 관계를 설명하였다. 이것은 즉 미와 추는 상대적인 것일 뿐만 아니라 상호 전환될 수 있음을 말하는 것이다. 추라고 부를 것이 없다면 미라고 부를 것도 없다. 그래서 단지 아름다운 것의 아름다움을 '아름답다'고 일컬을 수 없는 것이다. 만약 미를 추구한다면 미의 한계를 초월하여 미가 추로 전화될 수 있어야 한다. "있고 없는 것은 서로 상대적이기 때문에 생기고(有無相生),

44) 『老子·道德經』 第十九章.
45) 同上書, 第三十八章.
46) 『老子道德經』 第十二章.
47) 『老子道德經』 第二章.

어렵고 쉬운 것은 서로를 보완해 주며, 길고 짧은 것은 서로를 분명하게 드러나게 해주고, 높음과 낮음은 서로 의논하며, 음과 소리는 서로 조화를 이루고, 앞과 뒤는 서로를 따른다"고[48] 했다. 이것은 사물 발전의 보편적인 규칙이다. 이러한 사상은 소박하고 변증적인 미학관을 세우는 데 의의가 있다. 그는 소박한 변증관을 토대로 나아가 "거대한 음은 소리가 없다(大音希聲), 큰 모습에는 형체가 없다"고[49] 했다. "뛰어난 솜씨는 서툰 듯하며, 잘하는 말은 더듬는 듯하다",[50] "믿음직스러운 말은 아름답지 않고 아름다운 말은 미덥지 않다"는[51] 등의 사상을 제시하였다. 이것은 후세의 미학과 미육의 발전에 문(文)과 질(質), 유(有)와 무(無), 허(虛)와 실(實) 등 원칙에 모두 커다란 영향을 주었다. 유와 무, 허와 실 등 상반되는 것에도 같은 것이 있다는(相反相成) 원리를 예술창작에 응용하였다. 종백화(宗白華, 1897~1986)는 『미학산보(美學散步)』에 이에 대한 예를 설명하였다. "건축과 원림의 예술은 바로 공간처리의 예술이다. 노자는 일찍이 "문을 내고 창을 뚫어 방을 만드는데 그 방이 텅 빔으로써 쓸모가 있다"는 것을 말하고 방의 쓰임은 방의 공간에 있다고 했다. '무'는 노자에 있어 즉 '도'이다. 즉 생명의 리듬(節奏)이다"고[52] 했다. "고대의 희랍 사람들은 우주 주변의 자연환경을 거의 발견하지 못했다. 그들은 대부분 건축 자체만 감상했다. 그러나 고대 중국인들은 이와 달랐다. 그들은 건축물, 창문을 통해 외부의 대자연계와 접촉하였다"고[53] 했다. "노자, 장자는 비어있는 것이 진실한 것 보다 더 진실하다는 것이 모든 진실의 원인이다. 허공이 존재하지 않는다면 만물이 성장할 수 없어 생명이 있을 수 없다"고[54] 생각했다. "세계는 변화한다. 이러한 변화하는 세계에 대한 가장 보편적인 표현은 생과 멸(滅), 허와 실, 허공 중에 만물이 움직이고 변화한다는 것이다. 그래서 노자는 "있고 없음이 있고", "비어 있으면서 다함이 없으며 움직일수록 나온다"고 말했다. 이러한 우주관은 예술에 표현되어 예술도 허와 실을 결합해야 비로소 실제 생명의 세계를 반영할 수 있다"고[55] 했다. 위의 이러한 분석에서 보면 노자의 변증법사상이 이미 중국 고대의 예술창작에 있었다고 말할 수 있다.

장자는 노자의 '자연(自然)', '무위(無爲)'사상을 발전시켰다. 그는 예악이 성명지정(性命之情)을 잃게 한다고 맹렬히 비난하였다. 더불어 노자의 소박한 변증법사상을 상대론

48) 『老子道德經』 第二章.
49) 『老子道德經』 第四十一章.
50) 『老子道德經』 第四十五章.
51) 『老子道德經』 第八十一章.
52) 宗白華, 『美學散步』, 54쪽.
53) 宗白華, 『美學散步』, 56쪽.
54) 宗白華, 『美學散步』, 33쪽.
55) 宗白華, 『美學散步』, 34쪽.

으로 발전시키고 미와 악의 질적 규정을 부정하였다. 여기에서 부정적인 요소가 없는 것은 아니다. 그러나 장자 사상은 노자의 무위자연을 발전시켜 공리적 미학사상을 초월하여 미와 진을 결합시켰다. 장자는 사람들이 자연만을 듣고 공리득실을 초월해야 비로소 인생의 고통을 벗어나고 인성을 초탈하여 무아지경에 이를 수 있다고 했다. 이러한 경지에 도달하면 마음이 한없이 편안하여 온갖 미덕이 그를 따르게 된다고 하였다. 장자의 이러한 사상은 후세 미학 중 현학사상의 발전에 체계적인 이론적 근거가 되었다. 장자는 「지북유(知北游)」에서 "천지는 (만물을 키워주는) 큰 공이 있으면서도 말로 (그것을 자랑)하지 않고, 사시(四時)는 분명한 법칙을 지니면서도 (그것에 대해) 논하지 않으며, 만물은 각기 생성의 이치를 지니면서도 (그것을 스스로) 설명하지 않는다. 성인은 천지의 아름다움에 근원을 두고 만물의 이치에 통달해 있다. 이렇기 때문에 지인(至人)은 무위하고 대성인은 작위(作爲)가 없으며, 천지를 달관했다고 한다"고 한다. 그는 미와 무를 결합하여 이로써 천지의 미와 만물의 이치를 얻어 도가 본래의 소박한 형태로 돌아가는 사상을 발전시켰다.

장자는 노자의 '도법자연(道法自然)'으로부터 자연의 소리를 미의 미학사상으로 생각했다. 『장자』에는 이러한 인위적인 것이 아닌 천연의 미를 반복해서 설명하였다. 더불어 인위적인 것이 자연의 미를 해치는 행위를 비판하였다. 예를 들면 「천운(天運)」편에 "서시(西施)가 가슴을 앓아 이맛살을 찌푸리고 있었더니 그 마을의 추녀가 보고 아름답다 여기고 돌아오자 역시 가슴에 손을 얹고 이맛살을 찌푸렸다네. 마을의 부자가 그를 보고는 문을 굳게 잠금 채 밖에 나가지 않게 되고 가난한 사람들은 그를 보고는 처자를 이끌고 달아나 버렸다는 거야. 추녀는 이맛살을 찌푸린 모양이 아름답다는 점은 알았으나 이맛살을 찌푸리면 (어째서) 아름다워지는 까닭을 알지 못했다네" 라고 했다. 이 이야기는 자연적인 미와 인위적인 미의 파괴에 대한 확연히 다른 상황을 설명하고 있다. 그래서 자연본색을 숭상하고 인위적으로 조작하는 것을 반대한 것은 장자의 미학사상에서 자연을 숭상한 것을 구체적으로 표현한 것이다. 장자는 「마제(馬蹄)」편 중 백악(伯樂)이 말을 다스리고, 도공이 옥을 다듬고, 목수가 나무를 다루는 것은 모두 자연의 천성을 파괴하는 것, 진정한 미를 손상시키는 행위라고 비난하였다. 나아가 순수한 자연을 설명하고 진정한 미를 보존하는 교육철학과 예술철학을 설명하였다. 만약 옥을 다듬는다면 북궁사(北宮奢)가 위(衛)나라의 영공(靈公)을 위해 종을 만든 것처럼 "옥은 모서리를 깎고 다듬어서 자연의 순박함으로 돌아가야 한다"고[56] 했다. 이는 옥을 다듬는 것도 반드시 본래의 자연상태로 돌아가도록 하여(法天歸眞) 인공의 흔적을 드러내지 말고 그 대상이 더욱 순박

56) 『莊子·山木』.

한 천진의 자연미의 형태로 되돌아가도록 해야 한다는 것이다. 이렇게 소박하고 진실된 것으로 돌아가는 것(歸眞返朴)은 도가미학의 기본특징이다. 예술미 또한 이와 같으며 인격미는 더욱 이러하기 때문에 사람들에게 순수함, 진실된 인간(眞人)이 되도록 요구하는 것이다.[57]

장자는 미와 추의 관계에서 시작하여 미의 상대성을 발전시켰다. 그는 「제물론」에서 "사람마다 모장(毛嬙)이나 여희(麗姬)를 미인이라고 하지만 물고기는 그를 보면 물 속 깊이 숨고, 새는 그를 보면 하늘 높이 날아오르며 순록은 그를 보면 힘껏 달아난다. 이 넷 중 어느 쪽이 이 세상의 올바른 아름다움을 알고 있을까?"고 했다. 미가 상대성을 포함하고 있다는 것은 맞는 말이다. 그러나 상대성 중 절대성이 있는데, 이 점은 간과할 수 없는 것으로 상대주의를 지향하는 것이다. 미의 감정은 사람만이 받을 수 있는 것으로 동물로 말하자면 미추라고 일컫는 것이 없다. 여기서 인간과 동물을 제외하면 미와 추의 문제를 설명할 방법이 없다. 그밖에 미와 추에 대한 인간의 평가는 그 주관요소가 내부에 있다. 그러나 특정한 시기에 심지어 계급내에서 미와 추의 기준은 객관적인 면이 있다. 특히 자연의 미는 더욱 그렇다. 예를 들면 모장과 여희의 미는 객관적으로 존재하는 것으로 사람들의 공통된 인식이다. 장자가 인간과 동물의 구별을 부정하고 나아가 미의 객관적인 기준을 완전히 부정한 것은 유심주의적인 태도이며, 상대론 사상을 발전시킨 필연적인 결과이다. 「지악(至樂)」편에 위와 같은 사실을 설명하였는데, 이를 살펴보면 다음과 같다. "「함지(咸池)」나 「구소(九韶)」의 음악을 동정(洞庭)의 들판에서 연주했다면 새는 이를 듣고 날아가고, 짐승은 이를 듣고 달려 도망가며, 물고기는 이를 듣고 물속으로 깊이 들어가 버린다. 사람들만 이를 듣고 서로 둘러싼 채 구경한다"고 했다. 여기에서 그는 "물고기는 물속에 있으면 살지만 사람은 물 속에 있으면 죽는다. 이처럼 물고기와 사람은 (본성이) 각기 다르니 좋고 싫어함도 같지 않다"고 했다. 이것은 인간과 동물이 서로 다름을 나타낸 것이다. 따라서 사물마다 취사선택이 다르다는 것은 맞는 것이다. 「산목(山木)」편에서 장자는 다음과 같이 말하였다. "양자(陽子)가 송(宋) 나라에 가서 여인숙에 머물렀다. 여인숙 주인은 첩이 둘인데 한 명은 미인, 다른 한 명은 추녀였다. 그 못생긴 첩이 귀여움을 받고 미인은 미움을 받고 있었다. 양자가 그 까닭을 물었다. 여인숙 주인이 대답했다. '저 미인은 스스로의 아름다움을 자랑하므로 저는 오히려 아름답다고 느껴지지 않습니다. 못생긴 여자는 스스로 추하다는 걸 알고 있어서 못생겼다고 생각되지 않습니다"고 했다. 이 말은 여전히 미악이 그 객관기준이 되고 있음을 설명하는 것이다. 구체적으로 말하자면 미란 결코 아름다운 것이 아니며 추하다는 것도 결코 추한

57)『莊子·刻意』 참조.

것이 아니라고 생각한 것이다. 이것은 주관적인 감정에 의해 받는 것으로 서로 다른 것이다. 특히 사회생활에서의 미추에 대해 말하자면 많은 것이 내용에 있지 형식에 있는 것이 아니다. 인간의 마음은 아름다운데 어떤 때는 형상미에 억압당한다. 이른바, '제 눈에 안경'이라는 말도 이러한 논리인 것이다. 이러한 주관적인 감정이 서로 다름은 바로 미의 주체적인 특징이 드러난 것이다. 또한 사회생활미의 복잡성 문제가 드러난 것이다. 따라서 위의 진술한 내용으로 볼 때, 장자는 그의 상대주의 철학사상을 인간과 동물을 구별하는 것과 혼동시킨 잘못된 관점을 반영한 것이다. 그러나 동시에 그는 미에 대한 상대성, 주체성 및 사회생활미의 복잡성 등의 본질에 대해 설명하였다. 미학에 있어 장자의 낭만주의 색채는 유가미학의 공리주의의 부족함을 보완하였다. 『장자』 그 자체만으로 문학예술미의 훌륭한 성과라고 볼 수 있다.

유가와 도가의 상호보완은 중국의 고전미학과 미육사상의 기본특징이다. 이렇게 유가의 현실주의와 도가의 낭만주의는 유가의 미의 사회적 작용과 유가의 개인 해탈과 유기적으로 결합되어 중국 고전미학과 미육사상의 특징이 되었다. 예를 들면 순자는 "성에 인위적인 노력이 없으면 스스로 아름다워지지 않는다"고 하고, 장자는 "하늘과 땅은 큰 미덕을 가지고 있으면서 말하지 않을 뿐이다"고 하였다. 전자는 외재적인 영향 즉 교육의 변화작용을 강조한 것이고, 미의 사회적 의의를 중시한 것이다. 후자는 자연으로부터 오는 미, 미와 예술이 각각 가치와 스스로 창작규율이 있음을 강조한 것이다. 유가가 세상에 나오자 그는 모두 나라를 편안하게 다스리는 것과 관련지었는데, 그의 미학사상과 심미교육은 사회, 정치와 밀접한 관계가 있다. 이에 대해 이미 앞에서 비교하면서 상세히 설명하여 다시 중론하지 않고자 한다. 도가는 출세적이어서 장자는 도법자연, 소박함으로 돌아가는 것, 본성을 완수하고 참된 것을 보존하며 바깥의 사물들로 인해 몸을 위험에 빠지지 않게 하고, 모든 부귀를 도외시하는 개인의 초탈을 추구하였다. 예를 들면 도연명의 시문과 인품에는 모두 이러한 특징이 있다. 그의 『도화원기(桃花源記)』, 『귀법래사(歸法來辭)』 등의 문장 및 "쌀 닷 말 때문에 허리를 굽힐 수 없다(不爲五米折腰)"에서 볼 수 있는 인격은 모두 이러한 문제를 설명하는 것이다. 예를 들면 유가가 '세상을 교화하고자 한다면'(兼善天下, 천하를 잘 다스리는 것) 도가는 '홀로 그 몸을 선하게 하고자(獨善其身)' 하였다. 전자는 공리와 선을 쌓는 것을 중시하고, 후자는 자연과 참됨(眞)을 보전하는 것을 중시하였다. 예를 들면 전자는 편협한 이익을 목적으로 미와 예술 창작을 구속하고, 후자는 방랑, 분방을 주장하여 문예의 넓은 영역에서 문예가 개성있게 발전하도록 하였다. 양자는 대립적이면서 상호보완적이다. 전자가 없다면 모든 문학예술은 사회적인 의의를 잃어버리게 되어 심지어 공담에 빠질 위험이 있다. 후자가 없다면 문학예술은 그 자신의 독립성을 상실하고 개성의 발전을 속박한다. 이러한 유가, 도가의 상호 보완으로 인해 위진시기에 이르러서 현학사상의 영향 하에 문학예술에 대해 자각하고 번영하는 계기가 되었다.

(2) 중국 고대 문예이론의 초보적인 형태가 갖추어진 위진시기

위진시기에 이르러 현학은 크게 발전하였다. 문학예술 영역에서 한대의 독존유술, 특히 경학의 속박에서 벗어나 백가쟁명이 출현하였고, 유가의 미학전통과 전통을 반대하는 논쟁이 있었다. 당시 이에 대한 완적(阮籍, 210~263)의 『악론(樂論)』과 혜강(嵇康, 223~262 추정)의 『성무애악론(聲無愛樂論)』은 대표 저작이다. 백가쟁명의 토대위에서 선을 중시하고 미를 경시거나 심미교육이 사회정치의 편협된 공리주의를 위해 일하는 한계를 타파하여 미학은 독립적인 지위와 가치를 갖게 되었고, 일부 문학예술에 관한 전문 저서가 세상에 전해졌다. 예를 들면 조비의 『전론·논문』, 육기의 『문부(文賦)』, 종영의 『시품(詩品)』, 유협의 『문심조룡』 등은 중국뿐만 아니라 세계 최초의 문학저서로 당시 문학예술이 번영할 수 있도록 했다. 노신은 일찍이 위진시대는 '문학의 자각시대'이며, '예술을 위한 예술의 이론이 확립된 시기'라고 하고, 문학예술이 독립적으로 발전하기 시작했다고 했다.

위진시기 일부 현학 심지어 유학사상가들은 심미 연구를 문학예술의 각 영역으로 확대하여 다양한 문학예술에 있어 각 예술의 특징을 심도있게 연구하였다. 따라서 미학사상은 독립적인 지위를 획득하고 문학예술에 대해 비평한 다양한 전문서들이 나왔다. 그 주요 저서를 소개하면 다음과 같다.

조비의 『전론· 논문』은 중요한 문학평론으로 그는 저서에서 문장의 역사적인 의의가 있음을 말하고 문장이 "나라를 다스리는 큰 사업이며, 영원히 없어지지 않는 성대한 일이다"고 했다. 또한 "문장은 기(氣)를 위주로 한다"는 것을 제시하고, 이것은 문학 창작에 있어 중요한 문제라고 제시하였다. 더불어 건안(建安) 칠자(七子)의 서로 다른 풍격에 대해 평하고 글쓰는 사람끼리 서로를 경멸하는(文人相輕) 전통사상을 비판하였다. 문체의 성격에 맞게 각각 구체적으로 설명하였다. 예를 들면 "상주문은 바르게 해야 하고(奏議宜雅), 서론(書論)문은 이치에 맞아야 하며, 명뢰(銘誄)문은 실질을 중시해야 하고 시와 부는 아름다워야 한다"는 문학 창작에 있어 다른 체제의 기본 특징을 제시했는데, 이는 상당히 독창적인 문학평론이다.

육기의 『문부(文賦)』는 중국 고대의 문학창작의 특징을 최초로 전문적으로 논한 책이다. 이 책에는 문학창작에 있어 부의 형식에 대한 모순관계에 대해 비교적 상세한 설명이 있다. 이러한 설명은 광범위하게 영향을 미쳤다. 예를 들면 대상과 주체의 관계, 의와 부, 내용과 형식의 관계 및 문학창작과 관계된 어려운 문제 등에 대해 설명하였다. 그는 "문체는 무수히 많고 사물도 한두 가지가 아니다", "사물이 여러 가지이듯 문체 또한 자주 바뀐다"고 했다. 이렇게 하여 형체를 묘사하기 어려운 국면이 조성되었다. 그는 문의 어려움은 "의(意)가 물(物)을 완벽하게 표현하지 못하고 문(文)이 의(意)를 제대로 표현하지 못하다는 것에 있다"고 했다. 이것은 결코 '알기 어려운 것이 아니라', '능하기가 어려운 것'으로 '절묘함에 이르러서야' 잘 지은 문장이 될 수 있다. 『문부』는 문체 풍격에 대한 분석에서 그 요점에 대해 잘 설명하여 조비의 『전론·논문』보다 뛰어나다. 유협의 『문심조룡』에 나타난 대부분의 사상은 모두 『문부』에서 나온 것이다.

종영의 『시품』은 중국 최초의 시화이다. 그는 시를 상, 중, 하의 세 품으로 나누고, 각 품을 다시 삼등(三等)으로 나누어 품론시(品論詩)의 선례가 되었으며, 후대의 문예비평에 큰 영향을 주었다. 『시품』에는 많은 사상이 담겨있는데, 예를 들면 "고금의 뛰어난 싯구는 꾸민 것이 아니라 다 직관적 묘사(直尋)에서 나온 것이다"고 하고 시가의 창작이 아름답고 부드럽게 만들어진 것이 아니라, 작자의 몸소 체험에서 쓰여진 것이라고 하였다. 시가는 시의 '맛깔스러움'이 있어야 한다고 주장하였다. 또한 "이치가 그 언사를 뛰어넘어 담담하기만 할뿐 맛은 적다"고 했다. 이것을 조비의 "시와 부는 아름다워야 한다(詩賦欲麗)"는 것과 비교해보면 진일보 발전한 것이다. 이것은 시 중의 흥(興), 비(比), 부(賦)에 대해 구체적으로 설명한 것으로 "시에는 삼의(三義)가 있으니 첫 번째가 흥이고, 두 번째가 비이며, 세 번째가 부이다. 이중 말은 이미 다하였으나 그 의미가 남음이 있는 것이 흥이다. 사물에 의지하여 뜻을 비유하는 것이 비이다. 그 사실을 직접 쓰면서 말에 의탁하여 사물을 묘사하는 것이 부이다. 넓게 이 삼의를 가려 사용하고 풍력(風力)으로 그 줄기를 삼고 사조(詞藻)로 윤택하게 하니 그 시를 맛보는 자로 하여금 끝이 없게 하고 그 시를 듣는 자로 하여금 마음을 움직이게 하는데, 이것이 시의 지극함이다"고 했다.[58] 이와 상반되는 것으로 만약 흥, 비, 부의 운용이 합당하지 않다면 "만약 비, 흥만 쓴다면 뜻이 깊은 것이 병폐인데 뜻이 깊으면 즉 문사는 막혀 순조롭지 못하게 된다. 만약 부체

---

58) 『시경』과 관련해서 육의(六義)라는 중요한 개념이 있다. 풍, 아, 송 이외에 부(賦), 비(比), 흥(興) 등이 있다. 풍, 아, 송이 시의 기원, 용도, 성질을 가리킨다면, 부, 비, 흥은 시 창작과 비평의 체제와 형식을 가리킨다. 부는 직설법으로 있는 사실과 사상을 그대로 기술하는 방식을 말한다. 비와 흥은 역대로 그 정체를 두고 학자들이 논란을 벌여왔다. 비와 흥은 사실을 그대로 전달하지 않는다는 공통점이 있다. 즉 둘은 문자 그대로의 의미를 나타내는 것이 아니라 문자 너머의 또 다른 의미를 전달한다. … 비와 흥은 일종의 비유인데 시인이 시를 통해서 무엇을 불러일으키려고 했는지에 따라 차이가 난다. 비는 상상력에 의해 연상효과를 갖는 반면에 흥은 공감에 의해 정서적 유발의 효과를 갖는다(신정근, 2012, 39~40).

(賦體)만 쓴다면 뜻이 가벼운 것이 병폐인데 뜻이 가벼우면 문체가 산만하여 유희거리가 되어 흘러 넘쳐 문장이 그쳐 머무름이 없게 되니 어지럽고 난잡한 허물만 있을 뿐이다"고 했다. 이렇게 흥, 비, 부의 작용 및 이 세 가지의 관계에 대해 최초로 설명한 것이다. 또한 "이치가 그 문사를 뛰어넘어 담담하기만 할 뿐 맛은 적었다". 혹은 그 음률을 구속하여, 그 진정한 아름다움을 상하게 하는 것에 대한 두 가지 경향에 대해 반대하였다. 이것은 모두 시가 창작에 있어 중요한 의의가 있는 것이다.

유협의 『문심조룡』은 문학이론과 문학비평을 체계적으로 설명한 중국 최초의 거작이다. 총10권 50편, 상, 하 두 편으로 나누어져 있다. 상편은 「원도(原道)」, 「미성(微聖)」, 「종경(宗經)」 등으로 서론 성격 외에 기타 「명시(明時)」, 「전부(詮賦)」 등 편이 있어 서로 다른 체제의 작품의 특징 및 역사 변화를 분석하는 것을 중점적으로 다루고 있다. 하편은 「신사(神思)」, 「풍골(風骨)」, 「통변(通變)」, 「시서(時序)」, 「물색(物色)」, 「지음(知音)」편이 있는데, 문학창작, 평론의 원칙과 방법에 대해 설명하였다. 또한 문학과 시대의 관계 등에 관련된 문제를 다루었다. 최후 한편 「서지(序志)」는 작자의 자서(自序)로 "『문심조룡』은 도(道)에 근본을 두고, 성인(聖人)을 본받아 경전(經典)의 체제를 계승하고, 위서(緯書)의 장점을 참작하여 이소(離騷)에서 변화를 강구하여 문장의 관건을 모두 언급하였다"고 했다. 작자는 유가사상의 원칙을 계승하여 문학은 반드시 사회정치 내용이 있어야 하며, 도가사상의 영향도 있어야 한다고 주장하였다. 또한 문예자체의 특징을 드러냈다. 작자는 「원도」와 「미성(微聖)」에서 '문'은 도의 체현이고, "논문은 반드시 성인을 본받고, 성인을 알려면 경전을 살펴야 한다" 성인이 '도(道)'를 발견하고, 경전을 살펴보고 더불어 '문'을 통해 그것을 체현할 수 있다. 유협은 육기의 『문부』의 논점을 계승하고 발전시켜 "사람이 칠정(七情)을 품고서 사물에 응하면 감응한다"는 것을 제시하고 사람이 외부 환경의 영향아래 문학창작의 정감이 떠오른다고 하였다. 또한 "시인은 자연에 감응하면 끝없이 연상작용을 펼친다"고 하여 창작을 감응의 과정, 끊임없는 연상의 창조과정으로 보았다. 당시에 이러한 사상에 대해 말한다는 것은 어려운 것으로 이는 매우 가치 있는 것이다. 종합하면 유협의 『문심조룡』은 문예의 본질, 문예와 사회, 정치와의 관계, 예술형상, 예술풍격, 내용과 형식, 감상과 비평 등에 대해 모두 언급했는데, 이것은 중국뿐만 아니라 세계에서도 최초의 문예이론으로 뛰어난 저작이다.

위진남북조시기에는 서법, 회화 등에 관한 담론이 있었을 뿐만 아니라 왕희지와 같은 대서법가와 고개지와 같은 유명한 화가도 나왔다. 서법과 회화방면에서도 많은 전문가가 나왔다. 예를 들면 위부인의 『필진도』는 서법에 대해 잘 설명하고 글을 쓰는 과정 중 필의 중요한 작용에 대해 언급했는데, "뜻이 뒤에 있고 붓이 앞서는 자는 실패하고",

"뜻이 우선하고 붓이 나중되는 자는 이긴다"고 했다. 붓을 잡고, 붓을 쓰는 것과 가로획(橫), 견(堅), 점(占), 별(撇), 날(捺), 구(鉤) 등에 대해 구체적으로 설명하였다. 유명한 서법가 왕희지는 어렸을 때부터 서법을 배웠다고 전해지고 있다. 회화방면에서 고개지의 『논화(論畫)』, 『위진승류화찬(魏晉勝流畫贊)』과 『화운대산기(畫雲臺山記)』 등은 회화방면의 전문 저서이다. 고개지(顧愷之)의 회화에 대한 중심사상은 '형상으로 정신을 그리는(以形寫神)' 것이다. '생각을 여러모로 움직여 묘함을 얻는(遷想妙得)' 것은 즉 예술가의 예술적 상상을 충분히 발휘한 것이며, 전형적인 형상으로 인물의 내적 정신을 표현한 것이다. 고개지는 인물화를 그리는 데 수년 동안 눈을 그리지 않았다고 전한다. 사람들이 그 이유에 대해 묻자, 고개지는 "사지가 잘 생기고 못생긴 것은 본래 묘한 곳과는 관계가 없다. 전신사조(傳神寫照)는 바로 눈동자에 있다"고[59] 하였다. 이것은 가장 중요한 부분은 최후에 남겨 놓고 전신(傳神)을 할 수 있을 때 해야 가장 적합한 부분에 그릴 수 있음을 의미한다. 그림을 잘 그리는 것은 정신(神)을 그리는 것에 있는 것이다.

당시 산수화는 나날이 발전하고 있었는데, 종병(宗炳, 375~443)의 『산수화서(山水畫序)』와 왕미(王微, 415~453)의 『서화(敍畫)』는 중국 초기의 산수화로 이 둘은 회화의 새로운 시대를 열었다.

종합하자면 위진남북조시기는 현학의 발전으로 문예이론방면에서 유학독존의 국면을 타파하였다. 도가의 사상, 노장의 자연주의, 장자의 낭만주의는 문예사상이 새롭게 발전하기도 하고 유가와 도가가 서로 보완하는 국면을 맞이하였다. 이렇게 문예의 사회작용과 그것의 상대적인 독립성, 문예창작 중 현실주의와 낭만주의는 유기적인 결합을 이루어 중국 고전 문예이론의 기본적인 특징이 되었으며, 많은 새로운 범주와 문예창작과 관련된 변증적 원칙과 방법을 탄생시켜 중국 전통의 문학예술 및 이론적 토대를 마련하였다.

중국 고대의 미학사상과 문예사상 발전사에 있어 유가와 도가의 상호보완적인 특징 외에 장선(莊禪)의 상호보완과 유불(儒釋)의 상호보완의 특징이 있다. 불교가 중국화된 후 유교, 도교, 불교 삼가의 사상은 중국의 미학사상, 문학예술 및 교육에 각각 다른 영향을 주었다. 도연명의 시문이 유가의 특징을 대표한다면 『도화원기』에서 기름진 밭(良田), 아름다운 연못(美池), 닭이 울고 개 짖는 소리가 사방에서 들리며, 남녀노소가 '기뻐하며 즐거워하는' '지극한 덕이 이루어진 세상'이 있으며, 『귀거래사』에서는 이미 스스로 정신을 육신의 노예로 만든 과거를 비판하고, "잠시 자연에 맡겼다가 돌아갈 뿐이니 천명을 즐거워 할 뿐 다시 무엇을 의심하랴"고 하면서 미래를 찾고자 하였다. 불교가

59) 『筆陣圖』에 위부인 저작이라고 전해지지만 많은 사람들이 이것을 인정하지 않는다.

흥성한 후, 사림(士林)이 풍미하고 선(禪)의 정신과 노장철학이 상호 투쟁하고 또 상호 해석·보완하여 유교, 도교, 불교 등 다양한 사조가 서로 맞서는 과정에서 점점 융합하는 경향이 나타났다. 유가의 전아(典雅: 법도에 맞음), 장자의 초탈, 불가의 공령(空靈)은 중국 특색의 동방문화의 격조있는 미학과 미육의 체계를 만들었다. 이러한 사조는 오랫동안 중국 문학예술의 발전과 심미교육에 영향을 주었다. 유교, 도교, 불교 세 문화사상의 영향아래 당송시대에 왕유(王維, 701~761)와 소식 등 위대한 시인과 문학가가 탄생하였다. 왕유는 '시불(詩佛)'이라고도 불렸다. 원함(苑咸)은 『수왕유(酬王維)』에서 왕유를 "당대의 시장(詩匠), 또 선리(禪理)에 정통하였다"고 했다. 왕유가 '심상(審象)에 있어 마음을 고요히 하는' 미학관점을 제시한 것은 문예창작 중 선종의 '밝은 마음으로 성을 보는' 것을 구체적으로 체현한 것이다. 소식도 선리(禪理)에 관한 것, 미묘한 운치가 있는 시문을 많이 썼다. 예를 들면 『금시(琴詩)』에서 "만약 거문고에 소리가 있다면 상자(匣) 속에 있을 때는 왜 울리지 않는가? 만약 손가락에서 소리가 난다면 그대 손가락에서는 왜 울리지 않는가?" 고 했다. 이 시는 즉 『능엄경(楞嚴經)』에서 말하는 "예를 들면 거문고와 비파는 아름다운 소리를 가졌지만 오묘한 손놀림이 없으면 소리를 낼 수 없다"는 것을 나타내는 우화이다. 또한 전후 『적벽부(赤壁賦)』 중 정(情)과 경(景)은 선사상을 영향 받은 것이다. 예를 들면 『전적벽부(前赤壁賦)』 중 물과 달의 예를 들면 "흘러가는 것이 이것과 같으니 일찍이 다 흘러가버린 적이 없으며 찼다가 기울었다가 하는 것은 저것과 같으니 끝내 사라지거나 불어나지 않는다. 변한다는 관점에서 보면 천지는 일찍이 한순간이라도 변하지 않는 것이 없고 변하지 않는다는 관점으로 보면 만물과 나는 모두 무궁한 것이니 무엇을 부러워할 것이요?" 라고 하여 특히 불교의 색공(色空) 이론의 영향을 받았다. 따라서 『송삼요사(送參寥師)』의 시 중에 "시어를 오묘하게 하고자 하면 텅 빔과 고요함을 싫어해서는 안되나니 고요한 다음에야 모든 것이 움직이고 텅빈 다음에야 온갖 경계가 거두어진다"고 하여 색과 공, 동과 정에 대해 설명하였다.

유교, 도교, 불교의 미학사상이 서로 영향을 주고받는 과정에서 중국의 고대미학과 미육의 기본범주가 형성되었다. 다음은 이에 대한 주요한 평가를 살펴보고자 한다.

4. 중국 고대 미학사상의 주요 범주 및 변증관계

유가와 도가의 상호 보완, 장선(莊禪)의 상호 영향 및 유가, 도가, 불가가 서로 결합되는 사상의 영향아래 중국의 미학과 미육의 독특한 분위기가 형성되고 민족특색의 개념과 범주가 생겼다. 예를 들면 문(文)과 질(質), 심(心)과 물(物), 형(形)과 신(神), 언(言)과 의(意), 강(剛)과 유(柔), 동(動)과 정(靜), 허(虛)와 실(實), 교(巧)와 졸(拙), 호방(豪放)과 완약(婉弱) 및 정경(情景), 기운(氣韻), 신사(神思), 정지(情志), 풍골(風骨), 성령(性靈), 의상(意象), 의취(意趣), 의경(意境), 부비흥(賦比興) 등은 모두 이러한 범주에 해당하는 것으로 이러한 범주 중 많은 부분이 상반되어 대립·통일되는 변증관계로 나타났다. 이것은 중국의 문예창작과 심미교육에 대한 범주이다. 다음은 그 주요한 내용에 대해 예를 들어 분석해보고자 한다.

(1) 문(文)과 질(質)

춘추시기 초기는 이미 "문에 그 질을 더하다(文益其質)"는 견해가 있어 문을 질의 표현과 보조작용으로 보았다. 문과 질이 이미 사물 중에서 대립되면서 통일되는 두 측면이 있었음을 알 수 있다. 공자는 문과 질의 관계에 대해 전체적으로 설명하고 "바탕이 문체보다 승하면 거칠고 문체가 바탕보다 승하면 사치스럽다. 형식과 내용이 고루 어울린 후라야 군자이다"고[60] 했다. 즉 바탕이 문체보다 두드러지면 조잡함을 피할 수 없고, 문체가 바탕보다 두드러지면 형식적으로 흐를 수밖에 없다는 것이다. 이것은 문과 질이 서로 조화를 이루어야 예를 갖춘 군자의 경지에 이를 수 있음을 말한 것이다. 그의 이러한 말에는 본래 사람의 수양을 가리키는 말이었는데, 그중에 내재적 인격미와 외재적 의표미(儀表美)에 대한 요구가 포함되어 있다. 이것은 보다 광범위하게 문예 창작과 심미교육에 영향을 주어 미학과 미육에 있어 중요한 지도원칙이 되었다.

춘추전국시기 문과 질의 관계에 대해 각 학파의 주장은 서로 달랐다. 문체와 바탕이 서로 겸비해야 한다는 설, 바탕이 문체보다 앞서야 한다는 설, 문체는 순박함을 유지하지 않는다는 설(非文返朴), 문체를 숭상하고 바탕을 중시하지 않는 다는 설 등이다. 묵가는 공리주의사상에서 출발하여 바탕을 먼저하고 문체를 후로 생각하였다. 심지어 바탕을 중시하고 문체를 경시하였다. 예를 들면 『묵자일문(墨子佚文)』에서 "먹는 것을 배불리 한 다음 미를 구하고, 의복이 따뜻하게 된 다음 우아함을 추구하며, 거처가 안정된 다음

---

60) 『論語·雍也』.

즐거움을 구해야 한다"는 것 등은 바탕을 먼저 한 후, 문체를 후에 하자는 것이다. 이러한 사상은 미학 발전사에서 볼 때 많은 사상을 포함하고 있다. 그러나 이러한 것에서 출발해서 문체의 작용을 홀시하는 경향이 있어 문체를 수식하지 말 것을 주장하고 더불어 음악을 배척(非樂)하자고 한 것은 상당히 편협된 생각이다. 그래서 순자는 "실용주의에 가려서 그 꾸미는 것(文)을 알지 못한다"고[61] 했다.

장자는 그의 무위(無爲), 무지(無知), 무욕(無慾)의 사상에서 출발하여 근본적으로 문예에 있어 문의 긍정적인 작용을 부정하였다. 이른바 "문이 질을 멸하고 박식이 마음을 약하게 하여 백성들의 마음을 혼란하게 하여 참된 본성으로 돌아가서 본래의 자연스러운 모습으로 되돌아 갈 수 없다"고[62] 했다. 따라서 그는 문이 질을 해치는 사람들의 인위적인 방법을 반대하였다. 이러한 면에서 장자의 사상은 긍정적인 의의가 있다. 그러나 문이 질을 해치게 하는 것은 올바르지 않으며, 문의 작용을 부정하여 '문익기질'의 사상과 같이 편면적이지 않다는 것을 알 수 있다.

문체와 바탕의 변증적인 이해에 대해 유가의 주장은 비교적 전면적이다.『논어·안연(顔淵)』에 자공이 극자성(棘子成)에게 문과 질의 관계에 대해 묻는 대화가 있다. "군자는 본바탕이면 그만이지 무엇 때문에 문식(文飾)을 할 것이랴? 자공이 '애석하구나, 문이 곧 질이고 질이 곧 문이다. (만일 무늬가 없다면) 표범의 털 뽑은 가죽이 개와 양의 털 뽑는 가죽과 무엇이 다르겠느냐?'"고 했다. 대화 중 자공은 극자성이 단지 질이 문을 필요로 하지 않고 문과 질의 경계사상을 없애려는 것을 반박하여 표범의 가죽과 개와 양의 가죽을 비유하여 표범의 가죽과 개, 양의 가죽간의 차이를 말하여 중요한 것은 이들의 가죽이 서로 다르다는 것에 있음을 설명하였다. 만약 이들의 털을 뽑는다면 표범의 가죽과 개, 양의 가죽에 차이가 있는 것이다. 이것은 문과 질의 관계와 질에 대한 문의 작용에 대한 좋은 설명이다. 질이 문보다 두드러진다는 주장은『초사(楚辭)·섭강(涉江)』에 "자상백자(子桑伯子)의 나행(裸行)"의 이야기에 기재되어 있다. 자상백자는 질만 필요하고 문은 필요하지 않다고 주장하여 '간(簡)'에 이르게 하여 사람은 의관의 예절이 불필요하다고 했다. 이것은 '질이 문보다 두드러지는' 극단적인 사상으로 공자가 말하는 '질이 문보다 두드러지면 조잡하다'는 표현이다.

문을 숭상하고 질을 경시하는 문체에 대해 비록 역사적으로 기술된 대표인물과 사상이 많지 않지만 공맹, 노장, 묵자(墨子, B.C. 468~B.C. 376), 순자 및 한비 등 사람들의 비판 속에 이러한 경향이 있음을 찾아볼 수 있다. 예를 들면 한비자(韓非子, B.C.

61)『荀子·解蔽』.
62)『莊子·繕性』.

280~B.C. 233)는 "상자는 사고 구슬은 돌려주다. 무용한 것에 현혹되어 유용한 것을 잊어버리는"는 것과 "사람들이 문(화려함)에 혹하여 그 유용한 것을 잊어버리는 것"은 모두 '문을 숭상하고 질을 경시한' 표현이라고 하였다. 중국의 고대사상가는 대부분 문을 중시하고 질을 경시하여 문예와 문예의 사상이 발전하기 어려웠다. 문과 질의 관계, 형식과 내용의 관계를 이해하려면 형식이 내용에 따라간다는 관점에서 내용과 형식을 비교하고 질과 문을 서로 비교하면 질이 주도적인 자리에 있어야 한다. 이미 공, 맹의 사상에 이러한 것이 있다. 왕충은 『논형(論衡)·초기편(超奇篇)』에 "사람에게 문체가 있고 내용이 없으면, 이것은 오색을 가진 짐승의 털이 아무런 근거 없이 생기는 것과 같다"고 생각했다. 이를 구체적으로 설명하면 문과 질의 관계에서 질의 주도적인 관계를 말한 것이다. 그러나 후에 송대 이학의 해석을 통해 '문에는 도가 있어야 한다(文以載道)'는 사상 아래 문과 질의 관계를 문과 도의 관계로 해석 또는 도와 예의 관계로 해석하였다. 그래서 점점 질을 중시하고 문을 경시하게 되었다. 주돈이(周敦頤, 1017 ~1073)는 『통서(通書)·문사(文辭)』에서 "문은 도를 담는 것이다. 수레바퀴와 멍에가 장식되어 있어도 사람이 쓰지 않는다면 헛된 장식일 뿐이다. 하물며 빈수레가 있어서야! 문사(文辭)는 기예(藝)이고 도는 실체이다. 그 실체를 돈독히 하고 예로써 나타내어 아름다우면 좋아하게 되고 좋아하게 되면 전해지게 된다. 현명한 사람이 배워서 도달할 수 있으면 이것이 가르침이 된다. 그래서 "말에 문이 없으면 행해도 멀리 이르지 않는다"고 한 것이다. 그러나 현명하지 못한 사람은 아버지와 형이 권하고 스승이 독려해도 배우지 않으니 억지로 하면 따르지 않는다. 도덕에 힘쓸 줄 모르고 단지 문사로 능함을 삼는 자는 기예일 뿐이다. 아! 폐단이 오래되었구나!"고 하였다. 이 말은 문과 도의 관계에 대해 명확하게 설명한 것으로 문은 예이고 도는 실체라고 생각한 것이다. 도에 만약 문이 없다면 행해도 멀리가지 않는다. 그러나 그 실체를 돈독히 하면 문은 그 기예의 작용을 발휘할 수 있다. 그렇지 않으면 도덕에 힘쓸 줄 모르고 문사로 능함을 생각할 뿐이다. 이것은 실체를 버리고 중요하지 않은 것만을 취하는 것이며 보잘 것 없는 재주만 볼 뿐이다. 이에 대해 주희는 "도는 문의 근본이며, 무는 도의 가지와 잎이다"고[63] 했다. 더불어 이러한 토대위에서 리(理)와 상(象)의 관계에 대해 설명하고 "체용(體用)이 하나의 근원에서 나온다는 말은 리에서 보면 리가 체가 되고, 상에서 보면 용이 되는데 리 속에 상이 있으니 이것이 하나의 근원에서 나온다는 것이다. 드러남과 은미함 간에는 사이가 없으니 상에서 보면 상은 드러남이 되고 리는 음미함이 되는데 상 중에 리가 있으니 사이가 없다는 것이다"고[64] 했다.

---

63) 『朱子語錄』 卷一百三十九.

64) 『朱公文集』 卷四十 『答何叔京』.

이러한 설명 중에 비록 리와 상의 구분이 있지만 리는 지고무상의 것으로 심지어 상도 리에 있는 것이다. 나아가 육구연(陸九淵, 1139~1193)은 "우주는 바로 나의 마음에 있고 나의 마음이 바로 우주다"는 주관유심주의 철학관에 근거하여 문은 자신의 마음에서 나오는 것이라고 생각하고 '마음과 마음으로 아는' 것이며 근본적으로 시문이 작자의 현실에 대한 반영이라는 것을 부인하였다. 그는 도로 기예를 만든다고 생각하고 "도를 주관하여 욕망을 절제하면 예(藝)에 들어가고, 예를 주관하여 욕망이 왕성하면 예 역시 나아가지 못한다", "도로써 욕망을 절제하면 즐거우나 싫증나지 않고 욕망을 따르느라 도를 망각하면 미혹되어 즐겁지 않다"고[65] 했다. 더불어 "이치를 궁구하고 본성을 완전하게 함으로써 명(命)에 이른다. 이러한 방법이 문이다"고[66] 했다. 이렇게 문학예술은 완전히 윤리도덕의 부속이 되었다. 송명시기에 비록 이학사상의 영향으로 문과 질의 관계가 점점 이학화 되었지만 그중에서도 일부 철리를 설명하는 훌륭한 시문이 나왔다. 예를 들면 정호의 『우성(偶成)』에서 "한가로워진 뒤 어떤 일이나 마음이 차분해지고 눈을 뜨면 동창에는 이미 해가 붉었어라. 만물을 고요히 관찰하면 스스로 모든 것을 깨닫게 되누나. 사시에 사람들과 더불어 아름다운 흥을 나누니 도는 천지를 통하여 우주 밖 물외에 이르렀고, 생각은 속세를 벗어나 저 풍운의 변화 속에 들었도다. 부하고 귀하되 명리에 빠지지 않고 다만 빈천을 즐길 따름이니 남아로서 이와 같은 경지에 이르렀다면 영웅이 아니겠는가?"고 했다. 주희의 『관서유감(觀書有感)』과 『범단(泛丹)』 등의 시편에 "반이랑 모난 연못이 하나의 거울 같아 하늘빛과 구름이 함께 떠돌아 비치네. 묻노니 어찌하여 그리도 맑을 수 있는가. 근원에서 살아있는 물 솟아남 때문이라", "지난 밤 강가에 봄 물이 불어나니 큰 군함이 한 터럭처럼 가볍구나. 이전에는 힘을 들여 옮기려고 애썼는데, 오늘은 강 가운데 저절로 떠 다니네"고 했다. 이러한 시편에서 최고의 수양공부를 음미해볼 수 있으며, 이미 도가 천지를 통해 물외에 있는 것이며, 생각은 풍운의 변화 속에 있음을 알 수 있다. 송명시대에 이러한 철리의 시문이 있어 한 시대의 문풍(文風, 글을 숭상하는 분위기)을 열었다.

문과 질의 관계에서 비교적 전면적이고 유물주의적 해석을 한 것은 왕부지라고 할 수 있다. 왕부지는 물(物)·형(形)·상(象)의 관계와 느낌의 특징에서 문과 질의 탄생, 문과 질의 객관성과 문이 질로 인해서는 것 등에 관한 기본문제 및 문과 질의 느낌에 있어서 서로 다른 특징을 자세하게 설명하였다. 그는 물, 형, 상의 관계에서 출발하여 문과 질의 관계를 설명하였다. 그는 "사물이 형성되면서 본래의 형체를 좇게 된다. 형이란 질이요,

---

65) 『象山先生全集』 卷二十二 『雜說』.
66) 書卷三十四 『語錄上』.

형이 생기면서 외재적으로 주어지는 상을 지니게 되니 상은 문이다. 형이 있으면 반드시 상이 이루어지고 상은 그 형을 쫓아 이루어진다. 하늘은 상이 있되 형은 없으며, 땅엔 형을 이루고서 상이 없는 것이 없다. 그냥 보면 형이지만 자세히 살펴보면 거기에 상이 있다. 따라서 질은 그냥 보아도 드러나지만 문은 자세히 살펴야 드러난다. 그렇지 않으면 이를 볼 수 없다"고[67] 했다. 여기에서 명확하게 형이 물에서 오는 것임을 제시하고, 상은 형에서 오는 것임을 제시하였다. 전자는 질로 감각에서 오는 것이다. 즉 "질은 그냥 보아도 드러난다"고 한 것이다. 후자는 문이다. 문은 작자의 체험과 관찰, 상상, 사유에서 나오는 것이다. 그래서 "문은 자세히 살펴야 드러난다"고 한 것이다. 그는 문과 질의 탄생의 과정을 상세하게 분석하고 "자연의 아름다움은 움직이면서 변화하여 화려한 아름다움을 이룬다. 마음과 눈이 닿는 곳에서 문학적 정서가 일어난다. 그 본래의 영화를 묘사함에 있어 존재하는 대로 하여 그것을 드러내야 한다. 즉 아름다움으로 사람을 비춰 사람을 움직이되 경계가 없어야 한다"고[68] 했다. 이것은 미는 객관적으로 존재하는 것이며 이러한 자연의 미는 "움직이면서 변화하여 화려한 아름다움을 이룬다"고 한 것이다. 작가의 진실을 반영하는 것으로 이른바 "마음과 눈이 닿는 곳에서 문학적 정서가 일어난다. 그 본래의 영화를 묘사함에 있어 존재하는 대로 그것을 드러내야 한다"고 한 것으로 예술미를 탄생시켰다. 그래서 "즉 아름다움으로 사람을 비춰 사람을 움직이되 경계가 없어야 한다"의 작용이 있는 것이며 사람에게 영향을 주고 교육을 하는 도구가 된 것이다. 그러나 예술가는 반드시 풍부한 직접 경험이 있어야 비로소 예술을 창조할 수 있다. 그래서 "몸으로 겪은바 눈으로 본 바는 쇠문턱과 같다"고[69] 했다. 이러한 쇠문턱은 뛰어넘을 수 없는 것으로 객관으로 주관의 과정을 본 것이다. 그러나 예술은 유술가의 창조와 가공이 필요하다. 이렇게 해야 좋은 작품이 될 수 있다. 이른바 "안으로는 재능과 정이 다하면 밖으로는 외물과 리에 두루 미친다"고[70] 부르는 것은 주·객관이 밀접하게 결합된 창조활동의 결과이다. 왕부지의 이러한 유물주의 사상은 예술창조활동의 관계에 있어 문과 질의 관계를 이론상에서 새로운 단계로 끌어올린 것이다.

문과 질의 관계에서 보면 주관과 객관의 관계일 뿐만 아니라 내용과 형식의 관계로 사상미의 내용 형식이 결핍된 것으로 형식주의에 해당한다. 그러나 미의 형식이 없어도 내용을 체현할 수 있는 방법이 없는 것이다. 우리들은 고상한 사상내용과 완전한 예술형식이 통일되기를 바란다. 왕충은 문장은 반드시 밖과 안이 서로 부합하고,[71] 질과 문이

67) 王夫之, 『尙書引義』.
68) 王夫之, 『古詩評選』 卷五, 謝莊 『山宅祕園』.
69) 王夫之, 『薑齊詩話』 卷二.
70) 王夫之, 『薑齊詩話』 卷二.

통일되며 내용과 형식이 통일되어야 한다고 주장하였다. 유협은 "미려함이 지나치게 아름다우면 감정과 서로 상반된다"고[72] 했는데, 이것은 만약 사(辭)와 정(情)이 서로 배리되면 형식이 내용과 멀어지는 형식주의 폐단을 나을 수 있다는 것이다. 왕부지는 나아가 "문에 쏠리는 것은 문이 아니고, 문이 아닌 것은 질이 아니다"고[73] 했다. 형식이 아름답지 않으면 그 문을 상하게 하고 동시에 그 질도 상하게 한다. 형식과 내용은 대립적이면서 양자는 상대적으로 분리되어 있다. 또한 통일적인 것으로 양자는 유기적인 결합을 이룬다. 좋은 내용이 없으면 반드시 형식의 미에 영향을 미치고 아름다운 형식이 없으면 내용의 아름다움을 나타낼 방법이 없다. 이것은 진정으로 내용과 형식, 질과 문의 관계를 말한 것으로 마르크스주의 미학이다. 마르크스주의 미학은 내용과 형식의 상대적인 독립성을 인정하면서 내용과 형식이 완전한 미의 통일을 이루도록 하였다. 고상한 사상내용과 완전한 미의 예술형식의 통일을 이루려면 질과 문이 유기적으로 결합해야 한다.

(2) 심(心)과 물(物), 형(形)과 신(神)

심물(心物), 형신(形神)과 같은 범주는 중국 미학 문예와 미육에 있어 중요한 범주이다. 이 두 가지 범주는 서로 밀접한 관계가 있는 것으로, 이것은 주체와 객체, 정감과 심미대상, 예술창작과 감상 등에 영향을 미쳤다.

앞에서 문과 질의 관계에서 이것이 심과 물의 관계에까지 초보적으로나마 영향을 미쳤음을 설명하였다. 심과 물의 관계에 대해 말하자면 심과 물의 결합과 심과 물의 대립적인 관점이 있다. 이러한 두 가지 관점에 대해 모두 자세한 설명이 있는데, 그중 형과 신, 현상과 의상(意想) 등의 관계에 영향을 미쳤다. 비록 심과 물의 관계에 있어 사상적 기초가 다르고, 그 출발점도 다르지만 심물관계에 대한 심도있는 논의는 모두 공통적인 관심 주제이다. 중국의 시사(詩詞), 회화(繪畵) 등 예술창작에 있어 모두 심물의 융합, 정경(情景)[74] 융합의 경지를 추구한다. 일반적으로 유가는 사물에 대해 마음으로 느껴 움직이는 것, 정으로 느껴 나타나는 것을 강조하였다. 노장은 사물(物) 자체에 정(情)이 있어 신(身)과 물화(物化), 물과 내가 일체가 되는(物我爲一) 것이라고 생각했다. 선가(禪家)는 물은 마음에서 생기는 것이고, 그 경지가 바로 마음이라고 주장하였다. 유협은 『문심조룡』에서 심과 물의 융합을 설명하였다. 예를 들면 『전부(詮賦)』에서 "감정이 사물에 의해 일어

---

71) 王充, 『論衡·超奇』.

72) 劉勰, 『藝文類聚』.

73) 王夫之, 『尙書引義』 卷六 『畢命』.

74) 중국 시에 있어 정은 정서를 경은 경물을 가리킨다.

나게 된다(情以物興)", "물은 작가의 감정에 의해 관찰된다(物而情觀)", "물을 보게 되면 감정이 일어난다(睹物興情)", "만물의 본체를 뜻으로 쓰는 것" 등이다. 『신사(神思)』 중 "마음의 이치가 오묘하니(思理爲妙)", "신이 물과 함께 노닌다"는 것은 이미 유가와 도가의 심물관(心物觀)을 취한 것이다. 장조(張璪, 미상~미상)의 "밖으로는 자연의 조화를 스승 삼고, 안으로는 마음의 근원을 얻는다(外師造化)"는 것은 문예 창작 중 중요한 명제이다. 이것은 심과 물, 의와 상의 변증관계를 나타낸 것이며, 예술 의경(意境) 창조의 근본 문제까지 언급한 것이다. 이러한 심도 있는 이론에서 보면 명제는 선가와 도가의 일부 미학사상을 받아들인 것이다. 예를 들면 도가는 '자연과 인간의 조화를 추구할 것(法自然)'을 주장하고 '밖으로 자연의 조화를 스승으로 삼을 것'을 주장했다. '마음의 근원(心源)'이라는 단어는 선가에서 자주 사용하는 용어이다. 그래서 이 두 마디도 도가와 선가에서 사용하는 술어로 예술창작 중 심물관계 문제를 설명했다고 말할 수 있다.

심과 물이 서로 대립적이라고 주장하는 것에는 혜강의 『성무애락론(聲無哀樂論)』이 대표적이라고 말할 수 있다. 그가 "마음과 소리는 서로 다른 것이다"라고 한 것은 "서로 다른 것이니 법칙도 다르다"는 것이다. 그는 "무릇 손님들이 잔칫집에 가득하고 술을 마셔서 분위기가 무르익었을 무렵 거문고를 타는데 어떤 사람은 그것을 듣고는 기쁘고 즐거워서 웃고, 어떤 사람은 몹시 슬퍼서 운다"는 예를 들어 설명하였다. "조화로운 소리에 슬픈 이미지가 있는 것이 아니라 슬픈 마음이 주도한 것"이기 때문이다. 그래서 동일한 음악은 각자 서로 다른 반응을 일으킬 수 있다. 그는 『금부(琴賦)』에서 "거문고의 소리가 사람을 감동시키려면 오랫동안 여러 가지 유형을 접촉해야 한다", "오랫동안 여러 가지 유형을 접촉해야 한다는 것"은 "비일비재한 까닭이다"고 했다. 즉 거문고 소리가 '사람의 마음을 감동시켜', '감정을 드러내게 하는' 작용을 한 것이라고 말할 수 있다. 그러나 다른 사람이 이것을 들으면 감동을 받지 않아 "슬픔을 품은 자가 거문고의 소리를 들으면 비통하고 참혹한 마음을 참을 수 없어 근심으로 마음이 상하고 슬픔을 머금어 괴롭고 원통한 마음을 스스로 멈출 수가 없다. 그러나 편안하고 즐거운 자가 거문고의 소리를 들으면, 희열과 환락으로 온몸으로 춤을 추며 흥분을 가라앉히지 못하고 종일 미소를 짓게 된다. 그리고 마음이 평화로운 사람이 거문고의 소리를 들으면 더없이 즐겁고 순수해지며 담박하고 고요해져서 노장의 도를 좋아하고 세속잡사를 잊어 은신하게 된다"고 했다. 그의 이러한 사상은 특히 객관에 대한 주관이 서로 다르게 반영된다는 것을 특히 강조한 것이다. 주관적인 심과 정이 서로 달라 악곡에 대해서 서로 다르게 반영되어 있음을 볼 수 있으며, 문예감상 중 주체적인 능동작용을 설명한 것이다. 그밖에 이러한 사상은 예술 및 예술사상을 제시한 것이다. 이러한 사상은 사마씨가 경직되게 통제한 문단에 대해 크게 비판을 한 것인데, 일부 긍정적인 의미가 있다. 그러나 이러한 주관, 객관 관계의 주관반영론을 분리하고 사회의식과 분리된 예술과 예술 사상경향은 솔직히 과학적으로 문학예술의 본질 및 그 작용 등의 문제에 대해 답했다고 할 수 없다.

송대의 범중엄은 『악양루기(岳陽樓記)』에서 서로 다른 심정이 두 경물에 대해 다르게 반영됨을 구체적으로 묘사하여 심물 관계의 해석을 발전시켰다. "장맛비가 부슬부슬 내려 몇 달 동안 개이지 않는구나. 음산하게 바람 불어 성나게 부르짖으며, 흐린 물결이 공중을 두드려 해와 별이 빛을 숨기고, 산악이 형체를 감추고 상인들이 다니지 않아 돛이 기울고 노가 꺾이며, 저물녘에 어둑어둑하여 호랑이가 부르짖고 원숭이가 울어대니, 누각에 올라서서 서울을 떠나 고향을 생각하며, 참소 입은 것을 근심하며 비난을 두려워하니, 눈에 가득한 쓸쓸한 감정이 가득한 자가 있구나. 또한 봄날이 화창하고 햇볕이 밝으면, 물결이 놀라지 않아 위아래 하늘빛이 한결같이 푸르러 물결이 일어나지 않는다. 모래 주변에는 갈매기가 날아 모이고, 비단 빛 물고기들은 헤엄쳐 놀며, 강 언덕의 지초와 물가의 난초의 향기가 자욱이 퍼지고 무성하다. 그리고 간혹 길게 뻗은 안개가 공중을 뒤덮고 밝은 달빛이 천리에 비치는구나. 떠있는 달빛은 금색을 띠고 고요한 그림자는 구름에 잠긴 듯하다. 고기잡이 노랫소리가 화답을 하니, 이 즐거움이 어찌 끝이 있겠는가? 이루에 오르면 마음이 넓어지고 정신이 맑아져 총애의 욕됨을 모두 잊어버리고, 술을 잡고 바람따라 그 즐거움을 드날리는 자가 있을 것이다"고 했다. 여기에서 '장맛비가 부슬부슬 내리는 것'과 '봄날의 화창한 날'이라는 두 개의 다른 경물에 대해 여행객이 서로 다르게 일어나는 감성을 구체적으로 묘사하였다. 이 중 경물의 영향에 있어 주관 심정의 작용도 있다. '장맛비가 부슬부슬 내리는' 모습에서 만약 이를 보는 사람이 좌천된 관리라면 '눈에 가득한 쓸쓸한 감정이 극도로 올라 슬픈 자'일 것이다. 그밖에 설령 "봄날이 화창하고 햇볕이 밝아, 물결이 놀라지 않는다"고 느끼면 좌천된 관리라도 "마음이 넓어지고 정신이 맑아져 총애의 욕됨을 모두 잊어버리고, 술을 잡고 바람에 따라 그 즐거움을 드날리는 자"와 같은 심정을 나타내기 어려울 것이다. 따라서 이러한 것 중 '외부의 사물을 보고 기뻐하며' 또한 '자신의 일로 슬퍼하는 것'은 주객관의 문제를 명확하게 설명하였다. 그래서 그는 "옛 어진 사람들의 마음"을 살펴보면 "그들은 외부의 사물을 보고 기뻐하지 않으며, 자기의 일로 슬퍼하진 않아" "천하의 근심을 먼저 걱정하고, 천하의 즐거움은 모든 사람이 즐거워 한 뒤에 즐기는" 최고의 경지에 이른 것이라고 하였다.

왕부지는 유물주의 사상에서 출발하여 비교적 전체적으로 물·형·상, 정과 경, 형과 신 등 다방면의 관계를 설명하였다. 물·형·상의 관계에 대해 이미 앞서 문과 질의 관계에서 설명하였기에 여기에서 다시 언급하지 않고자 한다. 그의 정과 경에 대한 설명은 독특하다. 그는 "정(情)과 경(景)은 이름은 둘이나 실제로는 분리할 수 없다. 신령한 시는 두 가지가 그지없이 묘하게 합치되어 있다. 뛰어난 작품은 정 속에 경이 있고, 경 속에 정이 있다"고 했다. 그는 예를 들어 '장안(長安)의 조각 달'과 같은 것으로 "홀로 빈 방을 지키며 멀리 있는 님을 그리워하는 감정이 절로 드러나 있다"고 했다. 경 속에 정이 있는 경우는 곡진하게 써내기가 특히 어려운데, 예를 들면 "시가 주옥을 이뤄냄이 붓 끝에 있다"는 재능 있는 문인의 필치가 빼어나 스스로 즐거워하는 모습을 묘사했다. 만약 사람이 "두 개로 끊어 나누면 감정이 일어나지 않고 경은 그에 맞는 경이 아니다"고[75] 했다. 이와 같이 문학예술 중 반드시 두 개는 유기적 결합을 이루어야 "경 속에 정이 생기고 정 가운데 경이 포함된다. 경이란 정의 경이요, 정이란 경의 정이다"고[76] 했다. 그는 또 '시로 정을 표현하는 것' 무릇 "정에 이르는 것이면 시가 없으면 정에 이르지 못한 것이다"고[77] 했다. 억지로 써낸 시는 결코 좋은 시가 아니다. 왕유의 시는 시 속에 그림이 있고 그림에 시가 있어 정과 경이 묘하게 결합되어 있다고 말할 수 있다. 만약 사람이 "깊은 견식이 없고 눈에 성정(性情)이 없다면 비록 천하의 서적을 다 읽는다 하여도 한 구도 표현해낼 수 없다. 사마상여(司馬相如, B.C. 179~B.C. 118)은 천수의 부(賦)를 읽으면 부를 지을 수 있다 하였으니 이는 사람을 속이는 영웅이다"고[78] 했다. 여기에서 왕부지의 정과 경에 관한 관계에서 정과 경 양자 어느 것도 소홀이 해서는 안되며 정에 중점을 두어 설명했음을 알 수 있다. 동시에 사마상여가 천수의 부를 읽어야 부를 지을 수 있다고 생각했다는 것은 작자 스스로의 체험을 중시하지 않았음을 알 수 있다. 억지로 시를 짓고 어색하게 시를 짓는 것은 자신의 몸소 느낀 것을 표현하지 못하게 하여 결코 좋은 문예작품이 될 수 없다.

심과 물의 관계에서 형과 신의 관계 문제를 끌어낼 수 있다. 여기에서 말하는 형과 신의 관계는 일반적으로 육체와 정신의 관계로 문학예술창작 중의 형상과 의상의 관계이다. 문예사상과 문학예술작품에서 말하는 형과 신의 관계 문제는 매우 많다. 중국의 미학사상과 예술창작 중 특히 기운(氣韻)과 신운(神韻)을 중시하고 좋은 예술작품에 있어 형사(形似, 겉모습은 같지만 실질은 다름)가 아닌 신사(神似, 눈에 보이지 않는 내면을 성찰하여 구체적으로 표현하는 일)를 요구하였다. 이른바 '화룡점정(畵龍點睛)'의 문은 이것을 의미한다. 중국의 사의화(寫意畵, 회화에서 사물의 형식보다는 그 내용, 정신을 중시해서 그림)는 이러한 특징을

75) 『董齋詩話』 卷二.
76) 王夫之, 『唐詩評選』 卷四.
77) 王夫之, 『唐詩評選』 卷四.
78) 王夫之, 『古詩評選』 卷五.

잘 표현하여 이른바 "신을 택할 것이지 그 모양은 따라하지 않는다"는 것은 신사문제를 말한 것이다. 신사를 하려면 반드시 의싱(意想), 창조가 있어야 한다. 조비가 『전론(典論)·논문(論文)』에서 '문은 기를 중심으로 할 것'을 강조하고 고개지는 그림을 그릴 때 "천상묘득(遷想妙得, 생각을 옮겨 묘한 이치를 얻는다는 뜻)", '이형사신(以形寫神, 형상으로써 정신을 그린다)'을 강조한 것은 모두 신사가 형사보다 중요함을 말한 것이다. 앞서 말한 고개지의 인물화는 최후의 점정(點睛)은 눈을 통해 전신(정신적 내면을 전함)을 하기 위한 것이다. 두보(杜甫, 712~770)는 한간(韓干, 701~761)이 그린 말이 '붓 끝에 신이 있다'고[79] 칭찬하고, 유희재(劉熙載, 1813~1881)는 『예개(藝概)·서개(書概)』에서 "글씨는 정신이 들어가야 한다"고 주장했으며, 서법예술에서도 전신(傳神)을 중시하였다. 물론 이것은 형이 긴요하지 않다거나 신과 형이 임의로 분리될 수 있음을 말하는 것은 아니다. 형과 신은 분리될 수 없는 상호관계에 있는 것으로 예술창작에 있어 먼저 형상을 파악해야 한다. 형상성은 예술창작의 기본특징 중 하나로 만약 최소한의 형상도 없다면 신사는 말할 필요가 없다. 그러나 예술적 최고경지는 형상을 통해 정신을 드러내는 것이다. 신사는 형상보다 높다. 만약 신의 형상이 없다면 고목, 불기가 없는 재가 되어 생기가 없고 정신이 없는 즉 단지 형식뿐이고 내용이 없는 것이 된다. 서비홍(徐悲鴻, 1895~1052)은 『중국화의 개조론(中國畵改良論)』에서 "무릇 미가 사람에게 감동을 주어야 하는 까닭은 사람의 의상(意想)을 떠나서는 안 되기 때문이다. 뜻이 깊은 것은 사람에게 감동도 깊게 주고 뜻이 깊지 않으면 사람에게 주는 감동도 깊지 않다"고 했다. 제백석(齊白石, 1863~1957)은 『신유일기(辛酉日記)』(1921)에서 "작품의 오묘함은 (그려진 대상의) 유사성과 유사하지 않은 것 사이에 있다. 너무 비슷하면 세속적이고 비슷하지 않으면 세상을 속이는 것이다"고 했다. 유사한 것과 유사하지 않은 것 사이의 간격을 장악하는 것이 예술가의 창조공부이다. 중국화는 자주 시, 서, 화가 마치 용광로와 같다. 그 목적도 신운(神韻)의 내용을 증가시키는데 있다.

예를 들면 제백석의 『오뚝이(不倒翁)』를 그림으로 논하자면 매우 일상적인 작품이다. 그러나 그는 시와 서법을 서로 배합하여 "검은 천과 흰 모자를 쓴 엄숙한 관리여! 넘어지지 않음은 원래 진흙이 그 반을 채웠기 때문이리라. 만약 어느 날 홀연히 너를 깨뜨린다면 몸 전체 어느 부분에 심장이 있고 간이 들어 있겠는가?"고 했다. 이 작품은 무한한 사회주의 사상을 포함시키고, 여기에 다시 그의 뛰어난 서법을 가미하여 완전한 한 폭의 그림이 되었을 뿐만 아니라 풍자가 농후한 작품이 되어 형상과 의상이 고도로 결합된 것이다.

---

79) 『讀杜心解·畵馬贊』.

(3) 양강(陽剛)과 음유(陰柔)

음과 양은 중국 고전철학 중 근본에 대한 범주로, 이로 인해 천지와 만물이 생겼다고 본다. 이른바 "역에 태극이 있으니 이것이 양의(兩儀)를 낳고 양의가 사상(四象)을 낳고 사상이 팔괘(八卦)를 낳는다"는[80] 것은 이러한 문제를 잘 설명한 것이다. 『역전(易傳)』에 "일음일양(一陰一陽)이 바로 도이다"고 말하고, 『노자』는 "만물은 음을 지고 양을 품는다"고 말한 것은 이러한 도리를 말한 것이다. 음양이라는 범주를 미학에 응용하여 양강(陽剛)의 미와 음유의 미가 생겼다. 『주역(周易)』에는 음양, 강유 등의 상호작용과 변화, 전환 등의 변증법사상이 풍부하다. 『역(易)·계사하(系辭下)』에 "음양이 덕을 합하여 강한 것과 부드러운 것이 형체를 이룬다"는 것은 음양이 서로 결합하여 만물을 생성하고 강하거나 부드럽게 되어 각각 그 특징과 표현이 있는 것이다. 뿐만 아니라 강하고 부드러운 것이 서로 작용하여 변화가 일어났는데, 이른바 "어느 때는 닫고 어느 때는 열고 하는 것을 변화라고 하고 문을 나가고 들어오고 하여 막힘이 없는 것을 통한다"고[81] 말하는 것으로 우주 만물이 끊임없이 운동하고 발전하도록 추진하는 것이다.

음과 양, 강함과 부드러움에 대해 유가와 도가의 이해는 서로 다르다. 비록 두 학파 모두 음양의 변화가 서로 대립되면서도 통일성이 있고, 강하고 부드러운 것이 서로 조화를 이룬다는 것을 계승했지만 유가의 기본관점은 강함을 숭상하고 강건함을 숭상한다. 예를 들면, 『역전』에 "하늘의 운행은 강건하다. 군자는 이를 체득해서 스스로 쉬지 않고 힘쓴다"고 했다. 그러나 도가의 기본관점은 '부드러운 것을 숭상하고', '순함을 숭상하는 것'이다. 『노자』에서 '유약함이 도의 쓰임'이라는 것을 강조하는 것은 부드러움이 강함을 이긴다는 것이다. 그러나 두 학파 모두 음양, 강유가 서로 상반되면서 조화를 이루고 서로 쓰임이 있는 변증관계가 있다는 것에는 일치한다. 이것이 바로 중국 고대 미학사상에서 유가와 도가가 상호 보완된 모습을 보여준 좋은 전통이다.

『역전』에 "강함과 부드러움이 서로 작용하여 변화가 일어난다", 『노자』의 "되돌아가는 것이 도의 움직임이다"고 한 것은 모두 음양, 강하고 부드러운 것이 서로 상반되면 같은 점이 있어 서로 작용하는 것을 설명하는 것이며, 이러한 것은 끊임없이 운동하고 발전과정에 있다. 운동 변화과정 중 강하고 부드러운 것은 서로 전화되는 것이라고 말할 수 있다. 예를 들면 정이는 '강함과 부드러운 것이 서로 상반되는 것'과 '강함과 부드러움이 서로 조화를 이루는 것'의 명제를 설명할 때, "강함과 유함이 서로 만나니 서로 부드러워지면서 조화를 이루는 것이 마땅하다"고 말했다. 강함과 부드러운 것이 서로 전화될

---

80) 『易·系辭上』.

81) 『易·系辭上』.

수 있는 것으로 부드러움이 자라 강함을 변하게 하는 것이다. 반대로 '강함' 역시 '부드러움'으로 변할 수 있는 것이다. 강함과 부드러움의 변화과정에서 반드시 강함과 부드러움이 서로 조화를 이루는 것을 이해해야 한다. 그렇지 않고 한쪽으로 치우치면 좋지 않은 영향을 주는 것이다. 요내(姚鼐, 1732~1815)는 "나에게 문장의 근본은 천지에 있으니, 천지의 도는 음양강유일 뿐이다. 음양강유가 있으면 모두 문장의 아름다움이라고 생각한다. 음양과 강유는 병행하여야 하며 치우치거나 폐해서는 안 된다. 그 하나가 극단으로 치달으면 결국 끊겨 없어지게 된다. 굳센 것이 그르칠 만큼 강하게 되면 어그러지고, 부드러운 것이 쇠하게 되면 어두워 보이지 않으니, 반드시 문장을 지음에 이렇게 함이 없어야 한다"고[82] 했다. 여기서 보다시피 음강의 미와 양유의 미는 서로 장점이 있으며 또한 단점도 있다. 강이 지나치면 곧고 유가 지나치면 없어진다. 따라서 반드시 강유가 서로 조화를 이루어 한쪽으로 치우쳐서는 안된다. 이러한 사상은 문학예술창작과 미육에 대해 모두 중요한 작용을 하였다.

음양, 강유의 변증사상으로 자연과 사회생활을 살펴보면 모두 양강의 미와 음유의 미에서 채택한 것이다. 자연경물 중 명산대천, 명승고적은 모두 우리들에게 양강의 미와 음유의 미라는 서로 다른 감동을 준다. 예를 들면 만리장성의 위대함, 삼협(三峽), 용문(龍門)의 험준함은 모두 우리에게 넓고 크며, 기가 천지에 가득한 것 같은 웅장한 감동을 준다. 또 소주(蘇州)의 원림, 항주(杭州) 서호(西湖) 및 '꼬불꼬불 작은 길들의 아름다움', '작은 다리 밑으로 흐르는 물'도 우리들에게 아기자기한 아름다움을 준다. 전자가 양강의 미에 해당된다면 후자는 음유의 미에 해당된다.

양강과 음유의 미는 문학예술 창작에도 반영되어 있다. 예를 들면 소식은 "장강은 동쪽으로 흐르네, 파도에 천고의 풍유로운 인물들을 다 집어 삼키고"라고 했는데, 이러한 웅장한 산하로 문학에서의 양강의 미를 마음대로 의론하였다. 이청조(李淸照, 1084~1155)의 "넋 잃지 않는다고 말하지 마오. 서풍에 주렴 걷히니 사람이 국화보다 더 수척해졌구나"에서 이러한 근심 걱정, 애절한 형상은 문학작품에서의 음유의 미를 반영한 것이다. 이는 모두 양강음유가 문학에도 잘 반영되어 있음을 말하는 것이다. 또한 유문표(兪文豹)는[83] 『취검록(吹劍錄)』에서 이러한 일에 대해 다음과 같이 기술하였다. "소식이 옥당에 머물던 날, 노래를 잘 하던 막사가 있었다. 사(詞)가 어찌 유둔전과 같은지 내게 물었다. 대답하여 말하길 '유둔전의 사에는 십칠팔 세의 사내 같은 여자아이가 타악기 홍아판을 잡고, 버드나무 언덕에 새벽 바람과 지는 달을 노래하는 것이 모여 있으며, 학사의

82) 姚鼐: 姚鼐: 『惜抱軒文集』 卷六 『復魯絜非書』.

83) 송나라 사람으로 『취검록(吹劍錄)』은 도학당금(道學黨禁)의 시말을 자세히 적은 책이다.

사는 모름지기 서쪽 큰 한수를 막고 동 비파의 단단하고 날렵한 판을 잡아, 큰 강물이 동쪽으로 흘러가는 것을 노래하는 것 같다'. 소식은 이말에 기절하여 넘어졌다"고 했다. 이 이야기는 유영(柳永)의 『우림령(雨霖鈴)』, 추별(秋別)과 소식의 『염노교(念奴嬌)』, 적벽회고(赤壁懷古)에서 서로 다른 예술풍격이 잘 표현되어 있음을 구체적으로 설명하고 있는 것이다. 전자는 음유의 미요, 후자는 양강의 미이다. 명대 장세문(張世文)과 서사증(徐師曾, 1517~1580)은 당 송시를 '호방(豪放)'과 '완약(婉弱)' 두 개의 큰 파로 나누었으며, 양강과 음유의 논쟁에 영향을 받았다. 어떤 사람들은 문장에 대해 이것을 양강과 음유라는 서로 다른 풍격으로 나누었다. 예를 들면 증국번(曾國藩, 1811~1872)은 "양한의 문장(兩漢文章), 예를 들면 자자운(子云), 상여는 힘이 넘치는 풍격이 있다, 이것은 천지의 굳센 기가 있는 것 같은데, 음과 부드러움의 미요 천지의 의로운 기이다. 유향(劉向, B.C. 77~B.C. 6), 광형(匡衡, 생몰연대 미상)의 깊은 아름다움은 천지에 온후한 기요, 음과 부드러움의 미요, 천지의 어진 기운이다"고[84] 했다. 그는 위에서 말한 네 명의 작가를 분류했을 뿐만 아니라 양강의 미와 음유의 미를 의(義)와 인(仁)이라는 두 기운으로 말하였다. 이것에 대해 서로 다른 견해가 있지만 문장에 강하고 부드러운 미가 있다는 것은 객관적으로 존재하는 사실이다. 문장뿐만 아니라 서화도 이와 같다. 예를 들면 어떤 사람은 서법방면에서 안유(顔柳)와 저조(褚趙)의 구별이 있고, 회화방면에서는 북파와 남파의 구분이 있다고 하는데, 모두 양강과 음유로 분류한 것이다. 소식은 『화자유논서(和子由論書)』의 시 중에 "내가 비록 글씨는 잘 쓰지 못하지만 글씨를 알아보는 데에는 나만한 사람이 없다. 진실로 그 뜻을 통할 수 있다면 항상 말하지만 배우지 않아도 가능하다. 아름다운 용모에도 종지뼈는 있는 것이며 구슬이 아름다우면 그만이지 타원형이라고 무엇이 방해받으랴? 단아하고 유려하고 아름다우며 강건하며 요염하다"고 했다. 그중 "단아하고 유려하고 아름다우며 강건하며 요염하다"는 것은 서법예술의 삼매(三昧)이다. 이것은 양강의 미와 음유의 미에 관한 심미형태를 설명하는 것일 뿐만 아니라 강유가 서로 조화를 이루고 있는 중요성을 강조한 것이다.

작품 혹은 음악에 양강의 미와 음유의 미가 서로 번갈아가면서 나오고 조화를 이루며, 소리의 고저와 곡절이 조화롭고, 높고 밝으며 낮고 침울한 서로 다른 장법(章法)과 정조(情調)가 있음을 볼 수 있다. 요내는 양강음유의 미로 문장의 풍격을 설명하고 "문장의 근본은 천지에 있으니, 천지의 도는 양강음유일 뿐이다. 양강음유의 정수가 있으면 모두 문장의 아름다움이라고 생각한다"고[85] 했다. 더불어 "오로지 성인의 말이 이 두 기를

---

84) 『曾文正公文集』 卷二 『聖哲畵象記』.

85) 姚鼐, 『惜抱軒文集』 卷六 『復魯絜非書』.

모음에 치우침이 없다"고[86] 했다. "제자백가 이후 그 문장에 치우침이 없는 것은 없다",[87] 혹은 양강으로 표현하거나 음유로 표현한 것이다. 이것은 "천지의 도는 함께 어우러짐을 본체로 삼지만 때에 따라 홀로 발해짐을 쓰임으로 삼으니 이치가 원래 그런 것이다",[88] "강이 부족한데 강이 되고 유가 부족한데 유가 되는 것은 모두 문이라고 할 수 없다"고[89] 했다. 그가 보기에 가장 아름다운 것은 강과 유가 서로 조화를 이루는 것이다. 그 다음에 양강을 표현하거나 음유로 표현하는 것이다. 강이 부족한데 강이 되고 유가 부족한데 유가 되는 문장을 취하는 것은 부족한 것이다. 그는 나아가 양강음유가 문을 어떻게 변화시키는지 분석하였다. 즉 "양강음유는 기본적으로 둘이다. 조물주가 섞어서 기가 적고 많음이 끝이 없다, 만물이 생겼다. 그래서 한번 음이 되고 한번 양이 되는 것을 도라고 한다. 무릇 문의 다변화 역시 이와 같을 뿐이다"고 했다. 여기서 그는 문의 다변화가 어떻게 음양강유에 바탕을 두고 다양하게 결합되는 지에 대한 도리를 말하였다.

채원배(蔡元培, 1868~1940)는 『이미육대종교설(以美育代宗教說)』이라는 문장에서 미학과 미육을 논할 때 아름다움의 미와 웅장한 미를 말했는데 이것은 즉 우미(優美)와 장미(壯美)이며 양강의 미와 음유의 미가 내재되어 있는 것이다. 그는 "숭굉(崇閎)의 비극에 딱 붙어 떨어지지 않고 도려의 골계에 딱 붙어 떨어지지 않으니 모두 타인과 나의 견해를 깨트리기 족하고 이해득실의 계산을 물리치기 족하다. 즉 성과 영을 키움으로서 매일 고상한 것에 나아가게 하니 이미 족하다"고_했다. 그래서 미육 중에 이러한 미의 교육작용을 충분히 발휘하여 사람이 고상한 경지에 이르도록 하였다.

송명이학가들은 양강음유의 도를 인사와 품행을 평하는데 이용하여 군자와 소인을 구분하였다. 예를 들면 주희는 "하늘과 땅 사이는 자연의 이치가 있다. 무릇 양은 반드시 강하고 강하면 반드시 밝으며 밝으면 반드시 알기 쉽다. 음에는 부드러움이 있다. 부드러우면 반드시 어둠이 있고 어둠이 있으면 예측하기 어렵다. 그러므로 성인은 『역』을 알고 양을 쫓는 것은 군자이며 음은 소인이다"고[90] 했다. 이렇게 『주역』에 담겨 있는 음양, 강유에 나타난 소박한 변증법 사상은 이학 중 형이상학으로 변화했으며, 이것은 군자와 소인으로 구분하고, 봉건윤리도덕을 설명한 것이다. 이것은 앞서 설명한 양강음유의 해석과 응용과는 현저한 차이가 있다.

---

86) 姚鼐, 『惜抱軒文集』 卷六 『復魯絜非書』.
87) 姚鼐, 『惜抱軒文集 』 卷六 『復魯絜非書』.
88) 姚鼐. 『惜抱軒文集』 卷六 『復魯絜非書』.
89) 姚鼐, 『惜抱軒文集』 卷六 『復魯絜非書』.
90) 朱熹, 『晦庵先生朱文公文集』 卷七十五, 『王梅溪文集序』.

(4) 동(動)과 정(靜)

동과 정은 미학사상과 문학예술창작에 있어 한 쌍의 중요한 범주이다. 『장자(莊子)·각의(刻意)』편에서 "고요히 있을 때는 음기에 덕을 맞추고 움직이면 양기에 조화된다"고 했다. 주광잠(朱光潛, 1897~1986)은 『문예심리학(文藝心理學)』에서 중국 고대에 음양, 강유와 동과 정의 관계를 논할 때, "강성(剛性)의 미는 동적이고, 유성(柔性)의 미는 정적이다"는 논점을 제시하였다. 이렇게 동을 정과 음, 양 및 강와 유의 관계를 관련시켰다.

동과 정에 관한 철학사상의 기원을 보면 『역전』 및 유가학파는 일반적으로 '귀강주동(貴剛主動)'적 이지만 주정(主靜)적인 면도 있다고 했다. 노장 및 도가학파는 일반적으로 '귀유주정(貴柔主靜)'적이지만 여기에는 많은 변증법사상이 담겨 있다. 물론 두 학파의 발전 과정에 적지 않은 영향을 준 사상이 존재한다. 위에서 설명한 사상들은 중국 고대문학예술의 창작과 미학사상의 발전에 직접적으로 영향을 주었다.

중국 고대의 미학과 문예사상에 유가사상의 영향을 제외하고 노장사상의 영향 및 후에 불교사상의 영향으로 인해 주정사상은 비교적 중요하게 간주되었다. 예를 들면 노자는 "고요한 것은 시끄러운 것의 중심이 된다(靜爲躁君)"고[91] 하고, "뿌리로 돌아가는 것을 정(靜)이라고 하니 이를 일러 명을 회복하는 것이라고 일컫는다"고 했다. 따라서 "허의 최고 경지에 이르면 정(靜)의 상태를 오랫동안 유지할 수 있다"고[92] 했다. 이렇게 정과 허를 관련시켰다. 노자는 정은 동을 제약하는 것, 정은 모든 것의 근본이다. 정을 유지해야 비로소 명을 회복할 수 있는 것이라고 보았다. 장자는 "옳게 스스로를 간직하는 자는 편안해지고 편안하면 모든 일이 분명해진다. 분명해지면 스스로를 공허하게 할 수 있다. 스스로를 공허하게 하면 새삼스레 어떤 일도 하지 않게 되고 그러면서 하지 않는 일이 없게 된다"고[93] 했다. 무엇이 허인가? 장자는 「인간세(人間世)」에서 "참된 도는 오직 공허 속에 모인다. 이 공허가 곧 심재(즉 마음의 재계)이다"고 했다. 그는 허를 사람의 숭고한 수양공부, 객관세계와 인생근본의 최고 준칙으로 이해하였다. 그래서 그는 「천도(天道)」편에서 "성인의 고요함이라 고요함이 좋다고 해서 조용하게 하는 것이 아니다. 만물에 마음이 어지럽혀지지 않으므로 고요한 것이다. 물이 고요하면 밝은 빛은 수염이나 눈썹을 비칠 정도이고 평평하기가 수준기(水準器)에 꼭 들어맞아서 목공도 그것을 기준으로 삼는다. 물의 고요함조차도 이처럼 밝은데 하물며 성인의 마음의 고요함이야 더 말할 나위 있겠는가! 천지를 비쳐 주는 거울이며, 만물을 비쳐 주는 거울이다. 무릇 무심

91) 『老子道德經』 第二十六章.
92) 『老子道德經』 第十六章.
93) 『莊子·庚桑楚』.

의 고요함으로 안정을 지키고 그윽한 적막에 있으며 작위가 없다는 것이야말로 천지자연의 기준이며 도덕의 본질이다"고[94] 했다. 성인은 자연을 따르며 무심의 마음을 만물에 비추어보면 물과 거울처럼 모든 것을 밝게 비추어 만물의 근원을 통찰할 수 있다. 허에서 유에 이르고 정이 동을 제약하는 것은 바로 노장철학에서 허와 실, 정과 동의 변증관계이다. 육기는 『문부』에서 "허무(虛無)한 상태의 마음을 운용하여 생각을 끌어내고, 적막한 상태를 두드려 소리를 찾아낸다"고 했다. 이것은 본래 노장의 허실과 동정의 관계에 대한 이해에서 온 것이다. 나아가 소식은 석가의 색공(色空)사상을 받아들여 다음과 같은 시를 셨다. "시어를 오묘하게 하고자 하면 텅 빔과 고요함을 싫어해서는 안되니, 고요한 다음에야 모든 것이 움직이고 텅빈 다음에야 온갖 경물을 받아들일 수 있다"고[95] 했다. 허와 정의 경지에 도달해야 그 속에 실과 동이 있을 뿐만 아니라 모든 것을 포용할 수 있는 것이다.

동과 정의 상호 포용에 관한 주장은 유가사상에도 있다. 예를 들면 주돈이는 "한 번 움직이고 한 번 고요한 것이 서로 뿌리가 된다"고 하였다. 나아가 정이는 "동과 정은 끝이 없다"는 것을 제시하였다. 주희는 주돈이와 정이의 관점을 발휘하여 "동과 정이라는 두 글자는 상호 상보적인 관계로 어느 한쪽이 없을 수가 없다"고[96] 했다. 그러나 이러한 주장에는 정을 중심으로 하는 주장이 대부분이다. 동과 정 문제에 있어 명확히 동을 중심으로 하는 것을 제시했을 뿐만 아니라 왕부지는 동과 정의 관계를 변증적으로 설명하였다. 그는 "정이라는 것은 정과 동을 말함이지 움직임이 없다는 것이 아니다"고 생각하고 더불어 "정은 동을 포함하고 있지만 동은 정을 포함하지 않는다"고 하였다. 그는 사물이 끊임없이 움직이는지를 관찰하고 운동은 사물이 존재하는 보편형식이라고 하였다. 이것은 중국 고대 철학사상에 있어 큰 변화로 『역전』과 유가의 주동 관점이 새로운 단계로 발전하게 했으며, 이미 유물변증법의 사상이 내재되어 있음을 나타내는 것이다.

동과 정의 철학적 이치를 문학예술 창작에 운용하여 도가, 석가 및 유가의 주정관점으로 허정(虛靜)의 심정으로 사물을 관찰하고 참작하여 동과 정, 실과 허, 유와 무, 색과 공의 정신경지에 도달하도록 하였다. 그들은 작가와 예술가의 마음은 세속의 관념 굴레에서 벗어나야 비로소 진정한 창작의 신회(神會, 신이 통함)를 실현할 수 있으며, 자연의 신비스런 태도와 혼연천성(渾然天性)의 기취(機趣)를 느낄 수 있다고 보았다. 예를 들면 명대의 이일화(李日華, 생몰연대 미상)가 서화 창작에 있어 "회화 예술은 결코 사소한 것이 아니다. 반드시 마음속에 어떠한 세속적인 관심도 두지 말아야 한다. 그런 뒤에야 비로소

---

94) 『莊子·天道』.
95) 『蘇東坡集』 前集卷十 『送參寥師』.
96) 轉引自 『中國大百科全書·哲學』 卷上, 9쪽.

안개 낀 구름의 뛰어난 색조가 천지를 창조하고 창조하는 기운과 자연이 호흡을 같이하여 붓 아래의 모든 기괴함이 환상처럼 나온다"고 한 것은 정호가 『우성(偶成)』에서 말한 "만물을 조용히 바라보면 그 이치를 터득하게 되는" 경지에 이르러 비로소 "도는 천지를 통하여 우주 밖 물외에 이르고, 생각은 속세를 벗어나 저 풍운의 변화속에 있다"는 창작이 있는 것이다. 또한 왕국유는 『문학소언(文學小言)』에서 "우리의 가슴 속이 텅 빈 뒤에야 사물을 깊이 관찰하게 되고, 사물을 절실하게 체험하게 된다"는 것 등을 말하였다. 이러한 것은 모두 허, 정, 명 모두 예술 구상과 창작에 반드시 필요한 마음의 상태임을 말한 것이다. 예술구상과 무관한 잡념을 배제하고 마음의 상태가 허정하고 밝은 상태를 유지해야 비로소 예술적 영감을 발휘하고 예술의 상상력과 창조력을 발휘할 수 있다. 이것은 유협이 『문심조룡』에서 "마음(오장)을 깨끗이 하고 정신을 맑게 하여", "그 마음을 맑고 평화롭게 유지하고 기운이 조화롭고 막힘이 없어야 한다"고 하고 "물은 움직이지 않을 때 비로소 사물을 비출 수 있고 불 역시 움직이지 않을 때 더욱 밝게 보이듯이" 허정(虛靜)하면서 밝은 경지에 이를 수 있다고 한 것이다. 이것이 신사(神思)와 영감을 얻게 되는 중요한 것이다.

예술 창작에서 시문, 회화, 서법, 음악, 무도 등은 유가, 도가, 석가의 동과 정의 관계에 관한 생각을 다양하게 응용하였다. 예를 들면 정(靜)이 되면서 동이 되고 동으로 정을 묘사하며, 동과 정이 결합하여 상호 보완하는 것은 시문, 문론 혹은 서화론의 지도사상이 되었다. 예를 들면 유종원의 『강설(江雪)』에 "모든 산에는 새들이 날기를 멈추었고, 모든 길에는 사람의 발길이 끊겼다. 외로운 조각배 위, 도롱이에 삿갓 쓴 어옹, 홀로 눈 내리는 강에서 낚시를 한다"는 시 중 앞 문장은 매우 조용하고 적막한 풍경에서 도롱이를 쓴 노인이 홀로 낚시를 하는 것을 묘사한 것이다. 이것은 작자가 위험을 두려워하지 않은 정신으로 쓴 것으로 문예창작의 방법에서 말하자면 정과 동을 유기적으로 결합하여 정으로 동을 쓰고 동으로 하여금 더욱 그 특색을 드러낸 것이다. 또 예를 들면 상건(常建, 생몰연대 미상)의 『파산사후선원(破山寺后禪院)』의 시에서 "이른 새벽 옛 절에 찾아드니, 아침 햇살이 숲 위를 비추네. 굽은 오솔길은 깊은 산속으로 통하고, 선방에는 꽃나무가 무성하구나. 산 빛에 새소리 즐겁고, 연못 속 그림자에 마음을 비운다. 온갖 소리 이곳에선 모두 고요하고, 오직 풍경소리만 들리는구나"고 했다. 이것은 동으로 정을 묘사한 전형적인 작품으로 적막함이 깊은 곳에서 소리에 의지하여 그 감정을 더욱 깊게 표현한 것이다. 유폐운(兪陛雲, 1868~1950)은 『시경천설(詩境淺說)』에서 "좁은 오솔길을 따라 깊은 선방에 이르면 오직 새소리와 못에 비친 그림자뿐이다. … 말구(末句)에 '먼 풍경소리 맑게 들린다'고 한 것은 이른바 정의 움직임으로 정이 두드러진다"고 했다. 왕유는 간결하고 세련된 문장을 써서 수려하고 편안하게 화의(畵意)를 표현하였다. 정 속에 동이 있고 동 속에 정이 있으며, 동과 정을 포함하고 있는 자연 운동의 천리(天理)를 표현하였다. 단중광(笪重光, 1623~1692)은 『화감(化監)』에서 "산은 근본이 정하고, 물의 흐름은 동이다. 돌(石)은 완고하지만, 살아있는 나무와 함께 한다면 바로 생명력이 깃든다"고 했다. 그래서 산과 물이 서로 조화가 되고 돌과 나무가 서로 어울려 정과 동이 잘 결합하는 것이다. 서법에서 동과 정방면에서 서로 다른 몸에 서로 다른 표현과 작용이 있으며, 한 몸에서 합리적 배열에 동과 정이 허와 실의 유기적인 결합이 나타난다. 유희재(劉熙載, 1813~1881)는 『예개(藝概)』에서 "정서(正書)는 고요함으로 움직임을 다스리고 초서(草書)는 움직임으로 고요함을 다스린다"고 말했다. 그 결과 서로 다른 출발점에서 시작했더라도 최종적으로 정과 동의 상호 결합에 이른다. 왕희지(王羲之, 303~361)는 글씨를 쓸 때 "서예를 하려면 먼저 먹을 갈면서 정신을 가다듬고 조용히 생각해야 하며 글자의 크기, 높낮이, 수평, 움직임 등을 생각하고 서세(書勢)가 잘 이어지도록 해야 한다. 뜻이 붓보다 먼저 이루어진 다음에 글씨를 써야 한다"고[97] 했다. 이것도 동과 정의 이치를 서법에 응용한 경험을 말한 것이다.

종합하자면 문학 예술가들이 유가, 도가, 석가 세 학파가 제시한 동과 정의 철학적 이치를 창조적으로 응용하여 중국 문학예술 창작과 미학사상이 민족 전통의 특징이 되도록 하였다.

(5) 허(虛)와 실(實)

"있고 없음은 서로 상대적이기 때문에 생기는 것이고", "실(實)은 허(虛)에 의하여 존재하며, 허도 실에 의하여 존재한다"는 것은 중국 미학사상과 문학예술 창작에 있어 중요한 원칙이다. 중국 문학예술의 큰 특징은 함축미이다. 사람들은 언외지의(言外之意), 현외지음(弦外之音), 화외지화(畵外之畵) 등은 모두 문학예술작품 중에 함축되어 있는 함축미라고 말한다. 함축(含蓄), 온적(蘊籍), 공령(空靈), 심원(深遠)은 중국 문학예술의 중요한 풍격이다. 함축미에는 비로소 인간의 깊은 사고, 의미 심장함, 의미 무궁함을 나타낼 수 있다. 문학에서 이른바 '말에는 끝이 있으나 뜻에는 끝이 없는' 것은 바로 이러한 도리를 말한 것이다. 음악에서 '노랫 소리가 귓가에 맴도는 것이 사흘이 지나도 그치지 않는' 정도에 이르러야 진정으로 음악이 사람의 마음을 깊이 감동시켰다고 할 수 있다. 그래서 함축미는 문학예술에서 무궁한 생명력을 낳을 수 있으며 문학예술의 실 중의 허, 허 중의 실을 표현한 것이다.

---

97) 『王右軍題衛夫人筆陳圖后』.

함축미는 문학예술에 있어 이른바 '은(隱, 은둔 은유)'이라고 할 수 있다. 유협은 『문심조룡』에서 "'은(隱)'이란 문장 밖의 내용을 말하는 것이다"고 했다. 그는 '은'을 제시하는 동시에 은과 상응하는 '수(秀)'의 문학예술표현 형식을 제시하였다. 이렇게 미학사상과 문학예술창작 중 허와 실은 유기적으로 결합되어 있다.

허와 실의 관계에 있어 주희는 "불가는 허하고 우리 유가는 실하다(釋氏虛, 吾儒實)"고[98] 했다. 이것은 주희가 유가와 불가를 대비해서 말한 것으로 유(儒)와 도(道)도 이와 같이 말하였다. 그러나 그중에 각각 서로 다른 복잡한 상황이 있다. 맹자는 "신실함으로 충만하면 아름답다"고[99] 하고 순자는 "완전치 못하고 끝까지 다하지 못한 것은 훌륭하다고 할 수 없다"고[100] 했다. 왕부지는 "천하의 쓰임은 모두 그 있음에 있다. 그래서 그 사용함이 모이고 그 체의 있음을 알면, 어찌 쓰임이 있어 그 공을 본 받음을 의심할 수 있겠는가, 체가 있어 성정이 되고, 체와 용 모두 있고, 서로 구함으로 실하여 진다"고[101] 했다. 음악창작의 예를 들면 『예기(禮記)·악기(樂記)』에 "악이란 음으로 말미암아 생겨나는 것이다. 그 근본은 사람의 마음이 물건에 대하여 느끼는 데에 있다", "사물의 감응에 의해 움직여서 소리가 나는 것이다"고 했다. 이러한 주장은 모두 '실(實)'을 강조한 것이다. 그래서 노자는 "위대한 음악은 소리를 들을 수 없고, 큰 형체는 모습을 볼 수가 없다",[102] "진실한 말은 아름답지 않고 아름다운 말에는 진실이 없다"는[103] 등의 주장을 제시하고, 미 속에서의 허무의 작용을 강조하였다. '무'의 작용에 대해 노자는 『도덕경』 11장에서 구체적으로 다음과 같이 설명하였다. "서른 개의 바퀴살을 하나의 살통으로 모아 바퀴를 만드니, 살통과 바퀴 테 사이의 빔(虛)이 있음으로 해서 수레의 쓰임새가 생긴다. 찰흙을 주물러 그릇을 만드니, 찰흙이 눌러져 들어간 빔(虛)에서 그릇의 쓰임새가 생긴다. 벽을 뚫어 문이 있어 방이 만들어지니, 그 빈 공간(문을 달기 위해 뚫어 놓은 자리) 때문에 방의 쓰임새가 생긴다. 그러므로 있음으로써 이로움을 만들고, 없음으로써 쓰임새를 만들기 때문이다"고 했다. 이것은 '무'의 작용을 강조할 뿐만 아니라 '유와 무가 서로 있어야' 비로소 '있음의 유용함'이 있다는 것을 제시한 것이다. 이것은 사람들이 실제 있는 유의 작용만을 중시하고 허무의 기능을 홀시하는 편협된 관점이 잘못된 것임을 바로잡은 것이다. 나아가 장자는 노자가 '무'를 중시한 사상을 토대로 "오직 도란 텅빈

98) 『朱子語錄』 卷一二六.
99) 『孟子盡心下』.
100) 『荀子·勸學』.
101) 王夫之, 『周易外傳』.
102) 『老子道德經』 第四十一章.
103) 『老子道德經』 八十一章.

곳에 모이기 마련이다"는[104] 명제를 제시하였다. 심지어 이것을 '제물론'에서 상대론으로까지 발전시켰다. 예를 들면 「추수(秋水)」편에서 "사물의 작용이라는 관점에서 볼 때, 각기 쓸모있는 것을 쓸모 있다고 한다면 만물은 쓸모없는 것이 없고, 각기 쓸모없는 것을 쓸모없다고 한다면 만물은 쓸모 있는 것이 없게 된다"고 했다. 그래서 유와 무, 허와 실은 모두 가지런하지 구분이 없다. 앞에서 제시한 육기의 『문부(文賦)』에서 "무허 상태의 마음을 운용하여 생각을 끌어내고 적막한 상태를 두드려 소리를 찾아낸다"고 주장한 것도 노장사상의 영향으로 "실은 허에 의하여 존재하며, 허도 실에 의하여 존재한다"는 면에서 오히려 공통된 것을 추구하고 있다. 이렇게 허와 실의 복잡한 관계가 형성되고 혹은 실에 의해 허로 전환되고, 혹은 허에 의해 실로 전환되고 또는 허 중에 실이 있고, 실 중에 허가 있고, 실이 먼저고 허가 뒤에 있고, 혹은 허가 먼저이고 실이 후에 있는 것은 때때로 허 중에 실이 감추어져 있는 것과 실이 허를 대신하는 허실이 서로 있는 것으로 나타난다. 위에서 말한 "노랫 소리가 귓가에 맴도는 것이 사흘이 지나도 그치지 않는" 것은 바로 실에 의해 허가 있는 것으로 이때의 소리가 없는 것이 소리가 있는 것을 이긴 것이다. 즉 허에 의해 실이 있는 것이다. 소식의 "사람은 마치 가을 기러기 오듯이 확실하니, 그 일은 마치 봄날의 꿈같이 흔적이 없네"고 한 것은 바로 실이 먼저이고 허가 나중인 것을 나타낸 것이다. 정계(鄭啓, 1843~1919)의 "산을 보기 전에 먼저 목장으로 돌아가 보거라. 마치 강위에서 작은 북 두드리는 소리가 들리는 것 같다"고 한 것은 바로 허가 먼저이고 후에 실이 있다는 것 등이다. 따라서 소식은 "천하의 문장은 말에는 다함이 있지만 뜻에는 끝이 없어 묘하지 않은 것이 없다"고 했다. 왕유는 『한강임범(漢江臨汎)』에서 "강이 천지 밖으로 흐르고 산 빛은 있는 듯 없는듯 하구나"고 했다. 이것은 실 중에 허가 있고 허 중에 실이 있는 예술 필법을 설명하기에 충분하다. 첫째 절 "강이 천지 밖으로 흐르고"는 드넓은 강의 물이 천지 밖으로 흐르는 무한 경지를 묘사한 것으로 실에 의해 허에 이르는 구절이고, 두 번째 구절 "산 빛은 있는 듯 없는 듯 하구나"는 허를 묘사한 것이다. 그러나 변화를 헤아릴 수 없는 산 빛은 모두 "있는 듯 없는 듯"이라는 세 글자에 포함시켰는데, 이 또한 매우 실한 것이다. 그래서 문학예술창작에 있어 실에 의해 허로 전환하는 것은 어려운 것이며, 허에 의해 실로 전환하는 것은 더욱 어려운 것이다. 정판교(鄭板橋, 1693~1765)는 그가 그린 대나무의 경험을 다음과 같이 말하였다. "사십년 동안 대나무 줄기를 그림에 밤새 생각하여 하룻밤에 그린다. 번잡한 생각을 버려야 청수한(淸瘦) 것이 남아 생생한 그림이 된다"고 했다. 외면으로 보면 그가 그린 대나무의 줄기와 잎은 점점 작아지고 수척해져서 결국 청수하게 되어

---

104) 『莊子 · 人間世』.

마치 그림이 점점 생동하는 것처럼 보인다. 이것은 허의 경지에 도달한 것이다. 그러나 이것도 바로 그의 창작이 낯섦에서 익숙함에 이르러 최고의 경지에 이른 표현이다. 또한 허 중에 실이 있는 것이다. 이러한 시는 많고 적음, 허와 실의 변증관계로 내부에 철학적 이치를 깊게 담고 있다. 운정숙(惲正叔, 1633~1690)은 『남전화론(南田畵論)』에서 "오늘날 사람들은 마음으로 문장을 처리하고 옛날 사람들은 마음으로 문장 없이 처리하였다. 만약 문장으로 처리하지 못하면 옛날 사람들은 마음으로 처리하였다. 여러모로 신명을 헤아려 점점 기술이 진보할 뿐이다"고 했다. 만약 옛날 사람들과 오늘날 사람들이 마음 닿는 대로 한다면 허와 실이 서로 보완할 수 있을 것이다.

회화 및 서법에서도 이와 마찬가지이다. 서법이 모두 고르려면 단숨에 문장을 지어내야 한다. 이렇게 해야 서법가 포세신(包世臣, 1755~1855)이 말하는 심미적인 요구 "흰 공간을 헤아려 검은 필획을 해야, 기이한 정취가 이로부터 나온다"는 것에 이를 수 있다. "흰 공간을 헤아려 검은 필획을 해야만" 비로소 서법예술이 허실 소밀(疏密)이 조화로운 심미효과를 얻을 수 있는 것이다. 이른바 "그림을 배움에 성근 곳은 가히 말이 달릴 수 있고, 조밀한 곳은 바람도 통하지 못하도록 해야 한다"는[105] 서법 예술 중 허와 실이 상생하는 이치를 구체적으로 표현한 것이다.

중국의 예술은 작게는 전각(篆刻)에서 크게는 원림, 건축에 이르기까지 의경(意境)의 미를 추구하지 않은 것이 없다. 서법의 "흰 공간을 헤아려 검은 필획을 마땅하게 해야 한다"는 것은 회화의 공백, 음악의 간헐(間歇), 시문의 함축 모두 "표면적 형상 밖으로 초월해야만 그 묘리를 얻을 수 있는 것으로"는 서로 다른 표현의 손놀림이다. 허와 실을 함께 사용하고 허와 실이 전화되기도 하는 것은 문학예술가의 묘한 손놀림에 있다.

중국의 고대 문화는 한대의 "백가를 몰아내고 유가의 학술만을 높이자"는 외침 이후, 유가를 중심으로 기타 각 학파를 포용하는 고대 문화교육의 복잡한 발전 관계가 형성되었다. 서로 다른 역사시기와 문화영역 내에서 각각 다른 특징으로 표현되었다. 만약 윤리사상과 도덕교육의 영역 내에서 말한다면, 주로 유가의 윤리사상이 주도권을 갖고 미학사상과 심미교육의 영역에서는 주로 도가의 자연주의와 낭만주의의 영향이 컸다. 때때로 유가의 사회공리주의와 현실주의의 영향을 뛰어넘기도 하고 유가와 도가가 서로 보완하는 것이 주요한 특징이 되기도 했다.

105) 包世臣: 『藝舟雙輯』.

제 7 장

결 론

1. 중국 전통교육철학사상의 특징
2. 중국 전통 교육철학사상에 대한 태도

제7장

결 론

앞에서 1장부터 6장까지 다룬 내용들은 중국의 전통교육철학을 역사적으로 그리고 주제별로 서술한 것이다. 한대의 "백가를 몰아내고 유가의 학술만을 높이자"는 구호 이후, 2000여 년의 중국 봉건사회에서 유가사상은 중심이 되었으며, 이러한 유가사상 중 사맹학파(思孟學派)가 주도적인 위치에 있었다. 유가사상의 발전과정 중 일찍이 도가사상과 결합하여 위진현학이 나타나고, 불학이 결합하여 송명이학이 탄생했으며, 근대서양철학과 과학이 결합하여 신유학이 나타났다. 유가사상은 비록 끊임없이 발전·변화했지만 많은 변화 속에서도 변화되지 않는 것이 있다. 유가사상의 특징을 어떻게 종합할 것인지, 유가사상의 영향 속에서 긍정적인 요소는 무엇이고, 버려야 할 부정적인 요소는 무엇인지에 대해 과학적인 태도로 중국의 문화전통을 대하는 것은 중국 전통교육철학사상이 연구해야 할 주요한 당면과제이다.

1. 중국 전통교육철학 사상의 특징

중국의 전통교육철학 사상의 특징을 살펴보는 것은 중국의 전통교육철학 사상의 전체 구조를 이해하는 것에 중요한 의의가 있기 때문이다. 유학을 대표로 하는 중국 고대철학의 특징은 무엇인지에 대한 국내외 학자의 관점은 서로 다르다. 이에 중국의 전통교육철학사상의 특징이 무엇인지에 대해 살펴보는 것은 시급히 연구해야 할 주제이다. 여기에서는 도움이 될 만한 큰 흐름만 간략하게 살펴보고자 한다.

(1) 천인합일(天人合一)

천인관계는 '천인합일'과 '천인의 구분'이라는 두 가지 관점이 있다. 유가의 주도사상은 '천인합일' 사상이다. '천인합일'의 사상 중 인간이 자연규율에 능동적으로 적응하고 순응하는 것 및 신과 이(理)에 대해 순종하고 숭배하는 것으로 구분할 수 있다. 동중서동중서(董仲舒, B.C. 179~B.C. 104)를 대표로 하는 한대의 유학은 신학화되고, 정주를 대표로 하는 송대 유학은 이학화되었다.

천과 인의 관계, 나아가 교육에 있어 『중용』에서 "하늘이 명한 것을 일러 성이라 하고, 성에 따르는 것을 일러 도라 하며, 도를 닦는 것을 일러 교라 한다"고 한 것은 이들의 관계를 잘 말해주고 있다. 이 말은 중국의 고대 교육철학을 논리적으로 말한 기본 맥락이다. 송대의 유학은 나아가 천명을 천리로 연역하여 도와 이를 통일시켰다. 여기에서 알 수 있듯이 유가의 천도본체론은 우주의 자연생성본체를 제시하고 연구하는 것이 아니라 천, 도, 리, 기를 심, 성 등의 문제로 인격화하여 윤리를 중국 전통문화의 본위로 삼았다. 장재(張載, 1020~1077)는 '민포(民胞)', '물여(物與)'와 "세상을 위해 마음을 정한다. 백성들을 위해 명을 세운다. 지난 성인들을 위해 끊어진 학문을 잇는다. 후세를 위해 태평시대를 연다"는 것을 제시했다. 이것은 유가에서 제창하는 천인관계를 총괄하고 있을 뿐만 아니라 천인합일 사상을 최고의 경지까지 끌어올린 것이다.[1]

윤리를 중심내용으로 하는 천인관계는 성선론을 중심으로 하는 인성론을 낳고 인성과 천도를 관련시켰다. 또한 본체론에서 출발하여 사람의 본질을 규정하고 인성도 도덕화하였다. 맹자(B.C. 372~B.C. 298)와 고자는 인성문제에 있어 도덕속성과 자연속성에 대해 논쟁을 벌였다. 맹자는 인, 의, 예, 지를 모두 인성에 놓고 나아가 공자의 인 사상을 발전시켰다. 더불어 교육에 있어 도덕수양을 우선하도록 하였다. 그래서 "군자는 근본에 힘쓰니, 근본이 서면 도가 생긴다. 효와 제는 인의 근본이다"고[2] 했다. 도덕가치의 최고 기준은 인이며 효제에서 출발하여 수신, 제가에 이르고 나아가 치국, 평천하에 이르러 타인, 가정, 국가, 사회에 대한 책임감, 의무감과 헌신정신으로 나타나는 것이다. "막히면 홀로 자신을 선하게 하고 트이면 아울러 천하를 선하게 한다"고 하여 개인과 사회가 조화되도록 했다. 유가의 인정(仁政), '덕치(德治)' 사상도 이것을 기초로 한 것이다.

유가에서 가장 중시하는 것은 도덕수양으로 이것을 통해 '양지(良知)'에 이를 수 있다. 즉 '지명(知命)'과 '지천(知天)'으로 이른바 "학문의 길은 다른데 있지 않고 방심(放心)을 구하는데 있을 뿐이다"고[3] 했다. 선이 인성 가운데 사람의 고유한 덕성이 발휘되면 '지극한 선'의 경지에 이를 수 있어 사람들 모두 요순과 같이 될 수 있는 것이다. 따라서 교육방법에 있어 개인의 도덕수양을 중시하였다. 공자는 '극기', '내성'을 주장하고 맹자는 '흩어진 마음을 바로잡는 것', '자신을 되돌아보고 그 원인을 찾아야 한다'는 것을 주장하

---

1) 장재(張載)는 인성을 천지지성과 기질지성으로 나눠서 보았다. 천성은 선하지 않음이 없으나 사람이 받은바 기에는 편정이 있어 선악의 구별이 있는바 전자를 천지지성이라고 한다면 후자는 기질지성이라고 한다. 진성(盡性)은 천도와 합일하는 것이다. 성은 천인합일의 경지이고 명(明)은 인간이 그 경지에서 갖는 지식인데 이는 감각적인 사소한 지식이 아닌 眞知이다(馮友蘭 저, 박성규 역, 『중국 철학사 下』, 까치, 1999, 492쪽 /유명종, 『중국근세철학사』, 이문출판사, 1994, 40-43쪽).

2) 『論語·學而』.

3) 『孟子·告子上』.

였다. 송명 이학가들은 나아가 마음으로 깨닫는 것(心悟), 인욕을 극복하는 것(省察克治), 거경궁리(居敬窮理)[4] 등의 수양방법을 강조하였다. 이러한 것의 부정적인 측면은 사람들의 정당한 물질추구를 억제하는 것 및 자연계를 개발하고 응용하는 동기와 열정을 억제한다는 것이다. 또한 유가가 제창하는 도덕규범과 등급관념이 봉건통치자들에게 이용되어 사람들의 사상과 행동을 속박하여 봉건통치의 도구로 공고히 하고 강화하는 수단이 되었다.

(2) 정교합일(政教統一)

정치적인 측면에서 보면 교육의 작용은 교육이 정치를 위해 봉사하도록 했다는 것이다. 이것은 유가의 일관된 사상이다. 『대학』의 「개종명의(開宗明義)」에서 "대학의 도는 밝은 덕을 밝힘에 있고 백성을 친하게 하는데 있으며, 지극히 선함에 이르는데 있다"고 했다. 『학기』에 "나라를 세우고 백성들에게 임금 노릇을 함에 교와 학을 우선으로 삼았다", "군자가 만일 백성을 교화해서 풍속을 아름답게 하려면 반드시 학문과 교육으로부터 하지 않으면 안된다"고 했다. 여기에서 말하는 '교학'과 '학'은 모두 교육을 말하는 것으로 교육의 정치기능을 중시하는 것은 유가교육사상의 큰 특징이다.

유가는 '인정(仁政)'과 '덕치(德治)'를 강조하였다. 공자는 '법으로 다스리고 형벌로 단속하는 것'은 '덕으로 다스리고 예로서 단속하는 것'만 못하다고 생각했다. 따라서 전자는 "백성이 면하려고만 하고", 후자는 "백성이 부끄러움을 알게 된다"고[5] 하여 덕으로 나라를 다스리려면 반드시 교육이 필요하다고 보았다. 교육을 통해 사람들의 도덕수준을 높이고 자신의 행위를 스스로 구속하여 나라가 평안하고 백성이 편안한 정치목적을 달성할 수 있다. 유가의 덕치사상은 오랫동안 중국에서 덕으로 나라를 다스리는 것을 중시하고 법으로 다스리는 것을 중시하지 않는 전통을 만들었다. 그중 긍정적인 요소도 있고 부정적인 요소도 있다. 나아가 맹자는 "좋은 정치라 할지라도 잘 가르쳐서 인재를 양성하는 것만 못하다. 잘 하는 정치는 백성들의 재물을 얻지만 잘 가르치는 것은 백성들의 민심을 얻는다"고[6] 했다. 따라서 그는 교육의 작용을 매우 중시하였다. 그는 민심의 득실 여부는 교육에 달려있다고 생각하여 통치자들에게 "상과 서(庠序)를 설치하여 백성들을 가르치라"고 하고 천하의 백성들이 모두 "인륜을 밝히고", "위로는 인륜이 밝고, 아래로

4) 거경궁리(居敬窮理)는 정주학에서 학문 수양하는 방법으로 경(敬)이란 주일무적(主一無適) 즉 마음을 동요하지 않는 것이라면 궁리란 만물의 이치를 터득하는 것을 말하는데 이로 말미암아 궁극적으로는 본원의 이치를 터득해가는 것을 뜻한다.

5) 『論語·爲政』.

6) 『孟子·盡心上』.

는 백성이 이(배움)와 친하게 된다"[7]고 했다. 이렇게 되면 천하가 크게 다스려질 수 있다고 했다. 순자는 그가 주장하는 예법으로 나라를 다스리는 것에서 출발하여 예법 정치의 관건은 교육에 있다고 보았다. 그는 "가르치지 않고 가지런히 하지 않으면 안에 들어가 지킬 수 없고 밖에 나가 싸울 수 없을 것이다. 잘 가르치고 가지런히 고르게 한다면 군대는 강하고 성곽은 단단하여 적국이 감히 대들지 못할 것이다"고[8] 했다. 이로부터 알 수 있듯이 선진의 유가는 비록 덕치와 법치의 주장에 있어 차이는 있지만 교육의 정치적 기능을 중시하는 면에서는 그 주장이 일치하였다.

한대의 동중서가 "가르침(교화는)은 정치의 근본이요, 형벌은 정치의 말단이다"고[9] 말한 것은 교육을 정치통일의 근본으로 본 것이다. 그는 「대현량책(對賢良策)」에서 "옛날의 왕은 이것을 잘 알았기 때문에 왕의 자리에 올라 천하를 잘 다스림에 있어서 백성에 대한 교화를 가장 큰 일로 삼았다"고 했다. 이것은 정치에 있어 교육의 작용을 중시하여 한무제(漢武帝, B.C. 142~B.C. 87)에게 건의를 한 것이다.

정치에 대한 교육의 임무는 다양한 방면에서 나타난다. 예를 들면 통치계급은 국가정권을 이용하여 교육을 주도하고 각 계급과 계층들이 교육을 받을 수 있는 기회와 권리를 규정하였다. 오랜 기간의 봉건사회에서 교육의 계급성은 명확한 등급으로 나타났는데, 교육을 통치계급과 피통치계급으로 구별하고, 통치계급내에서도 계급을 구별했으며 통치계급은 이러한 교육을 받는 사람, 무엇을 교육받아야 되는지 규정하고 각 학교의 배양목표와 규율을 규정하였다. 통치계급은 국가 정권을 이용하여 교육을 위한 일련의 방침정책을 규정하고 국가정권으로 학교를 관리하고 통제하였으며, 계획을 하고 교재를 정하고 감독과 조사를 하였다. 또한 인재배양과 선발의 정책과 방법 등도 제정하였다.

유가사상에 있어 배우는 것과 관리가 되는 것은 밀접한 관계가 있는데 "학문을 하고 여유가 있으면 벼슬을 한다"는[10] 것은 줄곧 봉건사회교육의 중요한 신념으로 실행되었다. 유가의 치국안방(治國安邦)에 있어 "자신을 닦아 다른 사람을 편안하게 한다(修己以安人)"는 것과 "자신을 닦아 백성을 편안하게 한다"는[11] 지도사상 아래 관리가 되는 것은 그 정치사상을 실현하는 중요한 방법이라고 생각했다. 공자는 일찍이 "벼슬을 하지 않으면 의롭지 않은 것이다", "군자가 벼슬을 하는 것은 의를 행하기 위한 것이다"고[12] 한

---

7) 『孟子·滕文公上』.
8) 『荀子·强國』.
9) 『春秋繁露·精華』.
10) 『論語·子張』.
11) 『論語·憲問』.
12) 『論語·微子』.

것은 바로 벼슬을 하는 것이 자신을 수양해서 다른 사람을 편안하게 하고 백성을 편안하게 하기 위한 정치적 목적을 위한 것이라는 것이다. 유가사상은 '삼강(三綱, 여기에서는 명명덕, 친민, 지어지선을 가리킴)', '팔목(八目, 格物, 致知, 誠意, 正心, 修身, 齊家, 治國, 平天下를 가리킴)'의 교육의 이론과 체계를 형성하고 교육과 정치, 개인과 사회를 밀접하게 관련시켰다. 즉 교육과 정치의 관계는 중국 전통교육 중 큰 특징이라고 할 수 있다.

(3) 문과 도의 결합(文道結合)

"글에는 도가 담겨 있어야 한다(文以載道)", '존덕성(尊德性)'과 '도문학(道問學)'은 유가교육, 중국 전통교육에 중요한 원칙이다. 윤리를 중심으로 하는 중국의 전통교육은 지식교육과 교학과정도 도덕화하고 지식교학과 도덕교육을 융합하여 지덕론의 특징을 형성하였다. 공자는 '도를 익혀 남을 사랑하는 것(學道愛人)'을 주장하고 '도에 뜻을 두고 덕에 거하며 인에 의지하고 예에 노닐 것'을[13] 주장하였다. '도', '덕', '인'은 모두 도덕적 범주로 '예'에 이르는 것이다. 『학기』에서 말하는 "예에 감흥하지 않으면 학문을 즐길 수 없다"는 것을 보면 "예에 노닐라"는 목적은 "그 학문을 편안히 여기고 그 스승을 가까이 하며 그 벗을 좋아하고 그 도를 믿어 비록 스승이나 벗들과 헤어진다고 하더라도 도를 등지는 일이 없다"는 것으로 도덕적 요구를 실행한 것이다. 『중용』에서 "지(知), 인(仁), 용(勇) 세 가지는 천하에서 통용되는 덕이다"고 했다. 공자는 "지혜로운 사람은 미혹되지 않고 어진 사람은 걱정하지 않으며 용감한 사람은 두려워하지 않는다"고[14] 했다. 또 "배우기를 좋아하는 것은 지(知)에 가깝고 힘써 행하는 것은 인에 가깝고 부끄러워할 줄 아는 것은 용에 가깝다"고[15] 했다. 어떤 사람들은 지, 인, 용을 덕(德), 지(智), 체(體)의 세 방면으로 말하기도 한다. 만약 이렇게 이해한다면 유가사상에 있어 덕, 지, 체의 주요 함의는 모두 도덕교육의 내용을 포함하고 있는 것이다. 공자는 문(文), 행(行), 충(忠), 신(信) 네 가지를 사람을 가르치는 것으로 정하고 이것은 모두 도덕교육의 성격을 띤다고 했다. 그가 편찬한 『시』, 『서』, 『예』, 『악』, 『역』, 『춘추』 육예는 후세에 '육경'으로 받들어져 중국 봉건사회에서 중시하는 교과서가 되었다. 사마천은 이를 "『예』로써 절도를 지키고, 『악』으로서 화목을 이루며, 『서』로써 사물을 논하고, 『시』로 감정을 전달하며, 『역』으로 오묘한 경지에 도달하며 『춘추』로 의리를 논한다"고[16] 했는데, 이것은

13) 『論語 · 述而』.
14) 『中庸』.
15) 『論語 · 子罕』.
16) 『史記 · 太史公自序』.

모두 도덕교육을 실시하는 중요한 교재였음을 시사한다.

유가의 교육사상은 도덕이상과 현실생활을 밀접하게 결합시켜 도덕이상과 도덕교육을 일상생활에 적용하도록 하였다. 공자는 인을 중시하고 일상생활이 인의 원칙과 부합할 것을 강조했으며, "군자는 한 순간도 인을 떠나지 않으니 황망하고 급박한 때도 이렇게 하며 곤란하고 떠돌아다닐 때도 이렇게 한다"고[17] 했다. 어떤 환경에 처하더라도 인의 준칙을 떠나서는 안된다는 것이다. 이러한 인의 품덕은 현묘하고 요원해서 도달하기 어려운 것이 아니라 현실의 숭고한 이상으로 가깝고도 쉬운 것이다. 그는 "인이 멀리 있는 것인가? 내가 인하게 되고자 하면 곧 인이 찾아온다"고[18] 했다. 중요한 것은 스스로 끊임없는 추구에 있는 것이다. 『중용』에서도 "도라는 것은 잠시라도 떠나서는 안된다 잠시라도 떠날 수 있다면 그것은 도가 아니다"고 했다. 또 "도는 사람에게서 멀지 않다. 사람이 도를 행하면서 멀어진다면 도라고 할 수 없다"고 했다. "군자의 도는 보편적이면서도 은미하다.[19] 어리석은 필부조차 아는 것이면서도 그 지극한 경지는 성인조차도 모르는 바가 있다. 불초한 필부도 행할 수 있는 것이지만 그 지극한 경지에 이르러서는 비록 성인조차도 할 수 없는 바가 있다"고 했다. 이러한 도는 가까운 것이면서도 숭고한 것으로 사람들이 모두 알고 행할 수 있는 것이지만 최고의 경지에 이르려면 쉬운 일이 아니다. 교육과정은 바로 도덕이상을 실천하는 과정이다. 주희(朱熹, 1130~1200)는 교육을 '소학'의 단계와 '대학'의 단계로 구분하였다. 소학교육의 임무는 '일로 가르치는 것'으로 "쇄소(灑掃), 응대(應對), 진퇴의 예절 및 예, 악, 사, 어, 서, 수의 글을 가르치는 것"[20]이다. 이로써 어린 아이에게 봉건도덕관념을 심어주고 그들의 봉건도덕 행위습관을 훈련시키는 것이다. 대학교육의 임무는 '궁리(窮理), 정심(正心), 수기(修己), 치인지도(治人之道)를 가르치는 것'으로[21] "(대학에서는) 이 일의 이치를 밝히는 일을 한다"고 했다. 즉 이미 획득한 초보적인 도덕관념과 양성된 도덕행위습관의 토대위에서 '의리(義理)'를 설명한 것이다. 주희는 소학과 대학의 교육목표는 일치하는 것으로 보아 "배움에 있어 본래 대소의 차이는 있다. 그러나 진리로 향하는 길은 한 가지일 따름이다"고 했다. 여기서 도는 봉건사회의 윤리 강상이다.

중국의 전통교육철학 중 덕육론과 지육론의 통일은 교학론에 있어 교학과정과 교육과

---

17) 『論語·里仁』.

18) 『論語·述而』.

19) 원문에 君子之道 費而隱--이라고 했는데 여기서 費而隱이란 孔肄達의 疏를 옮기면 군자는 난세를 만나 도와 덕이 어기어지면 숨어버리고 벼슬하지 않는다고 했다. 주희는 도의 체와 용에 착안하여 費를 用之廣, 隱을 體之微라고 했다(이동환 역, 『대학·중용』, 1968: 181).

20) 『大學章句序』.

21) 『大學章句序』.

정의 통일이다. '배움을 쌓아 덕을 이루는 것' 자주 행해지는 교학활동과 가끔 행해지는 교학활동은 모두 신심수양과정의 일부분이다. 학(學), 문(問), 사(思), 변(辨), 행(行)은 모두 서로 연관되어 있는데, 이것의 작용과 목적은 신심수양의 필요에 의해 결정된다. 교학의 목적은 사람들에게 윤리도덕규범을 인식하게 하고 실행하도록 하는 것으로 확고한 도덕신념을 형성하고 수기치인의 도를 이해하게 하는 것이다. 교학과정의 지속적인 심화는 인간의 본성에 충실하게 하는 것이며, 교학과 학습과정이 도덕수양과정과 결합하도록 하여 인간 삶의 전체 과정과 연결되어 도덕수양이 한 순간도 멈추지 않도록 한 것인데, 교학과 학습 역시 이와 같다. 이렇게 중국의 전통교육철학 중 지식론과 도덕론, 목적론과 가치론이 통일되기 시작하여 유가문화와 교육에서 윤리도덕을 가치관의 표준으로 삼았다. 이것은 지식과 도덕의 관계, 미와 선의 관계에서 나타났을 뿐만 아니라 선도 미의 기준을 평가하는 중요한 척도가 되었다.

(4) 스승이 엄하면 자연히 가르치는 도도 존엄해짐(師嚴道尊)

군주의 권한이 신으로부터 부여된 것이라는 왕권신수설에서 통치가 이뤄지는 봉건사회에서는 교육에 있어 교사의 권위를 중시하였다. 순자는 「대략(大略)」에서 "나라가 장차 흥하려면 반드시 스승을 귀하게 여기고, 그 보좌하는 자(傅)를 소중히 해야 한다. …나라가 장차 쇠하려면 스승을 천하게 여기고 그 보좌하는 자를 가볍게 대한다"고 했다. 또 "의견을 말하면서 그 스승을 일컫지 않는 것을 가리켜 '반(畔)'이라 말한다. 제자를 가르치면서 그 스승을 일컫지 않는 것을 가리켜 '배(倍)'라 말한다. 총명한 군주는 배반하는 사람을 조정안에 들이지 않고, 사대부는 길에서 그를 만나더라도 더불어 말하지 않는다"고 했다. 교사는 예의의 화신으로 통치계급의식을 전하는 전달자이며, 통치계급을 위해 인재를 배양할 책임이 있다. 그래서 교사에 대한 존중과 복종은 통치자들이 결코 소홀히 하거나 교사를 함부로 비난할 수 없다. 그렇지 않으면 법으로 그것을 제재해야 한다. 『학기』에 "무릇 학문의 도는 스승을 존중하는 것이 가장 어렵다. 스승이 존경을 받은 후라야 도를 존중하게 되고, 도가 존중된 후라야 사람들이 학문을 공경할 줄 알게 된다. 그러므로 군주의 신하를 신하로 대하지 않는 것에 두 가지 이유가 있다. 그 시(尸)가 되었던 자에 대해서는 신하로 대하지 않는다. 그 스승에 대해서는 신하로 대하지 않는다. 대학의 예에 천자에게 고한다하더라도 북면하지 않는다 했음은 스승을 높이는 까닭이다"고 했다. 여기에서 스승을 높이는 이유를 명확히 말하였다. 스승을 높이는 것은 도를 존중하기 위함이며, 백성들이 학문을 공경하게 알도록 하기 위함이다. '나라를 세워 백성들에게 임금 노릇을 하고', '백성을 교화하여 아름다운 풍속을 만드는 것'은 반드시 교육으로 해야 하는 것이다. 따라서 교육의 집행자는 교사이고, 교사와 국가의 흥망성쇠가 관련되어 있는 것이다. 교사는 천(天), 지(地), 군(君), 친(親), 사(師)의 높이까지 끌어들여 천자에게 고한다고 하더라도 북면하지 않고 군신의 예로 그를 대하지 않는다고 한 것은 교사에 대한 존중을 표시한 것이며, 교사의 지위가 높음을 나타낸 것이다. 한 예를 살펴보면 다음과 같다. 연갱요(年羹堯, 1679~1726)가 한 학자에게 그의 가정교사가 되어주기를 청해 교사로 오는 첫날에 성대한 예로 그를 맞이하였다. 성대한 예의식이 끝나갈 무렵 교사에게 대련(對聯)을 주었다. 상련(上聯)에 "스승과 어른을 공경하지 않는 것은 천지가 내리는 형벌이다"고 하고, 하련(下聯)에 "남의 귀한 자식은 망치면, 남자는 남의 여자를 빼앗고 여자는 몸을 판다"고 했다. 이 한 폭의 대련 중 봉건통치자가 스승을 존경하고 도를 중시한 목적을 볼 수 있다. 이러한 '사도존엄(師道尊嚴)'의 영향 아래 학생을 억압하고 '스승의 장난에 춤추는' 불건전한 학풍이 나타났다. 설령 사법을 존중하는 것이 형성되고 사도를 고수하는 일이 있더라도 새로운 것을 창조하는 것은 비교적 적었다.

물론, 중국의 고대 교육에서 적지 않은 좋은 사생관계의 범례가 있는데, 공자는 위대한 교사의 형상으로 우리들에게 좋은 스승의 본보기를 보여줬다. 이에 대한 내용은 다음과 같다.

첫째, 공자가 배우는 것을 싫증내지 않고 남을 가르치는 것을 게을리 하지 않은 것은 훌륭한 교사가 되도록 하는데 필요한 태도이다. 그는 마음을 비우고 학문을 좋아했으며, 아랫사람에게 묻는 것을 부끄러워하지 않고 배우는 것에 싫증을 내지 않았다. 공자는 『역』을 즐겨 읽었는데 "책을 엮은 끈이 세 번이나 끊어졌다"고 하고, 『시』 삼 백편을 모두 노래로 불렀는데, 소(韶) 음악을 듣고 "3개월 동안이나 고기 맛을 잊고 지냈다"고 했다. 그는 일찍이 노자에게 예에 대해 묻고, 사양(師襄)에게 거문고를 배웠으며, 만년에 이르러 "(학문에)열정을 가지면 끼니도 잊고 도를 즐기며 근심과 걱정을 잊으며 늙음이 오는 것도 알지 못했다"고[22] 했다. 이는 공자가 마음을 비우고 학문을 좋아하는 것과 정신을 집중한 것을 말한 것이다. 그는 학생들에게 가르치는 것에 대해 게으르지 않고 계발을 잘 유도했으며, 학생들을 차별하지 않고 두루 가르쳐 덕행, 정사, 언어, 문학 등 다양한 재능을 가진 인재를 배양하였다. 그는 '아는 것을 안다고 하고 모르는 것을 모른다고 하는'[23] 태도를 견지하고 '무의(毋意, 자기 멋대로 함이 없음), 무필(毋必, 기필코 관철 하고야 말겠다는 생각이 없음), 무고(毋固, 고집스러운 집착이 없음), 무아(毋我, 자아 우선의 욕심이 없음)'의[24] 학풍을 실행하고 '없으면서 있는 척하고 비어있으면서 가득한 척하는'[25] 허풍을

22) 『論語·學而』.
23) 『論語·爲政』.
24) 『論語·子罕』.

떠는 학문의 분위기를 반대하였다. 그는 말을 실천에 옮겨 바른 사람의 정신을 스스로에게 요구하도록 했는데, 이러한 모습은 학생들에게 영향을 주었다. 따라서 학생들로 하여금 좋은 평판을 받았다. 안연(顔淵)은 공자는 "선생님께서는 차근차근 사람을 잘 이끄시어 문으로써 나의 지식을 넓혀주시고 예로써 나의 할 바를 잘 요약해주셨다"고[26] 했다. 더불어 '그만두고자 하지만 그만 둘 수 없는' 정도에 도달하도록 하였다. 유약(有若)도 그는(공자는) "동류를 뛰어넘는 비범함이 있고 그 무리중에서도 발군이니 인류가 생겨난 이래 공자보다 위대한 이는 없다"고[27] 했다. 이렇게 학생들의 허심탄회한 말은 모두 공자의 훌륭한 교사인격, 아랫사람을 감동시킨 것에서 나온 것이다.

둘째, 공자는 학생들에 대해 깊이 이해하고 배려하였다. 공자는 학생을 매우 사랑하고 각 학생의 특징과 장점에 대해 자세히 이해했다. 예를 들면, "고시(高柴)는 우직해 융통성이 없고, 증삼(曾參)은 행동이 노둔하고, 자장은 편벽되어 성실성이 부족하고, 자로(子路)는 거칠고 난폭해 우아한 맛이 없느니라"고[28] 하고 "자로는 결단력이 있고, 자공은 이해능력이 있고, 염구는 뛰어난 재능이 있다"고[29] 한 것 등은 모두 공자가 학생의 개성과 장단점에 대해 충분히 이해한 것이다. 이러한 점을 파악해서 그는 학생들에게 '인을 묻고' '정치를 묻고', '효를 물을 때' 각 학생의 상황에 따라 대답을 한 것이다. 또한, "들으면 곧 바로 실행해야 합니까?"에 대한 질문으로 염구와 중유(仲由)에 대해 서로 다르게 대답해주었다. "구는 소극적으로 행동하는 경향이 있어서 그를 적극적으로 나아가게 한 것이고, 유는 의욕이 남보다 앞서므로 그를 억제시켜 뒤로 물러가게 한 것이다"고 한 것이 그 전형적인 예이다. 공자는 학생들의 학습에 관심을 가졌을 뿐만 아니라 생활에 있어서도 학생들을 지극히 배려하였다. 백우(伯牛)가 병이 나자 그는 손수 백우를 찾아가 "이런 사람이 이런 병에 걸리다니"하면서[30] 관심과 걱정을 표현하였다. 또 안연이 죽자 공자가 통곡을 하며 "하늘이 나를 망치는 구나, 하늘이 나를 망치는 구나"고 하였다. 이러한 예는 모두 학생에 대한 공자의 깊은 사랑과 책임감을 나타낸 것이다.

셋째, 교학상장, 사제간을 평등관계로 본 것이다. 이것은 공자가 사덕(師德)면에서 남겨준 고귀한 유산 중 하나이다. 그는 항상 학생들과 심적인 대화를 하면서 "'어찌 자네들의 생각을 말하지 않는가?"고[31] 했다. 그들에게 각자 자신의 견해를 말하도록 하였다.

25) 『論語 · 述而』.
26) 『論語 · 子罕』.
27) 『孟子 · 公孫丑上』.
28) 『論語 · 先進』.
29) 『論語 · 雍也』.
30) 『論語 · 雍也』.
31) 『論語 · 公冶長』.

학생들이 배워서 아는 바가 있을 때는 모두가 그를 격려하도록 했다. 심지어 자신과 관련지어 학생의 경험과 진보를 칭찬하였다. 예를 들면 "나를 일깨우는 자는 상(商)이로다. 비로소 더불어 시를 말할 수 있겠구나!"고[32] 했다. 그는 학생들에게 "인을 실천함에 있어서 스승에게도 양보하지 않는다"고[33] 하여 진리 앞에서는 사제관계가 평등하다고 하였다. 이것은 당시 계급이 엄격한 사회에서 쉽게 할 수 없는 것으로 공자가 당시 이러한 모습을 보인 것은 매우 의의 있는 일이다. 한번은 공자가 자공에게 안회와 더불어 누가 힘이 센지 물었다. 자공이 대답하였다. "제가 어찌 감히 안회를 넘보겠습니까? 안회는 하나를 들으면 열을 알고, 저는 하나를 들으면 둘을 알 뿐이옵니다"고 했을 때, 공자는 이를 보충 설명하였다. "그래, 너는 안회만 같지 못하다. 그래, 나와 너, 두 사람 모두 안회만 같지 못하다"고 자신을 낮추어 말하였다. 그는 후학들에게 매우 큰 기대를 갖고 일찍이 다음과 같은 말을 하였다. "후학들은 참으로 두려워할 만하니 앞으로 올 자들이 나의 지금보다 못할 줄을 어찌 알겠는가?"라고[34] 했는데, 이는 학생들에게 큰 기대를 했음을 알 수 있는 말이다.

학생에 대한 그의 가르침과 사랑으로 학생들이 그를 존경하고 받든 것이다. 그가 죽은 후, 학생들은 마치 부모가 죽은 듯이 슬퍼했다. 자공은 그의 묘막을 6년 동안 지키며 떠날 줄을 몰랐다. 공자를 대표로 하는 이러한 좋은 사생관계는 몇 천년동안 줄곧 중국 고대교육의 전통이 되었다. 스승을 존경하고 학생을 사랑하는 것도 교육철학사상 중 좋은 유산이 되었는데, 이것은 금전을 목적으로 사고파는 사생관계와는 감히 대등하게 놓고 말할 수 없는 것이다.

이상 몇 가지 방면에서 중국 전통교육 철학사상의 기본적인 특징을 설명하였다. 여기에서 유가의 주요 교육사상가의 일부 공통된 특징을 말하였다. 전체적인 것은 다 말하지 못하였으며, 더욱이 '백가쟁명'의 문제는 설명하지 않았다. 또한 오랜 기간 동안의 봉건사회에서 각각 서로 다른 시기에 있었던 다른 특징에 대해서도 언급하지 못했다. 따라서 빠진 부분이 상당히 많다.

---

32) 『論語·八佾』.

33) 『論語·衛靈公』.

34) 『論語·子罕』.

2. 중국 전통교육철학사상에 대한 태도

이미 앞서 말한 것에서 중국 고대에는 풍부한 교육철학사상이 있었고 특수한 범주와 연구 문제가 있었다. 그 중에는 정수가 될 만한 것도 있지만 조잡한 것도 있다. 어떻게 좋은 것을 취하고 조잡한 것을 버려야 할지는 중국 특색의 교육철학을 세우는 데 중요한 것으로 과학적인 태도가 필요하다. 이에 대해 다음은 몇 가지 방면에서 설명해보고자 한다.

(1) 분석적 태도

어떤 국가의 민족문화라도 모두 우수하고 혹은 모두 열악하다고 말할 수 없다. 이는 어떤 국가의 민족문화라 할지라도 거기에는 장점도 있고 단점도 있을 뿐만 아니라 각각 갖고 있는 특징이 있기 때문이다. 이는 우리들이 분석적인 태도를 가지고 장점은 드러내고 단점은 피해가며 껍데기는 버리고 알맹이를 취하여 예전의 것이라 해도 오늘에 활용할 수 있게 해야 한다는 의미이다.

한 민족문화의 형성은 오랜 역사적 산물이며 대부분 계급사회에서 생성·발전된 것이다. 그래서 역사적인 것과 계급적인 것, 좋은 것과 나쁜 것이 뒤섞여 있는 한계를 피할 수 없다. 우리들이 그 정화를 취하고 장점을 발휘하며 조잡한 것을 버리고 단점을 보완해야 한다. 전반적으로 훌륭하지만 봉건성의 조잡한 것으로 국가를 위해 선양하는 것은 잘못된 것이다. 반대로 민족 허무주의의 태도를 취하여 전체를 부정하는 것도 잘못된 것이다. 그 결과도 자신을 부정한다. 이것은 민족의 자신감과 민족의 자부심을 상실하는 것이며, 민족특색의 신문화를 건립하는 데도 걸림돌이 되는 것이다. 지금까지 예를 들어 설명한 것은 역사문화에 대한 비판·계승문제이다. 예를 들면 중국의 윤리를 중심으로 한 문화가 본체론에서 교육론에 이르기까지 끊임없이 인륜도덕을 말하고 현실사회문제를 중시한 것은 세속적인 것이지 출세적인 것이 아니며, 인본주의적이지 비종교주의적인 것이 아니다. 총체적인 관념에서 천인관계를 인식하고 인간과 자연의 통일성을 중시하며 조화롭게 통일하는 것을 강조한 것이다. 자연은 인간과 대립적이고 서로 다른 것이 아니라 사람들이 인식하고 이용하는 것에 의해 사회유지와 자연의 평형을 중시하는 것이다. 이것은 긍정적인 것으로 중국 철학사상의 특징이다. 그러나 이것의 결점은 자연에 대한 자연과 사회, 인성의 한계가 모호하다는 것이다. 이러한 사유방식은 교육에 있어 비교적 부정적인 작용이 컸으며, 추상적인 인성과 윤리화의 우주본체를 동일시하여 사물의 본질에서 인간과 자연의 성격을 관련지어 설명하지 않았다. 한편으로 자연계는 독립적인 대상에 대해 인식과 변화가 없다. 이것은 중국 고대의 자연과학이 발달하지 않은 것이다. 다른 한편으로 인성의 본질이 천명의 본체론에서 나온 것이라고 하는 것은 인성을 윤리화된 특색을 가진 것으로 보는 것이다. 교육내용에 있어 한마디로 인성의 윤리화문제에 대해 관대하여 도덕교육이 거의 전체교육의 내용이 되었다. 그밖에 자연과학지식, 생산기술은 모두 교육내용에서 배제되었다. 인식론에 있어 신심성명(身心性命), 인도와 천도의 깊은 이해로 인해 직관사유가 과학적인 실증을 대신하고, 내면을 성찰하는 것은 자연현상에 대한 관찰과 자연규율에 대한 탐구로 대체되었다. 도덕수양은 과학인식론으로 대체되고 도덕실천은 사회생산실천으로 대체되었으며, 지행관은 도덕수양 영역에 국한되었다. 이러한 것은 모두 자연과학의 발전을 저해하였다. 윤리를 중심으로 하는 전통문화의 장단점을 분석해서 그 장점을 취해 옛 것을 오늘에 활용해야 한다. 만약 중국 고대문화와 서양의 고대 희랍문화를 비교해보면, 고대의 희랍문화는 일종의 '지혜로운 자의 풍도(智者風度)'가 있다. 그들은 인간과 자연의 관계를 비교적 중시했는데, 이것은 과학, 특히 자연과학의 발전에 유리하였다. 반면에 중국의 고대 문화는 성현(聖賢)의 작풍(作風)으로 사람과의 관계, 도덕전통에 주로 관심이 집중되어 있다. 현대적 사조에서 보면, 전자는 과학주의 사상이 주도하고 후자는 인문주의 사상이 주도한 것이다. 만약 양자가 유기적으로 결합해서 두 개의 문명, 즉 물질문명과 정신문명이 조화롭게 발전한다면, 오늘날 사회에서 두 개의 문명발전이 불균형적으로 이루어지고 있는 문제를 해결할 수 있을 것이다. 싱가포르와 일본 등 국가는 서양의 현대적인 과학기술을 받아들이는 것 외에 모두 동방문화를 중시하였다. 이로 공업문명의 발전에서 오는 병폐를 해결하고 긍정적인 효과를 거두어 우리들이 중시할 만한 가치가 있다. 레닌은 무산계급문화를 비판할 때 "무산계급의 문화는 천상에서 떨어진 것이 아니며, 이것은 자칭 무산계급문화전문가로부터 나온 것도 아니다"고 말했다. 이것은 인류역사상 "창조적으로 나온 것으로 전부 지식이 규율의 발전에 적합한 것이다"고[35] 했다. 모택동(毛澤東, 1893~1976)도 여러 번 이러한 전반적인 긍정 혹은 전반적으로 부정하는 형이상학의 관점을 비평하며, 고대문화든 외래문화든지 모두 분석적 태도를 취해 그중에서 좋은 것을 선택하고 좋지 않은 것은 버리도록 하였다. 즉 '옛 것으로 오늘날에 활용하고', '서양의 것으로 중국에 활용하자'는 것이다.

(2) 평등의 원칙

중외문화를 비교할 때는 반드시 평등의 원칙을 취해야 한다. 즉 시간상(다른 시기),

---

35) 『列寧選集』 第四卷, 348쪽.

공간상(문화구역의 크고 작음), 내용상(다양한 문화요소의 복잡성) 모두 대등해야 비교할 만한 성격이 되며 실제적인 비교에 적합한 것이다. 그렇지 않으면 일부로 전체를 평가하기도 하고, 원래의 의도와 목적이 다를 수도 있으며 앞뒤가 서로 맞지 않아[36] 잘못된 결론을 도출할 수 있다. 예를 들면 중국의 고대 문화는 폐쇄적인가 그렇지 않은가? 구체적으로 분석해보면 봉건사회, 자연경제형태의 상황에서 교통이 발달하지 않았기 때문에 세계적인 관점에서 보면 모두 폐쇄적인 특징을 지니고 있다. 그러나 중국적 관점에서 보면 전체 봉건사회에서 몇몇 시기는 개방적이었다. 예를 들면 한, 당시대는 개방적이었다. 한대는 서양 국가에 대해 많은 일을 했다. 장건(張騫, 미상~114)이 서역을 두루 돌아다녔던 것이 그 중 한 예이다. 당대에는 외국과의 교류가 더욱 빈번하였다. 여기에는 중동아프리카, 서아시아, 북아프리카도 포함된다. 중국에서는 사람들을 외국에 파견하여 공부를 하도록 하여 중국의 문화를 세계에 알렸다. 예를 들면 현장(玄奘, 602~664)은 인도에 가서 불경을 가지고 오고 감진(鑒眞, 688~763)은 일본에 건너가 도를 전하였다. 외국에서도 중국에 유학생을 파견하여 공부를 하도록 했는데, 『신당서(新唐書)·유학전(儒學傳)』의 기재에 의하면 당시 육학(六學) 이관(二館)의[37] 외국유학생들이 무려 8천여 명으로 당대의 문화는 개방적이었다. 중화민족은 상당히 포용력이 있는 민족이다. 이것은 국내에서 몇 차례에 걸쳐 일어난 큰 민족융합에서 볼 수 있는데, 이러한 것은 풍부하고 다양한 중국의 전통문화를 형성하였다. 동시에 일찍이 외국과의 문화교류로 중국은 여러 차례 일찍이 밖으로 나가서 자신의 것을 알리고 밖에 것을 받아들였다. 인도의 불교문화, 아랍의 이슬람교 문화는 중국에 중대한 영향을 주었다. 근대 중국은 끊임없이 서양의 선진과학사상과 기술을 받아들여 자국을 풍부하게 하고 발전시켰으며, 끊임없이 현대화를 지향하고 있다. 중국의 폐쇄와 쇄국정책은 주로 근대에서 나타나는데, 이는 시기적으로 청 말에 해당한다. 이 특정시기의 문제를 중국의 고대역사 전체에 확대하여 특정시기를 지칭하는 개념을 전체를 지칭하는 개념으로 확대해서 이론상으로 오해를 야기시켰다. 중국이 낙후되었다고 말하는 것은 도대체 어떤 시기를 가리키며 어떤 방면에서 나타났는가? 반드시 대등하게 비교해보고 그 정의를 내려야 한다. 그렇지 않으면 추상적인 것으로 중국 문화

---

36) 본문에서는 "以偏概全, 南轅北轍, 牛頭不對馬嘴"이라고 되어 있다. 이 말은 일부 편벽된 것으로 전체라고 하고 수레차는 남쪽으로 바퀴자국은 북쪽으로, 소머리에 말 입이 서로 맞지 않는다는 말 즉, 의도와 결과가 상반되고 상호 모순된다는 뜻이다.

37) 당대에 중앙에 육학이관(六學二館)을 두었다. 육학은 국자학, 태학, 사문학, 서학, 산학, 율학으로 모두 국자감에 예속되어 있었다. 이 중에서 국자학, 태학, 사문학은 유학에 기초한 대학교육의 성격을 서학, 산학, 율학은 전문학교의 성격을 띠고 있다. 이관은 방계학제에 속하는 것으로 숭문관(崇文館), 홍문관(弘文館)을 뜻한다. 홍문관은 성(省)에 직할되어 있었고 숭문관은 동궁(東宮) 직할이었다.

의 낙후론을 제시하는 것이다. 심지어 전체 중화민족을 암흑에 빠트리는 것이다. 중화민족의 우수한 전통(예를 들면 어려움을 무릎 쓰고 열심히 노력하는 것, 자유를 사랑하고 풍부한 전통이 있는 것 등)과 탁월한 공헌(예를 들면 중국에는 많은 위대한 사상가, 과학가, 발명가, 정치가, 군사가, 문학가와 예술가가 있고 풍부한 문화전적이 있으며, 중국에 있는 많은 발명이 모두 세계에서 발견하기 전에 있었다는 것 등)을 단번에 없애버리는 것은 실제에 부합하지 않으며, 국가와 국민에게도 불리한 것이다. 따라서 중국의 전통문화를 연구하고 중외문화를 비교할 때는 반드시 대등의 원칙을 지켜야 실사구시의 과학적인 결론을 이끌어낼 수 있다.

(3) 적극적인 재고찰

오늘날 중국은 세계화속에서 새로운 과학기술혁명의 도전, 개혁개방이라는 새로운 형세에 직면하여 중국 전통문화에 대한 재고찰이 필요하다. 중국 고대 문화의 정화를 알리고 전통문화유산 중 조잡한 것을 제거하며, 민족 성격 중 일부 잘못된 것을 고치고 시대적인 수요에 적합하지 않은 과거의 것을 버려 개혁과 개방을 촉진시키는 것이 필요하다. 예를 들면 5·4시기의 선현들이 큰 소리로 외치고 폭로하여 국민들을 각성시키고 고통을 줄이며 활발하게 전진했던 것은 당시 상황에서 말하자면 구문화의 부정적인 영향을 제거하고 필요한 신문화를 세운 것이다. 그러나 이러한 것에 대한 재고찰은 반드시 실사구시어야 한다. 그렇지 않으면 5.4시기에 이미 경험했던 형식주의의 단점, 즉 "나쁜 것은 절대적으로 나쁜 것이며 모두 것이 나쁜 것이다. 반면에 좋은 것은 절대적으로 좋은 것이며 모든 것이 좋은 것이다"라는 생각을[38] 되풀이 할 가능성이 있다.

그밖에 개방 후, 서양문화의 충격으로 일부 부조화와 충돌이 발생했는데, 이것도 흔이 일어날 수 있는 것이다. 역사적인 이러한 조류에 용감하게 대처해야지 관조해서는 안된다. 용감하게 맞서는 과정에서 이에 적응하는 사람이 있고 적응하지 못하는 사람도 있을 것이다. 예를 들면 어떤 사람은 중국의 전통문화에 대해 부정적이어서 중국의 전통문화를 중국을 낙후하게 만든 근원, 민족의 책임으로 간주한다. 만약 그렇지 않으면 깨끗하게 씻어야 할 것으로 보며 중국의 미래를 상상하지 않는다. 그러나 어떤 사람은 분석적인 태도로 긍정적인 재고찰을 통해 중국 전통문화 중 정화와 조잡한 것을 구분한다. 더불어 중국 전통문화 중 우수한 것, 당대의 과학사상과 인적관계를 조화시켜 그중에서 현대적인 것 또는 중국 특색의 새로운 길을 모색한다. 현대의 중국학자 중 많은 사람이 이러한 일을 하고 있다. 저명한 미국 국적의 중국인 과학가 양진령(楊振寧, 1922~)은[39] 일찍이

---

38) 毛澤東, 『反對黨八股』.

39) 안휘성 합비(合肥)출신, 미국 국적의 저명한 물리학자, 시카고대학 박사 프린스턴 고급연구원교수,

어떻게 중국의 전통문화와 도덕문제를 왜 정확히 보아야 하는 지에 대해 이야기를 한 바 있다. 그는 분석과 비교가 필요하다고 제시했다. 이는 비교가 있어야 비로소 자신의 원래 우수한 점에 대해 많은 이것을 알 수 있기 때문이다. 그는 "효순(孝順)의 미덕은 중국의 전통으로 중국에서 몇 천 년 문화를 잉태한 도덕관념이다"고 했다. 또한 그는 오늘날 이러한 전통적인 미덕을 현대과학사상과 새 시대의 과학가들에게 인간관계를 조화롭게 하도록 하여 노인을 공경하고 효도하는 것으로 구체적으로 표현해야 한다고 하였다. 여기에서 보여준 전통적인 미덕과 시대정신은 매우 조화로운 것이다. 따라서 전통문화에 대한 재고찰에 적극적인 태도를 취해야 할 뿐만 아니라 이것이 광범위하게 이루어져야 하며, 전면적이고 과학적인 분석의 관점을 취하고 이러한 관점으로 분석하지 않은 사상을 받아들여서는 안된다.

통계역학, 양장장론 등 연구. 57년 노벨 물리학상 수상, 북경대, 화동사대 명예교수 등을 역임하였다.

참 고 문 헌

『十三經注疏』(標点本). 北京: 北京大學出版社, 2000年版.

김교빈·이효걸·홍원식, 『중국 철학개론』, 한국방송통신대학출판부, 1998.

多賀秋五郎, 『古代アジア教育史研究』, 東京: 日本學術振興會, 1977.

多賀秋五郎, 『近代アジア教育史研究』, 東京: 岩崎出版會, 1969.

多賀秋五郎, 『近世アジア教育史研究』, 東京: 文理書局, 1966.

多賀秋五郎, 『近世東代アジア教育史研究』, 東京: 日本學術書出版會, 1970.

稲富榮次郎, 『教育人名辭典』, 東京: 理想社, 1962.

리쩌허우 저, 정병석 옮김. 『중국 고대사상사론』, 파주: 한길사, 2005.

舒新城, 『近代中國教育思想史』, 抗州: 中華書局, 1932.

小野川秀美, 清末政治思想研究, 東京みすず書房, 1969.

孫培青·杜成憲, 『中國教育史』 上海: 華東師範大學出版社, 2009.

狩野直喜(吳二煥 譯), 『中國哲學史』 乙酉文化社, 1989.

신정근 역, 『백호통의』, 서울: 소명, 2005.

신정근, 『신정근교수의 동양고전이 뭐길래』, 서울: 동아시아, 2012.

阿部洋, 『現代に生きゐ教育思想』, 東京: ぎょうい, 1981.

于述勝·張良才·施扣柱, 『中國教育哲學』, 濟南: 山東教育出版社, 2000.

越吉惠·郭厚安, 『中國儒學辭典』, 深陽: 遼寧人民出版社, 1989.

유명종, 『중국근세철학사』, 이문출판사, 1994.

유명종, 『중국근세철학사』, 이문출판사, 2006.

이동환 역, 『대학·중용』, 서울: 현암사, 1968.

日本教育思想史學會, 『教育思想事典』, 東京: 勁草書房, 2000.

任時先(車錫基 譯), 『中國教育思想史』, 教學研究社, 1989.

莊子, 김학주 옮김, 『장자』, 고양: 연암서가, 2010.

장파지음, 유중하·백승도·이보경·양태은·이용재 옮김, 『동양과 서양, 그리고 미학』, 파주: 푸른숲, 2006.

周谷城, 『中外教育名人辭典』, 北京: 中央民族學院出版社, 1988.

馮友蘭 저, 박성규 역, 『중국 철학사』(上, 下), 서울: 까치, 1999.

색 인

인명 색인

내용 색인

1

ㄱ

저 자 소 개

黃 濟

- 북경사범대학 졸업
- 화북대학, 중국인민대학, 북경사범대학 교수역임, 제2회국무원학위위원회 위원, 중국대백과사전편집위원
- 중국북경사범대학 교수 역임.
- 교육철학, 교육학, 당대교사소백과 등의 저서가 있음.

역 자 소 개

김 귀 성 (金貴聲)

- 고려대학교 대학원 교육학박사(교육철학 및 교육사 전공)
- 현, 원광대학교 사범대학 교육학과 교수
- 근대중국교육사(공역, 교학연구사,1990), 생활이 바로 교육이다(역서, 내일을 여는 책, 1996), 教育のなかの宗教(공저, 東京: 新書館, 1998), 한국종교의 인격교육(공저, 아름다운 세상, 1998), 타오싱즈 생활교육론의 전개(저서, 문음사, 2002), 17세기 조선에 소개된 서구교육(G, Aleni 저, 역서, 원미사, 2001), 현대교육사상(공저, 학지 사, 2001), 동아시아 근대교육사상가론(공저, 문음사, 2004) 등

이 경 자 (李庚子)

- 북경사범대학 교육학박사(교육철학 및 교육사 전공)
- 고려대학교 교육문제연구소 연구교수, 한국청소년정책연구원 연구위원 역임.
- 현 경상대학교 사범대학 교육학과 부교수
- 當代中國教育史論(공저, 人民教育出版社, 2004), 중국의 고대학교(역서, 원미사, 2004), 중국의 전통가정교육(공역, 경인문화사, 2005), 현인들이 말하는 효(공역, 시간의 물레, 2005), 재외한인의 민족교육관(공저, 북코리아, 2006), 대학교육개혁의 철학과 각국의 동향(공저, 서현사, 2007), 대학입시와 교육제도의 스펙트럼(공저, 학지사, 2007), 중국 고등교육사(저서, 한국학술정보, 2008), 전환기의 중국대학Ⅰ,Ⅱ(공저, 學古房, 2012) 등

고려대학교 교육문제연구소 연구총서 4

중국 전통교육철학의 이해

2013년 12월 25일 인쇄
2013년 12월 30일 발행

공역자 김귀성 · 이경자
발행자 박준식

발행처 도서출판 원미사
서울 성북구 화랑로21길 58(1층)
전화 : 02) 919-9630, 942-1276
등록 : 1994년 1월 18일(제6-192호)
E-mail : wonmisa9630@daum.net

※ 잘못된 책은 교환해 드립니다.

정가 23,000원

ISBN : 978-89-5544-196-3